Die virtuelle Holding
nach deutschem Aktienrecht

Frankfurter wirtschaftsrechtliche Studien

Herausgegeben von
Theodor Baums, Andreas Cahn, Friedrich Kübler,
Hans-Joachim Mertens, Eckard Rehbinder
und Gunther Teubner

Band 77

PETER LANG
Frankfurt am Main · Berlin · Bern · Bruxelles · New York · Oxford · Wien

Arne Christian Lawall

Die virtuelle Holding nach deutschem Aktienrecht

PETER LANG
Europäischer Verlag der Wissenschaften

Bibliografische Information Der Deutschen Bibliothek
Die Deutsche Bibliothek verzeichnet diese Publikation in der Deutschen Nationalbibliografie; detaillierte bibliografische Daten sind im Internet über <http://dnb.ddb.de> abrufbar.

Zugl.: Frankfurt (Main), Univ., Diss., 2005

D 30
ISSN 0723-0427
ISBN 3-631-54623-8

www.peterlang.de

Meinen lieben Eltern

Anna-Katriina und Gerd Lawall

und

meiner lieben Frau

Adina Klusmann-Lawall

Vorwort

Der Fachbereich Rechtswissenschaft der Johann Wolfgang Goethe-Universität Frankfurt am Main hat die vorliegende Arbeit im Wintersemester 2004/2005 als Dissertation angenommen.

Zuvorderst möchte ich meinem verehrten Lehrer und Doktorvater, Herrn Prof. Dr. Dr. h.c. Theodor Baums, der das Thema der Arbeit angeregt hat, für die Unterstützung der Promotion und die lehrreiche Zeit am Institut für Bankrecht der Johann Wolfgang Goethe-Universität Frankfurt am Main sehr herzlich danken. Gedankt sei auch Herrn Privatdozent Dr. Bernd Kannowski für die zügige Erstellung des Zweitgutachtens und den Herausgebern der „Frankfurter wirtschaftsrechtlichen Studien" für die Aufnahme meiner Arbeit in die Reihe.

Herzlich danken möchte ich auch Frau Jessica Irle, die sich bei der Mühsal des Korrekturlesens der Arbeit verdient gemacht hat.

Schließlich gilt der wichtigste Dank meiner Familie, die immer für mich da ist, für ihren Rat, ihren Rückhalt und ihre Unterstützung: meinen Eltern Anna-Katriina und Gerd Lawall, meinem Bruder Dr. Lars Lawall, meiner Frau Adina Klusmann-Lawall sowie unseren Kindern Daniel und Stella Liina.

Die Arbeit ist meinen Eltern und meiner Frau gewidmet.

Frankfurt am Main, im Dezember 2005 *Arne Christian Lawall*

Inhaltsverzeichnis

§ 1 Gegenstand, Ziel und Gang der Untersuchung

Deutsche börsennotierte Aktiengesellschaften, die ihr Geschäft international betreiben, stehen mit Gesellschaften aus anderen Jurisdiktionen im Wettbewerb unter anderem auf Absatzmärkten, auf Kapitalmärkten und auf dem Arbeitmarkt internationaler Führungskräfte. Dieser Wettbewerb zwingt sie zur Anpassung. Eine Möglichkeit der Anpassung liegt darin, die Führungs- und Organisationsstrukturen des Unternehmens an diejenigen ihrer ausländischen Wettbewerber, also etwa angelsächsischer Unternehmen, anzugleichen. In den letzten Jahren haben vor allem deutsche Banken eine Organisationsform kreiert, die als „virtuelle Holding“ bezeichnet wird. Diese Organisation zeichnet sich dadurch aus, dass ein Unternehmen an der Spitze eines Stammhauskonzerns holdingähnlich ausgestaltet wird, indem die operative Führung von der strategischen Führung getrennt wird, ohne eine entsprechende rechtliche Trennung dieser Aufgaben vorzunehmen.

„Vorreiter“ dieses Modells war die Deutsche Bank AG, die ihren Vorstand personell verkleinert und weitgehend von operativen Geschäftsführungsaufgaben entbunden hat. Gleichzeitig wurde auf der zweiten Führungsebene ein Group Executive Committee implementiert, das die Schnittstelle zwischen dem Vorstand und den nachgeordneten Unternehmensebenen bildet. Begründet wurde dieses Verfahren mit der Erwartungshaltung internationaler Investoren und internationaler Führungskräfte, die mit dem deutschen Aktienrecht nicht vertraut seien. Vorbild dieser Führungs- und Organisationsstruktur sind angelsächsische Unternehmen, in denen die Führung des Unternehmens auf mehrere Gremien verteilt wird. Diesem Vorbild folgten andere deutsche Unternehmen mit ähnlichen Konzepten, die aber Unterschiede zu dem Modell der Deutsche Bank AG aufweisen.

Gegenstand dieser Arbeit sind solche Modelle der Unternehmensorganisation, die man als virtuelle Holding begreifen kann. Ziel der Arbeit ist es, die aktienrechtliche Zulässigkeit der virtuellen Holding zu untersuchen. Es sollen die Möglichkeiten deutscher Aktiengesellschaften analysiert werden, ihr Unternehmen als virtuelle Holding zu führen. Die Untersuchung schließt aktienkonzernrechtliche Fragen ein. Ausgeklammert werden dagegen bankaufsichts- und mitbestimmungsrechtliche Probleme. Ebenfalls sollen mögliche Probleme in der GmbH oder in Personengesellschaften keine Rolle spielen. Die Untersuchung beschränkt sich darauf, die Probleme des geltenden Aktienrechts zu erläutern.

Überlegungen de lege ferenda des sich ohnehin in der Entwicklung befindlichen Aktienrechts müssen außer Betracht bleiben.

Den Ausgangspunkt der Arbeit bilden bekannte Formen der Unternehmensorganisation, die erläutert werden, um einen Begriff der virtuellen Holding bilden zu können, der dieser Untersuchung zugrunde gelegt werden soll. Im Anschluss daran werden einige Modelle der virtuellen Holding dargestellt, die in der Unternehmenspraxis existieren. Im nächsten Teil werden mögliche rechtliche Probleme der regelmäßig divisional organisierten virtuellen Holding angedeutet, indem bekannte aktienrechtliche Probleme der Spartenorganisation erörtert werden. Ein Teil der Arbeit ist der Frage gewidmet, welche Bedeutung die operative Geschäftsführung in der Aktiengesellschaft hat und ob der Vorstand zwingend für die operative Geschäftsführung zuständig ist. Dem schließt sich die Analyse der Möglichkeiten der Organisation des Vorstands an. In einem weiteren Teil der Untersuchung geht es um die Grenzen, die das Aktienrecht der Implementierung organexterner Führungsgremien, insbesondere so genannten „Executive Committees“, setzt. Danach soll beantwortet werden, wie die Unternehmensbereiche in einem Konzern, an dessen Spitze eine virtuelle Holding steht, rechtlich und organisatorisch ausgestaltet werden können. Abschließend werden einige haftungsrechtliche Probleme untersucht, die in der virtuellen Holding relevant sein können.

§ 2 Grundlagen

A. Unternehmensorganisation: Begriffe, Modelle und Abgrenzung

Um den Begriff „virtuelle Holding“ bestimmen und von anderen Formen der Unternehmensorganisation abgrenzen zu können, ist es zweckmäßig, zunächst konventionelle unternehmerische Organisationsformen zu beschreiben. Auf diese Weise können Unterschiede und Gemeinsamkeiten der verschiedenen Organisationsformen festgestellt werden, um anschließend typische Merkmale der virtuellen Holding darstellen zu können. In diesem Zusammenhang werden auch einige betriebswirtschaftliche Grundbegriffe kurz erläutert.

I. Organisation

Dem Begriff „Organisation“ liegt in dieser Arbeit das instrumentelle Verständnis der Betriebswirtschaftslehre zugrunde. Danach ist Organisation ein Führungsinstrument. Das Unternehmen hat eine Organisation.[1] Davon zu unterscheiden ist die institutionelle Sicht, die organisierte Sozialsysteme als Ganzes als Organisation ansieht (das Unternehmen ist eine Organisation).[2] Organisation hat eine instrumentelle Bedeutung, weil sie der Umsetzung von Unternehmenszielen dient, indem Strukturen und Prozesse zu diesem Zweck angepasst werden. Strukturen und Prozesse wiederum bilden „die Organisation“.[3] In Unternehmen können Aufgaben nur optimal erledigt werden, wenn Regeln bestehen, die ein arbeitsteiliges Vorgehen und Zusammenwirken von Personen zielwirksam gestalten. Organisation als Gestaltungsprozess bedeutet das Formulieren dieser Regeln. Organisation als Gestaltungsergebnis stellt die Gesamtheit der aufgestellten Regeln dar.[4] Betriebswirtschaftlich bedeutet Organisieren nach diesem Verständnis, Beziehungen zwischen Aufgaben, Menschen, Informatio-

---

[1] Bleicher, Organisation: Strategien – Strukturen – Kulturen, S. 34 f.; Kosiol, Organisation der Unternehmung, S. 26 f.; Krüger, in: Bea/Dichtl/Schweitzer, Allgemeine Betriebswirtschaftslehre 2, S. 127; Weidner/Freitag/Gernet/Ulbrich, Organisation in der Unternehmung, S. 19 ff.

[2] Vgl. zum institutionellen Organisationsbegriff Krüger, in: Bea/Dichtl/Schweitzer, Allgemeine Betriebswirtschaftslehre 2, S. 127; Mayntz, Soziologie der Organisation, S. 36: Aus der rechtswissenschaftlichen Literatur vgl. Spindler, Unternehmensorganisationspflichten, S. 13, der seiner Arbeit allerdings ebenfalls den instrumentellen Organisationsbegriff zugrunde legt.

[3] Krüger, in: Bea/Dichtl/Schweitzer, Allgemeine Betriebswirtschaftslehre 2, S. 127 f.

[4] Bleicher, Organisation: Strategien – Strukturen – Kulturen, S. 34 f.; Krüger, in: Bea/Dichtl/Schweitzer, Allgemeine Betriebswirtschaftslehre 2, S. 127, 130.

nen und Sachmitteln (Elemente der Organisation) planerisch zu einer Struktur zu verknüpfen. Daraus ergibt sich, dass Organisation „die präsituative Strukturregelung von Aktionsfeldern“ ist.[5] Die deutschsprachige Organisationslehre unterscheidet traditionell zwischen Aufbau- und Ablauforganisation. Bei der Aufbauorganisation geht es um die Gliederung von Unternehmen in aufgabenteilige, funktionsfähige Teileinheiten und die Regelung von Kompetenz- und Unterstellungsverhältnissen. Die Ablauforganisation regelt dagegen Prozesse der Aufgabenerfüllung in sachlogischer, zeitlicher, räumlicher und mengenmäßiger Hinsicht.[6]

Diese Überlegungen umreißen grob Begriff und Funktion betriebswirtschaftlicher Organisation, auf dem die rechtlichen Überlegungen dieser Arbeit basieren. Es geht in dieser Untersuchung darum, rechtlich verbindliche Regeln für die Aufbauorganisation der virtuellen Holding aufzuzeigen. Den Ausgangspunkt dieser Untersuchung bildet insoweit die Frage, welche organisationsrechtlichen Grenzen das deutsche Aktienrecht Unternehmen setzt, die sich als virtuelle Holding organisieren wollen. Das Aktiengesetz selbst behandelt Fragen der Aufbau- und der Ablauforganisation von Aktiengesellschaften allerdings nur am Rande. Das Gesetz zur Kontrolle und Transparenz im Unternehmensbereich vom 27. April 1998 (KonTraG)[7] hat den Begriff „Organisation“ zwar in die Überschrift des § 91 AktG aufgenommen. Der Begriff weist dort aber nur auf das Risikoerkennungssystem hin, das der Vorstand für die Aktiengesellschaft einzurichten hat.[8] Eine Legaldefinition eines rechtlichen Organisationsbegriffs enthält das Aktiengesetz dagegen nicht.

II. Unternehmens- und Führungsstrukturen

In dieser Arbeit wird an verschiedenen Stellen von Unternehmensorganisation, Unternehmensstrukturen, Organisationsstrukturen und Strukturorganisation gesprochen. Die rechtswissenschaftliche Literatur verwendet die Begriffe weitge-

---

[5] Krüger, in: Bea/Dichtl/Schweitzer, Allgemeine Betriebswirtschaftslehre 2, S. 127, 131.

[6] Krüger, in: Bea/Dichtl/Schweitzer, Allgemeine Betriebswirtschaftslehre 2, S. 127, 131.

[7] BGBL. I/1998, S. 786 ff.

[8] Götz, ZGR 2003, S. 1, 2 f.; zu Fragen des Risikofrüherkennungssystem vgl. allgemein Lange/Wall, Risikomanagement nach dem KonTraG.

hend synonym[9] und subsumiert darunter Probleme, die die Aufbauorganisation von Unternehmen betreffen. An diesem Begriffsverständnis soll auch dieser Beitrag nichts ändern. Die betriebswirtschaftliche Literatur versteht unter Strukturen die Summe der Beziehungen in einem System, das von seiner Umwelt abgrenzt wird und eine Gesamtheit von Einheiten darstellt. Sie versteht das Unternehmen und seine Organisation in diesem Zusammenhang als ökonomisches, offenes System.[10]

Von den vorgenannten Begriffen ist die „Führungsstruktur" von Unternehmen zu unterscheiden. Soweit es im Folgenden um Führungsstrukturen geht, ist damit die Organisation der Unternehmensleitung, nicht aber des gesamten Unternehmens gemeint. Unternehmensleitung ist die Organisationseinheit an der Spitze der organisatorischen, aus Entscheidungseinheiten bestehenden Hierarchie des Unternehmens.[11] Fragen der Organisation der Unternehmensleitung betreffen in dieser Arbeit vor allem die Organisation des Vorstands, dessen Zusammenarbeit mit anderen Gremien der Gesellschaft und die Zuweisung von Kompetenzen in Führungsangelegenheiten des Unternehmens. Es geht mit anderen Worten um Zuständigkeiten und Verantwortlichkeiten der Führungskräfte im Unternehmen.[12] Unter Führung ist die zielorientierte Gestaltung von Unternehmen (Unternehmensführung) und als zielorientierte Beeinflussung von Personen (Personalführung) zu verstehen.[13] Man kann mit Blick auf die Organisation der Unternehmensleitung[14] von Führungsstruktur,[15] Managementstruktur[16]

---

[9] Vgl. z. B. Schwark, ZHR 142 (1978), S. 203, 205 ff; K. Schmidt, ZGR 1981, S. 455, 479; Hanau, ZGR 1983, S. 346, 359 ff.; Schiessl, ZGR 1992, S. 64 ff., die von „Unternehmensorganisation" sprechen. BMJ (Hrsg.), Bericht über die Verhandlungen der Unternehmensrechtskommission, Rn. 1733 ff.; Semler, Festschrift Georg Döllerer (1988), S. 571 ff.; ders., in: Festschrift Karl Beusch (1993), S. 805 ff. verwenden dagegen die Begriffe „Organisationsstruktur" und „Strukturorganisation" (Semler).

[10] Krüger, in: Bea/Dichtl/Schweitzer, Allgemeine Betriebswirtschaftslehre 2, S. 127, 128 m. w. N.

[11] v. Werder, DB 1987, S. 2265.

[12] Vgl. insoweit Deutsche Bank AG, Corporate Governance Bericht 2001, S. 7; Götz, ZGR 2003, S. 1, 9.

[13] Hierzu Bea, in: Bea/Dichtl/Schweitzer, Allgemeine Betriebswirtschaftslehre 2, S. 1 f.; Bleicher, Organisation und Führung, S. 48 f.; Keller, in: Lutter (Hrsg.), Holding-Handbuch, § 4 Rn. 13. Zum aktienrechtlichen Begriff der „Leitung" siehe unten § 4 B. IV. 1. a) und § 5 B.

[14] Vgl. Endres, ZHR 163 (1999), S. 441, 444 ff.

oder Leitungsstruktur sprechen. Die gleiche Bedeutung haben die Begriffe Führungs-, Management- oder Leitungsorganisation.

Führungsorganisation im vorgenannten Sinn betrifft insofern herausgehobene Fragen der Aufbauorganisation des Unternehmens. In der virtuellen Holding können sowohl die Führungs- als auch die Unternehmensorganisation rechtliche Probleme aufwerfen.

III. Der Unternehmensbegriff

Ein kurzer Blick ist auf den juristischen Unternehmensbegriff zu richten. Nach allgemeinem Sprachgebrauch handelt es sich bei Unternehmen um Organisationen, die wirtschaftliche Güter und Dienstleistungen erbringen. Allerdings ist diese allgemeine Definition für die Rechtsanwendung zu ungenau.[17] Dies gilt auch für die betriebswirtschaftliche Definition, nach der Unternehmen „Orte der Bündelung von Beiträgen verschiedener Akteure beziehungsweise Bezugsgruppen (Anteileigner, Arbeitnehmer, Lieferanten und Gläubiger) zur arbeitsteiligen Wertschöpfung unter Leitung eines Topmanagements" sind.[18] Der juristische Unternehmensbegriff ist nach wie vor Gegenstand rechtswissenschaftlicher Diskussion.[19] Das Unternehmensrecht als deutlich umrissenes Rechtsgebiet gibt es bisher nicht. In der gesellschaftsrechtlichen Diskussion geht es vor allem um das Verhältnis zwischen Gesellschafts- und Unternehmensrecht sowie um die Frage, ob Gesellschaft und Unternehmen identisch sind. Bei der Begriffsbestimmung bereitet auch die Tatsache Schwierigkeiten, dass der Unternehmensbegriff in verschiedenen Rechtsgebieten, beispielsweise im Konzernrecht (§§ 15 ff., 291 ff. AktG), im Mitbestimmungsrecht (§§ 1, 6 MitbestG) sowie im

---

[15] So Deutsche Bank AG, Corporate Governance Bericht 2001, S. 7; Götz, ZGR 2003, S. 1, 9; Semler, in: Festschrift Karl Beusch (1993), S. 805, 806 ff.

[16] Deutsche Bank AG, Corporate Governance Bericht 2002 und Grundsätze, S. 7.

[17] Raiser, Recht der Kapitalgesellschaften, § 4 Rn. 1.

[18] Vgl. v. Werder, in: Hommelhoff/Hopt/v. Werder (Hrsg.), Handbuch Corporate Governance, S. 3, 6 m. w. N.

[19] Vgl. aus der umfangreichen Literatur Ballerstedt, JZ 1951, S. 486 ff.; ders., Festschrift Konrad Duden (1977), S. 15 ff.; Biedenkopf, Festschrift Ludwig Raiser (1974), S. 339 ff.; Raiser, Das Unternehmen als Organisation, S. 1 ff.; ders., Recht der Kapitalgesellschaften, § 6 Rn. 7 ff.; K. Schmidt, Gesellschaftsrecht, § 1 II 4. b) m. w. N.

Kartellrecht (§§ 1, 15, 22 ff. GWB) verwendet wird und dort unterschiedlich zu bestimmen ist.[20]

Namhafte Vertreter der wirtschaftsrechtlichen Literatur gehen inzwischen davon aus, dass Gesellschaft und Unternehmen nicht identisch sind. Zwischen Gesellschaft und Unternehmen besteht eine Wechselwirkung, wobei Ansätze und Schlüsse der Autoren unterschiedlich sind.[21] Um den Begriff des „Unternehmens" im gesellschaftsrechtlichen Sinn zu definieren, kann man die folgenden Merkmale heranziehen. Zunächst ist das Unternehmen als Wirtschaftsorganisation anzusehen, in die soziale Aspekte einfließen. Hinzu kommt das Merkmal der ökonomischen Zweckrichtung. Zu berücksichtigen sind auch die Personen und Mittel, mit deren Hilfe der Zweck erreicht werden soll.[22] Davon ausgehend kann man das Unternehmen definieren als „eine auf der organisatorischen Verbindung von Personen und sachlichen Mitteln beruhende rechtliche Einheit, die nach ökonomischen Methoden arbeitet und wirtschaftliche Güter oder Dienstleistungen hervorbringt, um über den Markt die Nachfrage der Allgemeinheit nach ihren Produkten und mit dem Erlös die Einkommenswünsche und sonstigen Bedürfnisse seiner Anteilseigner, Arbeitnehmer und Unternehmensleiter zu befriedigen".[23] Diese Definition ist für den weiteren Gang der Untersuchung ausreichend und zweckmäßig.[24]

IV. Grundmodelle der Aufbauorganisation

Betriebswirtschaftliche Literatur und im Anschluss daran auch die Rechtslehre unterscheiden drei Grundformen der Aufbauorganisation von Unternehmen: die

---

[20] Siehe Hüffer, AktG, § 15 Rn. 6 f.; Kübler, Gesellschaftsrecht, § 5 IV; Raiser, Recht der Kapitalgesellschaften, § 6 Rn. 7 ff.; K. Schmidt, Handelsrecht, § 4 I.

[21] Vgl. die Ausführungen bei Schilling, Festschrift Konrad Duden (1977), S. 537, 546 ff.; Hueck, Gesellschaftsrecht, § 4 I. 2.; K. Schmidt, Gesellschaftsrecht, § 1 II 4. b) aa) und bb); Kübler, Gesellschaftsrecht, § 5 IV 3.; Raiser, Recht der Kapitalgesellschaften, § 6 Rn. 10 ff.

[22] Kunze, Festschrift Konrad Duden (1977), S. 201, 204 ff.; Schilling, Festschrift Konrad Duden (1977), S. 537, 543 ff.; Hopt, Handels- und Gesellschaftsrecht Band II; Rn. 138; Hueck, Gesellschaftsrecht, § 4 I 2.; Kübler, Gesellschaftsrecht, § 5 IV 3. a).

[23] Raiser, Recht der Kapitalgesellschaften, § 6 Rn. 8; ähnlich Ballerstedt, Festschrift Konrad Duden (1977), S. 15, 22; Flume, BGB AT I/2, S. 48 ff.

[24] Nach einer anderen Begriffsbestimmung sucht man überdies vergeblich: Exemplarisch insoweit Hopt, Handels- und Gesellschaftsrecht, Rn. 137 ff.; Hueck, Gesellschaftsrecht, § 4 I 2, Kübler, Gesellschaftsrecht, § 5 IV; K. Schmidt, Gesellschaftsrecht, § 1 II 4.

funktionale Organisation, die divisionale Organisation und die Matrixorganisation.[25]

1. Funktionale Organisation

Als traditionelle Form gilt die funktionale Organisation, bei der sich die Unternehmensressorts an den klassischen unternehmerischen Funktionen orientieren. Hierzu zählen Produktion, Absatz, Personal, Finanzen, Forschung und Entwicklung, Recht sowie Materialwirtschaft. Dem funktionalen Aufbau des Unternehmens entsprechen die jeweiligen Zuständigkeiten der einzelnen Vorstandsmitglieder.[26] Die funktionale Organisation ist insofern eine verrichtungsorientierte Einlinienorganisation mit klaren Befehlssträngen. Jeder Mitarbeiter erhält Weisungen von einem Vorgesetzten (Prinzip der Einheit der Auftragserteilung). Zwischen den Funktionen bestehen produkt- und marktbezogene Abhängigkeiten, die zahlreiche Koordinationsaufgaben erfordern. Die funktionale Organisation neigt deshalb zur Entscheidungszentralisation.[27] Bis in die sechziger Jahre des 20. Jahrhunderts waren fast alle deutschen Großunternehmen funktional organisiert.[28]

Die funktionale Unternehmensorganisation hat viele Nachteile. Die fehlende Marktverantwortung der Funktionsbereiche, die nicht unmittelbar am Verkauf beteiligt sind, erschwert eine einheitliche Markt- und Wettbewerbsorientierung. Gleichzeitig hemmt sie die Innovationsfähigkeit des Unternehmens. Grund dafür ist insbesondere die fehlende Übereinstimmung der Ziele der funktionalen Teilbereiche mit den eigentlichen Unternehmenszielen des Produktabsatzes auf verschiedenen Märkten mit der Absicht, Gewinne zu erzielen. Die horizontalen Abhängigkeiten und unterschiedlichen Interessenlagen führen zu mangelnder

---

[25] Aus der betriebswirtschaftlichen Literatur: Eisenführ, ZfB 1970, S. 725 ff.; Krüger, in: Bea/Dichtl/Schweitzer, Allgemeine Betriebswirtschaftslehre 2, S. 127, 175; Weber, ZfB 1968, S. 587 ff.; aus der rechtswissenschaftlichen Literatur: Schiessl, ZGR 1992, S. 64 f.; Schwark, ZHR 142 (1978), S. 203, 205 f.; Wendeling-Schröder, Divisionalisierung, Mitbestimmung und Tarifvertrag, S. 9 ff.

[26] Schwark, ZHR 142 (1978), S. 203, 205; Schiessl, ZGR 1992, S. 64; Wendeling-Schröder, Divisionalisierung, Mitbestimmung und Tarifvertrag, S. 10.

[27] Krüger, in: Bea/Dichtl/Schweitzer, Allgemeine Betriebswirtschaftslehre 2, S. 127, 175; Schwark, ZHR 142 (1978), S. 203, 205 f.; Weber, ZfB 1969, S. 587, 594.

[28] Gälweiler, ZfO 1971, S. 55; Schwark, ZHR 142 (1978), S. 203, 205; Wendeling-Schröder, Divisionalisierung, Mitbestimmung und Tarifvertrag, S. 10.

Flexibilität und Netzwerkfähigkeit. Die funktionale Organisation weist außerdem Koordinations- und Überwachungsschwierigkeiten auf, weil eine Dezentralisierung und die effiziente Zuordnung von Kompetenzen bei ihr nur schwer möglich sind. Damit verbunden ist die Gefahr der Überlastung der Unternehmensspitze. Die Nachteile treten insbesondere bei sehr großen Unternehmen mit zunehmender Diversifikation von Produkten, Märkten und Kundengruppen auf.[29] Funktionale Organisationen gibt es heute noch bei Kleinunternehmen und Unternehmen mit einem homogenen Produktprogramm.[30]

2. Divisionale Organisation

Seit den sechziger Jahren des 20. Jahrhunderts sind viele Großunternehmen divisional organisiert.[31] Die divisionale Unternehmensorganisation ist eine objektorientierte Einlinienorganisation, die zur Entscheidungsdezentralisation tendiert.[32] Sie zeichnet sich dadurch aus, dass im Unternehmen operative Einheiten (Operating Divisions) gebildet werden, die sich nach Produkten, Kundengruppen oder Absatzmärkten (Regionen) bestimmen. Die Einheiten werden auch als Sparten, Geschäfts-, Unternehmens- oder Konzernbereiche bezeichnet.[33] Im Idealfall sind die Sparten „Quasiunternehmen", die die Funktionen Produktion und Absatz sowie unter Umständen die produktbezogene Entwicklung selbst wahrnehmen. Voraussetzung hierfür ist, dass die Absatzmärkte der Geschäftsbereiche voneinander unabhängig sind und sich deutlich unterscheiden. Die Produktionsstruktur muss sich in weitgehend selbständige Teilbereiche aufspal-

---

[29] Siehe zum Ganzen aus der betriebswirtschaftlichen Literatur: Eisenführ, ZfB 1970, S. 725 ff.; Krüger, in: Bea/Dichtl/Schweitzer, Allgemeine Betriebswirtschaftslehre 2, S. 127, 176; Weber, ZfB 1968, S. 587, 594 ff. Vgl. auch BMJ (Hrsg.), Bericht über die Verhandlungen der Unternehmensrechtskommission, Rn. 1733; Schiessl, ZGR 1992, S. 64.

[30] Krüger, in: Bea/Dichtl/Schweitzer, Allgemeine Betriebswirtschaftslehre 2, S. 127, 176.

[31] Vgl. Schwark, ZHR 142 (1978), S. 203.

[32] Krüger, in: Bea/Dichtl/Schweitzer, Allgemeine Betriebswirtschaftslehre 2, S. 127, 177.

[33] Krüger, in: Bea/Dichtl/Schweitzer, Allgemeine Betriebswirtschaftslehre 2, S. 127, 178; Schiessl, ZGR 1992, S. 64 f.; Wendeling-Schröder, Divisionalisierung, Mitbestimmung und Tarifvertrag, S. 9.

ten lassen, die den jeweiligen Sparten entsprechen.[34] Oft werden die einzelnen Sparten als „Profit-Center“ mit eigener Ergebnisverantwortung geführt.[35]

In der „reinen“ Form der divisionalen Organisation werden unterhalb der obersten Leitungsebene des Unternehmens Geschäftsbereiche, die sich nach verschiedenen Produktgruppen bestimmen, eingerichtet. Die Geschäftsbereiche werden jeweils von einem oder mehreren Angestellten, die der zweiten Führungsebene des Unternehmens angehören, geleitet. Der Spartenleiter entscheidet nicht nur über Produktion und Absatz, sondern auch über Entwicklung, Konstruktion, und Verwaltung in der Sparte, für die er verantwortlich ist, und im Falle von Profit-Centern auch über Einzelinvestitionen. Der Vorstand hat Kompetenzen für bestimmte Zentralbereiche wie Recht, Finanzverwaltung, Werbung und Grundlagenforschung. Er ist außerdem für die Planung und Kontrolle der Unternehmensziele und für die Kontrolle der Sparten zuständig.[36] Bei einer zweiten Alternative entspricht die Geschäftsverteilung im Vorstand der divisionalen Organisation des gesamten Unternehmens. Die Spartenleiter sind in diesem Fall zugleich Vorstandsmitglieder. Es bestehen aber auch bei diesem Modell weiterhin Zentralbereiche für wichtige Funktionen, für die andere Vorstandsmitglieder zuständig sind.[37] In diesem Fall decken sich weitgehend Führungs- und Organisationsstruktur des Unternehmens.

Die Einführung einer divisionalen Organisation ermöglicht es, diversifizierte und infolge von Wachstum unflexibel gewordene Unternehmen in effiziente, homogene und überschaubare Einheiten zu gliedern. Die gleichzeitige Aufteilung der Stabsfunktionen führt dazu, dass die Sparten ihre Tätigkeiten schneller und unmittelbar an die Veränderungen des Markts anpassen können. Neben verbesserter Markt- und Wettbewerbsorientierung und erhöhter Flexibilität er-

---

[34] Krüger, in: Bea/Dichtl/Schweitzer, Allgemeine Betriebswirtschaftslehre 2, S. 127, 180. Vgl. aus der juristischen Literatur auch Wendeling-Schröder, Divisionalisierung, Mitbestimmung und Tarifvertrag, S. 9.

[35] Krüger, in: Bea/Dichtl/Schweitzer, Allgemeine Betriebswirtschaftslehre, S. 127, 184 ff.; Schiessl, ZGR 1992, S. 64, 65; Wendeling-Schröder, Divisionalisierung, Mitbestimmung und Tarifvertrag, S. 9.

[36] Eisenführ, ZfB 1970, S. 725; Poensgen, Geschäftsbereichsorganisation, S. 117, 119; Schwark, ZHR 142 (1978), S. 203, 213; Wendeling-Schröder, Divisionalisierung, Mitbestimmung und Tarifvertrag, S. 9, 11 f.

[37] Krüger, in: Bea/Dichtl/Schweitzer, Allgemeine Betriebswirtschaftslehre, S. 127, 186 f.; Schwark, ZHR 142 (1978), S. 203, 206, 213.

möglicht die Spartenorganisation unter anderem eine gesteigerte Effizienz von Führungsprozessen, weil der Koordinationsbedarf der Unternehmensleitung relativ gering ist.[38]

Zusammenfassend zeichnet sich die funktionale Organisation durch eine vertikale Zuständigkeitsverteilung aus, wobei die Stabsfunktionen übergreifend für alle Produkte, Kundengruppen und Märkten durch zentrale Führungspersonen mit dem Vorstand an der Spitze wahrgenommen werden. In der Spartenorganisation dagegen werden einige dieser Aufgaben in den einzelnen Sparten autonom wahrgenommen. Insoweit weist die divisionale Unternehmensorganisation eine Tendenz zur Entscheidungsdezentralisation auf, während die funktionale Organisation eher zentralistisch geprägt ist. Die divisionale Organisation dürfte derzeit die häufigste Form der Unternehmensorganisation sein.[39]

3. Matrixorganisation

Das dritte Grundmodell der Unternehmensorganisation ist die Matrixorganisation. Sie ist eine Mehrlinienorganisation mit gleichzeitiger Verrichtungs- und Objektorientierung sowie Tendenz zur Entscheidungsdezentralisation.[40] Auf der Führungsebene unterhalb des Vorstands werden Objekt- und Verrichtungsgliederung kombiniert. Die funktionale Organisation bildet die vertikale Grundstruktur, die um eine Objektdimension ergänzt wird. Die Entscheidungskompetenzen sind nur zwischen erster (Vorstand) und zweiter Führungsebene dezentralisiert, damit die Funktionsfähigkeit der Matrix nicht gefährdet wird. Aus betriebswirtschaftlicher Sicht entsteht so ein System sich kreuzender Linien, das als Mehrliniensystem bezeichnet wird. Die Mitarbeiter des Unternehmens erhalten gleichberechtigte Weisungen sowohl von Funktions- als auch von Matrixmanagern.[41]

---

[38] BMJ (Hrsg.), Bericht über die Verhandlungen der Unternehmensrechtskommission, Rn. 1733; Eisenführ, ZfB 1970, S. 725, 730 ff.; Krüger, in: Bea/Dichtl/Schweitzer, Allgemeine Betriebswirtschaftslehre 2, S. 127, 179; Schwark, ZHR 142 (1978), S. 203, 206; Weber, ZfB 1968, 587, 594 ff.; Wendeling-Schröder, Divisionalisierung, Mitbestimmung und Tarifvertrag, S. 15 ff.

[39] So Krüger, in: Bea/Dichtl/Schweitzer, Allgemeine Betriebswirtschaftslehre 2, S. 127, 180.

[40] Krüger, in: Bea/Dichtl/Schweitzer, Allgemeine Betriebswirtschaftslehre 2, S. 127, 180.

[41] Krüger, in: Bea/Dichtl/Schweitzer, Allgemeine Betriebswirtschaftslehre 2, S. 127, 182.

Durch die Verbindung der divisionalen und der funktionalen Organisation können gleichzeitig Markt- und Kundennähe auf der einen Seite wie auch funktionale Effizienzwirkungen (Spezialisierung) genutzt werden. Als problematisch, auch aus juristischer Sicht, erweisen sich bei der Matrixorganisation aber die potentiellen Konflikte, die unter anderem aus der Überschneidung von Aufgaben und Kompetenzen der Sparten- und der Zentralbereichsvorstände resultieren.[42]

V. Betrieb und Betriebsorganisation

Von der Unternehmensorganisation ist die Betriebsorganisation zu unterscheiden. Der Begriff „Betrieb“, der nicht legal definiert ist, ist im Wesentlichen durch die arbeitsrechtliche Literatur und Rechtsprechung geprägt. Diese definieren „Betrieb“ als organisatorische Einheit, innerhalb derer ein Arbeitgeber allein oder in Gemeinschaft mit seinen Mitarbeitern mit Hilfe von sachlichen und immateriellen Mitteln bestimmte arbeitstechnische Zwecke fortgesetzt verfolgt. Der Begriff Betrieb ist weit auszulegen. Er umfasst nicht nur wirtschaftliche und gewerbliche Einrichtungen, sondern alle organisatorischen Einrichtungen, in denen arbeitstechnische Zwecke fortgesetzt verfolgt werden.[43]

Arbeitsrechtlich wird der Betrieb vom Unternehmen durch den unterschiedlichen Zweck abgrenzt. Der Betrieb verfolgt einen arbeitstechnischen Zweck, während das Unternehmen einen weitergehenden wirtschaftlichen Zweck verfolgt.[44] Sowohl Betrieb als auch Unternehmen sind aber organisatorische Einheiten zur Verfolgung eines bestimmten Zwecks. Ein Unternehmen kann aus einem Betrieb oder mehreren Betrieben bestehen. Unternehmen und Betrieb sind folglich keine synonymen Begriffe. Das Unternehmen kann mit dem Betrieb identisch sein, muss es aber nicht.[45] Daraus folgt, dass auch die Unterneh-

---

[42] Schiessl, ZGR 1992, S. 64, 65; aus betriebswirtschaftlicher Sicht: Krüger, in: Bea/Dichtl/Schweitzer, Allgemeine Betriebswirtschaftslehre 2, S. 127, 183, der darauf verweist, dass abgestufte Kompetenzen zu definieren sind, um unproduktive Pattsituationen zu vermeiden.

[43] BAG AP 1, 4, 5, 6, 7, 9 zu § 3 BetrVG; AP 1 zu § 81 BetrVG; AP 1 zu § 88 BetrVG; Richardi, BetrVG, § 1 Rn. 17; Schaub, Arbeitsrechtshandbuch, § 18 I. und § 214 I. 2. a) jeweils m. w. N.

[44] Richardi, BetrVG, § 1 Rn. 18; Schaub, Arbeitsrechtshandbuch, § 18 IV.; Semler, FS Karl Beusch (1993), S. 805, 814 f.; Zöllner/Loritz, Arbeitsrecht, § 44 II 2.

[45] Richardi, BetrVG, § 1 Rn. 51 ff.; Schaub, Arbeitsrechtshandbuch, § 18 IV.

mensorganisation nicht mit der Betriebsorganisation übereinstimmen muss. Demnach steht eine bestimmte Form der Betriebsorganisation einer freien Ausgestaltung der Unternehmensorganisation nicht entgegen.

B. Organisationsstrukturen im Konzern

Regelmäßig steht eine virtuelle Holding als Großunternehmen an der Spitze eines Konzerns.[46] Insoweit ist ein Blick auf die verschiedenen Möglichkeiten der Konzernorganisation zu werfen. Konzernorganisationsstrukturen können nach dem Grad der rechtlichen Selbständigkeit ihrer Teilbereiche unterschieden werden.[47]

I. Konzern und Einheitsunternehmen

Gemäß § 18 Abs. 1 S. 1 Hs. 1 AktG bilden ein herrschendes und ein oder mehrere abhängige Unternehmen, die unter der einheitlichen Leitung des herrschenden Unternehmens zusammengefasst sind, einen Konzern. Diese Unternehmen sind Konzernunternehmen (§ 18 Abs. 1 S. 1 Hs. 2 oder Abs. 2 Hs. 2 AktG). Als Konzernunternehmen sind sie verbundene Unternehmen im Sinne von § 15 AktG und insoweit rechtlich selbständig.[48]

Vom Konzern ist das Einheitsunternehmen abzugrenzen. Einheitsunternehmen bedeutet im Kontext dieser Arbeit, dass das Unternehmen keine Beteiligungen an rechtlich selbständigen Tochtergesellschaften hält. Die Teilbereiche des Einheitsunternehmens, die funktional oder divisional gegliedert sein können, sind rechtlich unselbständig, auch wenn sie aus organisatorischer Sicht autonome Entscheidungen in den ihnen übertragenen Aufgaben treffen können.[49] Der Grundtypus des selbständig am Markt agierenden Einheitsunternehmens ist nach dem hier zugrunde gelegten Verständnis ein konzernrechtlich unverbun-

---

[46] Vgl. zur virtuellen Holding in der Unternehmenspraxis § 3.

[47] Vgl. aus betriebswirtschaftlicher Sicht Krüger, in: Bea/Dichtl/Schweitzer, Allgemeine Betriebswirtschaftslehre 2, S. 127, 189.

[48] Zu den Anforderungen an die Intensität der Leitungsmacht, die erforderlich ist, um von einem Konzern zu sprechen vgl. Krieger, in: Münch. Hdb. GesR IV, § 68 Rn. 68 m. w. N. der vertretenen Ansichten. Zum Begriff der verbundenen Unternehmen vgl. Emmerich/Sonnenschein/Habersack, Konzernrecht § 2 m. w. N.; Krieger, in: Münch. Hdb. GesR IV, § 68 Rn. 14 ff.

[49] Vgl. Krüger, in: Bea/Dichtl/Schweitzer, Allgemeine Betriebswirtschaftslehre 2, S. 127, 189.

denes Unternehmen.[50] Zwar kann ein Einheitsunternehmen auch abhängiges Unternehmen im Sinne vom § 17 AktG und insoweit Konzernunternehmen sein. Letztere Konstellation spielt für diese Untersuchung aber keine Rolle, weil, wie erwähnt, die Bildung einer virtuellen Holding regelmäßig an der Spitze eines Unternehmensverbunds erfolgt.

II. Der Stammhauskonzern

Der Stammhauskonzern zeichnet sich anders als das Einheitsunternehmen dadurch aus, dass ein Unternehmen auch Beteiligungen an rechtlich selbständigen Tochtergesellschaften hält.[51] Das an der Konzernspitze stehende Stammhaus ist Muttergesellschaft und herrschendes Unternehmen i. S. d. §§ 15, 17 AktG. Neben den rechtlich selbständigen Tochtergesellschaften bestehen im Stammhaus(konzern) rechtlich unselbständige, organisatorisch aber verselbständigte Teilbereiche.[52] Das Stammhaus tritt selbst unternehmerisch am Markt auf und nimmt alle wichtigen Funktionen im Konzern selbst wahr. Die Tochtergesellschaften stehen unter enger Führung des Stammhauses. Merkmal des Stammhauses ist, dass es das Kerngeschäft des Konzerns einschließlich wesentlicher Teile des operativen Geschäfts selbst betreibt. Das Halten von Beteiligungen an Tochtergesellschaften hat dagegen nur den Zweck, das unternehmerische Geschäft der Konzernobergesellschaft zu unterstützen.[53]

Vorgenannter Zweck schließt aber nicht aus, dass das Stammhaus den Tochtergesellschaften auch operative Aufgaben überträgt. Die abhängigen Unternehmen können selbst Produktions- und Dienstleistungen erbringen. Die Leistungen der Tochtergesellschaften sind regelmäßig denen des Stammhauses ähnlich und ergänzen diese. Bei diversifizierten Unternehmensgruppen können die Tochtergesellschaften auch andere Produkte herstellen und vertreiben beziehungsweise andere Dienstleistungen erbringen als die Mutter.[54] Schwerpunkt

---

[50] Vgl. Semler, FS Georg Döllerer (1988), S. 571, 572, der von der „unabhängigen Aktiengesellschaft" spricht.

[51] Lutter, in: Lutter (Hrsg.), Holding-Handbuch, § 1 Rn. 15.

[52] Krüger, in: Bea/Dichtl/Schweitzer, Allgemeine Betriebswirtschaftslehre 2, S. 127, 190.

[53] Hoffmann, Konzernhandbuch, S. 14; Kleindieck, in: Hommelhoff/Hopt/v. Werder (Hrsg.), Handbuch Corporate Governance, S. 571, 576; Kraft, in: Lutter (Hrsg.), Holding-Handbuch, § 3 Rn. 99; Lutter, in: Lutter (Hrsg.), Holding-Handbuch, § 1 Rn. 15; Scheffler, Konzernmanagement, S. 21, 51; Schiessl, ZGR 1992, S. 64, 65; Theisen, Der Konzern, S. 169.

[54] Kraft, in: Lutter (Hrsg.), Holding-Handbuch, § 3 Rn. 99.

der unternehmerischen Tätigkeit bleibt aber das Kerngeschäft des Stammhauses. Der Stammhauskonzern kann rechtsformübergreifend divisional organisiert werden, indem sich die divisionale Organisationsstruktur an einzelnen Tochtergesellschaften fortsetzt. Dies kann dadurch geschehen, dass Beteiligungen an rechtlich selbständigen Tochtergesellschaften organisatorisch in rechtlich unselbständige Sparten des Stammhauses integriert werden, um deren Geschäft auszuweiten.[55] Früher waren die meisten deutschen Großunternehmen als Stammhauskonzern organisiert.[56] Das Stammhausmodell soll heute noch für solche Unternehmen empfehlenswert sein, deren Kerngeschäft deutlich das übrige Geschäft überwiegt.[57]

III. Echte Holdingkonzepte

Vom Einheitsunternehmen und vom Stammhauskonzern sind Unternehmensgruppen zu unterscheiden, denen Holdingkonzepte zugrunde liegen.

1. Der Holding-Begriff

§ 8a Abs. 4 KStG definiert die Holding als „Kapitalgesellschaft, deren Haupttätigkeit darin besteht, Beteiligungen an Kapitalgesellschaften zu halten und diese Kapitalgesellschaften zu finanzieren oder deren Vermögen zu mehr als 75 v. H. ihrer Bilanzsumme aus Beteiligungen an Kapitalgesellschaften besteht". Dieses steuerrechtliche Begriffsverständnis ist jedoch zu eng, um als allgemeingültige Definition herangezogen zu werden. Dies gilt umso mehr, als der Begriff, der funktionalen Charakter hat und betriebswirtschaftliche Organisationsstrukturen beschreibt, keinem einheitlichen juristischen Sprachgebrauch unterliegt.[58] Trotzdem kann der Holding-Begriff bestimmt werden, wenn man als wesentliches Merkmal der Holding das „Halten" von Beteiligungen an Gesellschaften beziehungsweise Unternehmen ansieht. Deshalb ist die Holding im gesell-

---

[55] Krüger, in: Bea/Dichtl/Schweitzer, Allgemeine Betriebswirtschaftslehre 2, S. 127, 190. Zu den strukturellen Problemen divisonalisierter Konzerne vgl. auch Wendeling-Schröder, Divisionalisierung, Mitbestimmung und Tarifvertrag, S. 12 ff. m. w. N.

[56] Vgl. Bühner DBW 51 (1991), S. 14; Lutter, in: Lutter (Hrsg.), Holding-Handbuch, § 1 Rn. 15.

[57] Krüger, in: Bea/Dichtl/Schweitzer, Allgemeine Betriebswirtschaftslehre 2, S. 127, 190.

[58] Siehe Kraft, in: Lutter (Hrsg.), Holding-Handbuch, § 3 Rn. 1 mit Fn. 1; Lutter, in: Lutter (Hrsg.), Holding-Handbuch, § 1 Rn. 11 mit Fn. 7.

schaftsrechtlichen Sinn ein Unternehmen, dessen betrieblicher Hauptzweck im Halten einer auf Dauer angelegten Beteiligung an einem oder mehreren anderen rechtlich selbständigen Unternehmen liegt.[59]

Zu beachten ist, dass die Holding weder eine eigene Rechtsform darstellt, noch eine bestimmte Rechtsform bedingt. Die Wahl der Rechtsform ist lediglich eine Frage der Zweckmäßigkeit, die von verschiedenen betriebswirtschaftlichen, rechtlichen oder steuerlichen Faktoren beeinflusst werden kann.[60] Eine Holding muss nicht zwingend eine Kapital- oder Personengesellschaft sein. Auch eine natürliche Person oder eine Stiftung kann Holding sein.[61] Die Holding selbst ist das Unternehmen an der Spitze eines Unternehmensverbundes, das auch teilweise als Holdinggesellschaft bezeichnet wird. Das Unternehmenskonglomerat aus Holding und Tochtergesellschaften wird in der Regel als Holdingkonzern oder Holdinggruppe bezeichnet.[62]

2. Organisatorische Vorteile eines Holdingkonzerns

Ein Holdingkonzern weist gegenüber einem Stammhauskonzern verschiedene organisatorische Vorteile auf.[63] Mit zunehmender Diversifizierung der Aktivitäten der Beteiligungsgesellschaften mag das Kerngeschäft der Obergesellschaft nur noch einen untergeordneten Teil des Gesamtgeschäfts ausmachen. Im Einzelfall kann die Leitungskapazität der Konzernobergesellschaft nicht ausreichen, um sämtliche Geschäfte des Konzerns zu führen. Dann bietet sich der Übergang zum Holdingkonzern an, indem die organisatorischen Teilbereiche des herrschenden Unternehmens organisatorisch und rechtlich verselbständigt werden und das operative Geschäft vollständig auf die rechtlich selbständigen

---

[59] Arndt/Ringel, BB 1988, S. 2147; Jäger, Aktiengesellschaft, § 39 Rn. 46; Lutter, in: Lutter (Hrsg.), Holding-Handbuch, § 1 Rn. 11 m. w. N. Ähnlich auch: EuGH, Rs. C-60/90 v. 20.6.1991, Slg. 1991, I-3111 ff. = EuZW 1992, 702, 703 („Polymar"); Emmerich, in: Emmerich/Habersack, Aktien- und GmbH-Konzernrecht, § 15 Rn. 15; Everling„ DB 1981, S. 2549; Keller, Unternehmensführung, S. 32; Kessler, Die Euro-Holding, S. 9 f.; Knobbe-Keuk, Bilanz- und Unternehmenssteuerrecht, § 20 II 2 c; Theisen, Der Konzern, S. 50 f.; Scheffler, WPg 1992, S. 641.

[60] Ausführlich hierzu Kraft, in: Lutter (Hrsg.), Holding-Handbuch, § 3 Rn. 1 ff. m. w. N.

[61] Arndt/Ringel, BB 1988, S. 2147; Kraft, in: Lutter (Hrsg.), Holding-Handbuch, § 3 Rn. 8, 27.

[62] Lutter, in: Lutter (Hrsg.), Holding-Handbuch, § 1 Rn. 25, 29; Everling, DB 1981, S. 2549.

[63] Siehe hierzu Scheffler, in: Lutter (Hrsg.), Holding-Handbuch, § 2 Rn. 10 ff.

Tochtergesellschaften übertragen wird. Die eigene Ergebnisverantwortung der Teilbereiche, die auch bei Profit Center-Konzepten umgesetzt wird, kann durch die rechtliche Selbständigkeit der Teilbereiche weiter gefördert werden.[64]

Weitere Vorteile liegen darin, dass die Integration neuer Geschäftsfelder und der Verkauf von Tochtergesellschaften flexibler werden und sich die Innovationskraft der Teilbereiche erhöht. Außerdem lassen sich nicht nur Größenvorteile des Gesamtkonzerns besser mit den Vorteilen kleiner, dezentraler Einheiten verbinden, sondern es können auch die Ergebnisse der Tochtergesellschaften transparenter dargestellt werden als bei rechtlich unselbständigen Teilbereichen einer Gesellschaft.[65]

3. Funktionale Unterscheidung von Holdingformen

Aus funktionaler Sicht gibt es im Wesentlichen drei Möglichkeiten, einen Holdingkonzern zu organisieren.[66] Funktionales Unterscheidungsmerkmal ist die jeweilige Intensität der Führung der Beteiligungen durch die Holding.[67]

In dieser Untersuchung ist vor allem die (strategische) Management-Holding von Bedeutung. Die Management-Holding beschränkt ihre Tätigkeiten auf die strategische Steuerung und Koordination des dezentralisierten Konzerns. Das operative Geschäft nehmen ausschließlich die Tochtergesellschaften wahr, die mit den dafür notwendigen Entscheidungskompetenzen ausgestattet sind. Die zentrale Führung der Tochtergesellschaften bleibt bei der Holding als Konzernspitze. Zu deren strategischen Aufgaben zählen unter anderem das Festlegen der Geschäftsfelder und –politik, die einheitliche Leitungs- und Weisungsausübung, die Zielkontrolle, ein einheitliches Controlling, die Besetzung von Führungspositionen und die Steuerung des Kapitalflusses in der Unternehmensgruppe.[68] Der Führungsanspruch der strategischen Management-Holding um-

---

[64] Krüger, in: Bea/Dichtl/Schweitzer, Allgemeine Betriebswirtschaftslehre 2, S. 127, 190.

[65] Krüger, in: Bea/Dichtl/Schweitzer, Allgemeine Betriebswirtschaftslehre 2, S. 127, 191.

[66] Zu hierarchischen und regionalen Unterscheidungskriterien vgl. Lutter, in: Lutter (Hrsg.), Holding-Handbuch, § 1 Rn. 25 ff., 30 ff.

[67] Vgl. Krüger, in: Bea/Dichtl/Schweitzer, Allgemeine Betriebswirtschaftslehre 2, S. 127, 191.

[68] Bühner, Management-Holding, S. 145 ff.; Endres, ZHR 163 (1999), S. 441, 445; Keller, in: Lutter (Hrsg.), Holding-Handbuch, § 4 Rn. 21 ff.; Kleindiek, in: Hommelhoff/Hopt/v. Werder, Handbuch Corporate Governance, S. 571, 576; Lutter, in: Lutter (Hrsg.), Holding-Handbuch, § 1 Rn. 16 f., der den Begriff „Führungsholding“ verwendet; Scheffler, Konzernmanagement,

fasst insoweit auch den inhaltlichen Einfluss auf Einrichtung, Abgrenzung und Entwicklung von Geschäftsfeldern. Die strategische Management-Holding legt zum Beispiel Finanz-, Erfolgs-, Markt-, Umsatz-, Wettbewerbs- und Investitionsziele fest.[69]

In der Praxis ist die Management-Holding gewöhnlich divisional so organisiert, dass einzelne Tochtergesellschaften als Unternehmensbereiche einzelverantwortlich den Vorstandsmitgliedern der Holding zugeordnet werden. In diesem Fall spricht man von „ressortorientierter Holdingführung".[70] Eine Management-Holding kann aus einem Einheitsunternehmen oder einem Stammhauskonzern dadurch entstehen, dass das operative Geschäft durch Spaltung, Ausgliederung oder Ausgründung von der strategischen Führung getrennt und auf neue oder bestehende Tochtergesellschaften übertragen wird.[71] Vom Einheitsunternehmen unterscheidet sich die Management-Holding dadurch, dass Letztere Beteiligungen an rechtlich selbständigen Tochtergesellschaften hält. Im Gegensatz zum Stammhaus betreibt die strategische Management-Holding selbst kein operatives Geschäft.

Die Misch-Holding ist eine Muttergesellschaft, deren Struktur der Management-Holding gleicht, die aber ähnlich wie die Obergesellschaft im Stammhauskonzern selbst unternehmerisch am Markt auftritt. Das eigene operative Geschäft der Misch-Holding ist aber, anders als beim Stammhaus, nur von untergeordneter Bedeutung.[72] Ein weiterer Typus der Holdinggesellschaft ist die Finanz- oder Vermögensholding, die selbst keine Führungsaufgaben in ihren Tochtergesellschaften wahrnimmt, sondern sich auf die Verwaltung ihrer Beteiligungen konzentriert. Die Verwaltung der Beteiligungen beschränkt sich auf die Aufsicht und Beratung der Leitungsgremien der Tochtergesellschaften, ins-

---

S. 51 f.; Schiessl, ZGR 1992, S. 64, 65, 82 ff.; Theisen, Der Konzern, S. 179 ff. Siehe auch unten § 5 B. VI. 1.

[69] Krüger, in: Bea/Dichtl/Schweitzer, Allgemeine Betriebswirtschaftslehre 2, S. 127, 191.

[70] Keller, in: Lutter (Hrsg.), Holding-Handbuch, § 4 Rn. 95.

[71] Vgl. Kraft, in: Lutter (Hrsg.), Holding-Handbuch, § 3 Rn. 104; Schiessl, ZGR 1992, S. 64, 65. Ein bekanntes Beispiel für die Umbildung eines Stammhauskonzerns in einen Management-Holdingkonzerns ist die Neustrukturierung der früheren Hoechst AG in den neunziger Jahren des letzten Jahrhunderts.

[72] Hoffmann, Konzernhandbuch, S. 13; Keller, Unternehmensführung, S. 56; Kleindiek, in: Hommelhoff/Hopt/v. Werder, Handbuch Corporate Governance, S. 571, 577; Lutter, in: Lutter (Hrsg.), Holding-Handbuch, § 1 Rn. 21.

besondere durch Wahrnehmung der Gesellschafterrechte in Haupt- oder Gesellschafterversammlungen und Ausübung der Aufsichtsratstätigkeiten. Die planende, strategische Führung wie in der Management-Holding tritt gegenüber der kontrollierenden Tätigkeit zurück.[73]

IV. Grad der Selbständigkeit der operativen Geschäftseinheiten

Die Intensität des Einflusses des Leitungsorgans der Unternehmensspitze, in der Aktiengesellschaft also des Vorstands, auf das operative Geschäft nimmt demnach vom funktional organisierten Einheitsunternehmen über das divisional organisierte Einheitsunternehmen und jeweils über das Stammhaus, die Misch-Holding, die strategische Management-Holding bis hin zur Vermögensholding sowohl in organisatorischer als auch in rechtlicher Hinsicht ab.

Den geringsten Grad operativer Autonomie weisen funktional organisierte Einheitsunternehmen auf, in denen der Vorstand für das operative Geschäft selbst verantwortlich ist und die organisatorischen Einheiten des Unternehmens rechtlich unselbständige Teilbereiche einer einzigen Gesellschaft sind. Auf der anderen Seite steht der Holding-Konzern mit einer Vermögensholding an der Spitze. Die operativen Geschäftseinheiten sind in Tochtergesellschaften vollständig organisatorisch und rechtlich verselbständigt. Der Vorstand der Vermögensholding beschränkt sich auf die Verwaltung der Beteiligungen.[74]

C. Die virtuelle Holding

I. Entwicklung der Terminologie

Die virtuelle Holding ist eine Schöpfung der Unternehmenspraxis. Sie stellt ein recht neues Phänomen dar, weshalb sich die rechtswissenschaftliche Literatur mit dem Begriff bislang nur wenig beschäftigt hat. Eine einheitliche Definition

---

[73] Bernhardt/Witt, ZfB 1995, S. 1341, 1343; Keller, Unternehmensführung, S. 35; Kleindiek, in: Hommelhoff/Hopt/v. Werder, Handbuch Corporate Governance, S. 571, 576; Krüger, in: Bea/Dichtl/Schweitzer, Allgemeine Betriebswirtschaftslehre 2, S. 127, 191; Lutter, in: Lutter (Hrsg.), Holding-Handbuch, § 1 Rn. 22; Timm, Die Aktiengesellschaft als Konzernspitze, S. 132.

[74] Vgl. hierzu auch Kleindiek, in: Hommelhoff/Hopt/v. Werder, Handbuch Corporate Governance, S. 571, 576; Krüger, in: Bea/Dichtl/Schweitzer, Allgemeine Betriebswirtschaftslehre 2, S. 127, 189, 190, 191.

des Terminus „virtuelle Holding“ existiert nicht, auch wenn es vereinzelte Versuche gibt, den Begriff zu bestimmen.

Seit etwa 1999 beschäftigen sich vereinzelte Veröffentlichungen mit der virtuellen Holding. In jenem Jahr veröffentlichte *Endres* einen Beitrag, in dem er die Deutsche Bank AG, deren Vorstand er bis zum 31.12.1998 angehörte, als virtuelle Holding bezeichnet.[75] Die Deutsche Bank AG hatte damals fünf Unternehmensbereiche festgelegt, in die sie auch die am Markt aktiven Tochtergesellschaften eingliedert hatte. Die Unternehmensbereiche bildeten laut *Endres* „nur organisatorisch, nicht jedoch juristisch, eine Einheit“. Den Unternehmensbereichen oblagen alle bereichsspezifischen Aufgaben. Sie wurden durch einen Bereichsvorstand geführt, dem auch jeweils ein Vorstandsmitglied der Muttergesellschaft angehörte. Das Gesamtunternehmen war divisional organisiert mit einer virtuellen Holding „als übergreifender Klammer“, deren Vorstand in erster Linie nur noch strategische, nicht dagegen operative Verantwortung zukam.[76] *Raiser* sieht die virtuelle Holding dadurch gekennzeichnet, dass es im Gegensatz zu einer echten Holdingstruktur bei einer „einheitlichen Gesellschaft“ bleibe, bei der für die verschiedenen Geschäftsbereiche Bereichsvorstände gebildet würden, die sich regelmäßig aus einem Vorstandsmitglied und mehreren jeweils in dem Bereich tätigen leitenden Angestellten zusammensetzten.[77] *Sprißler* bezeichnete in einem Beitrag aus dem Jahr 2002 das neue Organisationskonzept der HVB Group, deren Vorstand er angehört, als „virtuelle Management-Holding“. Die Organisationsform sei primär dadurch gekennzeichnet, dass die Führung des Konzerns aus einer virtuellen Holding heraus vorgenommen werde. Virtuell bedeute, dass keine rechtlich selbständige Holding gegründet werde, sondern die Steuerung des Konzerns von einem Ausschuss des Vorstands der HypoVereinsbank AG wahrgenommen werde. Damit gehe eine stärkere Entflechtung zwischen strategischer und operativer Steuerung des Konzerns einher.[78]

---

[75] Endres, ZHR 163 (1999), S. 441, 445.

[76] Ausführlich Endres, ZHR 162 (1999), S. 441, 445 f. Im Zusammenhang mit dem Modell der Deutsche Bank AG verwenden auch Huch/Borchers, in: Festschrift Manfred Bodin (1996), S. 343, 349 f., den Begriff der virtuellen Holding. Zur Organisations- und Führungsstruktur der Deutsche Bank AG vgl. im Einzelnen unten § 3 A.

[77] Raiser, Recht der Kapitalgesellschaften, § 14 Rn. 26.

[78] Sprißler, Kreditwesen 2002, S. 16. Zur Organisations- und Führungsstruktur der HVB Group siehe ausführlich unten § 3 B.

Aus dem Jahr 2003 stammen mehrere Abhandlungen, die sich erstmals eingehender mit der virtuellen Holding aus rechtlicher Sicht beschäftigen. *Götz* behandelt einzelne Rechtsfragen, die sich im Hinblick auf virtuelle Holdingstrukturen stellen, ohne den Begriff zu definieren.[79] *Kleindiek* charakterisiert die virtuelle Holding mit dem Merkmal, dass das gesamte operative Geschäft, das zuvor die Konzernspitze geführt habe, und die Aktivitäten der Tochterunternehmen in einzelne Geschäftsbereiche untergliedert werden, die von Bereichsleitungen unterhalb der Vorstandsebene geführt würden. Die strategische Leitung sei dagegen auf einer übergeordneten Ebene angesiedelt.[80] *Schwark* stellt darauf ab, dass die virtuelle Holding (anders als die echte Holding) keine rechtliche Trennung von Holding und Geschäftsbereichen kenne. Strategische Unternehmensleitung und operatives Geschäft seien organisatorisch voneinander getrennt. Die unterhalb der virtuellen Holding angesiedelten Unternehmensbereiche blieben aber juristisch unselbständig. Typologisch sei die virtuelle Holding eine besondere Form der Management-Holding, realisiert in einem Unternehmen. Es bestehe keine Einheit von Organisation und Rechtsstruktur.[81]

II. Begriff

Die vorgenannten Ansätze enthalten einen gemeinsamen Kern, der hilfreich ist, um den Begriff „virtuelle Holding" näher zu bestimmen. Zu eng sind die Ansätze, soweit sie darauf abstellen, dass die operativen Geschäfte durch Bereichsleitungen unterhalb des Vorstands geführt werden. Das zeigt das Beispiel der HVB Group, soweit man die HVB-Struktur als virtuelle Holding ansieht.[82]

Das wichtigste Merkmal der virtuellen Holding ist die Trennung von strategischer Führung und operativem Geschäft des Unternehmens(verbunds). Hierin liegt die wesentliche Gemeinsamkeit mit der Management-Holding. Im Gegensatz zur Management-Holding ist das operative Geschäft im Verhältnis zur strategischen Führung aber nur organisatorisch, nicht jedoch rechtlich verselbständigt. Es besteht in dieser Hinsicht, wie *Schwark* treffend festgestellt hat, keine

---

[79] Vgl. Götz, ZGR 2003, S. 1 ff.

[80] Kleindiek, in: Hommelhoff/Hopt/v. Werder (Hrsg.), Handbuch Corporate Governance, S. 571, 577.

[81] Schwark, Festschrift Peter Ulmer (2003), S. 605, 609. Vgl. auch Götz, ZGR 2003, S. 1, 2, der von „rechtsforminkongruenter" Organisation spricht.

[82] Zur Organisation der HVB Group siehe unten § 3 B.

Einheit von Organisation und Rechtsstruktur. Aus diesem Merkmal ergibt sich die Bezeichnung der Holding als „virtuell". Sie ist keine echte Holding im klassischen Sinn, sondern täuscht nur vor, eine Holding zu sein, weil das operative Geschäft, zumindest in wesentlichen Teilen, nicht in selbständige Tochtergesellschaften „ausgegliedert" worden ist. Hauptzweck der virtuellen Holding ist deshalb nicht wie bei einer echten Holding das Halten von Beteiligungen an anderen Unternehmen, sondern die rein organisatorische Trennung von operativen und strategischen Aufgaben innerhalb der Konzernobergesellschaft, damit sich das oberste Führungsgremium auf die strategische Leitung konzentrieren kann. Auf diese Weise können die organisatorischen Vorteile einer Holdingstruktur genutzt werden, ohne rechtlich selbständige Tochtergesellschaften zu gründen.

Die operativen Unternehmens- beziehungsweise Geschäftsbereiche in der divisional organisierten virtuellen Holding stellen keine rechtlich selbständigen Tochtergesellschaften dar, sondern bleiben rechtlich unselbständige Teilbereiche der Konzernobergesellschaft. Es bleibt mit anderen Worten dabei, dass in einer einzigen rechtlich selbständigen Gesellschaft strategisches und operatives Geschäft wahrgenommen werden, wenn auch nicht durch das gleiche Gremium beziehungsweise die gleichen Personen. Für die strategische Führung ist das oberste Gremium der virtuellen Holding verantwortlich. Dieses Gremium ist in der Unternehmenspraxis der Konzernvorstand oder ein Ausschuss des Konzernvorstands (so bei der HVB Group).[83] Die Unternehmensbereiche werden dagegen durch so genannte „Bereichsvorstände" geleitet, denen Mitglieder des Gesamtvorstands oder ausschließlich vorstandsexterne Führungskräfte angehören können. Im Unterschied zum Einheitsunternehmen können in der virtuellen Holding aber rechtlich selbständige operative Tochtergesellschaften in die rechtlich unselbständigen operativen Unternehmensbereiche organisatorisch integriert werden. Die Organisationsstruktur der einzelnen Unternehmensbereiche endet dann hierarchisch nicht in der Konzernobergesellschaft, sondern setzt sich an den rechtlich selbständigen Tochtergesellschaften fort. Auch in dieser Hinsicht zeigt sich die fehlende Kongruenz von Organisation und Rechtsstruktur der virtuellen Holding. Von der Misch-Holding unterscheidet sich die virtuelle Holding dadurch, dass bei Letzterer das eigene operative Geschäft nicht nur

---

[83] Siehe dazu im Einzelnen unten § 3 B.

von untergeordneter Bedeutung ist. In dieser Hinsicht ähnelt die virtuelle Holding funktional der Muttergesellschaft im Stammhauskonzern.

Von diesem theoretischen Befund[84] ausgehend kann man die Obergesellschaft eines derart organisierten Unternehmensverbunds als „virtuelle Holding im weiten Sinn“ bezeichnen, während das gesamte Unternehmenskonglomerat ein „virtueller Holdingkonzern“ ist. Betrachtet man die Funktion der Management-Holding, strategische Aufgaben für den Gesamtkonzern wahrzunehmen,[85] kann man aber auch das Gremium, das in der „virtuellen Holding im weiten Sinne“ die strategischen Führungsaufgaben wahrnimmt, als virtuelle Holding selbst ansehen. Das Gremium, das nach dem Gesagten entweder der Vorstand oder ein Vorstandausschuss ist, ist eine „virtuelle Holding im engen Sinn“, weil es als übergreifende Klammer den virtuellen Holdingkonzern, unabhängig von dessen organisatorischer und der rechtlicher Struktur, strategisch führt und insoweit die typischen Aufgaben einer echten Management-Holding wahrnimmt.

Unabhängig von der Frage, ob solche unternehmerischen Führungs- und Organisationsstrukturen aktienrechtlich zulässig sind, ist eine virtuelle Holding nach dem Gesagten ein Unternehmen, das wie folgt organisiert ist. Die virtuelle Holding ist eine rechtlich selbständige, divisional organisierte Gesellschaft mit mehreren rechtlich unselbständigen Unternehmensbereichen, die für das gesamte operative Geschäft der Gesellschaft zuständig sind. In die Unternehmensbereiche können rechtlich selbständige Tochtergesellschaften organisatorisch integriert werden. Der Vorstand der virtuellen Holding oder ein Vorstandsausschuss nimmt nur noch strategische Führungsaufgaben wahr und überwacht, soweit erforderlich, das operative Geschäft der Unternehmensbereiche und koordiniert deren Tätigkeiten im Interesse des Gesamtunternehmens. Operative Aufgaben nimmt der Vorstand oder der Ausschuss nicht oder nur noch in unwesentlichem Umfang wahr. Die virtuelle Holding ist also eine besondere Form des divisional organisierten Unternehmens.

In dieser Untersuchung werden aktienrechtliche Probleme sowohl der virtuellen Holding im weiten Sinn, des virtuellen Holdingkonzerns als auch der virtuellen Holding im engen Sinn behandelt. Soweit jedoch nicht ausdrücklich von der

---

[84] Zur praktischen Ausgestaltung von virtuellen Holdingstrukturen siehe unten § 3.

[85] Siehe oben § 2 B. III. 3.

virtuellen Holding im engen Sinn gesprochen wird, ist mit dem Begriff „virtuelle Holding" eine solche im weiten Sinn gemeint.

D. Motive für die Einführung einer virtuellen Holdingstruktur

Der Einführung einer virtuellen Holdingstruktur liegen in erster Linie organisatorische und wirtschaftliche Motive zugrunde. Daneben spielen auch andere Gründe eine Rolle. Allen Überlegungen liegt die Erwägung zugrunde, die Vorteile der virtuellen Holding gegenüber anderen Führungsstrukturen auszunutzen.

I. Schaffung effizienter und transparenter Führungsstrukturen

Ein wichtiger Grund für die Implementierung einer virtuellen Holding ist die Schaffung effizienter und transparenter Entscheidungsprozesse und Kontrollmechanismen.

Bei der Deutsche Bank AG sollte die Konzentration der Vorstandsaufgaben auf strategische Führung, Ressourcenallokation, Kontrolle und Risikomanagement einerseits sowie die Erledigung des operativen Geschäfts durch die Leitungen der Unternehmensbereiche andererseits zu einer deutlichen Abgrenzung der Verantwortlichkeiten und klaren Zuordnung der Zuständigkeiten führen. Gleichzeitig sollten die Leiter der Geschäftsbereiche stärker in die Konzernsteuerung integriert werden.[86] Effizienz, Flexibilität und Schnelligkeit der Entscheidungsprozesse sollten erhöht werden, indem Kompetenzüberschneidungen beseitigt wurden. Als Vorbild für die neue Führungsstruktur der Deutsche Bank AG dienten angelsächsische Unternehmen mit schlanken Führungsorganen.[87] Solche Überlegungen spielten auch bei Einführung der virtuellen Holdingstruktur bei der HVB Group die wichtigste Rolle. Der frühere Stammhauskonzern mit einer Matrixorganisation wies ein hohes Maß an Steuerungskomplexität auf. Das gleichzeitige Vorhandensein divisionaler und regionaler Einheiten führte zu Abstimmungsproblemen, komplizierten Entscheidungspro-

---

[86] Vgl. Deutsche Bank AG, Corporate Governance Bericht 2001, S. 7. Für konventionell divisional organisierte Unternehmen vgl. bereits BMJ (Hrsg.), Bericht über die Verhandlungen der Unternehmensrechtskommission, Rn. 1733.

[87] Wittkowski, „Kampagne gegen Ackermann", Börsenzeitung vom 30.01.2002, S. 8; Gries, „Unruhe in den Frankfurter Bankentürmen", Süddeutsche Zeitung vom 28.01.2002, S. 23 im Rahmen der Diskussion um die Neustrukturierung der Deutsche Bank AG.

zessen und nicht klar abgegrenzter Ergebnisverantwortung. Der Vorstand war gleichzeitig mit operativen Aufgaben belastet, obwohl ein erhöhter Bedarf an strategischer Steuerung bestand. Diese Probleme sollten durch die Trennung von strategischer und operativer Verantwortung beseitigt werden.[88]

Die zunehmende Komplexität der Abstimmungsprozesse und Aufgaben in den Unternehmen war unter anderem Folge der Globalisierung und der Diversifizierung ihres Geschäfts und damit verbundenem Größenwachstum. Unterschiedliche Märkte, unterschiedliche Produkte und unterschiedliche Dienstleistungen stellen neue Anforderungen. Eigenverantwortliche, spezialisierte Einheiten sollen diesen Anforderungen in der Regel besser gerecht werden als ein allzuständiger Vorstand, der die schwierige Aufgabe hat, die einzelnen Geschäftsbereiche zentral zu koordinieren und ihnen gleichzeitig ein ausreichendes Maß an Autonomie zu gewähren.[89]

II. Wirtschaftliche Gründe

Der Einführung einer virtuellen Holding können zumindest mittelbar auch wirtschaftliche Erwägungen zugrunde liegen. Das Management möchte Kosten senken, um das Ergebnis zu verbessern und Mehrwert zu schaffen. Dies kann in der virtuellen Holding durch eine straffe Organisation, effiziente Entscheidungszuständigkeiten und die Zusammenführung einzelner Geschäftsfelder geschehen. Gleichzeitig kann der Vorstand Kapital an die einzelnen Unternehmensbereiche neu verteilen. Letztendlich erhofft sich das Management dadurch, die Rentabilität zu steigern und den Gewinn je Aktie zu erhöhen.[90] Ob dies durch die Imple-

---

[88] HVB Group, Geschäftsbericht 2001, S. 36; Sprißler, Kreditwesen 2002, S. 16.

[89] Eichelmann, „Banken brauchen Vorstände mit klaren Verantwortlichkeiten“, Börsenzeitung vom 26.01.2002, S. 18; Endres, ZHR 163 (1999), S. 441, 442 f.; v. Hein, ZHR 166 (2002), S. 464, 471.; Potthoff, „Der Vorstand denkt – der Rest lenkt“, Handelsblatt vom 01.02.2002, S. 2. Sprißler, Kreditwesen 2002, S. 16; Der frühere Vorstandssprecher der Deutsche Bank AG, Rolf-E. Breuer, äußerte sich entsprechend auf der Jahrespressekonferenz 2002 der Bank.

[90] Vgl. dazu die Äußerungen im Rahmen der Diskussion um die neue Struktur der Deutsche Bank AG: Gries, Süddeutsche Zeitung vom 28.01.2002, S. 23; v. Hein, ZHR 166 (2002), S. 464, 471; v. Hiller, Die Deutsche Bank des Josef Ackermann, Frankfurter Allgemeine Sonntagszeitung vom 19.05.2002, S. 37.

mentierung einer virtuellen Holding tatsächlich erreicht werden kann, wird sich in der Praxis zeigen müssen.[91]

Gegenüber der Management-Holding und dem Stammhauskonzern weist die virtuelle Holding insoweit Vorteile auf, als durch das Beibehalten einer einheitlichen gesellschaftsrechtlichen Struktur Kosten für die Gründung und den Betrieb rechtlich selbständiger Gesellschaften entfallen. Außerdem steht hinter den Sparten immer ein wirtschaftlich starkes Unternehmen, auf dessen Potenzial ohne Schwierigkeiten zurückgegriffen werden kann. So können auf Beschaffungs-, Absatz- und Kapitalmärkten in der Regel bessere Konditionen für die unselbständigen Unternehmensbereiche ausgehandelt werden als bei vielen rechtlich selbständigen Gesellschaften.[92] Ein weiterer Vorteil der virtuellen Holding liegt darin, dass rechtlich selbständige operative Bereiche unter Umständen nicht mehr das gleiche Rating hätten wie im Falle einer rechtlich unselbständigen Geschäftseinheit, weil das Rating nicht mehr von der Muttergesellschaft selbst abgeleitet würde. Dies kann bei einem schlechteren Rating dazu führen, dass die Kreditaufnahme für rechtlich selbständige Unternehmensbereiche teurer wird als in einer virtuellen Holding.

Neben diesen allgemeinen Motiven können auch spezielle Überlegungen eine Rolle spielen. Bei Kreditinstituten sind zum Beispiel bankaufsichtsrechtliche Vorschriften zu berücksichtigen, die die Bildung einer echten Holding unter Umständen teuer machen. Das Einbringen des operativen Geschäfts in rechtlich selbständige Einheiten erfordert bei Kreditinstituten nach §§ 10, 10 a KWG, dass jede Einheit mit angemessenem Eigenkapital ausgestattet wird.[93] Diese Anforderungen gehen über die allgemeinen Erfordernisse der aktienrechtlichen

---

[91] Kritisch insoweit Wittkowski, „Kampagne gegen Ackermann“, Börsenzeitung vom 30.01.2002, S. 8. Vgl. auch Merkt, US-amerikanisches Gesellschaftsrecht, Rn. 73 im Hinblick auf die Thesen der US-amerikanischen „Transaction Cost School“.

[92] Vgl. Baums, in: Festschrift Karlheinz Boujong (1996), S. 19, 26; Thiel, Spartenaktien für deutsche Aktiengesellschaften, S. 12 f.

[93] Gemäß § 10 Abs. 1 S. 1 KWG dient die Eigenmittelausstattung der Sicherung der Gläubigerinteressen, insbesondere der Sicherheit der dem Kreditinstitut anvertrauten Vermögenswerte. Zu den Anforderungen der §§ 10, 10 a KWG vgl. Boos, in: Boos/Fischer/Schulte-Mattler, KWG, §§ 10, 10 a; Fischer, in: Schimansky/Bunte/Lwowski, Bankrechtshandbuch, § 129 Rn. 1 ff. jeweils m. w. N.

Vorschriften zur Kapitalaufbringung und -erhaltung hinaus.[94] Das Führen rechtlich selbständiger operativer Geschäftsbereiche kann deshalb bei Kreditinstituten auch aus bankaufsichtsrechtlichen Gründen unzweckmäßig, weil zu teuer sein. Nach alldem kann es attraktiver sein, eine Gesellschaft als virtuelle Holding auszugestalten, statt eine echte Holding zu bilden, wenn man gleichzeitig die Vorteile einer Holdingstruktur nutzen will.

Nicht zuletzt können im Falle des Beibehaltens einer rechtlich einheitlichen Struktur Kosten bei der Besteuerung der Gesellschaft gespart werden. Verluste eines Geschäftsbereichs führen zu einer Gewinn- und somit Steuerreduzierung bei der gesamten Gesellschaft. Dadurch steht ein höherer Betrag für Ausschüttungen oder Investitionen zur Verfügung. Der gleiche Effekt kann zwar auch erzielt werden, wenn eine Sparte als selbständige Tochtergesellschaft geführt wird, indem Mutter- und Tochtergesellschaft einen Gewinnabführungsvertrag im Sinne des § 291 Abs. 1 AktG abschließen. Mit dieser Alternative sind aber verschiedene Probleme verbunden. Minderheitsgesellschafter können erforderliche Zustimmungen nach §§ 293 Abs. 1, 295 Abs. 1 und 2, 296 Abs. 2, 297 Abs. 2 AktG erschweren oder verhindern, wenn sie mit Umstrukturierungsmaßnahmen im Konzern nicht einverstanden sind. Außerdem bestehen Haftungsverpflichtungen des herrschenden Unternehmens nach §§ 302, 303, 305 AktG. Unabhängig von der steuerlichen Situation entstehen im Falle der Beteiligung an rechtlich selbständigen Einheiten zudem die allgemeinen konzernrechtlichen Haftungsprobleme, die eine echte Holding unattraktiv machen können.

III. Erwartungshaltung internationaler Investoren

Im Zuge der Einführung der neuen Führungsstruktur der Deutsche Bank AG wurde als Motiv für die Einführung holdingähnlicher Führungsstrukturen die Erwartungshaltung internationaler Investoren genannt, klare Führungsstrukturen zu schaffen. Für internationale Investoren sei das deutsche Aktienrecht

---

[94] Bei der Aktiengesellschaft fallen unter den Kapitalaufbringungsgrundsatz insbesondere das Verbot der Stufengründung (§§ 2, 29 AktG), das Verbot der Unterpariemission (§ 9 Abs. 1 AktG) sowie die Satzungspublizitätsvorschriften der §§ 26, 27 AktG. Dem Kapitalerhaltungsgrundsatz dienen vor allem das Verbot der Einlagenrückgewähr (§ 57 Abs. 1 und 2 AktG), die Ausschüttungsbeschränkung des § 57 Abs. 3 AktG und das grundsätzliche Verbot des Erwerbs eigener Aktien (§§ 71 ff. AktG). Vgl. dazu auch die Ausführungen von Hüffer, AktG, § 1 Rn. 11 f. und von Wiesner, in: Münch. Hdb. GesR IV, § 16 Rn. 1 ff. jeweils m. w. N. Für die umfassenden Anforderungen der §§ 10, 10 a KWG vgl. statt aller die entsprechende Kommentierung von Boos, in: Boos/Fischer/Schulte-Mattler, KWG.

schwer verständlich, weshalb Vorbehalte gegenüber dem deutschen Vorstandsmodell bestünden. Aus diesem Grund orientiere sich die neue Führungsstruktur der Deutsche Bank AG am Vorbild angelsächsischer Unternehmen mit einem schlanken Führungsorgan und einem starken Mann an der Spitze.[95] Im Grunde geht es darum, die Führungsstrukturen an internationale Gepflogenheiten anzupassen, um im internationalen Wettbewerb, unter anderem auch an den Kapitalmärkten, bestehen zu können.

Anlässlich dieser Überlegungen kamen Bedenken auf, ob die neue Führungsstruktur der Deutsche Bank AG zu einer Stellung des Vorstandssprechers führt, die dem Vorbild des US-amerikanischen Chief Executive Officers (CEO) entspreche oder zumindest angenähert sei. Der US-amerikanische CEO hat traditionell sehr weit reichende Kompetenzen, weil dem US-amerikanischen Vorstandsmodell das so genannte „Direktorialprinzip" zugrunde liegt. Das deutsche aktienrechtliche Vorstandsmodell geht dagegen vom „Kollegialprinzip" aus (§ 77 Abs. 1 AktG).[96] Die Adaption angelsächsischer Strukturen wird zwar zu Recht kritisiert, soweit es um die Ausstattung des Vorstandsvorsitzenden mit den Kompetenzen eines CEO geht. Dass das US-amerikanische dem deutschen Führungsmodell überlegen ist, ist bisher nicht nachgewiesen. Das CEO/Board-System hat den Zusammenbruch großer Unternehmen nicht verhindern können. Enron und K-Mart sind nur zwei prominente Beispiele hierfür. Das deutsche Kollegialprinzip hat sich bewährt, zumal das geltende deutsche Aktienrecht für einen starken Vorstandsvorsitzenden genug Raum lässt. Offenbar sieht auch die Mehrzahl der großen deutschen Unternehmen für eine Übernahme des CEO-Modells keine Notwendigkeit.[97]

---

[95] Eichelmann, „Banken brauchen Vorstände mit klaren Verantwortlichkeiten, S. 18, Börsenzeitung vom 26.01.2002, S. 18; Gries, „Unruhe in den Frankfurter Bankentürmen", Süddeutsche Zeitung vom 28.01.2002, S. 23; v. Hein, ZHR 166 (2002), S. 464, 469; Potthoff, „Der Vorstand denkt – der Rest lenkt", Handelsblatt vom 01.02.2002, S. 2.

[96] Vgl. Bernhardt, „Eine Rückkehr zum Generaldirektor ist nicht wünschenswert", FAZ vom 29.01.2002, S. 18; zum US-amerikanischen Recht allgemein: Merkt, US-amerikanisches Gesellschaftsrecht, Rn. 509 ff.; Hamilton, The Law of Corporations, § 13.8; zum deutschen Recht: Hüffer, AktG, § 77 Rn. 1 ff. m. w. N.

[97] Vgl. Baums, „Wir brauchen die Institution CEO in Deutschland nicht", Interview in „Die Welt" vom 18.01.2002, S. 12; Bernhardt, „Eine Rückkehr zum Generaldirektor ist nicht wünschenswert", FAZ vom 29.01.2002, S. 18; v. Hein, RIW 2002, S. 501 ff.; ders., ZHR 166 (2002), S. 464, 470.

Allerdings steht diese Diskussion der Einführung einer virtuellen Holding nicht entgegen. Die virtuelle Holding setzt nach dem Gesagten einen CEO nicht zwingend voraus. Unabhängig davon sind schlanke Führungsstrukturen mit straffen Entscheidungsprozessen durchaus wünschenswert. Soweit sie im Einzelfall unternehmensspezifisch vorteilhaft erscheinen, sind sie an ihrer rechtlichen Zulässigkeit sowie an ihrem wirtschaftlichen und organisatorischen Nutzen zu messen. Es gibt genügend Gründe, die für die Einführung einer virtuellen Holding mit einem schlanken Vorstand ohne CEO sprechen.

IV. Sonstige Gründe

Ein weiterer Grund für die Bildung einer virtuellen Holding kann darin liegen, das Unternehmen als Arbeitgeber für internationale Führungskräfte interessanter zu machen. Die Motivation des Topmanagements soll sich verbessern, wenn die Unternehmensleitung von den Details des operativen Tagesgeschäfts entlastet wird und die Führungskräfte sich auf die langfristige strategische Planung konzentrieren können.[98] In dieser Hinsicht bietet die virtuelle Holding die Möglichkeit, ausländische Topmanager, die mit den Details des deutschen Aktienrechts nicht vertraut sind, für das Unternehmen zu gewinnen.[99] Ein weiterer Vorteil der virtuellen Holding besteht darin, dass ihre transparente Struktur die Einführung bereichsspezifischer Vergütungsprogramme für Führungskräfte erleichtert. Aktienoptionen oder sonstige erfolgsbezogene Vergütungsarten zugunsten der leitenden Mitarbeiter der Unternehmensbereiche können speziell am Erfolg der jeweiligen Unternehmenssparte ausgerichtet werden, weil die Rentabilitätskontrolle einzelner Bereiche effizienter ist als in der nicht segmentierten Gesellschaft.[100]

Als divisionalisiertes Unternehmen, dessen Unternehmensbereiche nicht in selbständigen Tochtergesellschaften geführt werden, bietet sich die virtuelle Holding auch für die Ausgabe von Spartenaktien (Tracking Stocks) an, bei de-

---

[98] Vgl. dazu allgemein Williamson, Corporate Governance, Yale Law Journal 93 (1984), S. 1197 ff., 1223.

[99] Dass der internationale Arbeitsmarkt für Führungskräfte auch bei der Umstrukturierung der Deutsche Bank AG eine Rolle gespielt hat, hat auch Rolf E. Breuer hervorgehoben: „Nicht jeder will sich mit den Details quälen, mit denen wir uns als Vorstände nach dem deutschen Aktienrecht herumschlagen.“, zitiert bei v. Hein, ZHR 166 (2002), S. 464, 470.

[100] Bühner/Walter, DB 1977, 1205, 1207; Schwark, ZHR 142 (1978), S. 203, 221; Thiel, Spartenaktien für deutsche Aktiengesellschaften, S. 14.

nen sich das Gewinnbezugsrecht lediglich nach dem Ergebnis einer bestimmten, rechtlich unselbständigen Unternehmenssparte und nicht des Gesamtunternehmens bemisst.[101] Allerdings ist die Zulässigkeit von Spartenaktien nach deutschem Recht zweifelhaft,[102] weshalb es derzeit noch keine Tracking Stocks in Deutschland gibt.

Denkbar ist ferner, dass ein Unternehmen, das schlechte Erfahrungen mit operativen Tochtergesellschaften gemacht hat, die in den rechtlich selbständigen Gesellschaften geführten Unternehmensbereiche wieder „eingliedern" will. Dies ist vor allem denkbar, wenn das operative Geschäft wegen zu langer Entscheidungswege, der Beteiligung von Mitgesellschaftern an Entscheidungen oder allgemeinen konzernrechtlichen Problemen nur mangelhaft kontrollierbar ist. In solchen Fällen wird die Unternehmensleitung das operative Geschäft wieder in die Obergesellschaft integrieren, ohne sämtliche Vorteile der divisionalen Unternehmensorganisation aufzugeben. Ein Kompromiss kann in der Bildung einer virtuellen Holding liegen.[103]

V. Die virtuelle Holding als Instrument der Führungskontrolle?

Zuletzt ist auf eine These der „Transaction Cost School" hinzuweisen, die aus der Sicht des Managers zwar kaum als Motiv für die Implementierung einer virtuellen Holding in Betracht kommen dürfte; dennoch stellt die These einen beachtenswerten Aspekt unter Corporate Governance-Gesichtspunkten dar.

Angeblich könne das Problem der Kontrolle von Führungsmacht in Gesellschaften weder extern durch den Markt gelöst werden, noch seien externe Kontrollen erforderlich. Das Problem sei vielmehr durch den Wandel der inneren Organisationsstruktur großer Kapitalgesellschaften zu lösen. Würden die internen Entscheidungsprozesse rationalisiert und die Unternehmensleitung von operativen

---

[101] Vgl. zum Begriff Tracking Stocks aus der deutschsprachigen Literatur Thiel, Spartenaktien für deutsche Aktiengesellschaften, S. 5 ff.; Tonner, Tracking Stocks, S. 6 jeweils mit Nachweisen der US-amerikanischen Literatur.

[102] Kritisch insoweit Baums, Festschrift Karlheinz Boujong (1996), S. 19, 28 ff.

[103] Die Deutsche Bank AG hat beispielsweise mit dem Auslagern ihres operativen Privatkundengeschäfts auf die eigens dafür gegründete Deutsche Bank 24 AG anscheinend keine guten Erfahrungen gemacht. Im Laufe des Jahres 2002 wurde diese Struktur wieder aufgegeben und das klassische Privatkundengeschäft in den Unternehmensbereich „Private Clients and Asset Management" integriert.

Aufgaben befreit, könne sich das Management darauf konzentrieren, Profit zu erzielen. Die Unternehmensleitung könne insoweit als Organ der Aktionäre angesehen werden, das intern die Tätigkeiten der einzelnen Geschäftsbereiche überwache. Diese interne Überwachung sei einer externen Überwachung überlegen, weil sie einerseits leichter und besser Zugang zu für die Geschäftsentwicklung relevanten Informationen habe und bei wirtschaftlichem Misserfolg schneller und gezielter personelle Konsequenzen ziehen könne als externe Kontrolleure. Zudem sei eine interne Kontrolle auch kostengünstiger als eine externe, weil die Informationsbeschaffung einfacher sei.[104]

Die These überzeugt jedoch nicht. Sie löst nämlich keineswegs das Problem der fehlenden Effizienz der Führungskontrolle. Eine rein interne Kontrolle durch die Unternehmensleitung verschiebt das Problem allenfalls auf eine andere Ebene. Um eine umfassende Führungskontrolle sicherzustellen, ist nämlich auch die unabhängige Überwachung der obersten Leitungsebene einer Gesellschaft erforderlich, das heißt die „Kontrolle der Kontrolleure".[105] An der Notwendigkeit einer externen Überwachung ändert deshalb auch die virtuelle Holding nichts.

---

[104] Williamson, Corporate Governance, Yale Law Journal 93 (1984), S. 1197 ff., 1223 ff.

[105] Vgl. dazu Baums, ZIP 1995, S. 11, 12 f.; Brudney, Corporate Governance, Agency Costs and the Rhetoric of Contract, Columbia Law Review 85 (1985), S. 1403 ff., 1430 Fn. 71; Merkt, US-amerikanisches Gesellschaftsrecht, Rn. 73.

§ 3 Die virtuelle Holding in der Unternehmenspraxis

In diesem Teil der Untersuchung werden exemplarisch Unternehmens- und Führungsstrukturen einiger großer deutscher Aktiengesellschaften dargestellt, die als virtuelle Holding organisiert sind. Dadurch erhalten die theoretischen Ausführungen dieser Arbeit einen praktischen Bezug, der zeigt, dass die virtuelle Holding nicht nur Gegenstand akademischer Überlegungen ist, sondern als Modell für Führungs- und Organisationsstrukturen ihren Ursprung in der Unternehmenspraxis hat.

A. Deutsche Bank AG

Schon der zweite Teil dieser Arbeit hat gezeigt, dass die neue Führungsstruktur der Deutsche Bank AG, die im Jahr 2002 eingeführt worden ist, zu einer öffentlichen Diskussion, vor allem in der Wirtschaftspresse, geführt hat.[106] Die neue Führungs- und Organisationsstruktur war scheinbar auch bankintern äußerst umstritten. Verschiedenen Äußerungen in der Presse zufolge soll das frühere Vorstandsmitglied Thomas Fischer aus dem Vorstand der Bank zum 30. Januar 2002 ausgeschieden sein, weil er die neue Führungsstruktur nicht habe mittragen wollen.[107] Die seit dem 31. Januar 2002 geltende Unternehmens- und Führungsstruktur, die in Informationsmedien der Deutsche Bank AG als „weiterentwickelte" Führungsstruktur bezeichnet wird,[108] wird nachfolgend näher beschrieben.

---

[106] Vgl. dazu Büschemann, „Die Deutsche Bank und das Recht", Süddeutsche Zeitung v. 26.01.2002, S. 21; Herrmann, BKR 2002, S. 193 f.; o. V., „Führerprinzip im alten Aktienrecht", FAZ v. 29.01.2002, S. 18; Schönauer, „Die Eckpfeiler im System Ackermann stehen", Handelsblatt vom 01.02.2002, S. 2.

[107] O. V., „Konflikt bei Deutscher Bank zugespitzt", FAZ vom 29.01.2002, S. 18; o. V., „Thomas Fischer verlässt die Deutsche Bank – Vorstand wird auf fünf Mitglieder verkleinert", Börsenzeitung vom 31.01.2002, S. 1; Wittkowski, „Ende der (Schein-)Gefechte, Börsenzeitung vom 31.01.2002, S. 1.

[108] Vgl. Breuer, Leading to results, in: Deutsche Bank, Geschäftsbericht 2001, S. 5; Deutsche Bank AG, Corporate Governance Bericht 2001, S. 7.

I. Unternehmensstruktur

In einem ersten Schritt ist die Unternehmensstruktur der Deutsche Bank AG Anfang 2001 weiterentwickelt worden.[109] Nach bankeigenen Angaben wird der Deutsche Bank-Konzern als virtuelle Holding geführt. Die Deutsche Bank hat ihre Aktivitäten auf sieben Kerngeschäftsfelder konzentriert: Global Markets (Handels-, Verkaufs- und Analyse-Aktivitäten im Geschäft mit Devisen, Anleihen, Derivaten, Rohstoffen und so genannten strukturierten Transaktionen sowie mit Geldmarkt-, Repo- und Wertpapierverbriefungstransaktionen), Global Equities (Aktiengeschäft), Global Corporate Finance (Unternehmensfinanzierung, Betreuung bei M & A, dem Verkauf von Unternehmensteilen, Begleitung von Börsengängen und Kapitalerhöhungen), Global Transaction Banking (Cash Management für Unternehmen und Finanzinstitute, internationale Handels- und Exportfinanzierungen und Wertpapierdienste), Private and Business Clients (Betreuung von Privat- und Geschäftskunden in Europa), Private Wealth Management (weltweite Betreuung sehr vermögender Privatkunden) und Asset Management (Fondsgeschäft).[110]

Um diese Aufgaben wahrzunehmen, bedient sich die Bank einer Matrixorganisation. Das bedeutet, dass neben divisionalen, operativen Geschäftsbereichen einige funktionale, die Geschäftsbereiche überlagernde Stabsbereiche bestehen.[111] Im Rahmen ihrer Neuorganisation hat die Deutsche Bank AG drei divisionale Konzernbereiche geschaffen, die sie als „Corporate and Investment Banking“ (CIB), „Private Clients and Asset Management“ (PCAM) und „Corporate Investments“ (CI) bezeichnet.

In diesen Konzernbereichen hat die Bank einzelne Unternehmensbereiche zusammengeführt. Im Bereich CIB sind dies „Corporate Banking and Securities“ sowie „Global Transaction Banking“. Im CIB betreut die Bank Kunden aus dem institutionellen und öffentlichen Bereich sowie Unternehmen. CIB ist also die Zusammenfassung von Investment Banking und Firmenkundengeschäft. Zum Unternehmensbereich „Corporate Banking and Securities“ zählen die Kerngeschäftsfelder „Global Markets“, „Global Equities“ und „Corporate Finance“.

---

[109] Breuer, Leading to results, in: Deutsche Bank, Geschäftsbericht 2001, S. 5.

[110] Deutsche Bank, Jahresbericht 2003, S. 8; dies., Geschäftsbericht 2002, S. 11 f.; dies., Die Deutsche Bank im Überblick, S. 3 f. (Quelle: www.deutsche-bank.de).

[111] Zum Begriff der Matrixorganisation siehe oben § 2 A. IV. 3.

PCAM umfasst die Unternehmensbereiche „Personal Banking“, „Private Banking“ und „Asset Management“. In diesem Bereich werden sämtliche Privatkunden betreut. Produktion und Vertrieb sämtlicher Produkte werden inzwischen unternehmensbereichsübergreifend einheitlich gesteuert. Die Kundengruppen sind in drei Segmente aufgeteilt. Dabei unterscheidet die Deutsche Bank AG zwischen sehr vermögenden Privatkunden, vermögenden und vermögensbildenden Privatkunden und Kunden, die Bedarf an standardisierten Produkten haben. Der Bereich CI verwaltet die bankeigenen Vermögensanlagen (Private Equity, Immobilien, Industriebeteiligungen, sonstige Anlagen). CI ist ein im Februar 2001 entstandenes Konglomerat verschiedener im Konzern verteilter Aktivitäten.[112] Innerhalb dieser Konzernbereiche hat die Deutsche Bank AG ihre Kerngeschäftsfelder in Unternehmens- und Geschäftsbereichen integriert. Die Geschäftsbereiche sind wierum Teile der Unternehmensbereiche.[113]

Neben diesen drei divisionalen Konzernbereichen, in denen die Deutsche Bank AG ihr operatives Geschäft wahrnimmt, wurde ein so genanntes „Corporate Center“ geschaffen. Das Corporate Center überlagert und umklammert das Gesamtunternehmen. In ihm nimmt die Bank ihre konzernbereichsübergreifenden funktionalen Aufgaben wahr. Das Corporate Center dient der einheitlichen Konzernführung durch den Vorstand, indem eine enge Zusammenarbeit mit den einzelnen Konzernbereichen stattfindet. Unterstützt werden Corporate Center und die Konzernbereiche dabei durch regional integrierte so genannte Bereichsfunktionen. Hauptaufgaben des Corporate Centers sind Planung und Steuerung, Kontrolle und Risikomanagement. Dabei handelt es sich um strategische Aufgaben. Unter Planung und Steuerung (Ressourcenallokation) fallen die Personalpolitik und der Bereich Treasury (Steuerung von Kapital, Bilanzvolumen und Liquidität). Das Risikomanagement überwacht Kredit-, Markt- und operationelle Risiken. Es wird vom Corporate Center aus koordiniert, ist organisatorisch aber in die Unternehmensbereiche integriert. In gleicher Weise ist das Controlling organisiert.[114]

---

[112] Deutsche Bank, Geschäftsbericht 2001, S. 10 ff., 23 ff., 29, 35. Vgl. auch o. V., „Deutsche Bank will mit neuer Führungsstruktur effizienter werden“, Börsenzeitung v. 01.02.2002, S. 18.

[113] Deutsche Bank, Jahresbericht 2003, S. 9.

[114] Deutsche Bank, Geschäftsbericht 2001, S. 39.

Diese Organisationsstruktur zeichnet sich durch die spezifische Zuordnung des operativen Managements in den Konzernbereichen CIB, PCAM und CI einerseits und die Zuordnung der funktionalen Zuständigkeiten im Corporate Center andererseits aus. Dies führt zu einer deutlichen Trennung zwischen strategischen Aufgaben und operativen Aufgaben.[115]

II. Führungsstruktur

In einem zweiten Schritt hat die Deutsche Bank AG Anfang des Jahres 2002 ihre Führungsstruktur fortentwickelt, indem der Konzernvorstand verkleinert und einige so genannte „Committees" mit verschiedenen Funktionen gebildet wurden. Dieser Schritt ist erfolgt, um die neue Unternehmensstruktur zu ergänzen.[116]

1. Vorstand

Im Rahmen der neuen Führungsstruktur änderten sich sowohl die Aufgaben des Vorstands als auch dessen Zusammensetzung. Eine wichtige Neuerung liegt in der Konzentration des Vorstands auf die strategische Führung, die Ressourcenverteilung, die Kontrolle und das Risikomanagement der Bank.[117] Operative Aufgaben soll der Vorstand dagegen nicht mehr wahrnehmen; diese hat der Vorstand vollumfänglich auf nachgeordnete Führungsebenen delegiert. Dennoch soll es nach dem Willen der Bank bei dem Grundsatz bleiben, dass der Vorstand das Unternehmen unter eigener Verantwortung leitet und sämtliche Mitglieder des Vorstands die gemeinsame Verantwortung für die Geschäftsleitung tragen.[118] Im Rahmen dieser Neuordnung ist der Vorstand verkleinert worden. Er besteht derzeit aus vier Mitgliedern.[119] Die Position des Chief Financial Officers (CFO) und des Chief Risk Officers (CRO) wird in Personalunion wahrgenommen. Sie umfasst die Verantwortung für das Controlling, Steuern

---

[115] Deutsche Bank, Corporate Governance Bericht 2001, S. 7.

[116] Breuer, Leading to results, in: Deutsche Bank, Geschäftsbericht 2001, S. 5, 7.

[117] Deutsche Bank, Geschäftsbericht 2001, S. 10.

[118] Deutsche Bank, Corporate Governance Bericht 2001, S. 3. Vgl. auch den Wortlaut der §§ 76 Abs. 1, 77 Abs. 1 S. 1 AktG.

[119] Vgl. dazu Deutsche Bank, Corporate Governance Bericht 2002 und Grundsätze, S. 5 ff.; dies., Geschäftsbericht 2001, S. 202. Aus dem Jahresbericht 2003 der Deutsche Bank AG, S. 7, 55 lässt sich dies nur noch inzident entnehmen.

und Investor Relations sowie für die Risikosteuerung und Unternehmenssicherheit. Der Chief Operating Officer (COO) ist für Kosten- und Infrastrukturmanagement, Informationstechnologie, Operations, Gebäude- und Flächenmanagement sowie Einkauf zuständig. Der Chief Administrative Officer ist für Corporate Cultural Affairs, Human Resources, Recht, Compliance und Revision verantwortlich. Der Vorstandssprecher ist Vorsitzender des Group Executive Committee und zuständig für Corporate Development, Corporate Communications sowie Volkswirtschaft und Treasury.[120]

Mit dieser Vorstandsverkleinerung folgt die Deutsche Bank dem bereits im ersten Teil angesprochenen Vorbild angelsächsischer Führungsstrukturen, die in aller Regel schlanke Führungsorgane mit wenigen Mitgliedern haben.[121]

2. Committees

Auf der Ebene unterhalb des Vorstands bestehen so genannte „Committees". Diese teilweise neu entstandenen Committees haben unterschiedliche Aufgaben im Rahmen der Unternehmens- und Führungsstruktur der Deutsche Bank AG. Hinsichtlich Zuständigkeiten und personeller Zusammensetzung kann zwischen funktionalen und divisionalen Committees einerseits und dem so genannten „Group Executive Committee" andererseits, das eine exponierte Stellung im Rahmen des Deutsche Bank-Konzerns einnimmt, differenziert werden.

a) Divisionale, funktionale und regionale Committees

Die operative Steuerung der Konzernbereiche CIB, PCAM und CI erfolgt über drei divisionale Committees (Operating Committees). Das heißt, Koordinations- und Führungsaufgaben werden für den jeweiligen Konzernbereich durch das CIB Operating Committee, das PCAM Operating Committee und das CI Operating Committee wahrgenommen.[122] Vorsitzender (Chairman) des jeweiligen Committees ist ein Mitglied des Group Executive Committee.[123] Vorstandsmit-

---

[120] Deutsche Bank, Jahresbericht 2003, S. 7; dies., Corporate Governance Bericht 2002 und Grundsätze, S. 5 ff.

[121] Vgl. dazu bereits oben § 2 D. I. und III. und die dort angeführten Nachweise aus der Tagespresse.

[122] Für den Bereich CI verbleibt das Management der schrittweisen Liquidation des Industriebeteiligungs-Portfolios allerdings beim Vorstand.

[123] Zum Group Executive Committee siehe sogleich unter § 3 A. II. 2. b).

glieder gehören den Operating Committees derzeit nicht an. Durch die Einrichtung der Operating Committees und der damit verbundenen Trennung des strategischen Managements von den operativen Aufgaben des Tagesgeschäfts soll die Führungsstruktur noch stärker auf eine virtuelle Holding ausgerichtet werden.[124]

Hauptaufgabe der funktionalen Committees (Group Committees) ist die Unterstützung des Vorstands bei dessen Tätigkeiten im Rahmen der geschäftsbereichsübergreifenden strategischen Planung, der Ressourcenallokation sowie im Kontroll- und Risikomanagement. Anders formuliert übt der Vorstand seine Steuerungsaufgaben über diese funktionalen Committees aus. Die funktionalen Committees werden jeweils von einem Vorstandsmitglied als „Chairman" geleitet.[125] Insgesamt hat die Deutsche Bank derzeit acht funktionale Committees.

Das „Group Finance Committee" bestimmt die konzernweite Ausrichtung des Controllings. Außerdem bestimmt und überwacht es die Rechnungslegungsregeln der Deutsche Bank AG. Das „Group Investment Committee" begutachtet strategische Investitionsentscheidungen und überwacht Akquisitionen, Joint Ventures, Desinvestitionen sowie Restrukturierungsvorhaben. Dem „Group Risk Committee" obliegt die konzernweite Planung, Steuerung und Kontrolle von Risiken, insbesondere von Kredit-, Markt- und operationellen Risiken. Im Group Asset/Liability Committee wird die konzernweite Verteilung finanzieller Ressourcen auf die operativen Geschäftsbereiche abgestimmt. Das „Group Corporate Investments/Alternative Assets Committee" überwacht alle Corporate Investment- und Alternative Asset-Aktivitäten. Außerdem nimmt es Aufgaben des Risikomanagements wahr und legt Investitionsrichtlinien fest. Ihm obliegen zudem die Compliance, das Konfliktmanagement und größere Investitionsentscheidungen. Das „Group IT & Operations Committee" koordiniert konzernweit strategische und operative Entscheidungen im Bereich IT und Operations. Dem „Group Human Resources Committee" obliegt die konzernweite Festlegung und Kontrolle von Richtlinien und Standards im Personalwesen, insbesondere für Rekrutierung, Entwicklung, Einsatz, Betreuung und Entlassung von Personal.

---

[124] Deutsche Bank, Geschäftsbericht 2001, S. 10.

[125] Deutsche Bank, Corporate Governance Bericht 2001, S. 7; dies., Geschäftsbericht 2001, S. 10.

Das „Group Compliance Committee“ entwickelt rechtliche Standards sowie Compliance- und Revisionsrichtlinien und sorgt für deren Durchsetzung.[126]

Im Herbst 2004 hat die Deutsche Bank AG außerdem beschlossen, sogenannte „Regionale Management Committees“ zu schaffen, mit denen das regionale Kundengeschäft bereichsübergreifend besser koordiniert werden soll, indem den Kunden feste Ansprechpartner für sämtliche Produkte der Bank zugeordnet werden.[127]

b) Das Group Executive Committee

Der wohl wichtigste und folgenreichste Bestandteil der neuen Führungsstruktur ist das Group Executive Committee. Es setzt sich zusammen aus den vier Vorstandsmitgliedern und den ursprünglich acht, derzeit sieben so genannten „Global Business Heads“. Die Global Business Heads sind die jeweiligen Leiter der bereits genannten, in den Konzernbereichen CIB und PCAM geführten Kerngeschäftsfelder Global Markets, Global Equities, Global Corporate Finance, Global Transaction Banking, Private and Business Clients, Private Wealth Management, Asset Management und Corporate Investments. Im Herbst 2004 ist außerdem der Posten eines „Head of Regional Management weltweit“ geschaffen worden, dem keine Verantwortung für eine bestimmte Sparte zukommt, sondern spartenübergreifende Kompetenz für das Geschäft in einzelnen Regionen, um deren Gewicht in Zukunft zu stärken. Die Vorstandsmitglieder sind geborene Mitglieder des Group Executive Committees; sie gehören dem Gremium auf Grund ihrer Eigenschaft als Vorstandsmitglied an. Der Vorstandssprecher ist kraft Amtes zugleich Vorsitzender des Group Executive Committees. Die Global Business Heads sind dagegen gekorene Mitglieder des Group Executive Committees; sie werden vom Vorstand bestellt und entlassen. Zur Erledigung seiner Aufgaben tagt das Group Executive Committee in eigenen Sitzungen unabhängig von den Vorstandssitzungen.[128]

---

[126] Deutsche Bank, Corporate Governance Bericht 2001, S. 7 f.

[127] Deusche Bank, Presse-Information vom 21.09.2004, „Deutsche Bank: Neue Verantwortlichkeiten im Group Executive Committee“; o. V., „Deutsche Bank sendet Signal an den Heimatmarkt“, Börsenzeitung vom 22.09.2004, S. 5.

[128] Deutsche Bank, Corporate Governance Bericht 2001, S. 7; dies., Geschäftsbericht 2001, S. 10. Zum Status der Mitglieder des Group Executive Committees äußerte sich der frühere Vorstandssprecher der Deutsche Bank AG, Rolf-E. Breuer, entsprechend auf der Jahrespres-

Das Group Executive Committee hat folgende Aufgaben. Ihm obliegt die fortlaufende Unterrichtung des Konzernvorstands über die Geschäftsentwicklung und besondere Vorfälle, die regelmäßige Überprüfung der Geschäftssegmente der Bank (Überprüfung der Portfolios), die Erörterung strategischer Fragen mit dem Vorstand und Beratung desselben sowie die Vorbereitung von Vorstandsvorlagen.[129] Mit anderen Worten informieren und beraten die gekorenen Mitglieder des Group Executive Committees dessen geborene Mitglieder in deren Eigenschaft als Vorstandsmitglieder und bereiten für diese Vorstandsvorlagen vor.[130]

Mit der Einrichtung des Group Executive Committees werden insbesondere zwei Ziele verfolgt. Zum einen sollen die Global Business Heads enger in die strategische Steuerung des Konzerns eingebunden werden. Zum anderen soll auch dieses Gremium zu einer deutlicheren Abgrenzung der strategischen Führung vom operativen Management führen.[131] Bei genauer Betrachtung ist das Group Executive Committee aber gleichzeitig die Schnittstelle zwischen strategischem und operativen Geschäft, weil in diesem Gremium die für das operative Management zuständigen Global Business Heads und die für die strategische Planung zuständigen Vorstandsmitglieder gemeinsam beraten. Entscheidungsbefugnisse kommen dem Group Executive Committee nicht zu, insbesondere kann es keine den Vorstand bindenden Beschlüsse fassen.

---

sekonferenz am 31.01.2002; vgl. auch o. V., „Deutsche Bank will mit neuer Führungsstruktur effizienter werden", Börsenzeitung vom 01.02.2002, S. 18. Zu den Aufgaben des „Head of Regional Management weltweit" siehe Deusche Bank, Presse-Information vom 21.09.2004, „Deutsche Bank: Neue Verantwortlichkeiten im Group Executive Committee"; o. V., „Deutsche Bank sendet Signal an den Heimatmarkt", Börsenzeitung vom 22.09.2004, S. 5.

[129] Deutsche Bank, Corporate Governance Bericht 2001, S. 7; dies., Geschäftsbericht 2001, S. 10.

[130] Deutsche Bank, Geschäftsordnung für den Vorstand in der Fassung vom 13.01.2004, I. (1).

[131] Deutsche Bank, Corporate Governance Bericht 2001, S. 7; dies., Geschäftsbericht 2001, S. 10.

III. Übersicht

<table>
<tr><td colspan="11">Konzernvorstand</td></tr>
<tr><td colspan="11">Funktionale Committees
Alternative Assets   Asset/Liability   Compliance   Finance
Human Resources   Investment   IT & Operations   Risk</td></tr>
<tr><td colspan="11">Group Executive Committee
(Konzernvorstände und Global Business Heads/Regions)</td></tr>
<tr><td colspan="11">Divisionale Committees (Operating Committees)</td></tr>
<tr><td colspan="7">Corporate and Investment Bank</td><td rowspan="3">Corporate Investments</td><td colspan="3">Private Clients and Asset Management</td></tr>
<tr><td colspan="4">Global Banking & Securities</td><td colspan="3">Global Transaction Banking</td><td>Private and Business Clients</td><td colspan="2">Asset and Wealth Management</td></tr>
<tr><td>GM</td><td>GE</td><td>CF</td><td>BD</td><td>CM</td><td>TF</td><td>TSS</td><td></td><td>AM</td><td>PWM</td></tr>
<tr><td colspan="11">Regionale Management Committees</td></tr>
</table>

Abbildung: Führungsstruktur der Deutsche Bank AG[132]

[132] Vgl. auch Deutsche Bank AG, Geschäftsbericht 2002, S. 10 und „www.deutsche-bank.de". Abkürzungen der Geschäftsbereiche: GM (Global Markets), GE (Global Equities), CF (Global Corporate Finance), BD (Global Banking Division), CM (Cash Management), TF (Trade Finance), TSS (Trust & Securities Services), AM (Asset Management) und PWM (Private Wealth Management).

B. HVB Group

Ein weiteres Unternehmen aus dem Bankensektor, das als virtuelle Holding geführt wird, ist die HVB Group. Im Rahmen der Umsetzung des strategischen Ausbaus zu einem Unternehmen mit verstärktem europaweitem Geschäft wurden die Unternehmensstruktur und die Führungsstruktur der HVB Group neu organisiert. Die ursprüngliche Stammhausstruktur mit einer komplexen Matrixorganisation wurde zum 01. Januar 2002 durch eine neue Struktur ersetzt, die die Verantwortlichkeiten für strategische Aufgaben einerseits und für das operative Management andererseits deutlich festlegen soll. Die neue Unternehmens- und Führungsstruktur soll transparenter und effizienter sein.[133] Diese neue Struktur wurde in einem zweiten Schritt Anfang des Jahres 2003 fortentwickelt.[134]

I. Neuordnung der Unternehmensstruktur 2002

Grundlage der zu Beginn des Jahres 2002 eingeführten Unternehmensstruktur war das so genannte Konzept der „Bank der Regionen in Europa" der HVB Group. Die früheren Unternehmensbereiche wurden im Rahmen der Umstrukturierung in fünf Geschäftsfelder gegliedert. Zwei Geschäftsfelder wurden dem Bereich der Bank der Regionen in Europa zugeordnet. Die übrigen drei Geschäftsfelder wurden dem Bereich Globale Geschäftsfelder zugewiesen. Zweck der Differenzierung zwischen Bank der Regionen und Globalen Geschäftsfeldern sollte die Vereinfachung der Entscheidungsabläufe durch Trennung des regionalen Geschäfts mit bestimmten Kunden und des globalen Geschäfts mit bestimmten Produkten sein.[135]

Die beiden Geschäftsfelder der Bank der Regionen bekamen sowohl das klassische Privatkunden- als auch das mittelständische Firmenkundengeschäft zugeordnet. Im Geschäftsfeld „Deutschland" wurden die früheren Unternehmensbereiche „Privat- und Geschäftskunden" (PuG) und „Firmenkunden" (FKD) zusammengeführt. Das Privatkundengeschäft wird dort unter dem Namen „Hypo-

---

[133] Vgl. HVB Group, Geschäftsbericht 2001, S. 21 ff., S. 36.

[134] Siehe hierzu HVB Group, Pressemitteilungen vom 29.01.2003 und 27.03.2003 (Quelle: www.hvbgroup.com); o. V., Börsenzeitung v. 24.10.02, „Rampl konzentriert HVB auf die Kernstrategie", S. 18.

[135] HVB Group, Geschäftsbericht 2001, S. 14, 36 f.

Vereinsbank“ betrieben und umfasst unter anderem das Angebot standardisierter Produkte und damit zusammenhängender Beratung sowie sonstigen Service einschließlich privater Immobilienfinanzierung. Daneben werden auch Geschäftskunden betreut. Die Betreuung mittelständischer Firmenkunden ist regional ausgerichtet und umfasst „Commercial Banking-Standardprodukte“ und teilweise Corporate Finance. Das zweite Geschäftsfeld der Bank der Regionen wurde als „Österreich/CEE“ bezeichnet. Es umfasst die gleichen Beratungs- und Produktleistungen wie das Geschäftsfeld Deutschland. Sinn der Differenzierung ist die unterschiedliche regionale Ausrichtung sowie das Auftreten mit unterschiedlichen regionalen Marken. In Österreich wird das Privatkunden- und mittelständische Firmenkundengeschäft unter der Marke „Bank Austria Creditanstalt“ betrieben, in den CEE-Staaten (mittel- und osteuropäische Staaten) unter verschiedenen eigenständigen Marken. Diesem dezentralen Marktauftritt entspricht die Erweiterung der autonomen Entscheidungskompetenzen der regionalen Einheiten. Diese Aufteilung soll mehr Flexibilität im Umgang mit den einzelnen Kunden auf den verschiedenen Märkten ermöglichen und zu einer individuelleren Beratung führen.[136]

Als globale Geschäftsfelder wurden „HVB Real Estate“, „HVB Corporate & Markets“ und „HVB Wealth Management“ eingerichtet. In ihnen sollen die „international nachgefragten Kernkompetenzen angeboten“ werden.[137]

Das Geschäftsfeld HVB Real Estate ging aus dem Unternehmensbereich „Immobilienfinanzierung und Immobilienkunden“ hervor. In ihm wurden die Hypothekenbanken der HVB Group integriert. Tätigkeitsschwerpunkte waren die Immobilienberatung und Immobilienfinanzierung. Dazu gehören auch Immobilien-Investment Banking und Immoblilien-Asset-Management. Zielgruppe waren professionelle Kunden, insbesondere gewerbliche und wohnwirtschaftliche Bauträger, Wohnungsbau- und Immobilienfondsgesellschaften und institutionelle Immobilieninvestoren. Regionale Schwerpunkte bilden Europa und die USA.[138]

---

[136] Siehe HVB Group, Geschäftsbericht 2001, S. 38, 40, Sprißler, Kreditwesen 2002, S. 16, 17.

[137] HVB Group, Geschäftsbericht 2001, S. 14, 39 f.; Sprißler, Kreditwesen 2002, S. 16, 17.

[138] HVB Group, Geschäftsbericht 2001, S. 39 f. Zur organisatorischen Einbindung des Hypothekenbankgeschäfts im Zuge der Transformation 2003 siehe vgl. unten § 3 B. II. und III.

Im Geschäftsfeld HVB Corporates & Markets wird das Kapitalmarktkundengeschäft betrieben. Es ist entstanden durch die Zusammenfassung des Unternehmensbereichs „International Markets" (INM) mit dem Teilbereich Großunternehmen aus dem Unternehmensbereich Firmenkunden. Neben den Großunternehmen zählen zu den Kunden des Geschäftsfelds so genannte „multinationale" Kunden, das heißt Firmenkunden in Amerika, Asien und Westeuropa, Banken, institutionelle Kunden und kapitalmarktfähige öffentlich-rechtliche Kunden. Zu den Aktivitäten in diesem Geschäftsfeld zählen unter anderem das Außenhandelsgeschäft, Corporate Finance, Kapitalmarktfinanzierungen, Equities, Fixed-Income, das Währungsgeschäft und „Global Credit" (Risikotransfer in Kapitalmärkte).

Dem Geschäftsfeld HVB Wealth Management wurden der Unternehmensbereich „Asset Management" (ASM) und die als „Private-Banking-Kunden" bezeichneten vermögenden Privatkunden des Unternehmensbereichs Privat- und Geschäftskunden zugeordnet. Das Asset Management umfasst das gesamte Fondsgeschäft der HVB Group, d. h. sowohl private als auch institutionelle Anlegergruppen einschließlich Spezialfonds für bestimmte Investoren. In Vertrieb und Marketing wurden alle Privat-Banking- und Asset-Management-Einheiten der HVB Group eingebunden.[139]

II. Neuordnung der Führungsstruktur 2002

Mit der Änderung der Organisationsstruktur ging eine Neuordnung der Führungsstruktur einher. Mit dieser Anpassung sollte die strategische Ausrichtung der HVB Group optimiert werden.[140] Hintergrund dafür war, dass die Strategie der Bank der Regionen effektiver und transparenter umgesetzt werden sollte. Das externe Wachstum der Vorjahre durch die Fusion zwischen Bayerischer Vereinsbank und Bayerischer Hypotheken- und Wechsel-Bank sowie die Akquisition der Bank Austria erhöhte die Komplexität der Entscheidungsabläufe innerhalb des Konzerns und führte zu Abstimmungsproblemen. Das Nebeneinander divisionaler und regionaler Einheiten hatte eine komplexe, ineffiziente Matrixorganisation zur Folge. Der Konzernvorstand war erheblich mit operati-

---

[139] HVB Group, Geschäftsbericht 2001, S. 39 f.; dies., Porträt der HVB Group, S. 4 f.

[140] HVB Group, Geschäftsbericht 2001, S. 14.

ven Aufgaben befasst. Gleichzeitig bestand ein erhöhter Bedarf an strategischer Steuerung.[141]

Um diesen Defiziten abzuhelfen, wurde die operative Führung in der HVB Group von der strategischen Führung getrennt. Die strategische Führung blieb in der Zuständigkeit des Konzernvorstands. Dabei gründete die HVB Group keine rechtlich selbständige Holding, sondern einen vorstandsinternen Ausschuss, der als virtuelle Holding den Konzern und die neu strukturierten Geschäftsfelder strategisch steuert. Zu diesem Aufgabenbereich ist auch die Verantwortlichkeit für die Geschäftsfeldportfolien, die Ressourcenallokation und die Performance-Messung zu zählen. Außerdem blieb die Verantwortung für verschiedene Querschnittsfunktionen (Risikosteuerung, Konzernentwicklung und Perfomance-Messung) beim Vorstand. Von den damals sechs Vorstandsmitgliedern bekleideten der Vorstandssprecher (CEO), der Chief Financial Officer (CFO) und der Chief Risk Officer (CRO) zentrale Positionen. Die übrigen Mitglieder waren für die strategische Führung der Geschäftsfelder verantwortlich.[142]

Die operative Geschäftsführung wurde auf Bereichsleitungen (so genannte „Bereichsvorstände")[143] übertragen, die hierarchisch unterhalb des Konzernvorstands als zweite Führungsebene angesiedelt sind. Hierzu gehört auch die operative Ergebnisverantwortung für die Geschäftsfelder, die insoweit bei den Bereichsvorständen liegt. Vier Mitglieder des Konzernvorstands gehörten zum damaligen Zeitpunkt zugleich den Bereichsvorständen an. Die operative Steuerung der Geschäftsfelder durch die Bereichsvorstände erfolgt nunmehr rechtsformübergreifend, das heißt bis in die eingebundenen Tochtergesellschaften hinein. Dadurch ist die vorher bestandene weitgehende Kongruenz von rechtlicher und organisatorischer Struktur aufgehoben worden.[144]

Eine weitere Neuerung stellt die Dreiteilung der Stabs- und Unterstützungsfunktionen dar, mit der doppelte Zuständigkeiten vermieden und die Nutzung

---

[141] HVB Group, Geschäftsbericht 2001, S. 36; Sprißler, Kreditwesen 2002, S. 16.

[142] Siehe hierzu HVB Group, Geschäftsbericht 2001, S. 37; Schwark, in: Festschrift Peter Ulmer (2003), S. 605, 610; Sprißler, Kreditwesen 2002, S. 16 f.

[143] Zur aktienrechtlichen Problematik dieser Bezeichnung siehe unten § 8 D. II. 1.

[144] Vgl. im Einzelnen HVB Group, Geschäftsbericht 2001, S.14; Schwark, in: Festschrift Peter Ulmer (2003), S. 605, 610; Sprißler, Kreditwesen 2002, S. 16 f.

von geschäftsfeldübergreifenden Synergieeffekten optimiert werden sollten. Ein schlankes „Corporate Center" bündelt Querschnittsfunktionen für die HVB Group (etwa Konzernentwicklung, Konzerncontrolling, Aktiv-/Passiv-Management und Risikocontrolling) und unterstützt den Vorstand. In den so genannten „Divisional Centers" der einzelnen Geschäftsfelder werden die bereichsspezifischen Stabsfunktionen (insbesondere das Geschäftsfeldcontrolling und das Personalmanagement) zusammengefasst. Gemeinsame Service- und Abwicklungsfunktionen nehmen dagegen so genannte „Support Center" wahr.[145]

Oberste Steuerungsinstanz im Konzern ist der Konzernvorstand geblieben. Das Corporate Center unterstützt den Vorstand bei der strategischen Steuerung der HVB Group vornehmlich durch die Konzernentwicklung, das Konzerncontrolling und das Konzernrisikocontrolling bei der Gestaltung des Geschäftsfeldportfolios sowie der Verteilung von Kapital und Ressourcen auf die Geschäftsfelder. Darüber hinaus unterstützt es den Vorstand im operativen Controlling der Performance und der eingegangenen Risiken der Geschäftsfelder.[146] Ziel der Konzernsteuerung soll fortan sein, die konsequente Allokation von Ressourcen an die renditestarken Geschäftsfelder sicherzustellen. Die Planung erfolgt durch strategische Top-Down-Rahmenvorgaben[147] für die strategische und operative Planung der Geschäftsfelder, indem Zielrenditen und Leitlinien für den Ressourcenverbrauch vorgegeben werden. Das Ertrags- und Kostencontrolling analysiert und kommentiert für den Konzern-Vorstand die Performance der Geschäftsfelder und der ihrer ersten Führungsebene.[148]

Die Abbildung auf der folgenden Seite verdeutlicht die durch die Reorganisation im Jahre 2002 entstandene Unternehmens- und Führungsstruktur der HVB Group.

---

[145] Sprißler, Kreditwesen 2002, S. 16, 17; Siehe auch HVB Group, Geschäftsbericht 2001, S. 37 sowie Schwark, in: Festschrift Peter Ulmer (2003), S. 605, 610 zu den Zuständigkeiten des Corporate Centers.

[146] Sprißler, Kreditwesen 2002, S. 16, 18.

[147] Zum Begriff der Top-Down-Planung vgl. Schweitzer, in: Bea/Dichtl/Schweizer, Allgemeine Betriebswirtschaftslehre 2, S. 16, 41 ff.

[148] Zum Ganzen ausführlich Sprißler, Kreditwesen 2002, S. 16, 18.

<table>
<tr><td colspan="6">HVB Konzernvorstand

Strategischer Zentralausschuss</td></tr>
<tr><td>CEO</td><td>CFO</td><td>CRO, Wealth Manage-ment</td><td>Deutsch-land, Cor-porates & Markets</td><td>Österreich & CEE</td><td>Real Estate</td></tr>
<tr><td>Group Treasury</td><td colspan="2">Bank der Regionen</td><td colspan="3">Globale Geschäftsfelder</td></tr>
<tr><td rowspan="2">Corporate Center</td><td>Deutsch-land</td><td>Österreich & CEE</td><td>HVB Real Estate</td><td>HVB Corporates & Markets</td><td>HVB Wealth Manage-ment</td></tr>
<tr><td colspan="5">Gemeinsame Dienste</td></tr>
</table>

Abbildung: Unternehmens- und Führungsstruktur
der HVB Group am 01. Januar 2002

III. Transformation 2003

Anfang des Jahres 2003 wurde die Organisations- und Führungsstruktur der HVB Group unter dem Stichwort „Transformation 2003“ erneut geändert. Wichtige Änderungen betrafen die Neuausrichtung der Geschäftsfelder. Seit dem 01.01.2003 gliedert sich die HVB Group in die operativen Geschäftsfelder „Deutschland“ und „Österreich & Zentral- und Osteuropa“ sowie das strategische Geschäftsfeld „Corporates & Markets“. Das Geschäftsfeld „Wealth Management“ ist in die beiden operativen Geschäftsfelder integriert worden, indem beispielsweise die Asset Management Gruppe Activest und das Private Banking dem Geschäftsfeld Deutschland zugeordnet und auf diese Weise direkt mit dem Kundengeschäft verbunden worden sind. Das Geschäftsfeld Real Estate wird nicht mehr als Geschäftsfeld geführt und ist inzwischen aus der HVB Group abgespalten worden.[149] Dazu hat die HVB Group wesentliche Teile der Immobi-

[149] HVB Group, Geschäftsbericht 2002, S. 38 f.; dies., Pressemitteilung „Transformation 2003“ v. 29.01.2003, S. 1 f.

lienfinanzierung in die Hypo Real Estate Holding AG eingebracht. Die Hypo Real Estate Holding AG hat die HVB Group dann im Herbst 2003 rückwirkend zum 01. Januar 2003 abgespalten. Zu den abgespaltenen Teilen gehört das gesamte europäische Hypothekenfinanzierungsgeschäft, die Beteiligung an der WürttHyp, an der WestHyp und an der HVB Real Estate Bank AG.[150]

Außerdem wurde die Position eines zentralen Chief Operating Officers (COO) in Personalunion im Vorstand der HVB Group und im Corporate Center eingerichtet. „Mit dieser neuen Funktion zur Steuerung der Strukturen und Ressourcen des Konzerns“, so heißt es von Seiten der HVB Group, „sollen die vorhandenen Potenziale insbesondere zwischen den regionalen Geschäftsfeldern Deutschland und Österreich & CEE besser ausgeschöpft und weitere Synergien im Konzern gehoben werden.“[151]

Die Transformation 2003 soll durch die Abbildung auf der nächsten Seite veranschaulicht werden.[152]

---

[150] Die Aktionäre der HVB Group haben für vier HVB-Aktien eine zusätzliche Aktie der Hypo Real Estate Holding erhalten: Siehe zum Ganzen HVB Group, Pressemitteilung „Nächste Maßnahmen zur Umsetzung des Transformationsprogramms 2003 beschlossen“ v. 27.03.2003, S. 2. Die Aktien der Hypo Real Estate Holding AG werden seit Anfang Oktober 2003 an der Börse gehandelt: Vgl. o. V., „Hypo Real Estate startet an der Börse, FAZ v. 07.10.2003, S. 13.

[151] HVB Group, Geschäftsbericht 2002, S. 39; dies., Pressemitteilung „Transformation 2003“ v. 29.01.2003, S. 3.

[152] Eventuelle Änderungen der Unternehmens- oder Führungsstruktur der HVB Group nach der Übernahme durch die italienische UniCredit im Herbst 2005 waren im Zeitpunkt des Fertigstellens der Arbeit noch nicht ersichtlich.

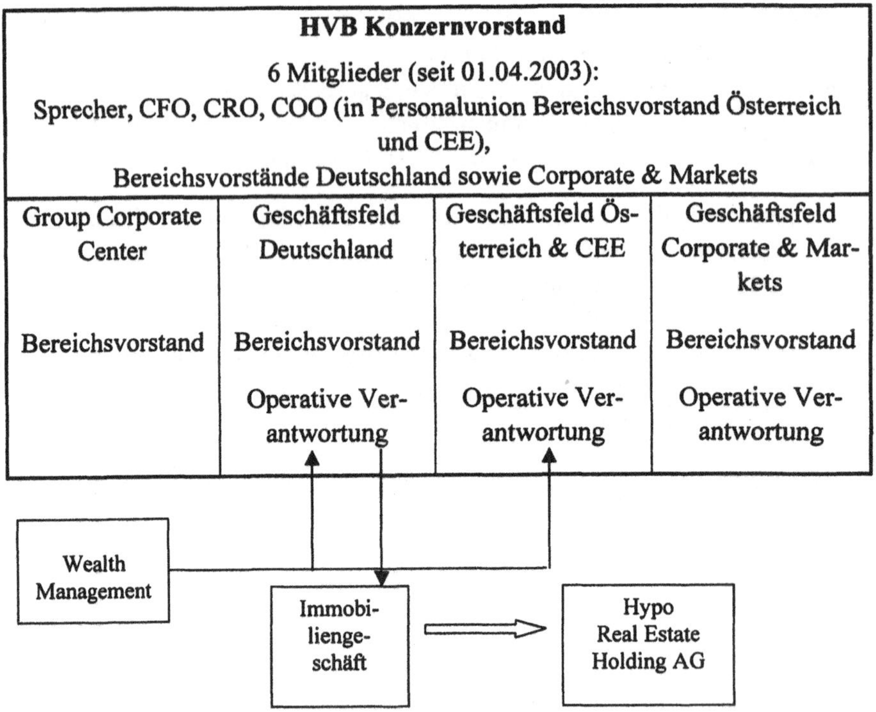

Abbildung: Transformation der HVB Group 2003

C. Siemens AG

Ein namhaftes Industrieunternehmen, das – zumindest in Ansätzen – als virtuelle Holding geführt wird, ist die Siemens AG. Die Siemens AG führt ihr Geschäft im Rahmen einer Matrixorganisation, indem zentrale strategische Ausrichtung und dezentrale geschäfts- beziehungsweise regionalspezifische Verantwortung kombiniert sind. Die Koordination der Matrix obliegt dem Gesamtvorstand.[153]

---

[153] Siemens, Geschäftsbericht 2002, S. 32. Zum Begriff der Matrixorganisation siehe oben § 2 A. IV. 3. sowie Krüger, in: Bea/Dichtl/Schweitzer, Allgemeine Betriebswirtschaftslehre 2, S. 127, 180 ff. mit einer Abbildung der Organisationsstruktur der Siemens AG (S. 181).

I. Unternehmensstruktur

Die Siemens AG gliedert sich in Bereiche und Zentralabteilungen, die der Aufsichtsrat bestimmt.[154] Organisatorisch sind die verschiedenen Bereiche in übergeordneten Arbeitsgebieten zusammengefasst. Außer den Zentralabteilungen bestehen noch Zentralstellen.[155]

In den sechs Arbeitsgebieten Information and Communications, Automation and Control, Power, Transportation, Medical und Lighting nimmt Siemens das operative Geschäft wahr. Die globale Verantwortung für das operative Geschäft liegt innerhalb der Arbeitsgebiete bei den Geschäftsbereichen, die durch die regionalen Einheiten in den einzelnen Ländern unterstützt werden.[156] Die Bereiche steuern als organisatorisch selbständige Träger ihres weltweiten Geschäfts den Einsatz der Ressourcen. Sie entwickeln eigene Strategien, disponieren ihr Vermögen und sind für die Ergebnisse in ihren jeweiligen Marktsegmenten verantwortlich.[157] In den einzelnen Regionen führen die Bereiche das Geschäft über die regionalen Einheiten. Die regionalen Einheiten tragen wiederum die Geschäfts- und Ergebnisverantwortung für ein bestimmtes definiertes Gebiet, das ein oder mehrere Länder umfasst. Zu diesem Zweck schließen die Bereiche Zielvereinbarungen mit den regionalen Einheiten ab, die Letztere im Rahmen ihrer Kompetenzen umsetzen sollen.[158] Die regionalen Einheiten bestehen aus Zweigniederlassungen, Regionalgesellschaften, Repräsentanzen und Vertretungen.[159]

Die operativen Arbeitsgebiete umfassen die folgenden geschäftsführenden Bereiche. Zu Information and Communications gehören die Bereiche Information

---

[154] § 6 Abs. 1 der Geschäftsordnung für den Vorstand der Siemens Aktiengesellschaft in der Fassung vom 24. Juli 2002 (im Folgenden: GO Vorstand der Siemens AG) und § 6 Abs. 4 der Geschäftsordnung für den Aufsichtsrat der Siemens Aktiengesellschaft in der Fassung vom 24. Juli 2002 (im Folgenden: GO Aufsichtsrat der Siemens AG).

[155] Vgl. dazu Siemens, Geschäftsbericht 2002, S. 20, 32 und 148 f.

[156] Siemens, Geschäftsbericht 2002, S. 20.

[157] Siehe Siemens, Geschäftsbericht 2002, S. 32. In § 6 Abs. 2 GO Vorstand der Siemens AG heißt es: „Die Bereiche sind auf ihren Arbeitsgebieten die Träger des Geschäfts. Sie sind demgemäß für alle in ihr Arbeitsgebiet fallenden Entwicklungs-, Fertigungs- und Vertriebsaktivitäten sowie für das Ergebnis ihres Geschäfts verantwortlich."

[158] Siemens, Geschäftsbericht 2002, S. 32 f.

[159] Siemens, Geschäftsbericht 2002, S. 148.

and Communication Networks (ICN), Information and Communication Mobile (ICM) sowie Siemens Business Services GmbH & Co. OHG (SBS). ICN bietet Netzwerktechnologie für Firmenkunden und Netzbetreiber an. ICM ist für das gesamte Geschäft im Bereich der mobilen Telekommunikation zuständig, während SBS einen umfassenden Service für Informationstechnologien anbietet. Automation and Control ist Anbieter von Produkten, Systemen und Dienstleistungen für Industrie-Automatisierung und Gebäudetechnik. Bereiche dieses Arbeitsgebiets sind Automation and Drives (A&D), Industrial Solutions and Services (I&S), Siemens Dematic AG (SD) und Siemens Building Technologies AG (SBT). A&D ist für den Bereich der Automatisierungs-, Antriebs-, Schalt- und Installationstechnik zuständig. I&S baut und betreibt Anlagen der Prozess- und Fertigungsindustrie. Hierzu gehört auch die Entwicklung von Lösungen in der Straßenverkehrstechnik. SD ist weltweit führender Anbieter für Logistik- und Produktionsautomatisierung. SBT betreibt das Geschäft im Bereich der Gebäudetechnik. Power besteht aus den Bereichen Power Generation (PG) sowie Power Transmission and Distribution (PTD). PG bietet Stromerzeugungstechniken und Systemlösungen für industrielle Anwendungen einschließlich Kraftwerks- und Anlagenservice an. PTD ist als Produktlieferant, Systemintegrator, Anbieter von Komplettlösungen und Dienstleister in der Energieübertragung und –verteilung tätig. Transportation umfasst die Bereiche Transportation Systems (TS) und Siemens VDO Automotive AG (SV). Während TS Systeme für die Bahnindustrie anbietet, fungiert SV als Zulieferer von Automobilelektronik. Zum Arbeitsgebiet Medical gehört Medical Solutions (Med). Zum Geschäft von Med rechnet das Angebot von Produkten, Dienstleistungen und Komplettlösungen im Gesundheitswesen. Das Arbeitsgebiet Lighting wird durch die Osram GmbH wahrgenommen. Lighting ist auf Lichtquellen und dazugehörige elektronische Vorschaltgeräte spezialisiert.[160]

Außer den operativen Arbeitsgebieten bestehen noch die Arbeitsgebiete Financing und Real Estate mit Zuständigkeiten im Finanz- und Immobiliengeschäft. Die Siemens Financial Services GmbH (SFS) bietet als Bereich im Arbeitsgebiet Financing verschiedene Finanzdienstleistungen für den eigenen Konzern und andere Industrieunternehmen an. Siemens Real Estate (SRE) ist hauptsächlich für die Optimierung des Immobilien-Portfolios von Siemens zuständig.[161]

---

[160] Siehe zum Ganzen ausführlich Siemens, Geschäftsbericht 2002, S. 20 – 29.

[161] Siemens, Geschäftsbericht 2002, S. 30.

Jeder Bereich wird von einem Bereichsvorstand geleitet. Dieser soll aus nicht mehr als drei Personen bestehen. Die Mitglieder der Bereichsvorstände werden, soweit sich nicht dem Vorstand der Siemens AG angehören, vom Zentralvorstand ernannt und abberufen.[162]

Die Zentralabteilungen sind bereichsübergreifend für ihre jeweiligen Aufgaben zuständig. Im Rahmen ihrer Aufgaben haben sie nach näherer Festlegung durch den Zentralvorstand Richtlinienkompetenzen, Kontrollpflichten und Koordinationsaufgaben gegenüber allen Teilen von Siemens.[163] Derzeit bestehen vier Zentralabteilungen: Corporate Finance (CF), Corporate Personnel (CP), Corporate Technology (CT) und Corporate Development (CD).[164] Die Abgrenzung der Bereiche und der Zentralabteilungen wird im Einzelnen durch den Zentralvorstand vorgenommen und dem Aufsichtsrat zur Kenntnis gegeben.[165] Außerdem kann der Zentralvorstand Zentralstellen schaffen und ihnen Aufgaben und Dienstleistungen (Zentrale Dienste) zuweisen, die funktional und/oder regional einheitlich für das Haus wahrgenommen werden.[166] Aktuell hat die Siemens AG die Zentralstellen Corporate Communications (CC), Corporate Information and Operations (CIO), Global Procurement and Logistics (GPL), Chief Economist/Corporate Relations (ECR) und Management Consulting Personnel (MCP).

II. Führungsstruktur

Die Führungsstruktur der Siemens AG zeichnet sich dadurch aus, dass neben dem eigentlichen Vorstand („Gesamtvorstand“) ein weiteres Gremium besteht, das die Bezeichnung „Zentralvorstand“ trägt und umfassende Führungskompetenzen hat.

---

[162] § 8 Abs. 1 GO Vorstand der Siemens AG. Zu Aufgaben und Funktionen des Zentralvorstands siehe sogleich unter § 3 C. II. 2.

[163] Siehe hierzu § 6 Abs. 3 GO Vorstand der Siemens AG.

[164] Siemens, Geschäftsbericht 2002, S. 149.

[165] § 7 Abs. 1 GO Vorstand der Siemens AG und § 6 Abs. 4 S. 2 GO Aufsichtsrat der Siemens AG.

[166] § 7 Abs. 2 GO Vorstand der Siemens AG.

1. Gesamtvorstand

Dem Vorstand obliegen die Leitung des Unternehmens und dessen gerichtliche und außergerichtliche Vertretung.[167] Die Geschäftsordnung des Vorstands der Siemens AG statuiert ausdrücklich weitere Kompetenzen des Gesamtvorstands. Der Gesamtvorstand wählt den Zentralvorstand,[168] erlässt eine Geschäftsordnung für die Bereichsvorstände[169] und kann Vorstandsausschüsse für Behandlung besonderer Angelegenheiten bilden.[170] Außerdem obliegt ihm die Aufstellung des Jahresabschlusses und des Konzernabschlusses, des Lageberichts und Konzernlageberichts sowie deren Vorlage an den Aufsichtsrat, die Einberufung der Hauptversammlung, die Beschlussfassung über Vorschläge zur Tagesordnung der Hauptversammlung, die Vorbereitung und Ausführung der Hauptversammlungsbeschlüsse sowie die nach Gesetz oder Satzung erforderlichen Vorlagen an den Aufsichtsrat und die Hauptversammlung.[171]

Die Geschäftsordnung des Vorstands der Siemens AG legt fest, dass der Vorstand aus ordentlichen und stellvertretenden Vorstandsmitgliedern besteht und nicht mehr als zwanzig Mitglieder haben soll.[172]

2. Zentralvorstand

Der so genannte „Zentralvorstand" ist nichts anderes als ein vorstandsinterner Ausschuss, den der Vorstand aus seinen Mitgliedern bildet. Kraft Amtes gehören dem Zentralvorstand der Vorstandsvorsitzende, seine Stellvertreter, die Leiter der Zentralabteilung Corporate Finance und Corporate Personnel an. Weitere Mitglieder des Zentralvorstands wählt der Gesamtvorstand. Die Wahl bedarf der Zustimmung des Aufsichtsrats. Mehr als neun Mitglieder soll der Zentral-

---

[167] §§ 2 Abs. 1, 4 Abs. 1 GO Vorstand der Siemens AG. Das ergibt sich allerdings schon aus §§ 76 Abs. 1, 78 Abs. 1 AktG.

[168] § 1 Abs. 3 GO Vorstand der Siemens AG.

[169] § 8 Abs. 3 GO Vorstand der Siemens AG.

[170] § 16 Abs. 1 GO Vorstand der Siemens AG.

[171] § 5 Abs. 1 GO Vorstand der Siemens AG. Zu den gesetzlich dekretierten Pflichten des Vorstands einer Aktiengesellschaft siehe im Einzelnen unten § 4 B. IV. 1. und § 5.

[172] § 1 Abs. 1 GO Vorstand der Siemens AG.

vorstand nicht haben.[173] Im Jahr 2002 gehörten dem Zentralvorstand fünf gewählte Mitglieder an.[174]

Nach der Geschäftsordnung des Vorstands der Siemens AG legt der Vorstandsvorsitzende „im Einvernehmen mit dem Zentralvorstand" die Unternehmenspolitik und die Grundsätze der Geschäftspolitik von Siemens fest. Diese sind für die Vorstandsmitglieder bei der Geschäftsführung bindend.[175] Außerdem obliegen dem Zentralvorstand alle Aufgaben des Vorstands, die nicht nach den Regeln der Geschäftsordnung des Vorstands, der Satzung der Siemens AG oder nach Gesetz dem Gesamtvorstand vorbehalten sind.[176] Der Vorstand hat für die Einhaltung der gesetzlichen Bestimmungen sowie für ein angemessenes Risikomanagement und Risikocontrolling zu sorgen. Diese Aufgabe nimmt der Zentralvorstand für den Vorstand wahr.[177] Dem Zentralvorstand obliegen außerdem die Abgrenzung der Unternehmensbereiche und der Zentralabteilungen sowie die Ernennung und Abberufung der Bereichsvorstände, soweit diese nicht dem Vorstand angehören. Der Zentralvorstand legt die Kompetenzen und Aufgaben der Zentralabteilungen gegenüber allen Teilen des Hauses fest. Er kann Zentralstellen schaffen, diesen Aufgaben und zentrale Dienstleistungen zuweisen sowie die Leiter der Zentralstellen ernennen.[178] Die Mitglieder des Zentralvorstands, die zugleich Zentralabteilungen vorstehen, leiten diese selbständig unter eigener Verantwortung.[179] Die Bildung von Hauptabteilungen innerhalb der Zentralabteilungen bedarf der Zustimmung des Zentralvorstands. Der Zentralvorstand bestimmt auch die Leiter der Hauptabteilungen.[180]

Geschäfte, die der Zustimmung des Aufsichtsrats bedürfen, legt der Vorstandsvorsitzende dem Aufsichtsrat nach Beschlussfassung durch den Zentralvorstand

---

[173] § 1 Abs. 3 GO Vorstand der Siemens AG.

[174] Siemens, Geschäftsbericht 2002, S. 143.

[175] § 4 Abs. 2 GO Vorstand der Siemens AG.

[176] Vgl. § 5 Abs. 2 GO Vorstand der Siemens AG.

[177] §§ 2 Abs. 2, 5 Abs. 2 GO Vorstand der Siemens AG; Siemens, Geschäftsbericht 2002, S. 35. Hinsichtlich des Streits über den Umfang der Pflicht des Vorstands für ein angemessenes Risikofrüherkennungssystem zu sorgen (§ 91 Abs. 2 AktG) vgl. Hüffer, AktG, § 91 Rn. 9 m. w. N. sowie ausführlich Lange/Wall, Risikomanagement nach dem KonTraG.

[178] Siehe hierzu schon soeben § 3 C. I.

[179] § 9 Abs. 1 GO Vorstand der Siemens AG.

[180] § 9 Abs. 2 und 3 GO Vorstand der Siemens AG.

dem Aufsichtsrat zur Zustimmung vor.[181] Hierzu gehören unter anderem die Jahresplanung, bedeutende Finanz- und Strukturmaßnahmen,[182] die Wahl der gekorenen Mitglieder des Zentralvorstands[183] sowie die Ernennung oder Abberufung von Bereichsvorständen, vorstandsexterner Leiter von Zentralabteilungen und Leiter von Hauptabteilungen, wenn die Personalmaßnahme zwischen Zentralvorstand und dem Präsidium des Aufsichtsrats umstritten ist.[184]

Einzelne Mitglieder des Zentralvorstands betreuen einen oder mehrere Bereiche. Die Zuweisung der Bereiche nimmt der Zentralvorstand vor. Im Rahmen der Zuweisung nehmen die Mitglieder die Belange der Bereiche wahr und vertreten diesen gegenüber den Zentralvorstand. Der Zentralvorstand hat die Befugnis, den Bereichsvorständen, den Leitern der Zentralabteilungen und der Zentralstellen, die nicht dem Zentralvorstand angehören, bindende Weisungen hinsichtlich der Geschäftsführung zu erteilen. Die Bereichsvorstände und die Leiter der Zentralabteilungen und Zentralstellen haben die Pflicht zur regelmäßigen Berichterstattung an den Zentralvorstand über den Gang der Geschäfte, die Planungen ihres Verantwortungsbereichs, aus wichtigem Anlass oder auf Verlangen des Zentralvorstands.[185]

Sitzungen des Zentralvorstands beruft der Vorstandsvorsitzende ein. Das Gremium ist beschlussfähig, wenn zwei Drittel seiner Mitglieder in der Sitzung anwesend sind. Beschlüsse „sollen der Tradition des Hauses entsprechend" einstimmig gefasst werden. „Ist jedoch eine Abstimmung erforderlich, bedarf der Beschluss zu seiner Gültigkeit einer Stimmenmehrheit von zwei Dritteln der anwesenden Mitglieder."[186] Die Einberufung der Sitzungen erfolgt bei Bedarf, wenn der Vorstandsvorsitzende es für erforderlich hält oder auf Antrag eines Mitglieds des Zentralvorstands unter Angabe der zu behandelnden Gegenstände.[187] Ein Teilnahme- oder Antragsrecht zur Tagesordnung für sämtliche Vor-

---

[181] § 3 Abs. 2 GO Vorstand der Siemens AG.

[182] § 6 Abs. 2 GO Aufsichtsrat der Siemens AG.

[183] § 1 Abs. 3 GO Vorstand der Siemens AG.

[184] Vgl. §§ 8 Abs. 1 und 4, 9 Abs. 3 GO Vorstand der Siemens AG und § 3 Abs. 4 GO Aufsichtsrat der Siemens AG.

[185] § 10 Abs. 1 und 2 GO Vorstand der Siemens AG.

[186] Dies gilt in gleicher Weise für Sitzungen und Beschlüsse des Gesamtvorstands: Vgl. §§ 12 Abs. 1, 14 Abs. 1 und 2 GO Vorstand der Siemens AG.

[187] § 13 Abs. 1 GO Vorstand der Siemens AG.

standsmitglieder, das heißt auch für diejenigen, die dem Zentralvorstand nicht angehören, sieht die Geschäftsordnung des Vorstands der Siemens AG nicht vor. Vielmehr kann der Vorstandsvorsitzende bestimmen, wer als Gast an einer Sitzung des Zentralvorstands teilnehmen soll.[188] Abwesende Mitglieder des Zentralvorstands werden über die Sitzung unterrichtet.[189] Dies gilt nicht für die sonstigen Mitglieder des Gesamtvorstands, die kein Recht auf Information über die Sitzung haben.

Die Führungs- und Unternehmensstruktur der Siemens AG ist in der Übersicht auf der folgenden Seite dargestellt.

---

[188] § 13 Abs. 3 GO Vorstand der Siemens AG.

[189] § 13 Abs. 4 GO Vorstand der Siemens AG.

III. Übersicht

<table>
<tr><td colspan="9">Zentralvorstand</td></tr>
<tr><td colspan="9">Konzernvorstand</td></tr>
<tr><td colspan="4">Zentralabteilungen</td><td colspan="5">Zentralstellen</td></tr>
<tr><td>Corporate Finance (CF)</td><td>Corporate Personnel (CP)</td><td>Corporate Technology (CT)</td><td>Corporate Develop-ment (CD)</td><td>Corp. Commu-nications (CC)</td><td>Corp. Inform. and Opera-tions (CIO)</td><td>Global Procure-ment and Logistics (GPL)</td><td>Chief Econo-mist/ Corp. Relations (ECR)</td><td>Manage-ment Consult. Person-nel (MCP)</td></tr>
</table>

<table>
<tr><td colspan="6">Operatives Geschäft</td><td colspan="2">Finanz- und Immobiliengeschäft</td></tr>
<tr><td>Infor-mation and Commu-nications</td><td>Auto-mation and Control</td><td>Power</td><td>Transpor-tation</td><td>Medical</td><td>Lighting</td><td>Siemens Financial Services GmbH (SFS)</td><td>Siemens Real Estate (SRE)</td></tr>
<tr><td>Inform. and Comm. Network (ICN)

Inform. and Comm. Mobile (ICM)

Siemens Business Services GmbH & Co. (SBS)</td><td>Auto-mation and Drives (A&D)

Industrial Solutions and Ser-vices (I&S)

Siemens Dematic AG (SD)

Siemens Building Techn. (SBT)</td><td>Power Gene-ration (PG)

Power Transm. and Dis-trib. (PTD)</td><td>Transpor-tation Systems (TS)

Siemens VDO Automo-tive AG (SV)</td><td>Medical Solutions (Med)</td><td>Osram GmbH</td><td colspan="2"></td></tr>
</table>

Abbildung: Führungs- und Unternehmensstruktur der Siemens AG[190]

[190] Vgl. hierzu auch Siemens AG, Geschäftsbericht 2002, S. 148 f.

D. Vergleich der Modelle

I. Gemeinsamkeiten und Unterschiede

Vergleicht man die dargestellten Modelle der virtuellen Holding, fällt auf, dass sich sowohl bei der Deutsche Bank AG als auch bei der HVB Group der jeweilige Vorstand nach US-amerikanischem Vorbild personell verkleinert hat.[191] Der Gesamtvorstand der Siemens AG bestand dagegen im Jahr 2002 aus dreizehn Personen.[192]

Stellt man die funktionalen und divisionalen Committees der Deutsche Bank AG, das Corporate Center und die „Vorstände" der Geschäftsfelder der HVB Group sowie die Zentralabteilungen, Zentralstellen und die Bereichsvorstände der Siemens AG gegenüber, lässt sich Folgendes feststellen. Funktionale Committees, Corporate Center sowie Zentralabteilungen und Zentralstellen nehmen jeweils unternehmensweite, bereichsübergreifende Aufgaben wahr. Sie haben insoweit eine Querschnittsfunktion und werden in allen drei Unternehmen von Mitgliedern des Vorstands geleitet.[193] Die divisionalen Committees, die „Vorstände" der Geschäftsfelder und die Bereichsvorstände nehmen dagegen operative und teilweise strategische Aufgaben mit korrespondierender Verantwortung wahr, die auf den jeweiligen Geschäftsbereich beschränkt sind. Bei der Deutsche Bank AG sind die Global Business Heads, die die divisionalen Committees leiten, aber ausnahmslos keine Mitglieder des Vorstands. Bei der HVB Group und bei der Siemens AG fungieren dagegen einige Vorstandsmitglieder gleichzeitig als Leiter der operativen Geschäftsfelder beziehungsweise Geschäftsbereiche. Innerhalb der HVB Group nehmen Vorstandsmitglieder die (bereichsbezogene) strategische Führung der Geschäftsfelder wahr, während dies bei Siemens nicht zwingend und bei der Deutsche Bank AG ohnehin nicht der Fall ist.

---

[191] Dem Vorstand der Deutsche Bank AG gehörten zum 30.06.2003 vier Mitglieder an: Vgl. Deutsche Bank, Results 2003 – Zwischenbericht zum 30. Juni, S. 58 f. Der Vorstand der HVB Group hatte zum 30.06.2003 sechs Mitglieder: Siehe HVB Group, Zwischenbericht zum 30. Juni 2003, S. 49.

[192] Siemens, Geschäftsbericht 2002, S. 148 f.

[193] Die Zentralstellen der Siemens AG werden durch Vorstandsmitglieder „betreut": Siemens, Geschäftsbericht 2002, S. 148 f.

Eine Besonderheit weist das Führungsmodell der Deutsche Bank AG insoweit auf, als mit dem Group Executive Committee ein Gremium geschaffen worden ist, das HVB Group und Siemens AG nicht haben. Der Vorstand der Deutsche Bank AG hat nämlich – wie erwähnt – keine Mitglieder mehr, die gleichzeitig der operativen Führung angehören. Deshalb dient das Group Executive Committee unter anderem als Schaltstelle zwischen strategischem Führungspersonal, das heißt den Vorstandsmitgliedern und den operativen Global Business Heads der zweiten Führungsebene. Im Gegensatz dazu sind einige Mitglieder des Konzernvorstands der HVB Group und des Gesamtvorstands der Siemens AG gleichzeitig Vorsitzende der operativen, dem Vorstand nachgeordneten „Bereichsvorstände".[194] Bei einer solchen Führungsstruktur gehören dem Vorstand also sowohl die strategischen als auch die operativen Führungskräfte an. Sie können sich in einem Gremium beraten und abstimmen. Bei der Deutsche Bank AG ist dies dagegen nur mit der Maßgabe möglich, vorstandsexterne Personen zu Vorstandssitzungen einzuladen.[195] Deshalb wurde bei der Deutsche Bank AG das Group Executive Committee implementiert, um einen regelmäßigen und geregelten Austausch zwischen dem strategischen und dem operativen Führungspersonal zu gewährleisten. Da dies bei Siemens und der HVB Group ohnehin in den jeweiligen Vorständen geschieht, besteht insoweit keine Notwendigkeit für die Einrichtung eines Executive Committees.

Ein weiterer wesentlicher Unterschied in den Führungsstrukturen der Deutsche Bank AG einerseits sowie HVB Group und Siemens AG andererseits besteht darin, wie die jeweiligen Vorstände ihre strategischen Aufgaben wahrnehmen. Bei der Deutsche Bank AG nimmt weiterhin der Gesamtvorstand die strategische, bereichsübergreifende Leitung des Unternehmens wahr. Bei der HVB Group und bei der Siemens AG obliegt die strategische Führung nunmehr einem zentralen Vorstandsausschuss. Zugleich hat die Deutsche Bank das gesamte operative Geschäft aus dem Vorstand herausgenommen, während bei HVB Group und Siemens einzelne Vorstandsmitglieder noch operative Verantwortung tragen.

---

[194] Vgl. hierzu HVB Group, Zwischenbericht zum 30. Juni 2003, S. 49; Siemens, Geschäftsbericht 2002, S. 148 f.

[195] Zu streitigen Fragen im Zusammenhang mit der Teilnahme Dritter an Vorstandssitzungen siehe unten § 7 C. V. 1.

Die vorgenannten Merkmale bilden einen geeigneten Ansatz, um zwei verschiedene Grundmodelle einer virtuellen Holding voneinander zu differenzieren. Dabei machen die unterschiedliche Zuordnung der strategischen Aufgaben sowie die Trennung der operativen und strategischen Führung den Kern der beiden Modelle aus.

II. „Deutsche Bank-Modell" und „HVB/Siemens-Modell"

Bei der Deutsche Bank AG bleibt die Zuständigkeit für die strategische Führung – wie ausgeführt – beim Gesamtvorstand. Die virtuelle Holding im engen Sinn[196] ist der Gesamtvorstand. Die operative Führung hat der Vorstand dagegen insgesamt auf nachgeordnete Führungsebenen übertragen, also „nach unten" delegiert. Das Group Executive Committee ist das Gremium, das die personelle und organisatorische Schnittstelle für operatives und strategisches Geschäft bildet. Strategische und operative Führung sind nicht mehr im Vorstand vereint.

HVB Group und Siemens AG haben die strategische Führung dagegen auf einen zentralen Vorstandsausschuss (Zentralvorstand) „nach oben" delegiert. Die Zuständigkeit für das operative Geschäft verbleibt dagegen zumindest teilweise beim Gesamtvorstand. Die virtuelle Holding im engen Sinne bildet hier der zentrale Vorstandsausschuss (Zentralvorstand), während dem Gesamtvorstand noch strategische und operative Führungskräfte angehören. Insoweit hat – vereinfacht betrachtet – der Gesamtvorstand bei HVB Group und Siemens zumindest teilweise eine Funktion, die derjenigen des Group Executive Committees bei der Deutsche Bank AG vergleichbar ist: Er fungiert als Schnittstelle von strategischer und operativer Führung.

Die Trennung von strategischer und operativer Führung und damit die Bildung einer virtuellen Holding werden bei den beiden Modellen also auf unterschiedliche Weise erreicht. Die Deutsche Bank AG hat die operative Geschäftsführung aus dem Vorstand komplett herausgenommen und „nach unten" delegiert, damit der Vorstand sich ausschließlich strategischen Aufgaben widmen kann, während HVB Group und die Siemens AG die strategische Führung „nach oben" auf einen vorstandsinternen Ausschuss übertragen haben. Die Implementierung einer virtuellen Holding erfolgt im ersten Fall im Wege einer vorstands-

---

[196] Siehe zum Begriff der virtuellen Holding im engen und im weiten Sinn oben § 2 C. II.

externen Lösung, weil sich der Vorstand zunächst der operativen Aufgaben entledigt. Im zweiten Fall wird die virtuelle Holding dagegen durch vorstandsinterne Maßnahmen verwirklicht, indem die strategische Führung auf einen Ausschuss übertragen und auf diese Weise von den operativen Aufgaben getrennt wird. Das „Deutsche Bank-Modell" erscheint insoweit als die stringentere Variante der virtuellen Holding. Bei der Deutsche Bank AG nimmt der Gesamtvorstand nur noch strategische Aufgaben wahr, während dies bei der HVB Group und bei der Siemens AG nicht der Fall ist. Letztere Konstellation birgt im Ergebnis eher die Gefahr einer personellen und funktionalen Vermischung von Aufgaben. Beide Modelle führen allerdings dazu, dass die strategische Führung durch ein kleineres Gremium wahrgenommen wird.

Diese beiden unterschiedenen Modelle werden in der weiteren Untersuchung noch an verschiedenen Stellen auftauchen. Sie bieten einen geeigneten Ansatz, um die aktienrechtlichen Probleme der virtuellen Holding darzustellen, weil mit beiden Modellen unterschiedliche rechtliche Fragen verbunden sind, die noch zu behandeln sind.

§ 4 Divisionale Organisation der Aktiengesellschaft

A. Die divisional organisierte virtuelle Holding

Unternehmen, die als virtuelle Holding geführt werden, sind gewöhnlich divisional organisiert oder haben eine Matrixorganisation.[197] Die virtuelle Holding ist nichts anderes als eine Variante des divisional organisierten Unternehmens mit einer Führungsstruktur, die sich durch die weitgehende Delegation des operativen Geschäfts auszeichnet.

In der Vergangenheit haben Literatur und Rechtspraxis die Frage aufgeworfen, ob es mit dem geltenden Aktienrecht überhaupt in Einklang steht, ein Unternehmen divisional zu organisieren. Die Diskussion richtet ihr Augenmerk hauptsächlich darauf, ob der Aktiengesellschaft nach geltendem Recht ein „funktionales Leitbild" zugrunde liegt, ob die Spartenorganisation mit der Leitungsverantwortung des Vorstands vereinbar ist, sowie auf konzernrechtliche und mitbestimmungsrechtliche Probleme.[198] Diese allgemeinen Probleme der Spartenorganisation werden in diesem Teil der Arbeit dargestellt und beantwortet.[199]

---

[197] Das hat nicht nur der theoretische Befund unter § 2 C. gezeigt, sondern auch die Darstellung der Führungs- und der Organisationsstruktur von Deutsche Bank AG, HVB Group und Siemens AG: Siehe oben § 3.

[198] Vgl. aus der umfangreichen Literatur unter anderem: BMJ (Hrsg.), Bericht über die Verhandlungen der Unternehmensrechtkommission, Tz. 1733 ff.; Dose, Die Rechtsstellung der Vorstandsmitglieder einer Aktiengesellschaft, S. 50 ff.; Hanau, ZGR 1983, S. 346, 359 ff. (zur Zuständigkeit des Arbeitsdirektors in Unternehmenssparten); U. Huber, ZHR 152 (1988), S. 123, 156 ff.; Mertens, in: Kölner Komm., § 76 Rn. 49, § 77 Rn. 21; Schiessl, ZGR 1992, S. 64 ff.; K. Schmidt, ZGR 1981, S. 455, 479 ff.; Schönbrod, Die Organstellung von Vorstand und Aufsichtsrat in der Spartenorganisation, S. 1 ff.; Schwark, ZHR 142 (1978), S. 203 ff.; Semler, in: FS Georg Döllerer (1988), S. 571 ff.; ders., in: FS Karl Beusch (1993), S. 805 ff. ;ders., Leitung und Überwachung, Rn. 26 ff.; Wagner, Divisionalisierung in der unverbundenen Aktiengesellschaft und im Aktienkonzern, S. 1 ff.; Wendeling-Schröder, Divisionalisierung, Mitbestimmung und Tarifvertrag, S. 1 ff. jeweils m. w. N.

[199] Mitbestimmungsrechtliche Probleme sind nicht Gegenstand dieser Arbeit.

B. Aktienrechtliche Anforderungen

I. Kein Leitbild der funktionalen Unternehmensorganisation

Nach nicht unbestrittener Auffassung liegt dem geltenden Aktienrecht die Vorstellung einer funktional gegliederten Unternehmensorganisation zugrunde.[200] Begründet wird dies einerseits mit dem Verweis auf die Tatsache, dass bis in die sechziger Jahre des 20. Jahrhunderts fast alle deutschen Großunternehmen funktional organisiert waren und andererseits damit, dass sich dieses Modell „auch in der als gesetzliche Normalform vorgesehenen gemeinsamen Geschäftsführung der Vorstandsmitglieder (§ 77 Abs. 1 S. AktG) und der zwingend vorgeschriebenen gemeinsamen Leitungsverantwortung (§ 76 Abs. 1 AktG) mit grundsätzlich korrespondierender aktienrechtlicher Haftung“ widerspiegele.[201] Eine funktionale Unternehmensstruktur müsse eine kollektive Leitung nach sich ziehen, weil die Probleme, die ein Erzeugnis betreffen, mehrere Hauptabteilungen berühren und zu deren Abhängigkeit voneinander führen würden.[202]

Dem ist zwar insoweit zuzustimmen, als § 76 Abs. 1 AktG die gemeinsame Leitung der Gesellschaft durch den Vorstand und § 77 Abs. 1 S. 1 AktG den Grundsatz der gemeinsamen Geschäftsführung sämtlicher Vorstandsmitglieder vorsehen.[203] Nicht gerechtfertigt ist es aber, daraus den Schluss zu ziehen, dass dem Aktiengesetz das Modell der funktionalen Unternehmensorganisation zugrunde liegt. Dies ergibt sich weder aus dem Wortlaut der herangezogenen Normen, noch aus dem Willen des Gesetzgebers, noch aus Sinn und Zweck der §§ 76, 77 AktG. Der Wortlaut des § 76 Abs. 1 AktG weist dem Vorstand lediglich die Aufgabe der Unternehmensleitung als Kollegialorgan zu. Nichts anderes ergibt sich aus der Begründung des Regierungsentwurfs des Aktiengesetzes von 1965.[204] Das gleiche gilt für die Regelung des § 77 Abs. 1 S. 1 AktG. Auch

---

[200] Dose, Die Rechtsstellung der Vorstandsmitglieder einer Aktiengesellschaft, S. 50; Hüffer, AktG, § 76 Rn. 3; Martens, in: Festschrift Hans-Joachim Fleck (1988), S. 191, 192; Schwark, ZHR 142 (1978), S. 203, 205; Wagner, Divisionalisierung, S. 2; Wendeling-Schröder, Divisionalisierung, Mitbestimmung und Tarifvertrag, S. 32.

[201] Schwark, ZHR 142 (1978), S. 203, 205; ähnlich Wendeling-Schröder, Divisionalisierung, Mitbestimmung und Tarifvertrag, S. 32.

[202] Schwark, ZHR 142 (1978), S. 203, 205 f.; Weber, ZfB 1968, S. 587, 594.

[203] Vgl. Kropff, Begr. RegE AktG 1965, S. 97, 99; Hüffer, AktG, § 76 Rn. 1; Mertens, in: Kölner Komm. AktG § 76 Rn. 4, § 77 Rn. 7.

[204] Siehe Kropff, Begr. RegE AktG 1965, S. 97.

diese Norm hebt lediglich das Kollegialprinzip hervor. Dies ergibt sich auch aus § 77 Abs. 1 S. 2 Hs. 2 AktG.[205] Aus der Kompetenz des Vorstands zur kollektiven Leitung und zur kollektiven Geschäftsführung lässt sich nur herleiten, dass die Aufgaben dem Vorstand als Gesamtorgan zugewiesen sind. Dies ist Regelungsgegenstand und –zweck der §§ 76 Abs. 1, 77 Abs. 1 S. 1 AktG.[206] Diese Aufgabenzuweisung hat somit einerseits die Aufgabe, die Kompetenzen des Vorstands gegenüber den anderen Organen Aufsichtsrat und Hauptversammlung abzugrenzen und dient andererseits dem Zweck, das Verhältnis zwischen dem Gesamtvorstand und den einzelnen Vorstandsmitgliedern zu verdeutlichen. Dass Teile der Literatur ohne weitere Begründung ein dem Aktiengesetz zugrunde liegendes Leitbild der funktionalen Unternehmensorganisation herleiten, geht folglich zu weit.

Aus dem Prinzip der kollektiven Leitung lässt sich nämlich nur entnehmen, dass die Unternehmensorganisation dem Kollegialprinzip zu entsprechen hat. Sowohl in funktional als auch in divisional organisierten Unternehmen können sich Ungleichgewichte im Vorstand ergeben, wenn einzelne Vorstandsmitglieder im Rahmen der internen Geschäftsaufteilung unterschiedliche Aufgaben wahrnehmen. Ein bestimmter operativer Geschäftsbereich, für den ein einzelnes Vorstandsmitglied verantwortlich ist, kann größere Bedeutung haben als ein anderer Geschäftsbereich, für den ein zweites zuständig ist. Ebenso kann das Finanzressort mehr Gewicht haben als das Ressort Marketing oder das Ressort Steuern. Solche faktischen Ungleichgewichte begründen aber von Rechts wegen keine größere Mitwirkungs- oder Entscheidungsbefugnis des zuständigen Vorstandsmitglieds. Unabhängig von der jeweiligen Unternehmensorganisation können sich solche Unterschiede aus der Persönlichkeit einzelner Vorstandsmitglieder oder aus der Natur der Sache ergeben. Von Rechts wegen hat die Stimme jedes Mitglieds des Vorstands das gleiche Gewicht.[207] Deshalb ist die

---

[205] Vgl. Kropff, Begr. RegE AktG 1965, S. 99: Mit der Neuregelung sollte vor allem das Alleinentscheidungsrecht des Vorstandsvorsitzenden, das noch in § 70 Abs. 2 AktG 1937 verankert war, abgeschafft werden. Siehe dazu auch Meyer-Landrut, in: Großkomm. AktG § 77 Anm. 4 sowie ausführlich zum alten Recht Godin-Wilhelmi, AktG 1937 § 70 Anm. 4.

[206] Hüffer, AktG, § 76 Rn. 1 und § 77 Rn. 1.

[207] Semler, Leitung und Überwachung, Rn. 28 sowie Henn, Handbuch des Aktienrechts, Rn. 537, 574; Hüffer, AktG, § 77 Rn.6 f., 11 ff.; Mertens, in: Kölner Komm. AktG § 77 Rn. 9 jeweils zur Willensbildung im Vorstand.

Spartenorganisation in gleicher Weise wie die funktionale Organisation geeignet, dem Grundsatz gemeinsamer Vorstandsverantwortung zu entsprechen.

Auch ein Blick auf die Zeit vor 1965 zeigt, dass der Schluss, die funktionale Unternehmensorganisation liege den §§ 76 Abs. 1, 77 Abs. 1 S. AktG zugrunde, nicht überzeugt. § 70 Abs. 2 AktG 1937 enthielt nämlich noch ein Alleinentscheidungsrecht des Vorstandsvorsitzenden. Der Vorsitzende durfte als Generaldirektor gegen die Stimmen der übrigen Vorstandsmitglieder Entscheidungen treffen. Die Figur des Generaldirektors hat der Gesetzgeber des Aktiengesetzes 1965 zwar ausdrücklich aufgegeben.[208] Die alte Regelung galt aber bis zum Inkrafttreten der Neuregelung des Aktiengesetzes 1965, also jedenfalls zu einer Zeit, in der der Großteil der deutschen Aktiengesellschaften funktional organisiert war.[209] Demgegenüber wurde die Spartenorganisation erst unter dem heute geltenden Aktienrecht zur bevorzugten Unternehmensorganisation. Die funktionale Organisation war also trotz des aktienrechtlichen Führerprinzips die früher vorherrschende Unternehmensorganisation. Aktienrechtliche Bedenken dagegen gab es – soweit ersichtlich – keine.

Daraus kann gefolgert werden, dass die gesetzliche Regelung betreffend Leitung und Geschäftsführung der Aktiengesellschaft die Unternehmensorganisation nicht vorschreibt. Es kann auch davon ausgegangen werden, dass sich der Gesetzgeber des Aktiengesetzes 1965 keine Gedanken über die Art der Unternehmensorganisation gemacht hat.[210] Wenn der Gesetzgeber seiner Neuregelung aber keine bestimmte Form der Unternehmensorganisation zugrunde legt, überzeugt es nicht, von einem gesetzlichen Leitbild der funktionalen Unternehmensorganisation zu sprechen.[211] Vielmehr hat der Gesetzgeber lediglich das Alleinentscheidungsrecht des Generaldirektors abgeschafft und das Kollegialprinzip eingeführt, ohne irgendeinen Bezug auf die Unternehmensorganisation

---

[208] Vgl. hierzu Henn, Handbuch des Aktienrechts, Rn. 574; Kropff, Begr. RegE AktG 1965, S. 99; Meyer-Landrut, in: Großkomm. AktG § 77 Anm. 4.

[209] Vgl. Gälweiler, ZfO 1971, S. 55; Schwark, ZHR 142 (1978), S. 203, 205.

[210] Dies kann jedenfalls aus der Begründung des Regierungsentwurfs hergeleitet werden, die keine Anhaltspunkte für die Gegenmeinung enthält: Vgl. Kropff, Begr. RegE AktG 1965, S. 95 ff.

[211] So aber Schwark, ZHR 142 (1978), S. 203, 205 und ihm ohne weitere Begründung folgend ein Teil der Literatur: Hüffer, AktG, § 76 Rn. 3; Wagner, Divisionalisierung, S. 2; Wendeling-Schröder, Divisionalisierung, Mitbestimmung und Tarifvertrag, S. 32.

zu nehmen. Es ist deshalb davon auszugehen, dass die funktionale Unternehmensorganisation sowohl mit dem Alleinentscheidungsprinzip als auch mit dem Kollegialprinzip „kompatibel“ war und ist. Nach alledem ist nicht nachvollziehbar, dass die funktionale Unternehmensorganisation gesetzliches Leitbild des neuen Aktiengesetzes sein soll. Allenfalls kann von einer „Anschauungslücke“ des Aktiengesetzes von 1965 ausgegangen werden.[212]

Die Frage der Zulässigkeit der Unternehmensorganisation im Allgemeinen und der Spartenorganisation im Besonderen ist deshalb anhand einzelner aktienrechtlicher Grundsätze und Regelungen zu prüfen. Damit ist auch die Frage, ob die Kompetenzen des Gesamtvorstands gewahrt bleiben, keine Frage der funktionalen oder divisionalen Abgrenzung als solcher, sondern eine solche, ob und gegebenenfalls inwieweit eine Delegation von Vorstandszuständigkeiten möglich ist.[213] Die Grundsätze der gemeinsamen Leitung des Unternehmens nach § 76 Abs. 1 AktG und der gemeinsamen Geschäftsführung nach § 77 Abs. 1 S. 1 AktG bleiben demgemäß von der Spartenorganisation unberührt. Sie bilden lediglich eine immanente Schranke jeder Geschäftsverteilung, d. h. auch der funktionalen Unternehmensorganisation.[214] Ein starres Organisationskonzept sieht das Aktiengesetz demnach nicht vor.[215]

II. Gemeinsamer Zweck der Aktiengesellschaft

Da die privaten Verbände und kooperativen Vertragsverhältnisse Zweckgebilde sind, gehört zu den unabdingbaren Merkmalen einer Gesellschaft der „gemeinsame Zweck“. Die Ansichten, wie der gemeinsame Zweck, der auch als Gesellschafts-, Verbands- oder Unternehmenszweck bezeichnet wird, zu bestimmen ist, gehen auseinander.[216] Für die Personengesellschaften wird das Erfordernis des gemeinsamen Zwecks aus § 705 BGB hergeleitet. Die Gesellschafter ver-

---

[212] Siehe hierzu Fleischer, ZGR 2003, S. 1, 7.

[213] So i. E. auch BMJ (Hrsg.), Bericht der Unternehmensrechtskommission, Tz. 1736; Semler, Leitung und Überwachung, Rn. 28 f.; ders., in: Festschrift Georg Döllerer (1988), S. 571 ff.

[214] Vgl. Hefermehl, in: Geßler/Hefermehl/Eckardt/Kropff, § 77 Rn. 20; Martens, in: Festschrift Hans-Joachim Fleck (1988), S. 191, 193 ff.; Mertens, in: Kölner Komm. § 77 Rn. 18; Schiessl, ZGR 1992, S. 64, 67; Wiesner, in: Münch. Hdb. GesR IV, § 22 Rn. 14.

[215] Vgl. Martens, in: Festschrift Hans-Joachim Fleck (1988), S. 191, 192 f.; Rehbinder, ZHR 147 (1983), S. 464, 468; Schiessl, ZGR 1992, S. 64, 67.

[216] Vgl. Röhricht, in: Großkomm. AktG § 23 Rn. 90; K. Schmidt, GesR, § 4 I. 1.

pflichten sich im Gesellschaftsvertrag zur Förderung des gemeinsamen Zwecks in der Weise, dass jeder Gesellschafter den Zweck sowohl als eigenen als auch als den des anderen zu fördern verspricht und an den Vorteilen partizipiert, die die Gesellschaft bietet.[217] Nach inzwischen ganz herrschender Ansicht gilt das Erfordernis des gemeinsamen Zwecks auch für die Gründung und das Betreiben einer Kapitalgesellschaft.[218] Allgemein kann der Zweck als finales Ziel des gesellschaftsrechtlichen Zusammenschlusses, als Geschäftsgrundlage oder Leitidee des Zusammenschlusses definiert werden. Es ist innerer Grund für die Existenz der Gesellschaft („raison d'être").[219] In der Regel besteht der Zweck darin, Gewinne zu erzielen. Zulässig sind aber auch gemeinnützige, ideelle oder sonstige Ziele.[220]

Der gemeinsame Zweck ist vom Unternehmensgegenstand zu unterscheiden. Die Abgrenzung ist im Einzelnen umstritten. Nach wohl herrschender und überzeugender Auffassung ist der Unternehmensgegenstand die tatsächlich ausgeübte Tätigkeit der Gesellschaft, um den verfolgten Zweck zu erreichen. Der Unternehmensgegenstand ist also Mittel zum Zweck.[221]

Im Hinblick auf eine divisionale Unternehmensorganisation kann man überlegen, ob diese einer gemeinsamen Zweckverfolgung entgegensteht. Es ist zumindest nicht ausgeschlossen, dass die einzelnen Geschäftsbereiche unterschiedliche Interessen verfolgen, die dem gemeinsamen Zweck zuwiderlaufen. So könnte zum Bespiel ein Geschäftsbereich versuchen, seinen Profit auf Kos-

---

[217] Ballerstedt, JuS 1963, S. 253, 255; Palandt – Sprau, § 705 Rn. 20 ff.

[218] RGZ 73, 286, 287; BGH, NJW 1951, S. 308; WM 1965, S. 795; Röhricht, in: Großkomm. AktG, § 23 Rn. 90 passim; K. Schmidt, GesR, § 4. I.; Westermann, in: Festschrift Ludwig Schnorr v. Carolsfeld (1972), S. 517 ff. jeweils m. w. N.; a. A. noch Ballerstedt, JuS 1963, S. 253, 256, der einen gemeinsamen Zweck bei Aktiengesellschaften nicht für erforderlich hält.

[219] Hüffer, AktG, § 23 Rn. 22; Pentz, in: Münch. Komm. AktG, § 23 Rn. 71; Röhricht, in: Großkomm. AktG, § 23 Rn. 90; K. Schmidt, GesR, § 4 II.

[220] Röhricht, in: Großkomm. AktG, § 23 Rn. 92; Wiesner, in: Münch. Hdb. GesR IV, § 9 Rn. 10; Zöllner, in: Kölner Komm. AktG, § 179 Rn. 111.

[221] Eckardt, in: Geßler/Hefermehl/Eckardt/Kropff, AktG, § 23 Rn. 64; Hüffer, AktG, § 23 Rn. 22; Reuter, ZHR 151 (1987), S. 237, 240; Westermann, in: Festschrift Ludwig Schnorr von Carolsfeld (1972), S. 517, 518 f.; Wiesner, in: Münch. Hdb. GesR IV, § 9 Rn. 11. Vgl. auch die ausführlichen Darstellungen des Meinungsstreits von Brandner, in: Festschrift Heinz Rowedder (1984), S. 41, 42 ff.; Pentz, in: Münch. Komm. AktG, § 23 Rn. 71 ff.; K. Schmidt, Gesellschaftsrecht, § 4 II. 3.

ten einer anderen Sparte zu steigern, ohne das Interesse des Gesamtunternehmens zu berücksichtigen. Dies gilt vor allem dann, wenn die Vergütung der Bereichsleiter und anderer Führungspersonen zumindest teilweise vom Erfolg eines Bereichs abhängig ist. Ähnliches könnte im Falle der Emission von Spartenaktien gelten, wenn einzelne Aktionäre versuchen würden, die Interessen „ihres" Geschäftsbereichs auf Kosten der übrigen Geschäftsbereiche durchzusetzen.[222]

Solche Bedenken überzeugen letztlich aber nicht. Sie stellen keine Besonderheit der Spartenorganisation dar. Die Gefahr, dass einzelne leitende Angestellte oder sogar Vorstandsmitglieder den von ihnen geleiteten Bereich zu Lasten anderer Bereiche bevorzugen, etwa um sich selbst zu profilieren, besteht bei funktionaler Organisation in gleichem Maße wie bei divisional organisierten Unternehmen. Die Förderung des gemeinsamen Zwecks der Gewinnerzielung bleibt dagegen auch in der Spartenorganisation erhalten. Der Einrichtung einer Spartenorganisation liegt gerade auch die Erwägung zugrunde, das Gesamtunternehmen effizient zu führen und seine Wettbewerbsfähigkeit sowie Innovationskraft zu steigern.[223] Die Spartenorganisation steht dem Gesellschaftszweck also nicht entgegen, sondern soll ihn erst recht fördern. Dass dieser gemeinsame Zweck nicht durch einzelne Abteilungen untergraben wird, ist durch den Vorstand im Rahmen seiner Leitungspflicht des § 76 Abs. 1 AktG sicherzustellen.

III. Zwingende Strukturmerkmale der Aktiengesellschaft

Die wesentlichen Strukturmerkmale der Aktiengesellschaft sind in § 1 AktG geregelt. Danach gehören zum Wesen einer Aktiengesellschaft die eigene Rechtspersönlichkeit, die Beschränkung der Haftung auf das Gesellschaftsvermögen sowie ein in Aktien zerlegtes Grundkapital. Um das Wesen der Aktiengesellschaft zu bestimmen, sind über § 1 AktG hinaus aber noch weitere Vorschriften (insbesondere §§ 3, 42, 53a, 76 ff., 182 ff. AktG) und praktische Über-

---

[222] Siehe zu diesem speziellen Problem Baums, in: Festschrift Karlheinz Boujong (1996), S. 19, 26 f.; Brauer, AG 1993, S. 324, 327; Thiel, Spartenaktien für deutsche Aktiengesellschaften, S. 228.

[223] Vgl. hierzu auch oben zur virtuellen Holding § 2 D. II. sowie Krüger, in: Bea/Dichtl/Schweitzer (Hrsg.), Allgemeine Betriebswirtschaftslehre 2, S. 127, 179.

legungen einzubeziehen.[224] Hierzu gehören besonders die Kapitalaufbringungs- und -erhaltungsvorschriften, die Vorschriften über die Verteilung der Kompetenzen auf die Organe, der Gleichbehandlungsgrundsatz sowie der Minderheitenschutz.[225] Diese Strukturmerkmale der Aktiengesellschaft sind, anders als bei der GmbH, weitgehend zwingend. Ihre Ausgestaltung unterliegt engen Grenzen.[226]

Die divisionale Unternehmensorganisation mit rechtlich unselbständigen Geschäftsbereichen hat Auswirkungen auf die Art und Weise, wie der Vorstand seinen Aufgaben in der Aktiengesellschaft nachkommt. Dies gilt nicht nur für das Verhältnis der Vorstandsmitglieder untereinander, sondern auch für die Zusammenarbeit mit nachgeordneten Einheiten und mit dem Aufsichtsrat. Es stellt sich deshalb die Frage, ob die in §§ 76 ff. AktG geregelte Kompetenzverteilung zwischen Vorstand, Aufsichtsrat und Hauptversammlung gewahrt bleibt, wenn eine Aktiengesellschaft divisional organisiert ist. Dieses Problem bildet traditionell den Schwerpunkt der gesellschaftsrechtlichen Diskussion zur Zulässigkeit der Spartenorganisation.[227] Deshalb ist vorab zu klären, ob die zwingende Zuständigkeitsordnung der Aktiengesellschaft einer divisionalen Unternehmensorganisation entgegensteht und die Bildung einer virtuellen Holding bereits deshalb unzulässig ist. Im Anschluss daran ist die Vereinbarkeit der divisionalen Unternehmensorganisation mit sonstigen aktienrechtlich geschützten Interessen zu erörtern.

---

[224] RGZ 164, 220, 223; Brändel, in: Großkomm. AktG § 1 Rn. 3 ff., 8; Heider, in: Münch. Komm. AktG § 1 Rn. 3, 91 ff.; Henn, Handbuch des Aktienrechts, Rn. 13 ff.; Kraft, in: Kölner Komm. AktG § 1 Rn. 2; Semler, in: Münch. Hdb. GesR IV, § 41 Rn. 14.

[225] RGZ 3, 123, 132 („Rumänische Eisenbahn"); 132, 149, 165; BVerfGE 14, 263, 283 ff.; Brändel, in: Großkomm. AktG § 1 Rn. 27 ff.; Geßler, ZGR 1980, S. 427, 433 f.; Heider, in: Münch. Komm. AktG, § 1 Rn. 91 ff.; Semler, in: Münch. Hdb. GesR IV, § 41 Rn. 14.

[226] BGH, WM 1970, S. 246, 247; Brändel, in: Großkomm. AktG § 1 Rn. 8; Kraft, in: Kölner Komm. AktG § 23 Rn. 83.

[227] Vgl. dazu BMJ (Hrsg.), Bericht der Unternehmensrechtskommission, Tz. 1735 ff.; Schiessl, ZGR 1992, S. 64, 66 ff.; Schwark, ZHR 142 (1978), S. 203, 208 f., 214 ff.; Semler, in: Festschrift Georg Döllerer (1988), S. 571, 574 ff.; Wagner, Divisionalisierung, S. 33 ff.

IV. Die gesellschaftsinterne Kompetenzverteilung

1. Kompetenzen des Vorstands

Zunächst ist zu untersuchen, ob die divisionale Unternehmensorganisation gegen Zuständigkeiten verstößt, die dem Vorstand als Gesamtorgan durch gesetzliche Regelung zwingend zugewiesen sind.

a) Die Leitungspflicht des Vorstands gemäß § 76 Abs. 1 AktG

aa) Grundlagen

Gemäß § 76 Abs. 1 AktG hat der Vorstand die Aktiengesellschaft unter eigener Verantwortung zu leiten. Leitung der Gesellschaft im Sinne des § 76 Abs. 1 AktG bedeutet allgemein, dass der Vorstand die Unternehmerfunktion wahrnimmt und die Grundsätze der Unternehmenspolitik festlegt.[228] Dabei hat er sich in den Grenzen zu halten, die durch die Satzung, insbesondere durch den Unternehmensgegenstand im Sinne des § 23 Abs. 3 Nr. 2 AktG, durch die Geschäftsordnung und auch die Zuständigkeiten der übrigen Organe gesetzt werden (§ 82 Abs. 2 AktG). Allerdings steht dem Vorstand bei Wahrnehmung seiner Aufgaben ein unternehmerischer Ermessenspielraum zu, weil er gemäß § 76 Abs. 1 AktG das Unternehmen unter eigener Verantwortung leitet.[229]

Zu den Leitungsaufgaben als organschaftlichen Mindestbefugnissen zählen die so genannten „originären Führungsfunktionen". Konkret handelt es sich dabei um die Unternehmensplanung (Zielsetzung, mittel- und langfristige Festsetzung der Unternehmenspolitik), die Unternehmenskoordination (Feststellung von Grundsätzen für die Aufgabenverteilung auf nachgeordnete Ebenen und für die Kontrolle ihrer Ausführung), die Unternehmenskontrolle (Kontrolle der Unternehmensbereiche hinsichtlich Durchführung der Planung, Stand des Erreichten, Analyse möglicher Abweichungen) sowie die Besetzung der Führungspositio-

---

[228] Dose, Die Rechtsstellung der Vorstandsmitglieder einer Aktiengesellschaft, S. 35 ff.; Mertens, in: Kölner Komm. AktG, § 76 Rn. 4; Raiser, Recht der Kapitalgesellschaften, § 14 Rn. 1; Semler, Leitung und Überwachung, Rn. 7 ff.

[229] BGHZ 125, 239, 246; 135, 245, 253 („ARAG"); Henn, Handbuch des Aktienrechts, § 18 Rn. 570; Mertens, in: Kölner Komm. AktG, § 76 Rn. 10 ff.; Raiser, Recht der Kapitalgesellschaften § 14 Rn. 1, 13 f.; Wiesner, in: Münch. Hdb. GesR IV, § 19 Rn. 16.

nen.[230] Außerdem gehören zu den Leitungsaufgaben sämtliche Aufgaben, die dem Vorstand als Kollegialorgan durch gesetzliche Regelung ausdrücklich zugewiesen sind[231] und Entscheidungen, Maßnahmen und Geschäfte von außergewöhnlicher Bedeutung oder mit außergewöhnlichem Risiko.[232] Zur Leitung der Gesellschaft zählt darüber hinaus die Wahrnehmung von Geschäftsführungsaufgaben unterhalb der Leitungsebene, soweit dies aus besonderen Gründen im Einzelfall geboten ist. Dies kann insbesondere der Fall sein, wenn solche Aufgaben für die eigentlichen Führungsentscheidungen „präjudiziell" sind. Der Vorstand hat bezüglich dieser grundsätzlich delegierbaren Aufgaben eine Interventions- und Rückholpflicht.[233] Leitungsentscheidungen sind beispielsweise Entscheidungen über das Investitions-, Produktions-, Liefer- und Dienstleistungsprogramm sowie über die betriebswirtschaftliche und juristische Organisation des Unternehmens.[234]

Aus der zwingenden Regelung des § 76 Abs. 1 AktG ergibt sich eine Leitungspflicht des Vorstands. Der Vorstand darf deshalb Leitungsentscheidungen weder Dritten überlassen noch auf eine untere Führungsebene verlagern.[235] Hinsichtlich der Leitung besteht eine zwingende Zuständigkeit des Gesamtvor-

---

[230] Abeltshauser, Leitungshaftung im Kapitalgesellschaftsrecht, S. 32 f.; Götz, ZIP 2002, S. 1745, 1747 f.; Henze, BB 2000, S. 209, 210; Hüffer, § 76 Rn. 8; Mertens, in: Kölner Komm. AktG, § 76 Rn. 5; Semler, ZGR 1983, S. 1, 13 ff.; ders., in: Festschrift Georg Döllerer (1988), S. 571, 577 f.; ders., Leitung und Überwachung, Rn. 11 f., 16 ff. m. w. N.

[231] Hefermehl, in: Geßler/Hefermehl/Eckardt/Kropff, AktG, § 77 Rn. 22; Hoffmann-Becking, ZGR 1998, S. 497, 508; Hüffer, AktG, § 76 Rn. 8.

[232] Henze, BB 2000, S. 209, 210; Hoffmann-Becking, ZGR 1998, S. 497, 509; Martens, Festschrift Hans-Joachim Fleck (1988), S. 191, 197 f., 207; Mertens, in: Kölner Komm. AktG, § 76 Rn. 5; Semler, in: Festschrift Georg Döllerer (1988), S. 571, 578; ders., Leitung und Überwachung, Rn. 13.

[233] Vgl. dazu Mertens, in: Kölner Komm. AktG, § 76 Rn. 43.

[234] Mertens, in: Kölner Komm. AktG, § 76 Rn. 5 sowie ausführlich Semler, Leitung und Überwachung, Rn. 63 ff. m. w. N.

[235] Geßler, in: Festschrift Wolfgang Hefermehl (1976), S. 263, 273 mit Fn. 41; Hefermehl, in: Geßler/Hefermehl/Eckardt/Kropff, AktG, § 76 Rn. 9, § 77 Rn. 22; Mertens, in: Kölner Komm. AktG, § 76 Rn. 4, 40, 43; Meyer-Landrut, in: Großkommentar AktG, § 76 Anm. 6, § 77 Anm. 2; Semler, in: Festschrift Georg Döllerer (1988), S. 581, 588; U. Stein, ZGR 1988, S. 163, 168; Wiesner, in: Münch. Hdb. GesR IV, § 19 Rn. 12.

stands und eine Gesamtverantwortung aller Vorstandsmitglieder.[236] Die überwiegende Ansicht leitet diesen Grundsatz der Gesamtverantwortung aus § 76 Abs. 1 AktG her.[237] *Hoffmann-Becking* stellt dagegen darauf ab, dass es sich „um einen ganz generell für Kollegialorgane mit gleichberechtigten Mitgliedern geltenden Grundsatz" handele.[238] Für die Aktiengesellschaft besteht aber die spezielle Regelung des § 76 Abs. 1 AktG, die entgegen *Hoffmann-Becking* nicht nur das Verhältnis des Vorstands zu Aufsichtsrat und Hauptversammlung betrifft, sondern gerade auch das interne Verhältnis der Vorstandsmitglieder untereinander.[239] Im Übrigen schließen sich die beiden Ansätze nicht gegenseitig aus. Vielmehr ist die Regelung des § 76 Abs. 1 AktG als gesetzlich geregelter Ausfluss des allgemeinen Grundsatzes gemeinsamer Verantwortung der Mitglieder von Kollegialorganen anzusehen.

bb) Das Verhältnis von Leitung und Geschäftsführung

Neben der Leitungsaufgabe kommt dem Vorstand gemäß §§ 76, 78, 82 Abs. 2, 77 Abs. 1 AktG zwingend die Kompetenz zur Geschäftsführung zu.[240] Die Abgrenzung der Begriffe „Leitung" und „Geschäftsführung" ist immer wieder Gegenstand wissenschaftlicher Diskussion. Teilweise werden die Begriffe gleichgesetzt.[241] Dieser Ansatz ergibt gesetzessystematisch jedoch keinen Sinn, weil die Leitung zwingend dem Gesamtvorstand obliegt (§ 76 Abs. 1 AktG), während gemäß § 77 Abs. 1 S. 2 AktG Einzelgeschäftsführung zulässig ist.[242] Eine

---

[236] Hüffer, AktG, § 76 Rn. 3; Martens, in: Festschrift Hans-Joachim Fleck (1988), S. 191, 194; Mertens, in: Kölner Komm. AktG, § 77 Rn. 12; Schiessl, ZGR 1992, S. 64, 67; Wiesner, in: Münch. Hdb. GesR IV, § 19 Rn. 16.

[237] Hüffer, AktG, § 76 Rn. 1; Martens, in: Festschrift Hans-Joachim Fleck (1988), S. 191, 194; Schiessl, ZGR 1992, S. 64, 67; Schwark, ZHR 142 (1978), S. 203, 214 f.; Wiesner, in: Münch. Hdb. GesR IV, § 19 Rn. 16.

[238] Hoffmann-Becking, ZGR 1998, S. 497, 507.

[239] Vgl. Hüffer, AktG, § 76 Rn. 1; a. A. Hoffmann-Becking, ZGR 1998, S. 497, 506 f.

[240] Hüffer, AktG, § 77 Rn. 1, 5; Mertens, in: Kölner Komm. AktG, § 77 Rn. 6; Wiesner, in: Münch. Hdb. GesR IV, § 22 Rn. 1.

[241] Hefermehl, in: Geßler/Hefermehl/Eckardt/Kropff, AktG, § 76 Rn. 10. I. E. auch Wendeling-Schröder, Divisionalisierung, Mitbestimmung und Tarifvertrag, S. 39, die danach differenziert, dass die Leitung über die Geschäftsführung hinausgehe, weil Erstere auch Planungen und langfristige Strategieüberlegungen umfasse, während Letztere handlungsbezogen sei.

[242] Vgl. Henze, BB 2000, S. 209; Schwark ZHR 142 (1978), S. 203, 215.

andere Ansicht sieht die Geschäftsführung im Sinne des § 77 Abs. 1 AktG als Teil der Leitungsaufgaben des § 76 Abs. 1 AktG an. Leitung ist nach dieser Auffassung der Oberbegriff für die Geschäftsführung als tatsächliches Handeln und für die Vertretung der Gesellschaft gemäß § 78 AktG als rechtsgeschäftliches Handeln.[243] Nach wohl herrschender Ansicht ist die Leitungsaufgabe ein herausgehobener Teilbereich der Geschäftsführung.[244]

Es ist nicht möglich, völlig widerspruchsfrei einer der beiden letztgenannten Auffassungen zu folgen. Für erstere Ansicht spricht die Gesetzessystematik. Der an der Spitze des Vierten Teils des Aktiengesetzes stehende § 76 regelt Fragen der Leitung der Aktiengesellschaft. Erst danach folgen Regelungen zur Geschäftsführung (§ 77 AktG) und Vertretung (§ 78 AktG). Wäre demgegenüber die Leitung ein Teil der Geschäftsführung, also des spezielleren Begriffs, wäre es gesetzessystematisch sinnvoller gewesen, die Geschäftsführungsregeln als leges generales der Leitungsregelung als lex specialis voranzustellen. Man könnte „Leitung" also durchaus als Oberbegriff für Geschäftsführung und Vertretung ansehen. Für ein solches Verständnis könnte auch die Regelung des § 77 AktG sprechen, die es zulässt, dass Geschäftsführungsangelegenheiten delegiert werden können. Daraus ließe sich schließen, dass die Geschäftsführung nicht den Begriff der Leitung umfassen kann, weil sich aus der Regelung der §§ 76 Abs. 1, 23 Abs. 5 AktG ergibt, dass Leitungsaufgaben nicht delegierbar sind.[245]

Allerdings sprechen gewichtige Argumente für die herrschende Ansicht. Der Begriff der Geschäftsführung ist nämlich im umfassenden Sinne zu verstehen. Geschäftsführung ist jedes rechtliche und tatsächliche Handeln des Vorstands für die Gesellschaft, unabhängig davon, ob es im eigenen oder im Namen der

---

[243] Henn, Handbuch des Aktienrechts, Rn. 572 f.; Meyer-Landrut, in: Großkomm. AktG, § 77 Anm. 1; Semler, Leitung und Überwachung. Rn. 3 ff. Ähnlich dürfte auch Raiser, Recht der Kapitalgesellschaften, § 14 Rn. 1, zu verstehen sein, der den Begriff der Leitung aber noch weiter auslegt.

[244] Abeltshauser, Leitungshaftung im Kapitalgesellschaftsrecht, S. 29, dessen Verständnis des Leitungsbegriffs allerdings noch weiter geht; Henze, BB 2000, S. 209; Hüffer, AktG, § 76 Rn. 7, § 77 Rn. 3; Mertens, in: Kölner Komm. AktG § 76 Rn. 4; Wiesner, in: Münch. Hdb. GesR IV, § 19 Rn. 12. Schwark ZHR 142 (1978), S. 203, 215 f. dürfte ebenfalls zu dieser Ansicht tendieren.

[245] Vgl. hierzu Henze, BB 2000, S. 209.

Gesellschaft erfolgt.[246] Dieses Begriffsverständnis geht bereits so weit, dass es jedes Tätigwerden des Vorstands umfasst. Für einen noch weitergehenden Begriff besteht insoweit keine Notwendigkeit. Deshalb sind Leitungsaufgaben als gehobene Geschäftsführungsaufgaben anzusehen.

Zur Geschäftsführung gehören demnach die Leitungsaufgaben und die laufende Verwaltung, die die nicht zur Leitung gehörenden Tätigkeiten zur Erledigung des täglichen Geschäfts umfasst.[247] Dieses Begriffsverständnis wird durch verschiedene aktienrechtliche Regelungen gestützt. § 111 Abs. 1 AktG statuiert die Pflicht des Aufsichtsrats zur Überwachung der Geschäftsführung. Diese Vorschrift wäre sinnwidrig, wenn der Aufsichtsrat nur zur Geschäftsführung rechnende Einzelmaßnahmen und laufende Verwaltungstätigkeiten überwachen dürfte, nicht aber die für das Schicksal der Gesellschaft wesentlich wichtigere und bedeutsamere Leitung. Das gleiche gilt für die Regelung des § 93 Abs. 1 S. 1 AktG, nach der die Vorstandsmitglieder die Sorgfalt eines ordentlichen und gewissenhaften Geschäftsleiters anzuwenden haben. Die Sorgfaltspflicht muss selbstverständlich erst recht für die Leitung der Gesellschaft gelten und dies ist der Fall, wenn die Leitung zur Geschäftsführung gehört.[248] Auch § 77 Abs. 1 S. 2 AktG steht dieser Ansicht nicht entgegen, weil § 76 Abs. 1 AktG trotz seiner systematischen Stellung im Gesetz von seiner Bedeutung her spezieller als § 77 Abs. 1 AktG ist.

Nach der überzeugenden herrschenden Meinung ist § 76 Abs. 1 AktG deshalb als immanente Schranke jeder Delegation von Geschäftsführungsaufgaben anzusehen. Geschäftsführungsangelegenheiten können deshalb mit Ausnahme der Leitungsaufgaben delegiert werden. Für den Fortgang der Untersuchung ist dies insoweit von Bedeutung, als im Hinblick auf die Möglichkeiten der Delegation von Aufgaben auf einzelne Vorstandsmitglieder oder sonstige Personen zwischen Leitungsaufgaben und sonstigen Aufgaben zu differenzieren ist. Solche

---

[246] Hefermehl, in: Geßler/Hefermehl/Eckardt/Kropff, AktG, § 77 Rn. 1; Hüffer, AktG, § 77 Rn. 3; Mertens, in: Kölner Komm. AktG, § 77 Rn. 2; Wiesner, in: Münch. Hdb. GesR IV, § 19 Rn. 12.

[247] Henze, BB 2000, S. 209; Hüffer, AktG, § 77 Rn. 3; Mertens, in: Kölner Komm. AktG, § 76 Rn. 4; Schönbrod, Die Organstellung von Vorstand und Aufsichtsrat in der Spartenorganisation, S. 158; Schwark, ZHR 142 (1978), S. 203, 215, dessen Ausführungen jedoch nicht eindeutig sind, da er gleichzeitig davon spricht, dass die Führung der Geschäfte grundsätzlich zur Unternehmensleitung gehöre.

[248] Vgl. Henze, BB 2000, S. 209.

Maßnahmen, die der Vorstand als Gesamtorgan zu treffen hat, darf er nicht übertragen, weil eine „Selbstentmündigung“ des Vorstands unzulässig ist.[249]

cc) Leitung in divisional organisierten Aktiengesellschaften

Unabhängig von der Art der Unternehmensorganisation bleibt der Gesamtvorstand also für die originären Führungsfunktionen zuständig. Sowohl bei einer funktionalen als auch bei einer divisionalen Unternehmensorganisation muss immer das Gesamtorgan über Führungsangelegenheiten entscheiden. Dies ist aber keine spezielle Folge der divisionalen Organisation, sondern eine für alle Unternehmen geltende Feststellung. Die Anforderungen an die Wahrnehmung der originären Führungsfunktionen können nach Branche, Unternehmensgröße und Internationalisierungsgrad variieren. Die Anforderungen mögen in einem divisional organisierten Unternehmen anders sein als in einem funktional organisierten; das bedeutet aber nicht, dass die Spartenorganisation in der Aktiengesellschaft deshalb unzulässig ist. Eine ordnungsgemäße Wahrnehmung der originären Führungsfunktionen setzt nämlich keine bestimmte Organisationsform voraus, weshalb die Spartenorganisation nicht wegen Verstoßes gegen § 76 Abs. 1 AktG aktienrechtswidrig ist.[250]

Zu den organschaftlichen Mindestbefugnissen, die dem Gesamtvorstand als gemeinsame Aufgabe zugewiesen sind, gehören die Vorbereitung und Ausführung von Hauptversammlungsbeschlüssen (§ 83 AktG), die Berichterstattung an den Aufsichtsrat (§ 90 AktG), die grundlegenden Fragen der Organisation der Rechnungslegung sowie die Einrichtung eines Risikofrüherkennungssystems (§ 91 AktG), die Pflicht zur Verlustanzeige und zum Stellen eines Insolvenzantrags (§ 92 AktG), Sorge für einen funktionsfähigen Aufsichtsrat (§§ 97, 98, 104 AktG), das Entscheidungsverlangen in Geschäftsführungsangelegenheiten gegenüber der Hauptversammlung (§ 119 Abs. 2 AktG), die Einberufung der Hauptversammlung (§ 121 Abs. 2 AktG), das Unterbreiten von Beschlussvorschlägen an die Hauptversammlung (§ 124 Abs. 3 AktG), die Mitwirkung bei

---

249 Vgl. Henze, BB 2000, S. 209; Hüffer, AktG. § 77 Rn. 18; Mertens, in: Kölner Komm. AktG, § 76 Rn. 4, 40, 43; Semler, Leitung und Überwachung der Aktiengesellschaft, Rn. 23, 125; U. Stein, ZGR 1988, S. 163, 168; Wiesner, in: Münch. Hdb. GesR IV, § 19 Rn. 12.

250 Vgl. Hefermehl, in: Geßler/Hefermehl/Eckardt/Kropff, AktG, § 77 Rn. 20; Schiessl, ZGR 1992, S. 64, 67; Semler, in: Festschrift Georg Döllerer (1988), S. 571, 578; Wiesner, in: Münch. Hdb. GesR IV, § 22 Rn. 13.

der Prüfung und Feststellung des Jahresabschlusses (§§ 170, 172 AktG) sowie die Entscheidung über die Anfechtung von Hauptversammlungsbeschlüssen (§ 245 Nr. 4 AktG).[251] Die zu den originären Führungsfunktionen getroffenen Feststellungen gelten in gleicher Weise für die gesetzlichen Mindestbefugnisse sowie für die sonstigen Führungsentscheidungen. Sie werden durch eine bestimmte Organisationsform nicht berührt, solange der Vorstand in seiner Gesamtheit diese Aufgaben erledigt.

b) Geschäftsverteilung

Aus den vorstehenden Ausführungen ergibt sich, dass die Spartenorganisation die dem Gesamtvorstand zwingend zugewiesenen Aufgaben nicht berührt. § 77 Abs. 1 S. 1 AktG sieht für den Vorstand zwar das Prinzip der Gesamtgeschäftsführung vor; § 77 Abs. 1 S. 2 Hs. 1 AktG ermöglicht jedoch, von dieser Regelung abzuweichen. In divisional strukturierten Gesellschaften werden die Sparten beziehungsweise Geschäftsbereiche durch Bereichsleiter geführt, die im Rahmen der ihnen zugewiesenen Kompetenzen mehr oder weniger selbständig agieren.[252] Dies wirft die Frage auf, inwieweit im Rahmen einer divisionalen Organisationsstruktur durch Satzungs- oder Geschäftsordnungsregelungen Geschäftsführungskompetenzen vom Gesamtvorstand auf einzelne Vorstandsmitglieder oder gegebenenfalls sogar auf vorstandsexterne Personen als Spartenleiter übertragen werden dürfen.[253]

aa) Divisionale Vorstandsorganisation

In der aktienrechtlichen Literatur besteht Einigkeit darüber, dass die interne Geschäftsverteilung die Gesamtverantwortung des Vorstands nicht berührt. Die

---

[251] Siehe hierzu BGH, ZIP 2002, S. 172, 173 („Sachsenmilch III); Götz, ZIP 2002, S. 1745, 1747 ff.; Hoffmann-Becking, ZGR 1998, S. 497, 508; Mertens, in: Kölner Komm. AktG, § 77 Rn. 21; Preußner/Zimmermann, AG 2002, S. 657 , 658 ff.; Semler, in: Festschrift Georg Döllerer (1988), S. 571, 577.

[252] BMJ (Hrsg.), Bericht der Unternehmensrechtskommission, Tz. 1735; Raiser, Recht der Kapitalgesellschaften, § 14 Rn. 24; Schiessl, ZGR 1992, S. 64, 66; Semler, in: Festschrift Karl Beusch (1993), S. 805, 807; Wendeling-Schröder, Divisionalisierung, Mitbestimmung und Tarifvertrag, S. 12; Wiesner, in: Münch. Hdb. GesR IV, § 22 Rn. 13.

[253] Vgl. Bernhardt/Witt, ZfB 1999, S. 825, 827 f. aus betriebswirtschaftlicher Sicht; Huber, ZHR 152 (1988), S. 123, 157 ff.; Hüffer, AktG, § 76 Rn. 7; Mertens, in: Kölner Komm. AktG, § 77 Rn. 15 ff.; Semler, in: Festschrift Georg Döllerer (1988), S. 571, 580; Wagner, Divisionalisierung in der unverbundenen Aktiengesellschaft und im Aktienkonzern, S. 42 ff.

Gesamtverantwortung überlagert und beschränkt die Ressortzuweisung an einzelne Vorstandsmitglieder auch im Rahmen einer divisionalen Unternehmensorganisation. Das bedeutet, dass die Leitungsaufgaben nach wie vor in die Entscheidungszuständigkeit des Gesamtvorstands fallen. Einzelne oder mehrere Ressortleiter dürfen Leitungsentscheidungen nicht autonom treffen. Die Vorbereitung und Ausführung solcher Entscheidungen darf der Gesamtvorstand allerdings auf einzelne Vorstandsmitglieder übertragen. Allgemein handelt es sich bei Leitungsangelegenheiten um ressortübergreifende Fragen. Ressortübergreifende Fragen sind auch solche, die grundsätzlich in die Zuständigkeit eines Ressorts fallen, wegen ihrer Bedeutung für das Gesamtunternehmen aber vom Gesamtvorstand zu entscheiden sind. Den Vorstandsmitgliedern, die nicht mit der Leitung des betroffenen Ressorts betraut sind, steht insoweit ein Interventions- und Widerspruchsrecht zu. Sie können auch verlangen, dass der Gesamtvorstand sich mit der Frage befasst und eine Entscheidung trifft. Die Ressortleiter ihrerseits haben alle Entscheidungen des Gesamtvorstands bei ihrer Amtsführung zu berücksichtigen und zu befolgen.[254]

Dies folgt nicht nur aus dem Grundsatz gemeinsamer Vorstandsverantwortung, sondern auch daraus, dass alle Vorstandsmitglieder gleichberechtigt sind. Das Prinzip gleichberechtigter Vorstandsmitglieder ergibt sich aus dem Charakter des Vorstands als Kollegialorgan mit voneinander unabhängigen Mitgliedern, denen die Leitungsaufgabe zur gemeinsamen Erledigung anvertraut ist.[255] Neben der formalen Gleichberechtigung bei Abstimmungen (jedes Mitglied hat eine Stimme, wenn man von der Möglichkeit eines Stichentscheids absieht) ist auch eine materielle Gleichberechtigung anerkannt. Das bedeutet, dass ein Ungleichgewicht der Leitungs- und Entscheidungskompetenzen einzelner Mitglieder unzulässig ist. Es darf keine Vorstandsmitglieder minderen Gewichts oder

---

[254] Hefermehl, in: Geßler/Hefermehl/Eckardt/Kropff, AktG, § 77 Rn. 20; Hoffmann-Becking, ZGR 1998, S. 497, 508; Martens, in: Festschrift Hans-Joachim Fleck (1988), S. 191, 195; Mertens, in: Kölner Komm. AktG, § 76 Rn. 49, § 77 Rn. 21 ff.; Mielke, Die Leitung der unverbundenen Aktiengesellschaften, S. 55 ff.; Schwark, ZHR 142 (1978), S. 203, 216 f.; Semler, in: Festschrift Georg Döllerer (1988), S. 571, 580 f.; Wendeling-Schröder, Divisionalisierung, Mitbestimmung und Tarifvertrag, S. 54 ff.; Wiesner, in: Münch. Hdb. GesR IV, § 22 Rn. 14.

[255] Hoffmann-Becking, ZGR 1998, S. 497, 514; Hüffer, AktG, § 77 Rn. 18; Martens, in: Festschrift Hans-Joachim Fleck (1988), S. 191, 205.

zweiter Klasse geben.[256] Mögliche Ungleichgewichte werden vor allem für die Person des Arbeitsdirektors sowie bei einer Matrixorganisation im Hinblick auf funktionale im Vergleich zu divisionalen Ressorts diskutiert, aber auch bei einer divisionalen Organisation, ob die einzelnen Ressortzuständigkeiten gleichmäßig austariert sein müssen.[257]

Teilweise wird eingewandt, dass sich in der Praxis eine gleichwertige Beteiligung aller Vorstandsmitglieder an den Leitungsaufgaben kaum realisieren lasse. Der Einfluss der einzelnen Vorstandsmitglieder sei notwendig unterschiedlich, weil Menschen unterschiedlich seien und weil bei der Geschäftsverteilung das Gewicht der einzelnen Ressorts nicht gleichmäßig austariert werden könne.[258] Aus diesem faktischen Ungleichgewicht wird gefolgert, dass ein relativ großzügiger Maßstab bei der Beurteilung der Zulässigkeit von ungleichen Zuständigkeiten einzelner Vorstandsmitglieder anzulegen sei. Nach *Hoffmann-Becking* dürften nur „krasse Ungleichgewichte" für unzulässig erklärt werden.[259] *Martens* geht in die gleiche Richtung und sieht die Gleichberechtigung der Vorstandsmitglieder rechtlich durch die den einzelnen Vorstandsmitgliedern zustehenden Informations- und Widerspruchsrechte sowie durch die Überwachungsaufgabe des Aufsichtsrats gewährleistet. Er setzt auf „diese selbstregulativen Kräfte und dadurch bedingte präsumtive Richtigkeit der verschiedenen Organisationsregelungen" und fordert lediglich, dass die Verantwortlichkeiten der einzelnen Vorstandsmitglieder eindeutig festgelegt werden.[260] *Semler* will nur rechtliche Ungleichheiten zwischen den einzelnen Vorstandsmitgliedern als Verstoß gegen das Prinzip der Gleichberechtigung ansehen.[261] Etwas enger dürfte *Mertens* zu verstehen sein, nach dessen Auffassung die Geschäftsverteilung nicht dazu führen dürfe, „dass ein Teil der Vorstandsmitglieder nur Entscheidungen minderen Gewichts treffen darf und, soweit nicht das Gesetz ein

---

[256] BMJ (Hrsg.), Bericht der Unternehmensrechtskommission, Tz.. 1737; Hoffmann-Becking, ZGR 1998, S. 497, 514; Mertens, in: Kölner Komm. AktG, § 76 Rn. 49 a. E., § 77 Rn. 12, 15; Schwark, ZHR 142 (1978), S. 203, 218.

[257] BMJ (Hrsg.), Bericht der Unternehmensrechtskommission, Tz.. 1737 f.; Mertens, in: Kölner Komm. AktG, § 76 Rn. 49 a. E.; Schiessl, ZGR 1992, S. 64, 71.

[258] Hoffmann-Becking, ZGR 1998, S. 497, 515; in diesem Sinne auch Martens, in: Festschrift Hans-Joachim Fleck (1988), S. 191, 206.

[259] Hoffmann-Becking, ZGR 1998, S. 497, 515.

[260] Martens, in: Festschrift Hans-Joachim Fleck (1988), S. 191, 206.

[261] Semler, in: Festschrift Georg Döllerer (1988), S. 571, 581.

Handeln des Gesamtvorstands verlangt, rechtlich oder auch faktisch von den eigentlichen Leitungsentscheidungen mehr oder weniger ausgeschlossen wird."[262]

Einigkeit besteht zwischen diesen Autoren und der gesamten aktienrechtlichen Literatur jedenfalls darin, dass das Prinzip der Gesamtverantwortung und das Prinzip der Gleichberechtigung sämtlicher Vorstandsmitglieder einer divisionalen Geschäftsverteilung und damit einer Spartenorganisation nicht per se entgegenstehen.[263] Über die Frage des „Ob" der divisionalen Geschäftsverteilung wird im Hinblick auf diese Gesichtspunkte also nicht gestritten. In der Detailfrage des „Wie", also der konkreten Ausgestaltung, bestehen aber unterschiedliche Auffassungen. Für die virtuelle Holding wird deshalb zu untersuchen sein, welche Gestaltungsmöglichkeiten für die vorstandsinterne Geschäftsverteilung und Ressortbildung bestehen.[264]

bb) Gegenseitige Überwachung

Die Gesamtverantwortung der Vorstandsmitglieder für die Unternehmensleitung beinhaltet auch die Pflicht zur gegenseitigen Information und Kontrolle. Sie obliegt jedem einzelnen Vorstandsmitglied und setzt insofern der internen Geschäftsverteilung Grenzen.[265] Insbesondere die Pflicht zur gegenseitigen Überwachung spielt in der divisional organisierten Aktiengesellschaft, in der einzelne Vorstandsmitglieder ihre Ressorts eigenverantwortlich führen, eine zentrale Rolle.[266] Die Pflicht zur Selbstkontrolle besteht unabhängig von der Orga-

---

[262] Mertens, in: Kölner Komm. AktG, § 77 Rn. 12.

[263] Vgl. hierzu statt aller BMJ (Hrsg.), Bericht der Unternehmensrechtskommission, Tz. 1738; Hüffer, AktG, § 77 Rn. 18; i. E. auch K. Schmidt, ZGR 1981, S. 455, 481.

[264] Siehe dazu unten § 6.

[265] Fleischer, ZGR 2001, S. 1, 26; Hefermehl, in: Geßler/Hefermehl/Eckardt/Kropff, AktG, § 77 Rn. 20; Hoffmann-Becking, ZGR 1998, S. 497, 508; Hüffer, AktG, § 77 Rn.1.

[266] Vgl. dazu BMJ (Hrsg.), Bericht der Unternehmensrechtskommission, Tz. 1736; Henn, Handbuch des Aktienrechts, Rn. 574 a. E.; Hoffmann-Becking, ZGR 1998, S. 497, 512 f.; Hüffer, AktG, § 77 Rn. 15; Martens, in: Festschrift Hans-Joachim Fleck (1988), S. 191, 195; Mertens, in: Kölner Komm. AktG, § 77 Rn. 18, 21; Schiessl, ZGR 1992, S. 64, 71; Schwark, ZHR 142 (1978), S. 203, 216; Semler, in: Festschrift Georg Döllerer (1988), S. 571, 579; Wiesner, in: Münch. Hdb. GesR IV, § 22 Rn. 14. Aus betriebswirtschaftlicher Sicht vgl. Bernhardt/Witt, ZfB 1999, S. 825, 828 ff.

nisationsform, also sowohl in funktional als auch in divisional organisierten Unternehmen.[267]

Jedes Vorstandsmitglied hat nicht nur eine Kontrollpflicht im Hinblick auf sein eigenes Ressort, sondern auch die Pflicht, die Abläufe in den anderen Ressorts zu überwachen.[268] Letztere Pflicht führt zu einem Interventionsrecht und einer Interventionspflicht jedes Vorstandsmitglieds, Angelegenheiten aus einem fremden Geschäftsbereich vor den Gesamtvorstand zu bringen, wenn dies für erforderlich gehalten wird. Hierfür reicht aus, dass ein Vorstandsmitglied die wirtschaftliche Zweckmäßigkeit einer Maßnahme für zweifelhaft hält. Dieses Interventionsrecht kann durch eine Regelung in der Satzung oder Geschäftsordnung zu einem echten Widerspruchsrecht verstärkt werden. Im Falle des Widerspruchs hat, je nach Ausgestaltung in der Geschäftsordnung oder in der Satzung, die Maßnahme zu unterbleiben oder ist dem Gesamtvorstand zur Entscheidung vorzulegen.[269] Um die Kontrollpflicht erfüllen zu können, ist jedes Vorstandsmitglied verpflichtet, über die Angelegenheiten in seinem Geschäftsbereich zu berichten, zumindest, soweit es sich um bedeutende Angelegenheiten handelt. Umgekehrt hat jedes Vorstandsmitglied einen Anspruch auf Berichterstattung aus den einzelnen Geschäftsbereichen.[270] Allerdings dürfen die Anforderungen an die Kontrollpflicht nicht überspannt werden. Ausreichend ist eine kontinuierliche Verfolgung der Vorkommnisse in den Vorstandssitzungen. Erkannten Missständen ist entgegenzuwirken, gegebenenfalls durch Information des Aufsichtsrats.[271]

---

[267] Semler, in: Festschrift Georg Döllerer (1988), S. 571, 579 f.

[268] Hoffmann-Becking, ZGR 1998, S. 497, 512; Martens, in: Festschrift Hans-Joachim Fleck (1988), S. 191, 200; U. H. Schneider, DB 1993, S. 1909, 1912.

[269] Siehe hierzu Götz, AG 1995, S. 337, 338 ff.; Hefermehl, in: Geßler/Hefermehl/Eckardt/Kropff, AktG, § 77 Rn. 20 f.; Hoffmann-Becking, ZGR 1998, S. 497, 512; Mertens, in: Kölner Komm. AktG, § 77 Rn. 22 f., auf den die Differenzierung zwischen Interventions- und Widerspruchsrecht zurückgeht; U. H. Schneider, DB 1993, S. 1909, 1912; Wiesner, in: Münch. Hdb. GesR IV, § 22 Rn. 14.

[270] Hoffmann-Becking, ZGR 1998, S. 497, 512; Hüffer, AktG, § 77 Rn. 15; Martens, in: Festschrift Hans-Joachim Fleck (1988), S. 191, 196; Mertens, in: Kölner Komm. AktG, § 77 Rn. 20; Wiesner, in: Münch. Hdb. GesR IV, § 22 Rn. 15.

[271] Hefermehl, in: Geßler/Hefermehl/Eckardt/Kropff, AktG, § 77 Rn. 20; Hüffer, AktG, § 77 Rn. 15.

Man kann durchaus davon ausgehen, dass in divisional organisierten Großunternehmen die Überwachung durch den Vorstand sogar effizienter sein dürfte als in funktional organisierten, weil die laufende Ergebnisinformation der einzelnen Geschäftsbereiche nämlich die Kontrolle der Einhaltung von Planzahlen beschleunigt und vereinfacht.[272]

Um der Pflicht zur Selbstkontrolle nachzukommen, ist ein vorstandsinternes Überwachungssystem erforderlich, das eine zeitnahe und laufende Kontrolle und Überwachung der jeweiligen Spartenleiter durch die anderen Vorstandsmitglieder ermöglicht. Der Vorstand selbst hat dafür zu sorgen, dass ein effizientes Überwachungssystem eingerichtet wird. Dies kann nach herrschender Ansicht durch regelmäßige Berichterstattung in den Vorstandsitzungen erfolgen oder durch Einrichtung eines speziellen Kontrollressorts.[273]

Die gesellschaftsrechtliche Literatur ist sich einig, dass auch in der divisional organisierten Gesellschaft die Pflicht zur Selbstkontrolle des Vorstands besteht. Ebenso ist unstreitig, dass die Pflicht zur gegenseitigen Überwachung auch in der Spartenorganisation gewahrt werden kann und die Spartenorganisation insoweit nicht unzulässig ist. Im Detail noch ungeklärt ist, wie der Vorstand seiner Überwachungspflicht nachkommen kann und welche organisatorischen Vorkehrungen er zu treffen hat. Für die virtuelle Holding wird deshalb zu untersuchen sein, welche konkrete Ausgestaltung und Intensität der vorstandsinternen Überwachung erforderlich ist.[274]

cc) Divisional organisierte Unternehmensbereiche

Die Einrichtung von Sparten als teilweise selbständige Unternehmensbereiche unterhalb der Vorstandsebene sowie die Spartenleitung durch Personen, die nicht dem Vorstand angehören, ist nach allgemeiner und richtiger Auffassung der gesellschaftsrechtlichen Literatur zulässig.[275] Es ist grundsätzlich auch zu-

---

[272] So Semler, in: Festschrift Georg Döllerer (1988), S. 571, 579.

[273] Martens, in: Festschrift Hans-Joachim Fleck (1988), S. 191, 200; Mertens, in: Kölner Komm. AktG, § 77 Rn. 17, 21; Meyer-Landrut, in: Großkomm. AktG, § 77 Anm. 3 f.; Schwark, ZHR 142 (1978), S. 203, 216; Wiesner, in: Münch. Hdb. GesR IV, § 22 Rn. 15.

[274] Siehe unten § 6 B und C III.

[275] BMJ (Hrsg.), Bericht der Unternehmensrechtskommission, Tz. 1740 ff.; Geßler, in: Festschrift Wolfgang Hefermehl (1976), S. 273; Mertens, in: Kölner Komm. AktG, § 76 Rn. 49 a. E.; Schiessl, ZGR 1992, S. 64, 80 f.; K. Schmidt, ZGR 1981, S. 455, 482; Schönbrod, Die

lässig, einzelne Geschäftsführungsaufgaben an nachgeordnete Ebenen zu delegieren. Das ergibt sich bereits aus § 78 Abs. 3 S. 1 AktG und der Möglichkeit, Generalvollmachten an Angestellte zu erteilen, auch wenn davon unmittelbar vertretungsrechtliche Fragen betroffen sind.[276] Die Möglichkeit zu einer solchen Delegation wird auch als wünschenswert und notwendig erachtet, weil der Vorstand in großen Unternehmen häufig nicht in der Lage ist, alle Geschäftsführungsaufgaben selbständig wahrzunehmen.[277] Allerdings sind dabei gewisse Schranken zu beachten.

Der Vorstand darf seine Leitungs- und Geschäftsführungsaufgaben nicht auf Dritte übertragen, wenn er dadurch seiner Leitungspflicht aus § 76 Abs. 1 AktG nicht mehr nachkommen könnte. Aufgabe des Vorstands bleibt es deshalb immer, im Rahmen seiner unternehmerischen Führungsfunktion Ziele zu setzen, Planungen zu genehmigen, größere Investitionen zu bewilligen und Erfolge in den Unternehmensbereichen zu kontrollieren. Umgekehrt müssen die Spartenleiter die strategischen Zielvorgaben des Vorstands beachten. Für das Gesamtunternehmen bedeutende Geschäfte sind mit dem bereichsleitenden Vorstandsmitglied abzustimmen und gegebenenfalls genehmigen zu lassen. Sonstige Sachentscheidungen können den Spartenleitern zur autonomen Bearbeitung und Entscheidung überlassen werden. Das zuständige Vorstandsmitglied kann sich insoweit darauf beschränken, Ziele und Entscheidungsgrundsätze vorzugeben und deren Einhaltung zu kontrollieren. Allerdings muss es kraft seines Direktionsrechts jederzeit in die Tätigkeit der Sparten eingreifen und Weisungen erteilen können. Die Spartenleiter haben ihrerseits das zuständige Vorstandsmitglied laufend über die Aktivitäten in ihrem Geschäftsbereich zu unterrichten.[278]

Organstellung von Vorstand und Aufsichtsrat in der Spartenorganisation, S. 176 f.; kritisch, aber i. E. zustimmend Schwark, ZHR 142 (1978), S. 203, 217 f.; Wendeling-Schröder, Divisionalisierung, Mitbestimmung und Tarifvertrag, S. 53 f.

[276] Vgl. dazu RGZ 86, 262, 265; RG, JW 1923, S. 121; BGH NJW 1977, S. 199; OLG Frankfurt, WM 1965, S. 53, 54; LG Darmstadt ZIP 1986, S. 1389, 1391 (zur Ausgliederung betrieblicher Teilaufgaben); Mielke, Die Leitung der unverbundenen Aktiengesellschaften, S. 86 ff.; Schiessl, ZGR 1992, S. 64, 80 ff.; Schwark, in: Festschrift Peter Ulmer (2003), S. 605, 614.

[277] Mertens, in: Kölner Komm. AktG, § 93 Rn. 46; K. Schmidt, ZGR 1981, S. 455, 482; Schwark, in: Festschrift Peter Ulmer (2003), S. 605, 614.

[278] Geßler, in: Festschrift Wolfgang Hefermehl (1976), S. 273, 278; Schiessl, ZGR 1992, S. 64, 80 f.; K. Schmidt, ZGR 1981, S. 455, 482; K. Schmidt, ZGR 1981, S. 455, 482; Schönbrod, Die Organstellung von Vorstand und Aufsichtsrat in der Spartenorganisation, S. 190 ff.; Semler, in: Festschrift Georg Döllerer (1988), S. 571, 583 f.

Wichtig ist in diesem Zusammenhang, dass die Geschäftsverteilung eine effiziente Kontrolle der Unternehmensbereiche durch den Vorstand gewährleistet. Die Organisation und Kontrolle der Geschäftsbereiche ist eine Aufgabe, die den Gesamtvorstand als Leitungsaufgabe trifft. Dies wurde bisher schon vertreten[279] und ergibt sich jetzt auch unmittelbar aus der durch das KonTraG eingeführten Regelung des § 91 Abs. 2 AktG.[280] Gemäß § 91 Abs. 2 AktG obliegt dem Vorstand als Leitungsaufgabe die Einrichtung eines Überwachungssystems zur Früherkennung von Risiken, die sich auf die zukünftige Entwicklung des Unternehmens ungünstig auswirken können. Dieses interne Überwachungssystem soll unter anderem das Vermögen des Unternehmens sichern, die Verlässlichkeit und Genauigkeit des Rechnungswesen gewährleisten sowie, und dies ist für die Spartenorganisation bedeutsam, die Effizienz der betrieblichen Abläufe fördern und die Befolgung der Geschäftspolitik unterstützen.[281] Für den Vorstand im divisional organisierten Unternehmen statuiert § 91 Abs. 2 AktG damit nunmehr ausdrücklich die Pflicht zur Organisation und Überwachung der einzelnen Geschäftsbereiche.

c) Willensbildung im Vorstand

§ 77 Abs. 1 S. 1 AktG sieht auch für die Willensbildung im Vorstand das Prinzip der Gesamtgeschäftsführung vor. Aus § 77 Abs. 1 S. 2 AktG ergibt sich aber, dass Satzung oder Geschäftsordnung für Vorstandsbeschlüsse eine einfache oder qualifizierte Mehrheit vorsehen können, sofern es sich nicht gemäß § 77 Abs. 2 S. 3 AktG um Geschäftsordnungsbeschlüsse handelt. In der Unternehmenspraxis überwiegt in der Abkehr vom Einstimmigkeitsprinzip das Modell der Mehrheitsentscheidung.[282] § 77 Abs. 1 S. 2 AktG, der regelt, dass ein oder mehrere Vorstandsmitglieder Meinungsverschiedenheiten im Vorstand nicht gegen die Mehrheit entscheiden dürfen, wird nach herrschender Ansicht so aus-

---

[279] BMJ (Hrsg.), Bericht der Unternehmensrechtskommission, Tz. 1741; Schiessl, ZGR 1992, S. 64, 81.

[280] Zu § 91 Abs. 2 AktG n. F. vgl. Förschle/Küster, in: Beck Bil-Komm., § 317 Rn. 70 ff.; Hüffer, AktG, § 91 Rn. 1, 4 ff.; Lange/Wall, Risikomanagement nach dem KonTraG; Preußner/Zimmermann, AG 2002, S. 657 ff. jeweils m. w. N.

[281] Förschle/Küster, in: Beck Bil-Komm., § 317 Rn. 73, 76; Hüffer, AktG, § 91 Rn. 1, 4 ff.

[282] BGHZ 89, S. 48, 59 („Reemtsma"); Hoffmann-Becking, ZGR 1998, S. 497, 518; Krieger, Personalentscheidungen des Aufsichtsrats, S. 212; Mertens, in: Kölner Komm. AktG, § 77 Rn. 9; Schiessl, ZGR 1992, S. 64, 70; Semler, in: Festschrift Georg Döllerer (1988), S. 571, 575; Wiesner, in: Münch. Hdb. GesR IV, § 22 Rn. 6 ff.

gelegt, dass positive Minderheitsentscheidungen nicht zulässig sind. Vetorechte einzelner oder mehrerer Vorstandsmitglieder sowie ein Stichentscheid (bei der die Stimme eines Vorstandsmitglieds, meist des Vorsitzenden, entscheidend ist) werden dagegen als zulässig angesehen. Das heißt, dass eine Minderheit Entscheidungen des Vorstands nur blockieren kann. Der Stichentscheid darf in mitbestimmten Gesellschaften aber nicht in die durch § 33 MitbestG geschützte Stellung des Arbeitsdirektors eingreifen und ist im zweigliedrigen Vorstand nicht zulässig.[283] Ein allgemeines Vetorecht eines Vorstandsmitglieds wird in der neueren Literatur teilweise kritisiert. Vorzuziehen sei vielmehr, dass einem Veto nur aufschiebende Wirkung zukommen sollte, und zwar bis zur erneuten Beschlussfassung des Vorstands oder bis der Aufsichtsratsvorsitzende Gelegenheit zur Stellungnahme hatte.[284]

Die Frage, wie die Willensbildung im Vorstand im Einzelnen ausgestaltet werden kann, wird für die divisional organisierte Gesellschaft immer wieder aufgeworfen.[285] Dies rührt daher, dass es nahe liegt, einzelnen Vorstandsmitgliedern Vetorechte in Fragen einzuräumen, die den von ihnen geleiteten Geschäftsbereich betreffen. Da Vetorechte vor dem Hintergrund der gesetzlichen Regelung des § 77 Abs. 1 AktG aber grundsätzlich zulässig sind, unabhängig von der Reichweite der Gestaltungsmöglichkeiten, ist diese Problematik keine spezielle Frage der Zulässigkeit der Spartenorganisation. Es geht nämlich nur um die Frage, in welcher Weise den einzelnen Vorstandsmitgliedern Vetorechte eingeräumt werden können. Von Rechts wegen hat, wie bereits ausgeführt, jede Stimme des einzelnen Mitglieds das gleiche Gewicht.[286] Faktische Ungleichgewichte können dagegen sowohl in funktional als auch in divisional organisierten Unternehmen bestehen.[287] Die Organisationsform spielt für die Frage der

[283] BGHZ 89, S. 48, 59 für die Zulässigkeit eines Stichentscheids, die Frage des Vetorechts offen lassend; Hefermehl, in: Geßler/Hefermehl/Eckardt/Kropff, § 77 Rn. 8; Hüffer, AktG, § 77 Rn. 11 f.; Mertens, in: Kölner Komm. AktG, § 77 Rn. 9; Semler, in: Festschrift Georg Döllerer (1988), S. 571, 576; Wiesner, in: Münch. Hdb. GesR IV, § 22 Rn. 9 f.

[284] Vgl. Bezzenberger, ZGR 1996, S. 661, 668; Hoffmann-Becking, ZGR 1998, S. 497, 519.

[285] Vgl. Hoffmann-Becking, ZGR 1998, S. 497, 518 f.; Schiessl, ZGR 1992, S. 64, 71 f.; Semler, in: Festschrift Georg Döllerer (1988), S. 570, 575 f.

[286] Mertens, in: Kölner Komm. AktG, § 77 Rn. 9; Schwark, ZHR 142 (1978), S. 203, 218; Semler, in: Festschrift Georg Döllerer (1988), S. 570, 575.

[287] Semler, in: Festschrift Georg Döllerer (1988), S. 570, 575.

Ausgestaltung der Willensbildung im Vorstand keine Rolle. Deshalb steht die Ausgestaltung der Willensbildung der Spartenorganisation nicht entgegen.

d) Ergebnis

Die zwingenden Kompetenzen des Vorstands bleiben auch im divisional organisierten Unternehmen grundsätzlich gewahrt. Inwieweit Kompetenzen auf einzelne Vorstandsmitglieder oder nicht dem Vorstand angehörende Personen übertragen werden dürfen, ist eine Frage der Reichweite der Ausgestaltung der Spartenorganisation, nicht ihrer Zulässigkeit als solcher.

2. Kompetenzen des Aufsichtsrats

Eine divisionale Organisationsstruktur wirkt sich auch auf die Kompetenzen und Aufgaben des Aufsichtsrats aus. Diese Auswirkungen und daraus resultierende Besonderheiten sollen im Folgenden dargestellt werden, um mögliche Probleme, die bei der Implementierung einer virtuellen Holding auftreten können, anzudeuten.

a) Überwachungskompetenz

§ 111 Abs. 1 AktG verpflichtet den Aufsichtsrat, die Geschäftsführung des Vorstands zu überwachen. Das Gesetz fordert allerdings nicht, dass der Aufsichtsrat die Geschäftsführung in allen Einzelheiten zu kontrollieren hat, wie dies bis 1937 nach § 246 HGB a. F. der Fall gewesen ist. Vielmehr ist ausreichend, dass die Überwachung die Leitungs- beziehungsweise Führungsentscheidungen des Vorstands umfasst, wozu auch Einzelmaßnahmen von wesentlicher Bedeutung zählen. Um die Überwachungspflicht zu konkretisieren, kann auf die Pflicht des Vorstands zur Berichterstattung gemäß § 90 AktG zurückgegriffen werden. Alle Vorgänge, über die der Vorstand zu berichten hat, sind durch den Aufsichtsrat zu prüfen.[288] Beurteilungsmaßstäbe, die der Aufsichtsrat bei der Überwachung

---

[288] Zu den Einzelheiten siehe Geßler, in: Geßler/Hefermehl/Eckardt/Kropff, § 111 Rn. 12; Hoffmann-Becking, in: Münch. Hdb GesR IV, § 29 Rn. 22 f.; Hüffer, AktG, § 111 Rn. 3; Mertens, in: Kölner Komm. AktG, § 111 Rn. 12 f.; Potthoff/Trescher, Das Aufsichtsratsmitglied, S. 68; v. Schenck, in: AR Hdb., Rn. E 23 ff.; Semler, Leitung und Überwachung, Rn. 100 ff. jeweils m. w. N.

zugrunde zu legen hat, sind die Rechtmäßigkeit, Ordnungsmäßigkeit, Zweckmäßigkeit und Wirtschaftlichkeit der Geschäftsführung.[289]

Offen ist die Frage, ob der Aufsichtsrat auch dazu berechtigt und verpflichtet ist, die Ressortführung einzelner Vorstandsmitglieder zu überwachen. Laut *Mertens* bezieht sich die Überwachungspflicht nicht nur auf den Gesamtvorstand als Organ, sondern auch auf die Geschäftsführung der einzelnen Vorstandsmitglieder.[290] Nach herrschender Auffassung ist dagegen der Gesamtvorstand Zielgruppe der Überwachung. Nicht die Überwachung einzelner Ressorts sei Sache des Aufsichtsrats, sondern die Kontrolle des Organs. Dies folge daraus, dass die Überwachungspflicht nur die Leitungsaufgaben umfasse, die dem Vorstand als Gesamtaufgabe zugewiesen sei. Anderenfalls würde der Aufsichtsrat in den zwingenden Kompetenzbereich des Vorstands eingreifen, weil die gegenseitige interne Überwachungspflicht Teil der Geschäftsführungszuständigkeit sei. Nur wenn der Vorstand als Organ nicht seinen Pflichten nachkomme, dürfe und müsse der Aufsichtsrat seine Überwachung auf einzelne Vorstandsmitglieder ausdehnen.[291] Diese Frage ist aber nicht entscheidend für die Zulässigkeit der Spartenorganisation als solcher, weil sie kein spezifisches Problem der Spartenorganisation, sondern der Effizienz der Organisationsstruktur ist. In einem funktionalen Ressort kann das Problem in gleicher Weise entstehen wie in einem divisionalen.[292] Im Übrigen kommen beide Auffassungen auch zum gleichen Ergebnis, lediglich mit unterschiedlicher Begründung. Nach beiden Ansichten hat sich der Aufsichtsrat nämlich ohnehin zunächst an das

---

[289] RGZ 107, S. 221, 226; BGHZ 75, S. 120, 133; BGHZ 114, S. 127, 129 f.; Biener, BFuP 1977, S. 489, 491; Hüffer, AktG, § 111 Rn. 6; Lutter/Krieger, Rechte und Pflichten des Aufsichtsrats, Rn. 71 ff.; Mertens, in: Kölner Komm. AktG, § 111 Rn. 11; Semler, Leitung und Überwachung, Rn. 183; Würdinger, Aktienrecht, S. 122.

[290] Mertens, in: Kölner Komm. AktG, § 111 Rn. 19 ohne Begründung. Vgl. auch Geßler, in: Geßler/Hefermehl/Eckardt/Kropff, § 111 Rn. 15.

[291] Vgl. BMJ (Hrsg.), Bericht der Unternehmensrechtskommission, Tz. 1745 ff.; Lutter/Krieger, Rechte und Pflichten des Aufsichtsrats, Rn. 67; Semler, Leitung und Überwachung, Rn. 112 ff.; v. Schenck, in: Arbeitshandbuch für Aufsichtratsmitglieder, Rn. E 26 f.; i. E. auch Wagner, Divisionalisierung in der unverbundenen Aktiengesellschaft und im Aktienkonzern, S. 84 ff.

[292] So auch Semler, Leitung und Überwachung, Rn. 114.

Organ Vorstand zu wenden, wenn er das Verhalten einzelner Vorstandsmitglieder kontrollieren will.[293]

Darüber hinaus ist problematisch, ob der Aufsichtsrat in divisional strukturierten Unternehmen auch zur unmittelbaren Überwachung der Geschäftsbereichsleitungen unterhalb des Vorstands berechtigt ist. Nach einem Teil der Literatur ist der Aufsichtsrat berechtigt und verpflichtet, auch die dem Vorstand nachgeordneten Geschäftsbereichsleiter unmittelbar zu überwachen, insbesondere wenn in den Sparten breite Freiräume unternehmerischer Verantwortung bestehen.[294] Eine Gegenansicht lehnt zugunsten einer klaren Kompetenzordnung eine Ausweitung der Überwachung unmittelbar auf vorstandsexterne Spartenleiter und sonstige leitende Angestellte auch in diesem Fall ab.[295] Im Ergebnis stehen beide Ansichten aber der grundsätzlichen Zulässigkeit einer divisionalen Unternehmensorganisation nicht entgegen. Auch nach der zweiten Auffassung bleibt dem Aufsichtsrat die mittelbare Überwachung der einzelnen Geschäftsbereiche möglich, indem er den Vorstand in Bezug auf ordnungsgemäße Führung und Kontrolle der Geschäftsbereichsleiter überwacht. Konkret prüft der Aufsichtsrat, ob die Aufgabendelegation zweckmäßig organisiert ist, ob die leitenden Angestellten geeignet sind und ob sie durch den Vorstand ausreichend überwacht werden.[296] Das gleiche gilt für die korrespondierende Frage, in welcher Weise die unternehmensinterne Berichterstattung einzurichten ist. Gemäß § 90 AktG ist der Vorstand zwingend zur Berichterstattung gegenüber dem Aufsichtsrat verpflichtet. In diesem Zusammenhang hat er auch Informationen wei-

---

[293] Lutter/Krieger, Rechte und Pflichten des Aufsichtsrats, Rn. 67 einerseits und Mertens, in: Kölner Komm. AktG, § 111 Rn. 19 andererseits.

[294] Biener, BFuP 1977, S. 489, 491 f.; Geßler, in: Geßler/Hefermehl/Eckardt/Kropff, § 111 Rn. 15; Hüffer, AktG, § 111Rn. 3; Martens, ZfA 1980, S. 611, 634; Raiser, in: Hachenburg GmbHG, § 52 Rn. 86; U. H. Schneider, BB 1981, S. 249, 252.

[295] OLG Köln, AG 1978, S. 17, 21; BMJ (Hrsg.), Bericht der Unternehmensrechtskommission, Tz. 1747 f.; Hoffmann-Becking, in: Münch. Hdb. GesR IV, § 29 Rn. 24; Lutter/Krieger, Rechte und Pflichten des Aufsichtsrats, Rn. 68; Semler, Leitung und Überwachung, Rn. 115 ff.; vermittelnd Mertens, in: Kölner Komm. AktG, § 111 Rn. 21.

[296] Hoffmann-Becking, in: Münch. Hdb. GesR IV, § 29 Rn. 24; Lippert, Überwachungspflicht, Informationsrecht und gesamtschuldnerische Haftung des Aufsichtsrat nach dem Aktiengesetz 1965, S. 83; Lutter/Krieger, Rechte und Pflichten des Aufsichtsrats, Rn. 68; v. Schenck, in: Arbeitshandbuch für Aufsichtratsmitglieder, Rn. E 28; Semler, Leitung und Überwachung, Rn. 115 f.; ders., in: Festschrift Georg Döllerer (1988), S. 571, 588 jeweils m. w. N.

terzugeben, die ihm seinerseits im Rahmen der Berichterstattung nachgeordneter Führungsebenen bekannt geworden sind, weil sich die Überwachungspflicht des Aufsichtsrats an der Berichterstattungspflicht des Vorstands gemäß § 90 AktG inhaltlich orientiert.[297]

b) Beratungskompetenz

Nach ganz herrschender Auffassung ist Teil der Überwachungspflicht des Aufsichtsrats aus § 111 Abs. 1 AktG eine Pflicht zur Beratung des Vorstands dergestalt, dass der Aufsichtsrat die ihm neben der Pflicht zur vergangenheitsbezogenen Kontrolle obliegende Aufgabe einer in die Zukunft gerichteten Kontrolle des Vorstands „wirksam nur durch ständige Diskussion mit dem Vorstand und insofern durch dessen laufende Beratung“ ausüben kann.[298] Eine entsprechende Verpflichtung ergibt sich für börsennotierte Aktiengesellschaften jetzt auch aus Ziff. 3.1., 3.2. und 5.1.1. Deutscher Corporate Governance Kodex.[299] Eine dem Aufsichtsrat obliegende vorausschauende Überwachung des Vorstands erfordert demnach dessen vorausschauende Beratung durch den Aufsichtsrat.[300] Die Beratung des Vorstands durch den Aufsichtsrat „ist das vorrangige Mittel der in die Zukunft gerichteten Kontrolle des Vorstands.[301]

---

[297] Vgl. hierzu Dose, Die Rechtsstellung der Vorstandsmitglieder einer Aktiengesellschaft, S. 32 ff.; Hüffer, AktG, § 111 Rn. 3; Lutter/Krieger, Rechte und Pflichten des Aufsichtsrats, Rn. 70; Semler, Leitung und Überwachung, Rn. 112.

[298] BGHZ 114, S. 127, 129 f.; Boujong, AG 1995, S. 203, 205; Geßler, in: Geßler/Hefermehl/Eckardt/Kropff, § 111 Rn. 36; Hoffmann-Becking, in: Münch. Hdb. GesR IV, § 29, Rn. 32; Hüffer, AktG, § 111 Rn. 5; Krieger, ZGR 1985, S. 338, 340; Lutter/Krieger, Rechte und Pflichten des Aufsichtsrats, Rn. 94 ff.; Lutter/Kremer, ZGR 1992, S. 87, 89; Mertens, AG 1980, S. 67, 68; ders., in: Kölner Komm. AktG, § 111 Rn. 34; Scheffler, ZGR 1993, S. 63, 65; v. Schenck, in: Arbeitshandbuch für Aufsichtratsmitglieder, Rn. E 76; Semler, Leitung und Überwachung, Rn. 249 ff.; a. A. Jäger, DStR 1996, S. 671, 675; Steinmann/Klaus, AG 1987, S. 29 ff.; Theisen, AG 1995, S. 193, 199, die die Beratungsaufgabe als zusätzliche und eigenständige Aufgabe ansehen.

[299] Zum Deutschen Corporate Governance Kodex allgemein vgl. Baums, Corporate Governance – Aktuelle Entwicklungen, S. 15.

[300] Vgl. Hoffmann-Becking, in: Münch. Hdb. GesR IV, § 29 Rn. 32; Mertens, in: Kölner Komm. AktG, § 111 Rn. 34; v. Schenck, in: Arbeitshandbuch für Aufsichtratsmitglieder, Rn. E 77; Semler, Leitung und Überwachung der Aktiengesellschaft, Rn. 258.

[301] BGHZ 114, S. 127, 130; zustimmend Lutter/Kremer, ZGR 1992, S. 87, 89.

Problematisch könnte vor dem Hintergrund der im Rahmen der aktienrechtlich zwingenden Kompetenzverteilung (§ 23 Abs. 5 AktG) die Beratung des Vorstands durch ein im Aktiengesetz nicht vorgesehenes Gremium, zum Beispiel durch einen Beirat, sein.[302] Ein solches Gremium kann allerdings auch in einem funktional organisierten Unternehmen bestehen. Die damit verbundenen Probleme bestehen demnach unabhängig von der Organisationsstruktur und stehen deshalb der Spartenorganisation an sich nicht entgegen. Solche Gremien werden eingerichtet, damit nicht dem Vorstand angehörende Führungspersonen stärker in die strategische Führung der Gesellschaft eingebunden werden und bei Vorstandsentscheidungen beraten können, indem sie ihre Erfahrungen, zum Beispiel aus dem operativen Geschäft, in die Vorstandsberatungen einbringen.[303] Deshalb können solche Gremien in divisional organisierten Unternehmen, insbesondere in einer virtuellen Holding, eine wichtige Rolle spielen. Hierauf wird später einzugehen sein, insbesondere welche Kompetenzen solchen Gremien übertragen werden dürfen.[304]

c) Mitentscheidungskompetenz

Gemäß § 111 Abs. 4 S. 2 AktG hat die Satzung oder der Aufsichtsrat einen Katalog von Geschäften zu bestimmen, die der Zustimmung des Aufsichtsrats bedürfen. Durch das am 26.07.2002 in Kraft getretene TransPuG[305] ist die frühere „Kann"-Regelung auf Vorschlag der Regierungskommission Corporate Governance nunmehr in eine Verpflichtung der Hauptversammlung als Satzungsgeber oder des Aufsichtsrats geändert worden, einen entsprechenden Katalog aufzustellen. Sinn der Neuregelung ist, dass der Aufsichtsrat bei Maßnahmen und Entscheidungen, die die Ertragsaussichten der Gesellschaft oder ihre Risikoexposition grundlegend verändern, in Zukunft hinreichend und rechtzeitig eingebunden werden soll. Solche Entscheidungen sollen sowohl vom Votum des

---

[302] Vgl. zur Beratung des Vorstand durch einen Beirat Baumbach/Hueck, AktG, vor § 76 Rn. 8; Geßler, in: Geßler/Hefermehl/Eckardt/Kropff, § 111 Rn. 95, Siebel, in: Arbeitshandbuch für Aufsichtratsmitglieder Rn. G 26; Ulmer, in: Hanau/Ulmer, MitbestG, § 25 Rn. 139, Wiesner, in: Münch. Hdb. GesR IV, § 19 Rn. 10.

[303] Das „Group Executive Committee" der Deutsche Bank AG ist ein Beispiel für ein solches Beratungsgremium, das sich sowohl aus Vorstandsmitgliedern als auch aus vorstandexternen leitenden Angestellten zusammensetzt. Vgl. dazu oben § 3 A. II. 2. b).

[304] Siehe unten § 8.

[305] BGBl. I 2002, S. 2681 ff.

Aufsichtsrats als auch des Vorstands abhängen.[306] Zwar kann der Aufsichtsrat dem Vorstand kein bestimmtes Verhalten positiv vorschreiben, er kann auf diese Weise aber bestimmte Maßnahmen verhindern.[307] Eine divisionale Organisationsstruktur beeinflusst das auf § 111 Abs. 4 S. 2 AktG beruhende Mitentscheidungsrecht des Aufsichtsrats nicht, weil es gemäß § 111 Abs. 5 AktG ohnehin nicht auf andere Personen übertragen werden kann.[308]

d) Personalkompetenz

Neben der Überwachungskompetenz zählt die sich aus § 84 Abs. 1 und Abs. 3 AktG ergebende ausschließliche Zuständigkeit für die Bestellung und Abberufung sowie für Abschluss und Kündigung der Anstellungsverträge der Vorstandsmitglieder (Personalkompetenz) zu den wichtigsten Kompetenzen des Aufsichtsrats.[309] Damit die Spartenorganisation als aktienrechtlich zulässig angesehen werden kann, sind für die Personalkompetenz einige Anforderungen zu beachten, die im Folgenden kurz dargestellt werden sollen.

Die Personalkompetenz versetzt den Aufsichtsrat in die Lage, auf die Leitung der Gesellschaft dadurch Einfluss zu nehmen, dass er bei seiner Bestellungsentscheidung von dem Kandidaten vertretene geschäftspolitische Vorstellungen in seine Überlegungen einbezieht. Deshalb prägen Personalentscheidungen in erheblichem Maße die künftige Unternehmenspolitik. Personalpolitik ist insoweit Unternehmenspolitik.[310] Des Weiteren kann der Aufsichtsrat bei später auftre-

---

306 Vgl. Baums (Hrsg.), Bericht der Regierungskommission Corporate Governance, Rn. 34 f.

307 Geßler, in: Geßler/Hefermehl/Eckardt/Kropff, § 111 Rn. 64; Hüffer, AktG, § 111 Rn. 18; Lutter/Krieger, Rechte und Pflichten des Aufsichtsrats, Rn. 103.

308 Vgl. die Ausführungen von Semler, in: Festschrift Georg Döllerer (1988), S. 571, 591 f., der einen anderen Akzent setzt und darauf abstellt, dass nur der Gesamtvorstand den Antrag auf Mitentscheidung durch den Aufsichtsrat stellen darf.

309 Vgl. Baums, Der Geschäftsleitervertrag, S. 64 ff., 299 ff.; Fonk, in: Arbeitshandbuch für Aufsichtratsmitglieder, Rn. I 1, 30; Hüffer, AktG, § 84 Rn. 1, § 111 Rn. 1; Krieger, Personalentscheidungen des Aufsichtsrats, S. 1; Lutter/Krieger, Rechte und Pflichten des Aufsichtsrats, Rn. 331 f.; Mertens, in: Kölner Komm. AktG, § 84 Rn. 9; Semler, in: Festschrift Döllerer (1988), S. 585. Rathenau bezeichnete die Personalkompetenz als „höchste und verantwortungsvollste Aufgabe des Aufsichtsrats“: Vom Aktienwesen, S. 19.

310 Vgl. hierzu BGHZ 135, S. 244, 254 f. (ARAG); Fonk, in: Arbeitshandbuch für Aufsichtratsmitglieder, Rn. I 9; Hommelhoff, BB 1977, S. 322, 324; Immenga, ZGR 1977, S. 249, 251; Krieger, Personalentscheidungen des Aufsichtsrats, S. 35; Mertens, ZGR 1977, S. 270, 279; Semler, ZGR 1983, S. 1, 26.

tenden Meinungsverschiedenheiten über Grundsätze der künftigen Unternehmenspolitik auf die Niederlegung des Vorstandsmandats hinwirken. In Betracht kommt auch ein Widerruf der Bestellung aus wichtigem Grund, beispielsweise bei anhaltender Erfolglosigkeit eines Vorstandsmitglieds[311] oder im Falle nach Ansicht des Aufsichtsrats unvertretbarer, das Unternehmenswohl gefährdender Geschäftspolitik.[312]

Vor diesem Hintergrund würde die Übertragung von Leitungsaufgaben auf eine dem Vorstand untergeordnete Ebene nicht nur gegen § 76 Abs. 1 AktG verstoßen,[313] sondern wäre auch mit der zwingenden Zuständigkeit des Aufsichtsrats zur Bestellung und Abberufung der Vorstandsmitglieder unvereinbar. Die Personalkompetenz des Aufsichtsrats und die dadurch ermöglichte Einflussnahme auf die Geschäftspolitik liefe nämlich leer, wenn nicht die durch den Aufsichtsrat bestellten Vorstandsmitglieder die Leitungsaufgaben wahrnähmen, sondern die Leiter der nachgeordneten, durch den Vorstand besetzten Führungsebene. Die Bestellung und Abberufung von Geschäftsbereichsleitern unterhalb der Vorstandsebene gehört nämlich zu den Geschäftsleitungsaufgaben und fällt deshalb in den Zuständigkeitsbereich des Vorstands. Es ist allenfalls denkbar, dem Aufsichtsrat über § 111 Abs. 4 S. 2 AktG ein Mitentscheidungsrecht einzuräumen.[314] Unter § 84 Abs. 1 und Abs. 3 AktG kann die Bestellung und Abberufung vorstandsexterner Personen dagegen nicht subsumiert werden.[315] Deshalb müssen auch in der divisional organisierten Aktiengesellschaft die Leitungsaufgaben durch den Vorstand ausgeführt werden.

Eine divisionale Organisationsstruktur hat auf die Kompetenz des Aufsichtsrats zur Besetzung des Vorstands auch faktische Auswirkungen. Bei der Bestellung der Vorstandsmitglieder muss der Aufsichtsrat besondere Anforderungen an die

---

[311] Mertens, in: Kölner Komm. AktG, § 84 Rn. 103.

[312] Vgl. Baums, Der Geschäftsleitervertrag, S. 300 f.; Krieger, Personalentscheidungen des Aufsichtsrats, S. 133; Fonk, in: Arbeitshandbuch für Aufsichtratsmitglieder, Rn. I 282; Kropff, NZG 1998, S. 613, 617; Lutter/Krieger, Rechte und Pflichten des Aufsichtsrats, Rn. 365; Mertens, in: Kölner Komm. AktG, § 111 Rn. 27; Potthoff/Trescher, Das Aufsichtsratsmitglied, S. 274; Wiesner, in: Münch. Hdb. GesR IV, § 20 Rn. 47; Semler, ZGR 1983, S. 1, 28 f.

[313] Siehe oben § 4 B. IV. 1. a).

[314] Dies ist allerdings nicht unproblematisch: Vgl. unten § 8 B. II. 4.

[315] BMJ (Hrsg.), Bericht der Unternehmensrechtskommission, Rn. 1744; Schönbrod, Organstellung, S. 194; Schiessl, ZGR 1992, S. 64, 81.

Kandidaten stellen. Ein Vorstandsmitglied, das künftig für einen bestimmten Geschäftsbereich zuständig sein soll, muss über umfangreiche unternehmerische Fähigkeiten und Erfahrungen verfügen. Rein „funktionale" Kenntnisse und Erfahrungen sind in der Regel nicht ausreichend, weil die Führung eines unternehmerischen Geschäftsbereichs umfassende Managementerfahrungen erfordert und nicht nur bloße Fachkenntnisse.[316]

e) Geschäftsverteilung und Geschäftsordnungskompetenz

Für die funktionierende Vorstandsarbeit ist eine ordnungsgemäße und sachgerechte Organisation des Vorstands genauso wichtig wie die Auswahl und Bestellung qualifizierter Vorstandsmitglieder. Beides ist eng miteinander verbunden. Ohne eine optimale Organisationsstruktur, die ein effizientes Zusammenwirken im Vorstand gewährleistet, können auch hoch qualifizierte Manager ein Unternehmen nicht sinnvoll führen. Das bedeutet, dass jedes Vorstandsmitglied auch in das organisatorische Gefüge des Vorstands „passen" muss. Andererseits muss bei der Regelung organisatorischer Fragen berücksichtigt werden, wieweit die einzelnen Vorstandsmitglieder davon betroffen werden.[317] Insbesondere für die Spartenorganisation ist die Vorstandsorganisation von Bedeutung, weil im Wege der Geschäftsverteilung Vorstandsressorts gebildet werden können, bei denen das für ein Ressort zuständige Vorstandsmitglied gleichzeitig für die Leitung einer oder mehrerer Sparten verantwortlich sein kann. Mit anderen Worten kann die Vorstandsorganisation mit der divisionalen Unternehmensorganisation übereinstimmen, wenn die Vorstandsressorts und die Geschäftsbereiche gleichermaßen ausgestaltet werden. Eine solche Übereinstimmung wird regelmäßig anzutreffen sein, weil der Sinn der divisionalen Organisation gerade darin liegt, dass die einzelnen Sparten (durch Vorstandsmitglieder) unternehmerisch selbständig geführt werden.[318]

---

[316] Schönbrod, Organstellung, S. 194; Semler, in: Festschrift Georg Döllerer (1988), S. 571, 585; ders., Leitung und Überwachung, Rn. 123. Vgl. auch die Ausführungen von Krieger, Personalentscheidungen des Aufsichtsrats, S. 193 f.

[317] Krieger, Personalentscheidungen des Aufsichtsrats, S. 191; Lutter/Krieger, Rechte und Pflichten des Aufsichtsrats, Rn. 424; Semler, BFuP 1977, S. 519, 527 f.

[318] Vgl. Fonk, in: Arbeitshandbuch für Aufsichtratsmitglieder, Rn. I 357 f.; Martens, in: Festschrift Hans-Joachim Fleck (1988), S. 191, 192; Wiesner, in: Münch. Hdb. GesR IV, § 22 Rn. 13.

Fragen der Geschäftsverteilung können gemäß § 77 Abs. 1 S. 2 Hs. 1 AktG in der Satzung oder in der Geschäftsordnung des Vorstands geregelt werden. Die Satzung soll aber nur generelle Regeln über die Geschäftsverteilung treffen dürfen, während die detaillierte Ausgestaltung der Geschäftsordnung überlassen bleibt. Begründet wird dies zutreffend mit dem Argument, dass eine umfassende Regelung der Geschäftsverteilung in der Satzung zu unflexibel ist, um eine effektive Zusammenarbeit im Vorstand zu gewährleisten. Insoweit würde auch die Hauptversammlung als Satzungsgeberin den Aufsichtsrat in seiner Aufgabe, für eine funktionierende Organisation der Vorstandsarbeit zu sorgen, zu sehr einschränken.[319] In der Regel ist deshalb die Geschäftsverteilung in der Vorstandsgeschäftsordnung geregelt.[320]

Die Geschäftsverteilung kann einerseits die abstrakte Einrichtung der Ressorts durch Beschreibung der Aufgaben und andererseits die konkrete Besetzung der Ressorts durch Zuweisung an einzelne Vorstandsmitglieder enthalten.[321] Die Ressortzuweisung wird nach herrschender Ansicht als Teil der Geschäftsordnung angesehen.[322] Teilweise wird mit dem Hinweis auf den Umstand, dass die Zuweisung rechtsdogmatisch eng mit der Bestellung der einzelnen Vorstandsmitglieder verbunden sei, vertreten, dass die Ressortzuweisung im Anstellungsvertrag des Ressortleiters zu regeln sei.[323] *Lutter/Krieger* lassen es zu, dass die Ressortzuweisung auch zum Gegenstand des Anstellungsvertrags gemacht wird, wenn ein entsprechendes Ressort zuvor durch die Geschäftsordnung eingerich-

---

[319] Vgl. Hüffer, AktG, § 77 Rn. 20; Krieger, Personalentscheidungen des Aufsichtsrats, S. 192; Lutter/Krieger, Rechte und Pflichten des Aufsichtsrats, Rn. 428 ff.; für eine vorrangige Kompetenz der Hauptversammlung Hefermehl, in: Geßler/Hefermehl/Eckardt/Kropff, § 77 Rn. 16 f. und Immenga, ZGR 1977, S. 249, 268.

[320] Vgl. Hefermehl, in: Geßler/Hefermehl/Eckardt/Kropff, § 77 Rn. 17; Krieger, Personalentscheidungen des Aufsichtsrats, S. 201.

[321] Hoffmann-Becking, ZGR 1998, S. 497, 499 f.; Krieger, Personalentscheidungen des Aufsichtsrats, S. 195 ff.

[322] Dose, Die Rechtsstellung der Vorstandsmitglieder einer Aktiengesellschaft, S. 47 ff., 94 f.; Fonk, in: Arbeitshandbuch für Aufsichtratsmitglieder, Rn. I 92; Mertens, ZGR 1983, S. 189, 196 ff.; ders., in: Kölner Komm. AktG, § 84 Rn. 4; Wiesner, in: Münch. Hdb. GesR IV, § 22 Rn. 16.

[323] Krieger, Personalentscheidungen des Aufsichtsrats, S. 199 f.

tet worden ist.[324] Unabhängig davon, welcher Ansicht man sich anschließt, bleibt in jedem Fall die Personalhoheit des Aufsichtsrats gewahrt, da der Aufsichtsrat gemäß § 77 Abs. 2 S. 1 Hs. 2 AktG das Recht, eine Geschäftsordnung für den Vorstand zu erlassen, an sich ziehen kann. Für den Abschluss der Anstellungsverträge ist der Aufsichtsrat ohnehin zuständig.[325] Die Frage spielt aus den oben genannten Gründen bei der Spartenorganisation faktisch zwar eine große Rolle, ist aber kein spezielles Problem der divisionalen Unternehmensorganisation, weil sie sich ebenso bei funktionalen Ressorts stellt.

Problematisch ist die Zuständigkeit für die Ressorteinrichtung und damit schließlich die Zuständigkeit für die Implementierung der Geschäftsbereiche, weil sich insoweit Kompetenzüberschneidungen zwischen den Organen ergeben. Wie bereits erwähnt, ist die nähere Ausgestaltung der Ressort- beziehungsweise Geschäftsbereichseinrichtung als Teil der Geschäftsverteilung der Vorstandsgeschäftsordnung vorbehalten. Gemäß §§ 77 Abs. 2 S. 2, 179 Abs. 1 AktG können Fragen der Geschäftsordnung erstens von der Hauptversammlung in der Satzung geregelt werden. Diese Möglichkeit besteht allerdings nur für Einzelfragen der Geschäftsordnung und damit der Geschäftsverteilung, wie beispielsweise die Einrichtung einzelner Ressorts.[326] Zweitens kann der Vorstand sich gemäß § 77 Abs. 2 S. 1 Hs. 1 AktG selbst eine Geschäftsordnung geben. In diesem Fall ist er selbst dazu berechtigt, über die Geschäftsverteilung zu entscheiden. Die primäre Kompetenz zur Regelung der Geschäftsverteilung hat drittens aber der Aufsichtsrat gemäß § 77 Abs. 2 S. 1 Hs. 2 AktG. Insoweit hat der Vorstand keine Organisationsautonomie.[327] Hier zeigt sich der Zusammenhang zwischen der Personalauswahl für den Vorstand und der Ressortbildung. Deshalb ist letztlich die Kompetenz, die Vorstandsressorts einzurichten, dem Aufsichtsrat zuzuweisen, damit er seiner Personalhoheit nachkommen kann. Könnte der Aufsichtsrat den von ihm ausgewählten Vorstandsmitgliedern nicht bestimmte Aufgabenbereiche zuweisen, die er auch zuvor eingerichtet hat, be-

---

[324] Lutter/Krieger, Rechte und Pflichten des Aufsichtsrats, Rn. 430; enger Mertens, in: Kölner Komm. AktG, § 84 Rn. 44 und Fonk, in: Arbeitshandbuch für Aufsichtratsmitglieder, Rn. I 92; a. A. Wiesner, in: Münch. Hdb. GesR IV, § 22 Rn. 16.

[325] Siehe Baums, Der Geschäftsleitervertrag, S. 70 ff.; Hefermehl/Spindler, in: Münch. Komm. AktG, § 84 Rn. 47 ff. m. w. N.

[326] Vgl. Hoffmann-Becking, ZGR 1998, S. 497, 505; Krieger, Personalentscheidungen des Aufsichtsrats, S. 201 f.; Lutter/Krieger, Rechte und Pflichten des Aufsichtsrats, Rn. 429.

[327] Hoffmann-Becking, ZGR 1998, S. 497, 501.

stünde die Gefahr, dass seine Personalentscheidungen ins Leere liefen. Die Bestellung erfolgt nämlich im Hinblick auf einen bestimmten Tätigkeitsbereich, der festgelegt und zugewiesen werden muss.[328]

Diese Kompetenzverteilung hat wiederum Auswirkungen auf die Zuständigkeit für die Änderung der Strukturorganisation des Unternehmens und damit auch für die Einführung einer Spartenorganisation. Die Organisation des Unternehmens unterhalb der Vorstandsebene ist zwar unabhängig von den vorangegangenen Erwägungen eine Geschäftsführungsaufgabe, für die grundsätzlich allein der Vorstand zuständig ist, ohne dass er der Zustimmung des Aufsichtsrats bedarf, vgl. § 111 Abs. 4 S. 1 AktG.[329] Etwas anderes gilt zunächst nur, wenn für die Umstrukturierung der Unternehmensorganisation ein Zustimmungserfordernis des Aufsichtsrats gemäß § 111 Abs. 4 S. 2 AktG besteht. Darüber hinaus kann die Festlegung der Strukturorganisation aber in die Kompetenz des Aufsichtsrats zur Regelung der Geschäftsverteilung oder genauer zur Ressortzuweisung und Ressortbildung auf Vorstandsebene eingreifen, wenn durch die Spartenbildung Struktur und Inhalt der Vorstandsressorts wesentlich verändert werden.[330] Wird eine Spartenorganisation eingeführt oder wird eine Spartenorganisation auf Unternehmensebene neu strukturiert, wird dies, wie bereits erwähnt, Einfluss auf den Zuschnitt der Vorstandsressorts haben, weil in der Regel eine Kongruenz der einzelnen Vorstandsressorts mit den jeweils unterstellten Geschäftsbereichen bestehen wird.

Deshalb sind bei der Implementierung einer Spartenorganisation die folgenden Grundsätze zu beachten: Trifft die Satzung Regeln zur Geschäftsverteilung, hat sich der Vorstand bei einer Neustrukturierung des Unternehmens an die ihm dadurch gesetzten Grenzen zu halten. Hat der Vorstand die Geschäftsverteilung in der Geschäftsordnung selbst geregelt, liegt die Spartenbildung beziehungsweise -änderung in seinem Ermessen. Entsprechende Beschlüsse hat der Vorstand nach richtiger Auffassung einstimmig zu fassen. Dies ergibt sich aus § 77

---

[328] Vgl. Hefermehl, in: Geßler/Hefermehl/Eckardt/Kropff, § 77 Rn. 26; Hoffmann-Becking, ZGR 1998, S. 497, 502; Krieger, Personalentscheidungen des Aufsichtsrats, S. 193 f.; Lutter/Krieger, Rechte und Pflichten des Aufsichtsrats, Rn. 432.

[329] Vgl. BMJ (Hrsg.), Bericht der Unternehmensrechtskommission, Tz. 1741; Semler, in: Festschrift Georg Döllerer (1988), S. 571, 586 f.; Schiessl, ZGR 1992, S. 64, 81; Thiel, Spartenaktien für deutsche Aktiengesellschaften, S. 223.

[330] Semler, in: Festschrift Georg Döllerer (1988), S. 571, 587; Thiel, Spartenaktien für deutsche Aktiengesellschaften, S. 223.

Abs. 3 AktG wegen des engen Zusammenhangs von Geschäftsordnung, Geschäftsverteilung und Unternehmensorganisation in einer divisional organisierten Aktiengesellschaft.[331] Hat der Aufsichtsrat eine Geschäftsordnung für den Vorstand erlassen und darin die Vorstandsressortverteilung geregelt, kann der Vorstand die Strukturorganisation des Unternehmens nicht ohne den Aufsichtsrat ändern, wenn eine solche Maßnahme in den materiellen Zuständigkeitsbereich der Ressorts eingreift, obwohl es sich um eine Geschäftsführungsmaßnahme handelt. Anderenfalls läge ein Verstoß gegen die Zuständigkeit des Aufsichtsrats aus § 77 Abs. 2 S. 1 AktG vor.

Der Aufsichtsrat darf allerdings nicht allein entscheiden, weil es sich letztlich um eine Geschäftsführungsmaßnahme handelt (§ 111 Abs. 4 S. 1 AktG). Deshalb findet sich der Vorschlag, eine Mitwirkungsfunktion des Aufsichtsrats anzunehmen, die über ein bloßes Zustimmungserfordernis im Sinne des § 111 Abs. 4 S. 2 AktG hinausgehe. Bei Untätigkeit des Vorstands habe der Aufsichtsrat ein Initiativrecht, das ihn dazu berechtige, nach eigenem Ermessen Vorschläge für eine Strukturorganisation vorzulegen, ohne diese allerdings allein einführen zu können. Vorstand und Aufsichtsrat müssten per Beschluss einem solchen Vorschlag zustimmen.[332] Diese Lösung scheint im Ergebnis durchaus interessengerecht, weil auf diese Weise die Kompetenzen beider Organe gewahrt werden und der Aufsichtsrat über seine Personalkompetenz auch berechtigt ist, auf die Unternehmenspolitik Einfluss zu nehmen.[333]

Bei der dogmatischen Begründung einer solchen Mitwirkungswirkungsbefugnis des Aufsichtsrats ist allerdings Vorsicht geboten. *Semler* und *Thiel* begründen die Herleitung der Mitwirkungsbefugnis nicht näher. *Semler* spricht nur davon, dass man „eine bloße Mitwirkungsfunktion des Aufsichtsrats festzustellen haben“ wird.[334] Man könnte daraus schließen, dass die Mitwirkungsbefugnis eine ungeschriebene Kompetenz des Aufsichtsrats in einem speziellen Einzelfall

---

[331] Semler, in: Festschrift Georg Döllerer (1988), S. 571, 587; Thiel, Spartenaktien für deutsche Aktiengesellschaften, S. 223.

[332] Semler, in: Festschrift Georg Döllerer (1988), S. 571, 587; Schiessl, ZGR 1992, S. 64, 81; Thiel, Spartenaktien für deutsche Aktiengesellschaften, S. 223.

[333] Siehe oben § 4 B. IV. 2. d).

[334] Vgl. Semler, in: Festschrift Georg Döllerer (1988), S. 571, 587; Thiel, Spartenaktien für deutsche Aktiengesellschaften, S. 223.

sei.[335] Ungeschriebene Mitwirkungsbefugnisse eines Organs sind mit dem zwingenden Charakter des deutschen Aktienrechts aber unvereinbar. Wenn § 111 Abs. 4 S. 2 AktG kein ausdrückliches Zustimmungsrecht des Aufsichtsrats vorsieht, kann ein ungeschriebenes Mitwirkungsrecht nicht angenommen werden. Das ergibt sich aus §§ 23 Abs. 5, 111 Abs. 1 S. 1 AktG. Vorliegend ist eine solche Konstruktion allerdings nicht erforderlich, weil unmittelbar auf § 77 Abs. 2 S. 1 AktG zurückgegriffen werden kann, um die Mitwirkung des Aufsichtsrats zu begründen. Aus Sicht des Aufsichtsrats ist die Änderung der Strukturorganisation nämlich keine Geschäftsführungsmaßnahme, sondern fortgesetzter Teil seiner Kompetenz zur Regelung der Geschäftsverteilung. Insofern ist die Mitwirkungsbefugnis Teil dieser Regelungskompetenz.[336] Für die Praxis dürfte es angebracht sein, eine entsprechende Bestimmung in den Katalog der zustimmungspflichtigen Geschäfte des § 111 Abs. 4 S. 2 AktG aufzunehmen. Dies gilt auch für die Frage, ob der Aufsichtsrat im Rahmen des Erlasses einer Vorstandsgeschäftsordnung nur einige allgemeine Fragen zu regeln hat und die weitere Ausgestaltung, etwa die Geschäftsverteilung, an den Vorstand delegiert und diesem überlässt.[337]

Unabhängig von der Frage, wer in der einzelnen Gesellschaft für die Geschäftsverteilung zuständig ist, kann festgehalten werden, dass die divisionale Organisation unter diesem Gesichtspunkt nicht unzulässig ist. Die damit zusammenhängenden Probleme können in divisional organisierten Unternehmen nämlich

---

[335] Ungeschriebene Mitwirkungsbefugnisse der Hauptversammlung nehmen die Rechtsprechung und Teile der Literatur bei „Grundlagenentscheidungen an, wobei die dogmatische Herleitung unterschiedlich ist: BGHZ 83, 122, 131 („Holzmüller“); OLG München, AG 1995, S. 232, 233; LG Köln, AG 1992, S. 238, 239 f.; LG Frankfurt, AG 1993, S. 287, 288 f.; Geßler, in: Festschrift Walter Stimpel (1985), S. 771 ff.; Hübner, in: Festschrift Walter Stimpel (1985), S. 791 ff.; Lutter, ZHR 151 (1987), S. 444, 452 f.; Rehbinder, ZGR 1983, S. 93 ff.; Kritisch dagegen: Heinsius, ZGR 1984, S. 383 ff.; Martens, ZHR 147 (1983), S. 377 ff.; Mülbert, Aktiengesellschaft, Unternehmensgruppe und Kapitalmarkt, S. 360 ff., 368 ff.; Sünner, AG 1983, S. 169 ff.; Werner, ZHR 147 (1983), S. 429; Westermann ZGR 1984, S. 352 ff.; ders. ZHR 156 (1992), S. 203, 214 ff.

[336] Schiessl, ZGR 1992, S. 64, 81. Vgl. auch die Argumentation von Hoffmann-Becking, ZGR 1998, S. 497, 504 zur grundsätzlichen Frage der Möglichkeiten zur Zusammenarbeit von Vorstand und Aufsichtsrat bei Geschäftsordnungsangelegenheiten. Er begründet die Zulässigkeit des Zustimmungsvorbehalts des Aufsichtsrats damit, dass er „als Minus aus der vorrangigen Regelungskompetenz des Aufsichtsrats gemäß § 77 Abs. 2 S. 1 AktG“ folge.

[337] Vgl. zu diesem Problem die Ausführungen von Hoffmann-Becking, ZGR 1998, S. 497, 504; Mertens, in: Kölner Komm. AktG, § 77 Rn. 40, 43.

in gleicher Weise auftreten und gelöst werden wie in rein funktional organisierten Unternehmen.

f) Ergebnis

Stellung und Kompetenzen des Aufsichtsrats werden auch in einer divisional organisierten Gesellschaft nicht beeinträchtigt. Die divisionale Unternehmensorganisation verstößt insoweit nicht gegen die zwingende Kompetenzordnung der Aktiengesellschaft und ist deshalb grundsätzlich zulässig.

3. Kompetenzen der Hauptversammlung

a) Grundlagen

Aus § 118 Abs. 1 AktG ergibt sich, dass die Aktionäre ihre Mitgliedschaftsrechte in der Hauptversammlung ausüben. Nach allgemeiner Ansicht ist die Hauptversammlung Organ der Gesellschaft mit der Aufgabe der internen Willensbildung der Gesellschafter in den gesetzlich angeordneten Fällen. Organqualität hat die Hauptversammlung selbst, nicht die Gesamtheit der Gesellschafter.[338] Da die Hauptversammlung unter den Voraussetzungen des § 119 Abs. 1 Nr. 1 AktG die Mitglieder des Aufsichtsrats bestellt, der Aufsichtsrat gemäß § 84 Abs. 1 AktG wiederum den Vorstand bestellt, wird die Hauptversammlung teilweise als das oberste Organ der Gesellschaft bezeichnet. Rechtlich ist diese Qualifikation allerdings ohne Bedeutung. Maßgeblich für das aktienrechtliche Kompetenzgefüge ist vielmehr die vom Gesetz gewollte zwingende Machtverteilung zwischen Vorstand, Aufsichtsrat und Hauptversammlung.[339] In diesem Zusammenhang ist von Bedeutung, dass Vorstand und Aufsichtsrat ihre Kompetenzen zwar von der Hauptversammlung ableiten; sie haben aber eigene, durch Gesetz zugewiesene Befugnisse, in die die Hauptversammlung grundsätz-

---

[338] Eckardt, in: Geßler/Hefermehl/Eckardt/Kropff, AktG, Vorb. § 118 Rn. 1; Hüffer, AktG, § 118 Rn. 1 ff.; Mülbert, in: Großkomm. AktG, Vor §§ 118 – 147, Rn. 18 f.; v. Rechenberg, Die Hauptversammlung als oberstes Organ der Aktiengesellschaft, S. 27 ff.; Semler, in: Münch. Hdb. GesR. IV, § 34 Rn. 1, 4; Zöllner, in: Kölner Komm. AktG, § 118 Rn. 4.

[339] Vgl. BVerfG, NJW 2000, S. 349, 350; Eckard, in: Geßler/Hefermehl/Eckardt/Kropff, AktG, Vorb. § 118 Rn. 5; Hüffer, AktG, § 118 Rn. 4; Mülbert, in: Großkomm. AktG, Vor §§ 118 – 147, Rn. 43; Raiser, Recht der Kapitalgesellschaften, § 16 Rn. 1; K. Schmidt, Gesellschaftsrecht, § 28 IV. 1.; Semler, in: Münch. Hdb. GesR IV, § 34 Rn. 4; ausführlich Wiethölter, Interessen und Organisation der Aktiengesellschaft im amerikanischen und deutschen Recht, S. 82 ff.

lich nicht eingreifen kann. Aus diesem Grund kann die Hauptversammlung in der Satzung keinen allgemeinen Zustimmungsvorbehalt zu ihren eigenen Gunsten für Geschäftsführungsaufgaben festlegen.[340] Einflussmöglichkeiten auf die Arbeit des Aufsichtsrats und des Vorstands hat die Hauptversammlung über § 111 Abs. 4 S. 2 AktG, indem sie bestimmte Arten von Geschäften der Zustimmung des Aufsichtsrats unterwirft. Des Weiteren kann sie über die Satzung die Geschäftsordnung und das Verfahren des Aufsichtsrats beeinflussen.[341] Darüber hinaus können in der Satzung gemäß § 77 Abs. 2 S. 2 AktG Einzelfragen der Geschäftsordnung des Vorstands geregelt werden.[342]

Gemäß § 119 Abs. 1 AktG beschließt die Hauptversammlung nur in den im Gesetz und in der Satzung ausdrücklich bestimmten Fällen. § 119 Abs. 1 AktG selbst enthält einen Katalog enumerativ aufgezählter, besonders wichtiger Zuständigkeiten. Diese Zuständigkeiten sind zwingend, dürfen also nicht auf Vorstand, Aufsichtsrat oder Dritte übertragen werden; sie sind aber nicht abschließend. Das Aktiengesetz hat an verschiedenen Stellen der Hauptversammlung zusätzliche Entscheidungskompetenzen zugewiesen.[343]

Aus § 119 Abs. 2 AktG ergibt sich, dass die Hauptversammlung grundsätzlich nicht über Geschäftsführungsangelegenheiten entscheiden darf. Eine Zustimmungskompetenz hinsichtlich einzelner Geschäftsführungsfragen hat die Hauptversammlung nur ausnahmsweise gemäß § 119 Abs. 2 AktG, wenn der Vorstand es verlangt, sowie in den Fällen des § 111 Abs. 4 S. 3 AktG. Ob der Vorstand ein Zustimmungsverlangen an die Hauptversammlung richtet, steht in seinem Ermessen.[344] Nach dem *Holzmüller*-Urteil des BGH kann der Vorstand jedoch verpflichtet sein, eine Entscheidung der Hauptversammlung einzuholen,

---

[340] Semler, in: Münch. Hdb. GesR IV, § 34 Rn. 5; Zöllner, in: Kölner Komm. AktG, § 119 Rn. 43.

[341] Vgl. BGHZ 64, S. 325, 327 f.; Hoffmann-Becking, in: Münch. Hdb. GesR IV, § 31 Rn. 2; Semler, in: Münch. Hdb. GesR IV, § 34 Rn. 5.

[342] Siehe hierzu Mertens, in: Kölner Komm. AktG, § 77 Rn.44. Sehr weitgehend: Godin/Wilhelmi, § 77 Anm. 10; Hefermehl, in: Geßler/Hefermehl/Eckardt/Kropff, AktG, § 77 Rn. 28; Meyer-Landrut, in: Großkomm. AktG, § 77 Anm. 7.

[343] Vgl. hierzu die Zusammenstellungen der umfangreichen Befugnisse bei Mülbert, in: Großkomm. AktG, § 119 Rn. 12 ff.; Semler, in: Münch. Hdb. GesR IV, § 34 Rn. 10 ff.

[344] Im Einzelnen Hüffer, AktG, § 119 Rn. 13; Mülbert, in: Großkomm. AktG, § 119 Rn. 38 ff.; Semler, in: Münch. Hdb. GesR IV, § 34 Rn. 14 ff.

wobei der BGH diese Verpflichtung auf § 119 Abs. 2 AktG gestützt hat.[345] Der BGH hat in seinen beiden *Gelatine*-Urteilen vom 26. April 2004 im Wege richterlicher Rechtsfortbildung nunmehr ausdrücklich klargestellt, dass diese „ungeschriebene" Mitwirkungsbefugnis der Hauptversammlung nur „ausnahmsweise und in engen Grenzen" anzuerkennen sind.[346]

b) Divisionale Unternehmensorganisation

Weil die Einführung einer Spartenorganisation zum einen die Geschäftsverteilung im Vorstand beeinflussen kann und zum anderen die Strukturorganisation unterhalb des Vorstands Geschäftsführungsaufgabe ist,[347] sind die Satzungskompetenz sowie die Mitwirkungskompetenz der Hauptversammlung bei Geschäftsführungsangelegenheiten aus §§ 119 Abs. 2, 111 Abs. 4 S. 3 AktG zu beachten, wenn eine Aktiengesellschaft divisional organisiert werden soll.

aa) Satzung und Geschäftsverteilung

Die Einführung einer divisionalen Organisationsstruktur auf Vorstandsebene kollidiert nicht mit Rechten der Hauptversammlung, wenn die Satzung keine Bestimmungen über die Geschäftsverteilung im Vorstand enthält. Hat die Hauptversammlung als Satzungsgeberin aber von ihren Rechten aus § 77 Abs. 1 S. 2 und Abs. 2 S. 2 AktG Gebrauch gemacht und Regelungen zur Geschäftsverteilung und zur Geschäftsordnung des Vorstands in der Satzung getroffen, können daraus Kompetenzprobleme entstehen.[348] Dies ist der Fall, wenn die Satzung eine bestimmte, beispielsweise eine rein funktionale Geschäftsverteilung vorsieht. Die Einführung einer Spartenorganisation auf Vorstandsebene allein durch Vorstand und Aufsichtsrat wäre dann unzulässig, wenn man eine Satzungsänderung der Hauptversammlung für erforderlich hält. Eine solche Zustimmung könnte aber entbehrlich sein, wenn die Kompetenz der Hauptversammlung, Fragen der Geschäftsverteilung in der Satzung zu regeln, nicht

---

[345] BGHZ 83, S. 122, 131.

[346] BGH, NZG 2004, S. 571 und 575. Vgl. dazu ausführlich Götze, NZG 2004, S. 585 ff.

[347] Siehe oben § 4 B. IV. 2. e).

[348] Zur konkurrierenden Zuständigkeit von Hauptversammlung, Aufsichtsrat und Vorstand siehe bereits oben § 4 B. IV. 2. e). Immenga, ZGR 1977, S. 249, 267 verwendet das Schlagwort, dass die Kompetenz zum Erlass einer Geschäftsordnung für den Vorstand im „Koordinatenkreuz gegensätzlicher Interessen" stehe.

schrankenlos gewährt ist, sondern bestimmten Grenzen unterliegt.[349] Es wurde bereits dargelegt, dass die Satzung nur Einzelfragen der Geschäftsverteilung regeln darf. Anderenfalls wäre nicht nur die effektive Zusammenarbeit im Vorstand gefährdet, sondern auch der Aufsichtsrat in seiner Aufgabe, für eine funktionierende Organisation der Vorstandsarbeit zu sorgen, zu sehr beschränkt. Bei Überschreiten dieser Grenzen wäre eine Satzungsbestimmung, die eine bestimmte Ressortverteilung vorschreibt, nichtig, wobei umstritten ist, ob sich diese Rechtsfolge unmittelbar aus § 23 Abs. 5 AktG oder § 241 Nr. 3 AktG ergibt.[350]

Nach anderer Auffassung soll die Satzung den wesentlichen Inhalt einer Geschäftsordnung und somit die Geschäftsverteilung bestimmen können. Die Reichweite der Satzung ergebe sich bereits aus dem begrenzten Regelungsbereich einer Geschäftsordnung. Die Hauptversammlung könne die Geschäftsführung auf die Vorstandsmitglieder aufteilen. Sie habe in diesem Bereich einen Vorrang vor dem Aufsichtsrat.[351] Diese Argumentation überzeugt jedoch nicht. Der Wortlaut des § 77 Abs. 1 S. 2 AktG, der die Satzung zur Regelung von Geschäftsführungsfragen ermächtigt, enthält zwar keine diesbezügliche Einschränkung. Die Norm ist aber im systematischen Zusammenhang mit § 77 Abs. 2 S. 2 AktG zu verstehen, wonach die Satzung lediglich Einzelfragen der Geschäftsordnung bindend regeln darf. Kann die Geschäftsordnung des Vorstands die Geschäftsverteilung regeln, darf die Satzung gleichzeitig aber nur Einzelfragen der Geschäftsordnung regeln, folgt daraus, dass die Satzung auch nur Einzelfragen der Geschäftsverteilung regeln darf. Der Gesetzeswortlaut des § 77 Abs. 2 S. 2 AktG ist insoweit eindeutig. Der Terminus „Einzelfragen" bedeutet seinem Wortsinn nach, dass nur einzelne Punkte, nicht dagegen sämtliche Punk-

---

[349] Vgl. zu solchen Überlegungen Krieger, Personalentscheidungen des Aufsichtsrats, S. 201; Lutter/Krieger, Rechte und Pflichten des Aufsichtsrats, Rn. 429 f.; Mertens, in: Kölner Komm. AktG, § 77 Rn. 44 allgemein zur Möglichkeit, die Vorstandsgeschäftsordnung in der Satzung zu regeln.

[350] Siehe dazu Hüffer, AktG, § 23 Rn. 43, der auf § 241 Nr. 3 AktG abstellt und Pentz, in: Münch. Komm. AktG, § 23 Rn. 162 f., der die Nichtigkeit § 23 Abs. 5 AktG entnimmt, jeweils m. w. N.

[351] Godin/Wilhelmi, AktG, § 77 Anm. 10; Hefermehl, in: Geßler/Hefermehl/Eckardt/Kropff, AktG, § 77 Anm. 28; Immenga, ZGR 1977, S. 249, 268; Meyer-Landrut, in.: Großkomm. AktG, § 77 Anm. 7; Nirk, in: Handbuch der Aktiengesellschaft, Teil I Rn. 732 f.; Pentz, in: Münch. Komm. AktG, § 23 Rn. 165; i. E. auch Thiel, Spartenaktien für deutsche Aktiengesellschaften, S. 223.

te, in der Satzung geregelt werden dürfen.[352] Etwas anderes ergibt sich auch nicht aus dem Willen des Gesetzgebers.[353]

Etwas anderes würde nur dann gelten, wenn man die gesamte Geschäftsverteilung als Einzelfrage der Geschäftsordnung ansieht. Ein solches Begriffsverständnis geht bei teleologischer Betrachtung jedoch zu weit. Das Recht von Vorstand und Aufsichtsrat zur Organisation ihrer Selbstverwaltung muss erhalten bleiben. Der Aufsichtsrat bedarf der organisatorischen Flexibilität, damit er seiner Personalkompetenz nachkommen kann. Außerdem muss er die Vorstandsorganisation an die konkrete Zusammensetzung des Vorstands anpassen können. Dazu bedarf es einer gewissen organisatorischen Freiheit bei der Geschäftsverteilung, die Satzungsregeln nicht gewährleisten können. Der Vorstand braucht die organisatorische Flexibilität, um im Rahmen seiner Geschäftsführung auf die unternehmenspolitischen Erfordernisse reagieren zu können und so zu einer optimalen Leistungsfähigkeit zu gelangen.[354]

Die Satzung darf deshalb nur generelle Regelungen zur Geschäftsverteilung treffen. *Krieger* macht in dieser Hinsicht einen vernünftigen Vorschlag, nach dem etwa die Anzahl der Ressorts und die Schwerpunkte einzelner Ressorts in der Satzung festgelegt werden können.[355] Eine solche Regelung dürfte aber keinen abschließenden Charakter haben, sondern allenfalls festlegen, dass einzelne wichtige Vorstandsressorts zwingend einzurichten sind. Verbindliche Vorgaben über die Art der Vorstandsorganisation, das heißt ob eine rein funktionale, eine gemischte oder eine divisionale Aufgabenverteilung erfolgen soll, darf die Satzung dagegen nicht treffen. Anderenfalls wäre der Aufsichtsrat bei seiner Aufgabe zur Ressortzuweisung unangemessen eingeschränkt. Darüber hinaus be-

---

[352] Vgl. Hüffer, AktG, § 77 Rn. 20; Krieger, Personalentscheidungen des Aufsichtsrats, S. 202; Lutter/Krieger, Rechte und Pflichten des Aufsichtsrats, Rn. 429.

[353] Vgl. Kropff, Begr. RegE AktG 1965, S. 100.

[354] Siehe zum Ganzen Hoffmann-Becking, ZGR 1998, S. 497, 505; Hüffer, AktG, § 77 Rn. 20; Kort, in: Großkomm. AktG, § 77 Rn. 72; Krieger, Personalentscheidungen des Aufsichtsrats, S. 201 f.; Krieger/Lutter, Rechte und Pflichten des Aufsichtsrats, Rn. 429; i. E. auch Mertens, in: Kölner Komm. AktG, § 77 Rn. 44.; aus der mitbestimmungsrechtlichen Literatur: Fitting/Wlotzke/Wißmann, MitbestG, § 30 Rn. 16. Das Problem mangelnder Flexibilität bei umfassenden Satzungsregeln zur Geschäftsverteilung erkennt auch die Gegenansicht: Immenga, ZGR 1977, S. 249, 268 f.; Meyer-Landrut, in: Großkomm. AktG, § 77 Anm. 7; Nirk, in: Handbuch der Aktiengesellschaft, Teil I Rn. 733.

[355] Krieger, Personalentscheidungen des Aufsichtsrats, S. 202.

steht auch kein Bedürfnis, der Hauptversammlung derart weitgehende Befugnisse bei der Organisation der Zusammenarbeit im Vorstand einzuräumen. Die Befugnisse der Hauptversammlung berührt es nämlich nicht, wenn die Satzung Details der Geschäftsverteilung nicht regelt. Die Hauptversammlung ist – wie bereits dargelegt – gerade kein „Überorgan". Sie kann ihre Rechte vielmehr nur im Rahmen der zwingenden aktienrechtlichen Kompetenzverteilung wahrnehmen. Die Kompetenzverteilung hat Vorrang vor satzungsmäßigen Einschränkungen (§ 23 Abs. 5 AktG).[356]

Demnach besteht kein Vorrang der Hauptversammlung gegenüber dem Aufsichtsrat, Geschäftsordnungs- und Geschäftsverteilungsfragen in der Satzung zu regeln.[357] Deshalb kann eine umfassende Geschäftsverteilung für den Vorstand nicht in der Satzung geregelt werden. Insbesondere ist es unzulässig, eine funktionale Aufgabenverteilung oder eine andere Art der Vorstandsorganisation in der Satzung festzulegen. Die Einführung einer Spartenorganisation auf Vorstandsebene kann durch entgegenstehende Satzungsbestimmungen nicht verhindert werden.

bb) Divisionale Organisation unterhalb der Vorstandsebene

Die Einführung einer divisionalen Unternehmensorganisation unterhalb der Vorstandsebene ist als Maßnahme der Änderung der Strukturorganisation eine Geschäftsführungsaufgabe und obliegt deshalb gemäß § 77 Abs. 1 S. 1 AktG dem Vorstand.[358] Über die Satzung können wegen § 23 Abs. 5 AktG nur in sehr begrenztem Maße Zuständigkeiten der Hauptversammlung begründet werden. Da die Kompetenzzuweisung im Aktienrecht zwingend ist, können Zuständigkeiten des Vorstands nicht auf die Hauptversammlung per Satzungsregelung übertragen werden.[359] Dies ergibt sich aus der Regelung des § 119 Abs. 2 AktG, nach der die Hauptversammlung nur subsidiär entscheiden kann, wenn der Vorstand es verlangt. Per Beschluss kann die Hauptversammlung die Zuständigkeit in Geschäftsführungsfragen nicht an sich ziehen. Etwas anderes ergibt sich auch

---

[356] Vgl. Immenga, ZGR 1977, S. 249; 263; Mertens, NJW 1970, S. 1718, 1719; ders, in: Kölner Komm. AktG, Vorb. § 76 Rn. 30.

[357] A. A. Immenga, ZGR 1977, S. 249, 268.

[358] Siehe oben § 4 B. IV. 2. e)

[359] Eckardt, in: Geßler/Hefermehl/Eckardt/Kropff, AktG, § 119 Rn. 10; Hüffer, AktG, § 119 Rn. 10; Mülbert, in: Großkomm. AktG, § 119 Rn. 38.

nicht aus § 77 Abs. 1 S. 2 AktG. Nach allgemeiner Meinung ermöglicht diese Norm abweichende Regelungen der Geschäftsführung innerhalb des Vorstands. Es geht dabei um Alternativen zum Kollegialprinzip beispielsweise durch Delegation oder bei Abstimmungen.[360] Satzungsbestimmungen, die eine Delegation der Geschäftsführungszuständigkeiten auf die Hauptversammlung ermöglichen, gestattet § 77 Abs. 1 S. 2 AktG dagegen nicht.

Eine Mitwirkungsbefugnis der Hauptversammlung bei der Einführung einer divisionalen Unternehmensorganisation unterhalb des Vorstands könnte deshalb allenfalls über § 111 Abs. 4 S. 3 AktG oder § 119 Abs. 2 AktG begründet werden. Diese Zuständigkeit bestünde aber nur infolge eines entsprechenden Vorstandsverlangens, wäre also fakultativ und nicht zwingend. Insofern ist die Einführung einer Spartenorganisation also zulässig. Sie würde nicht gegen zwingende Kompetenzen der Hauptversammlung verstoßen. Grundsätzlich bedarf die Einführung einer divisionalen Organisation demnach weder einer Satzungsbestimmung, noch eines Hauptversammlungsbeschlusses. Entsprechendes gilt für die Änderung oder Aufhebung einer divisionalen Organisationsstruktur.[361]

Die Bildung einer solchen Organisationsstruktur gehört auch nicht zu den Fällen ungeschriebener Mitwirkungsbefugnisse der Hauptversammlung. Der BGH hat – wie bereits angedeutet – inzwischen ausdrücklich entschieden, dass solche Mitbewirkungsbefugnisse, die ein zwingendes Zustimmungserfordernis der Hauptversammlung begründen, nur in Ausnahmefällen in Betracht kommen, etwa in Fällen von Ausgliederungen oder bei einer Umstrukturierung einer Tochter- in eine Enkelgesellschaft.[362] Die bloße Einführung einer Spartenorganisation rechnet nicht dazu. Durch die Implementierung von Sparten werden nämlich weder Mitgliedschaftsrechte der Aktionäre beeinträchtigt noch Vermögenswerte der Gesellschaft auf eine andere Gesellschaft übertragen. Etwas anderes mag in Fällen der Konzernbildung gelten; Anknüpfungspunkt für mögli-

---

[360] Vgl. zu den Regelungsmöglichkeiten Hüffer, AktG, § 77 Rn. 10 ff.; Mertens, in: Kölner Komm. AktG, § 77 Rn. 8 ff. sowie die Regierungsbegründung bei Kropff, Begr. RegE AktG 1965, S. 99.

[361] Eine Satzungsänderung wäre aber dann erforderlich, wenn auf einzelne Geschäftsbereiche bezogene Spartenaktien emittiert werden sollen: Baums, in: Festschrift Karlheinz Boujong, S. 19, 30; Thiel, Spartenaktien für deutsche Aktiengesellschaften, S. 224 m. w. N.

[362] BGH, NZG 2004, S. 571 und 575. Vgl. auch Götze, NZG 2004, S. 585, 586 f.

che Mitwirkungsrechte ist dann aber nicht die Bildung von Sparten selbst, sondern die Ausgliederung oder ein vergleichbarer Tatbestand.

c) Ergebnis

Die Kompetenzen der Hauptversammlung bleiben bei Einführung einer divisionalen Organisation durch Vorstand und Aufsichtsrat gewahrt. Ein Beschluss der Hauptversammlung oder eine Satzungsermächtigung ist grundsätzlich nicht erforderlich, um die Unternehmensorganisation zu ändern. Insofern verstößt die Einführung einer divisionalen Organisationsstruktur auf Vorstands- und Unternehmensebene nicht gegen Kompetenzen der Hauptversammlung.

4. Ergebnis

Die divisionale Organisation ist grundsätzlich mit der internen Kompetenzverteilung in der Aktiengesellschaft vereinbar, weil sie nicht in unzulässiger Weise in Aufgaben eingreift, die das Aktiengesetz den einzelnen Organen zuweist. Sie verstößt deshalb nicht gegen zwingende aktienrechtliche Strukturprinzipien. Demnach bestehen gegen die Einführung, die Änderung oder die Abschaffung einer divisionalen Organisation der Aktiengesellschaft keine Bedenken.

V. Vereinbarkeit mit aktienrechtlich geschützten Interessen

1. Grundlagen

Allgemein anerkannt ist, dass in der Aktiengesellschaft und ihrem Unternehmen verschiedene Interessen zusammentreffen, die miteinander kollidieren können. Zu diesen maßgeblichen Interessen gehören diejenigen der Aktionäre (Wertsteigerung, Shareholder Value, Dividenden), der Arbeitnehmer (Arbeitsplatzerhaltung), der Gläubiger und der Allgemeinheit (Gemeinwohl). Dem Aktienrecht kommt die Aufgabe zu, zwischen diesen Interessen einen sinnvollen Ausgleich zu schaffen. Der Vorstand hat bei seiner ihm zustehenden Ermessensausübung im Rahmen der Leitung der Gesellschaft diese Interessen sachgerecht zu berücksichtigen. Eine bestimmte Rangfolge der Interessen besteht dabei nicht.

Aufgabe des Vorstands ist vielmehr, die Interessen bei seinen Entscheidungen miteinander in Einklang zu bringen.[363]

Die Interessen einzelner Gruppen werden in Rechtsprechung und Literatur durch das Unternehmensinteresse ergänzt.[364] Die genaue Bestimmung dieses Begriffs ist umstritten. Teilweise wird darunter die Gesamtheit der vorgenannten Interessen verstanden, teilweise nur ein Ausschnitt derselben, der unterschiedlich abgegrenzt wird.[365] Unabhängig von den verschiedenen theoretischen Ansätzen lässt sich für die vorliegende Arbeit mit der wohl überwiegenden, jedenfalls überzeugenden Ansicht der neueren Literatur festhalten, dass das Unternehmensinteresse, gleich wie es definiert wird, Verhaltensmaxime für die Verwaltungsorgane der Aktiengesellschaft ist. Das bedeutet konkret, dass Vorstand und Aufsichtsrat bei Ausübung ihrer Aufgaben verpflichtet sind, das Unternehmensinteresse zu wahren. Sind die verschiedenen Interessen deckungsgleich, kann der Vorstand sie unproblematisch bei seiner Entscheidung berücksichtigen. Weichen die Interessen voneinander ab, muss die Entscheidung zu Lasten des ein oder anderen vorgenannten Interessenträgers getroffen werden. In diesem Fall muss eine Lösung gesucht werden, die allen Beteiligten langfris-

---

[363] Siehe BGHZ 125, 239, 248 ff. („Deutsche Bank"); 135, 244, 253 („ARAG/Garmenbeck"); Hefermehl, in: Geßler/Hefermehl/Eckardt/Kropff, § 76 Rn. 14, 18 f.; Hueck, Gesellschaftsrecht, § 23 VII. 1.; Hüffer, AktG, § 76 Rn. 12; Kropff, Begr. RegE AktG 1965, S. 97 sowie Ausschussbericht, S. 97 f.; Mertens, in: Kölner Komm. AktG, § 76 Rn. 16 ff.; Oltmanns, in: AnwK-Aktienrecht, Kap. 1 § 76 Rn. 8; Raisch, in: Festschrift Wolfgang Hefermehl (1976), S. 347, 348 ff.; Raiser, Recht der Kapitalgesellschaften, § 13 Rn. 1 ff.; Rittner, in: Festschrift Ernst Geßler (1970), S. 139, 142; Wiesner, in: Münch. Hdb. GesR IV, § 19 Rn. 16, 18 ff.; Zöllner, in: Kölner Komm. AktG, Einl. Rn. 104.

[364] Aus der Rechtsprechung: BVerfGE 34, 103, 112; BGHZ 36, 296, 306 (dort wird noch von „Interessen der Gesellschaft" gesprochen); 64, 325, 330 f.; 83, 106, 113; aus der Literatur: Brinkmann, Unternehmensinteresse und Unternehmensrechtsstruktur, S. 1 ff.; Hueck, Gesellschaftsrecht, § 23 VII. 1.; Jürgenmeyer, Das Unternehmensinteresse, S. 1 ff.; Koch, Das Unternehmensinteresse als Verhaltensmaßstab der Aufsichtsratsmitglieder im mitbestimmten Aufsichtsrat einer Aktiengesellschaft, S. 1 ff.; Kübler, § 14 III. 2. und § 32 III. 4. a); Mertens, ZGR 1977, S. 270, 275 ff.; ders., ZHR 150 (1986), S. 706 ff.; Raisch, in: Festschrift Wolfgang Hefermehl (1976), S. 347 ff.; Raiser, in: Festschrift Reimer Schmidt (1976), S. 101 ff.; Rittner, in: Festschrift Ernst Geßler (1971), S. 139, 149 ff.; Teubner, ZHR 149 (1985), S. 470 ff.; Wiedemann, Gesellschaftsrecht I, § 11 III. 2. b) bb); grundlegend Zöllner, Die Schranken mitgliedschaftlicher Stimmrechtsmacht bei den privatrechtlichen Personenverbänden, S. 73 ff.

[365] Zu den verschiedenen Ansätzen vgl. Budde/L. Lawall, in: Festschrift Welf Müller (2001), S. 27, 28 ff.; Semler, Leitung und Überwachung der Aktiengesellschaft, Rn. 50 ff. mit Fn. 94; Zöllner, in: Kölner Komm. AktG, Einl. Rn. 129 ff. jeweils m. w. N.

tig am ehesten gerecht wird. Maßstab dafür ist der Bestand des Unternehmens, der sich in dauerhafter Rentabilität niederschlägt. Die Pflicht zur Bestandssicherung dient sowohl dem Interesse der Aktionäre als Kapitalgeber, den Interessen der Arbeitnehmer als auch dem Gemeinwohl, da kein öffentliches Interesse an unrentablen Unternehmen besteht.[366]

2. Arbeitnehmerinteressen und Mitbestimmungsrecht

Die Arbeitnehmerinteressen in der Aktiengesellschaft sind Interessen der Belegschaft. Die Arbeitnehmer sind in erster Linie an sicheren Arbeitsplätzen, hohen Löhnen und Sozialleistungen sowie angenehmen Arbeitsbedingungen interessiert. Ihr Schutz erfolgt in der Regel durch arbeitsrechtliche Normen. Für das Aktienrecht sind die Vorschriften des Betriebsverfassungsrechts und des Mitbestimmungsrechts, die eine Beteiligung der Arbeitnehmer durch Entsendung von Vertretern in den Aufsichtsrat ermöglichen, von besonderer Bedeutung.[367]

Verschiedene Untersuchungen über die Zulässigkeit der divisionalen Organisation haben sich in der Vergangenheit mit betriebsverfassungsrechtlichen und mitbestimmungsrechtlichen Fragen beschäftigt.[368] Im mitbestimmungsrechtlichen Bereich wurde dabei insbesondere diskutiert, ob bei Einführung einer Spartenorganisation die Zuständigkeit des Arbeitsdirektors als gleichberechtigtes Mitglied des Vorstands (§§ 33 MitbestG, 13 MontanMitbestG, 13 Mit-

---

[366] Siehe zum Ganzen OLG Hamm, AG 1995, S. 512, 514; Hopt, ZGR 1993, S. 534, 536; U. Huber, in: Albach/Sadowski (Hrsg.), Die Bedeutung gesellschaftlicher Veränderungen für die Willensbildung im Unternehmen, S. 139, 150 f.; Hueck, Gesellschaftsrecht, § 23 VII. 1.; Hüffer, AktG, § 76 Rn. 13 ff.; Jürgenmeyer, Das Unternehmensinteresse, S. 103; Mertens, in: Kölner Komm. AktG, § 76 Rn. 17, 22ff.; Raiser, Recht der Kapitalgesellschaften, § 14 Rn. 13; K. Schmidt, Gesellschaftsrecht, § 28 II. 1. a); Semler, Leitung und Überwachung der Aktiengesellschaft, Rn. 57 ff.

[367] Siehe Raiser, Recht der Kapitalgesellschaften, § 13 Rn. 2; Wiedemann, Gesellschaftsrecht I, § 11 (sehr umfassend); Zöllner, Die Schranken mitgliedschaftlicher Stimmrechtsmacht bei den privatrechtlichen Personenverbänden, S. 47 ff.; ders., in: Kölner Komm. AktG, Einl. Rn. 117 ff.

[368] Zum Beispiel: Hanau, ZGR 1983, S. 346 ff.; Semler, in: Festschrift Georg Döllerer (1988), S. 571, 582 f.; ders., in: Festschrift Karl Beusch (1993), S. 805 ff.; Schiessl, ZGR 1992, S. 64, 72 ff.; Schwark, ZHR 142 (1978), S. 203, 211; Wagner, Divisionalisierung in der unverbundenen Aktiengesellschaft und im Aktienkonzern, S. 92 ff.; Wendeling-Schröder, Divisionalisierung, Mitbestimmung und Tarifvertrag, S. 1 ff.

bestErgG) gewahrt bleibt. Im Ergebnis besteht allerdings Einigkeit darüber, dass die Stellung des Arbeitsdirektors durch die Organisationsform des Unternehmens grundsätzlich nicht unterlaufen wird.[369] Im divisional organisierten Unternehmen ist es dem Arbeitsdirektor ebenso wie im funktional organisierten Unternehmen möglich, seine gesetzlich zugewiesenen Aufgaben zu erfüllen. Nach allgemeiner Auffassung muss dem Arbeitsdirektor ein Kernbereich von Zuständigkeiten in Personal- und Sozialfragen vorbehalten sein. Gemäß § 33 Abs. 2 S. 2 MitbestG kann die Geschäftsordnung den Aufgabenbereich näher ausgestalten, soweit der vorgenannte Kernbereich erhalten bleibt.[370] Dies gilt für jede Aktiengesellschaft unabhängig davon, wie sie organisiert ist. Unstreitig ist, dass bei einer Spartenorganisation die Geschäftsordnung dem Arbeitsdirektor zu Lasten der Kompetenz des jeweiligen Spartenleiters die Alleinzuständigkeit in allen Personal- und Sozialfragen der Sparte zuweisen darf.

Unterschiedlich beurteilt wird die Frage, ob dem Spartenleiter ein Mitwirkungsrecht- oder Alleinentscheidungsrecht eingeräumt werden kann, damit er verhindern kann, dass der Arbeitsdirektor die Geschäftspolitik des Ressortleiters durch zentrale Entscheidungen untergräbt. Nach teilweise vertretener Ansicht soll dem Arbeitsdirektor die alleinige Ausführungskompetenz hinsichtlich der Umsetzung der Personal- und Sozialentscheidungen einschließlich einer Weisungsbefugnis zukommen.[371] Nach herrschender Ansicht genügt es dagegen, dass der Arbeitsdirektor in seinem Kompetenzbereich ein umfassendes Initiativ-, Richtlinien- und Kontrollrecht hat und dem jeweiligen Spartenleiter ein Mitentscheidungsrecht in Personal- und Sozialangelegenheiten eingeräumt wird, das mit einer Pflicht zur Zusammenarbeit mit dem Arbeitsdirektor korrespondiert.[372] Eines Weisungsrechts des Arbeitsdirektors bedarf es in der Tat nicht,

---

369 Hanau, ZGR 1983, S. 346, 375; Semler, in: Festschrift Georg Döllerer (1988), S. 571, 582 f.; Schiessl, ZGR 1992, S. 64, 73; Wagner, Divisionalisierung in der unverbundenen Aktiengesellschaft und im Aktienkonzern, S. 108 f.; Wendeling-Schröder, Divisionalisierung, Mitbestimmung und Tarifvertrag, S. 59.

370 BVerfGE, 50, 290, 378; BGHZ 89, 48, 59 („Reemtsma"); Hanau, ZGR 1983, S. 346, 350 f.; Säcker, DB 1977, S. 1993, 1994; Wiesner, in: Münch. Hdb. GesR IV, § 24 Rn. 16.

371 Martens, Der Arbeitsdirektor nach dem Mitbestimmungsgesetz, S. 64 ff.; Säcker, DB 1979, S. 1925, 1926 f.; Wendeling-Schröder, Divisionalisierung, Mitbestimmung und Tarifvertrag, S. 50 ff.

372 OLG Frankfurt, AG 1986, S. 262, 264; Hanau, ZGR 1983, S. 346, 369 ff.; Mertens, in: Kölner Komm. AktG, Anh. § 117 B § 33 MitbestG Rn. 27; Schiessl, ZGR 1992, S. 64, 76 f.; Wiesner, in: Münch. Hdb. GesR IV, § 24 Rn. 19.

um seine Kompetenzen in Personal- und Sozialangelegenheiten der jeweiligen Sparte sicherzustellen. Vielmehr reicht es aus, wenn der zuständige Ressortleiter keine autonomen Entscheidungen in Personal- und Sozialfragen treffen kann, ohne den Arbeitsdirektor einzubinden. Bei Uneinigkeit zwischen Arbeitsdirektor und Spartenleiter hat der Vorstand nach allgemeinen Grundsätzen zu entscheiden.[373]

Die sich aus § 7 MitbestG ergebende Mitwirkung der Arbeitnehmer im Aufsichtsrat wird durch die Einführung einer Spartenorganisation nicht tangiert. Die Arbeitnehmervertreter nehmen gleichberechtigt an der Arbeit des Aufsichtsrats teil. Anteilseigner- und Arbeitnehmervertreter haben die gleichen Rechte und Pflichten, sind demnach bei ihrer Aufgabenerfüllung gleichermaßen dem Unternehmensinteresse verpflichtet.[374] Es wurde bereits festgestellt, dass die Spartenorganisation die Kompetenzen des Aufsichtsrats grundsätzlich nicht beeinträchtigt.[375] Wenn dies so ist, kann auch die Mitwirkung der Arbeitnehmer nicht beeinträchtigt sein, weil die Aufgaben der Arbeitnehmervertreter im Aufsichtsrat keine anderen sind als die der Anteilseignervertreter. Die Spartenorganisation verstößt deshalb nicht gegen mitbestimmungsrechtliche Vorschriften und insoweit auch nicht gegen die Interessen der Arbeitnehmer.[376]

3. Gläubigerinteressen

Den Gläubigerschutz sichern in der unverbundenen Aktiengesellschaft die Vorschriften über die Vermögensbindung (Kapitalaufbringung und Kapitalerhaltung), die Publizitätsvorschriften und die Vorschriften über die Haftung der Or-

---

[373] OLG Frankfurt, AG 1986, S. 262, 264; Mertens, in: Kölner Komm. AktG, Anh. § 117 B § 33 MitbestG Rn. 27.

[374] Siehe BGHZ 64, 325, 330 (Bayer); 83, 106, 112 f. (Bayer) und 151, 154 f. (Bilfinger & Berger); Fitting/Wlotzke/Wißmann, MitbestG, § 25 Rn. 78; Lutter/Krieger, Rechte und Pflichten des Aufsichtsrats, Rn. 691; Mertens, in: Kölner Komm. AktG, Vorb. § 95 Rn. 9, 15, Anh. § 117 B § 25 MitbestG Rn. 10 ff.; Raiser, MitbestG, § 25 Rn. 104; Semler, in: Festschrift Karl Beusch (1993), S. 805, 809.

[375] Siehe oben § 4 B. IV. 2.

[376] Zu den Problemen der Divisionalisierung und der Mitbestimmung im Konzern: Wagner, Divisionalisierung in der unverbundenen Aktiengesellschaft und im Aktienkonzern, S. 308 ff.; Wendeling-Schröder, Divisionalisierung, Mitbestimmung und Tarifvertrag, S. 81 ff. Zu betriebsverfassungsrechtlichen Fragen siehe Semler, in: Festschrift Karl Beusch (1993), S. 805, 809 ff. m. w. N.

ganmitglieder.[377] Der Grundsatz der Kapitalaufbringung kommt vor allem in den gesetzlichen Regeln über das Verbot der Stufengründung (§§ 2, 29 AktG), der Unterpariemission (§ 9 Abs. 1 AktG), die Satzungspublizität von Sondervorteilen, Gründungsaufwand sowie von Sacheinlagen und -übernahmen (§§ 26, 27 AktG) zum Ausdruck. Der Grundsatz der Kapitalerhaltung manifestiert sich im Verbot der Einlagenrückgewähr (§ 57 Abs. 1 und 2 AktG), dem Ausschüttungsverbot (§ 57 Abs. 3 AktG) und dem prinzipiellen Verbot des Erwerbs eigener Aktien (§§ 71 ff. AktG).[378] Die durch die vorgenannten Schutzvorschriften gesicherte Vermögensbindung wird durch die Spartenorganisation nicht beeinträchtigt, weil die Art der inneren Organisation auf das Grundkapital der Aktiengesellschaft keinen Einfluss hat.

Unter dem Gesichtspunkt des Gläubigerschutzes erweist sich nach Ansicht einiger Autoren die Haftung der Vorstandsmitglieder in einer divisional organisierten Aktiengesellschaft als problematisch.[379] Gemäß § 93 Abs. 1 S. 1 AktG haben die Vorstandsmitglieder bei ihrer Geschäftsführung die Sorgfalt eines ordentlichen und gewissenhaften Geschäftsleiters anzuwenden. § 93 Abs. 2 S. 1 AktG verpflichtet die Vorstandsmitglieder zum Schadensersatz, wenn sie ihre Pflichten verletzen. § 93 Abs. 2 AktG dekretiert eine Haftung für eigenes Verschulden. Das Fehlverhalten von Angestellten wird den Vorstandsmitgliedern nach ganz herrschender Ansicht nicht gemäß §§ 278, 831 BGB zugerechnet, weil die Angestellten Erfüllungs- beziehungsweise Verrichtungsgehilfen der Gesellschaft und nicht des Vorstands sind.[380]

---

[377] Dazu ausführlich Baums, Der Geschäftsleitervertrag, S. 259 ff. (zur Haftung der Organmitglieder); Hautle, Der Gläubigerschutz im Aktienrechte, S. 52 ff., 68 ff.; Wiedemann, Gesellschaftsrecht I, § 10 III. – V. m. w. N.; Zöllner, Die Schranken mitgliedschaftlicher Stimmrechtsmacht bei den privatrechtlichen Personenverbänden, S. 38 ff.

[378] Siehe dazu im Einzelnen: Fabritius, ZHR 144 (1980), S. 628 ff.; Hüffer, AktG, § 1 Rn. 11 f.; Joost, Grundlagen und Rechtsfolgen der Kapitalerhaltungsregeln im Aktienrecht, ZHR 149 (1985), S. 419 ff.; Raiser, Recht der Kapitalgesellschaften, § 19 Rn. 1 ff.; K. Schmidt, Gesellschaftsrecht, § 29 II. 1. und 2.; Wiesner, in: Münch. Hdb. GesR IV, § 16 Rn. 1 ff.; Wiedemann, Gesellschaftsrecht I, § 10 IV.; Wilhelm, in: Festschrift Werner Flume Bd. 2 (1978), S. 337 ff.

[379] K. Schmidt, ZGR 1981, S. 455, 485; Schwark, ZHR 142 (1978), S. 203, 219 f.; Wagner, Divisionalisierung in der unverbundenen Aktiengesellschaft und im Aktienkonzern, S. 56 ff.; Wendeling-Schröder, Divisionalisierung, Mitbestimmung und Tarifvertrag, S. 54 ff.

[380] Hefermehl, in: Geßler/Hefermehl/Eckardt/Kropff, AktG, § 93 Rn. 31; Hopt, in: Großkomm. AktG, § 93 Rn. 55 f., 257; Hüffer, AktG, § 93 Rn. 14; Landwehrmann, in: AnwK-

Bei einer divisionalen Organisation ist dies insbesondere dann von Bedeutung, wenn die Leitung der Geschäftsbereiche nicht durch die Vorstandsmitglieder, sondern durch Dritte erfolgt. In diesem Fall haften die Vorstandsmitglieder nicht mehr für die Ausführung der delegierten Aufgaben, weil sie diese nicht mehr selbst erledigen. Eine eigene Haftung der Vorstandsmitglieder kommt in diesem Fall nur in den folgenden Konstellationen in Betracht. Sie kann bestehen, wenn Aufgaben unberechtigterweise delegiert werden, weil der Vorstand selbst verpflichtet ist, die Aufgaben auszuführen.[381] Ein weiterer Haftungsgrund kann darin liegen, dass der Vorstand eine Person mit der Spartenleitung oder einer sonstigen Aufgabe betraut, die dafür nicht die notwendige Qualifikation hat und deshalb nicht hätte ausgewählt werden dürfen oder die nicht ordnungsgemäß in den ihr zugewiesenen Aufgabenbereich eingewiesen worden ist.[382] Außerdem kommt eine Haftung für das Verletzen der Pflicht zur laufenden Überwachung der beauftragten Mitarbeiter in Betracht.[383]

Die vorgenannten Überlegungen führen letztlich aber nicht zur aktienrechtlichen Unzulässigkeit einer Spartenorganisation. Erstens können die gleichen Probleme auch bei einer funktionalen Strukturorganisation auftreten, weil auch in einem funktional organisierten Großunternehmen Aufgaben vom Vorstand auf Angestellte delegiert werden. Insoweit handelt es sich um kein spartentypisches Problem, sondern ein Problem der Aufgabendelegation als solcher. In jedem Unternehmen hat der Vorstand für eine optimale Organisationsstruktur zu sorgen, unabhängig davon, ob es eine funktionale, eine divisionale oder eine Matrixorganisation hat.[384] Zweitens bleibt die Haftung der Vorstandsmitglieder letztlich erhalten; lediglich das Handeln, das für die Anknüpfung der Haftung

---

Aktienrecht, Kap. 1 § 93 Rn. 110; Mertens, in: Kölner Komm. AktG, § 93 Rn. 18 ff.; für die GmbH siehe BGHZ 109, S. 297, 304; 125, S. 366, 375; a. A. Schönbrod, Die Organstellung von Vorstand und Aufsichtsrat in der Spartenorganisation, S. 186 ff.

381 Hopt, in: Großkomm. AktG, § 93 Rn. 55; Mertens, in: Kölner Komm. AktG, § 93 Rn. 19; Schneider, DB 1993, S. 1909, 1914.

382 BGHZ 127, S. 336, 347 (zur GmbH); Hopt, in: Großkomm. AktG, § 93 Rn. 59; Landwehrmann, in: AnwK-AktienR, Kap. 1 § 93 Rn. 55, 76; Mertens, in: Kölner Komm. AktG, § 93 Rn. 19; Schneider, DB 1993, S. 1909, 1914; ders., in: Festschrift 100 Jahre GmbH-Gesetz (1992), S. 473, 485 f. (zur GmbH).

383 BGH WM 1971, S. 1548, 1549; Hopt, in: Großkomm. AktG, § 93 Rn. 59; Mertens, in: Kölner Komm. AktG, § 93 Rn. 19.

384 In diesem Sinne auch Landwehrmann, in: AnwK-AktienR, Kap. 1 § 93 Rn. 55.

maßgeblich ist, ist ein anderes. Zwar haftet der Vorstand nicht für die fehlerhafte Ausführung bestimmter Maßnahmen durch Dritte, sondern „nur" für die fehlerhafte Organisation des Unternehmens, die fehlerhafte Auswahl der Delegaten, das fehlerhafte Einweisen der Delegaten sowie die fehlerhafte Überwachung im Unternehmen. Dies mag in Einzelfällen zu Haftungslücken führen, wenn ein nicht dem Vorstand angehörender Spartenleiter fehlerhaft handelt und sich die verantwortlichen Vorstandsmitglieder hinsichtlich ihrer eigenen Verantwortung exkulpieren können.[385] Eine solche Verschiebung der Haftungsanknüpfung ist de lege lata aber hinzunehmen, weil Großunternehmen ohne Aufgabendelegation überhaupt nicht geleitet werden könnten. Drittens kommt folgende Überlegung hinzu. Selbst wenn die Gläubigerinteressen in einer divisional organisierten Gesellschaft wegen lückenhafter Vorstandshaftung Friktionen unterliegen, führt dies nicht ohne weiteres zur Unzulässigkeit der Spartenorganisation. Die Gläubigerinteressen haben nämlich keinen Vorrang gegenüber den übrigen in der Aktiengesellschaft zusammentreffenden Interessen, weil insoweit, wie bereits erwähnt, keine Rangfolge der einzelnen Interessengruppen besteht.[386] Ist die Einführung einer divisionalen Organisation nach unternehmerischem Ermessen des Vorstands für die übrigen Interessen zumindest partiell vorteilhaft, haben die Gläubigerinteressen zurückzustehen; denn der Vorstand ist in erster Linie dem Unternehmensinteresse verpflichtet.[387]

4. Sonstige Interessen

Mitgliederinteressen können in der Aktiengesellschaft höchst unterschiedlicher Art sein. Kleinaktionäre, die lediglich eine Anlagemöglichkeit suchen, haben andere Interessen als Großaktionäre, die unternehmerische Ziele verfolgen. Anlageaktionäre werden ein Interesse haben, die Unternehmenssubstanz zu stärken, während Spekulationsaktionäre hohe Dividenden und Kursgewinne bevorzugen. Institutionelle Anleger sind gleichzeitig an mehreren Zielen interessiert. Künftige Aktionäre haben ein Interesse an einem funktionsfähigen Kapitalmarkt

---

[385] Kritisch deshalb K. Schmidt, ZGR 1981, S. 455, 485; Schwark, ZHR 142 (1978), S. 203, 219 f.

[386] Zum Normzweck des § 93 AktG, der auch gläubigerschützenden Charakter hat vgl. Hopt, in: Großkomm. AktG, § 93 Rn. 11 ff.; Hüffer, AktG, § 93 Rn. 1 sowie unten § 9 B. I. 1.

[387] Vgl. dazu beispielsweise Bastuck, Enthaftung des Managements, S. 68; Hüffer, AktG, § 76 Rn. 13; Mertens, in: Kölner Komm. AktG, § 76 Rn. 17, 22; Semler, Leitung und Überwachung der Aktiengesellschaft, Rn. 49 ff.

mit möglichst wenigen Risiken.[388] Vor diesem Hintergrund scheint es auf den ersten Blick schwierig, die Vereinbarkeit der Spartenorganisation mit den Aktionärsinteressen festzustellen. Unabhängig von diesen mittelbaren Anlagezielen dürften alle Aktionäre aber ein gemeinsames, unmittelbar mit der Gesellschaft zusammenhängendes Interesse haben, nämlich Kostenoptimierung und Rentabilitätssteigerung. Niedrige Kosten und hohe Rentabilität durch effiziente Führungsstrukturen und schnelle Entscheidungswege – beides soll durch die divisionale Organisation erreicht werden[389] – liegen sowohl im Interesse eines unternehmerischen Aktionärs als auch eines Anlageaktionärs oder Spekulationsaktionärs. Nur auf diese Weise sind der Bestand des Unternehmens, hohe Dividenden und Kursgewinne überhaupt möglich. Insofern liegt die Einführung einer Spartenorganisation gerade im Interesse der Aktionäre.[390]

Die Implementierung einer divisionalen Organisationsstruktur verstößt grundsätzlich auch nicht gegen das Unternehmensinteresse. Im Gegenteil liegt der Sinn der Einführung einer Spartenstruktur unter anderem gerade darin, interne Arbeitsabläufe, Kommunikationswege und Entscheidungsstränge effizienter zu gestalten. Deshalb kann die Einführung einer divisionalen Organisation gerade im Unternehmensinteresse liegen. Ob eine divisionale Organisationsstruktur tatsächlich eingeführt wird, kann der Vorstand dann nach freiem Ermessen entscheiden.[391]

C. Der divisional organisierte Management-Holdingkonzern

Divisionale Organisationsstrukturen gibt es nicht nur in unverbundenen Unternehmen. Sie bestehen auch rechtsformübergreifend in Konzernen. Die Sparten werden dann konzernübergreifend geführt, indem die (operativen) abhängigen Gesellschaften einer oder mehreren Sparten des herrschenden Unternehmens

---

[388] Siehe hierzu Baums, Rechtstatsachen zu „Institutionelle Investoren und Publikumsgesellschaft", in: Feddersen/Hommelhoff/Schneider, Corporate Governance, S. 324; Raiser, Recht der Kapitalgesellschaften, § 13 Rn. 1; Zöllner, in: Kölner Komm. AktG, Einl. Rn. 110 ff. Grundlegend und umfassend zum Schutz der Gesellschafter: Wiedemann, Gesellschaftsrecht I, §§ 7 – 9.

[389] Krüger, in: Bea/Dichtl/Schweitzer, Allgemeine Betriebswirtschaftslehre 2, S. 127, 179.

[390] Siehe hierzu auch Wendeling-Schröder, Divisionalisierung, Mitbestimmung und Tarifvertrag, S. 15 f.

[391] Gegebenenfalls hat er sich mit dem Aufsichtsrat abzustimmen: Siehe oben § 4 B. IV. 2. e).

organisatorisch zugeordnet oder die Sparten umgekehrt in rechtlich selbständige Geschäftsbereiche „ausgegliedert“ werden. Beschränkt sich die Muttergesellschaft auf die strategische Leitung des Konzerns, ist der Unternehmensverbund als divisionaler Management-Holdingkonzern organisiert.[392] Die untersuchten Fälle von virtuellen Holdingstrukturen haben gezeigt, dass die virtuelle Holding in der Unternehmenspraxis als Muttergesellschaft an der Spitze eines Konzerns steht.[393] Die virtuelle Holding übernimmt die Funktion eines klassischen Stammhauses, das einen nicht unwesentlichen Teil des operativen Geschäfts selbst wahrnimmt.[394]

Hier soll ein kurzer Blick auf den divisionalisierten Management-Holdingkonzern geworfen werden, um eine Vorstellung von den dort potentiell auftretenden Problemen zu erhalten, auf die an anderen Stellen dieser Untersuchung noch einzugehen sein.

I. Konzernleitung und dezentrale Organisationsstrukturen

Wie bereits dargestellt, übernehmen im Management-Holdingkonzern die Tochtergesellschaften das operative Geschäft, während die Management-Holding nur die strategische Steuerung und Koordination der einzelnen Tochtergesellschaften wahrnimmt.[395] Im Rahmen seiner Leitungsverantwortung ist der Holdingvorstand verpflichtet, einen bestimmten Kern von Aufgaben für die Holding selbst wahrzunehmen. Zu diesem Kernbereich gehören insbesondere das Festlegen von Konzernstruktur, -organisation und -strategie, die konzernweite Ressourcenallokation, die Koordination der Finanz-, Investitions- und Bilanzpolitik, das Bestimmen der Diversifikationspolitik, das Konzern-Controlling sowie die Besetzung wichtiger Führungspositionen im Konzern.[396] Darüber hinaus bejaht ein Teil der Literatur eine Konzernleitungspflicht des Vorstands der

---

[392] Schiessl, ZGR 1992, S. 64, 65; Schönbrod, Die Organstellung von Vorstand und Aufsichtsrat in der Spartenorganisation, S. 134.

[393] Siehe oben § 3.

[394] Zum Begriff des Stammhauses siehe oben § 2 B. II.

[395] Siehe oben § 2 B. III. 3.

[396] Die Terminologie ist uneinheitlich: Hüffer, AktG, § 76 Rn. 17a, spricht von „Geschäftsführung für die Obergesellschaft“; Mertens, in: Kölner Komm. AktG, § 76 Rn. 54, spricht von „Konzernleitungsverantwortung“; Scheffler, in: Festschrift Reinhard Goerdeler (1987), S. 469, 473 f.; Schiessl, ZGR 1992, S. 64, 82 f.; Semler, in: Festschrift Ernst Stiefel (1987), S. 719, 728 f.

Obergesellschaft dahingehend, dass dieser den Konzern umfassend und einheitlich bis in Einzelheiten der Tochtergesellschaften entsprechend seiner Pflicht zur Unternehmensleitung gemäß § 76 Abs. 1 AktG zu führen habe.[397] Die herrschende Ansicht lehnt diesen Ansatz zutreffend ab. Sie räumt dem Holdingvorstand ein weites Ermessen bei der Konzernführung ein und erlaubt dezentrale Konzernstrukturen.[398] Die Annahme einer umfassenden Konzernleitungspflicht ist nicht nur mit dem geltenden Konzernrecht unvereinbar, sondern hätte auch eine unerwünschte konzentrationsfördernde Wirkung. Primärer Regelungszweck des Konzernrechts ist nämlich der Schutz der Gläubiger und der Minderheitsgesellschafter. Gesetzlicher Ausfluss dieses Grundgedankens sind beispielsweise §§ 311 ff. AktG, die die Einflussnahme der herrschenden Gesellschaft, zumindest im faktischen Konzern, deutlich begrenzen und die Eigenverantwortung des Vorstands der abhängigen Gesellschaft grundsätzlich erhalten. Überdies zeigen §§ 17, 18 AktG, dass aus dem geltenden Recht eine Pflicht zur Konzernleitung nicht hergeleitet werden kann.[399] Eine intensive Konzernleitungspflicht würde zudem zu mehr Zentralisierung führen und auf diese Weise die gesellschaftsfremden Partikularinteressen des herrschenden Unternehmens zu Lasten der Gläubiger- und Minderheitsinteressen stärken. Das kann aber nicht Aufgabe des Konzernrechts sein.[400]

Daraus ergibt sich, dass im Konzern eine umfassende Dezentralisierung und Aufgabenübertragung auf Tochtergesellschaften zulässig ist. Deshalb kann ein Holding-Konzern auch divisional strukturiert werden. Im Übrigen ist nur nach der herrschenden Ansicht die Einrichtung einer Management-Holding überhaupt möglich, weil nur dann eine selbständige Wahrnehmung operativer Auf-

---

397 Siehe Hommelhoff, Die Konzernleitungspflicht, S. 43 ff., 165 ff., 184 ff.; Timm, Die Aktiengesellschaft als Konzernspitze, S. 95 ff. Grundsätzlich zustimmend: Kropff, ZGR 1984, S. 112, 116; ders., in: Münch. Komm. AktG, § 311 Rn. 273 f.; Rehbinder, ZHR 147 (1983), S. 464, 467 f.; Rittner, AcP 183 (1983), S. 295, 301 ff.; Schneider, BB 1981, S. 249, 253.

398 Götz, ZGR 1998, S. 524, 526 ff.; Habersack, in: Emmerich/Habersack, Aktien- und GmbH-Konzernrecht, § 311 Rn. 11; Hüffer, AktG, § 76 Rn. 17 f.; Koppensteiner, in: Kölner Komm. AktG, Vorb. § 291 Rn. 30; Martens, in: Festschrift Theodor Heinsius (1991), S. 523, 531; Mertens, in: Kölner Komm. AktG, § 76 Rn. 55; Mülbert, Aktiengesellschaft, Unternehmensgruppe und Kapitalmarkt, S. 28 ff.

399 Siehe zum Ganzen Emmerich/Sonnenschein/Habersack, Konzernrecht, § 1 II. 6. und III. 3. (zum Schutzzweck des Konzernrechts und den Gefahren der Konzentration); Hüffer, AktG, § 15 Rn. 3, § 76 Rn. 17 f.; § 311 Rn. 8, 48; Mertens, in: Kölner Komm. AktG, § 76 Rn. 55.

400 Für die virtuelle Holding im Speziellen vgl. unten § 8 E.

gaben durch Tochtergesellschaften zulässig und möglich ist. Würde man der Gegenansicht folgen, könnte ein Unternehmen nicht als echte Management-Holding geführt werden, ohne gegen deutsches Aktienkonzernrecht zu verstoßen.

II. Probleme im divisionalen Management-Holdingkonzern

Verschiedentlich ist kritisiert worden, dass bei einer divisionalen Konzernstruktur konzernrechtliche Friktionen zwischen den Kompetenzen der Spartenleiter und den Kompetenzen der Leitungsorgane der Tochtergesellschaften, sofern diese nicht identisch sind, bestehen könnten und deshalb eine effiziente, dem Grundgedanken der Spartenorganisation entsprechende Leitung der Geschäftsbereiche nicht gewährleistet sei. Die Spartenleiter seien in der Lage, die Leitungsorgane der Tochtergesellschaften zu umgehen und einen erheblichen Einfluss auf die Tochtergesellschaften auszuüben. Diese Gestaltung wird einerseits dann als unzulässig angesehen, wenn der Spartenleiter sich unmittelbar an Angestellte der Tochtergesellschaft wendet, ohne vorher deren Leitungsorgan anzusprechen und andererseits auch in dem Fall, dass die Spartenleitung einem Angestellten unterhalb des Vorstands der Muttergesellschaft übertragen wird.[401]

Im Vertragskonzern gelten nach herrschender Meinung die folgenden Grundsätze. Weisungsberechtigt ist gemäß §§ 308 Abs. 1 S. 1, 309 Abs. 1 AktG grundsätzlich der Vorstand des herrschenden Unternehmens. Der Vorstand kann die Ausübung des Weisungsrechts sowohl an einzelne Vorstandsmitglieder als auch an sonstige leitende Angestellte der Muttergesellschaft, beispielsweise Prokuristen, delegieren.[402] Nach überwiegender Ansicht darf der Vorstand der abhängigen Gesellschaft dem Vorstand des herrschenden Unternehmens die Befugnis erteilen, Weisungen unmittelbar an die Mitarbeiter der Tochtergesellschaft zu richten. Dabei muss sichergestellt sein, dass der Vorstand der abhän-

---

[401] BMJ (Hrsg.), Bericht der Unternehmensrechtskommission, Tz. 1756 f. (anders aber in Tz. 1752 ff.); Schwark, ZHR 142 (1978), S. 203, 223 ff.

[402] Altmeppen, in: Münch. Komm. AktG, § 308 Rn. 34 ff. (a. A. noch Geßler in der Vorauflage Geßler/Hefermehl/Eckardt/Kropff, § 308 Rn. 17 f.); Emmerich, in: Emmerich/Habersack, Aktien- und GmbH-Konzernrecht, § 308 Rn. 13 ff.; Exner, Beherrschungsvertrag und Vertragsfreiheit, S. 154 ff.; Hüffer, AktG, § 308 Rn. 5; Koppensteiner, in: Kölner Komm. AktG, § 308 Rn. 7; Krieger, in: Münch. Hdb. GesR IV, § 70 Rn. 137; Würdinger, in: Großkomm. AktG, § 308 Rn. 4; kritisch dagegen: Schwark, ZHR 142 (1978), S. 203, 225; Wendeling-Schröder, Divisionalisierung, Mitbestimmung und Tarifvertrag, S. 94; Veelken, Der Betriebsführungsvertrag, S. 202 ff.

gigen Gesellschaft von der Weisung unterrichtet wird, damit er die Rechtmäßigkeit der Weisung prüfen und gegebenenfalls einschreiten kann. Mit der genannten Befugnis korrespondiert die Möglichkeit, die eigenen Mitarbeiter anzuweisen, entsprechende Weisungen zu befolgen.[403] Unabhängig davon verlangt auch der Weg über den Vorstand der abhängigen Gesellschaft keine funktionale Organisation des Konzerns.[404]

D. Zusammenfassung

Die Darstellung der verschiedenen Ansätze der aktienrechtlichen Literatur und der historische Rückblick haben gezeigt, dass die divisionale Unternehmensorganisation grundsätzlich mit dem geltenden Aktienrecht vereinbar ist. Entscheidend für die aktienrechtliche Zulässigkeit der Spartenorganisation ist die richtige statutarische und praktische Ausgestaltung der Kompetenzen von Vorstand, Aufsichtsrat und nachgeordneten Führungsebenen.

Dem Aktiengesetz von 1965 liegt kein Leitbild der funktionalen Unternehmensorganisation zugrunde. Ein solches Leitbild lässt sich weder dem Willen des Gesetzgebers noch der Systematik des Aktiengesetzes entnehmen. Das Aktiengesetz ist hinsichtlich der jeweiligen Unternehmensorganisation wertneutral. Das Kollegialprinzip schreibt keine bestimmte Organisation vor. Verstöße gegen das Kollegialprinzip können bei entsprechender Ausgestaltung einerseits auch bei einer funktionalen Unternehmensorganisation entstehen und andererseits bei der Spartenorganisation vermieden werden. Die divisionale Unternehmensorganisation verstößt auch nicht gegen den gemeinsamen Zweck der Aktiengesellschaft, selbst wenn die einzelnen Geschäftsbereiche partiell eigene Interessen verfolgen. Auch das stellt keine Besonderheit der Spartenorganisation dar. Einzelne Gruppen verfolgen in jedem Unternehmen zu einem gewissen Teil Sonderinteressen. Es zählt gerade zu den Aufgaben des Vorstands, die Verfolgung des gemeinsamen Zwecks der Gesellschaft trotz solcher Sonderinteressen zu gewährleisten.

---

[403] Ballerstedt, ZHR 137 (1973), S. 388, 399 ff.; Emmerich, in: Emmerich/Habersack, Aktien- und GmbH-Konzernrecht, § 308 Rn. 19; Emmerich/Sonnenschein/Habersack, Konzernrecht, § 23 IV. 2. b); Exner, Beherrschungsvertrag und Vertragsfreiheit, S. 131 ff.; Hüffer, AktG, § 308 Rn. 8; Kantzas, Weisungsrecht, S. 85 f.; Kropff, Begr. RegE AktG 1965, S. 403; Schiessl, ZGR 1992, S. 64, 85 f. Weiter dagegen Altmeppen, Die Haftung des Managers, S. 17 ff.; ders., in: Münch. Komm. AktG, § 308 Rn. 75 ff.

[404] Zu den Einzelheiten im virtuellen Holdingkonzern siehe unten § 8 E.

Die divisionale Organisation verstößt auch nicht gegen die zwingenden Kompetenzen von Vorstand, Aufsichtsrat und Hauptversammlung. Die ordnungsgemäße Wahrnehmung der originären Führungsfunktionen, der organschaftlichen Mindestbefugnisse und der sonstigen Leitungsaufgaben bleiben auch bei der Spartenorganisation gewahrt, solange der Gesamtvorstand diese Aufgaben weiterhin wahrnimmt. Die divisionale Organisation setzt eine Delegation dieser Aufgaben nicht voraus. Die Grundsätze der Gesamtverantwortung und der Gleichberechtigung aller Vorstandsmitglieder stehen einer divisionalen Geschäftsverteilung im Vorstand nicht entgegen. Erforderlich ist lediglich eine funktionierende gegenseitige Überwachung im Vorstand, wenn die Verantwortung für die verschiedenen divisionalen Geschäftsbereiche auf einzelne Vorstandsmitglieder übertragen wird. Dies gilt in ähnlicher Weise für die Einrichtung divisionaler Organisationsstrukturen unterhalb des Vorstands. Der Vorstand muss nur sicherstellen, dass die einzelnen Geschäfts- oder Unternehmensbereiche in geeigneter Weise überwacht werden. Die Organisationsform ist als solche auch nicht für eine aktienrechtskonforme Willensbildung im Vorstand als solche entscheidend.

Auch Stellung und Kompetenzen des Aufsichtsrats werden in divisional organisierten Aktiengesellschaften grundsätzlich nicht beeinträchtigt. Der Aufsichtsrat kann seiner Überwachungskompetenz auch nachkommen, wenn Vorstandsressorts und dem Vorstand nachgeordnete Unternehmensbereiche divisional eingerichtet werden. Dies gilt in gleichem Maße für die Beratungskompetenz und die Mitentscheidungskompetenz des Aufsichtsrats. Das dem Aufsichtsrat obliegende Recht zur Bestellung und Abberufung der Vorstandsmitglieder bleibt gewahrt, wenn der Vorstand keine Leitungsaufgaben auf ihm nachgeordnete Führungsebenen überträgt. Der Aufsichtsrat muss bei seiner Personalauswahl für den Vorstand besondere Anforderungen an die Kandidaten stellen, wenn der Vorstand divisional organisiert ist und einzelne Vorstandsmitglieder operative Unternehmensbereiche leiten sollen. Die Einrichtung divisionaler Vorstandsressorts ist Teil der Geschäftsordnung; die Einrichtung divisionaler Unternehmensbereiche unterhalb des Vorstands ist eine Frage der Leitung durch den Vorstand. Hängen Struktur und Inhalt der Vorstandsressorts und Unternehmensorganisation voneinander ab, besteht deshalb eine konkurrierende Zuständigkeit von Vorstand und Aufsichtsrat. Die beiden Organe haben in diesem Fall einvernehmlich über Fragen der divisionalen Organisation zu entscheiden.

Zwingende Hauptversammlungszuständigkeiten werden durch eine divisionale Vorstands- und Unternehmensorganisation nicht beeinträchtigt. Die Hauptversammlung ist nicht berechtigt, die Art der Vorstandsorganisation und der Unternehmensorganisation in der Satzung zu regeln.

Bei der Einrichtung der Unternehmensorganisation hat der Vorstand die aktienrechtlich geschützten Interessen der Aktionäre, der Arbeitnehmer, der Gläubiger, des Unternehmens und der Allgemeinheit zu berücksichtigen und auszutarieren. Eine bestimmte Rangfolge der Interessen besteht nicht. Es ist immer eine Frage des Einzelfalls, ob für die einzelne Aktiengesellschaft und die geschützten Interessen eine divisionale oder eine andere Form der Unternehmensorganisation am besten ist.

§ 5 Strategische und operative Führungsaufgaben

Wesentliches Merkmal einer virtuellen Holding ist die Trennung von strategischen und operativen Zuständigkeiten: Das oberste Führungsgremium des Unternehmens konzentriert sich auf die strategischen Aufgaben, während die operative Geschäftsführung delegiert wird.[405] In diesem Teil der Arbeit ist zu untersuchen, welche Aufgaben in der virtuellen Holding Leitungscharakter im Sinne von § 76 AktG haben und deshalb nicht delegierbar sind. In diesem Zusammenhang ist auch zu klären, ob es in der Aktiengesellschaft überhaupt zulässig ist, dass der Vorstand die gesamte operative Geschäftsführung auf einzelne seiner Mitglieder oder vorstandsexterne Personen überträgt. Von Interesse ist mit anderen Worten, welche Grenzen das Aktienrecht der Delegation des operativen Geschäfts in der virtuellen Holding setzt.

A. Vorüberlegungen zur Unternehmensführung

Es wurde bereits dargelegt, dass einerseits der Gesamtvorstand, das heißt sämtliche Vorstandsmitglieder gemeinsam, die Gesellschaft unter eigener Verantwortung zu leiten hat, andererseits in der Praxis verschiedene Geschäftsführungsaufgaben auf einzelne Vorstandsmitglieder übertragen werden.[406] Die Vorstandsorganisation und Aufgabenwahrnehmung kann also entweder kollegial oder individuell ausgestaltet werden. Die betriebswirtschaftliche Literatur hat einige Vorschläge zur Organisation der Unternehmensleitung erarbeitet, welche Schlüsse aus den ökonomischen und organisationstheoretischen Vorteilen der gegensätzlichen Modelle gezogen und wie die Ansätze austariert werden können.[407] Die Vorschläge werden im Folgenden dargestellt und anschließend einer Bewertung hinsichtlich ihrer rechtlichen Relevanz und Umsetzbarkeit unterzogen.

I. Betriebswirtschaftliche Ansätze

In der Betriebswirtschaftslehre befassen sich verschiedene Theorien mit Fragen der Organisation der Unternehmensleitung: Die Organisationstheorie, die

---

[405] Siehe oben § 2 C.

[406] Siehe oben § 4 B. IV. 1.

[407] Siehe Bernhardt/Witt, ZfB 1999, S. 825 ff.; v. Werder, Grundsätze ordnungsmäßiger Unternehmensführung (GoF), S. 1 ff. m. w. N.

Wachstumstheorie, die Entscheidungstheorie und die Prinzipal-Agent-Theorie („Principal Agent Theory").

Die Organisationstheorie differenziert zwischen portefeuillegebundener und ressortgebundener Unternehmensleitung. Bei portefeuillegebundener Unternehmensleitung sind die einzelnen Vorstandsmitglieder für einen bestimmten Bereich zuständig. Sie erstellen für diesen Bereich Entscheidungsvorlagen, die sie in den Gesamtvorstand einbringen, damit dieser darüber beschließen kann. Das einzelne Vorstandsmitglied hat im Rahmen seiner Ressortkompetenzen keine autonome Entscheidungsbefugnis für seinen Bereich. Bei ressortgebundener Unternehmensleitung stehen den einzelnen Vorstandsmitgliedern dagegen individuelle Entscheidungskompetenzen für den jeweils zugewiesenen Aufgabenbereich zu. Lediglich das Gesamtunternehmen betreffende und ressortübergreifende Fragen werden durch den Gesamtvorstand entschieden. Die ressortgebundene Unternehmensleitung soll organisationstheoretisch zu personeller Identität der Leitungen der zweiten Organisationsebene und des Vorstands führen.[408] Indem bestimmte Kernkompetenzen des Gesamtvorstands festgelegt und gleichzeitig einzelne Vorstandsressorts zugewiesen werden, soll auch eine weitgehend „parallele" Vorstandsarbeit verhindert werden. Parallele Vorstandsarbeit bedeutet in diesem Zusammenhang, dass jedes Vorstandsmitglied sich auf seine eigenen Aufgabenbereich konzentriert und zu den gemeinsamen Entscheidungen nur insoweit beiträgt, als sie für das eigene Ressort vorteilhaft sind. Die Vorstandsmitglieder agieren gewissermaßen nebeneinander statt miteinander.[409]

Die Wachstumstheorie versucht, den Zusammenhang zwischen Unternehmensgröße und der Größe der Unternehmensleitung zu erklären. Sie kommt zu dem Ergebnis, dass die Zahl der unternehmensleitenden Manager das Wachstum des Unternehmens begrenze, weil die Managementkapazität jedes Einzelnen begrenzt sei und neue Manager zunächst eingearbeitet werden müssen. Mit der Unternehmensgröße steige die Zahl der erforderlichen Führungskräfte proportional und die organisatorischen Probleme des Leitungsorgans überproportional. Mit steigender Vorstandsgröße sinke die Effizienz der Vorstandsarbeit, weshalb die optimale Zahl der Vorstandsmitglieder zwischen vier und zehn liegen

[408] Bernhardt/Witt, ZfB 1999, S. 825, 828; v. Werder, DB 1987, S. 2265, 2266.

[409] Bernhardt/Witt, ZfB 1999, S. 825, 828; Frühauf, ZGR 1998, S. 407, 410.

soll.[410] Statt der Anzahl der Vorstandsmitglieder steige in großen Unternehmen deshalb eher die Anzahl der Führungsebenen. Dies habe wiederum aufbauorganisatorische Anpassungen zur Folge, indem beispielsweise Holding- oder holdingähnliche Strukturen geschaffen würden. Gleichzeitig passe man die Vorstandsressorts inhaltlich und organisatorisch an die einzelnen Geschäfts- beziehungsweise Unternehmensbereiche an, um Spezialisierungsvorteile auch im Vorstand nutzen zu können. Eine wesentliche Rolle soll bei diesem dynamischen Prozess nicht nur die Unternehmensgröße, sondern vielmehr auch die Unternehmenskomplexität spielen.[411] *Bernhardt/Witt* ziehen daraus folgende Schlüsse: Der Vorstand soll sich aus mehreren, aber nicht zu vielen Personen zusammensetzen, wobei zwei bis zehn Mitglieder als optimal angesehen werden. Die Unternehmenskomplexität, das heißt Diversifikationsgrad, Zahl der Märkte, Zahl der Geschäftsbereiche und ähnliches bestimmt das Maß der erforderlichen Entlastung des Vorstands durch Holding-Bildung oder tiefere Aufbauorganisationen. Die Leitungsorganisation hat in ihrer Ressortbildung der Aufbauorganisation des Unternehmens zu entsprechen.[412]

Einen anderen Ansatz verfolgt die Entscheidungstheorie. Sie sieht das Problem der Unternehmensleitung darin, dass die Vorstandsmitglieder mehrere Alternativen bei ihren Strategie- und Investitionsentscheidungen haben. Das Ergebnis der Entscheidungsalternativen hängt von Umweltbedingungen ab, die eine Führungskraft nicht mit Sicherheit vorab kennen könne. Es gebe Situationen, in denen die Führungskraft bei der Entscheidung entweder Erfahrungen aus der Vergangenheit nutzen könne (Entscheidungen unter Risiko) oder solche, in denen es unmöglich sei, Wahrscheinlichkeiten für verschiedene Umweltbedingungen zu formulieren (Entscheidungen unter Unsicherheit).[413] Die Entscheidungstheorie untersucht vor diesem Hintergrund die Risikofreude einzelner Führungskräfte, von der Letztere bei ihren Entscheidungen geleitet werden. Als Ergebnis der verschiedenen Untersuchungen könne man festhalten, dass die Risikopräferenzen und das daraus abgeleitete Entscheidungsverhalten einzelner Vorstandsmit-

---

[410] Bernhardt/Witt, ZfB 1999, S. 825, 831 ff. m. w. N. in Fn. 24 und 25.

[411] Bernhardt/Witt, ZfB 1999, S. 825, 832 m. w. N.

[412] Bernhardt/Witt, ZfB 1999, S. 825, 833; Witt, in: Hommelhoff/Hopt/v. Werder (Hrsg.), Handbuch Corporate Governance, S. 245, 250 ff.

[413] Bamberg/Coenenberg, Betriebswirtschaftliche Entscheidungslehre, S. 12 ff.; Bernhardt/Witt, ZfB 1999, S. 825, 833.

glieder unterschiedlich, abhängig von der jeweiligen Ausgangssituation und inkonsistent im Zeitablauf sein können. Deshalb müssen institutionelle Vorkehrungen getroffen werden, die eine „einheitliche, an den Zielen der Aktionäre ausgerichtete, situationsunabhängige und dynamisch konsistente Risikoeinstellung des Vorstands als Gremium" sicherstellen. Dies kann unter anderem durch Controlling-Systeme, regelmäßige Risikoberichte an den Aufsichtsrat, Vorgaben von objektiven Beurteilungskriterien für Investitionsprojekte und andere Maßnahmen geschehen.[414]

Noch schwieriger sei die Situation bei Gremienentscheidungen. Einerseits bedürfe es konkreter Festlegung, wer Vorschläge machen darf, wie und in welchem Kreis diese diskutiert und auf welche Weise die Entscheidungen getroffen werden. Andererseits kommt das Problem der fehlenden Übereinstimmung von persönlichen Zielen und Gruppeninteressen hinzu. Diese gruppenspezifischen Probleme könnten das Auftreten „diktatorischer" Entscheidungsfindung begünstigen, da bei mehr als zwei Entscheidungsalternativen nur eine starke Person die verschiedenen Meinungen in einen gemeinsamen Vorzug bringen könne.[415] Insoweit unterliegen die Entscheidungsprozesse auch in erheblichem Maße abstimmungspolitischen Einflüssen. Deshalb erfordere die effiziente Organisation der Unternehmensleitung, dass die Geschäftsordnung individuelle Möglichkeiten strategischen Verhaltens weitest möglich beschränke etwa durch genaue Regelung der Kompetenzen des Vorstandsvorsitzenden bei der Festlegung der Tagesordnung, Beteiligung aller Vorstandsmitglieder bei der Entscheidungsfindung, Diskussion aufgrund objektivierbarer Kriterien und Abstimmung im Gremium sowie keine Bildung von „Abstimmungspaketen".[416]

Schließlich werden aus der Principal Agent Theory Erkenntnisse für die Unternehmensleitung abgeleitet. Der Principal Agent Theory liegt die Vorstellung zugrunde, dass die Eigenkapitalgeber ihr Unternehmen nicht selbst leiten können oder wollen und deshalb Angestellte mit dieser Aufgabe betrauen. Hieraus ergebe sich eine Informationsasymmetrie dergestalt, dass das Management

---

[414] Siehe dazu ausführlich Bernhardt/Witt, ZfB 1999, S. 825, 834 f. m. w. N.

[415] Bernhardt/Witt, ZfB 1999, S. 825, 830, 836 weisen in diesem Zusammenhang darauf hin, dass tatsächlich in vielen deutschen Unternehmen der Vorstandsvorsitzende trotz des aktienrechtlichen Kollegialitätsprinzips wichtige Entscheidungen ohne Beteiligung seiner Vorstandskollegen treffe.

[416] Siehe zum Ganzen Bernhardt/Witt, ZfB 1999, S. 825, 836 f. m. w. N.

durch seine tägliche Arbeit im Unternehmen besser als die Aktionäre über die Geschäftslage und die Umweltbedingungen informiert sei. Außerdem verfolge das Management möglicherweise Ziele, die von denjenigen der Aktionäre abweichen (Interessendivergenz). Deshalb müssen die Aktionäre sicherstellen, dass das Unternehmen in ihrem Sinne geführt wird. Dies geschieht unter anderem durch verschiedene Formen der Verhaltenskontrolle, beispielsweise mittels Überwachung des Vorstands durch den Aufsichtsrat.[417] Dieses theoretische Modell sei in Wirklichkeit aber komplizierter, weil tatsächlich meistens mehrstufige und dynamische Prinzipal-Agent-Beziehungen vorliegen. Als Ergebnis für die Leitungsorganisation ließe sich festhalten, dass der Vorstand keine Kontrollaufgaben für die Aktionäre wahrnehmen dürfe, sondern sich auf die Unternehmensleitung konzentrieren müsse. Dazu gehöre aber auch, dass der Vorstand wiederum seine Mitarbeiter effizient führen müsse.[418]

II. Rechtliche Relevanz der Ansätze

Im Folgenden wird der Frage nachgegangen, inwieweit die soeben dargestellten Erkenntnisse der Betriebswirtschaftslehre auf die skizzierten Modelle der virtuellen Holding[419] übertragbar und aktienrechtlich umsetzbar sind.[420]

Zunächst kann festgehalten werden, dass eine virtuelle Holding-Struktur dem organisationstheoretischen Ansatz der ressortgebundenen Unternehmensleitung nahe kommt. In der virtuellen Holding haben die ressortleitenden Vorstandsmitglieder im Idealfall individuelle Entscheidungsbefugnisse, während der Gesamtvorstand möglichst nur über Grundsatzfragen, also ressortübergreifende oder für das Gesamtunternehmen bedeutsame Fragen entscheidet. Es kann auch personelle Identität zwischen Vorstandsressortleitern und Geschäftsbereichsleitern bestehen. Allerdings ist dies nicht zwingend notwendig.[421] Die aus der

---

[417] Bernhardt/Witt, ZfB 1999, S. 825, 838.

[418] Dazu sowie zu den weiteren Erkenntnissen, die für die vorliegende Arbeit nicht von Bedeutung sind, siehe Bernhardt/Witt, ZfB 1999, S. 825, 838 f., 840.

[419] Siehe oben § 3 D.

[420] Zur Berücksichtigung wirtschaftswissenschaftlicher Erkenntnisse im Gesellschaftsrecht allgemein: Fleischer, ZGR 2001, S. 1 ff. m. w. N.

[421] Während in der HVB Group und der Siemens AG jeweils einige Mitglieder des Vorstands zugleich Leiter operativer Geschäftsbereiche sind, zeichnet sich das neue Führungsmodell der Deutsche Bank AG gerade dadurch aus, dass die Vorstandsmitglieder nicht gleichzeitig die operativen Unternehmensbereiche leiten: Siehe oben § 3.

Wachstumstheorie abgeleitete Schlussfolgerung, der Vorstand bestehe am besten aus zwei bis zehn Personen, bedarf keiner näheren Erörterung. Für die Führung einer virtuellen Holding hat die Frage keine besondere rechtliche Bedeutung, weil das geltende Recht dies in § 76 Abs. 2 AktG ausdrücklich zulässt. Etwas anderes gilt für die Erkenntnisse hinsichtlich der Leitungs- und Aufbaustruktur. Nicht nur die Überlegung, die Unternehmenskomplexität bestimme das Maß der Entlastung des Vorstands durch Holding-Bildung oder tiefere Aufbauorganisationen kann Einfluss auf die Entscheidung zur Einführung einer virtuellen Holding-Struktur haben, sondern auch die These, die Organisationsstruktur des Vorstands müsse derjenigen des Unternehmens entsprechen. Dass das deutsche Aktienrecht eine divisionale Organisationsstruktur sowohl für den Vorstand als auch für die Gesellschaft grundsätzlich zulässt, wurde bereits ebenso dargelegt wie die grundsätzliche Zulässigkeit der Delegation von Aufgaben an dem Vorstand nachgeordnete Führungsebenen, so dass auch eine mehrstufige Aufbauorganisation denkbar ist. Allerdings entspricht die Unternehmensorganisation in der virtuellen Holding nicht zwingend der Organisation des Vorstands.[422]

Die Schlussfolgerungen der Entscheidungstheorie sind im Hinblick auf die virtuelle Holding interessant, soweit sie Fragen der Einrichtung eines effizienten Überwachungssystems im Unternehmen betreffen. Die Forderung, alle Vorstandsmitglieder an der Entscheidungsfindung des Vorstands zu beteiligen, braucht im Folgenden nicht näher erörtert zu werden. Eine gemeinsame Entscheidungsfindung entspricht dem gesetzlichen Leitbild der §§ 76 Abs. 1, 77 Abs. 1 AktG.[423] Allerdings tendiert die virtuelle Holding dazu, den Gesamtvorstand davon zu entlasten, gemeinsame Entscheidungen zu treffen. Das „Siemens/HVB-Modell" zeichnet sich dadurch aus, dass die Kompetenz für strategische Entscheidungen auf einen zentralen Vorstandsausschuss (Zentralvorstand) übertragen wurde. Die Deutsche Bank AG hat operative Entscheidungszuständigkeiten auf nachgeordnete Führungsebenen verlagert.[424] Im Zusammenhang mit der virtuellen Holding spielt deshalb vielmehr die Überlegung eine Rolle,

---

[422] Das zeigt das Beispiel der Deutsche Bank AG, bei der sich der Vorstand als virtuelle Holding im engen Sinn „über" den divisionalen Unternehmensbereichen steht: Siehe oben § 3 A. II. 1.

[423] Vgl. Kropff, Begr. RegE AktG 1965, S. 99.

[424] Siehe dazu schon oben § 3 A. II.

welche Aufgaben der Gesamtvorstand auf einzelne Vorstandsmitglieder, Vorstandsausschüsse und vorstandsexterne Personen übertragen kann.

Die aus der Principal Agent Theory folgende Erkenntnis, der Vorstand habe sich auf die Leitung zu konzentrieren, während der Aufsichtsrat zu kontrollieren habe, entspricht ebenfalls dem gesetzlichen Leitbild (§§ 76 Abs. 1, 111 Abs. 1 AktG). Es sind allerdings Überschneidungen der Aufgaben beider Organe denkbar, weil der Vorstand auch teilweise die Tätigkeiten der ihm untergeordneten Mitarbeiter überwacht und der Aufsichtsrat gemäß § 111 Abs. 4 AktG an der Geschäftsführung mitwirken kann. Mögliche Friktionen zwischen Aufsichtsrats- und Vorstandskompetenzen sollen ebenso wie praktikable, interessengerechte Lösungsmöglichkeiten noch untersucht werden. Die Fragestellung wird insbesondere bei der Implementierung eines effizienten unternehmensinternen Überwachungssystems eine Rolle spielen.

B. Leitungsverantwortung und Aufgabendelegation

An anderer Stelle ist festgestellt worden, dass der Vorstand sich nach allgemeiner Ansicht seiner Leitungsaufgaben nicht entledigen und demnach diese nicht delegieren darf.[425] Deshalb ist der Leitungsbegriff bei der Implementierung einer virtuellen Holding von besonderer Bedeutung. Er bildet den Ausgangspunkt dafür, welche Aufgaben der Vorstand überhaupt delegieren darf und welche er als Organ selbst wahrnehmen muss. Nachfolgend soll deshalb der Versuch unternommen werden, die Leitungsaufgaben des Vorstands genauer zu bestimmen und zu klären, wie strategische und operative Aufgaben in der virtuellen Holding verteilt werden können.

I. Aktienrechtliche Vorgaben

Den Begriff der eigenverantwortlichen Leitung der Gesellschaft durch den Vorstand hat der Gesetzgeber erstmals in § 70 AktG 1937 geregelt. Mit dieser Regelung fand eine Kompetenzverschiebung zugunsten des Vorstands und zulasten der Hauptversammlung statt, die gemäß den aktienrechtlichen Regelungen des alten Handelsgesetzbuches einen dominanten Einfluss in der Gesellschaft hatte. Bemerkenswert ist, dass sowohl in der Gesetzesbegründung als auch in den einschlägigen Kommentaren keine genaue inhaltliche Bestimmung des

---

[425] Siehe oben § 4 B. IV. 1. a).

Begriffs „eigenverantwortliche Leitung“ zu finden ist. Vielmehr stand die stärkere Stellung des Vorstands gegenüber der Hauptversammlung im Vordergrund der Diskussion um den Leitungsbegriff.[426] Das Aktiengesetz von 1965 regelt den Leitungsbegriff in § 76 Abs. 1. Auch hierzu finden sich in der Begründung des Regierungsentwurfs keine Hinweise zur genauen Bedeutung des Begriffs.[427]

Daraus ergibt sich, dass der Gesetzgeber keine Vorgaben macht, die einer inhaltlichen Bestimmung des Leitungsbegriffs dienlich wären oder der inhaltlichen Interpretation Grenzen setzen. Aus der gesetzeshistorischen Entwicklung lässt sich lediglich entnehmen, dass die Leitungsaufgabe dem Vorstand zugewiesen wird und so seine Stellung im gesellschaftsinternen Kompetenzgefüge der einzelnen Organe gestärkt wird. Auch die Gesetzessystematik ist nicht eindeutig. Die systematische Stellung der §§ 76, 77 AktG trägt genauso wenig wie die übrigen Vorschriften des Aktiengesetzes, die Regeln zur Leitung und Geschäftsführung enthalten, dazu bei, den Begriff der Leitung zu präzisieren. Es bleibt dabei, dass die herrschende Auffassung der aktienrechtlichen Literatur, die Leitung als herausgehobenen Teil der Geschäftsführung ansieht, am ehesten überzeugt.[428] Damit ist allerdings noch nicht viel gewonnen. Auch nach dieser Definition ist der Leitungsbegriff des Aktienrechts ein unbestimmter Rechtsbegriff. Um die Pflicht des Vorstands zur Leitung der Gesellschaft inhaltlich näher bestimmen zu können, muss man sich an die wenigen Hinweise des Gesetzes und an teleologische Kriterien halten.

II. Funktionale Bedeutung

Die einzelnen Funktionen des Leitungsbegriffs wurden bereits dargestellt.[429] Sie ergeben sich daraus, dass „Leitung“ ein juristischer Zweckbegriff ist, mit dem

---

[426] Siehe dazu die amtliche Begründung zum AktG 1937, Vorbemerkung zu §§ 70 – 124, abgedruckt bei: Klausing, Aktien-Gesetz, S. 56; sowie die zeitgenössischen Kommentierung von Schlegelberger/Quassowski, AktG, § 70 Rn. 2. Zur historischen Entwicklung der Vorstandskompetenzen: Mielke, Die Leitung der unverbundenen Aktiengesellschaften, S. 24 ff.; Wiedemann, Gesellschaftsrecht Band I, § 6 III. 2. b) aa).

[427] Vgl. Kropff, Begr. RegE AktG 1965, S. 97 ff.

[428] Siehe dazu oben § 4 B. IV. 1. a) bb). Fleischer, ZIP 2003, S. 1, 3, geht dagegen scheinbar davon aus, dass die Gesetzessystematik eindeutig sei.

[429] Siehe bereits oben § 4 B. IV. 1. a) aa).

das Aktiengesetz bestimmte Absichten verfolgt.[430] Diese funktionale Komponente hat Auswirkungen auf die interne organisatorische Gestaltung der Aktiengesellschaft und soll deshalb an dieser Stelle noch einmal kurz zusammengefasst und vervollständigt werden.

In erster Linie weist § 76 Abs. 1 AktG dem Vorstand die ausschließliche Kompetenz zur Leitung der Gesellschaft zu. Die herrschende Meinung legt § 76 Abs. 1 AktG so aus, dass darunter nicht Leitung der Gesellschaft als Verband zusammengeschlossener Gesellschafter, sondern Leitung des Unternehmens zu verstehen ist.[431] Aufsichtsrat und Hauptversammlung sind von vornherein davon ausgeschlossen, Leitungsaufgaben wahrzunehmen. Dies ergibt sich bereits aus der Begründung des § 70 AktG 1937.[432] Gleichzeitig erfolgt die Kompetenzzuweisung an das Gesamtorgan Vorstand. Leitungsverantwortung ist also Gesamtverantwortung. Leitungsaufgaben dürfen deshalb nicht an einzelne Vorstandsmitglieder delegiert werden. Dieser Grundsatz ist bei der Ressortverteilung zu beachten.[433] Dogmatisch hat die Kompetenzzuweisung an den Vorstand Bedeutung in zweierlei Hinsicht. § 76 Abs. 1 AktG statuiert nicht nur das Recht des Vorstands zur Leitung der Gesellschaft, sondern auch eine korrespondierende Pflicht. Diesen gesetzlichen Leitungsauftrag versteht ein Teil der Literatur als „Pflichtrecht", das heißt als Rechtsposition, die von Anfang an mit einer Pflichtbindung versehen und vornehmlich im Fremdinteresse auszuüben ist.[434] Schließlich bedeutet Leitung des Unternehmens, dass der Vorstand die Unternehmensfunktion wahrzunehmen hat, indem er die unternehmenspolitischen

---

[430] So Fleischer, ZIP 2003, S. 1 und Paefgen, Unternehmerische Entscheidungen und Rechtsbindung der Organe in der AG, S. 9 ff.

[431] Abeltshauser, Leitungshaftung im Kapitalgesellschaftsrecht, S. 31 f.; Fleischer, ZIP 2003, S. 1; Henze, BB 2000,S. 209; Hefermehl, in: Geßler/Hefermehl/Eckardt/Kropff, AktG, § 76 Rn. 18; Hüffer, AktG, § 76 Rn. 9; Mertens, in: Kölner Komm. AktG, § 76 Rn. 6; Paefgen, Unternehmerische Entscheidungen und Rechtsbindung der Organe in der AG, S. 9; Rittner, in: Festschrift Ernst Geßler (1976), S. 139, 151.

[432] Siehe darüber hinaus Hüffer, AktG, § 76 Rn. 1 f.; Oltmanns, in: AnwK-AktienR, § 76 Rn. 1, 3; Wiesner, in: Münch. Hdb. GesR IV, § 19 Rn. 12.

[433] Hüffer, AktG, § 76 Rn. 1, 3; Martens, in: Festschrift Hans-Joachim Fleck (1988), S. 191, 194; Mertens, in: Kölner Komm. AktG, § 77 Rn. 18; Oltmanns, in: AnwK-AktienR, § 76 Rn. 4.

[434] Fleischer, ZIP 2003, S. 1, 2; Paefgen, Unternehmerische Entscheidungen und Rechtsbindung der Organe in der AG, S. 9. Allgemein zum Begriff „Pflichtrecht": Larenz/Wolf, Allgemeiner Teil des Bürgerlichen Rechts, § 16 Rn. 8 ff.

Grundsätze festlegt.[435] In ihrer Stellung als gesetzlicher Vertreter üben die Vorstandsmitglieder neben der Unternehmer- auch die Arbeitgeberfunktion aus.[436] All diese Funktionen stehen in Zusammenhang mit der Überlegung, einen „Kernbereich“ von Vorstandsaufgaben herauszubilden, den der Vorstand nicht an andere, etwa einzelne Mitglieder oder vorstandsexterne Dritte, delegieren darf.[437]

III. Inhaltliche Konkretisierung

Unstreitig zu den Leitungsaufgaben gehören nicht nur die durch gesetzliche Regelung dem Vorstand zugewiesenen Aufgaben, Entscheidungen und Maßnahmen, sondern auch die originären Führungsfunktionen, Geschäfte mit außergewöhnlicher Bedeutung oder mit außergewöhnlichem Risiko sowie sonstige Geschäftsführungsaufgaben, wenn dies im Einzelfall geboten ist.[438] Aus dem Aktiengesetz selbst lässt sich, wie bereits dargelegt, für eine genauere Bestimmung der Leitungsaufgaben wenig herleiten, insbesondere enthält das Gesetz keine Legaldefinition des Begriffs der Leitungsaufgaben, die in die Gesamtverantwortung des Vorstands fallen. Die Vorüberlegungen zur funktionalen Bedeutung des Leitungsbegriffs stellen aber einen Anknüpfungspunkt dar, um den Begriff inhaltlich zu konkretisieren. Darüber hinaus sind weitere, zweckmäßige Überlegungen zur Ausgestaltung eines Kernbereichs von Vorstandsaufgaben anzustellen. *Fleischers* Ansatz, betriebswirtschaftliche und rechtsvergleichende Überlegungen einzubeziehen,[439] erscheint auf den ersten Blick durchaus sinnvoll. Es wird sich aber noch erweisen müssen, ob dadurch tatsächlich neue substantielle Erkenntnisse gewonnen werden.

---

[435] Siehe oben § 4 B. IV. 1. a) aa).

[436] BGHZ 36, 142; Hüffer, AktG, § 84 Rn. 11; Mertens, in: Kölner Komm. AktG, § 84 Rn. 34; Wiesner, in: Münch. Hdb. GesR IV, § 19 Rn. 33.

[437] Fleischer, ZIP 2003, S. 1, 2; Henze, BB 2000, S. 209, 210; Martens, in: Festschrift Hans-Joachim Fleck (1988), S. 191, 194; Mertens, in: Kölner Komm. AktG, § 76 Rn. 4; Raiser, Recht der Kapitalgesellschaften, § 14 Rn. 12; Semler, Leitung und Überwachung der Aktiengesellschaft, Rn. 22.

[438] Siehe oben § 4 B. IV. 1. a) aa).

[439] Fleischer, ZIP 2003, S. 1, 4 f.

1. Gesetzlich zugewiesene Aufgaben

Nach allgemeiner Ansicht sind die dem Vorstand durch gesetzliche Regelung zugewiesenen Aufgaben als Führungsaufgaben anzusehen. Sie betreffen entweder das Verhältnis des Vorstands zu anderen Organen oder dem Vorstand im öffentlichen Interesse oder im Gläubigerinteresse auferlegte Pflichten.[440] Dieses normativ orientierte Verständnis von Leitungsaufgaben ist überzeugend. Es konkretisiert den Leitungsbegriff juristisch über ein bloßes wirtschaftliches Verständnis hinaus. Außerdem spricht das Aktiengesetz in den einzelnen Vorschriften ausdrücklich den Vorstand als Gesamtorgan an, nicht dagegen dessen einzelne Mitglieder. Ist Adressat der jeweiligen Norm der Vorstand insgesamt, können diese Aufgaben nur gesamtverantwortlich durch alle Vorstandsmitglieder wahrgenommen werden, soweit das Gesetz keine abweichende Regelung zulässt (§ 23 Abs. 5 AktG).

Wichtige Normen, die spezielle Vorstandspflichten begründen und das Verhältnis zur Hauptversammlung betreffen, sind insbesondere § 83 Abs. 1 und 2 AktG (Vorbereitung und Ausführung von Hauptversammlungsbeschlüssen), § 118 Abs. 2 AktG (Teilnahme an der Hauptversammlung), § 119 Abs. 2 AktG (Entscheidungsverlangen in Geschäftsführungsfragen), § 121 Abs. 2 AktG (Einberufung der Hauptversammlung), § 124 Abs. 3 AktG (Unterbreitung von Beschlussvorschlägen an die Hauptversammlung) und § 245 Nr. 4 AktG (Entscheidung über die Anfechtung von Hauptversammlungsbeschlüssen). Gesetzliche Leitungspflichten des Vorstands im Verhältnis zum Aufsichtsrat sind vor allem in § 90 AktG (Berichterstattung an den Aufsichtsrat), §§ 97, 98, 104 AktG (Sorge für einen funktionsfähigen Aufsichtsrat), § 110 AktG (Einberufung des Aufsichtsrats), §§ 170, 172 AktG (Mitwirkung am Verfahren zur Prüfung und Feststellung des Jahresabschlusses) und § 314 Abs. 1 AktG (Vorlage des Abhängigkeitsberichts) geregelt. Pflichten des Vorstands im öffentlichen oder im Gläubigerinteresse normieren § 91 AktG (Einrichtung einer Rech-

---

[440] BGH, ZIP 2002, S. 172, 173 (Sachsenmilch III) zur Pflicht des Vorstands, in der Bekanntmachung der Tagesordnung der Hauptversammlung Vorschläge zur Beschlussfassung zu unterbreiten mit der Begründung, dass der Maßnahme wegen ihres Informationscharakters für die Aktionäre eine besondere Bedeutung zukomme. Aus der Literatur: Fleischer, ZIP 2003, S. 1, 6; Henze, BB 2000, S. 209, 210; Hoffmann-Becking, ZGR 1998, S. 497, 508; Hüffer, § 76 Rn. 8; Martens, in: Festschrift Hans-Joachim Fleck (1988), S. 191, 194; Mertens, in: Kölner Komm. AktG, § 77 Rn. 19; Semler, Leitung und Überwachung der Aktiengesellschaft, Rn. 23.

nungslegungsorganisation und eines Risikoerkennungssystems), § 92 AktG (Verlustanzeige und Antrag auf Eröffnung des Insolvenzverfahrens), §§ 242, 264, 320 HGB (Erstellung des Jahresabschlusses und des Lageberichts und Vorlage an die Abschlussprüfer) sowie §§ 312, 313 AktG (Erstellung des Abhängigkeitsberichts und Vorlage an die Abschlussprüfer).[441]

Diese Aufgaben sind als Leitungsaufgaben des Vorstands im Sinne des § 76 Abs. 1 AktG zu qualifizieren.[442] Dies lässt sich aus der besonderen Bedeutung der gesellschaftsinternen Aufgabenverteilung und den Interessen herleiten, deren Schutz die jeweilige Norm bezweckt. Die aktienrechtlich begründeten Vorstandspflichten sind für die gesellschaftsinterne Funktionsfähigkeit sowie für die Interessen der Gläubiger, der Öffentlichkeit und auch der Aktionäre als „Eigentümer" der Gesellschaft, deren Schutz in der einschlägigen Literatur insoweit nicht erwähnt wird,[443] von herausragender Bedeutung. Sie gehören deshalb zu den organschaftlichen Mindestkompetenzen.

2. Originäre Führungsfunktionen

Schwieriger ist eine genaue Bestimmung der Aufgaben, die den originären Führungsfunktionen zuzurechnen sind. Nach einer verbreiteten Ansicht gehören dazu die Unternehmensplanung (Zielsetzung, mittel- und langfristige Festsetzung der Unternehmenspolitik), die Unternehmenskoordinierung (Feststellung von Grundsätzen für die Aufgabenverteilung auf nachgeordnete Ebenen und für die Kontrolle ihrer Ausführung), die Unternehmenskontrolle (Kontrolle der Unternehmensbereiche hinsichtlich der Durchführung der Planung, Stand des Erreichten, Analyse möglicher Abweichungen) und die Besetzung der Führungspositionen.[444] Diesen Kern von Leitungsaufgaben leitet die Literatur aus den klassischen Führungsaufgaben der Betriebswirtschaftslehre ab. Die Betriebs-

---

441 Siehe zum Ganzen Frels, ZHR 122 (1959), S. 8, 24 ff.; Götz, ZIP 2002, S. 1745; Henze, BB 2000, S. 209, 210 mit Fn. 13 f.; Hüffer, AktG, § 76 Rn. 8; Mertens, in: Kölner Komm. AktG, § 77 Rn. 19; Thiel, Spartenaktien für deutsche Aktiengesellschaften, S. 215 mit Fn. 851.

442 BGH ZIP 2002, S. 172, 173; Fleischer, ZIP 2003, S. 1, 6; Henze, BB 2002, S. 209, 210.

443 Siehe aber BGH ZIP 2002, S. 172, 173.

444 Siehe oben § 4 B. IV. 1. a) aa).

wirtschaftslehre nennt als Unternehmensführungsfunktionen Planung, Organisation, Kontrolle und teilweise Personaleinsatz.[445]

Einen anderen Ansatz will *Fleischer* wählen, indem er vier Verantwortungsbereiche als unentziehbare und unübertragbare Leitungsaufgaben des Vorstands bestimmt: Planungs- und Steuerungsverantwortung, Organisationsverantwortung, Finanzverantwortung und Informationsverantwortung. Er beabsichtigt damit, dem Leitungsbegriff schärfere Konturen zu verleihen, die moderner Unternehmensführung eher gerecht werden sollen als die klassische Einteilung, die er als „etwas farblos" bezeichnet.[446] Planungs- und Steuerungsverantwortung bedeutet nach Fleischers Auffassung, einen strategischen Rahmen festzulegen, nämlich Vorgabe der langfristigen Unternehmensziele, Umriss der wesentlichen Geschäftsfelder und Entscheidung über die wichtigsten Investitionen. Damit soll die Pflicht verbunden sein, bei Störungen des Planvollzugs steuernd einzugreifen. Hierfür sei ein leistungsfähiges Controlling erforderlich, das auch mit der Organisationsverantwortung zusammenhänge. Zur Organisationsverantwortung gehörten zudem die Unternehmensstruktur und die Unternehmensgliederung in funktionsfähige Einheiten. Der Vorstand habe für eine ständige Anpassung der bestehenden Grundorganisation zu sorgen. Die Finanzverantwortung umfasse Finanzplanung und Finanzkontrolle. Die Informationsverantwortung verpflichte den Vorstand, den unternehmensinternen Informationsfluss zu sichern.[447] Fleischer scheint bei dieser Einteilung Rückgriff auf das schweizerische Aktienrecht zu nehmen, das in Art. 716a Abs. 1 OR einen Katalog unübertragbarer Kompetenzen des Verwaltungsrats eingeführt hat.[448] Unter anderem enthält der Katalog als Pflichten die Oberleitung der Gesellschaft, der Fleischer seinen Begriff der Planungs- und Steuerungsverantwortung zu entnehmen scheint, eine Organisationspflicht und die Pflicht zur Ausgestaltung des Rech-

---

[445] Gutenberg, Einführung in die Betriebswirtschaftslehre, S. 10; Schierenbeck, Grundzüge der Betriebswirtschaftslehre, S. 97; Steinmann/Schreyögg, Management: Grundlagen der Unternehmensführung, S. 9 f.; Wöhe/Döring, Einführung in die Allgemeine Betriebswirtschaftslehre, S. 84 f.

[446] Fleischer, ZGR 2003, S. 1, 5.

[447] Fleischer, ZGR 2003, S. 1, 5.

[448] Siehe dazu aus der schweizerischen Literatur Böckli, Die unentziehbaren Kernkompetenzen des Verwaltungsrats, S. 1 ff.; Forstmoser/Meier-Hayoz/Nobel, Schweizerisches Aktienrecht, § 30 Rn. 29 ff.

nungswesens, der Finanzkontrolle sowie der Finanzplanung, soweit dies für die Führung der Gesellschaft notwendig ist.[449]

Letztlich führt aber auch dieser Ansatz nicht zu abweichenden Ergebnissen. Planungs- und Steuerungsaufgaben sind mit den Aufgaben der Unternehmensplanung und Unternehmenskontrolle identisch. Entsprechendes gilt für die Bereiche der Organisationsverantwortung und der Unternehmenskoordination. Finanzplanung im vorgenannten Sinn kann als Teil der Unternehmensplanung angesehen werden. Vorausschauende Unternehmensplanung hat auch eine mittel- und langfristige Finanzplanung zum Inhalt. Finanzplanung ist mit anderen Worten funktionaler Teil der Unternehmensplanung.[450] Richtig ist, dass die Informationsverantwortung eine erhebliche Bedeutung für die Unternehmensführung hat.[451] Schneller und zuverlässiger Informationsfluss ist für erfolgreiches unternehmerisches Handeln in Großunternehmen unerlässlich. Die betriebswirtschaftliche Literatur sieht Information deshalb auch als Führungsinstrument an.[452] Information ist aber kein Selbstzweck. Sie ist Mittel, um den klassischen originären Führungsfunktionen der Unternehmensplanung, Unternehmenskoordination und Unternehmenskontrolle nachzukommen.[453]

Demnach kann festgehalten werden, dass auch *Fleischers* Ansatz die originären Führungsfunktionen des Vorstands nicht wesentlich präzisiert. Dem Grunde nach gilt dies auch für die Informationsverantwortung. Sowohl dem klassischen als auch dem neueren Ansatz liegt eine typologische Betrachtungsweise zugrunde.[454] Wohl deshalb qualifizieren beide Ansichten im Ergebnis auch dieselben Aufgabenfelder unter verschiedenen Oberbegriffen als originäre Führungsfunktionen. Der Unterschied beider Ansätze ist insoweit mehr terminolo-

---

[449] Siehe zum Ganzen Fleischer, ZGR 2003, S. 1, 4 f. m. w. N.

[450] Siehe aus betriebswirtschaftlicher Sicht Bea, in: Bea/Dichtl/Schweitzer, Allgemeine Betriebswirtschaftslehre 2, S. 1, 34.

[451] Vgl. Fleischer, ZIP 2003, S. 1, 5.

[452] Erichson/Hammann, in: Bea/Dichtl/Schweitzer, Allgemeine Betriebswirtschaftslehre 2, S. 319, 320 ff.

[453] Die Bedeutung des internen Informationsflusses haben schon Mertens, in: Kölner Komm. AktG, § 93 Rn. 46 und U. Stein, ZGR 1988, S. 163, 166 ff. hervorgehoben.

[454] So auch Fleischer, ZIP 2003, S. 1, 5 linke Spalte selbst. Vgl. für den „klassischen" Ansatz der juristischen Literatur: Henze, BB 2000, S. 209, 210; Hüffer, AktG, § 76 Rn. 8; Mertens, in: Kölner Komm. AktG, § 76 Rn. 5.

gischer als inhaltlicher Natur. Beide Ansätze konkretisieren den Leitungsbegriff, etwa nach Fallgruppen, nicht, sondern beschränken sich, indem sie betriebswirtschaftliche Erkenntnisse heranziehen, darauf, funktionale Oberbegriffe zu formulieren. Das ist allerdings beabsichtigt und wird teilweise damit begründet, dass subsumtionsfähige Kriterien für eine genauere Abgrenzung der Leitungsaufgaben zu den übrigen Geschäftsführungsaufgaben nicht vorlägen.[455] Teilweise wird auch argumentiert, dass eine rechtliche Eingrenzung der Führungsfunktionen nicht ohne Berücksichtigung der Unternehmensgröße und der Umstände der Entscheidungssituation vorgenommen werden könne.[456] Das erscheint zutreffend. Es ist nicht sinnvoll, Leitungs- beziehungsweise Führungsaufgaben detailliert und abschließend festzuschreiben. Die Unternehmen würden, ohne dass dafür eine Notwendigkeit besteht, in ihrer wirtschaftlichen und organisatorischen Flexibilität allzu sehr eingeschränkt. In einer großen, börsennotierten Publikumsaktiengesellschaft sind Leitungsaufgaben von ganz anderer Qualität als in einem kleinen Familienunternehmen oder in der „Einmann-AG". So werden in einer kleinen Gesellschaft Aufgaben als Leitungsaufgaben zu qualifizieren sein, die im Großunternehmen zu den täglichen Routineaufgaben zählen, die vorstandsexterne Dritte erledigen können. Dem steht nicht entgegen, bestimmte Aufgabenbereiche zu präzisieren, die in der virtuellen Holding regelmäßig zu den originären Führungsfunktionen gehören und deshalb in die Gesamtverantwortung aller Vorstandsmitglieder fallen.[457]

Als normativer Anknüpfungspunkt für die unterschiedlichen, betriebswirtschaftlich orientierten Ansätze in der Literatur kann im Hinblick auf die Pflicht zur Unternehmenskontrolle auch § 91 Abs. 1 und 2 AktG herangezogen werden. § 91 Abs. 1 AktG verpflichtet den Vorstand zur Einrichtung einer Rechnungslegungsorganisation, § 91 Abs. 2 unter anderem zur Implementierung eines Risikofrüherkennungssystems. Sinn und Zweck von Buchführungs- und Risikoüberwachungssystemen ist die Früherkennung unternehmensgefährdenden Ent-

---

455 Henze, BB 2000, S. 209, 210; Hüffer, AktG, § 76 Rn. 8.

456 Grunewald, Gesellschaftsrecht, 2. C. Rn. 43; Henze, BB 2000, S. 209, 210; Mertens, in: Kölner Komm. AktG, § 76 Rn. 5.

457 Siehe dazu unten § 5 B. VI.

wicklungen.[458] Die Norm kann insoweit als Teilausschnitt der Leitungsaufgaben des Vorstands verstanden werden.[459]

3. Außergewöhnliche und gewöhnliche Geschäfte

Es wurde schon erwähnt, dass auch Entscheidungen, Maßnahmen und Geschäfte von außergewöhnlicher Bedeutung oder mit außergewöhnlichem Risiko zu den Leitungsaufgaben gerechnet werden. Maßgeblich ist dabei die Erheblichkeit der Entscheidung für die mittel- und langfristige Entwicklung des Unternehmens und ihre Bedeutung für dessen Finanz-, Ertrags- und Beschäftigungslage.[460] Die Literatur wählt für die Herleitung der außergewöhnlichen Geschäfte und deren Einordnung als Leitungsaufgaben unterschiedliche Ansätze.

Teilweise wird auf den aus dem Personengesellschaftsrecht stammenden Begriff des außergewöhnlichen Geschäfts im Sinne des § 116 HGB zurückgegriffen.[461] Ausgangspunkt für eine solche Überlegung ist § 116 Abs. 1 HGB, der die Geschäftsführungsbefugnis der OHG-Gesellschafter vorbehaltlich abweichender Regelungen im Gesellschaftsvertrag gemäß § 109 HGB auf die Handlungen beschränkt, die der gewöhnliche Betrieb des Handelsgewerbes der Gesellschaft mit sich bringt. Diese so genannten gewöhnlichen Handlungen oder Geschäfte sind von den ungewöhnlichen beziehungsweise außergewöhnlichen Handlungen oder Geschäften abzugrenzen, für deren Vornahme gemäß § 116 Abs. 2 HGB ein Beschluss sämtlicher Gesellschafter erforderlich ist. Davon wiederum zu unterscheiden sind die Grundlagengeschäfte, die von vornherein nicht von

---

[458] RegBegr BT-Drucks 13/9712, S. 15; Förschle/Küster, in: Beck Bil-Komm., § 317 Rn. 72; Hüffer, AktG, § 91 Rn. 1, 4; Oltmanns, in: AnwK-AktienR, Kap. 1 § 91 Rn. 1 f.; 6.

[459] RegBegr BT-Drucks 13/9712, S. 15; Hüffer, AktG, § 91 Rn. 1.

[460] Siehe oben § 4 B. IV. 1. a) aa) sowie Henze, BB 2000, S. 209, 210; Hoffmann-Becking, ZGR 1998, S. 497, 508; Martens, in: Festschrift Hans-Joachim Fleck (1988), S. 191, 198; Mertens, in: Kölner Komm. AktG, § 76 Rn. 5, § 93 Rn. 45; Schönbrod, Die Organstellung von Vorstand und Aufsichtsrat in der Spartenorganisation, S. 158.

[461] Dose, Die Rechtsstellung der Vorstandsmitglieder einer Aktiengesellschaft, S. 41.

der Geschäftsführungsbefugnis umfasst sind.[462] Grundlagengeschäfte sind solche, die das Gesellschaftsverhältnis und seine Gestaltung betreffen.[463]

Die Abgrenzung von gewöhnlichen und außergewöhnlichen Geschäften ist eine Frage des Einzelfalls. Abzustellen ist auf das konkrete Unternehmen. Gewöhnliche Geschäfte sind dabei solche, die für das jeweilige Unternehmen typisch oder üblich sind. Maßgebliche Kriterien sind der Inhalt des Gesellschaftsvertrags, Art und Größe des Unternehmens, die bisherige Entscheidungspraxis in der Gesellschaft sowie Art, Größe, Bedeutung und Risiko des Geschäfts für den konkreten Betrieb. Im Regelfall sind solche Geschäfte, die „von Zeit zu Zeit immer wieder einmal" in dem von der Gesellschaft betriebenen Handelsgewerbe vorkommen, im Regelfall als gewöhnliche Geschäfte anzusehen.[464] Im Zweifel sind alle Geschäfte in dem Handelszweig der Gesellschaft gewöhnliche Geschäfte.[465] Ungewöhnliche oder außergewöhnliche Geschäfte sind dagegen solche, die nach Art, Inhalt, Zweck und Umfang oder Bedeutung und Risiko über den gewöhnlichen Rahmen des Geschäftsbetriebs der Gesellschaft hinausgehen und insofern Ausnahmecharakter haben.[466] Ungewöhnliche Geschäfte können im Einzelfall beispielsweise die einschneidende Änderung von Organisation oder Vertrieb, Großkredite, Spekulationsgeschäfte, andere aus dem Rahmen fallende potenziell gefährliche Geschäfte wie besonders umfangreiche Investitionen und Sanierungsmaßnahmen sein sowie Geschäfte, die die Gefahr einer erheblichen Interessenkollision zwischen dem handelnden Gesellschafter und der

---

462 BGHZ 76, 160, 164; Baumbach/Hopt, HGB, § 116 Rn. 3; Emmerich, in: Heymann HGB, § 116 Rn. 3; Mayen, in: Ebenroth/Boujong/Joost, HGB, § 116 Rn. 2.

463 Zu den Grundlagengeschäften gehören zum Beispiel Änderungen des Gesellschaftsvertrags, Umwandlung oder Auflösung der Gesellschaft, Beitragserhöhungen oder die Aufnahme eines neuen Gesellschafters: Vgl. Baumbach/Hopt, HGB, § 114 Rn. 3 m. w. N.

464 Emmerich, in: Heymann HGB, § 116 Rn. 2a; Mayen, in: Ebenroth/Boujong/Joost, HGB, § 116 Rn. 3.

465 BGH, BB 1954, S. 143; Baumbach/Hopt, HGB, § 116 Rn. 1; Mayen, in: Ebenroth/Boujong/Joost, HGB, § 116 Rn. 3.

466 RGZ 158, 302, 308; BGHZ 76, 160, 162 f.; Baumbach/Hopt, HGB, § 116 Rn. 2; Emmerich, in: Heymann HGB, § 116 Rn. 3; Mayen, in: Ebenroth/Boujong/Joost, HGB, § 116 Rn. 4; Michalski, OHG-Recht, § 116 Rn. 5.

Gesellschaft mit sich bringen, ferner auch die Beteiligung an anderen Unternehmen.[467]

Eine andere Ansicht orientiert sich bei der Herleitung des Begriffs der außergewöhnlichen Geschäfte an den in § 90 Abs. 1 Nr. 4 AktG genannten Geschäften.[468] § 90 Abs. 1 Nr. 4 AktG normiert eine Pflicht des Vorstands über Geschäfte, die für die Rentabilität oder Liquidität der Gesellschaft von erheblicher Bedeutung sein können, an den Aufsichtsrat zu berichten. Ob ein Geschäft erhebliche Bedeutung hat, ist hier wie bei § 116 HGB eine Frage des Einzelfalls. Maßgebliche Kriterien sind insbesondere Gegenstand, Größe und finanzielle Lage der Gesellschaft und ihres Unternehmens. Beispiele für erhebliche Geschäfte sind der Erwerb oder die Veräußerung eines Betriebs oder einer Beteiligung, die Gründung von Zweigniederlassungen oder die Übernahme eines größeren Auftrags.[469] Ausreichend ist bereits, dass das Geschäft nach vernünftiger kaufmännischer Prognose von erheblicher Bedeutung sein kann (potenzielle Erheblichkeit) und nicht, ob es dies tatsächlich ist.[470]

Beide Ansätze sind insoweit hilfreich, als sie eine Orientierung bei der Konkretisierung der zu den Leitungsaufgaben gehörenden außergewöhnlichen Geschäfte ermöglichen. Sowohl bei den außergewöhnlichen Geschäften im Sinne des § 116 HGB als auch den Geschäften von erheblicher Bedeutung im Sinne des § 90 Abs. 1 Nr. 4 AktG handelt es sich um unbestimmte Rechtsbegriffe. Beide sind nicht legal definiert, zu beiden gibt es keinen abschließenden gesetzlichen Katalog. Folglich bedürfen beide Begriffe der näheren Ausformung durch Rechtsprechung und Literatur. Dies geschieht, wie bereits dargestellt, durch eine recht allgemeine Begriffsbestimmung und durch eine Entscheidung im Einzelfall. Insofern hilft der Rückgriff auf die beiden Begriffe nur wenig

---

[467] Siehe hierzu sowie mit weiteren Beispielen und mit umfangreichen Nachweisen auf die Rechtsprechung Baumbach/Hopt, HGB, § 116 Rn. 2; Emmerich, in: Heymann HGB, § 116 Rn. 5; Mayen, in: Ebenroth/Boujong/Joost, HGB, § 116 Rn. 6; Michalski, OHG-Recht, § 116 Rn. 6.

[468] Martens, in: Festschrift Hans-Joachim Fleck (1988), S. 191, 197 f.; Mertens, in: Kölner Komm. AktG, § 77 Rn. 18.

[469] Hüffer, AktG, § 90 Rn. 7; Kropff, Begr. RegE AktG 1965, S. 117; Lutter, Information und Vertraulichkeit im Aufsichtsrat, S. 15; Mertens, in: Kölner Komm. AktG, § 90 Rn. 38; Nirk, in: Handbuch der Aktiengesellschaft, Teil I, Rn. 744.

[470] Hüffer, AktG, § 90 Rn. 7; Mertens, in: Kölner Komm. AktG, § 90 Rn. 37; Oltmanns, in: AnwK-AktienR, Kap. 1 § 90 Rn. 9.

weiter, weil andererseits auch die Leitungsaufgaben nur allgemein umrissen werden und auch insoweit eine Bestimmung nur anhand der Umstände des Einzelfalls erfolgen kann. Immerhin ist jedoch durch das Heranziehen des personengesellschaftsrechtlichen Begriffs der außergewöhnlichen Geschäfte eine gewisse Annäherung an die für die Leitung relevanten Aufgaben möglich. Deshalb ist es sinnvoll, auf die zu § 116 HGB und § 90 Abs. 1 Nr. 4 AktG entwickelten Grundsätze zurückzugreifen, um Lücken oder Unklarheiten bei der Bestimmung eines Rahmens für die Leitungsaufgaben zu beseitigen. Einer Anwendung der von Rechtsprechung und Literatur zum Personengesellschaftsrecht entwickelten Rechtsgedanken auf das Aktienrecht steht insoweit grundsätzlich nichts entgegen. Es geht in beiden Rechtsbereichen nämlich um die Frage der Wahrnehmung von wichtigen Geschäften in Handelsgesellschaften (§§ 105 HGB, 3 Abs. 1 AktG).

Darüber hinaus können Aufgaben und Geschäfte, die typischerweise als gewöhnliche Aufgaben oder Geschäfte zu qualifizieren sind, auch zu den Leitungsaufgaben gerechnet werden, wenn dies aus besonderen Gründen im Einzelfall geboten ist, zum Beispiel weil sie für die eigentlichen Führungsentscheidungen präjudiziell sind. Für diese Aufgaben trifft den Vorstand eine Interventions- und Rückholpflicht.[471]

Diese fallbezogene Sichtweise ergänzt die typologische Bestimmung von Leitungsaufgaben, um die Besonderheiten einzelner Unternehmen besser berücksichtigen zu können. Sie ermöglicht erst die konkrete Entscheidung im Einzelfall, welche Aufgaben nach individueller Art und Größe des Unternehmens zu den Leitungsaufgaben zu zählen sind. Im Einzelfall kann die gleiche Entscheidung für ein (kleines) Unternehmen eine Leitungsentscheidung und für ein (großes) Unternehmen eine laufende Geschäftsführungsentscheidung sein. Das Heranziehen einzelfallbezogener Wertungselemente ist demnach unerlässlich, um zu überzeugenden Ergebnissen bei der Einordnung von unternehmerischen Aufgaben als Leitungs- oder bloße Geschäftsführungsaufgaben zu gelangen.

IV. Vorbereitung und Ausführung von Leitungsaufgaben

Nach allgemeiner Ansicht verpflichtet § 76 Abs. 1 AktG den Gesamtvorstand lediglich dazu, Leitungsentscheidungen selbst zu treffen. Leitungsverantwor-

[471] Siehe dazu Mertens, in: Kölner Komm. AktG, § 76 Rn. 43.

tung ist insoweit Entscheidungsverantwortung. Sowohl die Vorbereitung als auch die Ausführung von Führungsentscheidungen muss der Gesamtvorstand nicht selbst vornehmen. Diese Aufgaben kann er an einzelne Vorstandsmitglieder oder nachgeordnete Unternehmensebenen delegieren.[472] Entscheidungsvorschläge und Beschlussvorlagen für den Vorstand können, wie dies in der Unternehmenspraxis auch üblich ist, demnach durch Dritte, etwa Vorstandsassistenten oder Geschäftsbereichsleiter, erstellt werden. Delegiert der Vorstand solche Aufgaben, hat er aber durch geeignete Maßnahmen sicherzustellen, dass alle zur Verwirklichung des Unternehmenszwecks erforderlichen Maßnahmen auch tatsächlich durchgeführt werden. Er hat diesbezüglich eine Kontroll- und im Falle von Missständen bei der Aufgabenwahrnehmung durch Dritte eine Interventionspflicht.[473]

Dieser Grundsatz, dass der Vorstand nicht sämtliche Aufgaben selbst wahrzunehmen braucht, dafür aber die sorgfältige Erledigung durch andere sicherstellen muss, findet seinen gesetzlichen Niederschlag in § 91 AktG.[474] § 91 Abs. 1 AktG verpflichtet den Vorstand, dafür zu sorgen, dass die erforderlichen Handelsbücher geführt werden. Selbst führen muss der Vorstand die Bücher nicht, das heißt, er kann die konkrete Durchführung delegieren.[475] Auch § 91 Abs. 2 AktG bestätigt diese Annahme. Die Norm verpflichtet den Vorstand nur, geeignete Maßnahmen zur Früherkennung bestandsgefährdender Entwicklungen zu treffen, nicht aber dazu, die Überwachung im Einzelnen selbst durchzuführen.[476]

---

[472] Fleischer, ZIP 2003, S. 1, 6; Hefermehl, in: Geßler/Hefermehl/Eckardt/Kropff, AktG, § 77 Rn. 22; Hoffmann-Becking, ZGR 1998, S. 497, 508; Semler, Leitung und Überwachung der Aktiengesellschaft, Rn. 15, 24.

[473] BGH, DB 1981, S. 1661, 1662 (zur Sorgfaltspflicht eines Bankvorstands); DB 1996, S. 2483, 2484 (für den GmbH-Geschäftsführer); Hommelhoff, Die Konzernleitungspflicht, S. 165; Mutter, Unternehmerische Entscheidungen und Haftung des Aufsichtsrats der Aktiengesellschaft, S. 36; Schwark, ZHR 142 (1978), S. 203, 217 f.; Semler, Leitung und Überwachung der Aktiengesellschaft, Rn. 24; Wiesner, in: Münch. Hdb. GesR IV, § 19 Rn. 16.

[474] Fleischer, ZIP 2003, S. 1, 6; Hommelhoff, Die Konzernleitungspflicht, S. 165 f.

[475] RGSt 13, 235, 238; Fleischer, ZIP 2003, S. 1, 6; Hüffer, AktG, § 91 Rn. 3; Hommelhoff, Die Konzernleitungspflicht, S. 166.

[476] Vgl. Hüffer, AktG, § 91 Rn. 6 ff.

V. Kernbereich der Leitungsaufgaben

Im Anschluss an die angestellten Überlegungen gilt es, einen Kernbereich von Leitungsaufgaben zu bestimmen, den der Vorstand als Gesamtorgan wahrzunehmen hat. Neben grammatischen, historischen und systematischen Überlegungen sind im Rahmen einer teleologischen Gesetzesinterpretation die dargestellten betriebswirtschaftlichen Erkenntnisse zur Vorstands- und Unternehmensorganisation einzubeziehen.

1. Grammatische, systematische und historische Überlegungen

Der Wortlaut des in § 76 Abs. 1 AktG verwendeten Begriffs „Leitung" ist zu unbestimmt, um ihn durch eine grammatische Auslegung hinreichend zu konkretisieren. Versteht man Leitung im Gesetzeszusammenhang als herausgehobenen Teil der Geschäftsführung,[477] kann man den Begriff eng auslegen. Eine „herausgehobene" Tätigkeit kann gewissermaßen nur die Spitze eines Eisbergs von Aufgaben sein, die in einer Aktiengesellschaft anfallen, nämlich Aufgaben von herausgehobener Bedeutung für die Gesellschaft. Das können vor allem Aufgaben sein, die besonders wichtig oder besonders gefährlich für das Unternehmen sind. Das gleiche gilt, wenn die Tätigkeit außergewöhnliche Auswirkungen auf die in der Gesellschaft zusammentreffenden aktienrechtlich geschützten Interessengruppen haben kann. Herausgehoben kann begrifflich auch eine Tätigkeit sein, deren Erledigung besonders hohe Anforderungen an die Handelnden stellt. Dieses enge Verständnis findet seine normative Stütze in den dem Gesamtvorstand gesetzlich zugewiesenen Aufgaben. Diese Aufgaben dienen dem Schutz der Gläubiger, der Aktionäre und der Öffentlichkeit oder betreffen die zwingende Zuständigkeitsverteilung zwischen den Organen.[478]

Die historische Auslegung des Leitungsbegriffs hilft kaum weiter. Dem Gesetzgeber ging es darum, die Stellung des Vorstands gegenüber der Hauptversammlung zu stärken. Zum inhaltlichen Verständnis schweigt die Regierungsbegründung des Aktiengesetzes von 1965.[479] Immerhin lässt sich dieser Tatsache entnehmen, dass der Gesetzgeber weder an eine Begrenzung der Leitung auf be-

---

[477] Siehe oben § 4 B. IV. 1. a) bb).

[478] Siehe dazu im Einzelnen Hefermehl/Spindler, in: Münch. Komm. AktG, § 76 Rn. 16, 52 ff.

[479] Siehe Kropff, Begr. RegE AktG 1965, S. 97.

stimmte Aufgaben noch an eine Ausweitung auf sämtliche Geschäftsführungsaufgaben gedacht hat. Wenn der Gesetzgeber aber lediglich die Stärkung des Organs Vorstand im Verhältnis zu den anderen Organen bezweckt hat, dann kann man davon ausgehen, dass er es dem Vorstand selbst überlässt, wie er seine Leitungs- und Geschäftsführungsaufgaben erledigt. Wenn der Gesetzgeber schweigt, besteht zumindest die Möglichkeit zur weitgehenden Aufgabendelegation, weil zur Aufgabenerledigung gerade auch die Delegation von Aufgaben gehört. Das bedeutet gleichzeitig, dass man den Begriff der nicht delegierbaren Leitungsaufgaben auf einen Kern außerordentlich bedeutender Geschäfte beschränken kann; denn der Gesetzgeber kann kaum beabsichtigt haben, den Vorstand mit Aufgaben zu überlasten, die genauso gut oder besser von anderen Personen wahrgenommen werden können. Im Gegenteil muss ein vernünftiger Gesetzgeber davon ausgehen, dass es im Interesse der Gesellschaft, der Aktionäre, der Gläubiger und der Öffentlichkeit liegt, den Vorstand nicht mit einer Vielzahl von Aufgaben und Entscheidungen zu überlasten mit der Folge, dass dieser seinen wichtigen Kernaufgaben möglicherweise nicht mehr ordnungsgemäß nachkommen kann.

Dem ließe sich allenfalls entgegen halten, dass der Gesetzgeber des Aktiengesetzes im Jahre 1965 die enormen Veränderungen des wirtschaftlichen Umfelds und das Wachstum der Unternehmen nicht voraussehen konnte.[480] Eine solche Überlegung ist aus zwei Gründen aber nicht überzeugend. Erstens schweigt der Gesetzgeber dazu, so dass es keinen den zuvor gemachten Erwägungen widersprechenden gesetzgeberischen Willen gibt. Zweitens müssen auch die Unternehmen unserer Zeit mit den zwingenden Vorgaben des Aktienrechts vernünftig arbeiten können. Eine möglichst umfassende Auslegung des Leitungsbegriffs würde dazu führen, dass ein Vorstand insbesondere in großen, international tätigen Unternehmen personell und organisatorisch überfordert wäre, wenn er eine Vielzahl von Aufgaben zwingend als Gesamtorgan zu erledigen hätte. Geht man zutreffend davon aus, dass das Aktiengesetz 1965 die „Realität von multinational oder sogar global operierenden Gesellschaften nur noch begrenzt erfasst, weil es die Trennung von operativer und strategischer Verantwortung nicht kennt und außerdem davon ausgeht, dass alle wichtigen Entscheidungen in rechtlichen Einheiten und nicht über die Grenzen dieser Einheiten hinweg

---

[480] Vgl. dazu Endres, ZHR 163 (1999), S. 441, 442.

und zwar auch außerhalb des deutschen Rechtsraums fallen",[481] bestätigt sich dieses Ergebnis.

Das Aktiengesetz ist dynamisch auszulegen. Trotz seines regulativen Charakters müssen die aktienrechtlichen Vorschriften so flexibel sein, dass Gesellschaften in der Lage sind, sich modernen Entwicklungen des Wirtschaftslebens anzupassen, ohne dass hierfür ständige gesetzgeberische Reformen erforderlich sind. Eine solche dynamische Auslegung, die den aktuellen Bedürfnissen großer Unternehmen Rechnung trägt, ist gerade für den Bereich der Leitungsaufgaben des Vorstands im Sinne des § 76 Abs. 1 AktG notwendig. Weil der aktienrechtliche Leitungsbegriff ein unbestimmter Rechtsbegriff ist, kann er weit oder eng ausgelegt werden, um den aktienrechtlich geschützten Interessen gerecht zu werden. Das Aktiengesetz macht in diesem Bereich keine einengenden Vorgaben, die einer teleologischen Auslegung entgegenstünden. Es beschränkt sich auf eine Rahmenregelung, die dem Vorstand einen weiten Gestaltungsspielraum bei der Wahrnehmung seiner Aufgaben ermöglicht.[482]

2. Teleologische Überlegungen

Die grammatischen, systematischen und historischen Erwägungen haben gezeigt, dass der Leitungsbegriff eng ausgelegt werden kann. Insoweit kann man den Kernbereich nicht delegierbarer Vorstandsaufgaben auf einen relativ abgegrenzten Kreis wichtiger und außergewöhnlicher Tätigkeiten beschränken. Dieses Verständnis bestätigt sich durch Zweckmäßigkeitserwägungen. Ein weites Verständnis eines Kernbereichs von Vorstandsaufgaben ist unzweckmäßig, weil die Kapazitäten des Vorstands einer großen, börsennotierten Aktiengesellschaft gesprengt würden, wenn er sich um eine Vielzahl von Aufgaben selbst kümmern müsste. Der Kernbereich nicht delegierbarer Leitungsaufgaben sollte deshalb so eng wie möglich bestimmt werden.

Die Forderung nach einer begrifflichen Präzisierung des Kernbereichs nicht delegierbarer Vorstandsaufgaben[483] darf deshalb nicht dahingehend missverstan-

---

[481] So Endres, ZHR 163 (1999), S. 441, 448.

[482] Vgl. den ähnlichen Ansatz von Martens, in: Festschrift Theodor Heinsius (1991), S. 523, 530, der sich allerdings nicht auf den Leitungsbegriff als solchen bezieht, sondern auf die Möglichkeiten zur Organisation des Konzernvorstands.

[483] Vgl. Fleischer, ZIP 2003, S. 1, 2, 5.

den werden, dass eine starre und möglichst weit reichende Fallgruppenbildung wünschenswert ist. Vielmehr wird man auch künftig nur mit vergleichsweise allgemeinen Oberbegriffen arbeiten können, die sich an typologischen Merkmalen orientieren und durch eine fallbezogene Sichtweise im Einzelfall ergänzen. Dies mag bedauerlich sein, weil eine konkrete, allgemeingültige Festlegung von Leitungsaufgaben in der Praxis zu mehr Rechtssicherheit führen würde.[484] Umgekehrt ginge den Unternehmen aber das notwendige Maß an Flexibilität verloren, um je nach Größe und Komplexität des Unternehmens bestimmte Aufgaben zum Kernbereich der Leitungsaufgaben zählen und in anderen Fällen die gleichen Aufgaben dagegen delegieren zu können. Im Übrigen ist es auch denkbar, dass in einem Unternehmen je nach wirtschaftlicher Lage bestimmte Aufgaben Leitungsaufgaben sein können oder nicht. So wird ein Geschäft bestimmter Größenordnung und mit einem bestimmten Risiko bei schlechter Auftragslage eher Leitungsqualität haben als in Zeiten, in denen die Gesellschaft eine sehr gute Auftragslage hat.

Den Unternehmen sollte deshalb eine möglichst hohe Flexibilität ermöglicht werden, soweit das zwingende Aktienrecht dies zulässt. Der Vorstand muss, um die wirklich wichtigen Aufgaben, die er im Interesse des Unternehmens, der Aktionäre, der Gläubiger und der Öffentlichkeit wahrzunehmen hat, möglichst viele Aufgaben delegieren dürfen. Dafür sind zwei Voraussetzungen notwendig. Die erste liegt in der Vermeidung fester und weiter Fallgruppen von Leitungsaufgaben. Vielmehr muss es bei der Vorgabe von allgemeinen Aufgabentypen und Bildung von Oberbegriffen bleiben. Die zweite Voraussetzung liegt in einer extensiven Auslegung der Tätigkeiten, die zur Vorbereitung und Durchführung von Leitungsaufgaben gehören. Die Vorbereitung und Durchführung von Leitungsaufgaben ist nämlich delegierbar. Den Vorstand trifft bei entsprechender Delegation lediglich eine Pflicht zur sorgfältigen Überwachung der Aufgabenerledigung.[485] In dieser Hinsicht ist die Leitungsverantwortung bloße Überwachungsverantwortung, nämlich Verantwortung zur gegenseitigen Überwachung und zur Überwachung nachgeordneter Führungsebenen. *Martens* verweist in diesem Zusammenhang auf den vorbeugenden Zweck der Gesamtverantwortung, der darin liege, dass der Gesamtvorstand alle Anstrengungen unternimmt,

---

[484] In die gleiche Richtung gehen die Überlegungen von Martens, in: Festschrift Hans-Joachim Fleck (1988), S. 191, 195.

[485] Siehe oben § 4 B. VI. 1. b) aa).

um Fehlentscheidungen, Fehlentwicklungen oder sonstiges Fehlverhalten zu verhindern. Daraus ergebe sich folgerichtig eine Pflicht aller Vorstandsmitglieder zur gegenseitigen Kontrolle. Gesamtverantwortliche Leitungsbefugnis meine deshalb primär gesamtverantwortliche Leitungskontrolle.[486]

Wer die Aufgaben konkret erledigt, ist für die Interessen des Unternehmens, der Aktionäre, der Gläubiger und der Allgemeinheit von sekundärer Bedeutung. Wichtig ist primär, wer die Verantwortung für die sorgfältige und ordnungsgemäße Erledigung der Aufgaben trägt. Verantwortlich muss der Gesamtvorstand sein, weil Aktionäre, Gläubiger und Allgemeinheit die individuelle Verantwortlichkeit einzelner Vorstandsmitglieder oder vorstandsexterner Delegaten nicht immer nachvollziehen können. Die Gefahr gegenseitiger Schuldzuweisungen im Vorstand ist ebenso zu vermeiden wie der Versuch einzelner Vorstandsmitglieder, sich der eigenen Verantwortung zu entziehen.[487] Für Aktionäre und Gläubiger ist dies vor allem im Hinblick auf die Haftung der Vorstandsmitglieder von Bedeutung.[488]

Neben dieser Überwachungsverantwortung bedeutet Leitungsverantwortung aber auch Entscheidungsverantwortung für alle Angelegenheiten, die grundlegender Natur sind oder außerordentliche Bedeutung haben.[489] Die Entscheidungszuständigkeit für derartige Maßnahmen darf der Vorstand nicht auf Dritte übertragen. Nach dem Aktiengesetz ist er das dafür alleinzuständige Gremium. Die Leitungsverantwortung kann deshalb auf eine reine Entscheidungs- und Überwachungsverantwortung reduziert werden.

Welche Tätigkeiten zur Vorbereitung oder Durchführung der Leitungsaufgaben und welche zur Leitungsentscheidung selbst gehören, ist wiederum nach den konkreten Umständen des Einzelfalls zu beantworten. Dabei ist es sinnvoll, die aus der Wachstumstheorie abgeleitete Erkenntnis zu berücksichtigen, die Unternehmenskomplexität bestimme das Maß der Entlastung des Vorstands durch Holding-Bildung oder tiefere Aufbaustrukturen.[490] Das bedeutet, dass die Un-

---

[486] Martens, in: Festschrift Hans-Joachim Fleck (1988), S. 191, 195 sowie Mertens, in: Kölner Komm. AktG, § 77 Rn. 18.

[487] Martens, in: Festschrift Hans-Joachim Fleck (1988), S. 191, 195.

[488] Zu Haftungsproblemen in der virtuellen Holding siehe unten § 9.

[489] Siehe oben § 4 B. IV. 1. b) aa).

[490] Vgl. § 5 A. I.

ternehmenskomplexität den Zwang zur Delegation von Aufgaben bestimmt, damit der Vorstand das Unternehmen noch ordnungsgemäß leiten kann. Je komplexer das Unternehmen diversifiziert und strukturiert ist, desto mehr Aufgaben muss der Vorstand delegieren. Neben Unternehmenskomplexität und Diversifikationsgrad kommen weiter die Größe, die Branche, die wirtschaftliche Situation und der Grad möglicher Interessengefährdungen als Faktoren hinzu, die eine Rolle für die Zulässigkeit der Delegation von Aufgaben durch den Vorstand spielen können. Wenn aber einerseits ein entsprechender Zwang zur Delegation besteht, um der Leitungsverantwortung nachkommen zu können, muss die Rechtsordnung andererseits dem Vorstand auch die Möglichkeit dazu gewähren.

3. Ergebnis

Aus dem bisher Ausgeführten ergibt sich, dass sowohl Unternehmenswirklichkeit als auch Rechtsordnung Einfluss auf die Bestimmung der Leitungsverantwortung haben. Die tatsächliche Unternehmenskomplexität bestimmt den Umfang der Aufgaben, die der Vorstand delegieren muss. Umgekehrt bestimmt die Rechtsordnung, welche Aufgaben der Vorstand delegieren darf. § 76 Abs. 1 AktG gibt durch die Verwendung des unbestimmten Rechtsbegriffs „Leitung" also kein fest umrissenes Gebilde an nicht delegierbaren Vorstandsaufgaben vor, sondern ermöglicht den Unternehmen grundsätzlich, einen Großteil der anfallenden Aufgaben zu delegieren, während Leitungsaufgaben nur einen außerordentlich wichtigen Teilbereich der anfallenden Aufgaben darstellen. Deshalb haben das Festlegen der unternehmenspolitischen Grundsätze, die originären Führungsfunktionen, die außergewöhnlichen Geschäfte und die dem Gesamtvorstand zugewiesenen Aufgaben als Leitungsaufgaben nicht immer denselben Umfang und denselben Inhalt. Die Grenze zur Möglichkeit der Delegation liegt in der Gefährdung aktienrechtlich, insbesondere durch § 76 Abs. 1 AktG geschützter Interessen. Grundsätzlich steht es in Einklang mit diesen Interessen, wenn die Leitungsverantwortung des Vorstands aus Entscheidungs- und Überwachungsverantwortung besteht. Entscheidungsverantwortung besteht insoweit für besonders wichtige oder riskante Geschäfte. Überwachungsverantwortung bezieht sich auf wichtige Geschäftsführungsaufgaben, die nicht zu den Leitungsaufgaben gehören sowie auf die Vorbereitung und Ausführung von Leitungsaufgaben, die jeweils durch nachgeordnete Führungsebenen wahrgenommen werden.

VI. Leitung und Geschäftsführung in der virtuellen Holding

In der virtuellen Holding wird sich der Vorstand in der Regel darauf beschränken, strategische Aufgaben wahrzunehmen. Operative Aufgaben wird er dagegen so weit wie möglich auf die nachgeordneten Führungsebenen der Unternehmensbereiche verteilen. Das ist das wesentliche Merkmal, das die virtuelle Holding mit einer Management-Holding gemein hat.[491] Aus diesem Grund und wegen der vergleichbaren Führungsstruktur echter Holdingkonzepte und der virtuellen Holding ist es sinnvoll, zunächst die Führungssysteme der Management-Holding darzustellen. Im Anschluss daran ist zu untersuchen, inwieweit die Führungsgrundsätze der Management-Holding auf die virtuelle Holding übertragbar sind.

1. Die Führung des Management-Holdingkonzerns

Führungstheoretisch kann man zwischen verschiedenen Führungssystemen in einem Holdingverband unterscheiden. Neben der strategischen Führung gibt es die normative Führung, die finanzielle Führung und die personelle Führung.[492] Die strategische Führung eines Holdingkonzerns zeichnet sich dadurch aus, dass der Holdingkonzern und seine einzelnen Tochtergesellschaften ganzheitlich unter Einbeziehung der relevanten konzerninternen und –externen Bedingungen und der Konzernziele betrachtet werden. Der Holdingverbund wird in seiner Gesamtheit auf den Wettbewerb eingestellt.[493] Durch die strategische Führung wird die Ressourcenverteilung und –bindung festgelegt. Dazu gehört es auch, konzernübergreifende Erfolgs- und Nutzungspotentiale zu lokalisieren sowie strategische Gemeinsamkeiten der Tochtergesellschaften einschließlich möglicher Schwachstellen zu erkennen. Die Holding muss das Management der Tochtergesellschaften auf Potenziale hinweisen und Änderungen von Zielen

---

[491] Siehe oben § 2 C. sowie Endres, ZHR 163 (1999), S. 441, 446. Für die Management-Holding siehe Bühner, DB 1994, S. 437.

[492] Keller, in: Lutter (Hrsg.), Holding-Handbuch, § 4 Rn. 32 bis 87; Scheffler, DB 1985, S. 2005, 2008 f. für die Konzernleitung allgemein. Siehe auch die schon erwähnte ähnliche Einteilung bei Fleischer, ZIP 2003, S. 1, 5.

[493] Vgl. Keller, in: Lutter (Hrsg.), Holding-Handbuch, § 4 Rn. 52 m. w. N.

vorgeben, wenn dies erforderlich ist. Zur strategischen Holdingführung gehören die strategische Planung und das strategische Controlling.[494]

Die strategische Planung prägt im Holdingkonzern dessen typische Struktur. Hier ist zwischen zwei Ebenen zu unterscheiden.[495] Die strategische Konzernplanung auf Holding-Ebene dient der Vorbereitung konzerndimensionaler Entscheidungen und soll nicht delegierbar sein. Die Holding legt im Rahmen dieser Planung die Konzernziele fest. Sie bestimmt die Geschäftsaktivitäten sowie den finanziellen Rahmen und dessen Verteilung auf die einzelnen Tochtergesellschaften. Dabei kommt es wesentlich darauf an, dass die Konzernstrategie auf allen Konzernführungsebenen umgesetzt wird. Außerdem soll ein Gleichgewicht „zwischen Ertragsrisiko und den erwarteten, für alternative Investitionen im Konzern grundsätzlich frei verfügbaren Mittelrückflüssen aus den Holdingtöchtern" vorhanden sein. Die zweite Ebene betrifft die dezentrale Planung der einzelnen Geschäftsbereiche. Unabhängig von dieser funktionalen Trennung stehen beide Planungsebenen in enger Wechselwirkung. Die Teilstrategien der einzelnen Tochtergesellschaften werden im Wege einer Strategieverdichtung zu einer einheitlichen Konzernstrategie zusammengefasst. Die strategische Konzern- und Geschäftsbereichsplanung hat insoweit eine hohe integrierende und koordinierende Wirkung. Aus diesem Grund wird sie als bedeutendes Führungsinstrument im Holdingkonzern angesehen.[496]

Der zweistufigen Führungsstruktur entspricht im Holdingkonzern der Aufbau des Controllings. Dadurch sollen einerseits der „Konzernführungsdurchgriff" der Holding, andererseits aber auch die unternehmerische Unabhängigkeit der Tochtergesellschaften gesichert werden. Auf der Ebene der Tochtergesellschaften findet das „operative Controlling" statt, zu dem die geschäftsbezogenen (Umsätze, Deckungsbeiträge je Produkt oder Kunde etc.) und funktionsbezogenen (Vertrieb, Produktion, Einkauf, Forschung etc.) Controllingaufgaben gehören.[497] Das strategische Controlling ist Teil der strategischen Führung auf der

---

[494] Keller, in: Lutter (Hrsg.), Holding-Handbuch, § 4 Rn. 52, der auch die Umsetzung von Strategien zur strategischen Führung zählt. Vgl. zur strategischen Planung auch Schweitzer, in: Bea/Dichtl/Schweitzer, Allgemeine Betriebswirtschaftslehre 2, S. 16, 34 f.

[495] Bühner, Management-Holding, S. 35; Keller, in: Lutter (Hrsg.), Holding-Handbuch, § 4 Rn. 54; Scheffler, Konzernleitende Holding, in: Schulte (Hrsg.), Holding-Strategien, S.245, 254.

[496] Siehe Keller, in: Lutter (Hrsg.), Holding-Handbuch, § 4 Rn. 54 ff.

[497] Keller, in: Lutter (Hrsg.), Holding-Handbuch, § 4 Rn. 68.

Ebene der Holding. Es dient erstens der Kontrolle der Umsetzung der Strategien und Teilziele. Zweitens hat es die Aufgabe eines Frühwarnsystems, das Veränderungen der Umwelt und des Ressourcenbedarfs sowie potentielle Abweichungen von strategischen Zielen aufzeigen soll. Das strategische Controlling ist strategisches Konzern-Controlling, weil es eine zukunfts- und erfolgskomponentenbezogene Kontrolle der strategischen Planung gewährleisten soll.[498] Insofern hat es Unterstützungsfunktion für die Konzernführung. Aufgabe ist insbesondere die Überwachung des Planungsprozesses und der Strategieumsetzung und das Aufzeigen eventuellen Handlungsbedarfs.[499]

Unter normativer Führung ist das Festlegen der Unternehmensverfassung, der Unternehmenspolitik und der Unternehmenskultur für den Gesamtkonzern zu verstehen. Es geht darum, allgemeingültige Rahmenbedingungen, Konzernziele und Entscheidungsgrundsätze zu bestimmen. Einen Schwerpunkt bildet die verbindliche Vorgabe der unternehmerischen Aktivitäten, der Entscheidungs- und Handlungsprozesse sowie der Informationsabläufe und –inhalte im Rahmen einer einheitlichen Konzernverfassung. Allerdings werden die Rahmenbedingungen und Richtlinien durch die Holding nicht zu detailliert, sondern nur allgemein vorgegeben, um die Vorteile eines Holdingverbands, nämlich Freiheit im operativen Geschäft und Flexibilität der Organisationsstruktur, nicht zu gefährden. Im Zweifel sind deshalb Entscheidungs- und Zustimmungsvorbehalte grundsätzlich zugunsten der Tochtergesellschaften zu formulieren.[500]

Zur finanziellen Führung gehören die Koordination der Mittelbeschaffung und die Verteilung der Mittel durch ein konzerninternes Finanzsystem. Die finanzielle Führung soll nicht nur die finanzielle Handlungsfähigkeit und Rentabilität der einzelnen Tochtergesellschaften, sondern auch die des Gesamtkonzerns sichern.[501]

Elemente der personellen Führung sind die Führungskräfteentwicklung im Konzern, der Einsatz von Führungspersonal, Entwicklung und Durchsetzung

---

[498] Keller, in: Lutter (Hrsg.), Holding-Handbuch, § 4 Rn. 69; Theisen, AG 1991, S. 262, 263.

[499] Keller, in: Lutter (Hrsg.), Holding-Handbuch, § 4 Rn. 70; Küpper/Weber/Zünd, ZfB 1990, S. 281, 285.

[500] Siehe ausführlich Keller, in: Lutter (Hrsg.), Holding-Handbuch, § 4 Rn. 32 ff.

[501] Siehe ausführlich Keller, in: Lutter (Hrsg.), Holding-Handbuch, § 4 Rn. 41 ff.; Scheffler, DB 1985, S. 2005, 2008.

einer konzernweiten Führungspolitik sowie die Motivation von Führungskräften.[502]

2. Die Leitung der virtuellen Holding

Es stellt sich die Frage, inwieweit sich die Grundsätze zur Führung eines Holdingkonzerns auf die virtuelle Holding übertragen lassen. Auch die virtuelle Holding hat eine zumindest zweigeteilte Führungsstruktur, die der eines echten Holdingkonzerns von der Grundidee her entspricht. Wie dargelegt, führt die Management-Holding den Gesamtkonzern strategisch, gibt den Tochtergesellschaften Rahmenbedingungen und Richtlinien vor, beschafft und verteilt die Mittel an die Töchter, kontrolliert die Umsetzung der Strategie und übt die Personalführung aus. Die Tochtergesellschaften dagegen betreiben soweit wie möglich das operative Geschäft. Dies gilt grundsätzlich auch für die virtuelle Holding. In der virtuellen Holding übernimmt der Vorstand die Aufgabe der Management-Holding, indem er das Gesamtunternehmen strategisch führt, den rechtlich unselbständigen Unternehmensbereichen Handlungsmaximen vorgibt, Mittel zuteilt und die Zielumsetzung kontrolliert.[503] Die Prinzipien zur Führung eines Holdingkonzerns sind allerdings dann auf eine virtuelle Holding nicht übertragbar, wenn es um besondere Führungstätigkeiten geht, die gerade auf der rechtlichen Selbständigkeit der Tochtergesellschaften beruhen. Das wird regelmäßig dann der Fall sein, wenn es entweder um die Ausübung der Gesellschafterfunktion der Holding in den Tochtergesellschaften oder um besondere mit den konzerntypischen und konzernrechtlichen Gefahren und Problemen verbundene Tätigkeiten geht.[504]

In der virtuellen Holding fallen im Wesentlichen folgende Führungsaufgaben an.[505] Den Ausgangspunkt bilden die Hauptaufgabenbereiche der Unterneh-

---

[502] Keller, in: Lutter (Hrsg.), Holding-Handbuch, § 4 Rn. 72; Scheffler, DB 1985, S. 2005, 2009.

[503] Vgl. zum Beispiel oben § 3 A. II. 1.

[504] Zu den gesellschaftsrechtlichen Gefahren der Unternehmenskonzentration vgl. Emmerich/Sonnenschein/Habersack, Konzernrecht, § 1 III. 3; Raiser, Recht der Kapitalgesellschaften, § 50 Rn. 12; K. Schmidt, Gesellschaftsrecht, § 17 II. jeweils m. w. N.

[505] Die Differenzierung nach normativen, strategischen, finanziellen und personellen Führungssystemen im Holdingkonzern spielt für die juristische Bewertung der Führungsaufgaben in der virtuellen Holding keine Rolle. Aus diesem Grund wird darauf im Folgenden nicht

menspolitik, Unternehmensplanung, Unternehmensorganisation und Unternehmenskontrolle, jeweils bezogen auf den Gesamtkonzern.[506] Daraus ergibt sich die Pflicht des Vorstands zur Formulierung der Unternehmensziele und Unternehmensstrategien, zur Festlegung von Zielen und Strategien der operativen Geschäftsbereiche, zur Kontrolle der Zielerreichung, zur Ressourcenallokation, zur Koordination und Integration des Gesamtunternehmens durch Planungs-, Organisations- und Berichtssysteme sowie zur Motivation der nachgeordneten Führungsebenen. Diese „Führungsgrundfunktionen" werden durch Initiativ- und Unterstützungsfunktionen ergänzt. Das bedeutet, dass der Vorstand als oberstes Führungsorgan die operativen Geschäftsbereiche in deren Tätigkeit unterstützen und beraten kann.[507] Ausgehend von der Hauptfunktion der Management-Holding, den Konzern nur strategisch zu führen und operative Aufgaben, Kompetenzen und Verantwortung weitgehend zu delegieren, um auf diese Weise Effizienz und Effektivität der Unternehmung zu steigern,[508] sollten derartige unmittelbare Einflussnahmen auf die Unternehmensbereiche auch in der virtuellen Holding nur sehr zurückhaltend und in Ausnahmefällen erfolgen.

Die Führungsaufgaben hat der Vorstand als Gesamtorgan wahrzunehmen, wenn sie nach rechtlicher Wertung als Leitungsaufgaben im Sinne des § 76 Abs. 1 AktG anzusehen sind. Inhaltlich stimmen die vorgenannten Führungsgrundfunktionen im Wesentlichen mit den juristischen Leitungsaufgaben, die typologisch bestimmt werden, überein. Neben der Vorgabe der unternehmenspolitischen Grundsätze gehören die originären unternehmerischen Führungsfunktionen Unternehmensplanung, Unternehmenskoordination und Unternehmenskontrolle sowie die Führungspostenbesetzung dazu. Allerdings ist es in der virtuellen Holding erforderlich, den eigentlichen Aufgabenbereich des Vorstands einzugrenzen, damit er in der Lage ist, das mit der Einführung der virtuellen Holding angestrebte Ziel zu erreichen, den Vorstand von unüberschaubaren Routineaufgaben zu entlasten. Selbst in der strategischen Management-Holding

---

mehr eingegangen werden. Die nach Gesetz, Satzung oder Geschäftsordnung dem Vorstand obliegenden Aufgaben werden an dieser Stelle zunächst ausgeklammert.

[506] Vgl. dazu die Hauptaufgabenbereiche der Konzernführung Keller, in: Lutter (Hrsg.), Holding-Handbuch, § 4 Rn. 22; Theisen, Der Konzern, S. 203.

[507] Die Aufteilung erfolgt in Anlehnung an Keller, in: Lutter (Hrsg.), Holding-Handbuch, § 4 Rn. 22 für die Konzernführungsfunktionen.

[508] Siehe oben § 2 B. III. 2. sowie Keller, in: Lutter (Hrsg.), Holding-Handbuch, Rn. C 1; Scheffler, in: Lutter (Hrsg.), Holding-Handbuch, § 2 Rn. 36 ff., 40 ff.

nimmt der Vorstand als Organ nicht alle vorgenannten Aufgaben selbst wahr, sondern delegiert einzelne Tätigkeiten an einzelne Vorstandsmitglieder oder Dritte. Um den Bereich der Leitungsaufgaben in der virtuellen Holding zu begrenzen, bieten sich zwei Wege an. Neben einer weiten Auslegung der zu den delegierbaren Vorbereitungs- und Ausführungsaufgaben gehörenden Tätigkeiten kommt auch eine Konzentration der Leitungsentscheidungen auf die für das Gesamtunternehmen unerlässlichen Entscheidungen in Betracht. Eine entsprechende Begrenzung des Tätigkeitsbereichs des Vorstands ist gerade in Großunternehmen notwendig, damit der Vorstand effizient arbeiten kann. Dies gilt in besonderem Maße in der virtuellen Holding, in der sich der Vorstand in besonderem Maße auf die strategische Führung des Gesamtunternehmens konzentrieren soll.

Die Führungsgrundfunktionen sind grundsätzlich Leitungsentscheidungen im Sinne des § 76 Abs. 1 AktG, weil sie herausragende Bedeutung für den Bestand und die zukünftige Entwicklung des Gesamtunternehmens und damit für die in der Aktiengesellschaft zusammentreffenden Interessen haben; man kann sie auch als Grundsatzentscheidungen bezeichnen. Hierzu gehört auch, dass der Vorstand allgemeine, für das Gesamtunternehmen geltende Handlungs- und Entscheidungsrichtlinien vorgibt. Ist zweifelhaft, ob eine zu entscheidende Frage strategische Bedeutung für das Gesamtunternehmen hat, muss der Vorstand darüber entscheiden. Die Vorbereitung und die Ausführung der Entscheidungen braucht der Gesamtvorstand allerdings nicht eigenhändig zu übernehmen. Zu den Vorbereitungshandlungen gehören auch das Ausarbeiten verschiedener Entscheidungsalternativen und das Erstellen der Beschlussvorlagen. Allerdings muss sich der Vorstand aus den Beschlussvorlagen ein eigenes und klares Bild machen können, um in der Lage zu sein, die für das individuelle Unternehmen sinnvollste und beste Alternative auszuwählen. Dafür müssen die von einzelnen Vorstandsmitgliedern oder Dritten erstellten Beschlussvorlagen die für die entsprechende Entscheidung erforderlichen Angaben über den Entstehungsprozess sowie die Gründe für die Auswahl des jeweiligen Vorschlags enthalten. Die Vorauswahl durch Dritte darf nicht so weit gehen beziehungsweise so stark reduziert sein, dass der Vorstand keine vernünftige Entscheidungsalternative mehr hat. Das bedeutet, dass der Vorstand die Auswahl nachvollziehen können muss, um eine autonome Entscheidung nach eigenem Ermessen zu treffen. Sind diese Voraussetzungen nicht gewährleistet, kommt der Vorstand seiner Leitungsverantwortung nicht nach. Insoweit trifft ihn die Pflicht, für eine sorgfältige Vorbereitung der Beschlussvorlagen zu sorgen, indem er zum Beispiel bindende Richtlinien für den Vorbereitungsprozess vorgibt und deren Einhaltung überwacht. Sieht sich der Vorstand nicht in der Lage, eine sinnvolle und zweckmäßige Entscheidung aufgrund von Beschlussvorlagen zu treffen, muss er die Abstimmung unterlassen und für eine geeignete Nachbesserung sorgen. Die Ausführung und Einhaltung seiner Entscheidungen durch nachgeordnete Führungsebenen muss der Vorstand dann überwachen.

Anders verhält es sich mit den Initiativ- und Unterstützungsfunktionen der Geschäftsbereiche. Der Vorstand hat insoweit grundsätzlich keine Interventionspflicht, wenn die vorgegebenen strategischen Ziele und Handlungsvorgaben eingehalten werden. Auch die strategische Leitung der einzelnen Unternehmensbereiche kann grundsätzlich autonom erfolgen. Etwas anderes gilt, wenn die bereichsbezogenen Entscheidungen wesentliche Auswirkungen auf Geschäft des Gesamtunternehmens haben oder wenn Anhaltspunkte für eine gravierende Abweichung von den vorgegebenen Plänen ersichtlich sind, die nachhaltige wirtschaftliche Auswirkungen auf das Gesamtunternehmen haben.[509] Hinsichtlich dieser Aufgaben handelt es sich aber um ein Ausnahme-Regel-Verhältnis. Nur in Ausnahmefällen werden grundsätzlich delegierbare, strategische Angelegenheiten der Geschäftsbereiche zu Leitungsaufgaben im Sinne des § 76 Abs. 1 AktG, und zwar dann, wenn besondere Umstände dies erfordern. Regelmäßig handelt es sich um Angelegenheiten, die nicht dem Vorstand obliegen, weil ihnen die außergewöhnliche Bedeutung für das Gesamtunternehmen fehlt. Diese Beschränkung der Leitungspflicht des Vorstands auf die für das Unternehmen wesentlichen, strategischen Entscheidungen und eine entsprechende Überwachung der Vorbereitung und Ausführung solcher Entscheidungen steht mit den Anforderungen des § 76 Abs. 1 AktG in Einklang. Sie ist aus der Management-Holding bekannt und entspricht dem Leitbild der virtuellen Holding, nach dem der Vorstand nur strategische Entscheidungen treffen soll. Es kann nicht davon ausgegangen werden, dass der Gesetzgeber des Aktiengesetzes die Weiterentwicklung von Kernkompetenzen des Vorstands verhindern wollte. Es ist auch bereits dargelegt worden, dass in Großunternehmen die weitgehende Delegation von Aufgaben- und Entscheidungszuständigkeiten im Interesse von Gläubigern, Aktionären, Unternehmen und der Allgemeinheit liegt.[510]

---

[509] Siehe auch unten § 5 B. VI. 3.

[510] Siehe oben § 4 B. V.

Der Vorstand kann das Unternehmen mit der angemessenen Sorgfalt und auf effiziente Weise nur führen, wenn er nicht mit einer Vielzahl allgemeiner Aufgaben überlastet ist. Dies ist in weltweit operierenden Großunternehmen nur möglich, wenn er sich auf den absolut unabdingbaren Kern von Führungsaufgaben konzentriert. Nach dem Gesagten gehören hierzu die Vorgabe des strategischen Rahmens und der Ziele des Gesamtunternehmens sowie die Überwachung, ob diese Vorgaben durch nachgeordnete Führungsebenen auch eingehalten werden. Häufig kommt hinzu, dass die einzelnen Vorstandsmitglieder keine Fachkompetenz besitzen, um Einzelaufgaben unterschiedlicher Art zu erledigen. Gerade die virtuelle Holding ist eine sinnvolle Alternative, um in Aktiengesellschaften flexible und effiziente Führungsstrukturen zu schaffen. Durch die virtuelle Holding können die Vorteile des rechtlichen Einheitsunternehmens mit den Vorteilen einer Holdingstruktur (Steigerung der Effizienz und der Effektivität des Unternehmens durch Delegation von Aufgaben und Zuständigkeiten, Förderung der Marktorientierung durch mehr Kundennähe, Kostenmanagement und Weiterentwicklung der Kernkompetenzen[511]) genutzt werden, ohne an rechtlich formale Holdingstrukturen gebunden zu sein.

3. Unternehmensbereichsspezifische Aufgaben

a) Strategische Aufgaben

Die Umsetzung der im Rahmen der strategischen Planung formulierten Ziele in quantifizierte Maßnahmen ist operative Planung.[512] In der virtuellen Holding werden die operativen Aufgaben und Maßnahmen grundsätzlich organisatorisch autonom durch die rechtlich unselbständigen Unternehmensbereiche wahrgenommen. Operative Entscheidungen treffen, so weit wie möglich, die Unternehmensbereichsleitungen und nicht der Vorstand.[513] Aber auch strategische Aufgaben, die ausschließlich den jeweiligen Geschäftsbereich selbst betreffen, fallen grundsätzlich in die Zuständigkeit der Geschäftsbereiche. Unternehmensbereichsinterne Führung und Koordination erfolgen in der virtuellen Holding also weitgehend autonom.

---

[511] Vgl. Keller, in: Lutter (Hrsg.), Holding-Handbuch, § 4 Rn. 1.

[512] Keller, in: Lutter (Hrsg.), Holding-Handbuch, § 4 Rn. 53.

[513] Vgl. oben § 2 C. und § 3 sowie Endres, ZHR 163 (1999), S. 441, 446.

Die Idee, strategische Verantwortlichkeiten ebenfalls zu delegieren, findet sich gleichermaßen bei echten Holdingkonzepten. Die Tochtergesellschaften verfügen regelmäßig über umfassendere Markt- und Produktkenntnisse und über größere strategische Problemlösungsfähigkeiten in ihrem jeweiligen Geschäftsfeld als der Konzernvorstand. Betriebswirtschaftlich kann man bei der Formulierung strategischer Ziele von einem „Bottom-up/Top-down-Prozess" oder „Gegenstromverfahren" sprechen. Die Tochtergesellschaften sollen strategische Ziele grundsätzlich autonom, gegebenenfalls in Abstimmung mit der Holding festlegen. Die abschließende Entscheidung über strategische Ziele bleibt aber bei der Holding, weil die Entscheidung an sich als originäre Konzernführungsfunktion nicht delegierbar ist.[514] Dieser Ansatz kann auf die virtuelle Holding übertragen werden. Das Formulieren strategischer Ziele für den jeweiligen Geschäftsbereich kann grundsätzlich autonom durch den Geschäftsbereich selbst erfolgen.

Aktienrechtliche Bedenken dagegen bestehen nicht, soweit sich die Geschäftsbereiche mit ihrer strategischen Ausrichtung innerhalb des durch den Vorstand vorgegebenen Rahmens bewegen. Die strategische Kompetenz der zweiten Führungsebene, die sich aber immer nur auf den jeweiligen Unternehmensbereich erstreckt, kann auf zwei Arten ausgestaltet werden. Zum einen kann den Bereichsleitungen nur ein Vorschlagsrecht eingeräumt werden und die Entscheidungskompetenz verbleibt beim Vorstand. Zum anderen ist es aber auch denkbar, dass den Bereichsleitungen ein eigenes Entscheidungsrecht zusteht. In diesem Fall kann die Entscheidung aber nur unter Widerrufsvorbehalt des Vorstands getroffen werden, wenn die Angelegenheit das Gesamtunternehmen betrifft. Ein solches Widerrufsrecht steht dem Vorstand allerdings gegenüber den nachgeordneten Führungsebenen kraft seines Direktionsrechts als Vertreter des Arbeitgebers immer zu, also auch in Angelegenheiten ohne Relevanz für das Gesamtunternehmen.

Es wurde bereits dargelegt, dass der Vorstand seiner Leitungspflicht gemäß § 76 Abs. 1 AktG nachkommt, wenn er einen strategischen Rahmen mit entsprechenden Richtlinien für das Gesamtunternehmen vorgibt. Den organisatorischen Rahmen zur Implementierung der Unternehmensbereiche bestimmt der Vorstand dabei ebenso wie die Ressourcenallokation an die Unternehmensbe-

---

[514] Keller, in: Lutter (Hrsg.), Holding-Handbuch, § 4 Rn. 59; ders., Unternehmensführung mit Holdingkonzepten, S. 178.

reiche. Die detaillierte organisatorische Ausgestaltung der Unternehmensbereiche, das strategische Vorgehen der Unternehmensbereiche sowie die bereichsinterne Verteilung der Mittel delegiert der Vorstand wegen besserer Sach-, Markt- und Produktkenntnisse der nachgeordneten Einheiten, um auf diese Weise seinen originären Leitungsaufgaben besser nachkommen zu können. In der strategischen, organisatorischen und operativen Ausgestaltung, wie diese Ziele erreicht werden sollen, sind die Unternehmensbereiche deshalb frei. Der Vorstand selbst muss nur die Einhaltung der vorgegebenen Rahmenbedingungen und Ziele kontrollieren.[515] Indem der Vorstand die Strategie des Unternehmens sowie die Organisations- und Führungsstruktur des Unternehmens festlegt, die Ressourcen verteilt und im Anschluss daran die Einhaltung des von ihm vorgegebenen Rahmens überwacht, behält er letztlich die Entscheidungs- und Verantwortungsgewalt über das Gesamtunternehmen. Außerdem hat der Vorstand nicht nur ein Interventionsrecht in den einzelnen Unternehmensbereichen; darüber hinaus sind die nachgeordneten Führungsebenen gegenüber dem Vorstand auch weisungsgebunden. Dieses Interventions- und Direktionsrecht sichert die Vorstandsverantwortung. Anders als im Management-Holdingkonzern, bei dem die Tochtergesellschaften als rechtlich selbständige Tochtergesellschaften fungieren, hat der Vorstand in der virtuellen Holding selbst grundsätzlich rechtlich unbegrenzte Einflussmöglichkeiten in den Unternehmensbereichen.[516]

b) Operative Aufgaben

aa) Delegation des operativen Geschäfts

Auch in der virtuellen Holding stellt sich die Frage nach den Grenzen der Möglichkeit zur Delegation operativer Aufgaben, vor allem, ob sich der Vorstand auf das Formulieren allgemeiner Vorgaben und die Kontrolle ihrer Einhaltung sowie die sorgfältige Auswahl des ihm unmittelbar unterstellten Führungspersonals beschränken darf, oder ob er Entscheidungen ab einer bestimmten Grö-

---

[515] Siehe oben § 5 B. VI. 1. und 2. Zur Überwachungsaufgabe des Vorstands im Holdingkonzern: Semler, in: Lutter (Hrsg.), Holding-Handbuch, § 5 Rn. 1 ff.

[516] Zu den Führungsproblemen im Management-Holdingkonzern vgl. Keller, in: Lutter (Hrsg.), Holding-Handbuch, § 4 Rn. 18. Im Vertragskonzern hat der Vorstand des herrschenden Unternehmens zwar ein Weisungsrecht gemäß § 308 AktG, die Leitungsbefugnis gemäß § 76 Abs. 1 AktG bleibt aber bei dem Vorstand der abhängigen Gesellschaft. Zu Gegenstand und Grenzen des Weisungsrechts gemäß § 308 AktG siehe Altmeppen, in: Münch. Komm. AktG, § 308, Rn. 83 ff.; Hüffer, AktG, § 308 Rn. 12 ff.

ßenordnung und bestimmten Risikogehalts selbst treffen muss.[517] Um diese Frage zu beantworten, kann man auf die zu den strategischen Aufgaben angestellten Überlegungen zurückgreifen. Man wird hier sogar noch weiter gehen können. Ebenso wie im Management-Holdingkonzern besteht zunächst grundsätzlich die Möglichkeit zur Delegation aller operativen Aufgaben an die einzelnen Geschäftsbereiche. Im Management-Holdingkonzern liegt die Umsetzung der „markt- und wettbewerbsbezogenen Strategien, das heißt der Weg und das Wie bei der Nutzung beziehungsweise Erschließung von Potenzialen allein im Verantwortungsbereich der operativen Töchter."[518] Dieser Grundsatz ist auf die virtuelle Holding voll übertragbar.

Das Aktienrecht räumt dem Vorstand einen nicht unerheblichen Gestaltungsspielraum zur Organisation der Führungs- und Unternehmensstrukturen ein, weil es gerade kein bestimmtes Organisationsmodell vorsieht, sondern sich auf allgemeine Rahmenvorgaben beschränkt. Der Vorstand hat gemäß § 76 Abs. 1 AktG nach pflichtgemäßem Ermessen für eine nach seinen Vorstellungen optimale Führungs- und Organisationsstruktur zu sorgen. Bei seiner Entscheidung muss er die konkreten Umstände des jeweiligen Unternehmens beziehungsweise Konzerns berücksichtigen. Handlungsmaßstab ist das Unternehmenswohl.[519] Hält der Vorstand demgemäß die umfassende Delegation von operativen Aufgaben auf nachgeordnete Führungsebenen und Einheiten für zweckmäßig und dem Unternehmenswohl förderlich, spricht nichts gegen eine Aufgabenübertragung. Das Aktiengesetz enthält – wie bereits ausgeführt – keine zwingende Regelung, nach der operative Aufgaben zu den Leitungsaufgaben gehören. Etwas anderes ergibt sich auch nicht aus der Pflicht des Vorstands zur Leitung des gesamten Unternehmens.[520] Leitung des gesamten Unternehmens bedeutet nämlich nicht zentrale Leitung im Sinne einer zentralen Wahrnehmung aller Aufgaben.

Nur so wird das Ermessen des Vorstands hinsichtlich der Führungsorganisation und damit auch die notwendige organisationsrechtliche Flexibilität gesichert.

---

[517] Endres, ZHR 163 (1999), S. 441, 449.

[518] Keller, in: Lutter (Hrsg.), Holding-Handbuch, § 4 Rn. 66.

[519] Siehe hierzu BGHZ 135, S. 245, 253 (ARAG); Hommelhoff, Die Konzernleitungspflicht, S. 182 ff.; Kropff, ZGR 1984, S. 112, 132; Martens, in: Festschrift Theodor Heinsius (1991), S. 523, 530.

[520] Vgl. hierzu Hommelhoff, Die Konzernleitungspflicht, S. 54 ff., 65 ff.

Eine umfassende Regulierung der Unternehmensorganisation und der Führungsstrukturen wäre ein Hindernis für erfolgreiche Unternehmensführung. *Rehbinder* weist in diesem Zusammenhang zutreffend darauf hin, dass primärer Handlungsmaßstab für die Ordnungsmäßigkeit der Geschäftsführung das Marktergebnis und nicht die Rechtsordnung sei. Eine daraus folgende Bürokratisierung liege kaum im Interesse der Aktionäre, die sich allein im Hinblick auf den wirtschaftlichen Erfolg an einer Aktiengesellschaft beteiligten.[521] Demnach ist es sinnvoll, dem Vorstand ein umfassendes Ermessen nicht nur bei der Unternehmensorganisation, sondern auch hinsichtlich der Entscheidung, mit welcher Intensität er das Unternehmen leitet, einzuräumen.[522]

Die durch das KonTraG eingeführte Regelung des § 91 Abs. 2 AktG bestätigt diese Überlegungen. § 91 Abs. 2 AktG hebt die Leitungspflicht des Vorstands hervor, soweit sie das frühzeitige Erkennen gefährlicher Entwicklungen für die Gesellschaft betrifft. Den Vorstand trifft insoweit eine Bestandssicherungspflicht.[523] Es ginge zwar zu weit, der Norm den allgemeinen Rechtsgedanken zu entnehmen, dass der Vorstand primär nur noch für geeignete Maßnahmen zur Risikofrüherkennung, insbesondere für die Implementierung eines funktionierenden Überwachungssystems, zu sorgen habe. Aus der Regierungsbegründung des KonTraG ergibt sich aber ausdrücklich, dass der Gesetzgeber die Organisationspflicht des Vorstands konkretisieren wollte:

> „Es handelt sich um eine gesetzliche Hervorhebung der allgemeinen Leitungsaufgabe des Vorstands gemäß § 76 AktG, zu der auch die Organisation gehört... Die konkrete Ausformung der Pflicht ist von der Größe, Branche, Struktur, dem Kapitalmarktzugang usw. des jeweiligen Unternehmens abhängig. Dies bedarf keiner ausdrücklichen Erwähnung im Gesetz. Zu den den Fortbestand der Gesellschaft gefährdenden Entwicklungen gehören insbesondere risikobehaftete Geschäfte, Unrichtigkeiten der Rechnungslegung und Verstöße gegen gesetzliche Vorschriften, die sich auf die Vermögens-, Finanz- und Ertragslage der Gesellschaft oder des

---

[521] Rehbinder, ZHR 147 (1983), S. 464, 468.

[522] Zum Ganzen Martens, in: Festschrift Hans-Joachim Fleck (1988), S. 191, 193; Rehbinder, ZHR 147 (1983), S. 464, 467 f. m. w. N.

[523] Hüffer, AktG, § 91 Rn. 1; Oltmanns, in: AnwK-Aktienrecht, Kap. 1 § 91Rn. 1; Zimmer/Sonneborn, in: Lange/Wall (Hrsg.), Risikomanagement nach dem KonTraG, § 1 Rn. 179 ff.

Konzerns wesentlich auswirken. Die Maßnahmen interner Überwachung sollen so eingerichtet sein, dass solche Entwicklungen frühzeitig, also zu einem Zeitpunkt, erkannt werden, in dem noch geeignete Maßnahmen zur Sicherung des Fortbestandes der Gesellschaft ergriffen werden können."[524]

Auch im Rahmen der Delegation operativer Aufgaben auf nachgeordnete Führungsebenen geht es um die aus der Leitungsverantwortung resultierende Organisationspflicht. Die sachgemäße unternehmensinterne Aufgaben- und Kompetenzverteilung ist nämlich eine Frage der Organisation. Insoweit ist der Grundgedanke der Regierungsbegründung zu § 91 Abs. 2 AktG auch auf die vorliegende Problemstellung übertragbar. Er bestätigt auch die zuvor angestellten Überlegungen. Der Gesetzgeber verpflichtet den Vorstand nicht dazu, sämtliche operativen Aufgaben selbst wahrzunehmen. Die Anforderungen an die Reichweite der Pflicht zur Unternehmensorganisation sind vielmehr eine Frage des Einzelfalls. Sie sind von den individuellen Verhältnissen des Unternehmens und seiner Umwelt abhängig. Es genügt, dass der Vorstand die Grundstrukturen eines funktionierenden Risikoüberwachungssystems festlegt und für dessen Einrichtung sorgt. Kriterien für bestandsgefährdende Entwicklungen sind unter anderem das besondere Risiko eines Geschäfts sowie die wesentliche Auswirkung auf die Vermögens-, Finanz- und Ertragslage der Gesellschaft oder des Konzerns. Dies stimmt mit der Annahme überein, dass der Vorstand ein unternehmerisches Ermessen hat, wie er das Unternehmen organisiert und welche Aufgaben er delegiert. Er muss nur dafür sorgen, dass besonders riskante Geschäfte oder solche Geschäfte, die eine wesentliche Auswirkung auf die Vermögens-, Finanz- und Ertragslage der Gesellschaft haben, rechtzeitig erkannt werden. Das impliziert, dass der Vorstand solche Geschäfte nicht selbst ausführen muss. Denn sonst bedürfte es keines solchen Überwachungssystems. Der Sinn der Risikoüberwachung liegt gerade darin, dass der Vorstand über Geschäfte, die andere vornehmen, rechtzeitig informiert wird.

In diesem Zusammenhang ist auch auf den Deutschen Corporate Governance Kodex hinzuweisen. Zwar ist der Kodex kein zwingendes Recht (§ 161 AktG).[525] Aus Ziffer 4.1 des Kodex lässt sich aber zumindest entnehmen, dass

---

[524] RegBegr BT-Drucks 13/9712, S. 15.

[525] Siehe zur Rechtsnatur des Kodex und dessen Anwendung auf börsennotierte Aktiengesellschaften Baums, Corporate Governance – Aktuelle Entwicklungen, S. 16 f.

die Kodex-Kommission bei dessen Erlass ähnliche Erwägungen angestellt hat. Gemäß Ziffer 4.1.1 ist der Vorstand im Rahmen der Leitung der Gesellschaft an das Unternehmensinteresse gebunden und der Steigerung des nachhaltigen Unternehmenswertes verpflichtet. Nach Ziffer 4.1.2 entwickelt der Vorstand die strategische Ausrichtung des Unternehmens und sorgt (nach Abstimmung mit dem Aufsichtsrat) für ihre Umsetzung. Ziffer 4.1.4 wiederholt die Pflicht des Vorstands, für ein angemessenes Risikomanagement und Risikocontrolling zu sorgen. Die Wertung der Kodex-Kommission verfolgt also den gleichen Grundgedanken. Der Vorstand plant strategisch und kontrolliert die Umsetzung der Planung, unter anderem durch ein angemessenes Risikoüberwachungssystem. Wie der Vorstand dem Unternehmensinteresse und der nachhaltigen Steigerung des Unternehmenswerts am besten nachkommt, steht in seinem unternehmerischen Ermessen.

In der virtuellen Holding kann der Vorstand sich deshalb mit Blick auf seine Leitungspflicht grundsätzlich darauf beschränken, den Organisationsrahmen und die strategische Planung für das Gesamtunternehmen festzulegen, die Mittel auf die einzelnen Unternehmensbereiche zu verteilen sowie im übrigen die Einhaltung der vorgegebenen Ziele zu überwachen. Das operative Tagesgeschäft kann er dagegen grundsätzlich vollständig delegieren.

bb) Gewöhnliche und außergewöhnliche Geschäfte

Besonderheiten bestehen im Hinblick auf Geschäfte mit außergewöhnlicher Bedeutung für das Gesamtunternehmen. Der Vorstand muss sicherstellen, dass solche Geschäfte nicht durch nachgeordnete Führungsebenen entschieden werden. Insoweit hat der Vorstand eine Überwachungs- und Interventionspflicht im Hinblick auf die Erledigung des operativen Geschäfts durch nachgeordnete Personen. Dies entspricht den bereits zuvor angestellten Überlegungen zur Qualifikation der Leitungsverantwortung als Entscheidungs- und Überwachungsverantwortung.

Die Entscheidungszuständigkeit für außergewöhnliche Geschäfte bleibt rechtlich originär beim Vorstand, weil sie eine Leitungsaufgabe ist, auch wenn die operative Zuständigkeit auf andere übertragen wird. Bestehen Zweifel, ob ein Geschäft als außergewöhnliches zu qualifizieren ist, muss der Vorstand über diese Frage entscheiden. Hegt der Vorstand selbst Zweifel, ob ein Geschäft außergewöhnliche Bedeutung hat, muss er über das Geschäft ebenfalls selbst entscheiden. Ob ein Geschäft gewöhnliche oder außergewöhnliche Bedeutung für die Gesellschaft hat, ist immer eine Frage des Einzelfalls.[526] Für die Praxis empfiehlt es sich, dass der Vorstand, gegebenenfalls der Aufsichtsrat, in der Vorstandsgeschäftsordnung bestimmte quantitative oder qualitative Kriterien festlegt, wann ein Geschäft außergewöhnliche Bedeutung hat. Auf diese Weise kann der Vorstand aber nur einen Bezugsrahmen festlegen, bei dessen Erreichen die Vermutung gilt, dass ein Geschäft als außergewöhnlich anzusehen ist. Aber auch bei Unterschreiten der vorgegebenen Grenzen, etwa bei Krediten in einer bestimmten Höhe, kann ein Geschäft außergewöhnliche Bedeutung haben, wenn andere Parameter (Risiko des Geschäfts, finanzielle Lage der Gesellschaft oder ähnliches) es zu einem solchen machen. Insoweit können qualitative und quantitative Vorgaben einer Geschäftsordnung nur als Regelbeispiele mit indizieller Bedeutung angesehen werden.

Allerdings muss der Vorstand nicht selbst sämtliche operativen Geschäfte zunächst daraufhin überprüfen, ob sie als außergewöhnliche oder gewöhnliche Geschäfte einzuordnen sind, um danach alle gewöhnlichen Geschäfte auf die ihm nachgeordneten Ebenen zu übertragen. Sinnvoll und zweckmäßig ist es, die entsprechende Kontrolle ebenfalls zu delegieren. Der Vorstand hat insoweit wiederum nur Rahmenbedingungen und bindende Kriterien für eine ordnungsgemäße Prüfung durch die beauftragten Personen vorzugeben und deren Einhaltung zu überwachen. Auf diese Weise hat der Vorstand sicherzustellen, dass die ihm nachgeordneten Führungsebenen über außergewöhnliche Geschäfte nicht entscheiden, sondern an ihn weiterleiten. In der Geschäftsordnung des Vorstands formulierte quantifizierbare Größenordnungen für gewöhnliche beziehungsweise außergewöhnliche Geschäfte können dabei nicht nur dem Vorstand, sondern auch nachgeordneten Führungsebenen als Orientierungshilfe dienen.

Geschäfte mit außergewöhnlicher Bedeutung dürften für das Gesamtunternehmen, vor allem in börsennotierten Großunternehmen, in aller Regel die Ausnahme bilden. Deshalb bleibt es bei dem Grundsatz, dass das operative Geschäft vollständig delegierbar ist, solange die Pflicht des Vorstands, Beschlüsse für außergewöhnliche Geschäfte zu fassen, nicht durch nachgeordnete Führungsebenen verletzt wird, indem diese selbst über solche Angelegenheiten entscheiden. Je größer das jeweilige Unternehmen ist, desto höher sind die Anforderungen an die Qualifikation als außergewöhnliches Geschäft. Für eine international tätige Großbank wird beispielsweise die Übernahme einer renommierten, eben-

---

[526] Siehe im Einzelnen oben § 5 B. III. 3.

falls international tätigen Investmentbank ein außergewöhnliches Geschäft sein. Ebenso wird das Schließen des Standorts New York oder London, wenn dort ein wesentlicher Teil des Investmentgeschäfts wahrgenommen wird, außerordentliche Bedeutung haben. Die Aufgabe einer oder mehrerer inländischer Zweigstellen wird diese Qualität dagegen nicht aufweisen und durch den zuständigen Unternehmensbereich Privatkunden entschieden werden dürfen. In einem kleinen, ausschließlich national im klassischen Privatkundengeschäft engagierten Kreditinstitut kann dies anders aussehen. Hier kann eine solche Entscheidung in die Kompetenz des Gesamtvorstands fallen.

Generell können im Hinblick auf operative Geschäfte in der virtuellen Holding folgende Kriterien herangezogen werden. Bereichsspezifische operative Aufgaben, das heißt solche, die nach der unternehmensinternen Geschäftsverteilung in die Zuständigkeit eines Unternehmensbereichs fallen, kann der jeweilige Unternehmensbereich autonom wahrnehmen, wenn sich die Geschäfte innerhalb des durch den Vorstand vorgegebenen strategischen Planungsrahmens bewegen. Fallen solche bereichsspezifischen Geschäfte aus dem vorgegebenen Rahmen heraus, ist es sinnvoll, zu differenzieren. Wirkt sich das einzelne Geschäft nicht oder nur unerheblich auf die Tätigkeit anderer Unternehmensbereiche oder des Gesamtunternehmens aus, bleibt die Entscheidungszuständigkeit bei dem betroffenen Unternehmensbereich. Hat das Geschäft dagegen erhebliche unternehmensbereichsübergreifende Auswirkungen, kommt eine autonome Entscheidung durch den einzelnen Bereich nicht mehr in Betracht. In einem solchen Fall können entweder die betroffenen Unternehmensbereiche kooperativ entscheiden oder ein den Unternehmensbereichen übergeordnetes Gremium, das speziell für solche Fragen zuständig ist. Letzteres scheint insbesondere dann sinnvoll, wenn sich die betroffenen Bereiche nicht einigen können oder wenn die potenziellen Auswirkungen des Geschäfts auf das Gesamtunternehmen eine übergeordnete Entscheidung erfordern. Das übergeordnete Gremium muss nicht zwingend der Vorstand selbst sein. Die Entscheidung kann auch ein Gremium treffen, das die Satzung, der Vorstand oder die Geschäftsordnung des Vorstands mit entsprechender Kompetenz ausgestattet hat, um solche Fragen zu entscheiden, zum Beispiel ein Executive Committee.[527]. Das Gremium hat sich wiederum im Rahmen allgemeiner Richtlinien, die der Vorstand vorgibt, zu bewegen. Voraussetzung einer Entscheidung auf dieser Ebene ist aber stets, dass die Angele-

---

[527] Zu den rechtlichen Problemen von Executive Committees vgl. unten § 7.

genheit keine Leitungsqualität hat. Im letzteren Fall kann nur der Vorstand selbst Beschlüsse fassen.

cc) Operative Aufgaben des Vorstands

Der Vorstand hat lediglich in zwei Fällen zwingend selbst über die Vornahme operativer Geschäfte zu entscheiden: Zum einen dann, wenn nachgeordnete Führungsebenen die von ihm selbst vorgegebenen Entscheidungsrichtlinien nicht einhalten und eine ordnungsgemäße Erledigung der Geschäfte nicht auf andere Art und Weise gesichert werden kann, etwa durch das Erteilen von Weisungen an die zuständigen Personen oder durch den Austausch des Führungspersonals. Dieser Fall dürfte aber selten sein, weil die nachgeordneten Führungsebenen Weisungen des Vorstands zwingend befolgen müssen und in aller Regel auch befolgen. Zum anderen ist der Vorstand zwingend für die Entscheidung über die Vornahme außergewöhnlicher Geschäfte zuständig und verantwortlich. Dies gilt unabhängig von den zuvor aufgestellten Kriterien, das heißt auch dann, wenn sich solche Geschäfte innerhalb der vom Vorstand zuvor aufgestellten Entscheidungskriterien und des strategischen Rahmens bewegen. Solche Geschäfte sind immer Leitungsentscheidungen, die dem Vorstand obliegen. Ausschlaggebend ist nicht notwendigerweise das Überschreiten bestimmter Schwellenwerte, beispielsweise des Auftragsvolumens. Vielmehr, auch das wurde bereits dargestellt, kommt es auf die individuelle Lage des Unternehmens an, die wiederum auch von der allgemeinen wirtschaftlichen Lage, der Lage der Branche und vom Marktumfeld abhängig ist.

Ferner stellt sich die Frage, wann eine unmittelbare Einflussnahme des Vorstands auf die Führung der Geschäftsbereiche erforderlich ist. Man kann sich insoweit an den Grundsätzen orientieren, die für die Management-Holding gelten.[528] Eine Intervention des Vorstands in die Führung der Geschäftsbereiche scheint insbesondere in den folgenden Fällen angebracht: Erhebliche negative Zielabweichung mit nachhaltiger wirtschaftlicher Auswirkung auf das Gesamtunternehmen; mehrere Geschäftsbereiche betreffende Aufgaben, wenn die Geschäftsbereichsleitungen Letztere durch kooperatives Zusammenwirken nicht erledigen können und kein spezielles Gremium für solche Fragen besteht; Verlagern von Kompetenzen auf den Vorstand, um so Synergiepotenziale auszuschöpfen; faktisches Erschließen neuer Märkte oder Branchen durch die Vor-

---

[528] Siehe dazu Keller, in: Lutter (Hrsg.), Holding-Handbuch, § 4 Rn. 23, 66 f.

nahme bestimmter Geschäfte; das Geschäft ist präjudiziell für die strategische Führung des Gesamtunternehmens, birgt besondere Risiken, die sich auf das Gesamtunternehmen auswirken können oder bindet einen Großteil der Mittel des Gesamtunternehmens.

dd) Ergebnis

Aus alldem ergibt sich die grundsätzliche Möglichkeit zur umfassenden Delegation operativer Aufgaben auf nachgeordnete Führungsebenen, ohne dass der Vorstand gegen seine Leitungspflicht verstößt. Das operative Geschäft rechnet grundsätzlich nicht zu den Leitungsaufgaben des Vorstands einer virtuellen Holding. Dies gilt insbesondere für diversifizierte, international tätige Großunternehmen. Lediglich über die außergewöhnlichen Geschäfte hat der Vorstand als Gesamtorgan selbst zu entscheiden, weil es sich insoweit um Leitungsaufgaben im Sinne des § 76 Abs. 1 AktG handelt. Diese Pflicht erfordert nicht, dass der Vorstand sämtliche operativen Geschäfte daraufhin zu überprüfen hat, ob sie außergewöhnliche Bedeutung für das Gesamtunternehmen haben. Diese Aufgabe kann er ebenfalls an nachgeordnete Führungsebenen delegieren. Der Vorstand hat lediglich für eine ordnungsgemäße Erledigung der delegierten Aufgaben und für eine funktionierende abgestufte Überwachung zu sorgen. Inwieweit der Vorstand in der virtuellen Holding das operative Geschäft auf nachgeordnete Ebenen verlagert, hat er nach eigenem unternehmerischem Ermessen zu entscheiden. Das gleiche gilt für die Art und Weise der Überwachung der delegierten Tätigkeiten.

4. Gesetzlich und statutarisch zugewiesene Aufgaben

Unabhängig von den angestellten Überlegungen und der gewählten Organisations- und Führungsstruktur des Unternehmens hat der Vorstand sämtliche Aufgaben wahrzunehmen, die ihm das Gesetz, die Satzung oder die Geschäftsordnung (des Vorstands) als Leitungsaufgaben zwingend zuweisen.[529] Für die Unternehmenspraxis empfiehlt sich eine exemplarische Aufnahme von Aufgaben, die der Zustimmung des Gesamtvorstands bedürfen, in die Geschäftsordnung

---

[529] Zur gesetzlichen Zuweisung von Leitungsaufgaben siehe oben § 4 B. IV. 1. a) aa) und § 5 B. III. 1.

des Vorstands.[530] Auf diese Weise kann das Unternehmen die einheitliche Behandlung vergleichbarer Fälle und damit Handlungssicherheit erreichen. Die Aufnahme eines solchen Aufgabenkatalogs in die Satzung ist dagegen nicht sinnvoll. Eine Satzungsvorschrift ist im Vergleich zu einer Geschäftsordnungsregelung weniger flexibel, weil für eine Satzungsänderung gemäß § 179 Abs. 1 AktG die Hauptversammlung zuständig ist. Dagegen liegt die Geschäftsordnungskompetenz bei Vorstand und Aufsichtsrat (§ 77 Abs. 2 S. 1 AktG).

C. Zusammenfassung

Aus rechtlicher Sicht sind im Hinblick auf die Führungs- und Organisationsstruktur der virtuellen Holding einige Ansätze der Betriebswirtschaftslehre von Interesse. Die virtuelle Holding entspricht im Wesentlichen dem organisationstheoretischen Ansatz der ressortgebundenen Unternehmensleitung. Bemerkenswert ist, dass das Führungsmodell der Deutsche Bank AG nicht der wachstumstheoretischen These entspricht, die Organisationsstruktur des Vorstands müsse derjenigen des Unternehmens entsprechen. Ähnliches gilt beim Siemens/HVB-Modell auch für die Schlussfolgerung der Entscheidungstheorie, alle Vorstandsmitglieder möglichst an der Entscheidungsfindung des Vorstands zu beteiligen.

Das Aktiengesetz selbst enthält keine ausdrückliche Regelung, welche Aufgaben den Leitungsaufgaben zuzurechnen sind, die zwingend durch den Gesamtvorstand wahrzunehmen sind. Leitungsverantwortung ist insoweit Gesamtverantwortung. § 76 Abs. 1AktG statuiert nicht nur ein Leitungsrecht des Gesamtvorstands, sondern eine Leitungspflicht desselben. Zu den Leitungsaufgaben gehören die durch gesetzliche Regelung dem Vorstand zugewiesenen Aufgaben, Entscheidungen und Maßnahmen, die so genannten originären Führungsfunktionen sowie außergewöhnliche Geschäfte. Zu den originären Führungsfunktionen gehören die Unternehmensplanung, die Unternehmenskoordination, die Unternehmenskontrolle und die Besetzung der Führungspositionen im Unternehmen. Zu anderen Ergebnissen kommt auch nicht der Ansatz, der sich an den betriebswirtschaftlichen Begriffen der Planungs- und Steuerungsverantwortung,

---

[530] So auch Hoffmann-Becking, ZGR 1998, S. 497, 509. Vgl. ferner dessen Musterentwurf in: Beck'sches Formularbuch zum Bürgerlichen, Handels- und Wirtschaftsrecht, X. 16, S. 1336 sowie Hölters, in: Münch. Vertragshandbuch, Band 1, V. 65, S. 783; Martens, in: Festschrift Theodor Heinsius (1991), S. 523, 542; Säcker, DB 1977, S. 1993, 1998 f.

der Organisationsverantwortung, der Finanzverantwortung und der Informationsverantwortung orientiert. Die Abgrenzung von außergewöhnlichen und gewöhnlichen Geschäften ist eine Frage des Einzelfalls. Ansätze für eine solche Abgrenzung bieten die Regelungen der §§ 116 HGB, 90 Abs. 1 Nr. AktG. Außergewöhnliche Geschäfte sind solche, die nach Art, Inhalt, Zweck und Umfang oder Bedeutung und Risiko über den gewöhnlichen Rahmen des Geschäftsbetriebs hinausgehen und deshalb Ausnahmecharakter haben. Gewöhnliche Geschäfte sind solche, die für das jeweilige Unternehmen typisch sind. Zu den Leitungsaufgaben rechnen ausnahmsweise gewöhnliche Geschäfte, die für Leitungsentscheidungen präjudiziell sind. Die Vorbereitung und Ausführung von Leitungsaufgaben gehört nicht zu den Leitungsaufgaben, sondern kann an einzelne Vorstandsmitglieder oder nachgeordnetes Führungspersonal delegiert werden.

Grammatische, systematische und historische Überlegungen führen zu keiner Präzisierung des Leitungsbegriffs. Der Wortlaut des § 76 Abs. 1 AktG enthält keine Anhaltspunkte hierfür. Eine systematische Betrachtung lässt den Schluss zu, dass unter Leitungsaufgaben nur ein recht enger Bereich von Aufgaben zu verstehen ist. Der Gesetzgeber hat für eine Auslegung des Leitungsbegriffs ebenfalls keine Vorgaben gemacht. Der Leitungsbegriff ist vielmehr ein unbestimmter Rechtsbegriff, der den individuellen Bedürfnissen des Unternehmens entsprechend auszulegen ist. Zu berücksichtigen sind bei der Auslegung die aktienrechtlich geschützten Interessengruppen. Das Aktiengesetz enthält aber keine einschränkenden Vorgaben, die einer engen oder weiten Begriffsinterpretation entgegenstehen. Der Leitungsbegriff kann deshalb eng ausgelegt und auf einen unverzichtbaren Kern von wesentlichen Aufgaben begrenzt werden. Sinnvoll ist es, den Unternehmen im Rahmen des ohnehin starren aktienrechtlichen Regelungsgefüges ein möglichst hohes Maß bei der Bestimmung von Leitungs- und der Delegation von einfachen Geschäftsführungsaufgaben einzuräumen. In großen Unternehmen muss der Vorstand möglichst viele Aufgaben delegieren können, um sich auf die wichtigen Aufgaben von herausgehobener Bedeutung für die Gesellschaft zu konzentrieren. Um den Bereich der Leitungsaufgaben möglichst einzugrenzen, verbietet sich um einen die Bildung enger und fester Fallgruppen von Leitungsaufgaben. Zum anderen sind die zu den delegierbaren Vorbereitungs- und Ausführungstätigkeiten zählenden Aufgaben möglichst weit zu fassen. Hinsichtlich dieser Aufgaben trifft den Vorstand lediglich eine Überwachungspflicht. In diesem Zusammenhang ist die These der Wachstumstheorie zu berücksichtigen, die Unternehmenskomplexität bestimme das Maß der Entlastung des Vorstands durch Holding-Bildung oder tiefere Aufbaustrukturen. Je größer das Unternehmen ist und je komplexer es diversifiziert und strukturiert ist, umso mehr Aufgaben muss der Vorstand delegieren dürfen. Das Aktiengesetz selbst enthält außer den gesetzlich zugewiesen Vorstandsaufgaben keine Beschränkungen, die diesem Ansatz entgegenstehen.

Um die Leitungsaufgaben in der virtuellen Holding zu bestimmen, kann auf die klassischen Führungsaufgaben in der Management-Holding zurückgegriffen werden, soweit es nicht um besondere Führungstätigkeiten geht, die gerade auf der rechtlichen Selbständigkeit der Tochtergesellschaften beruhen. Man kann insoweit zwischen unternehmensbereichsübergreifenden Leitungsaufgaben, die zwingend dem Vorstand obliegen und unternehmensbereichsspezifischen Aufgaben unterscheiden, die an nachgeordnete Führungsebenen delegiert werden können. In der virtuellen Holding gehören die Hauptaufgabenbereiche der Unternehmenspolitik, Unternehmensplanung, der Unternehmensorganisation und Unternehmenskontrolle jeweils bezogen auf den Gesamtkonzern beziehungsweise das Gesamtunternehmen zu den Leitungsaufgaben. Hierzu gehört das Formulieren der Unternehmensziele und –strategien, das Festlegen von Zielen und Strategien der operativen Geschäftsbereiche, die Kontrolle der Zielerreichung, die Ressourcenallokation, die Koordination und Integration des Gesamtunternehmens durch Planungs-, Organisations- und Berichtssysteme sowie die Motivation der nachgeordneten Führungsebenen (Führungsgrundfunktionen). Daneben kann der Vorstand die operativen Unternehmensbereiche bei deren Tätigkeit unterstützen und beraten, wobei er hiervon zurückhaltend Gebrauch machen sollte. Die Führungsgrundfunktionen sind Leitungsentscheidungen im Sinne von § 76 Abs. 1 AktG, ihre Vorbereitung und Umsetzung dagegen nicht.

Unternehmensbereichsspezifische Aufgaben sind keine Leitungsaufgaben. Zu den unternehmensbereichsspezifischen Aufgaben gehört die operative Planung, das heißt die Umsetzung der strategisch formulierten Ziele in quantifizierte Maßnahmen. Die operative Planung können in der virtuellen Holding die dem Vorstand nachgeordneten Unternehmensbereiche wahrnehmen. Dies ist aktienrechtlich unbedenklich, soweit sich die Unternehmensbereiche innerhalb der strategischen Vorgaben des Vorstands bewegen. Den operativen Bereichsleitungen kann für ihren Unternehmensbereich insoweit auch eigene Entscheidungskompetenz eingeräumt werden. Dem Vorstand muss aktienrechtlich aber immer die Möglichkeit erhalten bleiben, die Entscheidungen der Bereichsleitungen zu widerrufen oder anderweitig zu korrigieren. Den eigenen Unternehmensbereich können die Bereichsleitungen strategisch, operativ und organisatorisch frei führen. Der Vorstand muss nur die Einhaltung der vorgegebenen Rahmenbedingungen und Ziele überwachen. Der umfassenden Delegation des operativen Geschäfts setzt das Aktienrecht im Prinzip keine Grenzen. Das Aktiengesetz sieht insoweit kein starres Modell zur Organisation des Unternehmens vor. Hält der Vorstand nach seinem unternehmerischen Ermessen die umfassende Delegation der operativen Geschäftsführung für zweckmäßig und dem Unternehmenswohl dienlich, spricht nichts gegen eine derartige Aufgabenübertragung. Diese Überlegung wird auch durch die Regelung des § 91 Abs. 2 AktG und den Corporate Governance Kodex gestützt. Der Vorstand soll danach nur den organisatorischen Rahmen für die Aufgabenwahrnehmung in der Gesellschaft vorgeben und sich selbst auf die strategische Unternehmensführung konzentrieren.

Allerdings bleibt auch in der virtuellen Holding die Pflicht des Vorstands zur Entscheidung über (operative) Geschäfte mit außergewöhnlicher Bedeutung für das Gesamtunternehmen erhalten. Der Vorstand sollte bestimmte quantitative und qualitative Kriterien festlegen, aus denen sich ergibt, in welchen Fällen ein operatives Geschäft als außergewöhnliches anzusehen ist. Außerdem muss der Vorstand Rahmenbedingungen für eine funktionierende, effiziente Überwachung der nachgeordneten Führungsebenen vorgeben, damit sichergestellt ist, dass diese über außergewöhnliche Geschäfte nicht selbst entscheiden. Außerdem muss der Vorstand über operative Geschäfte selbst entscheiden, wenn diese zwar als solche nicht von außergewöhnlicher Bedeutung für das Gesamtunternehmen sind, aber den vorgegebenen strategischen Rahmen des einzelnen Unternehmensbereichs beziehungsweise vorgegebene Entscheidungsrichtlinien überschreiten und eine ordnungsgemäße Wahrnehmung auf andere Weise, etwa durch ein organexternes Entscheidungsgremium, nicht gewährleistet ist.

§ 6 Vorstandsorganisation

In diesem Teil der Arbeit werden die vorstandsinternen Möglichkeiten zur Ressortverteilung, zur Bildung von Ausschüssen, zur gegenseitigen Überwachung und zur Willensbildung untersucht, die in einer virtuellen Holding relevant sein können. Insbesondere gilt es zu klären, ob eine virtuelle Holding implementiert werden kann, indem der Gesamtvorstand die strategischen Aufgaben auf einen „Zentralausschuss" beziehungsweise „Zentralvorstand" überträgt, während der Gesamtvorstand und die „einfachen" Vorstandsmitglieder, die dem Ausschuss nicht angehören, nur noch operative Aufgaben wahrnehmen. Eine solche „vorstandsinterne" virtuelle Holding entspricht dem Modell, das bei der Siemens AG und bei der HVB Group praktiziert wird. Die vorstandsübergreifende Lösung, bei der das operative Geschäft aus dem Vorstand herausgenommen und auf nachgeordnete Führungsebenen delegiert wird, entspricht dagegen dem „Deutsche Bank-Modell".[531]

A. Ressortverteilung und Unternehmensbereiche

I. Grundstrukturen des Vorstands

Die Organisation des Vorstands einer strategischen Management-Holding erfolgt in der Praxis bevorzugt nach dem Spartenmodell. Den Vorstandsmitgliedern werden in diesem Fall nach dem Prinzip der ressortorientierten Holdingführung einzelne Tochtergesellschaften beziehungsweise strategische oder funktionale Unternehmensbereiche zugeordnet. Der Vorteil dieser Organisationsform soll in der gesamtheitlichen Verantwortung und Problemerkennungs- und Problemlösungsfähigkeit, der Beschleunigung von Informationsvorgängen und damit verbundenem Sinken der Transaktionskosten der Unternehmensleitung, der größeren strategischen Nähe der Holding zu den Produktmärkten und einer unmittelbaren Führungsbeziehung zwischen erster und zweiter Konzernführungsebene liegen.[532] Um diese Vorteile nutzen zu können, wird es als unerlässlich angesehen, dass die Vorstandsorganisation in ihrer Ressortbildung der

---

[531] Zu den Problemen der vorstandsinternen Geschäftsverteilung in einem divisional organisierten Unternehmen siehe oben § 4 B. IV. 1. b) aa) und bb). Zu den verschiedenen Modellen der virtuellen Holding siehe oben § 3.

[532] Bernhardt/Witt, ZfB 1999, S. 825, 832; Keller, in: Lutter (Hrsg.), Holding-Handbuch, § 4 Rn. 95 f.; ders., Unternehmensführung mit Holdingkonzepten, S. 172 f.

Strukturorganisation entspricht. Die Divisionalisierung des Gesamtunternehmens erfordere die Bildung geschäftsbereichsbezogener Ressorts im Vorstand, ein Holding-Modell aber auch „Ressorts zur Sicherung der Synergien im Holding-Vorstand".[533] Wohl deshalb findet sich in Matrix-Organisationen die gleichzeitige Zuordnung konzernweiter Sparten und besonders wichtiger funktionaler Verantwortungsbereiche. Untypisch für eine Holding soll dagegen eine rein funktionale Organisation des Vorstands sein.[534]

Die virtuelle Holding orientiert sich an der Idee der strategischen Management-Holding. Insofern scheint es sinnvoll, die Grundsätze zur Organisation des Führungsorgans einer Management-Holding auf die virtuelle Holding zu übertragen, um die Vorteile der Divisionalisierung nutzen zu können. Die virtuelle Holding im engen Sinne als „übergreifende Klammer" bildet der Vorstand selbst, gegebenenfalls ergänzt durch ein Corporate Center oder mehrere Zentralstellen.[535] Divisional ausgestaltete Vorstandsressorts mit strategischer Verantwortung können in der virtuellen Holding mit den verschiedenen operativen Unternehmensbereichen korrespondieren. Darüber hinaus ist eine funktionsorientierte Ressortzuweisung an einzelne Vorstandsmitglieder denkbar.

Betrachtet man die in dieser Untersuchung dargestellten virtuellen Holding-Modelle, bestätigt sich dieser Ansatz allerdings nur partiell. In der virtuellen Holding sind die Vorstandsressorts entweder rein funktional[536] oder matrixförmig[537] organisiert.

Am ehesten werden die Vorstandsorganisationen der Siemens AG und der HVB Group dem „Ideal" der ressortorientierten Holdingführung im genannten Sinne gerecht. Im Konzernvorstand der Siemens AG gibt es nicht nur funktionale, sondern auch divisionale Ressortzuweisungen. Sowohl die Leitung der funktionalen Zentralabteilungen Corporate Finance (CF), Corporate Personnel (CP), Corporate Technology (CT) und Corporate Development (CD) als auch die ver-

---

[533] Bernhardt/Witt, ZfB 1999, S. 825, 828, 832, 833 zu den Erkenntnissen der betriebswirtschaftlichen Wachstumstheorie.

[534] Keller, in: Lutter (Hrsg.), Holding-Handbuch, § 4 Rn. 97 f.

[535] Vgl. Endres, ZHR 163 (1999), S. 441, 446 zur Funktion des Vorstands als virtuelle Holding sowie bereits oben § 2 C. II.

[536] So bei der Deutsche Bank AG: Siehe oben § 3 A. II. 1.

[537] So bei der HVB Group und der Siemens AG: Siehe oben § 3 B. und C. II.

antwortliche Betreuung der verschiedenen operativen Geschäftsbereiche und des Finanz- und Immobiliengeschäfts erfolgen durch einzelne Vorstandsmitglieder.[538] Die Struktur des Konzernvorstands der HVB Group ist ähnlich gestaltet. Neben dem Vorstandssprecher gibt es einen Chief Financial Officer (CFO), einen Chief Risk Officer (CRO) und einen Chief Operating Officer (COO). Darüber hinaus trägt je ein weiteres Vorstandsmitglied die Verantwortung für die operativen Geschäftsfelder.[539] Gemeinsames Merkmal der Vorstandsmodelle der Siemens AG und der HVB Group ist die personalorganisatorische Integration, das heißt die personelle Verflechtung des Konzernvorstands mit den Bereichsvorständen.[540] Der Leiter des Bereichsvorstands, der in die operativen und strategischen Entscheidungen der Unternehmensbereiche eingebunden ist, ist gleichzeitig Mitglied im Konzernvorstand. Insoweit spricht man von „entscheidungsorientierten" beziehungsweise „handlungsorientierten" Verbindungen.[541]

Von diesem Modell unterscheidet sich die Grundstruktur des Konzernvorstands der Deutsche Bank AG. Die Leiter der Unternehmensbereiche (Global Business Heads) sind nicht Mitglied des Konzernvorstands. Die Vorstandsmitglieder selbst nehmen nur noch funktionale Aufgaben wahr. Außer dem Vorstandssprecher, der gleichzeitig Vorsitzender des Group Executive Committee ist, gibt es einen Chief Financial Officer (CFO), einen Chief Risk Officer (CRO) und einen Chief Administrative Officer (CAO). Die Verbindung zum operativen Geschäft erfolgt nicht mehr unmittelbar über personelle Verflechtungen. Im Konzernvorstand gibt es lediglich noch einen Chief Operating Officer (COO), der unter anderem für den Bereich „Operations" zuständig ist.[542] Die eigentliche Kontrolle des operativen Geschäfts erfolgt über das Group Executive Committee, das gewissermaßen ein externes Bindeglied zwischen dem Konzernvorstand und den Konzernbereichen mit deren Geschäftsfeldern ist. Insofern zeichnet sich die

---

[538] Zum Ganzen siehe Siemens AG, Geschäftsbericht 2002, S. 148 f.

[539] Vgl. HVB Group, Geschäftsbericht 2001, S. 37; dies., Transformation 2003, S. 5; sowie oben § 3 B.

[540] Siehe dazu ausführlich Keller, in: Lutter (Hrsg.), Holding-Handbuch, § 4 Rn. 77 ff.; ders., Unternehmensführung mit Holdingkonzepten, S. 186 ff.

[541] Vgl. Keller, in: Lutter (Hrsg.), Holding-Handbuch, § 4 Rn. 77.

[542] Die Positionen des Chief Financial und des Chief Risk Officers werden in Personalunion wahrgenommen. Vgl. im Einzelnen Deutsche Bank, Geschäftsbericht 2002, S. 8 und Jahresbericht 2003, 7.

Führungsstruktur der Deutsche Bank AG zum einen durch eine personal-organisatorische Trennung zwischen Vorstand und oberster operativer Führungsebene aus. Zum anderen, und das mag angesichts des zuvor Gesagten erstaunen, erfolgt die Ressortverteilung des Vorstands nach funktionalen Kriterien. Der Vorteil des „Deutsche Bank-Modells" soll gerade darin liegen, dass auf diese Weise strategische und operative Verantwortlichkeiten noch deutlicher getrennt werden als bei einer divisionalen Ressortbildung.[543] Ob eine solche funktionale Aufgabenzuweisung in der virtuellen Holding vorteilhaft und zweckmäßig ist, richtet sich nicht nach juristischen, sondern nach betriebswirtschaftlichen Kriterien und ist deshalb im Rahmen dieser Studie nicht zu prüfen. Allerdings ist bemerkenswert, dass die Vorstandsorganisation der Deutsche Bank AG nicht der divisionalen Strukturorganisation des Unternehmens entspricht.[544]

Dies zeigt, dass die Vorstandsstrukturen der virtuellen Holding nicht von den bekannten Führungsmodellen in klassisch divisional oder funktional organisierten Unternehmen abweichen. Es gibt in der virtuellen Holding Vorstände, die sowohl funktionale als auch divisionale Ressorts haben (Matrixorganisation) sowie Vorstände mit rein funktionalen Zuständigkeiten. Welche Art der Ressortbildung und Aufgabenzuweisung an einzelne Vorstandsmitglieder letztlich zweckmäßig ist, ist, wie gesagt, im Einzelfall nach betriebswirtschaftlichen Gesichtspunkten zu entscheiden. Rechtlich bestehen insofern dem Grunde nach keine Besonderheiten gegenüber anderen divisional organisierten Unternehmen. Deshalb können die Möglichkeiten der Ressortverteilung, die Zulässigkeit der Bildung von Ausschüssen und die Frage der vorstandsinternen Überwachung nach den bekannten aktienrechtlichen Grundsätzen beurteilt werden.

II. Gesamtverantwortung und Gleichberechtigung

Die Gesamtverantwortung des Vorstands für Leitungsaufgaben im Sinne des § 76 Abs. 1 AktG ist bereits ausführlich dargestellt worden.[545] Der Grundsatz der Gesamtverantwortung bildet eine „immanente Schranke" jeder Geschäfts-

---

[543] Siehe oben § 3 A. II. 2. b).

[544] Dies halten jedoch, wie zuvor erwähnt, Bernhardt/Witt, ZfB 1999, S. 825, 828, 833 gerade für notwendig.

[545] Siehe oben § 4 B. IV. 1. a) und § 5 B.

verteilung.[546] Insoweit gilt in der virtuellen Holding nichts anderes als in konventionell organisierten Aktiengesellschaften. Unabhängig davon, wie die Ressortverteilung erfolgt, dürfen einzelne Vorstandsmitglieder Leitungsentscheidungen nicht allein treffen. Dies ist aber keine Frage der Zulässigkeit der virtuellen Holding an sich. Das Prinzip der Gesamtverantwortung des Vorstands steht der Einrichtung effizienter Führungsstrukturen nicht entgegen. Vielmehr ist es immer eine Frage entsprechender Geschäftsordnungsregeln und organisatorischer Vorkehrungen, ob der aktienrechtlich zwingende Grundsatz der Gesamtverantwortung eingehalten wird. Vor allem muss der Vorstand funktionierende und effiziente interne Abstimmungsprozesse schaffen, die sicherstellen, dass stets der Gesamtvorstand über Leitungsangelegenheiten entscheidet.[547]

Auf das Prinzip der Gleichberechtigung aller Vorstandsmitglieder ist ebenfalls schon an anderer Stelle eingegangen worden. Außer der formalen Ungleichbehandlung bei Abstimmungen ist auch ein materielles Ungleichgewicht der Leitungs- und Entscheidungskompetenzen einzelner Vorstandsmitglieder aktienrechtlich unzulässig.[548] Sieht man von der Person des Arbeitsdirektors ab,[549] sind potenzielle Ungleichgewichte infolge einer Matrix- oder einer Spartenorganisation denkbar, weil den einzelnen Ressortleitern unterschiedliche Aufgabenbereiche zugewiesen werden. Die überwiegende Meinung legt den Bereich der zulässigen Differenzierung der Kompetenzen der Vorstandsmitglieder recht weit aus. Nur grobe Ungleichgewichte und nicht eindeutig festgelegte Kompetenzen sollen unzulässig sein.[550]

Dieser großzügige Maßstab für die Beurteilung des Grenzverlaufs zwischen zulässiger und unzulässiger Differenzierung der Einzelkompetenzen scheint interessengerecht und zweckmäßig. Schon aus § 77 Abs. 1 S. 2 AktG ergibt sich die

---

[546] Fleischer, ZIP 2003. S. 1, 7; Schiessl, ZGR 1992, S. 64, 67; Wagner, Die Organstellung von Vorstand und Aufsichtsrat in der Spartenorganisation, S. 158. Vgl. auch die Ausführungen unter § 4 B. IV. 1. b) aa) m. w. N.

[547] In diesem Sinne auch BMJ (Hrsg.), Bericht der Unternehmensrechtskommission, Tz. 1736; Fleischer, ZIP 2003, S. 1, 7; K. Schmidt, ZGR 1981, S. 455, 481.

[548] Siehe oben § 4 B. IV 1. b) aa) m. w. N.

[549] Zu den Kompetenzen des Arbeitsdirektors in einer divisionalen organisierten Unternehmen: Hanau, ZGR 1983, S. 346 ff.; Wagner, Divisionalisierung in der unverbundenen Aktiengesellschaft und im Aktienkonzern, S. 92 ff.; Wendeling-Schröder, Divisionalisierung, Mitbestimmung und Tarifvertrag, S. 31 ff.

[550] Siehe oben § 4 B. IV. 1. b) aa).

Möglichkeit zur Geschäftsverteilung und damit zur arbeitsteiligen Organisation des Vorstands. Insofern trifft bereits der Gesetzgeber die Wertung, dass die Zuweisung unterschiedlicher Aufgaben und Arbeitsbereiche an einzelne Vorstandsmitglieder grundsätzlich zulässig ist. Eine Einschränkung dahingehend, dass nur eine bestimmte Art der Aufgabenverteilung erlaubt ist, findet sich im Aktiengesetz nicht. Eine solche Regelung wäre auch verfehlt. Es ist bereits mehrfach zum Ausdruck gekommen, dass die Unternehmenspraxis flexible Möglichkeiten zur Organisation des Vorstands haben muss, um das Unternehmen den individuellen Anforderungen entsprechend optimal führen zu können. Dies gilt selbstverständlich auch unter dem Gesichtspunkt der Gleichberechtigung der Vorstandsmitglieder. Aufgabenzuweisungen unterschiedlichen Inhalts und unterschiedlichen Gewichts sind in großen Unternehmen unvermeidbar. Unzulässig sind nur Differenzierungen, die entweder zu Aufgabenzuweisungen führen, die den Anforderungen an ein Vorstandsmandat nicht gerecht werden, oder die zu einem Über- und Unterordnungsverhältnis zwischen verschiedenen Vorstandsmitgliedern führen.[551] Ein Beispiel für nicht anforderungsgerechte Aufgaben wäre die Zuständigkeit für den Einkauf von Büromitteln.[552] Ein Über- und Unterordnungsverhältnis würde dann bestehen, wenn ein oder mehrere Vorstandsmitglieder Weisungsrechte gegenüber anderen Vorstandsmitgliedern hätten.

In einer virtuellen Holding nach dem Modell der Deutsche Bank AG dürften sich sogar eher weniger Friktionsprobleme hinsichtlich der Gleichberechtigung aller Vorstandsmitglieder gegenüber herkömmlichen, divisional organisierten Gesellschaften ergeben, wenn der Gesamtvorstand lediglich strategische Aufgaben wahrnimmt und wie in der Deutsche Bank AG nur funktionale Ressorts hat. Denn dann sind sämtliche Ressorts inhaltlich etwa gleichermaßen ausgestaltet. In diesem Fall stellen sich die in der Literatur diskutierten Probleme der ungleichen Aufgabenwahrnehmung durch einzelne Vorstandsmitglieder nicht, weil die Leitung der divisionalen Unternehmensbereiche nicht einzelnen Vorstandsmitgliedern obliegt und die Überwachung des operativen Geschäfts durch sämtliche Vorstandsmitglieder im Group Executive Committee gemeinsam mit den Global Business Heads als Bereichsleitern erfolgt. Nimmt man die Einwän-

---

[551] In diesem Sinne auch Hoffmann-Becking, ZGR 1998, S. 497, 515; Martens, in: Festschrift Hans-Joachim Fleck (1988), S. 191, 205 f.; Schiessl, ZGR 1992, S. 64, 79; Semler, in: Festschrift Georg Döllerer (1988), S. 571, 581.

[552] Hoffmann-Becking, ZGR 1988, S. 497, 515.

de gegen eine gemischte Aufgabenverteilung im Vorstand ernst, bedeutet die Implementierung einer virtuellen Holding mit rein strategischen Zuständigkeiten der Vorstandsmitglieder sogar einen Fortschritt, weil sich, wie gesagt, die aufgezeigten Probleme nicht stellen.[553]

Aktienrechtlich ist das Postulat der betriebswirtschaftlichen Literatur der Kongruenz von Vorstands- und Unternehmensstruktur im Hinblick auf den Grundsatz der Gesamtverantwortung und das Prinzip der Gleichberechtigung aller Vorstandsmitglieder nicht zwingend, wenn man sich das Modell der Deutsche Bank AG betrachtet. Eine virtuelle Holding, die dadurch implementiert wird, dass der Gesamtvorstand nur noch strategische Aufgaben wahrnimmt und das operative Geschäft umfassend auf nachgeordnete Führungspersonen überträgt, verstößt nicht gegen die genannten Grundsätze.

Anders könnte es allenfalls liegen, wenn sich der Vorstand, wie bei der HVB Group oder der Siemens AG, sowohl in funktionale als auch in operative Ressorts gliedert. Auch das ist im Ergebnis aber zu verneinen, weil eine Unterscheidung nach funktionalen und operativen Kompetenzen nicht zu einem groben Ungleichgewicht zwischen den einzelnen Ressorts führt. Ein Verstoß gegen den Grundsatz der Gleichberechtigung kann nicht darauf gestützt werden, dass operative Verantwortung für einen Unternehmensbereich im Vergleich zu klassischen funktionalen Aufgaben keine angemessene Aufgabe für ein Vorstandsmitglied ist. Dies gilt erst recht in multinational tätigen Großunternehmen und Konzernen, deren Sparten Tochtergesellschaften im In- und Ausland mit tausenden von Mitarbeitern zugeordnet worden sind, die Umsätze im acht- oder neunstelligen Bereich erwirtschaften. Eine solche Differenzierung zwischen funktionalen und operativen Zuständigkeiten führt nicht zu einer vertikalen Vorstandsorganisation im Sinne einer Über-/Unterordnung mit Vorstandsmitgliedern erster und zweiter Klasse.[554]

---

[553] Das Prinzip der Gesamtverantwortung für Leitungsaufgaben und der Grundsatz der Gleichberechtigung könnten indes tangiert sein, wenn im Wege einer „vorstandsinternen Lösung" strategische Aufgaben auf einen Zentralausschuss übertragen werden, dieser als virtuelle Holding im engen Sinne fungiert und nicht alle Mitglieder des Gesamtvorstands zugleich Mitglied des Zentralausschusses sind: Siehe hierzu unten § 6 C. II.

[554] Vgl. hierzu Hoffmann-Becking, ZGR 1998, S. 497, 514 f.; Semler, in: Festschrift Georg Döllerer (1988), S. 571, 580 f.

Das ergibt sich auch daraus, dass die Vorstandsmitglieder, denen operative Zuständigkeiten obliegen, an den strategischen Leitungsentscheidungen des Vorstands zu beteiligen sind. Die operativen Vorstandsmitglieder können auf diese Weise auch Einfluss auf die funktionalen Ressorts ihrer Kollegen nehmen. Außerdem kommt hinzu, dass sie berechtigt und verpflichtet sind, auch die Kollegen, denen funktionale Kompetenzen übertragen worden sind, zu überwachen, bei möglichen Missständen zu intervenieren und den Gesamtvorstand anzurufen. Eine Matrixorganisation des Vorstands konfligiert deshalb nicht mit dem Prinzip der Gleichberechtigung aller Vorstandsmitglieder.

B. Vorstandsinterne Information und Überwachung

I. Information, Überwachung und Intervention

An anderer Stelle ist bereits angesprochen worden, dass aus der Gesamtverantwortung aller Vorstandsmitglieder für die Leitung der Gesellschaft eine Überwachungspflicht folgt, die sich auf die anderen Vorstandsmitgliedern zugewiesenen Ressorts erstreckt. Mit dieser Überwachungspflicht korrespondiert ein entsprechendes Informationsrecht. Ausfluss der Überwachungspflicht sind das Recht und die Pflicht zur Intervention jedes Vorstandsmitglieds, wenn sich Anhaltspunkte für Fehlentwicklungen oder Missstände ergeben. In diesem Fall muss jedes Vorstandsmitglied der Maßnahme eines anderen Vorstands widersprechen. Die Maßnahme hat dann zu unterbleiben oder ist durch den Gesamtvorstand zu entscheiden.[555] Das Interventionsrecht darf nur im Rahmen seiner immanenten Zwecksetzung, das heißt der Kontrollbefugnis, ausgeübt werden. Deshalb handelt ein Vorstandsmitglied pflichtwidrig, wenn es das Interventionsrecht nicht aus Anlass eines erkannten Missstands ausübt, sondern aus anderen Motiven.[556] Für die virtuelle Holding gelten in dieser Hinsicht keine anderen Maßstäbe als bei anders organisierten Aktiengesellschaften.

II. Effiziente Selbstkontrolle

Die Pflicht zur Selbstkontrolle des Vorstands durch interne Information und Überwachung steht in engem Zusammenhang mit der Organisation des Vor-

---

[555] Siehe oben § 4 B. IV. 1. b) bb) m. w. N.

[556] Martens, in: Festschrift Hans-Joachim Fleck (1988), S. 191, 196; Mertens, in: Kölner Komm. AktG, § 77 Rn. 18; Wiesner, in: Münch. Hdb. GesR IV, § 22 Rn. 14.

stands. Einerseits beeinflusst die Vorstandsorganisation die Intensität der Selbstkontrolle. Leiten Vorstandsmitglieder aufgrund der Geschäftsverteilung eigenverantwortlich ihre Ressorts, gewinnt die Überwachungsverantwortung an Bedeutung.[557] Auch die Größe des Vorstands spielt in diesem Zusammenhang eine Rolle. In einem kleinen Vorstand mit beispielsweise drei oder vier Mitgliedern ist die gegenseitige Information und Überwachung der Vorstandsmitglieder eher einfach und unkompliziert. Es gibt wenige Personen, die zu überwachen und umgekehrt zu informieren sind. In einem großen Vorstand ist das anders. Schon wegen der Vorstandsgröße gibt es mehr Informationswege, die eine gegenseitige Überwachung und zügige Information erschweren. In diesem Fall ist es besonders wichtig, ein funktionierendes, effizientes vorstandsinternes Überwachungssystem einzurichten. Für die virtuelle Holding gilt auch hier nichts anderes als in konventionell strukturierten Aktiengesellschaften.

Andererseits hängen die Möglichkeiten zur Binnenorganisation des Vorstands davon ab, welche Anforderungen man an die Selbstkontrolle stellt. Verlangt man ein umfassendes vorstandsinternes Kontrollsystem, ist die Flexibilität zur Organisation des Vorstands eingeschränkt. In diesem Fall sind nämlich funktionierende effiziente Berichtswege erforderlich, die Einfluss auf die Arbeit des Kollegiums und der einzelnen Ressorts haben. In der virtuellen Holding hat die Pflicht zur Selbstkontrolle eine größere Bedeutung als in anderen Aktiengesellschaften. Dies hängt damit zusammen, dass in der virtuellen Holding Leitungsverantwortung in erster Linie Überwachungsverantwortung ist.[558] Diese Überwachungsverantwortung richtet sich nicht nur auf dem Vorstand nachgeordnete Führungsebenen,[559] sondern auch auf die gegenseitige Kontrolle der Vorstandsmitglieder.

Die Anforderungen an Umfang und Intensität der vorstandsinternen Überwachung werden juristisch und betriebswirtschaftlich unterschiedlich beurteilt. Hintergrund dieses Streits ist die Frage nach dem Verhältnis der Überwachung der Geschäftsführung durch den Aufsichtsrat einerseits und der Selbstkontrolle

---

[557] Hüffer, AktG, § 77 Rn. 15; Schiessl, ZGR 1992, S. 64, 68.

[558] Siehe oben § 5 B. VI 2 und 3. Vgl. auch Hoffmann-Becking, ZGR 1998, S. 497, 513; Martens, in: Festschrift Hans-Joachim Fleck (1988), S. 191, 195; Mertens, in: Kölner Komm. AktG, § 77 Rn. 18.

[559] Siehe dazu ausführlich unten § 8 B. I. und II.

durch den Vorstand andererseits.[560] *Martens* spricht sich in diesem Zusammenhang für die Implementierung eines sehr umfassenden vorstandsinternen Kontrollsystems aus. Er betont das Erfordernis der vorstandseigenen Überwachung vor dem Hintergrund der faktischen Defizite der Kontrolle durch den Aufsichtsrat. Er geht aber über die bloße Forderung nach einem umfassenden Kontrollsystem hinaus, indem er sich nicht nur für eine funktionelle Gleichstellung der Aufsichtsrats- und Vorstandskontrolle ausspricht, sondern sogar dem Vorstand die primäre Zuständigkeit für die Unternehmenskontrolle zuspricht.[561] Dieser Ansicht ist zuzugestehen, dass sie die rechtstatsächlichen Gegebenheiten einer ineffizienten Managementkontrolle durch den Aufsichtsrat berücksichtigt.[562]

Allerdings sprechen gewichtige Argumente gegen ein derart extensives Verständnis der Selbstüberwachungspflicht des Vorstands. Zu den zwingenden Strukturprinzipien der Aktiengesellschaft gehört die Kompetenzverteilung zwischen den Organen. Der Vorstand leitet gemäß § 76 Abs. 1 AktG die Gesellschaft. Der Aufsichtsrat kontrolliert gemäß § 111 Abs. 1 AktG die Geschäftsführung des Vorstands. Diese Aufteilung ist gemäß § 23 Abs. 5 AktG zwingend. Die gesetzliche Aufgabenzuweisung darf nicht durch den rechtstatsächlichen Befund, dass die Überwachung durch den Aufsichtsrat defizitär sei, untergraben werden. Schwächen der Aufsichtsratskontrolle können nicht dazu führen, dass der Vorstand sich primär selbst kontrolliert, weil er zur Überwachung eventuell organisatorisch besser in der Lage ist als der Aufsichtsrat.[563] Abgesehen davon ist primäre Selbstkontrolle durch den Vorstand sicherlich keine effiziente Managementkontrolle. Die Frage der wirksamen Kontrolle der Kontrolleure ist damit nämlich noch nicht beantwortet.[564] Kritisch wird die zunehmende

---

[560] Vgl. hierzu Fleischer, ZGR 2001, S. 1, 26; Martens, in: Festschrift Hans-Joachim Fleck (1988), S. 191, 198 ff. sowie der wirtschaftswissenschaftliche Ansatz von Bernhardt/Witt, ZfB 825, 828 ff.

[561] Martens, in: Festschrift Hans-Joachim Fleck (1988), S. 191, 198 ff.

[562] Vgl. zu den Mängeln der Überwachung durch den Aufsichtsrat auch Baums, Corporate Governance – Aktuelle Entwicklungen, S. 10 f.; ders., in: Deutsche Börse (Hrsg.), Kapitalmarkt Deutschland, S. 39, 45 ff.

[563] So aber Martens, in: Festschrift Hans-Joachim Fleck (1988), S. 191, 199 ff. Enger dagegen Hüffer, AktG, § 77 Rn. 15.

[564] Vgl. im weiteren Zusammenhang auch die kritischen Ausführungen von Baums, ZIP 1995, S. 11, 12 f. sowie von Merkt, US-amerikanisches Gesellschaftsrecht, Rn. 66 ff. zur „Transaction Cost School" im US-amerikanischen Gesellschaftsrecht.

Vermischung der Überwachung durch Aufsichtsrat und Vorstand auch in der wirtschaftswissenschaftlichen Literatur gesehen. *Bernhardt/Witt* fordern eine klare Arbeitsteilung zwischen Vorstand und Aufsichtsrat. Der Vorstand soll das Unternehmen leiten, der Aufsichtsrat die Leitung kontrollieren. Eine Verwischung und Vermischung sei zu vermeiden. Der Vorstand dürfe nicht sein eigenes Kontrollorgan sein.[565] Die Selbstkontrolle des Vorstands stellt vor diesem Hintergrund kein Äquivalent der Kontrolle der Geschäftsführung durch den Aufsichtsrat dar.

Zumindest in der virtuellen Holding kann die Überwachung der Geschäftsführung aber nicht allein dem Aufsichtsrat überlassen werden. Der Gesamtvorstand wird möglichst viele Aufgaben delegieren, um sich auf die für die Unternehmensleitung wesentlichen Tätigkeiten zu konzentrieren. Naturgemäß wird sich der Vorstand infolge der Delegation so weit wie möglich darauf beschränken, die ordnungsgemäße Durchführung der delegierten Aufgaben zu überwachen und selbst nur noch strategisch zu planen. Dies spricht für ein möglichst umfassendes vorstandsinternes Überwachungssystem. In der virtuellen Holding kann die Überwachung nachgeordneter Ebenen allerdings nur funktionieren, wenn die interne Ressortüberwachung funktioniert. Der Vorstand kann sich insoweit nicht auf die Überwachung der Geschäftsführung durch den Aufsichtsrat verlassen. Überwachung ist in der virtuellen Holding Leitungsaufgabe. Allerdings geht es in der Sache nicht darum, die Überwachung des Aufsichtsrats durch eine Selbstkontrolle des Vorstands zu ersetzen. Selbstkontrolle ist als primärer Teil der Leitung vielmehr Ergänzung der Kontrolle durch den Aufsichtsrat. Selbstkontrolle in der virtuellen Holding ist, rechtlich betrachtet, nicht Überwachung der Leitung, sondern Teil der Unternehmensleitung. Diese Überwachung als Teil der Leitung überwacht wiederum der Aufsichtsrat als Kontrolleur der Kontrolleure. Die interne Überwachung als Teil der Leitungsverantwortung kann außerdem nur der Vorstand selbst wahrnehmen, da ihm gemäß § 76 Abs. 1 AktG die Leitung der Aktiengesellschaft obliegt. Insoweit entspricht ein solches Verständnis des Verhältnisses von Vorstandsselbstkontrolle und Kontrolle durch den Aufsichtsrat der zwingenden Kompetenzzuweisung in der Aktiengesellschaft. Deshalb darf die Überwachung durch den Aufsichtsrat die Selbstkontrolle des Vorstands nicht ersetzen.

---

565 Bernhardt/Witt, ZfB 1999, S. 825, 828 ff., 840.

Das ergibt sich auch daraus, dass der Vorstand als Kollegialorgan zur Selbstkontrolle der Geschäftsführung verpflichtet ist, was sich wiederum aus dem Prinzip der Gesamtverantwortung aller Vorstandsmitglieder für die Unternehmensleitung ableitet.[566] Eine Geschäftsverteilung, die – etwa durch die Zuweisung von Ressorts – von § 77 Abs. 1 S. 1 AktG abweicht, hat nämlich zur Folge, dass sich jedes Vorstandsmitglied in erster Linie mit den Aufgaben beziehungsweise Unternehmensbereichen befasst, für die es zuständig ist. Dem Grundsatz der Gesamtverantwortung kann jedes einzelne Vorstandsmitglied aber nur nachkommen, wenn es die Geschäftsführung der anderen Vorstandsmitglieder und die Tätigkeit der ihnen zugewiesenen Bereiche beziehungsweise Ressorts überwacht. Demnach verstieße es gegen den Grundsatz der Gesamtverantwortung aller Vorstandsmitglieder, wenn dem Aufsichtsrat die alleinige Überwachung der Geschäftsführung des Vorstands obläge und die einzelnen Vorstandsmitglieder ihrer Pflicht zur Selbstkontrolle nicht mehr nachkommen könnten. Auch hieraus ergibt sich, dass sich die Kontrolle des Aufsichtsrats und die Selbstkontrolle des Vorstands ergänzen.

III. System der gestuften Kontrolle

Man kann diesen Ansatz als „System der gestuften Kontrolle" bezeichnen: Das einzelne Vorstandsmitglied überwacht die ihm nachgeordneten Mitarbeiter, die Vorstandsmitglieder überwachen sich gegenseitig und der Aufsichtsrat überwacht die Leitung und Geschäftsführung des Vorstands.[567] Es geht also darum, ein unternehmensinternes Überwachungssystem zu schaffen, in dem die verschiedenen Kontrollstufen wie Zahnräder ineinander greifen und sich gegenseitig ergänzen, um die Defizite der Tätigkeiten der jeweils nachgeordneten Stufen zu erkennen und zu verbessern. Eine vorrangige Kontrollzuständigkeit des Vorstands gegenüber dem Aufsichtsrat ist dagegen weder zweckmäßig noch mit dem geltenden Aktiengesetz vereinbar.[568] Deshalb ist die Selbstkontrolle des

---

[566] Dose, Die Rechtsstellung der Vorstandsmitglieder in der Aktiengesellschaft, S. 75 ff.; Hüffer, AktG, § 77 Rn. 15; Kort, in: Großkomm. AktG, § 77 Rn. 35, 37 ff.; Mertens, in: Kölner Komm. AktG, § 77 Rn. 18.

[567] Hoffmann-Becking, ZGR 1998, S. 497, 513 beruft sich zur Begründung dieses Ansatzes auf Martens, in: Festschrift Hans-Joachim Fleck (1988), S. 191, 201, der aber – wie bereits gesagt – zu weit geht, wenn er dem Vorstand gegenüber dem Aufsichtsrat die vorrangige Kontrollzuständigkeit zuspricht.

[568] So aber Hoffmann-Becking und Martens ebd.

Vorstands ein wesentliches Element dieses Systems der internen Unternehmenskontrolle. Da die Selbstkontrolle Teil der Unternehmensleitung ist, trifft den Vorstand als Kollegialorgan die Organisationspflicht zur Implementierung eines internen Überwachungssystems.[569] Funktioniert dieses System der gestuften Kontrolle effizient, ist auch keine wirkliche Verwischung der Überwachung der Geschäftsführung zu befürchten. Die Selbstkontrolle des Vorstands ist nämlich nicht Überwachung der Leitung, sondern Erfolgskontrolle. Es ist ausreichend, dass die einzelnen Vorstandsmitglieder gegenseitig kontrollieren, ob strategische Vorgaben des Gesamtvorstands in den Ressorts eingehalten werden. Außerdem sind stichprobenartige Überprüfungen der Wirksamkeit des Kontrollsystems und der nachgeordneten Ebenen erforderlich.[570]

Dieses Kontrollsystem ist in der virtuellen Holding von besonderer Bedeutung. Leitung bedeutet hier nämlich zu einem erheblichen Teil Überwachung, ob die nachgeordneten Führungsebenen die strategischen Vorgaben des Vorstands einhalten und umsetzen. Da der Vorstand mangels eigener operativer Geschäftstätigkeit „weiter weg" vom Tagesgeschäft ist, hat die Überwachung durch den Vorstand als Leitungsaufgabe in der virtuellen Holding ein höheres Gewicht als in anderen Gesellschaften. Überwachung wird zur primären Vorstandsaufgabe. Aus diesem Grund sind in der virtuellen Holding die Anforderungen an ein solches vorstandsinternes System besonders hoch. Es muss besonders effizient, schnell und zuverlässig funktionieren, damit der Vorstand Missstände frühzeitig erkennt und Gegenmaßnahmen rechtzeitig ergreifen kann. Je früher die Kontrolle ansetzt, desto wirkungsvoller ist sie.[571] Deshalb dürfte es in der virtuellen Holding nicht mehr ausreichen, dass die gegenseitige Information und Kontrolle durch regelmäßige Berichterstattung in den Vorstandssitzungen erfolgen.[572] Dies gilt erst recht, wenn die Sitzungsfrequenz nicht hoch ist. Vielmehr ist eine laufende Information jedes Vorstandsmitglieds in geeigneter Form auch zwischen den Sitzungen des Gesamtvorstands erforderlich, beispielsweise schriftlich im Umlaufverfahren, per Fax oder durch Zusenden von Daten per E-Mail.

---

[569] Hefermehl, in: Geßler/Hefermehl/Eckardt/Kropff, AktG, § 77 Rn. 20; v. Hein, ZHR 166 (2002), S. 464, 487; Hoffmann-Becking, S. 497, 513; Mertens, in: Kölner Komm. AktG, § 77 Rn. 20; Schiessl, ZGR 1992, S. 64, 69; Wiesner, in: Münch. Hdb. GesR IV, § 22 Rn. 15.

[570] Bernhardt/Witt, ZfB 1999, S. 825, 829; v. Werder, Grundsätze ordnungsmäßiger Unternehmensführung (GoF), S. 50 f.

[571] Siehe Hoffmann-Becking, ZGR 1998, S. 497, 513.

[572] So der allgemeine Grundsatz: Siehe oben § 4 B. IV. 1. b) bb) m. w. N.

Bei Zweifeln über eine Entscheidung in einem anderen Ressort, wobei bereits Zweifel an der Zweckmäßigkeit der Entscheidung genügen, hat jedes Vorstandsmitglied das Recht und die Pflicht, eine Beratung und einen Beschluss des Gesamtvorstands herbeizuführen. Gegebenenfalls ist bei Eilbedürftigkeit kurzfristig eine außerordentliche Vorstandssitzung einzuberufen.

C. Vorstandsausschüsse

Zur Vorstandsorganisation gehört auch die Möglichkeit der Einrichtung vorstandsinterner Ausschüsse. Dies spielt vor allem in Unternehmen mit sehr großen Vorständen eine Rolle. Solche Ausschüsse können als Ressortausschüsse (Spartenausschüsse) eingerichtet werden, denen mehrere Vorstandsmitglieder angehören, mit Zuständigkeit für ein Ressort anstelle eines einzelnen Ressortleiters. Außerdem können auch so genannte Zentral- oder Lenkungsausschüsse (Präsidien), die unternehmensbereichsübergreifende Aufgaben für den Gesamtvorstand wahrnehmen,[573] sowie Kontrollausschüsse gebildet werden, denen die laufende Überwachung der Ressorttätigkeiten der übrigen Vorstandsmitglieder übertragen wird.[574] Bei der Einrichtung solcher Ausschüsse sind die allgemeinen Anforderungen an die Leitungsverantwortung und an die Geschäftsverteilung zu beachten. Insbesondere können die bereits genannten Grundsätze der Gesamtverantwortung und der Gleichberechtigung sowie das Interventionsrecht des einzelnen Vorstandsmitglieds eine Rolle spielen. Die Ausschüsse sind zweckmäßigerweise in der Geschäftordnung des Vorstands zu institutionalisieren.

Für die Aktiengesellschaft in Form einer virtuellen Holding im weiten Sinne erscheint es sinnvoll, im Wege einer „vorstandsinternen" Lösung die strategische Verantwortung einem Zentralausschuss, dem nur ein Teil der Mitglieder des Gesamtvorstands angehört, zu übertragen. Dieser Ausschuss bildet dann die virtuelle Holding im engen Sinne.[575]

---

[573] Hoffmann-Becking, ZGR 1998, S. 497, 509, 515 f.; Martens, in: Festschrift Hans-Joachim Fleck (1988), S. 191, 205; Schiessl, ZGR 1992, S. 64, 77.

[574] Mertens, in: Kölner Komm. AktG, § 77 Rn. 17; Wiesner, in: Münch. Hdb. GesR IV, § 22 Rn. 15.

[575] Die vorstandsinterne Lösung entspricht dem „Siemens/HVB-Modell": Siehe oben § 3 D.

I. Ressortausschüsse

Grundsätzlich unbedenklich ist die Einrichtung sonstiger Ressortausschüsse, die für die Leitung eines Unternehmensbereichs oder eines funktionalen Ressorts zuständig sind. Wenn die Kompetenz zur Führung von Unternehmensbereichen im Rahmen einer ordnungsgemäßen Geschäftsverteilung gemäß § 77 Abs. 1 S. 2 AktG auf ein einzelnes Vorstandsmitglied übertragen werden kann,[576] muss eine gleichartige Übertragung auf mehrere Vorstandsmitglieder zur arbeitsteiligen Erledigung erst recht möglich sein.

Die interne Zusammenarbeit der Ressorts in Bereichsangelegenheiten kann in gleicher Weise wie die Willensbildung und Zusammenarbeit des Gesamtvorstands geregelt werden. Innerhalb des Ressortausschusses können einzelne Mitglieder mit der Wahrnehmung von Teilaufgaben, die beispielsweise funktional festgelegt sind, beauftragt werden. Für diesen Aufgabenbereich hat das einzelne Vorstandsmitglied dann Einzelgeschäftsführungsbefugnis. Bei Fragen, die außerordentliche Bedeutung für das gesamte Ressort haben, besteht aber die Pflicht des (teil-) geschäftsführenden Vorstandsmitglieds, eine Entscheidung des gesamten Ressortausschusses einzuholen. Stellt man einen Vergleich zur Zuständigkeit des Gesamtvorstands her, handelt es sich dabei um solche Fragen, die für das jeweilige Ressort Leitungscharakter haben, noch nicht jedoch für das Gesamtunternehmen, da dann ohnehin der Vorstand als Kollegialorgan für die Entscheidung zuständig ist.

Unabhängig von der ausschussinternen Zuständigkeitsverteilung muss aber jedem Vorstandsmitglied wegen seines Interventionsrechts die Möglichkeit vorbehalten bleiben, die Entscheidung des Gesamtvorstands über umstrittene ressortinterne Angelegenheiten herbeizuführen. Die Geschäftsordnung kann zwar bestimmen, dass zunächst der Ausschuss über die jeweilige Frage entscheidet, der Weg zum Gesamtvorstand muss aber immer offen gehalten werden, so dass die Entscheidung des Ausschusses immer unter dem Vorbehalt einer abweichenden Beschlussfassung durch den Gesamtvorstand steht. Das Recht, den Gesamtvorstands anzurufen, haben auch diejenigen Vorstandsmitglieder, die nicht dem jeweiligen Ressortausschuss angehören.[577] Für Angelegenheiten, die Lei-

---

[576] Hefermehl/Spindler, in: Münch. Komm. AktG, § 77 Rn. 34.

[577] Siehe zum Ganzen Frels, ZHR 122 (1959), S. 8, 15; Hoffmann-Becking, ZGR 1998, S. 497, 510; Mertens, in: Kölner Komm. AktG, § 77 Rn. 13 f.; Schiessl, ZGR 1992, S. 64, 78.

tungsqualität im Sinne des § 76 Abs. 1 AktG haben, ist ohnehin immer der Gesamtvorstand zuständig. Über Leitungsfragen kann ein Ressortausschuss deshalb nicht autonom entscheiden.

II. Zentralvorstand als virtueller Holding-Vorstand

Schwieriger zu beurteilen ist die aktienrechtliche Zulässigkeit eines Zentralausschusses im Vorstand.[578] Unproblematisch ist die Übertragung solcher Entscheidungskompetenzen, die auch einem Ressortausschuss übertragen werden können. Außerdem ist es zulässig, dass der Zentralausschuss geschäftsführende Tätigkeiten, die keinen Leitungscharakter haben, erledigt. Zu den einfachen geschäftsführenden Tätigkeiten gehören sowohl das laufende Tagesgeschäft als auch die Vorbereitung der Sitzungen und Entscheidungen des Gesamtvorstands sowie die Ausführung solcher Entscheidungen.[579]

1. Gesamtverantwortung für die Unternehmensleitung

Bedenken begegnet die Übertragung von Aufgaben auf einen Zentralausschuss, die zum Kernbereich der Unternehmensleitung gehören. Denkbar ist etwa, dass dem Zentralausschuss die Aufgabe übertragen wird, die Grundsätze der Unternehmenspolitik festzulegen. Es ist bereits festgestellt worden, dass Leitungsaufgaben dem Gesamtvorstand obliegen und deshalb nicht delegiert werden können.[580]

Zweifelhaft ist deshalb, ob die vollständige Übertragung der Entscheidungskompetenz auf einen Zentralausschuss dergestalt zulässig ist, dass der Ausschuss die Unternehmenspolitik mit bindender Wirkung für die übrigen Vorstandsmitglieder festlegt.[581] Aktienrechtliche Bedenken bestehen bei einer solchen Ausgestaltung sowohl im Hinblick auf die Gesamtverantwortung des Vor-

---

[578] Die tatsächliche Bedeutung, die einem Zentralausschuss zukommen kann, verdeutlicht die Bezeichnung eines solchen Gremiums als „Zentralvorstand" in § 1 Abs. 3 der Geschäftsordnung für den Vorstand (GO Vorstand) der Siemens AG.

[579] Siehe oben § 5 B. III. 3. und IV.

[580] Siehe oben § 4 B. IV. 1. a) aa).

[581] Vgl. dazu § 4 Abs. 2 GO Vorstand der Siemens AG, wonach der Vorstandsvorsitzende im Einvernehmen mit dem Zentralvorstand die Unternehmenspolitik der Siemens Aktiengesellschaft sowie die Grundsätze der Geschäftspolitik mit bindender Wirkung für die Vorstandsmitglieder bei ihrer Geschäftsführung festlegt.

stands als auch hinsichtlich des Grundsatzes der Gleichberechtigung. Tatsächlich mag insoweit eine Diskrepanz zwischen den Vorgaben des Aktiengesetzes und der praktischen Ausgestaltung der Vorstandsorganisation bestehen.[582] Praktische Bedürfnisse, die eine derart weite Flexibilität der Vorstandsorganisation erfordern, sollen auch nicht in Abrede gestellt werden. Maßstab für die Übertragung von Kompetenzen auf einen Zentralausschuss bleiben aber die zwingenden Vorschriften des Aktiengesetzes.[583] Danach kommt de lege lata eine Delegation der Leitungsverantwortung auf vorstandsinterne Ausschüsse nicht in Betracht. Der Gesamtvorstand muss über Aufgaben, die zum Kernbereich unternehmerischer Verantwortung gehören, zwingend selbst entscheiden. Die Gesamtverantwortung bildet konsequenterweise auch eine immanente Schranke der Geschäftsverteilung an einen Zentralausschuss.[584] Da Gesamtverantwortung Entscheidungs- und Überwachungsverantwortung und nicht bloß Überwachungsverantwortung ist,[585] kann die Entscheidungszuständigkeit für Führungsfragen gerade nicht auf einen Zentralausschuss übertragen werden, erst recht nicht mit bindender Wirkung für die nicht dem Ausschuss angehörenden Mitglieder.

Deshalb ist es auch unzulässig, die originären Führungsfunktionen, zu denen die Unternehmensplanung, -koordinierung, -kontrolle sowie die Besetzung der Führungspositionen rechnen,[586] auf einen Zentralausschuss zu übertragen. Für diese Aufgaben ergibt sich aus § 76 Abs. 1 AktG eine Leitungspflicht des Gesamtvorstands.[587] Überträgt der Gesamtvorstand diese Aufgaben auf einen Zentralausschuss, läge darin ein Verstoß gegen das Prinzip der Gesamtverantwortung. Daraus ergibt sich, dass die Implementierung einer virtuellen Holding im Wege der Übertragung der strategischen Unternehmensplanung auf einen Zent-

---

582 Dies ist verschiedentlich zumindest für das Verhältnis von Ressortverteilung und Gesamtverantwortung festgestellt worden: Bernhardt/Witt, ZfB 1999, S. 825, 828; Frühauf, ZGR 1998, S. 407, 410; v. Hein, ZHR 166 (2002), S. 464, 486.

583 Vgl. dazu v. Hein, ZHR 166 (2002), S. 464, 488, 501.

584 So bereits im Ergebnis auch Martens, in: Festschrift Hans-Joachim Fleck (1988), S. 191, 207.

585 Siehe oben § 5 B. V.

586 Vgl. dazu oben § 4 B. IV. 1. a) aa).

587 Hefermehl, in: Geßler/Hefermehl/Eckardt/Kropff, AktG, § 76 Rn. 9; Geßler, in: Festschrift Wolfgang Hefermehl (1976), S. 263, 273 mit Fn. 41; Semler, Leitung und Überwachung der Aktiengesellschaft, Rn. 2.

ralausschuss gegen § 76 Abs. 1 AktG verstößt. Das „vorstandsinterne" Modell nach Vorbild von HVB Group und Siemens AG eignet sich deshalb grundsätzlich nicht, um die strategische Planung von der operativen Führung zu trennen. Wesentliches Merkmal einer virtuellen Holding im engen Sinne ist nämlich die Zuständigkeit für die strategische Planung und die Überwachung der delegierten operativen Aufgaben. Wenn die Unternehmensplanung und die Unternehmenskontrolle zu den nicht delegierbaren Leitungsaufgaben gehören, kommt eine Übertragung dieser Aufgaben auf einen Vorstandsausschuss nicht in Betracht.[588]

Die vorstandsinterne Verlagerung von Leitungsaufgaben ist insoweit nicht anders zu beurteilen als die Übertragung solcher Aufgaben an vorstandsexterne Personen. Wenn in vorstandsinternen Gremien nicht alle Vorstandsmitglieder über Leitungsfragen mitentscheiden dürfen, verstößt dies in gleicher Weise gegen das Prinzip der Gesamtverantwortung und den Grundsatz der Gesamtzuständigkeit des Vorstands wie bei einer Delegation solcher Aufgaben auf vorstandsexterne Dritte.[589]

Ebenfalls ausgeschlossen ist, dass der Vorstand seine Zuständigkeit für die Besetzung der Führungspositionen unterhalb der Vorstandsebene auf einen Zentralausschuss verlagert.[590] Dies gilt nicht nur für die Vergabe der Führungsposten an bestimmte Personen, sondern auch für die Auswahl von Kandidaten, wenn dem Ausschuss ein exklusives Vorschlagsrecht eingeräumt wird.[591] Im Hinblick auf die Personalkompetenz des Gesamtvorstands erweist es sich auch als bedenklich, wenn ein Zentralausschuss über die Einrichtung der Führungspositionen entscheiden darf. Die Einrichtung der Führungspositionen hängt nämlich mit deren Vergabe insoweit zusammen, als der jeweilige Kandidat für die jeweilige Aufgabe entsprechend qualifiziert sein muss. Vergabe und Ein-

---

[588] §§ 4 Abs. 2, 10 GO Vorstand der Siemens AG verstoßen deshalb gegen § 76 Abs. 1 AktG.

[589] Siehe Hoffmann-Becking, ZGR 1998, S. 497, 516; Kort, in: Großkomm. AktG, § 77 Rn. 43; Mertens, in: Kölner Komm. AktG, § 77 Rn. 12.

[590] Die Besetzung der obersten Führungspositionen zählt zu den Leitungsaufgaben: Henze, BB 2000, S. 209, 210; Hüffer, § 76 Rn. 8; Kort, in: Großkomm. AktG, § 77 Rn. 32; Semler, in: Festschrift Georg Döllerer (1988), S. 571, 576 ff.; Wiesner, in: Münch. Hdb. GesR IV, § 22 Rn. 1.

[591] Aktienrechtswidrig sind deshalb § 8 Abs. 1 und Abs. 4 sowie § 9 Abs. 3 GO Vorstand der Siemens AG.

richtung von Führungspositionen können deshalb nicht voneinander getrennt werden.[592]

Etwas anderes gilt auch nicht, wenn dem Ausschuss die Mehrheit der Vorstandsmitglieder angehört und die Abstimmung im Ausschuss bereits mit absoluter Mehrheit aller Vorstandsmitglieder erfolgt. In diesem Fall wären die „einfachen", dem Zentralausschuss nicht angehörenden Mitglieder bereits von der Meinungsbildung im Vorfeld ausgeschlossen, was unzulässig ist. Abgesehen davon ist der formale Gleichberechtigungsgrundsatz verletzt, weil die einfachen Vorstandsmitglieder kein Teilnahmerecht an den Sitzungen des Zentralausschusses haben.[593] Hier handelt es sich um keinen bloßen Formalismus, auch wenn eine Abstimmung im Gesamtvorstand genauso ausgehen kann wie im Zentralausschuss, dem die Mehrheit der Vorstandsmitglieder angehört. Entscheidend und ausreichend ist das Bestehen der Möglichkeit, dass Diskussion und Abstimmung im Gesamtvorstand zu einem anderen Ergebnis führen können als der Beschluss in einem Gremium, dem nur ein Teil der Vorstandsmitglieder angehört. Den einfachen Mitgliedern des Vorstands würde anderenfalls bereits von Vornherein jede Möglichkeit genommen, sich an den Leitungsaufgaben zu beteiligen. Die Grundsätze der Gleichbehandlung und der Gesamtverantwortung sind, bei aller Notwendigkeit zur flexiblen Gestaltung der Vorstandsorganisation, so wesentlich, dass jedem Vorstandsmitglied die Möglichkeit gegeben werden muss, über Leitungsfragen selbst mitzuentscheiden.

Da Leitungsverantwortung Entscheidungs- und Überwachungsverantwortung ist, kann jedoch die Vorbereitung und Durchführung der Leitungsaufgaben einem Zentralausschuss übertragen werden. Der Zentralausschuss kann also verschiedene Vorschläge oder einen Vorschlag zur strategischen Ausrichtung der Unternehmens- und Geschäftspolitik ausarbeiten, damit der Gesamtvorstand darüber entscheiden kann.[594]

---

[592] Kritisch sind deshalb auch §§ 9 Abs. 2, 7 Abs. 2 GO Vorstand der Siemens AG zu würdigen.

[593] Vgl. auch Kort, in: Großkomm. AktG, § 77 Rn. 43; Mertens, in: Kölner Komm. AktG, § 77 Rn. 12.

[594] Ob im Zusammenhang mit der Bildung von Zentralausschüssen de lege ferenda eine Änderung der aktienrechtlichen Organisationsstruktur für den Vorstand sinnvoll ist, ist nicht Gegenstand dieser Untersuchung.

2. Inhaltliche Koordination der Vorstandsarbeit

Umstritten ist, ob einem Zentralausschuss die inhaltliche Koordination der Vorstandsarbeit und die Entscheidungsbefugnis bei Meinungsverschiedenheiten zwischen Vorstandsmitgliedern übertragen werden kann. Dies wird teilweise als zulässig angesehen, wenn jedes Vorstandsmitglied aufgrund seines Initiativrechts Ausschussangelegenheiten weiterhin dem Gesamtvorstand vorlegen darf und Ausschussentscheidungen nur unter dem Vorbehalt einer abweichenden Beschlussfassung durch den Gesamtvorstand getroffen werden können. Die Willensbildung soll in gleicher Weise erfolgen können wie in einem Ressortausschuss.[595] *Mertens* wendet gegen die Einrichtung eines Zentralausschusses ein, ein solches Gremium besäße ein derart großes faktisches Gewicht, dass der Appell ihm nicht angehörender Vorstandsmitglieder an den Gesamtvorstand praktisch kaum etwas an seinen Entscheidungen ändern und meist von vornherein unterlassen werde.[596] Diese Bedenken wiegen schwer. Sie schließen die Implementierung eines zentralen Vorstandsausschusses aber nicht aus, wenn geeignete Vorkehrungen getroffen werden, um die Rechte aller Vorstandsmitglieder zu wahren.

a) Personalkompetenz des Aufsichtsrats

Darüber hinaus kritisiert *Hoffmann-Becking*, dass die inhaltliche Kontrolle und Koordination der Tätigkeit aller Ressortvorstände die kennzeichnende Funktion des Vorstandsvorsitzenden sei. Würden diese Aufgaben durch eine vom Vorstand erlassene Geschäftsordnung auf einen Ausschuss übertragen, werde die Personalkompetenz des Aufsichtsrats zur Ernennung des Vorstandsvorsitzenden aus § 84 Abs. 2 AktG verletzt.[597]

Die Übertragung von Entscheidungskompetenzen auf den Zentralausschuss verletzt allerdings nicht zwingend Kompetenzen des Aufsichtsrats. Zum einen ist es möglich, dem Aufsichtsrat in der Geschäftsordnung die Kompetenz zur personellen Besetzung des Ausschusses einzuräumen.[598] Zum anderen hat der Auf-

---

[595] Frels, ZHR 122 (1959), S. 8, 15; Martens, in: Festschrift Hans-Joachim Fleck (1988), S. 191, 206 f.; Schiessl, ZGR 1992, S. 64, 79 f.

[596] Mertens, in: Kölner Komm. AktG, § 77 Rn. 12.

[597] Hoffmann-Becking, ZGR 1998, S. 497, 516 f.

[598] So auch Hoffmann-Becking, ZGR 1998, S. 497, 517 selbst.

sichtsrat gemäß § 77 Abs. 2 S. 1 Hs. 2 AktG die primäre Zuständigkeit zum Erlass einer Geschäftsordnung für den Vorstand.[599] Der Aufsichtsrat hat damit die Möglichkeit, eine seinen Vorstellungen entsprechende Geschäftsordnungsregelung selbst zu erlassen und dadurch seine Rechte zu wahren. Ein Verstoß gegen Aufsichtsratskompetenzen liegt deshalb nicht vor, wenn dem Zentralausschuss Entscheidungszuständigkeiten bei Meinungsverschiedenheiten und materielle Befugnisse zur Koordination der Vorstandsarbeit eingeräumt werden.

b) Grundsatz der Gleichberechtigung aller Vorstandsmitglieder

Allerdings erscheint es im Hinblick auf den Grundsatz der Gleichberechtigung bedenklich, dass ein vorstandsinternes Gremium über Meinungsverschiedenheiten zwischen dem Ausschuss nicht angehörenden Vorstandsmitgliedern sowie über Geschäftsführungsfragen, die einzelne Ressorts oder sogar den Gesamtvorstand betreffen, entscheiden kann. Die Übertragung von Befugnissen auf einen Zentralausschuss ist nämlich aktienrechtswidrig, wenn dadurch den Ausschussmitgliedern eine vorrangige Stellung gegenüber den „einfachen", dem Ausschuss nicht angehörenden Vorstandsmitgliedern eingeräumt wird. Zwar verbietet das Prinzip der Gleichbehandlung, wie die Regelung des § 77 Abs. 1 S. 2 AktG zeigt, nicht per se, einzelnen oder mehreren Vorstandsmitgliedern die Verantwortung für bestimmte Geschäftsbereiche zu übertragen. Unzulässig ist es aber, Kernkompetenzen auf die Ausschussmitglieder zu übertragen und den nicht im Ausschuss Sitzenden Aufgaben zuzuweisen, die den Anforderungen an ein Vorstandsmandat nicht gerecht werden und die Betroffenen zu Vorständen „zweiter Klasse" degradieren.[600] Im Hinblick auf die Kompetenzen eines Zentralausschusses ist das Prinzip der Gleichberechtigung aller Vorstandsmitglieder in doppelter Hinsicht beachtlich. Erstens muss die Befassungs- und Beschlusskompetenz des Gesamtvorstands in allen Angelegenheiten der Gesellschaft gewahrt bleiben. Zweitens dürfen einzelne Vorstandsmitglieder den anderen keine Weisungen erteilen.

Im Hinblick auf die Befassungs- und Beschlusskompetenz gilt, dass jedes Vorstandsmitglied die gleiche Möglichkeit haben muss, die Einberufung von Sitzungen des Gesamtvorstands, die Aufnahme bestimmter Punkte in die Tages-

---

[599] Siehe oben § 4 B. IV. 2. e).

[600] Siehe hierzu bereits oben § 4 B. IV. 1. b) aa) sowie Kort, in: Großkomm. AktG, § 77 Rn. 43; Schwark, ZHR 142 (1978), S. 203, 218 f.

ordnung und die Beschlussfassung über diese Punkte zu verlangen. Dieses Recht umfasst, wie bereits ausgeführt, auch Geschäftsführungsfragen, die nicht das Ressort des Vorstandsmitglieds betreffen, das die Einberufung, Beratung und Beschlussfassung verlangt.[601] Die Übertragung von Beschlusskompetenzen in Geschäftsführungsangelegenheiten auf einen Zentralausschuss ist deshalb zwar nicht völlig ausgeschlossen. Erforderlich ist aber, dass auch der Gesamtvorstand auf Initiative von Vorstandsmitgliedern, die nicht zugleich Mitglied des Zentralausschusses sind, die übertragenen Angelegenheiten an sich ziehen, darüber beraten und entscheiden kann. Die nicht dem Zentralausschuss angehörenden Vorstandsmitglieder müssen an dieser Beratung und Beschlussfassung teilnehmen dürfen. Um dies sicherzustellen, bedarf es entsprechender Geschäftsordnungsregeln.[602]

Damit zusammen hängt die angesprochene Unzulässigkeit von Weisungsrechten einzelner Vorstandsmitglieder gegenüber Vorstandskollegen. Mit dem Grundsatz der Gleichberechtigung ist es deshalb unvereinbar, wenn der Vorstand „vertikal" im Sinne einer Über- und Unterordnung organisiert wird.[603] In gleicher Weise ist es unzulässig, einem Zentralausschuss Weisungsrechte gegenüber den sonstigen Vorstandsmitgliedern, die diesem Ausschuss nicht angehören, zu gewähren.[604] Auch in diesem Fall würden die weisungsabhängigen Vorstandsmitglieder zu Vorstandsmitgliedern zweiter Klasse degradiert. Beim vorstandsinternen Modell der virtuellen Holding kann es insoweit zu aktienrechtlich bedenklichen Konstellationen kommen. So verstößt die Kompetenz des Zentralausschusses, die Unternehmens- und Geschäftspolitik mit bindender Wirkung für die übrigen Vorstandsmitglieder festzulegen, nicht nur gegen das Prinzip der Gesamtverantwortung für die Leitung der Gesellschaft,[605] sondern auch gegen den Grundsatz der Gleichberechtigung. Haben nämlich die einfachen Vorstandsmitglieder die Entscheidungen des Zentralvorstands bei ihrer

---

[601] Vgl. oben § 4 B. IV. 1. b) bb) sowie Kort, in: Großkomm. AktG, § 77 Rn. 44; Mertens, in: Kölner Komm. AktG, § 77 Rn. 14.

[602] Bedenklich sind in dieser Hinsicht § 4 Abs. 2, §§ 5, 6 Abs. 3, §§ 7, 8 Abs. 1, § 9 Abs. 2 und 3 sowie § 10 GO Vorstand der Siemens AG, die eine Befassungs- und Beschlusskompetenz des Gesamtvorstands gerade nicht vorsehen.

[603] Siehe oben § 4 B. IV. 1. b) aa).

[604] Hoffmann-Becking, ZGR 1998, S. 497, 516; Mielke, Die Leitung der unverbundenen Aktiengesellschaften; S. 67 f.; Schiessl, ZGR 1992, S. 64, 79.

[605] Siehe oben § 6 C. II. 1.

Geschäftsführung zwingend zu beachten, ohne die Entscheidung in irgendeiner Weise beeinflussen zu können, wirkt der Beschluss des Zentralvorstands wie eine Weisung an die Vorstandskollegen.[606] Das geltende Aktienrecht verbietet es darüber hinaus, dass der Zentralausschuss den Leitern der operativen Unternehmensbereiche bindende Weisungen im Hinblick auf deren Geschäftsführung erteilen darf, wenn die Bereichsleiter gleichzeitig dem Vorstand angehören.[607] Die „einfachen“ Vorstandsmitglieder sind an solche Weisungen des Zentralvorstands nicht gebunden.[608]

c) Selbstkontrolle und Intervention

Bei der Einrichtung und Organisation eines Zentralressorts mit Sach- und Entscheidungsbefugnissen in Geschäftsführungsangelegenheiten ist außerdem die Pflicht zur Selbstkontrolle des Gesamtvorstands zu beachten.[609]

Durch die Implementierung eines Zentralausschusses weicht der Vorstand vom Grundsatz der Gesamtgeschäftsführung des § 77 Abs. 1 S. 1 AktG ab. Dies hat zur Folge, dass sich die Vorstandsmitglieder, die nicht dem Zentralvorstand angehören, hauptsächlich mit den ihnen zugewiesenen Aufgabenbereichen befassen. In der virtuellen Holding sind dies die operativen Geschäftsführungsaufgaben. Auf Grund ihrer Gesamtverantwortung für die Unternehmensleitung sind aber alle Vorstandsmitglieder verpflichtet, die Tätigkeit der anderen Vorstandsmitglieder in deren Ressorts und Ausschüssen zu überwachen. Der Kontrollpflicht können die Vorstandsmitglieder, wie dargelegt, nur effizient nachkommen, wenn sie sich in den Vorstandssitzungen und laufend zwischen den Sitzungen über die Arbeit der übrigen Ressorts und Ausschüsse hinreichend informieren, mögliche Missstände diskutieren und gegebenenfalls Gegenmaßnahmen beschließen.[610] Diese Möglichkeiten sind aber eingeschränkt, wenn der

---

606 Deshalb verstößt § 4 Abs. 2 S. 2 GO Vorstand der Siemens AG gegen geltendes Aktienrecht.

607 Probleme birgt insoweit § 10 Abs. 1 und 2 GO Vorstand der Siemens AG, der nicht zwischen Führungskräften, die dem Vorstand angehören und sonstigen Führungskräften differenziert.

608 Vgl. Hoffmann-Becking, ZGR 1998, S. 497, 516; Mertens, Kölner Komm. AktG, § 77 Rn. 17.

609 Zur Selbstkontrolle des Vorstands siehe oben § 4 B. IV. 1. b) bb).

610 Siehe Hüffer, AktG, § 77 Rn. 15; Kort, in: Großkomm. AktG, § 77 Rn. 35, 37; Wiesner, in: Münch. Hdb. GesR IV, § 22 Rn. 15.

Zentralausschuss, dem nicht alle Vorstandsmitglieder angehören, über wichtige Fragen der Geschäftsführung bindend entscheidet. Um dem entgegen zu wirken, kommen insbesondere zwei Möglichkeiten in Betracht. Die Geschäftsordnung könnte den „einfachen" Vorstandsmitgliedern ein Teilnahmerecht an den Sitzungen des Zentralausschusses einräumen. Diese Alternative dürfte aber unpraktikabel sein. Sie führt zu Sitzungen in großen Gremien und widerspricht dem Zweck, die strategische Unternehmensleitung auf einen kleineren Personenkreis zu verlagern. Sinnvoller ist es deshalb, die übrigen Vorstandsmitglieder nach den Sitzungen des Zentralausschusses regelmäßig, umfassend und zeitnah über die Beratung und die Beschlussfassung zu informieren, damit sich alle Vorstandsmitglieder ein angemessenes Bild über die geplanten Maßnahmen und getroffenen Entscheidungen machen und gegebenenfalls intervenieren können.[611]

Insoweit zeigt sich, dass ein Verfahren zur Selbstkontrolle vorhanden sein muss, das die Interventionspflicht beziehungsweise das Interventionsrecht der einzelnen Vorstandsmitglieder, Missständen und Fehlentwicklungen entgegenzuwirken, gewährleistet.[612] Es bedarf auch in dieser Hinsicht eines effektiven und umfassenden vorstandsinternen Überwachungssystems. Angemessen ist nicht nur eine nachträgliche Information der Vorstandskollegen über die Diskussion und den Beschluss des Ausschusses, sondern auch eine vorstandsinterne Berichterstattung vor den Ausschusssitzungen. Wenn die Berichterstattung erst nachträglich erfolgt, ist sicherzustellen, dass der Gesamtvorstand die Entscheidung des Zentralausschusses noch rechtzeitig vor Umsetzung der geplanten Maßnahme bestätigen oder durch einen abweichenden Beschluss verhindern kann. Das Interventionsrecht kann zu einem echten Widerspruchsrecht verstärkt werden.[613] In der virtuellen Holding, die im Wege der vorstandsinternen Verlagerung von strategischen Aufgaben auf einen Zentralausschuss gebildet wird, ist das Widerspruchsrecht ein praktikables Mittel, um eine effiziente Selbstkontrolle des Vorstands zu gewährleisten. Ein echtes Widerspruchsrecht bietet bei ausreichendem Informationsfluss nämlich eine einfache Möglichkeit, die Um-

---

[611] § 13 GO Vorstand der Siemens AG genügt deshalb nicht den Anforderungen des § 76 Abs. 1 AktG.

[612] Die Interventionspflicht und das korrespondierende –recht ergeben sich aus der Pflicht zur Selbstkontrolle des Vorstands: Siehe oben § 4 B. IV. 1. b) bb) sowie Kort, in: Großkomm. AktG, § 77 Rn. 38.

[613] Kort, in: Großkomm. AktG, § 77 Rn. 39; Mertens, in: Kölner Komm. AktG, § 77 Rn. 23.

setzung von Entscheidungen des Zentralausschusses aufzuschieben, ohne dass es komplizierter Geschäftsordnungsregeln bedarf. Ein echtes Widerspruchsrecht der einzelnen Vorstandsmitglieder besteht allerdings nicht kraft Gesetzes, sondern kann nur durch eine ausdrückliche Satzungs- oder Geschäftsordnungsregelung vorgesehen werden.[614]

Das Interventionsrecht beinhaltet also das Recht jedes Vorstandsmitglieds, Geschäftsführungsangelegenheiten wieder in den Gesamtvorstand „zurückzuholen". Auf diese Weise kann das Vorstandsmitglied den gesetzlichen Status quo ante des Grundsatzes der Gesamtgeschäftsführung des § 77 Abs. 1 S. 1 AktG wiederherstellen. Darin zeigt sich, dass der Zentralausschuss, in gleicher Weise wie alle anderen Vorstandsausschüsse, seine Zuständigkeiten kraft Regelung der Geschäftsordnung (§ 77 Abs. 1 S. 2 AktG) vom Gesamtvorstand ableitet. Auch dem Zentralausschuss sind seine Kompetenzen also lediglich zur Ausübung überlassen. Deshalb muss auch der Gesamtvorstand Zuständigkeiten des Zentralausschusses wieder an sich ziehen können. Er hat insoweit ein „Rückholrecht", das in seinem Ermessen steht. Das Ermessen reduziert sich bei erkennbaren Kompetenzverstößen des Zentralausschusses auf Null, so dass der Gesamtvorstand in diesem Fall eine „Rückholpflicht" hat.[615]

Die Einrichtung eines Zentralressorts, das Sach- und Entscheidungsbefugnisse hat, ist also zulässig, wenn das Interventionsrecht der einzelnen Vorstandsmitglieder gewährleistet ist. Dieses Erfordernis muss aber jede Vorstandsorganisation gleich welcher Art erfüllen, und zwar auch dann, wenn kein Zentralausschuss gebildet wird. In allen Fällen muss jedes Vorstandsmitglied sein Interventionsrecht stets durchsetzen können. Die praktische Möglichkeit zur effektiven Wahrnehmung des Interventionsrechts sollte in der Geschäftsordnung durch geeignete Regelungen sichergestellt werden. Ob ein Vorstandsmitglied von seinem Interventionsrecht Gebrauch macht, ist auch von seinen individuellen Überlegungen und Fähigkeiten abhängig, letztlich also davon, ob das Vorstandsmitglied eine echte Unternehmerpersönlichkeit darstellt. Deshalb ist das

---

[614] Kort, in: Großkomm. AktG, § 77 Rn. 39.

[615] In diesem Sinne auch Martens, in: Festschrift Hans-Joachim Fleck (1988), S. 191, 206 f. und Schiessl, ZGR 1992, S. 64, 79 f. Vgl. zur Einrichtung eines umfassenden vorstandsinternen Informationssystems darüber hinaus: v. Hein, ZHR 166 (2002), S. 464, 487; Hoffmann-Becking, ZGR 1998, S. 497, 513; Thümmel, Persönliche Haftung von Managern und Aufsichtsräten, Rn. 150.

Interventionsrecht nicht nur ein rein juristisches Kriterium, das allgemein herangezogen werden kann, um die aktienrechtliche Zulässigkeit einer bestimmten Vorstandsorganisation zu prüfen. Es kann nämlich nicht per se davon ausgegangen werden, dass die einfachen Vorstandsmitglieder von ihrem Interventionsrecht keinen Gebrauch machen, nur weil der Zentralvorstand bestimmte Entscheidungen unter Ausschluss des Gesamtvorstands trifft. Aufgabe des Aktienrechts ist es jedenfalls nicht, die individuellen Schwächen einzelner Vorstandsmitglieder zulasten der notwendigen Flexibilität bei der Vorstandsorganisation auszutarieren.

Nach alledem muss in der virtuellen Holding ein funktionierendes vorstandsinternes Überwachungssystem vorhanden sein. Sämtliche Vorstandsmitglieder sind laufend und vor allem so frühzeitig über die Angelegenheiten und Entscheidungen des Zentralausschusses zu informieren, um die Umsetzung von Entscheidungen noch bis zu einer bestätigenden Entscheidung des Gesamtvorstands aufschieben oder bei abweichendem Beschluss verhindern zu können. Gleichzeitig sind die Zuständigkeiten der Vorstandsmitglieder und des Ausschusses eindeutig festzulegen, damit Fehlentscheidungen zugeordnet werden können.

3. Übertragung der Leitung unter Vorbehalt eines „Rückholrechts"

Ausgehend von den angestellten Überlegungen ist zu erwägen, ob eine Verlagerung von Leitungsentscheidungen an einen Zentralausschuss unter dem Vorbehalt zulässig ist, dass der Gesamtvorstand die Aufgaben „zurückholen" kann. Eine derartige unechte Delegation könnte folgendermaßen geregelt werden. Der Gesamtvorstand überlässt dem Zentralausschuss strategische Führungsaufgaben zur Entscheidung. Er überwacht die Entscheidungen des Zentralausschusses laufend und streng. Jedes Vorstandsmitglied muss die Möglichkeit zur Kontrolle des Ausschusses haben. Um dies zu gewährleisten, ist ein effizientes und frühzeitiges vorstandsinternes Informationssystem erforderlich. Allerdings reicht es bei einer derart weitgehenden Kompetenz des Zentralausschusses nicht, dass die regelmäßige Berichterstattung in den Vorstandssitzungen erfolgt.[616] Es ist eine laufende Information jedes Vorstandsmitglieds in geeigneter Form auch zwischen den Sitzungen des Gesamtvorstands erforderlich. Die Information kann beispielsweise schriftlich, per Fax, per E-Mail oder auf andere

[616] Zur gegenseitigen Information im Vorstand siehe auch oben § 6 B.

dokumentierbare Weise erfolgen. Bei Zweifeln über eine Entscheidung des Zentralausschusses, wobei bereits Zweifel an der Zweckmäßigkeit der Entscheidung genügen, hat jedes Vorstandsmitglied das Recht und die Pflicht, eine Beratung und einen Beschluss des Gesamtvorstands herbeizuführen. Gegebenenfalls ist bei Eilbedürftigkeit kurzfristig eine außerordentliche Vorstandssitzung einzuberufen. Dem Grunde nach handelt es sich um ein Vetorecht jedes Vorstandsmitglieds, dass aber kein allgemeines, mitbestimmungsrechtlich unzulässiges Vetorecht ist. Das Vetorecht betrifft nämlich nicht Beschlüsse des Gesamtvorstands, sondern lediglich Beschlüsse eines Ausschusses des Gesamtvorstands.[617] Die gleiche Pflicht trifft den Gesamtvorstand.

Das führt dazu, dass ein Zentralausschuss niemals mit rechtlicher oder faktischer Bindungswirkung für den Gesamtvorstand und die dem Gremium nicht angehörenden Vorstandsmitglieder über Leitungsfragen entscheiden darf. Eine entsprechende Entscheidung kann nur vorläufig getroffen werden. Sie darf nie präjudiziellen Charakter haben. Die endgültige Entscheidung bleibt immer dem Gesamtvorstand vorbehalten, der insoweit ein Rückholrecht hat, das sich bei Zweifeln über die Zweckmäßigkeit der Ausschussentscheidung zu einer Rückholpflicht verdichtet.

Im Ergebnis begegnet die Übertragung der strategischen Leitungsentscheidungen unter Vorbehalt auf einen Zentralausschuss aber Bedenken. Ein bloßes „Rückholrecht“ berücksichtigt den Grundsatz der Gleichberechtigung nicht hinreichend. Die übrigen Vorstandsmitglieder müssen schon im Vorfeld einer Leitungsentscheidung an der Beratung vor der Beschlussfassung beteiligt werden. Allein die Teilnahme an der Beratung kann nämlich die Entscheidung selbst beeinflussen. Ein „Rückholrecht“ birgt die Gefahr fester Meinungen einzelner Ausschussmitglieder, die nachträglich nicht mehr bereit sind, ihre Auffassung zu überdenken. Die übrigen Vorstandsmitglieder können die Entscheidung in solchen Fällen deshalb nicht in gleicher Weise beeinflussen, wie sie es bei einer frühzeitigen Einbindung und Teilnahme an der Ausgangsentscheidung tun könnten. Sie würden zu Vorstandsmitgliedern „zweiter Klasse“ degradiert.[618]

---

[617] Zum Problem eines allgemeinen Vetorechts in mitbestimmten Aktiengesellschaften: BGHZ 89, 48, 58 ff.; Hüffer, AktG, § 77 Rn. 13; Mertens, in: Kölner Komm. AktG, § 77 Rn. 10 f.; Wiesner, in: Münch. Hdb. GesR IV, § 22 Rn. 10.

[618] Siehe hierzu noch einmal Kort, in: Großkomm. AktG, § 77 Rn. 43; Mertens, in: Kölner Komm. AktG, § 77 Rn. 12.

Insgesamt ist deshalb die Übertragung von strategischen Leitungsaufgaben auch unter Vorbehalt auf einen Zentralausschuss wegen eines Verstoßes gegen den Grundsatz der Gleichberechtigung aller Vorstandsmitglieder aktienrechtswidrig und deshalb unzulässig. Das „vorstandsinterne“ Modell der virtuellen Holding lässt sich auf diese Weise nicht in geeigneter Weise umsetzen.

4. Minderheits- und Mehrheitsentscheidungen

Die Übertragung der strategischen Unternehmensleitung auf einen Zentralausschuss ist außerdem im Hinblick auf § 77 Abs. 1 S. 2 Hs. 2 AktG nicht unproblematisch. Dieser Regelung gemäß dürfen die Satzung der Gesellschaft oder die Geschäftsordnung des Vorstands nicht bestimmen, dass ein oder mehrere Vorstandsmitglieder Meinungsverschiedenheiten im Vorstand gegen die Mehrheit seiner Mitglieder entscheiden. Die Norm soll den Grundsatz der Gesamtverantwortung und den Grundsatz der Gleichberechtigung aller Vorstandsmitglieder sichern.[619]

Es verstößt deshalb gegen § 77 Abs. 1 S. 2 Hs. 2 AktG, wenn ein Zentralausschuss, dem bloß die Minderheit aller Vorstandsmitglieder angehört, Beschlüsse in Leitungsangelegenheiten, insbesondere in strategischen Fragen, mit bindender Wirkung für den Gesamtvorstand fasst.[620] Unabdingbar ist, dass die einfachen Mitglieder des Vorstands nicht nur rechtzeitig über die Beschlüsse des Zentralausschusses informiert werden, sondern dass ihnen auch, wie gesagt, ein Rückholrecht hinsichtlich aller übertragenen Aufgaben zusteht, das in einer Befassungs- und Beschlusskompetenz des Gesamtvorstands mündet. Anderenfalls besteht die Möglichkeit, dass – entgegen § 77 Abs. 1 S. 2 Hs. 2 AktG – im Zentralausschuss eine Minderheit der Vorstandsmitglieder gegen die Mehrheit sämtlicher Vorstandsmitglieder entscheidet. Etwas anderes ergibt sich auch nicht aus der Kompetenz des Gesamtvorstandes, durch eine Änderung der Geschäftsordnung übertragene Zuständigkeiten wieder an sich zu ziehen. Nach § 77 Abs. 2 S. 3 AktG kann der Vorstand Beschlüsse über die Geschäftsord-

---

[619] Kort, in: Großkomm. AktG, § 77 Rn. 25; Wiesner, in: Münch. Hdb. GesR IV, § 22 Rn. 9.

[620] Aktienrechtlich unzulässig sind insofern § 4 Abs. 2, § 6 Abs. 3, §§ 7, 8 und 10 GO Vorstand der Siemens AG.

nung nur einstimmig fassen.[621] Das Einstimmigkeitserfordernis hat zur Folge, dass die Mitglieder des Zentralvorstands eine entsprechende Änderung der Geschäftsordnung verhindern können, indem sie den Änderungsbeschluss ablehnen. Die nicht dem Zentralvorstand angehörenden Vorstandsmitglieder können somit nicht aus eigener Kraft die delegierten Kompetenzen wieder an sich ziehen, wenn die Beschlussfassung des Zentralausschusses bindende Wirkung hat. Unabhängig von diesen Überlegungen ist festzuhalten, dass eine Änderung der Geschäftsordnung allenfalls pro futuro erfolgen kann und aktienrechtswidrige Beschlüsse einer Vorstandsminderheit nicht mehr verhindert, zumindest wenn diese schon umgesetzt worden sind.

Im Hinblick auf § 77 Abs. 1 S. 2 Hs. 2 AktG stellt sich die Frage, ob es unschädlich ist, wenn einem Zentralausschuss, dem Entscheidungskompetenzen in Leitungs- und sonstigen Geschäftsführungsangelegenheiten zukommen, die Mehrheit aller Vorstandsmitglieder angehört. Dies könnte zumindest dann gelten, wenn der Zentralausschuss mit der Mehrheit aller Vorstandsmitglieder für eine bestimmte Maßnahme stimmt. Rechnerisch würde sich dann auch bei einer Abstimmung durch den Gesamtvorstand nichts ändern. Dennoch bestehen Bedenken. In einem solchen Fall wären die übrigen Vorstandsmitglieder nämlich von der Leitung der Gesellschaft partiell ausgeschlossen. Darin läge ein Verstoß gegen das Prinzip der Gleichberechtigung. Es muss jedem Vorstandsmitglied, wie schon zuvor dargestellt, möglich sein, auf die Willensbildung im Vorfeld einer unternehmerischen Leitungsentscheidung Einfluss zu nehmen.[622]

5. Stellvertretende Vorstände als operative Führungskräfte?

Eine virtuelle Holding kann ferner nicht auf vorstandsinternem Wege gebildet werden, indem der Aufsichtsrat stellvertretende Vorstandsmitglieder im Sinne von § 94 AktG bestellt, die nicht dem Zentralausschuss angehören und ausschließlich für das operative Geschäft zuständig sind.

Zwar ist nach allgemeiner Ansicht eine gewisse vorstandsinterne, hierarchische Differenzierung zwischen ordentlichen und stellvertretenden Vorstandsmitglie-

---

[621] Das zwingende Einstimmigkeitserfordernis gilt auch für nachträgliche Änderungen der Geschäftsordnung: Hüffer, AktG, § 77 Rn. 19; Mertens, in: Kölner Komm. AktG, § 77 Rn. 46.

[622] Siehe oben § 6 C. II. 2. b).

dern zulässig. Vor allem kann die Geschäftsführungsbefugnis stellvertretender Vorstandsmitglieder im Innenverhältnis beschränkt werden. Solche Beschränkungen sind aber auch bei ordentlichen Vorstandsmitgliedern zulässig. Sonstigen sachlichen Einschränkungen gegenüber ordentlichen Vorstandsmitgliedern unterliegen stellvertretende Vorstandsmitglieder dagegen nicht.[623] Die Beschränkung der Geschäftsführungsbefugnis stellvertretender Vorstandsmitglieder durch entsprechende Geschäftsordnungsregeln ist auf unterschiedliche Weise möglich. Sie kann nach Maßgabe der Bestimmungen der §§ 77 Abs. 1 S. 2, Abs. 2, 82 Abs. 2 AktG erfolgen. Stellvertretende Vorstandsmitglieder können Ressorts unter eigener Verantwortung leiten.[624] Es kann auch geregelt werden, dass ein stellvertretendes Vorstandsmitglied nur für verhinderte oder ausgeschiedene ordentliche Vorstandsmitglieder geschäftsführend tätig werden darf.[625] Es ist also zulässig, dass der Gesamtvorstand stellvertretenden Vorstandsmitgliedern die operative Geschäftsführungsverantwortung überträgt, indem diese entsprechende Ressorts eigenverantwortlich leiten.

Dass auf diesem Weg eine virtuelle Holding durch vorstandsinterne Aufgabenverteilung gebildet werden kann, ist damit aber nicht gesagt; denn hierfür bedürfte es der Übertragung der strategischen Leitungsaufgaben auf einen Zentralausschuss, dem nur die ordentlichen Vorstandsmitglieder angehören. Es ist aber aktienrechtlich bedenklich, zwischen ordentlichen und stellvertretenden Vorstandsmitgliedern zu differenzieren, weil auch die stellvertretenden als echte Vorstandsmitglieder den Vorschriften der §§ 76 bis 93 AktG mit allen daraus resultierenden Rechten und Pflichten unterliegen.[626] Der Grundsatz der Gesamtverantwortung gilt auch für stellvertretende Vorstandsmitglieder. Stellvertretende Vorstandsmitglieder können deshalb nicht von der Leitung der Gesellschaft nach § 76 Abs. 1 AktG ausgeschlossen werden. Dies gilt gleichermaßen

---

623 Frels, VersR 1963, S. 898, 902; Habersack, in: Großkomm. AktG, § 94 Rn. 5; Hüffer, AktG, § 94 Rn. 2; Mertens, in: Kölner Komm. AktG, § 94 Rn. 3; Schlaus, DB 1971, S. 1653, 1654. Vgl. auch BGH, NJW 1998, S. 1071 (für stellvertretende Geschäftführer einer GmbH).

624 Habersack, in: Großkomm. AktG, § 94 Rn. 6; Hüffer, AktG, § 94 Rn. 3; Schlaus, DB 1971, S. 1653, 1654.

625 Mertens, in: Kölner Komm. AktG, § 94 Rn. 4.

626 Heute allgemeine Ansicht: BayObLGZ 1997, 107, 111 f. = NJW-RR 1997, S. 673; KGJ 24, A 194, 196; Breinl, BB 1969, S. 1358; Habersack, in: Großkomm. AktG, § 94 Rn. 4; Hüffer, AktG, § 94 Rn. 1; Mertens, in: Kölner Komm. AktG, § 94 Rn. 2; Schlaus, DB 1971, S. 1653.

für alle anderen Angelegenheiten, für die der Gesamtvorstand zwingend zuständig und verantwortlich ist. Jedem stellvertretenden Vorstandsmitglied obliegt deshalb auch die Überwachung der anderen Vorstandsmitglieder.[627] Für stellvertretende Vorstandsmitglieder gilt ferner der Grundsatz der Gleichberechtigung. Deshalb können ordentliche Vorstandsmitglieder stellvertretenden Vorständen keine Weisungen erteilen.[628] Unzulässig sind vor diesem Hintergrund auch Geschäftsordnungsregeln, wonach eine Minderheit von ordentlichen Vorstandsmitgliedern gegen eine Mehrheit stellvertretender Vorstandsmitglieder Entscheidungen treffen kann.[629]

Diese zwingenden Anforderungen zeigen, dass eine virtuelle Holding nicht gebildet werden kann, indem Geschäftsführungsaufgaben des Vorstands zwischen ordentlichen und stellvertretenden Vorstandsmitgliedern verteilt werden. Die strategische Unternehmensplanung gehört zu den Leitungsaufgaben, für die gemäß § 76 Abs. 1 AktG sämtliche und deshalb auch die stellvertretenden Vorstandsmitglieder zwingend zuständig sind. Schon aus diesem Grund ist es unzulässig, die Zuständigkeit für die strategische Führung des Unternehmens auf einen Zentralausschuss zu übertragen, dem nur ordentliche Vorstandsmitglieder angehören und gleichzeitig die Zuständigkeit der stellvertretenden Vorstandsmitglieder auf die operative Geschäftsführung zu beschränken. Eine solche Konstellation beschränkt in aktienrechtswidriger Weise die Leitungspflicht der stellvertretenden Vorstandsmitglieder und würde gegen die Grundsätze der Gesamtverantwortung und der Gleichberechtigung verstoßen.

III. Die Einrichtung eines zentralen Kontrollausschusses oder -ressorts

Bereits an anderer Stelle ist darauf hingewiesen worden, dass nach herrschender Ansicht der Vorstand seiner Organisationspflicht zur Schaffung eines vorstandsinternen Kontrollsystems durch Einrichtung eines speziellen Ressorts mit entsprechenden Überwachungskompetenzen nachkommen kann.[630] Aus praktischer Sicht dürfte es sich in der virtuellen Holding anbieten, ein solches Kontrollressort zu bilden. Die Delegation von Überwachungsaufgaben auf ein Vor-

---

[627] Frels, VersR 1969, S. 898, 900; Habersack, in: Großkomm. AktG, § 94 Rn. 7; Mertens, in: Kölner Komm. AktG, § 94 Rn. 4; vgl. auch Ballerstedt, JZ 1968, S. 397, 399.

[628] Hüffer, AktG, § 94 Rn. 2.

[629] Schlaus, DB 1971, S. 1653, 1654.

[630] Siehe oben § 4 B. IV. 1. b) bb) m. w. N.

standsmitglied oder einen Ausschuss ist nicht nur der beabsichtigten Konzentration des Gesamtvorstands auf strategische Verantwortung dienlich. Sie ermöglicht gleichzeitig eine weitergehende Spezialisierung der einzelnen Vorstandsmitglieder. So ist denkbar, einem Vorstandsmitglied die Vorbereitung der strategischen Planung, einem anderen die Vorbereitung der Ressourcenallokation und einem weiteren die Durchführung der vorstandsinternen und vorstandsexternen Überwachung zu übertragen.

Es stellt sich aber die Frage, wie intensiv die Überwachung durch ein spezielles Vorstandsressort oder einen Ausschuss wahrgenommen werden darf.[631] Die vorstandsinterne Überwachung könnte in das Ressort, dem auch die Verantwortung für das übrige unternehmensinterne Überwachungssystem obliegt, integriert werden. Mit einer solchen Spezialisierung sind weitere Vorteile verbunden. Zum einen würde sie zu einer klaren Zuordnung der Verantwortlichkeiten im Vorstand führen und es erleichtern, Fehlverhalten und Missstände bei der Überwachung zu lokalisieren und mit den notwendigen Maßnahmen gegenzusteuern. Zum anderen würde ein solches Überwachungsressort es ermöglichen, die Zuständigkeiten der einzelnen Vorstandsmitglieder an die jeweiligen Organisationsbedingungen des Gesamtvorstands anzupassen.[632] Auf diese Weise könnte die Zusammenarbeit im Vorstand optimiert werden, weil sich die übrigen Vorstandsmitglieder dann, anstatt sich ständig selbst zu überwachen, auf andere Aufgaben konzentrieren könnten.

Allerdings ist zu beachten, dass die gegenseitige Überwachung in die Gesamtverantwortung des Vorstands fällt. Dies gilt in der virtuellen Holding auch für die Überwachung nachgeordneter Führungsebenen. Zwar steht die Gesamtverantwortung der Möglichkeit, ein Kontrollressort zu bilden, nicht per se entgegen, setzt ihr aber aktienrechtliche Grenzen. Der Gesamtverantwortung soll, „jedenfalls teilweise“, durch Bestellung eines ausschließlich mit Kontrollaufgaben betrauten Vorstandsmitglieds entsprochen werden können. Das wird damit begründet, dass es im Leitungsermessen des Vorstands liege, wie die Gesamtzuständigkeit organisatorisch umgesetzt wird, solange die Gesamtverantwortung

---

[631] Vgl. grundsätzlich Dose, Die Rechtsstellung der Vorstandsmitglieder in der Aktiengesellschaft, S. 74; Habersack, in: Großkomm. AktG, § 77 Rn. 45; Martens, in: Festschrift Hans-Joachim Fleck (1988), S. 191, 200; Mertens, in: Kölner Komm. AktG, § 77 Rn. 17; Wiesner, in: Münch. Hdb. GesR IV, § 22 Rn. 15.

[632] Martens, in: Festschrift Hans-Joachim Fleck (1988), S. 191, 200.

nicht berührt wird. Wird ein Kontrollressort eingerichtet, reduziere sich die Kontrollpflicht der übrigen Vorstandsmitglieder im Wesentlichen auf die Kontrolle des dafür zuständigen Vorstandsmitglieds.[633] Diesem Ansatz ist grundsätzlich zuzustimmen. Besonders in zahlenmäßig großen Vorständen und allgemein in großen, diversifizierten Unternehmen können nicht alle Vorstandsmitglieder sämtlichen in die Gesamtverantwortung fallenden Aufgaben im gleichen Umfang und in gleicher Weise nachkommen. Allerdings ist sicherzustellen, dass alle Informationen, die für Entscheidungen mit Leitungsqualität wesentlich sind, an sämtliche Vorstandsmitglieder weitergeleitet werden, damit diese ihrer Kontrollpflicht nachkommen können.[634]

Da die Entscheidungskompetenz für Leitungsfragen selbst nicht delegiert werden darf, sondern nur deren Vorbereitung und Ausführung, müssen sich die Kompetenzen eines Kontrollressorts oder Überwachungsausschusses auf die folgenden Aufgabenbereiche beschränken. Zum einen kann das zuständige Vorstandsmitglied oder der zuständige Ausschuss das Sammeln und Aufbereiten von Informationen aus den einzelnen Ressorts übernehmen. Diese Daten sind den anderen Vorstandsmitgliedern zu übermitteln, wenn sie für die vorstandsinterne Kontrolle wesentlich sind. Zum anderen muss sich jedes Vorstandsmitglied selbst solche Informationen beschaffen, wenn es Zweifel an der Vollständigkeit der Berichterstattung durch das Kontrollressort hat.[635] Eine solche Pflicht jedes Vorstandsmitglieds besteht darüber hinaus auch dann, wenn es der Auffassung ist, dass einzelne Informationen für Leitungsentscheidungen von Bedeutung sein können. Zweckmäßig ist es außerdem, die Zuständigkeit für das Sammeln und Aufbereiten von Informationen auch mit der Kompetenz zu verbinden, die Daten zu bewerten und dem Gesamtvorstand Entscheidungsvorschläge zu unterbreiten.

Ferner sollen sich die Aufgaben eines solchen Ressorts oder Ausschusses darauf beschränken, Zweifelsfragen aus einzelnen Geschäftsbereichen zur Beratung und Entscheidung an den Gesamtvorstand weiterzuleiten. Keinesfalls darf das Gremium selbst über Zweifelsfragen entscheiden, weil dann das Überwa-

---

[633] Martens, in: Festschrift Hans-Joachim Fleck (198), S. 191, 200; Mertens, in: Kölner Komm. AktG, § 77 Rn. 18.

[634] Vgl. Schiessl, ZGR 1992, S. 64, 69, der von „Weitergabe der für das Gesamtunternehmen wesentlichen Informationen" spricht.

[635] Schiessl, ZGR 1992, S 64, 70.

chungsrecht der nicht dem Gremium angehörenden Vorstandsmitglieder unzulässigerweise beschränkt wird.[636] Damit das individuelle Kontrollrecht und die dem Gesamtvorstand obliegende Überwachungsverantwortung gewahrt bleiben, muss der Informations- und Kontrollmechanismus so beschaffen sein, dass jedes einzelne Vorstandsmitglied selbst darüber entscheiden kann, ob es eine Angelegenheit aus den Ressorts für so bedeutend hält, dass sie dem Gesamtvorstand zur Entscheidung vorzulegen ist. Die Bewertung und Entscheidung einer solchen Zweifelsfrage darf nicht dem Kontrollressort überlassen werden. Einem Überwachungsressort oder Kontrollausschuss kann demnach nur unterstützende Funktion zukommen. Weil auch im Hinblick auf die Kompetenzen eines solchen Gremiums die Prinzipien der Gesamtverantwortung und Gleichberechtigung zu beachten sind, kann das Gremium keine bindenden Entscheidungen für den Gesamtvorstand treffen und den übrigen Vorstandsmitgliedern keine Weisungen erteilen.[637]

Dass diese Anforderungen eingehalten werden, ist in der virtuellen Holding besonders wichtig. Dem Vorstand der virtuellen Holding verbleibt im Idealfall neben der strategischen Planung und der Ressourcenallokation die Überwachung als einzige Leitungsaufgabe. Letztlich ist es aktienrechtlich aber nicht zu beanstanden, wenn ein solches Kontrollressort nach Maßgabe der zuvor aufgestellten Kriterien eingerichtet wird. Trotz möglicher Bedenken ist die Einrichtung eines Kontrollressorts oder –ausschusses sogar vorteilhaft gegenüber einer vollständigen gegenseitigen Überwachung durch alle Vorstandsmitglieder. Insbesondere in einem großen Vorstand wird die konkrete Zuweisung der Überwachungsverantwortung an ein Vorstandsmitglied oder einen Ausschuss dazu führen, dass die vorstandsinterne Kontrolle früher ansetzt und infolge kürzerer, schnellerer Kommunikationswege und konzentrierter Überwachungsmechanismen effizienter ist als bei einer gleichzeitigen und sich überschneidenden Überwachung durch sämtliche Vorstandsmitglieder. Es muss lediglich sichergestellt sein, dass Zweifelsfragen durch das Überwachungsressort unverzüglich an den Gesamtvorstand zur Entscheidung weitergeleitet werden und dieser rechtzeitig darüber entscheiden kann. Diese Aufgabe stellt sich aber in jedem Vor-

---

[636] Siehe Habersack, in: Großkomm. AktG, § 77 Rn. 45; Mertens, in: Kölner Komm. AktG, § 77 Rn. 12.

[637] Habersack, in: Großkomm. AktG, § 77 Rn. 45; Mertens, in: Kölner Komm. AktG, § 77 Rn. 12; a. A. noch Dose, Die Rechtsstellung der Vorstandsmitglieder in der Aktiengesellschaft, S. 74.

stand, auch wenn kein Kontrollressort eingerichtet ist und dürfte bei Fehlen eines Kontrollressorts noch schwieriger sein, weil die Überwachungsmechanismen weniger effizient sind, wenn die Überwachung unkoordiniert durch alle als „Nebentätigkeit" zu den übrigen Vorstandsaufgaben erfolgt. Welches vorstandsinterne Informations- und Kontrollsystem im konkreten Einzelfall in Abhängigkeit der Verhältnisse des jeweiligen Unternehmens am besten ist und wie es ausgestaltet werden sollte, entzieht sich allerdings juristischen Vorgaben.[638]

D. Zusammenfassung

Die Auswertung der untersuchten Vorstandsmodelle der Deutsche Bank AG, der HVB Group und der Siemens AG hat gezeigt, dass in der virtuellen Holding die Vorstandsressorts entweder matrix-förmig oder rein funktional organisiert sind. Bei der HVB Group und der Siemens AG existieren sowohl funktionale als auch divisionale Vorstandsressorts. Die operativen Bereichsleiter sind gleichzeitig Mitglied des jeweiligen Konzernvorstands. Bei der Deutsche Bank AG gehören die operativen Unternehmensbereichsleiter nicht dem funktional organisierten Konzernvorstand an. Die eigentliche Kontrolle des operativen Geschäfts erfolgt hier über das Group Executive Committee. Die interne Organisation des Vorstands entspricht in der virtuellen Holding folglich herkömmlichen Modellen, die aus anderen Unternehmen bekannt sind. Bei der Deutsche Bank AG stimmt die funktionale Organisation des Vorstands allerdings nicht mit der divisionalen Unternehmensorganisation überein.

Der Grundsatz der Gesamtverantwortung steht der Einrichtung einer virtuellen Holding grundsätzlich nicht entgegen. Der Gesamtvorstand darf aber auch in der virtuellen Holding Leitungsaufgaben nicht an einzelne seiner Mitglieder delegieren. Auch das Prinzip der Gleichberechtigung aller Vorstandsmitglieder ist zu beachten. Allerdings ist bei der Einrichtung einzelner Vorstandsressorts ein großzügiger Maßstab anzulegen. Nur grobe Ungleichgewichte zwischen den Kompetenzen einzelner Vorstandsmitglieder sind unzulässig, etwa bei anforderungswidrigen Aufgaben oder bei Weisungsrechten einzelner Vorstandsmitglieder. Sowohl ein funktional organisierter Vorstand als auch ein solcher, der gleichzeitig aus funktionalen als auch aus operativen Ressorts besteht, ist mit dem Grundsatz der Gleichberechtigung vereinbar. Operative Zuständigkeiten in internationalen Großkonzernen haben kein minderes Gewicht als funktionale

---

[638] Hoffmann-Becking, ZGR 1998, S. 497, 513.

Zuständigkeiten. Sowohl funktional als auch operativ verantwortliche Vorstandsmitglieder sind weiterhin an den Leitungsentscheidungen des Vorstands zu beteiligen.

Gegenseitige Information, Überwachung und Intervention richten sich in der virtuellen Holding nach den allgemeinen Grundsätzen. In der virtuellen Holding ist aufgrund der weitgehenden Delegation operativer Aufgaben eine effiziente Selbstkontrolle des Vorstands durch interne Information und Überwachung erforderlich. Die Kontrolle des Vorstands kann nicht allein dem Aufsichtsrat überlassen werden. Die Selbstkontrolle des Vorstands ersetzt aber nicht die Überwachung durch den Aufsichtsrat, sondern kann diese nur ergänzen. Die zur Leitungsaufgabe gehörende Überwachung nachgeordneter Führungsebenen kann in der virtuellen Holding nur funktionieren, wenn der Vorstand seine eigenen Ressorts effizient überwacht. In der virtuellen Holding kann man insoweit von einem „System der gestuften Kontrolle“ sprechen. Das einzelne Vorstandsmitglied überwacht die ihm nachgeordneten Mitarbeiter, die Vorstandsmitglieder überwachen sich gegenseitig und der Aufsichtsrat überwacht die Leitung und Geschäftsführung des Vorstands. Dieses sich ergänzende Überwachungssystem ist in der virtuellen Holding von besonderer Wichtigkeit, weil Leitung zu einem wesentlichen Teil Überwachung der nachgeordneten Führungsebenen ist.

In der virtuellen Holding ist die Einrichtung von Ressortausschüssen, denen die Leitung eines operativen Unternehmensbereichs oder eines funktionalen Ressorts obliegt, grundsätzlich unbedenklich. Es muss aber das Recht jedes auch nicht dem Ausschuss angehörenden Vorstandsmitglieds gewahrt bleiben, in Ausschussangelegenheiten zu intervenieren und diese dem Gesamtvorstand zur Entscheidung vorzulegen.

Aktienrechtswidrig ist das vorstandsinterne Modell der virtuellen Holding im Wege der Übertragung der strategischen Aufgaben auf einen Zentralausschuss beziehungsweise Zentralvorstand. Ein Zentralvorstand darf insbesondere nicht die Grundsätze der Unternehmenspolitik mit bindender Wirkung für die übrigen Vorstandsmitglieder festlegen. Dies verstößt sowohl gegen die Leitungspflicht als auch gegen den Grundsatz der Gesamtverantwortung sowie den Grundsatz der Gleichberechtigung, weil die Unternehmenspolitik zu den Leitungsaufgaben gehört, die zwingend dem Gesamtvorstand obliegen. Dies gilt auch für die übrigen originären Führungsaufgaben der Unternehmensplanung, Unternehmenskoordination, Unternehmenskontrolle und die Besetzung der Führungspositionen.

Das vorstandsinterne Modell nach Vorbild der HVB Group und der Siemens AG eignet sich deshalb nicht, um eine virtuelle Holding einzurichten. Etwas anderes gilt auch dann nicht, wenn dem Zentralvorstand die Mehrheit der Vorstandsmitglieder angehört. Die nicht dem Ausschuss angehörenden Vorstandsmitglieder werden formal und materiell benachteiligt. Ihnen wird die Möglichkeit genommen, an der Beratung und Entscheidung über Leitungsfragen teilzunehmen. Einem Zentralausschuss kann deshalb nur die Vorbereitung und Durchführung von Leitungsaufgaben übertragen werden.

Hiervon abgesehen können einem Zentralausschuss nur in eingeschränktem Umfang Entscheidungsbefugnisse übertragen werden. Dies gilt vor allem im Hinblick auf Entscheidungskompetenzen bei Meinungsverschiedenheiten im Vorstand und bei der inhaltlichen Koordination der Vorstandsarbeit. Der Aufsichtsrat kann seine Kompetenzen wahren, indem er sich in der Geschäftsordnung des Vorstands ein Mitentscheidungsrecht zur Besetzung des Ausschusses einräumen lässt. Zu beachten sind darüber hinaus der Gleichberechtigungsgrundsatz und die Pflicht zur Selbstkontrolle des Gesamtvorstands. Der Gesamtvorstand muss auf Initiative jedes Vorstandsmitglieds weiterhin selbst über delegierte Angelegenheiten beraten und entscheiden können. Unzulässig sind in jedem Fall Weisungsrechte des Ausschusses gegenüber einzelnen Vorstandskollegen. Es verstößt deshalb auch gegen den Gleichberechtigungsgrundsatz, wenn ein Ausschuss mit bindender Wirkung für alle Vorstandsmitglieder die Grundsätze der Unternehmenspolitik festlegen darf. Bei der Einrichtung eines Zentralausschusses muss außerdem die effiziente Selbstkontrolle des Vorstands gewahrt bleiben. Insoweit sind umfassende und frühzeitige Berichtspflichten des Zentralausschusses gegenüber allen Vorstandsmitgliedern erforderlich, damit Entscheidungen des Ausschusses noch rechtzeitig durch den Gesamtvorstand überprüft und gegebenenfalls korrigiert werden können.

Auch die Übertragung von strategischen Leitungsaufgaben auf einen Zentralausschuss oder Zentralvorstand unter Vorbehalt eines Rückholrechts ist aktienrechtswidrig und deshalb unzulässig. Ein bloßes Rückholrecht der ausschussexternen Vorstandsmitglieder berücksichtigt den Grundsatz der Gleichberechtigung nicht hinreichend. Die Übertragung der strategischen Leitungsaufgaben auf einen Zentralausschuss verstößt außerdem gegen § 77 Abs. 1 S. 2 Hs. 2 AktG, wenn dem Ausschuss nur die Minderheit der Vorstandsmitglieder angehört. Die Implementierung einer virtuellen Holding im Wege eines strategischen Zentralvorstands ist auch nicht durch eine Unterscheidung zwischen strategischen ordentlichen und operativen stellvertretenden Vorstandsmitgliedern zulässig. Das Aktiengesetz verbietet eine derartige Differenzierung. Hierin läge ein Verstoß gegen die Grundsätze der Gesamtverantwortung und der Gleichberechtigung, weil stellvertretende Vorstandsmitglieder insoweit die gleichen Rechte und Pflichten haben wie ordentliche.

Die Einrichtung eines zentralen Kontrollausschusses oder Kontrollressorts ist grundsätzlich zulässig. Dem Gremium oder einzelnen Vorstandsmitgliedern können sowohl Aufgaben der vorstandsinternen Überwachung als auch der Kontrolle nachgeordneter Führungsebenen übertragen werden. Dabei sind aber gewisse Grenzen zu beachten. Erforderlich ist, dass alle Vorstandsmitglieder über Fragen, die für Leitungsentscheidungen von Bedeutung sind, informiert werden, damit sie ihrer Kontrollpflicht nachkommen können. Dem Ausschuss oder Ressort kann die Zuständigkeit für das Sammeln, Aufbereiten und Bewerten von Informationen aus den einzelnen Ressorts und Unternehmensbereichen übertragen werden. Eigene abschließende Entscheidungskompetenzen dürfen einem Überwachungsausschuss/-ressort nicht eingeräumt werden. Jedes Vorstandsmitglied muss in der Lage bleiben, Geschäftsführungs- und Leitungsangelegenheiten dem Gesamtvorstand zur Entscheidung vorzulegen. Anderenfalls wären Gesamtverantwortung und Gleichberechtigung aller Vorstandsmitglieder nicht mehr gewahrt.

§ 7 Organexterne Führungsgremien

A. Einleitung

Mit der Implementierung eines „Group Executive Committees“ im Zuge ihrer Neuorganisation hat die Deutsche Bank AG zwar kein Neuland betreten.[639] Ähnliche Gremien sind aus anderen Unternehmen bekannt.[640] Dennoch hat die Einführung des Group Executive Committees zu einer lebhaften öffentlichen Diskussion über die Zulässigkeit solcher Gremien geführt.[641] Die Gründe, ein Committee[642] oder ähnliche Gremien einzurichten, können unterschiedlicher Natur sein. In Großunternehmen kann ein solches Gremium den Zweck haben, die operativen Geschäftsleiter enger in die Entscheidungsprozesse des Vorstands einzubinden, indem die Mitglieder des Committees sich gegenseitig beraten, den Geschäftsverlauf erörtern, Vorstandsbeschlüsse vorbereiten und gemeinsame Entscheidungen treffen.[643] Die Gremien haben oft konzernübergreifende Funktion. In und mit ihnen sollen Konzernziele und Strategien beraten, konzernübergreifende Angelegenheiten abgestimmt, gemeinsame Geschäftsinitiativen gestartet, Erfahrungen ausgetauscht und Mitarbeiter motiviert werden.[644]

---

[639] Zur Einführung des „Group Executive Committee“ bei der Deutsche Bank AG siehe oben § 3 A. II. 2. b).

[640] Etwa bei Aventis und im Bayer-Konzern: Vgl. dazu ausführlich Götz, ZGR 2003, S. 1, 9 in Fußnote 28.

[641] Vgl. Büschemann, „Die Deutsche Bank und das Recht“, Süddeutsche Zeitung vom 26.01.2002, S. 21; Gries, „Unruhe in den Frankfurter Bankentürmen“, Süddeutsche Zeitung vom 28.01.2002, S. 23; Wittkowski, „Kampagne gegen Ackermann“, Börsenzeitung vom 30.01.2002, S. 8; o. V., „Führerprinzip im alten Aktienrecht“, FAZ vom 29.01.2002, S. 18.

[642] Im Folgenden wird in Anlehnung an die betriebliche Praxis, die sich an US-amerikanischen Vorbildern orientiert, die englische Schreibweise „Committee“ verwendet.

[643] So beim Executive Committee von Aventis und beim Group Executive Committee der Deutsche Bank AG: Vgl. Aventis, Geschäftsbericht 2000, S. 13 und Deutsche Bank AG, Geschäftsbericht 2001, S. 10.

[644] Keller, in: Lutter (Hrsg.), Holding-Handbuch, § 4 Rn. 104. Zu den verschiedenen Gründen für die Einrichtung eines Beirats in mittelständischen Unternehmen vgl. Sigle, NZG 1998, S. 619, 621 f.; Wälzholz, DStR 2003, S. 511 f.

In der Unternehmenspraxis sind höchst unterschiedliche Ausgestaltungen solcher Gremien denkbar.[645] Deshalb ist es zweckmäßig, einige wichtige Erscheinungsformen darzustellen, ohne allerdings auf sämtliche Modelle eingehen zu können. Die aktienrechtliche Zulässigkeit organexterner Führungsgremien „neuerer Art“ ist in der rechtswissenschaftlichen Literatur bisher nur vereinzelt behandelt worden.[646] Im Anschluss an die Darstellung praktischer Erscheinungsformen sollen deshalb die aktienrechtlichen Grenzen, denen organexterne Führungsgremien unterliegen, näher untersucht werden. Die aktienrechtliche Untersuchung wird sich, weil sich eine pauschale Bewertung verbietet, auf Modelle beschränken, denen Beratungs- und Entscheidungszuständigkeiten im Rahmen der Unternehmensführung im weiten Sinne nach dem Vorbild von Executive Committees obliegen, die also unmittelbar vorstandsunterstützende Funktion haben. Gremien, denen lediglich aufsichtsratsähnliche Kompetenzen zukommen, und andere vergleichbare Formen werden dagegen ausgeklammert.

B. Erscheinungsformen

I. Beiräte

Die klassische, konventionelle Form eines organexternen Führungsgremiums ist der „Beirat“.[647] Den Begriff genau zu bestimmen dürfte allerdings kaum möglich sein. Abgesehen von einer uneinheitlichen Terminologie sind die in der Praxis auftauchenden Modelle zu unterschiedlich. Synonym oder alternativ werden auch die Begriffe „Verwaltungsrat“, „Verwaltungsausschuss“, „Aktionärsausschuss“, „Gesellschafterrat“, „Familienrat“, „Sachverständigenrat“,

---

[645] Vgl. Götz, ZGR 2003, S. 1, 10; Hoffmann-Becking, S. 497, 510 ff.; Reiff, Beiräte als Beratungs- und Führungsgremien bei schweizerischen Aktiengesellschaften, S. 2 f. (für schweizerische Unternehmen); Sigle, NZG 1998, S. 619 ff. (für mittelständische Unternehmen).

[646] Götz, ZGR 2003, S. 1, 9 ff. und Hoffmann-Becking, ZGR 1998, S. 497, 510 ff. haben sich mit dem Thema beschäftigt. Verschiedene Abhandlungen gibt es zur Zulässigkeit von Beiräten: Hoffmann-Becking, in: Münch. Hdb. GesR IV, § 29 Rn. 18 ff.; Mertens, in: Kölner Komm. AktG, Vorb. § 76 Rn. 28; Natzel, Der aktienrechtliche Quasi-Konzern, S. 147 ff., 182 ff.; Voormann, Der Beirat im Gesellschaftsrecht jeweils m. w. N. Für den schweizerischen Rechtsraum: Reiff, Beiräte als Beratungs- und Führungsgremien bei schweizerischen Aktiengesellschaften.

[647] Vgl. zur Verwendung des Begriffs unter anderem bei Konow, DB 1966, S. 332 f.; Luther, in: Freundesgabe Hans Hengeler (1972), S. 167, 177; Rutenfranz, NJW 1965, S. 238; U. H. Schneider, DB 1973, S. 953 ff.; Wiedemann, in: Festschrift Wolfgang Schilling (1973), S. 105 ff.

„Kreditausschuss“ oder „Regionalausschuss“ verwendet.[648] Allein diese verschiedenen Bezeichnungen zeigen die Vielfalt an Möglichkeiten, die bestehen, einen Beirat einzurichten. Der Beirat ist demnach kein einheitlich definiertes Gremium.

Beiräte lassen sich aber nach bestimmten Kriterien kategorisieren, insbesondere nach den übertragenen Befugnissen oder Funktionen, nach ihrer personellen Zusammensetzung sowie nach den mit der Einrichtung verfolgten Zielen.[649] So gibt es Beiräte mit nur beratender Funktion und solche mit Geschäftsführungsfunktion. Beiräten mit Geschäftsführungsfunktion werden Zustimmungskompetenzen, Weisungskompetenzen oder auch die gesamte Geschäftsführung übertragen. Außerdem gibt es Beiräte, die Überwachungszuständigkeiten haben.[650] Beiräte sind häufig mit Gesellschaftern besetzt, insbesondere in mittelständischen Unternehmen, mit externen Dritten als sachverständigen Beratern, mit ausgeschiedenen Geschäftsleitungsmitgliedern oder gelegentlich mit Arbeitnehmervertretern.[651] Sehr unterschiedlich können auch die Ziele sein, die das Unternehmen mit einem Beirat verfolgt. Neben der Kontaktpflege zu Kunden und reinen Marketingstrategien durch so genannte „Prominentenbeiräte“ kann es auch darum gehen, die Unternehmensnachfolge vorzubereiten, externe Sachverständige einzubinden, als Mediator zwischen verschiedenen Gesellschaftergruppen oder als Schlichtungs- beziehungsweise Schiedsstelle zu fungieren, externe Geldgeber einzubinden oder strategische Unternehmenskooperationen

---

[648] Vgl. Hoffmann-Becking, in: Münch. Hdb. GesR IV, § 29 Rn. 18; Reiff, Beiräte als Beratungs- und Führungsgremien bei schweizerischen Aktiengesellschaften, S. 3 f.; Voormann, Der Beirat im Gesellschaftsrecht, S. 1; Wiesner, in: Münch. Hdb. GesR IV, § 19 Rn. 10.

[649] Hölters, BB 1977, S. 105, 106; U. H. Schneider, DB 1973, S. 953, 954 f.; Voormann, Der Beirat im Gesellschaftsrecht, S. 5. Einen etwas anderen Ansatz wählt Reiff, Beiräte als Beratungs- und Führungsgremien bei schweizerischen Aktiengesellschaften, S. 6 ff.

[650] Vgl. dazu im einzelnen BGH, BB 1980, S. 546; Reiff, Beiräte als Beratungs- und Führungsgremien bei schweizerischen Aktiengesellschaften, S. 7, 10 ff., 55 ff.; Sigle, NZG 1998, S. 619 ff.; Voormann, Der Beirat im Gesellschaftsrecht, S. 6 ff.; Wälzholz, DStR 2003, S. 511, 513.

[651] Vgl. Natzel, Der aktienrechtliche Quasi-Konzern, S. 147; Reiff, Beiräte als Beratungs- und Führungsgremien bei schweizerischen Aktiengesellschaften, S. 7, 9 f.; Sigle, NZG 1998, S. 619; Voormann, Der Beirat im Gesellschaftsrecht, S. 6 ff., 46 ff.

zu begleiten, indem die Organe der Partnerunternehmen in einem Gremium gemeinsam eingebunden werden.[652]

Unabhängig von diesen Unterschieden, die Beiräte in der Praxis kennzeichnen, sind allen Modellen bestimmte Merkmale gemeinsam. Nach allgemeiner Ansicht handelt es sich um Gesellschaftsgremien, die von den Gesellschaftern einer Gesellschaft freiwillig, durch statutarische Regelung und ohne gesetzliche Anordnung gebildet werden.[653] Betrachtet man diese allgemeine Umschreibung des Terminus „Beirat", kann man ihn als Oberbegriff für alle Formen organexterner Führungsgremien verstehen. Dann wären die in der virtuellen Holding auftauchenden „Committees" eine spezielle Art von Beiräten. Eine derartige Subsumtion scheint aber nicht angebracht. Bezieht man die vorgenannten Unterscheidungsmerkmale ein, zeigt sich nämlich, dass sich die „klassischen" Beiräte sowohl von ihrer personellen Zusammensetzung als auch von den mit ihrer Einsetzung verfolgten Zielen und den Funktionen her von Committees in der virtuellen Holding unterscheiden. Beiräte sind häufig, wie vorstehend erwähnt, mit Gesellschaftern oder externen Beratern, Fachleuten, Kunden, eventuell auch mit Politikern oder Verbandsvertretern besetzt.[654] Sinn solcher Besetzungen ist, wie gleichfalls bereits gesagt, neben Marketing und Kontaktpflege das Einbeziehen externen Sachverstands oder das engere Einbinden der Gesellschafter in die Geschäftsführung.[655] Die Implementierung von Committees hat aber andere Gründe. Ihr Sinn liegt darin, Arbeitsablauf- und Entscheidungsprozesse zu optimieren. Die an der Geschäftsführung in der Gesellschaft ohnehin beteiligten Führungskräfte sollen sich in den Gremien gegenseitig beraten, informieren und

---

[652] Hoffmann-Becking, in: Münch. Hdb. GesR IV, § 29 Rn. 18; Natzel, Der aktienrechtliche Quasi-Konzern, S. 147; Sigle, NZG 1998, S. 619, 621; Voormann, Der Beirat im Gesellschaftsrecht, S. 6 ff.; Wälzholz, DStR, S. 511 f. m. w. N.

[653] Vgl. Konow, DB 1966, S. 332; Rutenfanz, NJW 1965, S. 238; Voormann, Der Beirat im Gesellschaftsrecht, S. 1. Für die Schweiz vgl. Reiff, Beiräte als Beratungs- und Führungsgremien bei schweizerischen Aktiengesellschaften, S. 5. Soweit die genannten Autoren den Begriff „fakultatives Organ" verwenden, ist dies zumindest für die deutsche Aktiengesellschaft wegen des Grundsatzes der Satzungsstrenge gemäß § 23 Abs. 5 AktG problematisch.

[654] Vgl. das Beispiel mit satirischem Unterton bei Sigle, NZG 1998, S. 619 einerseits und stellvertretend für die „prominente" Besetzung von Beiräten oder „Beraterkreisen" in großen deutschen Aktiengesellschaften andererseits: Deutsche Bank AG, Geschäftsbericht 2001, S. 201; RWE, Geschäftsbericht 2001, S. 138 f.

[655] Vgl. auch LG Köln, AG 1976, S. 329; Hoffmann-Becking, in: Münch. Hdb. GesR IV, § 29 Rn. 18.

die unternehmensinterne Zusammenarbeit koordinieren. Es geht also bei Committees darum, die verschiedenen Führungsebenen und Unternehmensbereiche rein geschäftsführungsintern zusammenzuführen, also ohne Gesellschafter und Dritte einzuschalten.[656]

II. Bereichsvorstände (Operating Committees)

Eine besondere Form organexterner Führungsgremien sind die so genannten „Bereichsvorstände".[657] Sie werden auf der Ebene der operativen Geschäftsleitung mit dem Ziel eingerichtet, die Unternehmensbereiche zu führen. Bereichsvorstände können sich personell unterschiedlich zusammensetzen. Von dieser Zusammensetzung hängt ihre hierarchische Stellung innerhalb der Führungsstruktur des Unternehmens ab. Zum einen können Bereichsvorständen ausschließlich Mitglieder des Vorstands der Aktiengesellschaft angehören, wobei man dann nicht von organexternen Gremien sprechen kann. Zum anderen können „Bereichsvorstände" sowohl mit Vorstandsmitgliedern als auch mit vorstandsexternen leitenden Angestellten besetzt sein. In beiden Fällen ist der Bereichsleiter Mitglied des Vorstands. Im Hinblick auf die Geschäftsverteilung im Vorstand bedeutet dies, dass zumindest einige Vorstandsmitglieder Unternehmensbereiche leiten und nicht (nur) Zentralbereiche. Merkmal einer solchen Führungsstruktur ist die personelle Verflechtung der obersten Führungsebene der Aktiengesellschaft, nämlich des Vorstands selbst, mit der ersten dem Vorstand nachgeordneten Führungsebene, den „Bereichsvorständen".[658] Eine dritte Möglichkeit liegt darin, die Leitung der operativen Unternehmensbereiche komplett auf das Management der dem Vorstand nachgeordneten Führungsebene zu übertragen. In diesem Fall gehören den Bereichsvorständen keine Mit-

---

[656] Vgl. oben § 3 A. II. 2. b) sowie die nachfolgenden Ausführungen.

[657] Bei der Deutsche Bank AG heißen die Bereichsvorstände „Operating Committees": Siehe oben § 3 A. II. 2. a).

[658] Vgl. Hoffmann-Becking, ZGR 1998, S. 497, 510; Schiessl, ZGR 1992, S. 64, 80; Schönbrod, Die Organstellung von Vorstand und Aufsichtsrat in der Spartenorganisation, S. 40 ff.; Wagner, Divisionalisierung in der unverbundenen Aktiengesellschaft und im Aktienkonzern, S. 19. Die Modelle der HVB Group und der Siemens AG entsprechen dieser Art einer personell vernetzten Führungsstruktur, bei der Vorstandsmitglieder die Leitung der Unternehmensbereiche wahrnehmen: Vgl. dazu ausführlich oben § 3 B. und C.

glieder des Vorstands der Aktiengesellschaft an. Der Bereichsvorstand kann entweder aus einer Person oder aus einem Leitungskollektiv bestehen.[659]

Primäre Aufgabe der Bereichsvorstände ist allerdings nicht die Beratung des Vorstands oder die Beteiligung im weiten Sinn an dessen Leitungsaufgaben. Bereichsvorständen obliegt die operative Geschäftsführung auf der Ebene der Unternehmensbereiche, auf der gerade keine Leitungsaufgaben wahrgenommen werden.[660] Die rechtlichen Fragen der Einrichtung von Bereichsvorständen betreffen insoweit allgemeine Fragen der Möglichkeiten zur Delegation von Befugnissen auf nachgeordnete Führungsebenen sowie Fragen des externen Auftretens als „Bereichsvorstand“, obwohl die Mitglieder des Gremiums keine Vorstandsmitglieder im Sinne des Aktiengesetzes sind.[661] Im Unterschied dazu geht es bei organexternen Leitungsgremien nach Vorbild von US-amerikanischen Committees um die Zulässigkeit der Einflussnahme solcher Gremien auf den Willensbildungsprozess des Vorstands und um die Möglichkeiten, Committees an den Vorstandsaufgaben zu beteiligen.[662] Mit anderen Worten sind Committees unter Umständen auch an der Führung des Gesamtunternehmens beteiligt, während Bereichsvorstände nur unternehmensbereichsspezifische Aufgaben wahrnehmen. Nachdem bereits geklärt ist, dass der Vorstand sich in der virtuellen Holding auf die strategische Führung, die Ressourcenallokation und die unternehmensinterne Überwachung sowie das Besetzen der Führungspositionen beschränken darf,[663] stellt sich die Anschlussfrage, inwieweit vorstandsexterne Personen an diesen Aufgaben beteiligt werden dürfen. Aus diesem Grund werden aktienrechtliche Probleme von Bereichsvorständen zunächst ausgeklammert und im Rahmen der Anforderungen an das Einrichten der Unternehmensbereiche behandelt.[664]

---

659 Vgl. Schönbrod, Die Organstellung von Vorstand und Aufsichtsrat in der Spartenorganisation, S. 42; Schwark, ZHR 142 (1978), S. 203, 217; Wagner, Divisionalisierung in der unverbundenen Aktiengesellschaft und im Aktienkonzern, S. 19.

660 Siehe oben § 5 B. VI. 3.

661 Siehe Hoffmann-Becking, ZGR 1998, S. 497, 510.

662 Vgl. Götz, ZGR 2003, S. 1, 11.

663 Siehe oben § 5 B. V.

664 Siehe unten § 8 D.

III. Funktionale Committees

Funktionale Committees oder Zentralabteilungen sind im Gegensatz zu den operativen Committees beziehungsweise Bereichsvorständen Teil der virtuellen Holding im engen Sinn, die als umfassende Klammer über den operativen Unternehmensbereichen steht. Die funktionalen Committees haben für den Vorstand Steuerungsfunktion, das heißt, der Vorstand steuert die Gesellschaft über funktionale Committees. Der Vorstand nimmt mit Hilfe funktionaler Committees also seine Führungs- und Aufsichtsfunktionen wahr.[665] Solche unternehmensbereichsübergreifenden funktionalen Committees sollen den Durchgriff der Ressourcenallokations-, Kontroll- und Risikomanagement-Funktionen verbessern. Die personelle Zusammensetzung solcher Gremien kann in gleicher Weise wie bei Bereichsvorständen erfolgen. Allerdings ist zu beachten, dass der Vorstand für die strategische Steuerung des Unternehmens, die Mittelverteilung und die unternehmensinterne Kontrolle verantwortlich ist und die funktionalen Committees insoweit den Vorstand bei seiner Aufgabenerledigung nur unterstützen.

Allgemein und insbesondere in der virtuellen Holding handelt es sich bei den genannten Bereichen um Leitungsaufgaben des Vorstands. Deshalb bietet es sich in der virtuellen Holding an, dass jeweils ein Mitglied des Vorstands den Vorsitz eines funktionalen Committees übernimmt und auf diese Weise die Committees teilweise mit Vorstandsmitgliedern besetzt werden.[666] Eine Besetzung der funktionalen Committees ausschließlich mit vorstandsexternen leitenden Angestellten mag, unabhängig von potentiellen aktienrechtlichen Problemen einer solchen Konstruktion, zwar denkbar, aus dem genannten Grund aber kaum zweckmäßig sein. Weil sich der Vorstand der Hilfe funktionaler Committees bedient, um seiner Leitungsverantwortung nachzukommen, wird die aktienrechtliche Zulässigkeit solcher Gremien nachfolgend näher zu untersuchen sein.

---

[665] Siehe Deutsche Bank AG, Geschäftsbericht 2001, S. 7, 10; dies., Geschäftsbericht 2002, S. 10.

[666] Das ist bei den funktionalen Committees der Deutsche Bank AG und bei den Zentralabteilungen der Siemens AG der Fall: vgl. Deutsche Bank AG, Geschäftsbericht 2002, S. 10, Siemens AG, Geschäftsbericht 2001, S. 148 f.

IV. Executive Committees

1. Executive Committees im US-amerikanischen Recht

In großen US-amerikanischen Unternehmen spielen Board-Ausschüsse (Board Committees) seit langem eine bei weitem größere Rolle als in Deutschland.[667] Die Einführung des Group Executive Committees bei der Deutsche Bank AG folgte dem Vorbild der Führungsstrukturen US-amerikanischer Unternehmen.[668] Aus diesem Grund lohnt sich ein kurzer Blick auf die Rahmenbedingungen des US-amerikanischen Rechts zu den Möglichkeiten, Executive Committees zu schaffen.

Die Einrichtung von Committees des Board of Directors ist in allen Bundesstaaten der USA zulässig. In älteren einzelstaatlichen Gesellschaftsrechtsgesetzen ist die Einrichtung von Committees an eine entsprechende ausdrückliche Erlaubnis in der Satzung der jeweiligen Gesellschaft gebunden. Der Revised Modell Business Corporation Act (R.M.B.C.A.) sowie neuere Gesetze erlauben die Implementierung von Committees dagegen generell, es sei denn, die Satzung enthält ausdrücklich entgegenstehende Bestimmungen.[669] Nach einigen Gesetzen muss die Mehrheit der Mitglieder des Boards die Einrichtung eines Committees beschließen, während nach anderen Vorschriften die Mehrheit der anwesenden Mitglieder („Quorum") des Boards erforderlich ist.[670] Die Mindestanzahl der Mitglieder eines Committees ist unterschiedlich geregelt. Nach einigen Vorschriften genügt ein Mitglied, teilweise sind mindestens zwei Ausschuss-

---

[667] Vgl. Hamilton, The Law of Corporations, § 10.10; Merkt, US-amerikanisches Gesellschaftsrecht, Rn. 502 mit Abb. 13 und weiteren Nachweisen in Fußnote 58; Solomon/Palmiter, Corporations, § 30.1.3.

[668] Büschemann, „Die Deutsche Bank und das Recht", Süddeutsche Zeitung vom 26.01.2002, S. 21; Götz, ZGR 2003, S. 1, 9; Potthoff, „Der Vorstand denkt – der Rest lenkt", Handelsblatt vom 01.02.2002, S. 2.

[669] § 8.25(a) R.M.B.C.A.; § 141(c) Del.Gen.Corp.L.; §§ 307(c), 311 Cal.Gen.Corp.L. Siehe auch Hamilton, Law of Corporations, § 10.10; Merkt, US-amerikanisches Gesellschaftsrecht, Rn. 502.

[670] Exemplarisch ist § 141(c) Del.Gen.Corp.L., der seit dem 1. Juli 1996 den Beschluss nicht mehr an eine absolute, sondern nur noch eine relative Mehrheit knüpft. Vgl. Welch/Turezyn, Folk on the Delaware General Corporation Law: Fundamentals, § 141.9. sowie allgemein Hamilton, Law of Corporations, § 10.10.

mitglieder erforderlich.[671] Die Tätigkeit der Committees steht grundsätzlich unter der Aufsicht des Board of Directors. Soweit sich aus den Articles oder Bylaws der Gesellschaft oder aus der Natur des Committees nichts anderes ergibt, sind die Form- und Verfahrensvorschriften für den Board of Directors auf die Ausschüsse sinngemäß anzuwenden.[672]

Aufgaben des Executive Committees sind die allgemeine Unternehmensleitung und die Vertretung des Board of Directors zwischen dessen Sitzungen. Normalerweise setzt sich das Executive Committee aus Inside Directors zusammen, die Executive Officers oder leitende Angestellte der Gesellschaft sind.[673] Das Executive Committee erledigt nicht nur verwaltungstechnische Aufgaben im Sinne der Vorbereitung und Ausführung von Beschlüssen des Board of Directors. Vielmehr übt es zwischen den Board-Sitzungen sämtliche Funktionen des Board of Directors aus, soweit sie dem Executive Committee zugewiesen sind. Dazu gehört auch das Treffen von Entscheidungen anstelle des Boards.[674] Gegenstand der gesellschaftsrechtlichen Diskussion in den USA war immer wieder die Frage, inwieweit die Möglichkeit zur Übertragung von Aufgaben des Boards an Committees beschränkt werden sollte. Einige ältere Gesetze ziehen den Befugnissen der Executive Committees recht enge Grenzen, um so genannten „Runaway Committees" vorzubeugen. Teilweise erlauben sie nur die Übertragung von Routineangelegenheiten an Committees.[675] Modernere Gesetze enthalten dagegen nur einen Katalog mit Ausnahmetatbeständen nicht an Committees übertragbarer Aufgaben.[676] Dieser Katalog reduziert die nicht übertragbaren Aufgaben auf drei Grundtypen. Erstens dürfen solche Entscheidungen nicht von Ausschüssen getroffen werden, die erheblich und mit ihrem Abschluss unwiderruflich in Aktionärsrechte eingreifen. Zweitens sind solche

---

[671] § 825(b) R.M.B.C.A.: mindestens zwei Mitglieder; § 141(c)(2) Del.Gen.Corp.L.: mindestens ein Mitglied. Hamilton, Law of Corporations, § 10.10.

[672] Merkt, US-amerikanisches Gesellschaftsrecht, Rn. 503.

[673] Hamilton, Law of Corporations, § 10.10.; Merkt, US-amerikanisches Gesellschaftsrecht, Rn. 504; Solomon/Palmiter, Corporations, § 30.1.3.

[674] § 141 (c) Del.Gen.Corp.L.; Hamilton, Law of Corporations, § 10.10; Merkt, US-amerikanisches Gesellschaftsrecht, Rn. 503. Vgl. auch American Law Institute, Principles of Corporate Governance: Analysis and Recommendations Volume 1, S. 113.

[675] Vgl. Hamilton, Law of Corporations, § 10.10; Merkt, US-amerikanisches Gesellschaftsrecht, Rn. 504.

[676] § 8.25(e) R.M.B.C.A.; § 141(c) Del.Gen.Corp.L.

Maßnahmen nicht delegierbar, die geeignet sind, mit sofortiger Wirkung vollendete Tatsachen schaffen. Drittens muss der Board auch über solche Aufgaben entscheiden, die geeignet sind, Rechtspositionen Dritter unabänderlich zu gefährden. Es dürfen mit anderen Worten also keine Entscheidungen auf ein Executive Committee übertragen werden, die der Board of Directors nicht mehr überstimmen oder aufheben beziehungsweise rückgängig machen kann.[677] Dazu gehören beispielsweise das Besetzen offener Stellen im Board, die Änderung der Articles oder Bylaws, die Vorlage von Beschlussvorschlägen, wenn der Beschluss der Zustimmung der Gesellschafter bedarf, die Genehmigung der Emission oder des Rückerwerbs von Anteilen sowie die Schaffung von Aktiengattungen und –serien.[678]

Neben den Executive Committees bestehen oftmals weitere Committees in US-amerikanischen Gesellschaften. Andere ständige Ausschüsse (Standing Committees) sind die so genannten „Overview Committees" wie insbesondere Kontroll- oder Prüfungsausschüsse (Audit Committees), Nominierungsausschüsse (Nominating Committees) und Gehaltsausschüsse (Compensation Committees). Außerdem werden neben den Standing Committees gelegentlich spezielle „Ad hoc Committees" gebildet. Im Gegensatz zu den ständigen Ausschüssen werden sie nur vorübergehend eingerichtet, um bei einzelnen Vorgängen oder Streitfällen zu vermitteln und zu entscheiden. Ad hoc Committees sind beispielsweise Prozess- oder Schiedsausschüsse (Litigation Committees), die über die Haltung der Gesellschaft zu Aktionärsklagen gegen das Management entscheiden, oder Übernahmeausschüsse (Takeover Committees), die über die Reaktion der Gesellschaft auf Übernahmeangebote entscheiden. Von den Standing Committees und den Ad hoc Committees mit Entscheidungsgewalt sind rein beratende Ausschüsse zu unterscheiden, die oft zumindest teilweise mit externen Personen besetzt werden. Diese Ausschüsse beraten das Management.[679] Diese beraten-

---

[677] Hamilton, Law of Corporations, § 10.10; Merkt, US-amerikanisches Gesellschaftsrecht, Rn. 503.

[678] § 8.25(e) R.M.B.C.A.; § 141(c) Del.Gen.Corp.L. Siehe auch Hamilton, Law of Corporations, § 10.10; Merkt, US-amerikanisches Gesellschaftsrecht, Rn. 503; Welch/Turezyn, Folk on the Delaware Corporation Law: Fundamentals, § 141.9.

[679] Siehe zum Ganzen Hamilton, Law of Corporations, § 10.10; Merkt, US-amerikanisches Gesellschaftsrecht, Rn. 503 ff.; Solomon/Palmiter, Corporations, § 30.1.3.

den Committees ähneln ihrer Funktion nach den Beiräten oder Beraterkreisen in deutschen Aktiengesellschaften.[680]

2. Das Group Executive Committee der Deutsche Bank AG

Das Group Executive Committee bildet den Kern der neuen Führungsstruktur der Deutsche Bank AG. Seine Funktion liegt in der Unterstützung des Konzernvorstands. Dem Group Executive Committee gehören die Mitglieder des Konzernvorstands als geborene und die Global Business Heads als gekorene Mitglieder an. Das Group Executive Committee tagt unabhängig von den Sitzungen des Konzernvorstands. Es berichtet dem Konzernvorstand laufend über die Geschäftsentwicklung und einzelne Vorgänge. Außerdem überprüft und analysiert es regelmäßig die Geschäftssegmente der Bank. Darüber hinaus erörtert das Group Executive Committee strategische Fragen mit dem Vorstand, berät diesen und bereitet Vorstandsentscheidungen vor. Dadurch sollen einerseits die Global Business Heads enger in die Steuerung des Konzerns eingebunden werden. Andererseits soll die strategische Führung durch Zuordnung funktionaler Verantwortlichkeiten an die Vorstandsmitglieder deutlicher vom operativen Management getrennt werden. Eigene Entscheidungen für den Vorstand trifft das Group Executive Committee nicht.[681]

Von seinen Aufgaben und seiner Zusammensetzung her ist das Group Executive Committee der Deutsche Bank AG durchaus mit den Executive Committees in US-amerikanischen Gesellschaften vergleichbar. Mitglieder des Group Executive Committee sind ausschließlich Vorstandsmitglieder und leitende Angestellte, also Mitglieder des Topmanagements der Bank. Es besteht jedoch ein wesentlicher Unterschied zwischen US-amerikanischen Executive Committees und dem Group Executive Committee bei der Deutschen Bank. Die Executive Committees in US-amerikanischen Gesellschaften nehmen zwischen den Vorstandssitzungen Aufgaben des Board selbst wahr und treffen für ihn Entscheidungen. So weit gehen die Kompetenzen des Group Executive Committee nicht.

---

[680] Siehe dazu oben § 7 B. I.

[681] Siehe oben § 3 A. II. 2. b) sowie Deutsche Bank, Corporate Governance Bericht 2002 und Grundsätze, S. 7. Aus der Presse zur neuen Führungsstruktur der Deutsche Bank AG siehe Potthoff, „Der Vorstand denkt – der Rest lenkt“, Handelsblatt vom 01.02..2002, S. 2; Wittkowski, „Kampagne gegen Ackermann“, Börsenzeitung vom 30.01.2002, S. 8.

Es informiert und berät lediglich den Vorstand und bereitet dessen Beschlussvorlagen vor.

V. Sonstige Gestaltungen

Abgesehen von den vorgenannten Möglichkeiten, organexterne Führungsgremien einzurichten, gibt es in der Unternehmenspraxis Gestaltungsformen für beratende, entscheidende oder für eine Gesellschaft tätige Gremien, die hier nicht abschließend dargestellt werden können. Einige Gestaltungsalternativen sollen allerdings noch kurz genannt werden.

Denkbar ist, dass Vorstand und Aufsichtsrat in einem Gremium gemeinsam tagen, das wie ein Board of Directors oder Verwaltungsrat agieren soll.[682] Eine solche Organisationsform ist rechtlich bedenklich, weil dem deutschen Aktienrecht kein monistisches, sondern ein dualistisches Führungsmodell zugrunde liegt, bei der der Vorstand die Gesellschaft leitet und der Aufsichtsrat die Geschäftsführung überwacht. Ein solches Gremium birgt die Gefahr, die aktienrechtlichen Zuständigkeiten zwischen Vorstand und Aufsichtsrat zu verwischen.

In Konzernen gibt es häufig Gremien, denen Aufgaben zukommen, die denen des Group Executive Committee gleichen, die aber anders besetzt werden. So können Ausschüsse, Präsidien, Direktorien oder Boards eingerichtet werden, denen Vorstandsmitglieder der Obergesellschaft, die gleichzeitig Aufsichtsratsmitglieder in Tochtergesellschaften sind, sowie Vorstandsmitglieder der jeweiligen Tochtergesellschaften angehören. Diese Gremien treffen dann sämtliche für die von den Tochtergesellschaften geführten Geschäftsbereiche wesentlichen Entscheidungen. Auch hier kann es allerdings zu Friktionen im Hinblick auf die Aufgabenverteilung und Entscheidungsverantwortung zwischen diesen Gremien sowie Vorständen und Aufsichtsräten kommen. Außerdem gibt es Leitungsgremien, die sich aus Organmitgliedern verschiedener Konzerngesellschaften zusammensetzen und auf einer rechtlich nicht verfassten Konzernebene Entscheidungen für eine Konzernsparte oder eine Gruppe mehrerer Kon-

---

682 Hoffmann-Becking, ZGR 1998, S. 497, 510 f.

zerngesellschaften treffen mit den gleichen Problemen für die Entscheidungs- und Haftungsverantwortung der Vorstände.[683]

C. Aktienrechtliche Anforderungen

I. Potentielle aktienrechtliche Friktionen

Die Einführung organexterner Führungsgremien nach dem Vorbild eines Executive Committees birgt die Gefahr aktienrechtlicher Friktionen in sich. Faktisch führt die Implementierung solcher Gremien dazu, dass die konventionellen Führungsstrukturen in deutschen Aktiengesellschaften durch aus dem angelsächsischen Raum stammende Corporate Governance-Strukturen überlagert werden.[684] Das deutsche Aktienrecht kennt solche Executive Committees nicht.

Dies ist von Bedeutung, weil zum einen die grundlegende Organisationsstruktur in der Aktiengesellschaft und die damit verbundene Kompetenzverteilung zwischen den Organen zum Wesen der Aktiengesellschaft gehört,[685] sowie zum anderen der sich aus § 23 Abs. 5 AktG ergebende Grundsatz der Satzungsstrenge berücksichtigt werden muss. Gemäß § 23 Abs. 5 S. 1 AktG kann die Satzung von den Vorschriften des Aktiengesetzes nur abweichen, wenn das Gesetz dies ausdrücklich zulässt. § 23 Abs. 5 S. 2 bestimmt, dass Ergänzungen in der Satzung nur zulässig sind, wenn das Gesetz keine abschließende Regelung enthält. Daraus ergibt sich bereits, dass der Organisation der Aktiengesellschaft recht enge Grenzen gezogen sind und sie deswegen der Disposition weitgehend entzogen ist. Die Zuständigkeitsordnung der Organe, deren Zusammensetzung und ihre interne Organisation sind zwingend geregelt. Die Vertragsfreiheit ist in dieser Hinsicht eingeschränkt.[686]

---

683 Hoffmann-Becking, ZGR 1998, S. 497, 511 f. Vgl. auch Keller, in: Lutter (Hrsg.), Holding-Handbuch, § 4 Rn. 103 ff.; Kort, in: Großkomm. AktG, Vor § 76 Rn. 21.

684 Götz, ZGR 2003, S. 1, 9 f. Vgl. aus der Tagespresse zur Weiterentwicklung der Führungsstrukturen bei der Deutsche Bank AG: Potthoff, „Der Vorstand denkt – der Rest lenkt", Handelsblatt vom 01.02.2002, S. 2.

685 Siehe dazu bereits oben § 4 B. III.

686 Vgl. Hüffer, AktG, § 23 Rn. 34 ff.; Kraft, in: Kölner Komm. AktG, § 23 Rn. 83 ff.; Röhricht, in: Großkomm. AktG, § 23 Rn. 167.

II. Aktienrechtliche Zulässigkeit organexterner Führungsgremien

Trotz dieser Bedenken sind organexterne Führungsgremien nach allgemeiner Ansicht nicht von vornherein aktienrechtlich unzulässig. Es ist vielmehr darauf abzustellen, wie solche Gremien konkret ausgestaltet werden.[687] Eine Stütze findet diese Auffassung im Gesetz. Aus § 285 Nr. 9 HGB, der von Beiräten und ähnlichen Einrichtungen spricht, folgt, dass der Gesetzgeber auch andere Gremien als die gesetzlich vorgesehenen Organe Vorstand, Aufsichtsrat und Hauptversammlung anerkennt und insoweit grundsätzlich als zulässig erachtet.[688] § 285 Nr. 9 HGB ist auch auf Aktiengesellschaften anwendbar. Das ergibt sich unmittelbar aus dem gesetzessystematischen Zusammenhang und der geschichtlichen Entwicklung der Norm. Erstens ist § 285 Nr. 9 HGB Teil des für Kapitalgesellschaften geltenden zweiten Abschnitts des Dritten Buches des Handelsgesetzbuches. Er gilt deshalb auch für Aktiengesellschaften, weil eine explizite oder konkludente ausnahmsweise Nichtanwendbarkeit der Norm auf Aktiengesellschaften nicht ersichtlich ist. Dies gilt umso mehr, als § 285 Nr. 9 HGB durch das Bilanzrichtliniengesetz vom 31. Dezember 1985 eingeführt worden ist und den bis dahin geltenden § 160 Abs. 3 Nr. 8 AktG abgelöst hat.[689] Zudem spricht das Aktiengesetz kein allgemeines Verbot solcher Gremien aus. Die Einrichtung von Beiräten und ähnlichen Führungsgremien in Aktiengesellschaften ist grundsätzlich zulässig und dürfte in vielen Fällen zweckmäßig sein. Dabei sind allerdings gewisse Grenzen zu berücksichtigen.

Die gesetzliche Zuständigkeitsverteilung zwischen den zwingend vorgeschriebenen Organen darf nicht verändert werden, weil § 23 Abs. 5 AktG zu beachten

---

[687] LG Köln, AG 1976, S. 329, 330 mit kritischer Anmerkung von Hommelhoff/Timm, AG 1976, S. 330 ff.; Geßler, in: Geßler/Hefermehl/Eckardt/Kropff, § 111 Rn. 92 ff.; Godin/Wilhelmi, AktG, § 95 Anm. 2; Götz, ZGR 2003, S. 1, 9 ff.; Henn, Handbuch des Aktienrechts, Rn. 524; Hoffmann-Becking, in: Münch. Hdb. GesR IV, § 29 Rn. 18 ff.; Kort, in: Großkomm. AktG, Vor § 76 Rn. 17 ff., § 76 Rn. 14 f.; Konow, DB 1966, S. 332 f.; Kraft, in: Kölner Komm. AktG, § 23 Rn. 85; Mertens, in: Kölner Komm. AktG, Vorb. § 76 Rn. 28; Pentz, in: Münch. Komm. AktG, § 23 Rn. 161; Röhricht, in: Großkomm. AktG, § 23 Rn. 190; Voormann, Der Beirat im Gesellschaftsrecht, S. 2, 24 f., 61 ff.; Wiesner, in: Münch. Hdb. GesR IV, § 19 Rn. 10.

[688] So im Ergebnis Kort, in: Großkomm. AktG, § 76 Rn. 14; Mertens, in: Kölner Komm. AktG, Vorb. § 76 Rn. 28; Voormann, Der Beirat im Gesellschaftsrecht, S. 2 mit Fußnote 7; Wiesner, in: Münch. Hdb. GesR, §19 Rn. 10.

[689] Siehe dazu Claussen/Korth, in: Kölner Komm. AktG, §§ 284-288 HGB, 160 AktG Rn. 106 sowie zu § 160 Abs. 3 Nr. 8 in der alten Fassung Godin-Wilhelmi, AktG, § 160 Anm. 12.

ist. Ein organexternes Führungsgremien, etwa ein Executive Committee, darf den Organen auch keine gesetzlichen Aufgaben entziehen. Aus diesem Grund kann ein organexternes Führungsgremium nur über die gesetzlichen Pflichtaufgaben der Organe, in der hier interessierenden Konstellation vornehmlich solche des Vorstands, hinausgehende Aufgaben wahrnehmen oder die gesetzlichen Organe bei deren Aufgabenerfüllung unterstützen und beraten. Das bedeutet, dass, von den aufgrund gesetzlicher Zuweisung nicht delegierbaren Aufgaben abgesehen, organexternen Führungsgremien beliebige Aufgaben und Entscheidungskompetenzen zugewiesen werden können. Die Aufgabenzuweisung darf aber weder die Vorstands-, Aufsichtsrats- und Hauptversammlungszuständigkeiten untergraben noch das Organ durch ein organexternes Gremium ersetzen. Die Funktionsfähigkeit der Organe selbst darf deshalb nicht beeinträchtigt werden. Im Interesse von Minderheitsgesellschaftern und Dritten muss erkennbar bleiben, welches Organ für welche Maßnahme verantwortlich ist.[690] Zwingender Natur und deshalb ebenfalls nicht abweichend vom Gesetz regelbar sind ferner die Vorschriften über die Zusammensetzung der Organe und deren innere Organisation.[691] Gesetzlich nicht vorgeschrieben und deshalb grundsätzlich beliebig regelbar ist dagegen die innere Zusammensetzung und Organisation der organexternen Führungsgremien.

Diese allgemeinen aktienrechtlichen Grenzen gelten für alle organexternen Führungsgremien in der Aktiengesellschaft. Innerhalb dieser Grenzen können Executive Committees, Funktionale Committees und sonstige Führungsgremien eingerichtet und ihnen Kompetenzen übertragen werden.

---

[690] Siehe zum Ganzen Geßler, in: Geßler/Hefermehl/Eckardt/Kropff, § 111 Rn. 94; Godin/Wilhelmi, AktG, § 95 Anm. 2; Hoffmann-Becking, in: Münch. Hdb. GesR IV, § 29 Rn. 19; Hüffer, AktG, § 23 Rn. 38; Konow, DB 1966, S. 332, 333; Kort, in: Großkomm. AktG, Vor § 76 Rn. 17; Mertens, in: Kölner Komm. AktG, Vorb. § 76 Rn. 28; Röhricht, in: Großkomm. AktG, § 23 Rn. 190; Voormann, Der Beirat im Gesellschaftsrecht, S. 24 f., 61, 76.

[691] Hüffer, AktG, § 23 Rn. 36; Kort, in: Großkomm. AktG, Vor § 76 Rn. 17. Zur Binnenorganisation des Vorstands siehe bereits oben § 6.

III. Kompetenzen organexterner Führungsgremien

1. Leitung der Gesellschaft

a) Entscheidungs-, Weisungs- und Zustimmungskompetenzen

Werden organexterne Führungsgremien eingerichtet, die den Vorstand bei dessen Arbeit unterstützen und entlasten oder sogar Vorstandsaufgaben übernehmen sollen, ist es denkbar, sie an der Leitung der Gesellschaft zu beteiligen. Dies kann einerseits zu einem Überschneiden der Aufgaben und Kompetenzen des Vorstands und des zusätzlichen Gremiums führen mit der Folge, dass beide gewissermaßen „nebeneinander" teilidentische Aufgaben erledigen. Andererseits könnten dem organexternen Führungsgremium aber auch, zumindest teilweise, Aufgaben oder Kompetenzen des Vorstands übertragen werden mit der Folge, dass der Vorstand diesen nicht mehr nachkommt.[692] Beide Alternativen sind aktienrechtlich problematisch, weil die Leitungsaufgaben des Vorstands nicht delegierbar sind und in die alleinige Zuständigkeit des Gesamtvorstands fallen. Welche Aufgaben ein organexternes Führungsgremium selbst wahrnehmen darf und inwieweit es den Vorstand bei dessen Aufgabenerledigung unterstützen darf, ist folglich in erster Linie an der Leitungsmacht des Vorstands zu messen.[693]

Leitungsverantwortung des Vorstands ist Entscheidungs- und Überwachungsverantwortung. Eine Übertragung dieser Verantwortung auf Dritte ist aktienrechtlich unzulässig.[694] Der Vorstand darf sich seiner Leitungsmacht nicht entäußern, indem er sich bei Ausübung seiner Leitungsaufgaben von Dritten abhängig macht. Das gesetzliche Organisationsgefüge der Aktiengesellschaft muss erhalten bleiben. Dies erfordert im Hinblick auf die Stellung des Vorstands, dass einem organexternen Führungsgremium keine Aufgaben und Kompetenzen zulasten des Vorstands eingeräumt werden dürfen.[695] Das bedeutet, dass ein organexternes Führungsgremium Leitungsentscheidungen nicht selbst

---

[692] Siehe Kort, in: Großkomm. AktG, § 76 Rn. 14.

[693] Ähnlich Götz, ZGR 2003, S. 1, 11.

[694] Siehe oben § 5 B. V.

[695] Götz, ZGR 2003, S. 1, 11; Hoffmann-Becking, in: Münch. Hdb. GesR IV, § 29 Rn. 19; Hommelhoff/Timm, AG 1976, S. 330, 331; Mertens, in: Kölner Komm. AktG, Vorb. § 76 Rn. 28; Voormann, Der Beirat im Gesellschaftsrecht, S. 76.

treffen darf. Diese Aufgabe obliegt zwingend dem Gesamtvorstand.[696] In der virtuellen Holding gehört auch die Überwachung der ordnungsgemäßen Ausübung von durch den Vorstand auf nachgeordnete Führungsebenen delegierten Zuständigkeiten zu den Leitungsaufgaben. Allerdings hat der Vorstand insoweit nur für die Einrichtung eines funktionierenden Überwachungssystems zu sorgen sowie dafür, dass er laufend, unverzüglich und umfassend über mögliche negative Entwicklungen in den Unternehmensbereichen informiert wird.[697] Auch diese Zuständigkeit darf der Vorstand nicht auf ein organexternes Führungsgremium übertragen.

Unzulässig ist aber nicht nur die vollständige, sondern bereits eine teilweise Übertragung der Leitungsverantwortung. Ein „Nebeneinander" zweier Gremien, die sich die Leitungsverantwortung teilen, verstößt gegen das geltende Aktienrecht. Selbst wenn es möglich ist, die Leitungsaufgaben faktisch auf verschiedene Gremien zu verteilen, ist ein solches „Aufsplitten" rechtlich unzulässig. Leitungsverantwortung ist Gesamtverantwortung des Vorstands und in keiner Weise delegierbar. Im Interesse der Aktionäre und der Gläubiger muss erkennbar bleiben, welches Organ für welche Maßnahme verantwortlich ist.[698] Könnte der Vorstand seiner Leitungsmacht nicht mehr autonom nachkommen, wäre diese Voraussetzung nicht erfüllt, weil nicht mehr transparent wäre, inwieweit der Vorstand seiner (Selbst-)Verantwortung noch nachkommen kann. Das Gleiche gilt für etwaige Weisungsbefugnisse, die einem organexternen Führungsgremium, gleich in welcher Weise, gegenüber dem Vorstand eingeräumt werden und für Vorbehalte dergestalt, dass das Gremium Entscheidungen des Vorstands zustimmen müsste. Jegliche Eingriffe in die Entscheidungsfreiheit des Vorstands sind unzulässig. Eigenverantwortliches Handeln einerseits und die Entgegennahme von Weisungen beziehungsweise Zustimmungsvorbehalte andererseits schließen sich begrifflich aus.[699] Ein organexternes Führungsgremium darf dem Vorstand bei der Leitung der Gesellschaft demnach keine Weisungen erteilen. Ebenso dürfen Leitungsentscheidungen des Vorstands nicht von der Zu-

---

[696] Vgl. Götz, ZGR 2003, S. 1, 11; Voormann, Der Beirat im Gesellschaftsrecht, S. 77.

[697] Vgl. schon oben § 4 B. IV. !. b) cc), § 5 B. V. 3. b) aa) und § 6 B. III.

[698] Vgl. Voormann, Der Beirat im Gesellschaftsrecht, S. 76.

[699] Hommelhoff/Timm, AG 1976, S. 330, 331; Immenga, ZGR 1977, S. 249, 266 f.; Voormann, Der Beirat im Gesellschaftsrecht, S. 77.

stimmung durch ein organexternes Führungsgremium abhängig gemacht werden.

Fraglich ist, ob etwas anderes gilt, wenn sämtliche Vorstandsmitglieder zugleich Mitglieder des organexternen Führungsgremiums sind.[700] In diesem Fall läge nämlich keine Delegation von Leitungsaufgaben im eigentlichen Sinn vor, weil dem Gremium ohnehin alle Vorstandsmitglieder angehören und über sämtliche Fragen mitentscheiden. Maßgeblich ist aber Folgendes. Eine Verlagerung von Leitungskompetenzen auf ein organexternes Führungsgremium hätte zur Folge, dass auch Personen, die dem Vorstand nicht angehören, in der Regel die Unternehmensbereichsleiter, an der Leitung des Unternehmens beteiligt wären. Dadurch wäre eine eigenverantwortliche Leitung durch den Vorstand nicht mehr gewährleistet, weil seine Entscheidungen im Ergebnis doch der Zustimmung Dritter unterlägen und rechtliche Abhängigkeiten entstünden. Etwas anderes gilt auch dann nicht, wenn die Vorstandsmitglieder in dem Gremium eine Stimmenmehrheit hätten. Auch in diesem Fall wäre eine autonome Entscheidung durch den Vorstand nicht gewährleistet. Es wäre nämlich möglich, dass Entscheidungen gegen eine Vorstandsmehrheit zustande kommen, wenn eine Minderheit der Vorstandsmitglieder gemeinsam mit vorstandexternen Mitgliedern gegen die Vorstandsmehrheit entscheidet.

Erforderlich ist, dass der Vorstand immer autonom über Leitungsangelegenheiten beschließen kann, ohne dem Einfluss Dritter zu unterliegen. Denkbar ist vor diesem Hintergrund allenfalls ein Abstimmungsmodus, der die Wirksamkeit einer Entscheidung des Gremiums stets von der Zustimmung der erforderlichen Mehrheit des Vorstands abhängig macht. Es ist zu überlegen, ob man auch eine solche Konstellation als aktienrechtswidrig ansehen muss, weil bereits ein Stimmrecht vorstandsexterner Personen in Leitungsfragen diesen Personen einen den Vorstandsmitgliedern vergleichbaren Einfluss ohne entsprechende Verantwortung gewährt.[701] Ein derartiges Stimmrecht ist jedoch kein echtes Mitbestimmungsrecht, sondern allenfalls eine Form der mittelbaren Einflussnahme auf den Beschluss der Vorstandsmitglieder. Wenn diese Einflussnahme wegen der Möglichkeit zur Stimmabgabe auch in gewisser Weise institutionalisiert ist, fehlt es dennoch an einem rechtlich wirksamen Einfluss auf die Leitungsentscheidung des Vorstands selbst. Solange der Vorstand mit eigener Mehrheit ü-

---

[700] So wie etwa dem Group Executive Committee der Deutsche Bank AG.

[701] Siehe hierzu Götz, ZGR 2003, S. 1, 12.

ber die Fragen beschließt, haben die übrigen Mitglieder des Committees kein eigenes echtes Stimmrecht. Fehlt es aber an einem „echten“ Stimmrecht und somit an einem rechtlich wirksamen Einfluss, ist ein mit Mehrheitsentscheidung des Vorstands ausgestattetes organexternes Führungsgremium nicht zu beanstanden.

Ein bloß mittelbarer, faktischer Einfluss auf die Beschlüsse des Vorstands ist auch in anderer Weise möglich und – außerhalb von organexternen Führungsgremien – üblich, etwa wenn der Vorstand Expertisen von Dritten, zum Beispiel von Rechtsanwälten, Wirtschaftsprüfern, Steuer- oder Unternehmensberatern, einholt. Der Vorstand ist bei vielen Fragen auf den sachverständigen Rat Dritter angewiesen, um seine Leitungsentscheidungen zu treffen. Deshalb ist auch ein „unechtes“ Stimmrecht unternehmensinterner Dritter in Leitungsfragen nicht zu beanstanden, weil es im Ergebnis nur deklaratorischen Charakter hat und rechtlich unverbindlich ist. Eine darüber hinaus gehende Einflussnahme durch echte Stimmrechte kann vorstandsexternen Personen auch in einem Committee in Leitungsfragen aber nicht eingeräumt werden, weil sonst die eigenverantwortliche Leitungspflicht des Vorstands gemäß § 76 Abs. 1 AktG nicht mehr gewährleistet wäre.

Die Übertragung zur Leitungsmacht gehörender Entscheidungsbefugnisse oder das Einräumen von Weisungs- oder Zustimmungsrechten bei Leitungsentscheidungen würde außerdem nicht nur gegen § 76 Abs. 1 AktG verstoßen, sondern auch die zwingende Kompetenz des Aufsichtsrats zur Besetzung des Vorstands gemäß § 84 Abs. 1 und Abs. 3 AktG untergraben.[702] Eine solche Übertragung würde dem Aufsichtsrat nämlich die Möglichkeit nehmen, über die Personalpolitik die Unternehmenspolitik zu beeinflussen, weil die personelle Besetzung der nachgeordneten Führungsebenen nicht in die Zuständigkeit des Aufsichtsrats fällt. Auch aus diesem Grund ist eine Übertragung der Leitungsaufgaben auf ein organexternes Führungsgremium aktienrechtlich unzulässig. Dies gilt in gleicher Weise für Zustimmungsvorbehalte oder Weisungsrechte, da auch dadurch eine autonome Wahrnehmung der Leitungsverantwortung durch den Vorstand nicht mehr gewährleistet wäre.

---

[702] Siehe dazu bereits oben § 4 B. IV. 2. d).

b) Unterstützung des Vorstands

Allerdings ist es über die vorgenannten „unechten" Stimmrechte hinaus nicht völlig ausgeschlossen, organexterne Führungsgremien an den Leitungsaufgaben des Vorstands zu beteiligen, wenn sich deren Kompetenzen innerhalb der aufgezeigten zwingenden Grenzen halten und die Organstellung des Vorstands nicht beeinträchtigt wird. So können die Vorbereitung und die Ausführung von Leitungsaufgaben auf organexterne Führungsgremien, wie etwa Funktionale Committees, übertragen werden. Dies ist grundsätzlich unproblematisch, weil es sich ohnehin um delegierbare Aufgaben handelt.[703] In der Praxis ist aber auch die Unterstützung des Vorstands durch Dritte im Vorfeld und im Nachgang von Leitungsentscheidungen unumgänglich, etwa durch allgemeine Diskussion und Information oder durch spezielle Beratung in Einzelfragen, um sich eine sachgerechte Meinung bilden zu können. Das hat selbstverständlich zur Folge, dass der Vorstand bis zu einem gewissen Grad bei der Ausübung seiner Leitungsmacht durch Dritte beeinflusst wird. Es erscheint deshalb zulässig, dass eine derartige Diskussion und Beratung auch in einem gemischt besetzten Führungsgremium wie dem Executive Committee stattfindet.

Kort sieht auch bei vorstandsunterstützenden Gremien die Gefahr, „dass ein solches Gremium über die bloße Unterstützung des Vorstands hinaus de facto dessen Aufgaben und Befugnisse übernimmt, insbesondere Leitungs- und Geschäftsführungsaufgaben entgegen §§ 76 und 77 AktG selbständig wahrnimmt."[704] Die Gefahr einer faktischen Beeinträchtigung der Leitungsverantwortung des Vorstands macht ein organexternes Führungsgremium jedoch nicht schon aktienrechtlich unzulässig. Anderenfalls wäre jede Einflussnahme durch ein beratendes Gremium auf den Vorstand rechtswidrig. Dabei würde sogar das Paradoxon auftreten, dass die Rechtswidrigkeit umso stärker wäre, je größer und intensiver die Beratung wäre und aufgrund aller Erfahrung festzustellen ist, dass die externe Einflussnahme dann am stärksten ist, wenn die Beratung am besten ausfällt. Würde man den Bedenken von *Kort* folgen, könnte sich der Vorstand nie der Hilfe Dritter bedienen, um seine Leitungsentscheidungen zu treffen. Dies kann nicht im Interesse eines Unternehmens liegen, denn der Vorstand kann seiner Leitungsverantwortung nur angemessen nachkommen, wenn er sich eine sachgerechte Meinung bilden kann. Dazu benötigt er möglichst um-

---

[703] Siehe oben § 5 B. V.

[704] Kort, in: Großkomm. AktG, § 76 Rn. 15.

fassende Informationen aus den verschiedenen Bereichen des Unternehmens und Rat von Personen, die in den zu entscheidenden Fragen eine größere Sachkenntnis haben. Eine größere Sachkenntnis haben oftmals die Leiter der Unternehmensbereiche, weil sie „näher am Markt“ sind und deshalb bessere Kunden-, Produkt- und Marktkenntnisse haben. Es ist deshalb nicht nur lebensfremd, sondern auch nicht interessengerecht, schon bei Vorliegen einer Gefahr der faktischen Beeinträchtigung des Vorstands die Einrichtung eines organexternen Führungsgremiums für unzulässig zu halten.

Aktienrechtlich unzulässig wird ein organexternes Führungsgremium, das den Vorstand bei dessen Leitungsaufgaben unterstützt, erst dann, wenn faktische Beeinträchtigungen der Leitungsmacht, wie oben ausgeführt, rechtlich relevante Auswirkungen auf die Funktion des Vorstands haben.[705] Denn erst die Beeinträchtigung der Funktion als Leitungsorgan führt zu einer Gefährdung der Interessen des Unternehmens, der Gläubiger und der Aktionäre, weil dadurch die Verantwortlichkeiten in der Gesellschaft verwischt würden. Zu unpräzise ist deshalb auch die These, der Vorstand dürfe sich in der Ausübung seiner Leitungsmacht nicht von organexternen Führungsgremien abhängig machen.[706] Tatsächlich muss sich der Vorstand nämlich von der Beratung durch Dritte abhängig machen, um seiner Leitungsverantwortung im besten Sinne und zum Wohl des Unternehmens nachkommen zu können. Gerade in Großunternehmen kann der Vorstand sich weder alle notwendigen Informationen selbst besorgen, noch das erforderliche Know-how selbst aneignen. Er ist auf externe Beratung angewiesen. Diese externe Beratung kann selbst verständlich auch durch ein anderes Führungsgremium erfolgen. Der Vorstand darf sich bei Ausübung seiner Leitungsmacht nur nicht insoweit von einem organexternen Führungsgremium abhängig machen, als er die Leitungsentscheidungen nicht mehr selbst ohne bestimmenden Einfluss von außen treffen kann. Eigenverantwortliche Leitung bedeutet insofern, dass keine Abhängigkeit von Weisungen durch andere Gremien und keine Zustimmungserfordernisse zugunsten anderer Gremien bestehen dürfen. Das hat gleichzeitig zur Folge, dass der Vorstand für seine Entscheidungen selbst verantwortlich ist und nicht darauf verweisen kann, andere

---

[705] Hommelhoff/Timm, AG 1976, 330, 331 stellen auf die Beeinträchtigung der Organfunktion ab, differenzieren allerdings nicht zwischen rechtlichen und bloßen faktischen Beeinträchtigungen.

[706] Mertens, in: Kölner Komm. AktG, Vorb. § 76 Rn. 28 zur Zulässigkeit von Beiräten.

wären an der Entscheidung beteiligt gewesen.[707] Eine bloß faktische Beeinträchtigung der Leitungsverantwortung durch Einbindung organexterner Führungsgremien führt folglich nicht zur aktienrechtlichen Unzulässigkeit solcher Gremien. Aktienrechtlich unzulässig sind vielmehr nur rechtlich relevante Beeinträchtigungen der Leitungsverantwortung des Vorstands.

c) Leitungsverantwortung und einzelne übertragbare Aufgaben

Problematisch könnte es sein, einem organexternen Führungsgremium die Aufgabe zu übertragen, die Unternehmensbereiche und ihre Portfolien systematisch und regelmäßig zu kontrollieren und zu überprüfen.[708] Die Unternehmenskontrolle ist ein Teil der nicht delegierbaren originären Führungsfunktionen. Sie gehört zu den Leitungsaufgaben des Vorstands und hat gerade in der virtuellen Holding, in der das gesamte operative Management an die einzelnen Unternehmensbereiche delegiert wird, eine herausgehobene Bedeutung. Aus diesem Grund kommt eine vollständige oder teilweise Übertragung nach Maßgabe der zuvor aufgestellten Grundsätze nicht in Betracht. Trotzdem ist es nicht ausgeschlossen, die Durchführung der Überwachung beispielsweise auf ein Executive Committee oder ein Risk Committee zu übertragen. Die Überwachung durch ein Committee darf nur nicht als eigenständige Wahrnehmung der Leitungsaufgabe erfolgen, sondern als den Vorstand unterstützende Tätigkeit. Mit anderen Worten darf das organexterne Führungsgremium die Unternehmensbereiche nicht anstelle des Vorstands kontrollieren. Es hat ihn dabei nur zu unterstützen.

Das bedeutet konkret, dass alle mit Überwachung zusammenhängenden ausführenden Tätigkeiten vorstandsexternen Gremien übertragen werden können. Dazu gehört auch, dass ein solches Gremium mit der Organisation und Durchführung des Kontroll- und Berichtssystems betraut werden kann. Der Vorstand selbst muss dabei die Rahmenbedingungen vorgeben, wie Kontrolle, Überprüfung und Berichtswesen einzurichten und auszuführen sind. § 91 Abs. 2 AktG statuiert insoweit nur die Pflicht des Vorstands, ein Risikoüberwachungssystem einzurichten, nicht aber auch die Risikoüberwachung selbst durchzuführen.[709]

---

[707] Zu haftungsrechtlichen Fragen der Beteiligung organexterner Führungsgremien an Vorstandsaufgaben siehe unten § 9 C.

[708] Dies gehört unter anderem zu den Aufgaben des Group Executive Committee der Deutsche Bank AG: Siehe oben § 3 A. II. 2. b).

[709] Vgl. Hüffer, AktG, § 91 Rn. 6 ff.; Picot, in: Lange/Wall, Risikomanagement nach dem KonTraG, § 1 Rn. 37 ff.

Die Einrichtung eines solchen Systems ist die wesentliche Aufgabe, die dem Vorstand im Vorfeld der Unternehmenskontrolle zukommt. Darüber hinaus muss zum einen gewährleistet sein, dass der Vorstand laufend und rechtzeitig über Vorfälle in den Unternehmensbereichen informiert wird, um Entscheidungen, die für die Unternehmensleitung relevant sind, selbst treffen zu können. Zum anderen hat der Vorstand ständig die Einhaltung seiner Vorgaben und Richtlinien für die interne Unternehmenskontrolle zu überwachen und außerdem die Richtigkeit und Effizienz der Richtlinien und des Kontrollsystems kritisch zu überprüfen und bei Mängeln gegebenenfalls zu korrigieren. Es gelten also die gleichen Grundsätze wie bei der Delegation der internen Unternehmenskontrolle auf einen Vorstandsausschuss.[710] Die teilweise Übernahme der unternehmensinternen Überwachung durch ein organexternes Führungsgremium ist deshalb zulässig, wenn die abschließende Entscheidungsverantwortung beim Vorstand bleibt und eine ausreichende Informationsversorgung des Vorstands gewährleistet ist. In diesem Fall macht sich der Vorstand bei der Ausübung seiner Leitungsmacht zwar faktisch von einem anderen Gremium abhängig, rechtlich bleibt aber die Verantwortung bei ihm. Aktienrechtlich unzulässig ist die Beteiligung an Leitungsaufgaben deshalb nur, wenn sie zu einer rechtlichen Abhängigkeit des Vorstands führt.

Diese Grundsätze gelten auch für sonstige Tätigkeiten, die koordinierenden, entscheidungsvorbereitenden oder –ausführenden Charakter hinsichtlich der Leitungsaufgaben des Vorstands haben. Solche Funktionen können organexterne Führungsgremien übernehmen, solange die eigentlichen Führungsfunktionen nach wie vor ausschließlich durch den Vorstand selbst wahrgenommen werden. In diesem Zusammenhang ist zu beachten, dass die Delegation der Vorbereitung und Ausführung von Leitungsentscheidungen des Gesamtvorstands an einzelne Vorstandsmitglieder, -ausschüsse oder an vorstandsexterne Personen aktienrechtlich zulässig ist.[711] Es ist bereits darauf hingewiesen worden, dass Vorstände gerade in Großunternehmen auf eine arbeitsteilige flexible Organisation angewiesen sind, um ihren eigentlichen Leitungsaufgaben effektiv nachkommen zu können und deshalb dem Bedürfnis nach Flexibilität rechtlich möglichst wenig Hindernisse bereitet werden sollten.[712] Insoweit bestehen im Hinblick auf

---

[710] Siehe dazu oben § 6 C. III.

[711] Siehe oben § 5 B. V. sowie Hoffmann-Becking, ZGR 1998, S. 497, 508; Schiessl, ZGR 1992, S. 64, 78; Semler, Leitung und Überwachung der Aktiengesellschaft, Rn. 24.

[712] Siehe auch Martens, in: Festschrift Hans-Joachim Fleck (1988), S. 191, 193, 206.

die Übertragung solcher koordinierender, vorbereitender und ausführender Tätigkeiten im Zusammenhang mit Leitungsaufgaben auf organexterne Führungsgremien keine prinzipiellen aktienrechtlichen Bedenken. Dies gilt erst recht, wenn dem Gremium nach dem Vorbild eines Executive Committee sämtliche Vorstandsmitglieder angehören, da in diesem Fall die unmittelbare Einbindung des gesamten Vorstands gewährleistet ist. Das Gremium darf sich nur nicht zum eigentlichen Leitungsorgan entwickeln, das den Vorstand bei seiner Entscheidungsfindung bindet oder ersetzt.

Deshalb ist es mit der Leitungsverantwortung des Vorstands vereinbar, wenn ein vorstandsexternes Führungsorgan koordinierende, entscheidungsvorbereitende und -ausführende Funktionen für den Vorstand wahrnimmt. Zu den Aufgaben eines solchen Gremiums kann auch die systematische Kontrolle und Überprüfung der Unternehmensbereiche und ihrer Portfolien gehören, wenn der Vorstand zuvor Richtlinien erlassen hat, wie die Überwachung durchzuführen ist und die Einhaltung der Richtlinien und des Verfahrens gewährleistet ist. Ebenso verstößt es nicht gegen die Leitungsmacht des Vorstands, wenn ein organexternes Führungsgremium den Vorstand über strategische Weichenstellungen berät und dessen Entscheidungen vorbereitet.[713]

2. Geschäftsführung

Geschäftsführung ist jedes Handeln (des Vorstands) für die Gesellschaft, unabhängig davon, ob es sich um Tätigkeiten tatsächlicher oder rechtsgeschäftlicher Art handelt und ob die Tätigkeiten sich nur auf das Innen- oder auch auf das Außenverhältnis beziehen.[714] Zur Geschäftsführung gehört nicht nur das Handeln einzelner Vorstandsmitglieder einschließlich der Ausführung der durch den Vorstand getroffenen Beschlüsse, sondern auch die Willensbildung innerhalb des Vorstands.[715] Die Geschäftsführungsbefugnis liegt beim Vorstand. Das ergibt sich aus §§ 76, 78 und 82 Abs. 2 AktG und wird in § 77 Abs. 1 AktG

---

[713] Zur Vereinbarkeit von Beratungstätigkeiten durch organexterne Führungsgremien mit der Beratungszuständigkeit des Aufsichtsrats siehe unten § 7 C. III. 3.

[714] Hefermehl, in: Geßler/Hefermehl/Eckardt/Kropff, § 77 Rn. 1; Hüffer, AktG, § 77 Rn. 1; Kort, in: Großkomm. AktG, § 77 Rn. 3; Mertens, in: Kölner Komm. AktG, § 77 Rn. 2; Wiesner, in: Münch. Hdb. GesR IV, § 22 Rn. 1. Zum Begriff der Geschäftsführung und dessen Abgrenzung zum Leitungsbegriff siehe auch oben § 4 B. IV. 1. a) bb).

[715] Kort, in: Großkomm. AktG, § 77 Rn. 5; Mertens, in: Kölner Komm. AktG, § 77 Rn. 4.

vorausgesetzt.[716] Im Unterschied zur Vorschrift des § 76 Abs. 1 AktG besagt § 77 Abs. 1 AktG aber nichts über eine Pflicht des Vorstands, Geschäftsführungsaufgaben wahrzunehmen, sondern regelt nur das „rechtliche Dürfen".[717] Die zur Beteiligung organexterner Führungsgremien an der Leitung der Gesellschaft angestellten Überlegungen werfen die Frage auf, ob für die Möglichkeiten, solche Gremien an Geschäftsführungsaufgaben zu beteiligen, ähnlich restriktive Grundsätze gelten.

a) Hilfsfunktionen und einzelne Geschäfte

Unbedenklich ist die Delegation koordinierender, vorbereitender und ausführender Tätigkeiten im Rahmen der Geschäftsführung des Vorstands auf organexterne Führungsgremien wie etwa Funktionale oder Executive Committees. Hier gilt nichts anderes als bei der Unterstützung des Vorstands im Rahmen der Leitung der Gesellschaft. Die alleinige und letztverantwortliche Kompetenz zur Entscheidung über Geschäftsführungsangelegenheiten bleibt nämlich beim Vorstand. Deshalb wird durch die Beteiligung organexterner Führungsgremien an solchen Hilfstätigkeiten nicht in unzulässiger Weise in die Geschäftsführungsbefugnis des Vorstands eingegriffen. Es entstehen insoweit lediglich faktische Abhängigkeiten des Vorstands, die keine rechtliche Beeinträchtigung seiner ihm gesetzlich zugewiesenen Kompetenzen zur Folge haben.[718]

Allerdings ist nicht nur die unterstützende Beteiligung organexterner Führungsgremien an Geschäftsführungsaufgaben zulässig, sondern auch die Übertragung einzelner Geschäfte auf ein solches Gremium.[719] Insoweit können die Grundsätze zur Beteiligung des Aufsichtsrats an einzelnen Geschäftsführungsmaßnah-

---

[716] Hüffer, AktG, § 77 Rn. 5; Kort, in: Großkomm. AktG, § 77 Rn. 6; Mertens, in: Kölner Komm. § 77 Rn. 6.

[717] Hefermehl, in: Geßler/Hefermehl/Eckardt/Kropff, § 77 Rn. 1; Hüffer, AktG, § 77 Rn. 3; Mertens, in: Kölner Komm. AktG, § 77 Rn. 2; Wiesner, in: Münch. Hdb. GesR IV, § 22 Rn. 2.

[718] Vgl. auch oben § 7 C. III. 1. b).

[719] Die Frage, ob einem organexternen Führungsgremium die gesamte Geschäftsführung übertragen werden kann, wird an dieser Stelle nicht näher behandelt, weil sie eher die Kompetenzen Operativer Committees beziehungsweise der Unternehmensbereichsleitungen betrifft und weniger die Kompetenzen eines organexternen Führungsgremiums nach dem Vorbild Funktionaler Committees oder Executive Committees, die den Vorstand bei dessen Aufgabenerledigung und Willensbildung unmittelbar unterstützen. Siehe dazu aber unten § 8 B.

men herangezogen werden.[720] In der Übertragung einzelner Geschäfte liegt nämlich keine Überlassung der Geschäftsführung als solcher. Nur die Ausführung eines Geschäfts wird dem organexternen Führungsgremium überlassen, während die Entscheidungskompetenzen, genau wie bei der vorstandsexternen Wahrnehmung von Hilfsfunktionen, beim Vorstand bleiben. Deshalb ist das organexterne Führungsgremium bei der Ausführung des Geschäfts vollumfänglich den Weisungen des Vorstands unterworfen. Wenn schon die Beteiligung des Aufsichtsrats in dieser Weise an der Geschäftsführung des Vorstands zulässig ist, muss dies erst recht für organexterne Führungsgremien gelten. Denn während der Aufsichtsrat dem Geschäftsführungsverbot des § 111 Abs. 4 S. 1 AktG unterliegt, ist dieses auf organexterne Führungsgremien gerade nicht anwendbar. Sinn und Zweck der Norm ist, die Aufgabenkreise der beiden Organe Vorstand (Geschäftsführung) und Aufsichtsrat (Überwachung der Geschäftsführung) voneinander abzugrenzen, um so zu verhindern, dass sich die jeweiligen Kompetenzen vermischen.[721] Die Gefahr des Vermischens der Aufgaben von Vorstand und Aufsichtsrat liegt nämlich darin, dass eine effiziente Überwachung der Geschäftsführung nicht mehr gewährleistet ist, wenn das überwachende Organ gleichzeitig Tätigkeiten wahrnimmt, die es überwachen soll und sich deshalb gewissermaßen selbst überwacht.[722] Diese Gefahr besteht aber nicht bei einem organexternen Führungsgremium, dem keine Kompetenz zur Überwachung des Vorstands, sondern nur Hilfsfunktion bei der Geschäftsführung zukommt.

b) Geschäftsführungsinitiative

Aktienrechtlichen Bedenken begegnet die Frage, ob einem organexternen Führungsgremium weitergehende Geschäftsführungszuständigkeiten eingeräumt werden können. Wenn ein solches Gremium anstelle des Vorstands die Befugnis hätte, Geschäftsführungsaufgaben unterhalb der Leitungsebene an sich zu ziehen und selbst wahrzunehmen (Geschäftsführungsinitiative), wäre dies jedenfalls bei außergewöhnlichen Geschäften und in Fällen unzulässig, in denen die Geschäftsführungsaufgaben präjudizielle Wirkung für die eigentliche Un-

---

[720] Vgl. zu den Möglichkeiten der Beteiligung des Aufsichtsrats an der Geschäftsführung Geßler, in: Geßler/Hefermehl/Eckardt/Kropff, § 111 Rn. 61; Mertens, in: Kölner Komm. AktG, § 111 Rn. 60.

[721] Vgl. Geßler, in: Geßler/Hefermehl/Eckardt/Kropff, § 111 Rn. 57.

[722] Vgl. bereits oben § 6 B. II. zu Fragen der Selbstkontrolle des Vorstands.

ternehmensleitung selbst haben. Über diese Aufgaben, die zum Leitungsbereich zählen, muss der Vorstand zwingend selbst entscheiden. Deshalb steht dem Vorstand im Hinblick auf solche Aufgaben eine Interventions- und Rückholpflicht zu, die nicht auf ein anderes Gremium übertragen werden darf.[723]

Unabhängig davon stellt sich die Frage, ob ein organexternes Führungsgremium wenigstens Geschäftsführungsaufgaben, die keine präjudizielle Wirkung für die Unternehmensleitung haben, an sich ziehen darf. Problematisch daran ist, dass nach der Regelung des § 77 Abs. 1 AktG dem Vorstand selbst die Geschäftsführungskompetenz zusteht. Die Befugnis zur Geschäftsführung ist umfassend und darf dem Vorstand nicht entzogen werden. Daraus wird gefolgert, dass die den Vorstandsmitgliedern zustehende Geschäftsführungsbefugnis nicht durch leitende Angestellte wahrgenommen werden dürfe, denen die organschaftliche Befugnis zur Geschäftsführung fehle.[724] Dem ist zuzustimmen, soweit ein organexternes Führungsgremium eigenständig unter Ausschluss der Geschäftsführungsbefugnis des Vorstands Geschäftsführungsaufgaben an sich ziehen könnte. Das schließt aber nicht aus, Funktionalen Committees oder Executive Committees trotzdem Initiativbefugnisse zur Geschäftsführung einzuräumen. Die Beteiligung solcher Committees darf aber nur mit der Maßgabe erfolgen, dass die Organkompetenz des Vorstands nicht unterlaufen wird. Mit anderen Worten muss es dem Vorstand vorbehalten sein und bleiben, Maßnahmen der Geschäftsführung an sich zu ziehen und darüber zu entscheiden.

Auch folgendes Verfahren ist aktienrechtlich zulässig. Der Vorstand kann ein organexternes Führungsgremium mit Geschäftsführungsinitiativen betrauen. Der Vorstand selbst muss aber die ordnungsgemäße Ausführung der Aufgaben durch das Gremium überwachen. Außerdem hat er allgemeine Vorgaben zu machen und Regeln aufzustellen, wie das jeweilige Committee seiner Tätigkeit nachzukommen hat. Die Anforderungen an die Überwachung sind insoweit mit denen vergleichbar, die der Vorstand hat, wenn er sich bei der Wahrnehmung seiner Leitungsaufgaben von vorstandsexternen Personen und Gremien unterstützen lässt.[725] Unberührt davon bleiben das Recht und die Pflicht des Vor-

---

[723] Vgl. schon oben. § 5 B. VI. 3. b) bb) und cc).

[724] Hüffer, AktG, § 77 Rn. 5; Kort, in: Großkomm. AktG, § 77 Rn. 6; Mertens, in: Kölner Komm. AktG, § 111 Rn. 59 (zur Unzulässigkeit der Übertragung der Geschäftsführungsinitiative an den Aufsichtsrat).

[725] Siehe dazu oben § 7 C. III. 1. b).

stands, unabhängig von den Entscheidungen des Committees gegebenenfalls in die delegierten Geschäftsführungsaufgaben zu intervenieren und diese an sich zu ziehen. Das heißt, dass organexternen Führungsgremien Interventions- und Rückholrechte gegenüber nachgeordneten Führungsebenen nur subsidiär oder allenfalls ergänzend zu entsprechenden Kompetenzen des Vorstands gewährt werden können, diese aber niemals ersetzen können. Eine echte Übertragung der Geschäftsführungsinitiativbefugnisse des Vorstands kommt demnach nicht in Betracht.

Dies gilt dem Grunde nach auch, wenn dem Gremium sämtliche Vorstandsmitglieder angehören. Zwar ist in diesem Fall die Gefahr aktienrechtlicher Friktionen der Geschäftsführungsbefugnis des Vorstands geringer als bei Gremien, denen nur einzelne Vorstandsmitglieder angehören, weil gewährleistet ist, dass jedes Vorstandsmitglied über Geschäftsführungsfragen mitentscheiden kann.

Aber auch hier gilt in gleicher Weise wie bei der Ausübung der Leitungsmacht, dass der Vorstand autonom und eigenverantwortlich darüber entscheiden können muss, ob und wie er der Geschäftsführung nachkommt. Deshalb ist es nach Maßgabe der zu den Leitungsentscheidungen aufgestellten Kriterien[726] nur zulässig, den vorstandsexternen Mitgliedern des Gremiums „unechte" Befugnisse zur Geschäftsführungsinitiative einzuräumen, über die sich eine Vorstandsmehrheit jederzeit hinwegsetzen kann.

c) Entscheidungsbefugnisse

Die Möglichkeiten organexterner Führungsgremien, auf Entscheidungen des Vorstands über Geschäftsführungsmaßnahmen Einfluss zu nehmen, sind von besonderem Interesse. Zu den Hauptaufgaben beispielsweise des Group Executive Committees der Deutsche Bank AG gehören die Diskussion, Beratung und Vorbereitung von Vorstandsentscheidungen. Das Group Executive Committee ist also eng in die Entscheidungsfindung des Vorstands eingebunden. Dagegen haben Executive Committees in US-amerikanischen Gesellschaften auch eigene Entscheidungsbefugnisse anstelle des Vorstands. Das ist nach deutschem Aktienrecht zwar ausgeschlossen,[727] überlegenswert ist trotzdem, ob organexternen Führungsgremien in deutschen Aktiengesellschaften gewisse Entscheidungsbe-

---

[726] Siehe oben § 7 C. III. 1. a).

[727] Siehe dazu bereits oben § 7 C. III. 1. a) und 2. b).

fugnisse eingeräumt werden können, die die Entscheidungszuständigkeit des Vorstands ergänzen.

Insbesondere ist denkbar, einem Executive Committee Weisungsrechte, Zustimmungsrechte oder zumindest Entscheidungszuständigkeiten, die unter dem Vorbehalt einer zustimmenden oder abweichenden Beschlussfassung durch den Vorstand stehen, zu gewähren. Wenn es um die Beurteilung der Frage geht, ob organexternen Führungsgremien solche Entscheidungszuständigkeiten in Geschäftsführungsangelegenheiten eingeräumt werden können, kann an die Ausführungen zur Beteiligung solcher Gremien an der dem Vorstand zustehenden Geschäftsführungsinitiative angeknüpft werden. Ausschlaggebend ist also, dass die Geschäftsführungskompetenz des Vorstands nicht durch Entscheidungsbefugnisse eines Committees untergraben wird. Dabei ist zu beachten, dass die Geschäftsführungsbefugnis dem Vorstand nicht schrankenlos gewährt wird. Das ergibt sich unmittelbar aus §§ 82 Abs. 2, 111 Abs. 4 S. 2 und 3, 119 Abs. 2 AktG. Beschränkungen sind aber nur zulässig, soweit sie im Rahmen der Vorschriften über die Aktiengesellschaft getroffen werden (§ 82 Abs. 2 AktG). Beachtlich sind insofern zuvorderst die aktienrechtliche Kompetenzordnung und der Grundsatz der eigenverantwortlichen Leitung durch den Vorstand, die durch Satzung, Aufsichtsrat, Hauptversammlung und Geschäftsordnungen nicht durchbrochen werden dürfen.[728] Unzulässig, weil mit der aktienrechtlichen Kompetenzverteilung an die Organe und § 23 Abs. 5 S. 1 AktG nicht vereinbar ist es jedenfalls, den Vorstand zum reinen Ausführungsorgan zu machen, das Weisungen eines Committees umzusetzen hat. Dadurch würde dem Vorstand seine Funktion als Leitungs- und Geschäftsführungsorgan der Gesellschaft entzogen. Das Executive Committee würde den Vorstand in seiner Funktion ersetzen, weil es bindende Weisungen von unten nach oben erteilen würde. Das ist mit dem Postulat nach klarer Zuordnung von Verantwortlichkeiten der gesetzlich vorgesehenen Organe der Aktiengesellschaft nicht vereinbar und sollte selbstverständlich sein.[729]

---

728 Habersack, in: Großkomm. AktG, § 82 Rn. 20; Hefermehl, in: Geßler/Hefermehl/Eckardt/Kropff, AktG, § 82 Rn. 23 f.; Mertens, in: Kölner Komm. AktG, § 82 Rn. 11.

729 Vgl. Hefermehl, in: Geßler/Hefermehl/Eckardt/Kropff, § 82 Rn. 24; Mertens, in: Kölner Komm. AktG, § 82 Rn. 11 jeweils mit einem sehr restriktiven Ansatz. Unklar, weil nicht eindeutig differenzierend, aber Sigle, NZG 1998, S. 619, 629 re. Sp.

Fraglich ist aber, ob Geschäftsführungsentscheidungen des Vorstands von Zustimmungsvorbehalten zugunsten organexterner Führungsgremien abhängig gemacht werden können. Zustimmungsvorbehalte im Hinblick auf Geschäftsführungsmaßnahmen sind dem Aktienrecht nicht fremd. Das zeigt die Regelung des § 111 Abs. 4 S. 2 AktG, nach der die Satzung oder der Aufsichtsrat zu bestimmen haben, dass bestimmte Arten von Geschäften nur mit seiner Zustimmung vorgenommen werden dürfen. Aus dieser Bestimmung ergibt sich, dass zustimmungspflichtige Geschäfte mit der Stellung des Vorstands nicht per se unvereinbar sind.[730] Daraus könnte man schließen, dass bestimmte Arten von Geschäften auch der Zustimmung organexterner Führungsgremien unterworfen werden dürfen.[731] Denn im Unterschied zu Weisungsrechten wirken Zustimmungsvorbehalte wie Vetorechte mit der Folge, dass die beabsichtigte Maßnahme zu unterbleiben hat, und nicht wie eine positive Geschäftsführungskompetenz, die dem Vorstand aufzwingt, bestimmte Geschäfte vorzunehmen.[732]

Voraussetzung dafür wäre aber, dass § 111 Abs. 4 S. 2 AktG keine abschließende Regelung enthält und solche Zustimmungsvorbehalte nicht in die ausschließliche Kompetenz des Aufsichtsrats fallen. Anderenfalls wäre gemäß § 23 Abs. 5 S. 2 AktG kein Raum für eine statutarische Regelung, mit der einem organexternen Führungsgremium entsprechende Kompetenzen eingeräumt werden können. Das Fehlen einer gesetzlichen Regelung und das Vorliegen einer Regelungslücke ist dann gegeben, wenn das Gesetz keine den Fragenkomplex regelnde Bestimmung getroffen oder bei einer vorhandenen Regelung einzelne mit ihr im Zusammenhang stehende Fragen offen gelassen hat. Ob das Gesetz eine abschließende Regelung enthält, ist durch Auslegung zu ermitteln und Frage des Einzelfalls. Dabei ist auf Wortlaut, Systematik sowie Sinn und Zweck der jeweiligen Vorschrift abzustellen. In Anbetracht der Formulierung „es sei denn" des § 23 Abs. 5 S. 2 AktG ist davon auszugehen, dass eine abschließende

---

730 Voormann, Der Beirat im Gesellschaftsrecht, S. 77.

731 Dafür: Sigle, NZG 1998, S. 619, 620; dagegen unter anderem: Hüffer, AktG, § 77 Rn. 5; Immenga, ZGR 1977, S. 249, 266 f.; Mertens, in: Kölner Komm. AktG, § 111 Rn. 64; Voormann, Der Beirat im Gesellschaftsrecht, S. 77.

732 Vgl. Geßler, in: Geßler/Hefermehl/Eckardt/Kropff, § 111 Rn. 64; Hüffer, AktG, § 111 Rn. 18; Meyer-Landrut, in: Großkomm. AktG, § 111 Anm. 15.

Regelung den Ausnahmefall bilden soll.[733] Vorliegend kommt in Betracht, dass die Bestimmung des § 111 Abs. 4 S. 2 AktG nicht alle mit Zustimmungsvorbehalten in Geschäftsführungsangelegenheiten zusammenhängenden Fragen regelt und deshalb im Grundsatz unberührt bleibt, wenn organexternen Führungsgremien Zustimmungsrechte im Hinblick auf die Geschäftsführung des Vorstands eingeräumt werden.[734]

Sinn und Zweck des § 111 Abs. 4 S. 2 AktG ist es, dem Aufsichtsrat die präventive Überwachung der Geschäftsführung zu erleichtern.[735] Eine verbreitete Meinung lässt es zu, in der Aktiengesellschaft auch Beiräten Kompetenzen zur Überwachung der Geschäftsführungstätigkeiten des Vorstands einzuräumen, wenn dadurch die Rechte des Aufsichtsrats nicht beschnitten werden.[736] Wenn Beiräte Überwachungsaufgaben wahrnehmen dürfen, ist es auch sinnvoll, ihnen möglichst effiziente Instrumentarien an die Hand zu geben, um dieser Überwachungsaufgabe nachzukommen. Außerdem kommt hinzu, dass eine umfassende, frühzeitige und insgesamt funktionierende Überwachung der Geschäftsführung des Vorstands im Interesse der Gesellschaft, der Aktionäre und der Gläubiger liegt. Geht man von diesen Überlegungen aus, könnte es sinnvoll sein, § 111 Abs. 4 S. 2 AktG als nicht abschließende Regelung anzusehen, die es ermöglicht, weitere Zustimmungserfordernisse in Geschäftsführungsangelegenheiten in der Satzung vorzusehen, sei es zugunsten des Aufsichtsrats oder sei es zugunsten organexterner Führungsgremien. Dies gilt umso mehr, als abschließende gesetzliche Regelungen die Ausnahme sein sollen, um der Gestaltungsfreiheit durch ergänzende Satzungsbestimmungen möglichst viel Raum zu lassen.[737]

---

[733] Hüffer, AktG, § 23 Rn. 37; Kraft, in: Kölner Komm. AktG, § 23 Rn. 85; Pentz, in: Münch. Komm. AktG, § 23 Rn. 157; Röhricht, in: Großkomm. AktG, § 23 Rn. 187, 189; Zöllner, in: Kölner Komm. AktG, § 179 Rn. 69.

[734] Vgl. Hüffer, AktG, § 23 Rn. 37; Pentz, in: Münch. Komm. AktG, § 23 Rn. 157.

[735] Geßler, in: Geßler/Hefermehl/Eckardt/Kropff, AktG, § 111 Rn. 62; Götz, ZGR 1990, S. 633; Hüffer, AktG, § 111 Rn. 16.

[736] LG Köln, AG 1976, S. 329, 330. Die aktienrechtliche Literatur sieht überwachende Beiräte neben dem Aufsichtsrat zwar kritisch, bejaht ihre Zulässigkeit aber, wenn die Funktion des Organs Aufsichtsrat nicht beeinträchtigt wird: Hommelhoff/Timm, AG 1976, S. 330, 331; Lippert, JuS 1978, S. 90, 92; Rutenfranz, NJW 1965, S. 238, 239; a. A. Konow, DB 1966, S. 332, 333.

[737] Vgl. dazu Röhricht, in: Großkomm. AktG, § 23 Rn. 189 m. w. N.

Trotzdem ist die Regelung des § 111 Abs. 4 S. 2 AktG als abschließend anzusehen. Sie ist Teil des die Zuständigkeitsverteilung zwischen den Organen regelnden Ordnungsrahmens des Aktiengesetzes. Diese Zuständigkeitsverteilung zwischen den Organen Vorstand, Aufsichtsrat und Hauptversammlung ist zwingender Natur.[738] Unabhängig von der Kompetenz, wer die Zustimmungsbedürftigkeit bestimmter Geschäfte begründen darf,[739] ist Adressat der Befugnis, die Zustimmung zu erklären, der Aufsichtsrat. Es ist zwar nicht zwingend vorgeschrieben, dass der Gesamtaufsichtsrat als Organ die Zustimmung erteilt. Die entsprechende Zuständigkeit kann auch einem Ausschuss erteilt werden, da § 107 Abs. 3 S. 2 AktG nur für die Anordnung von Zustimmungsvorbehalten gilt.[740] Dies könnte sogar dafür sprechen, § 111 Abs. 4 S. 2 AktG als nicht abschließende Regelung anzusehen. Dem kann man auch insoweit zustimmen, als es um die interne Aufgabenwahrnehmung im Aufsichtsrat geht, jedoch nicht, wenn es darum geht, organexternen Führungsgremien Zustimmungsvorbehalte neben dem Aufsichtsrat einzuräumen.

Zustimmungsvorbehalte, die anderen Gremien gewährt werden, berühren nämlich den Kreis der zwingenden Zuständigkeiten des Aufsichtsrats auf der einen und des Vorstands auf der anderen Seite. Ob der Aufsichtsrat seine eigenen Aufgaben als Organ wahrnimmt oder an interne Ausschüsse delegiert, ist von anderer Qualität als die Erteilung von Zustimmungen durch organexterne Dritte, denen das Gesetz keine entsprechenden Kompetenzen einräumt. Entscheidend ist nämlich, dass im ersten Fall die Erteilung der Zustimmung im Aufsichtsrat selbst verbleibt. Seine organschaftlichen Befugnisse werden durch eine bloße interne Aufgabenaufteilung weder eingeschränkt noch ihm genommen. Bei einem Zustimmungsvorbehalt zugunsten Dritter wird dagegen einem anderen Gremium eine zusätzliche Kompetenz gewährt, die per Gesetz dem Aufsichtsrat zusteht. Der Wortlaut des § 111 Abs. 4 S. 2 AktG ist insoweit eindeutig: Die Norm spricht nur den Aufsichtsrat an, nicht dagegen die Hauptversammlung oder gar organexterne Führungsgremien.

---

[738] Siehe oben § 4 B. III. und IV. 2. e).

[739] Siehe zum Verhältnis der entsprechenden Kompetenzen von Hauptversammlung und Aufsichtsrat: Geßler, in: Geßler/Hefermehl/Eckardt/Kropff, AktG, § 111 Rn. 63; Götz, ZGR 1990, S. 633, 634 ff.; Immenga, ZGR 1977, S. 249, 264; Lutter/Krieger, Rechte und Pflichten des Aufsichtsrats, Rn. 105; Martens, AG 1976, S. 113, 121; Mertens, NJW 1970, S. 1718, 1720.

[740] Hüffer, AktG, § 111 Rn. 19; Geßler, in: Geßler/Hefermehl/Eckardt/Kropff, § 111 Rn. 76.

Die Beteiligung organexterner Führungsgremien an der Zustimmung zu Geschäftsführungsmaßnahmen impliziert die Gefahr eines Eingriffs in die organschaftlichen Rechte des Aufsichtsrats, weil ein weiteres Gremium dem Aufsichtsrat zustehende Kompetenzen wahrnimmt. Dies gilt nicht nur dann, wenn einem organexternen Führungsgremium anstelle des Aufsichtsrats Zustimmungsbefugnisse übertragen werden, sondern auch für den Fall, dass das Gremium neben dem Aufsichtsrat Einfluss auf die Geschäftsführung erhält. Beispielsweise würde sich die Frage stellen, ob im Falle voneinander abweichender Entscheidungen des Aufsichtsrats und des Committees die Geschäftsführungsmaßnahme durch den Vorstand umgesetzt werden darf oder unterbleiben müsste.

Letztlich entscheidend für die Beurteilung der Frage, ob einem organexternen Führungsgremium Zustimmungsvorbehalte im Rahmen der Geschäftsführung eingeräumt werden können, ist die aktienrechtliche Unvereinbarkeit einer solchen Kompetenzregelung mit den organschaftlichen Befugnissen des Vorstands. Es ist bereits mehrfach darauf hingewiesen worden, dass der Vorstand die Gesellschaft eigenverantwortlich leitet. Mit der eigenverantwortlichen Stellung des Vorstands kollidieren Zustimmungserfordernisse zugunsten Dritter, wenn der Vorstand der Geschäftsführung nachkommen will. Auch wenn sich der Vorstand grundsätzlich der Hilfe Dritter bedienen kann, um seinen Geschäftsführungsaufgaben nachzukommen, darf er sich bei seiner Entscheidung nicht von Dritten abhängig machen. Daran ändert auch die Tatsache nichts, dass einfache Geschäftsführungsaufgaben nicht zu den Leitungsaufgaben zählen. Es ist mit der Stellung des Vorstands als eigenständiges Leitungsorgan schlechterdings nicht vereinbar, wenn er bei der Erledigung seiner Aufgaben in rechtlich relevanter Weise von Dritten abhängig ist.

§ 111 Abs. 4 S. 2 AktG stellt lediglich eine Ausnahmevorschrift dar, die geschaffen worden ist, um dem Aufsichtsrat seine organschaftliche Überwachungsaufgabe zu erleichtern und nicht mit dem Zweck, den Tätigkeitsbereich des Vorstands einzugrenzen. Es geht bei Zustimmungsvorbehalten zugunsten des Aufsichtsrats nämlich nicht darum, den Aufsichtsrat an der Geschäftsführung zu beteiligen, sondern um die Verbesserung der vorbeugenden organschaftlichen Überwachung. Teilweise wird zwar vertreten, vorausschauende Überwachung sei Beteiligung an der Leitung des Unternehmens und der Aufsichtsrat sei deshalb Mitleitungsorgan.[741] Ein solches Verständnis der aktienrechtlichen Kompetenzverteilung ist aber nicht überzeugend. Dem geltenden Aktienrecht liegt vielmehr eine klare Aufteilung der Kompetenzen zwischen den Organen zugrunde. Es handelt sich gleichzeitig um eine institutionelle und eine funktionelle Trennung, die nicht dadurch aufgehoben wird, dass der Aufsichtsrat im Rahmen seiner Überwachungskompetenz bestimmten Geschäften seine Zustimmung erteilen oder verweigern darf.[742]

Außerdem ist es mit der Organstellung des Vorstands unvereinbar, sich bei seinen Entscheidungen von in der Unternehmenshierarchie untergeordneten Personen, die einem organexternen Führungsgremium angehören, in rechtlich relevanter Weise abhängig zu machen. Das wäre aber der Fall, wenn der Vorstand seine Geschäftsführungsentscheidungen nicht mehr autonom treffen kann, weil einem Gremium, das zumindest partiell mit leitenden Angestellten besetzt ist, Zustimmungsvorbehalte gewährt werden, die wie Vetorechte wirken.[743] Demgegenüber weist das Aktiengesetz ausdrücklich einem anderen „echten" Organ, nämlich dem Aufsichtsrat, das hierarchisch dem Vorstand gerade nicht untergeordnet und in seiner Aufgabenwahrnehmung selbst autonom ist, solche Zustimmungsvorbehalte zu. In diesem Fall ist der Vorstand nicht von Angestellten abhängig, denen er selbst als oberstes Geschäftsführungsgremium Weisungen erteilen kann. Dies gilt auch für mitbestimmte Aktiengesellschaften, deren Aufsichtsrat angestellte Arbeitnehmervertreter angehören, weil diese ihre Funktion als Aufsichtsratsmitglied gerade nicht als von den Weisungen des Vorstands abhängige Arbeitnehmer wahrnehmen. Verbesserte organschaftliche Überwachung ist aktienrechtlich also anders zu beurteilen als nicht-organschaftliche Beteiligung an der Geschäftsführung.

Daran ändert sich auch nichts, wenn sich das organexterne Führungsgremium als Executive Committee sowohl aus Vorstandsmitgliedern als auch aus leitenden Angestellten, etwa den Unternehmensbereichsleitern, zusammensetzt und die Vorstandsmitglieder in dem Gremium eine Abstimmungsmehrheit haben.

---

[741] Albach, in: Hommelhoff/Hopt/v. Werder, Handbuch Corporate Governance, S. 361, 365; Seibt/Wilde, in: Hommelhoff/Hopt/v. Werder, Handbuch Corporate Governance, S. 377, 381.

[742] Eingehend hierzu Theisen, in: Hommelhoff/Hopt/v. Werder, Handbuch Corporate Governance, S. 285, 286 ff. Kritisch dagegen Abeltshauser, Leitungshaftung im Kapitalgesellschaftsrecht, S. 34 ff., 152.

[743] Vgl. dazu Hüffer, AktG, § 111 Rn. 18.

Auch in diesem Fall würden organexternen Personen rechtliche Einflussmöglichkeiten in Form von Stimmrechten zuteil, die die Unabhängigkeit des Vorstands in der Gesellschaft gefährden. Der Vorstand wäre in seiner Entscheidung nämlich gerade nicht mehr autonom. Aus diesen Gründen bietet § 111 Abs. 4 S. 2 AktG keinen Raum für ergänzende Satzungsregelungen, die weitere Zustimmungsvorbehalte zugunsten organexterner Führungsgremien begründen.[744] Zulässig sind deshalb nur „unechte" Stimmrechte[745] oder „unechte" Zustimmungsvorbehalte jeweils ohne rechtliche Bindungswirkung. Dem Vorstand müsste außerhalb und, wenn dem Committee Vorstandsmitglieder angehören, innerhalb des Gremiums ein Vetorecht bleiben. Fraglich ist aber, welchen Sinn eine solche Regelung haben sollte.

Selbst wenn man davon ausginge, dass § 111 Abs. 4 S. 2 AktG keine abschließende Regelung enthielte, sondern ergänzenden Satzungsbestimmungen zugänglich sei, ergibt sich nichts anderes. Denn auch ergänzende Satzungsbestimmungen sind nur insoweit zulässig, als sie sich im Rahmen der allgemeinen Gesetze und der zwingenden Regelungen des Aktiengesetzes halten.[746] Grenze möglicher ergänzender Satzungsbestimmungen ist hier, wie schon dargelegt, das zwingende Kompetenzgefüge zwischen den Organen in der Aktiengesellschaft. Organexternen Führungsgremien, die das Aktiengesetz selbst nicht kennt, können deshalb keine Befugnisse übertragen werden, die das Gesetz dem Vorstand, dem Aufsichtsrat oder der Hauptversammlung gewährt. An diesem Ergebnis ändert auch die Überlegung nichts, dass in das gesetzlich vorgesehene Kompetenzgefüge nicht eingegriffen werde, wenn einem organexternen Führungsgremium Zustimmungsvorbehalte bei Geschäftsführungsmaßnahmen eingeräumt werden, weil die Organe Vorstand und Aufsichtsrat selbst über die ihnen zustehenden Befugnisse verfügen und deshalb der Rahmen des körperlichen Selbstbestimmungsrechts gewahrt bleibe.[747] Dieser Ansatz mag bei ande-

---

[744] So im Ergebnis auch Geßler, in: Geßler/Hefermehl/Eckardt/Kropff, § 111 Rn. 68; Immenga, ZGR 1977, S. 266, 267; Konow, DB 1966, S. 332, 333; Mertens, in: Kölner Komm. AktG, § 111 Rn. 64; Voormann, Der Beirat im Gesellschaftsrecht, S. 77, alle ohne nähere Begründung; a. A. Sigle, NZG 1998, S. 619, 620.

[745] Siehe dazu schon oben § 7 C. III. 1. a).

[746] Geßler, in: Festschrift Martin Luther (1976), S. 69, 74 f.; Hüffer, AktG, § 23 Rn. 37; Pentz, in: Münch. Komm. AktG, § 23 Rn. 159; Röhricht, in: Großkomm. AktG, § 23 Rn. 192; Zöllner, in: Kölner Komm. AktG, § 179 Rn. 69.

[747] Dies vertreten Beuthien/Gätsch, ZHR 156 (1992), S. 459, 478, für den Fall, dass die Hauptversammlung Dritten Zustimmungsvorbehalte bei Satzungsänderungen einräumt.

ren Gesellschaftsformen vertretbar sein, kann auf die Aktiengesellschaft aber nicht übertragen werden,[748] weil, wie bereits mehrfach ausgeführt, die den Organen in der Aktiengesellschaft gesetzlich zugewiesenen Kompetenzen gerade nicht disponibel sind.

Aus dem Gesagten ergibt sich, dass die eigenverantwortliche Geschäftsführungstätigkeit des Vorstands durch die Beteiligung organexterner Führungsgremien nicht unterlaufen werden darf. Der Vorstand hat zwar grundsätzlich die Möglichkeit, einzelne Entscheidungsbefugnisse an nachgeordnete Führungsebenen, somit auch an Executive Committees oder Funktionale Committees, zu delegieren. Er selbst bleibt aber eigen- und letztverantwortlich für die Geschäftsführung zuständig und darf sich deshalb bei seinen Entscheidungen über Geschäftsführungsfragen nicht von organexternen Führungsgremien abhängig machen. Delegiert der Vorstand einzelne Entscheidungsbefugnisse an organexterne Führungsgremien, bleibt es bei seiner Interventions- und Rückholpflicht im Hinblick auf die delegierten Geschäftsführungsmaßnahmen. Deshalb können organexternen Führungsgremien keine Weisungs- oder Zustimmungsrechte gegenüber dem Vorstand eingeräumt werden.

Dagegen ist es unbedenklich und zulässig, einem organexternen Führungsgremium Weisungs- und Zustimmungsechte gegenüber nachgeordneten Führungsebenen in Geschäftsführungsangelegenheiten einzuräumen. Hierdurch wird einerseits das zwingende Kompetenzgefüge zwischen den Organen der Aktiengesellschaft nicht beeinträchtigt, andererseits entspricht dies einer normalen Arbeitsteilung im Wirtschaftsleben. Es bleibt aber dabei, dass der Vorstand auch Entscheidungen eines Gremiums gegenüber nachgeordneten Geschäftsführungsebenen jederzeit überstimmen kann.

3. Beratung des Vorstands

Üblicherweise gehört zu den Aufgaben eines organexternen Führungsgremiums nach Vorbild eines Executive Committees oder auch eines Funktionalen Committees neben Vorbereitungs-, Koordinations- und Kontrollaufgaben auch die Beratung des Vorstands, insbesondere in Fragen der strategischen Ausrichtung

---

[748] Mertens, in: Kölner Komm. AktG, § 111 Rn. 64.

des Unternehmens.[749] Eine solche Beratungsverantwortlichkeit ist zwar mit der Leitungspflicht des Vorstands vereinbar, da das organexterne Führungsgremium insoweit keine eigenständigen Entscheidungen trifft, könnte sich aber wegen der zwingenden aktiengesetzlichen Zuständigkeit des Aufsichtsrats für die Beratung des Vorstands als problematisch erweisen.

Trotz des Fehlens einer ausdrücklichen gesetzlichen Kompetenzzuweisung hinsichtlich der Beratung des Vorstands durch den Aufsichtsrat obliegt dem Aufsichtsrat nach allgemeiner Ansicht eine entsprechende organschaftliche Pflicht. Die in § 111 Abs. 1 AktG geregelte Pflicht des Aufsichtsrats zur Überwachung der Geschäftsführung impliziert die Pflicht zur Beratung des Vorstands insoweit, als der Aufsichtsrat seiner Aufgabe einer zukunftsgerichteten Überwachung wirksam nur durch Diskussion mit dem Vorstand und dessen laufender Beratung nachkommen kann. Mit anderen Worten erfordert eine vorausschauende Kontrolle des Vorstands dessen vorausschauende Beratung.[750] Die Gegenansicht, nach der die Beratungsaufgabe des Aufsichtsrats eine zusätzliche und eigenständige Aufgabe sein soll, weil Überwachung und Beratung funktionell unterschiedliche Aufgabengebiete seien,[751] vermag nicht zu überzeugen. Überwachung und Beratung durch den Aufsichtsrat überschneiden sich und lassen sich nicht trennen, weil der Aufsichtsrat nach der Konzeption des Aktiengesetzes seine Überwachung nicht auf die Kontrolle der Recht- und Ordnungsmäßigkeit der Geschäftsführung beschränken darf, sondern auch verpflichtet ist, sich zu Fragen des unternehmerischen Ermessens zu äußern, weshalb Beratung als präventiver Teil der Überwachungsaufgabe anzusehen ist.[752] Diese Wertung hat ihren Niederschlag beispielsweise in der Regelung des § 90 Abs. 1 Nr. 1 AktG gefunden, nach der der Vorstand verpflichtet ist, über „die beabsichtigte Geschäftspolitik und andere grundsätzliche Fragen der Unternehmensplanung" zu berichten. Eine solche präventive Berichtspflicht, die wie alle Berichtspflichten des § 90 AktG der effizienten und vorbeugenden Überwachung der Geschäfts-

---

[749] Siehe oben § 3 A. II. 2. b) sowie Deutsche Bank AG, Corporate Governance Bericht 2002 und Grundsätze, S. 7, wonach die „Erörterung strategischer Fragen mit dem Konzernvorstand sowie Beratung desselben" zu den Aufgaben des Group Executive Committee zählt.

[750] Siehe oben § 4 B. IV. 2. b) m. w. N.

[751] Jäger, DStR 1996, S. 671, 675; Steinmann/Klaus, AG 1987, S. 29 ff.; Theisen, AG 1995, S. 193, 199.

[752] Hoffmann-Becking, in: Münch. Hdb. GesR IV, § 29 Rn. 32; Hüffer, ZGR 1980, S. 320, 324; ders., AktG, § 111 Rn. 5; Lutter/Kremer, ZGR 1992, S. 87, 88 ff.

führung durch den Aufsichtsrat dient,[753] macht nämlich nur Sinn, wenn der Aufsichtsrat zu den geplanten Maßnahmen frühzeitig Stellung beziehen kann, was im Ergebnis einer Beratung des Vorstands gleichkommt.

Erstreckt sich zumindest die zukunftsgerichtete Überwachungspflicht des Aufsichtsrats nur auf die beabsichtigte Geschäftspolitik und damit verbundene grundsätzliche Fragen der künftigen Planung, das heißt auf die Leitungsaufgaben des Vorstands, kann sich die Beratungskompetenz naturgemäß ebenfalls nur auf diesen Teil der Geschäftsführung beziehen.[754] Die Beratung des Vorstands zu Fragen der laufenden Geschäftsführung, mithin im Bereich der Vorbereitung und Umsetzung des operativen Geschäfts, insbesondere in speziellen Fachbereichen, gehört dagegen nicht zu den organschaftlichen Pflichten des Aufsichtsrats.[755] Trifft den Aufsichtsrat demnach eine organschaftliche Pflicht zur Beratung des Vorstands nur in grundsätzlichen Fragen der Geschäftspolitik pro futuro, so stellt sich die Frage, ob und gegebenenfalls inwieweit ein organexternes Führungsgremium, das nicht mit Aufsichtsratsmitgliedern, sondern zumindest teilweise mit leitenden Angestellten besetzt ist, den Vorstand bei seinen strategischen Planungen und Entscheidungen beraten darf. Misst man die Beratung des Vorstands durch ein organexternes Führungsgremium, etwa nach Vorbild eines Executive Committees, an der aktienrechtlich zwingenden Zuständigkeitsverteilung, lassen sich folgende Grundsätze aufstellen.

Soweit der Aufsichtsrat zur Beratung des Vorstands nicht organschaftlich verpflichtet ist, steht die zwingende Kompetenzverteilung zwischen den Organen einer Beratung des Vorstands durch ein organexternes Führungsgremium per se nicht entgegen. Dies gilt nach dem Gesagten für die Vorbereitung, Ausführung und Koordination des operativen Tagesgeschäfts, insbesondere in Fragen eines besonderen Fachgebiets. In diesen Bereichen ist eine Beratung durch ein Execu-

---

[753] Vgl. dazu Hüffer, AktG, § 90 Rn. 1; Mertens, in: Kölner Komm. AktG, § 90 Rn. 4. Vgl. aus rechtspolitischer Sicht auch Baums, ZIP 1995, S. 11, 16.

[754] BGHZ 114, S. 127, 129; Boujong, AG 1995, S. 203, 205; Geßler, in: Geßler/Hefermehl/Eckardt/Kropff, § 111 Rn. 12 ff. (jedoch nicht eindeutig, wenn man Rn. 26 einbezieht); Meyer-Landrut, in: Großkomm. AktG, § 111 Anm. 3; kritisch Hoffmann, in: Festschrift Hans Havermann (1995), S. 201, 227 (in Fußnote 60).

[755] BGHZ 114, S. 127, 132; Boujong, AG 1995, S. 203, 205; Lutter/Kremer, ZGR 1992, S. 87, 90, 96; Lutter/Krieger, Rechte und Pflichten des Aufsichtsrats, Rn. 296; Mertens, in: Festschrift Ernst Steindorff (1990), S. 173, 180 ff.; ders., in: Kölner Komm. AktG, § 114 Rn. 6; Potthoff/Trescher, Das Aufsichtsratsmitglied, S. 221, 324.

tive Committee oder ein ähnliches Gremium zulässig, weil zwingende Kompetenzen des Aufsichtsrats oder des Vorstands nicht betroffen sind. Dagegen darf ein organexternes Führungsgremium den Vorstand nicht anstelle des Aufsichtsrats in allen grundsätzlichen Fragen der künftigen und strategischen Planung beraten. Diese Kompetenz darf einem Committee nicht zu Lasten des Aufsichtsrats eingeräumt werden, weil Letzterer in seinen Kompetenzen beschnitten und deshalb in seiner Funktion als Organ beeinträchtigt oder im Extremfall sogar ausgeschaltet wäre.[756]

Wenn die Beratung des Vorstands durch ein organexternes Führungsgremium anstelle des Aufsichtsrats in grundsätzlichen Fragen der künftigen Geschäftspolitik und der strategischen Planung ausgeschlossen ist, stellt sich im Anschluss die Frage, ob einem solchen Gremium neben dem Aufsichtsrat Beratungsbefugnisse eingeräumt werden können, die denen des Aufsichtsrats entsprechen. Würde man die Frage bejahen, liefe das Verfahren im Ergebnis auf eine parallele Beratung des Vorstands durch ein Executive Committee und den Aufsichtsrat hinaus. Voraussetzung für die aktienrechtliche Zulässigkeit einer solchen Kompetenzzuweisung an ein organexternes Führungsgremium ist aber, dass sich das Gremium nicht zu einem Neben- oder Überberatungsorgan im Verhältnis zum Aufsichtsrat entwickelt. Denn dadurch würde der Aufsichtsrat in seiner Funktion als Überwachungsorgan beeinträchtigt.[757]

Nach einer Ansicht soll die Überwachungskompetenz des Aufsichtsrats nicht nur beeinträchtigt sein, wenn die tatsächliche Ausübung seiner Befugnisse beschnitten wird, sondern bereits dann, „wenn das Interesse der Aufsichtsratsmit-

---

[756] Vgl. zur Beratung des Vorstands durch einen Beirat sowie den Grenzen der Beiratstätigkeit im Allgemeinen LG Köln, AG 1976, S. 329, 330; Geßler, in: Geßler/Hefermehl/Eckardt/Kropff, AktG, § 111 Rn. 94 f.; Hoffmann/Preu, Der Aufsichtsrat, Rn. 162; Hoffmann-Becking, in: Münch. Hdb. GesR IV, § 29 Rn. 19; Hommelhoff/Timm, AG 1976, S. 330, 331; Lippert, JuS 1978, S. 90, 91; Luther, in: Freundesgabe Hans Hengeler (1972), S. 167, 177; Mertens, in: Kölner Komm. AktG, Vorb. § 76 Rn. 28; Meyer-Landrut, in: Großkomm. AktG, § 95 Anm. 7; Pentz, in: Münch. Komm. AktG, § 23 Rn. 161; Raiser, MitbestG, § 25 Rn. 148; Röhricht, in: Großkomm. AktG, § 23 Rn. 190; Rutenfranz, NJW 1965, S. 238, 239; Siebel, in: Arbeitshandbuch für Aufsichtsratsmitglieder, Rn G 26; Ulmer, in: Hanau/Ulmer, MitbestG, § 25 Rn. 139.

[757] Siehe auch LG Köln, AG 1976, S. 329, 330; Hommelhoff/Timm, AG 1976, S. 330, 331; Raiser, MitbestG, § 25 Rn. 148; Ulmer, in: Hanau/Ulmer, MitbestG, § 25 Rn. 139; Voormann, Der Beirat im Gesellschaftsrecht, S. 62 f.; Wiesner, in: Münch. Hdb. GesR IV, § 19 Rn. 10.

glieder an seiner Ausübung korrumpiert wird." Es komme nicht darauf an, ob dem Aufsichtsrat neben der Überwachung durch ein anderes Organ die Möglichkeit bleibe, den Vorstand zu kontrollieren, da die Aufsichtsratskompetenz faktisch ausgehöhlt werde.[758] Folgt man dieser Ansicht, käme eine Beratung des Vorstands durch ein organexternes Führungsgremium in Fragen der grundsätzlichen Geschäftspolitik nicht in Betracht, weil diese Aufgabe als Teil der vorausschauenden Überwachung in die Kompetenz des Aufsichtrats fällt und bei gleichzeitiger Beratung durch ein Committee und Aufsichtsrat dessen Überwachungskompetenz faktisch unterlaufen werden könnte. Ein derart restriktives Verständnis der Möglichkeit zur Beratung durch organexterne Führungsgremien ist allerdings weder zwingend noch notwendig. Es ist bereits dargelegt worden, dass nur rechtlich relevante Beeinträchtigungen der gesetzlich zwingend zugewiesenen Organkompetenzen unzulässig sind. Bloße faktische Beeinträchtigungen, die die Funktion des Organs nicht gefährden, sind dagegen unerheblich.[759]

Die reine Beratung des Vorstands durch ein organexternes Führungsgremium in grundsätzlichen Fragen der künftigen Geschäftspolitik und der strategischen Planung führt zu keiner rechtlich relevanten Beeinträchtigung der Überwachungskompetenz des Aufsichtsrats und unterläuft nicht dessen Organfunktion. Das ergibt sich bereits aus der unterschiedlichen Zweckrichtung der Beratung durch den Aufsichtsrat auf der einen und ein Executive Committee auf der anderen Seite. Während die Beratung durch den Aufsichtsrat Teil der vorausschauenden Überwachung der Geschäftsführung ist beziehungsweise eine prophylaktische Überwachung überhaupt erst ermöglicht, ist die Beratung durch ein Executive Committee oder ein vergleichbares Gremium eng mit der Geschäftsführung verbunden. Die Beratung durch ein organexternes Führungsgremium setzt also anders und früher an als die Beratung durch den Aufsichtsrat. Bereits im Vorfeld der Entscheidung, also im früheren geschäftsinternen Diskussionsfluss über die künftige Geschäftspolitik und die strategische Planung berät das organexterne Führungsgremium den Vorstand. Dem Aufsichtsrat obliegen die Überwachung dieses Diskussions- und Beratungsprozesses und gegebenenfalls das Hinwirken auf mögliche Korrekturen durch wiederum eigene Beratung. Der Aufsichtsrat überwacht also auch die Beratung des Commit-

---

758 Hommelhoff/Timm, AG 1976, S. 329, 330.

759 Siehe oben § 7 C III. 1. a) und 2. b).

tees, bleibt gewissermaßen das „Überberatungsgremium“ des Vorstands. Schon deshalb ist es verfehlt, jegliche Beratung des Vorstands durch organexterne Führungsgremien von vorneherein als unzulässig anzusehen.

Außerdem liegt es auch im Interesse der Aktionäre, der Gesellschaft und der Gläubiger, eine Beratung des Vorstands durch weitere Gremien zuzulassen. Zum einen ist das Einbringen weiterer Kompetenz bei der Entscheidungsfindung des Vorstands von Vorteil; zum anderen, wie bereits ausgeführt, hat die Beratung durch ein Executive Committee eine andere Funktion als die Beratung durch den Aufsichtsrat: Vorbereitung von Leitungsentscheidungen gegenüber Überwachung der Geschäftsführung. Es ist aktienrechtlich nicht Aufgabe des Aufsichtsrats, den Vorstand „geschäftsmäßig“ zu beraten um der Geschäftsführung willen. Der Aufsichtsrat ist gerade kein Mitleitungsorgan, sondern nur ein Überwachungsorgan.[760]

Hinzu kommt, dass der Aufsichtsrat, der normalerweise viermal jährlich tagt (§ 110 Abs. 3 S. 1 AktG) und dessen Mitglieder ihr Amt regelmäßig nur als Nebentätigkeit wahrnehmen, personell, zeitlich und insbesondere bei Honoratiorenaufsichtsräten nicht in der Lage ist, den Vorstand bei seiner Unternehmensleitung vollumfänglich und laufend zu beraten.[761] Würde er diese Aufgabe übernehmen, könnte er seinen eigentlichen gesetzlichen Aufgaben kaum noch nachkommen. Im Übrigen ist nicht nachzuvollziehen, dass der Vorstand Rat bei gesellschaftsexternen Dritten, wie Rechtsanwälten, Steuerberatern, Wirtschaftsprüfern, Unternehmensberatern oder anderen Experten in bestimmten Fachfragen suchen dürfte, nicht aber bei unternehmensangehörigen Personen, die sich formell in einem Gremium zusammenfinden, um mit dem Vorstand zu diskutieren und diesen zu beraten. Dass eine Beratung des Vorstands durch Personen, die eine höhere Sachkenntnis in einzelnen Fachgebieten haben als seine Mitglieder selbst, notwendig ist, damit der Vorstand richtige Entscheidungen in Fragen der Geschäftspolitik und der strategischen Planung trifft, ist unbestritten.[762] Solange die organschaftlichen Befugnisse des Aufsichtsrats nicht in

---

[760] Siehe hierzu bereits oben § 7 C. III. 2. c) mit weiteren Nachweisen auch der Gegenansicht.

[761] Daran ändert auch die Regelung in Abs. 5.1.1 Deutscher Corporate Governance Kodex nichts, nach der es Aufgabe des Aufsichtsrats ist, den Vorstand bei der Leitung des Unternehmens regelmäßig zu beraten und er außerdem in Entscheidungen von grundlegender Bedeutung für das Unternehmen einzubinden ist.

[762] Siehe hierzu auch Götz, ZGR 2003, S. 1, 12.

rechtlich relevanter Weise nach den oben aufgestellten Maßstäben beeinträchtigt werden, ist dagegen nichts einzuwenden. Im Übrigen ist es Aufgabe des Aufsichtsrats, sicherzustellen, dass organexterne Führungsgremien nicht faktisch, eventuell sukzessive, seine Aufgaben übernehmen, sondern die Beratung des Vorstands in zulässigem Rahmen wahrnehmen. Ihm bleibt also die Möglichkeit, selbst dafür zu sorgen, dass er seinen eigenen Aufgaben angemessen nachkommen kann. Deshalb bestehen keine grundsätzlichen Bedenken gegen die Beratung des Vorstands durch organexterne Gremien, insbesondere durch ein Executive Committee.

Demnach bietet das Aktienrecht de lege lata genügend Raum für eine gleichzeitige Beratung des Vorstands in grundsätzlichen Fragen der künftigen Geschäftspolitik und der strategischen Planung sowohl durch den Aufsichtsrat als auch durch organexterne Führungsgremien, ohne dass die Befugnisse des Aufsichtsrats beeinträchtigt werden.

4. Auskunfts- und Anhörungsrechte

Schließlich ist es denkbar, einem organexternen Führungsgremium Auskunfts- und Anhörungsrechte gegenüber dem Vorstand zu gewähren. Einige Autoren lehnen Auskunfts- und Anhörungsrechte eines organexternen Führungsgremiums pauschal mit dem Hinweis ab, dass dies in die Leitungsmacht des Vorstands und die gesetzliche Zuständigkeitsordnung eingreifen würde. Auskunftspflichten des Vorstands seien erschöpfend aktienrechtlich geregelt (§§ 90, 131 AktG).[763] Eine andere Ansicht hält demgegenüber zumindest Auskunftsrechte für zulässig, wenn dies nicht dazu führt, dass die Auskunftsrechte des Aufsichtsrats untergraben werden.[764] *Meyer-Landrut* befürwortet die Zulässigkeit von Anhörungsrechten eines Beirats hinsichtlich bestimmter geschäftlicher Maßnahmen des Vorstands.[765] Daraus ergibt sich, dass den Maßstab für die Beurteilung der Frage, ob einem organexternen Gremium Auskunfts- und Anhö-

---

[763] Geßler, in: Geßler/Hefermehl/Eckardt/Kropff, AktG, § 111 Rn. 95 a. E.; Godin/Wilhelmi, AktG, § 95 Anm. 2; Hommelhoff/Timm, AG 1976, S. 330, 331 im Hinblick auf Auskunftsrechte; Mertens, in: Kölner Komm. AktG, Vorb. § 76 Rn. 28; Meyer-Landrut, in: Großkomm. AktG, § 96 Anm. 7 im Hinblick auf Auskunftsrechte.

[764] LG Köln, AG 1976, S. 329, 330; Baumbach/Hueck, AktG, Üb vor § 76 Rn. 8; Kort, in: Großkomm. AktG, Vor § 76 Rn. 17.

[765] Meyer-Landrut, in: Großkomm. AktG, § 95 Anm. 7.

rungsrechte eingeräumt werden können, die Leitungsmacht des Vorstands und die gesetzliche Kompetenzverteilung zwischen den Organen bilden. Insofern gilt nichts anderes als bei sämtlichen Zuständigkeitszuweisungen an organexterne Führungsgremien.

Es dürfte nicht schlechterdings mit den gesetzlich zugewiesenen Kompetenzen des Aufsichtsrats unvereinbar sein, einem organexternen Führungsgremium Auskunfts- und Anhörungsrechte einzuräumen, auch wenn § 90 AktG Informationsrechte des Aufsichtsrats regelt. Der Aufsichtsrat hat kein Unterrichtungsmonopol.[766] § 90 AktG ist schon nicht als abschließende Regelung für den Informationsfluss zwischen Vorstand und Aufsichtsrat zu verstehen.[767] Das zeigt sich darin, dass der Vorstand auch außerhalb des § 90 AktG dem Aufsichtsrat zu berichten hat, damit dieser seinen Aufgaben nachkommen kann. Diese Berichte, die nicht unter § 90 AktG fallen, können auch an einen Ausschuss des Aufsichtsrats gerichtet werden, wenn ihr Inhalt einen Aufgabenbereich betrifft, der dem jeweiligen Ausschuss und nicht dem Gesamtaufsichtsrat obliegt.[768] Wenn der Aufsichtsrat als Organ aber kein Unterrichtungsmonopol hat, ist es auch grundsätzlich möglich, einem anderen Gremium Auskunftsrechte einzuräumen. Das gilt auch für organexterne Führungsgremien. Wenn ein Committee Beratungskompetenz haben kann, ist es notwendig, dem Gremium Auskunftsrechte gegenüber dem Vorstand zu gewähren. Das Auskunftsrecht kann insoweit als Ausfluss oder Annexkompetenz der Beratungskompetenz des Gremiums verstanden werden. Es liegt nämlich auf der Hand, dass ordnungsgemäße, angemessene Beratung nur erfolgen kann, wenn derjenige, dem diese Aufgabe obliegt, ausreichend mit den Informationen versorgt wird, die zu einer sachgerechten Meinungsbildung erforderlich sind.

Hängt das Informationsrecht aber mit der zulässigen Beratungskompetenz des organexternen Führungsgremiums zusammen, werden Befugnisse des Aufsichtsrats durch das Recht nicht beeinträchtigt. Das ergibt sich im Übrigen auch wiederum daraus, dass die Beratungskompetenz eines Executive Committees

---

[766] LG Köln, AG 1976, S. 329, 330.

[767] Hüffer, AktG, § 90 Rn. 2; Mertens, in: Kölner Komm. AktG, § 90 Rn. 3.

[768] Lutter, Information und Vertraulichkeit im Aufsichtsrat, S. 115 ff., Mertens, in: Kölner Komm. AktG, § 90 Rn. 25; Paefgen, Struktur und Aufsichtsratsverfassung der mitbestimmten AG, S. 348; Rellermeyer, Aufsichtsratsausschüsse, S. 177 ff.

eine andere Funktion hat als die des Aufsichtrats.[769] Während der Aufsichtsrat zum Zwecke der ordnungsgemäßen Überwachung der Geschäftsführung den Vorstand berät und dafür die gemäß § 90 AktG durch den Vorstand zu erteilenden Informationen benötigt,[770] liegt die Beratung durch ein Executive Committee in der Beteiligung an der Geschäftsführung als solcher. Insoweit dient die Informationsvermittlung an ein Committee der sachgerechten Geschäftsführung selbst. Kompetenzen des Aufsichtsrats sind überhaupt nicht betroffen; denn die Geschäftsführung obliegt dem Aufsichtsrat nicht.[771] Die gleichen Überlegungen gelten für Anhörungsrechte organexterner Führungsgremien. Anhörungsrechte als Annex der Möglichkeit zu ordnungsmäßiger Beratung können Kompetenzen des Aufsichtsrats nicht tangieren, wenn, wie festgestellt, die Beratung des Vorstands im Rahmen des normalen Gangs der Geschäftsführung nicht dem Aufsichtsrat obliegt.

Allerdings können aus aktienrechtlicher Sicht im Hinblick auf die eigenverantwortliche Leitungsmacht des Vorstands einem organexternen Gremium keine echten Auskunfts- und Anhörungsrechte in Geschäftsführungsangelegenheiten gewährt werden, die mit einer jeweils entsprechenden Pflicht des Vorstands zur Informationserteilung beziehungsweise Vorlage zur Anhörung korrespondieren. Das ergibt sich unter anderem daraus, dass der Vorstand als Leitungs- und Geschäftsführungsorgan einem organexternen Führungsgremium nicht verantwortlich und deshalb dessen Weisungen nicht unterworfen ist.[772] Das gilt auch für das Geltendmachen von Auskunfts- und Anhörungsrechten. Es ist mit der Stellung des Vorstands als Geschäftsführungsorgan unvereinbar, dass untergeordnete Angestellte den Vorstand auffordern können, ihnen Informationen zu erteilen. Was Anhörungsrechte vor Beschlüssen des Vorstands anbelangt, kommt hinzu, dass der Vorstand bei seinen Entscheidungen in Leitungs- und sonstigen Geschäftsführungsangelegenheiten nicht durch andere Gremien gebunden werden darf. Eine Ausnahme bilden insoweit nur §§ 111 Abs. 4 S. 2 und 3, 119 Abs. 2 AktG. Insbesondere in Fragen eilbedürftiger Geschäfte könnte die obli-

[769] Siehe hierzu oben § 7 C III. 2. c).

[770] Vgl. Hüffer, AktG, § 90 Rn. 1; Mertens, in: Kölner Komm. AktG, § 90 Rn. 4.

[771] Vgl. auch die Ausführungen von Lutter, Information und Vertraulichkeit im Aufsichtsrat, S. 117 f. zu den Kompetenzen beratender Ausschüsse des Aufsichtsrats sowie Mertens, AG 1980, S. 67, 73 f.

[772] Siehe oben § 7 C. III. 1. a).

gatorische vorherige Anhörung eines Executive Committees dazu führen, dass der Vorstand bei seiner Entscheidung endgültig gebunden ist, weil aus tatsächlichen oder rechtlichen Gründen nur noch eine Entscheidung in Betracht kommt und deshalb sein Entscheidungsermessen auf Null reduziert ist.[773] Außerdem ist denkbar, dass der Vorstand gemäß § 93 Abs. 1 S. 2 AktG in bestimmten Fällen zur Verschwiegenheit auch gegenüber seinem engsten Führungszirkel verpflichtet ist, wenn dies im Interesse der Gesellschaft liegt, und eine Informationserteilung deshalb nicht in Betracht kommt.[774]

Aus diesem Grund können einem organexternen Gremium keine echten Auskunfts- und Anhörungsrechte eingeräumt werden. Es liegt im Ermessen des Vorstands, inwieweit er davon Gebrauch macht, ein organexternes Führungsgremium vor seinen Entscheidungen über geplante Maßnahmen zu informieren und anzuhören. Eine obligatorische Informations- oder Anhörungspflicht besteht dagegen nicht.

IV. Personelle Besetzung organexterner Führungsgremien

Nachdem geklärt ist, welche Aufgaben und Befugnisse aus dem Kreis der Leitungs- und Geschäftsführungstätigkeiten des Vorstands einem organexternen Führungsgremien zukommen können, stellt sich nunmehr die Frage, mit welchen Personen ein solches Gremium besetzt werden darf. Wenn diese Frage beantwortet ist, stellt sich die Anschlussfrage, wer für die Bestellung und Abberufung der Mitglieder eines organexternen Führungsgremiums zuständig ist.

1. Personelle Zusammensetzung

a) Beteiligung vorstandsexterner Personen

Betrachtet man sich die typischen Aufgaben eines organexternen Führungsgremiums in Form eines Executive Committees (Beratung des Vorstands in strategischen Fragen, ständige Unterrichtung des Vorstands über Entwicklungen des operativen Geschäfts, Vorbereitung von Vorstandsentscheidungen, Übernahme einzelner Geschäftsführungsaufgaben), liegt es nahe, das Gremium mit leitenden Angestellten zu besetzen, die selbst nicht Mitglied des Vorstands der Ge-

---

773 Dies ist selbst im US-amerikanischen Recht unzulässig: Siehe oben § 7 B. IV. 1.

774 Vgl. zur Verschwiegenheitspflicht des Vorstands Hopt, in: Großkomm. AktG, § 93 Rn. 187 ff.; Hüffer, AktG, § 93 Rn. 8; Mertens, in: Kölner Komm. AktG, § 93 Rn. 75 ff.

sellschaft sind. Der Vorstand braucht sich schließlich nicht selbst zu beraten und zu unterrichten. Beratung und Unterrichtung haben nur Sinn, wenn sie durch dritte, sachkundige Personen erfolgen. Aus diesem Grund ist das Group Executive Committee zumindest partiell mit Global Business Heads besetzt.[775] Damit stellt sich aber die Frage, inwieweit organexterne Führungsgremien, die in die Arbeit des Vorstands eingebunden werden, überhaupt mit vorstandsexternen Dritten besetzt werden dürfen.

Nach allgemeiner Ansicht ist es zulässig, Beiräte in Aktiengesellschaften und Gesellschaften mit beschränkter Haftung mit Dritten zu besetzen. Unter Dritten werden dabei Personen verstanden, die nicht zum Kreis der Gesellschafter gehören.[776] Dieser Ansatz ist ohne Bedenken auf andere organexterne Führungsgremien, wie etwa Executive Committees, übertragbar. Maßgeblich für die Möglichkeiten zur Besetzung eines solchen Gremiums sind nämlich nicht dessen Bezeichnungen, sondern dessen Aufgaben und Befugnisse.[777] Eine starke Ansicht lässt die Beteiligung von Nichtgesellschaftern in solchen Gremien aber nicht uneingeschränkt zu. Schranken ergeben sich nach dieser Auffassung aus dem Grundsatz der Verbandssouveränität.[778] Begründet wird dies damit, dass solche Gremien zumindest einen tatsächlichen Einfluss auf die Entscheidungsfindung der Organe hätten. Der Selbstschutzgedanke, aus dem sich der Grundsatz der Verbandssouveränität ergebe und der eines der tragenden Prinzipien des Gesellschaftsrechts sei, soll den einzelnen Gesellschafter und die Gesellschaft vor unzulässigen Fremdeinflüssen sichern. Könnten Dritte auf die Willensbildung in der Gesellschaft Einfluss nehmen, bestehe die Gefahr der Manipulation des Entscheidungszentrums.[779]

---

[775] Siehe oben § 3 A. II. 2. b).

[776] Flume, BGB AT I 1, § 14 VII; Grossfeld/Brondics, AG 1987, S. 293, 299; Hölters, Der Beirat der GmbH, S. 22 f.; Rutenfanz, NJW 1965, S. 238, 239; K. Schmidt, in: Scholz, GmbHG, § 45 Rn. 13, 15; U. H. Schneider, DB 1973, S. 953, 955; Teichmann, Gestaltungsfreiheit in Gesellschaftsverträgen, S. 189; Voormann, Der Beirat im Gesellschaftsrecht, S. 110 f.; Westermann, Handbuch der Personengesellschaften, Rn. 153 f.

[777] Vgl. dazu (wiederum für den Beirat) Voormann, Der Beirat im Gesellschaftsrecht, S. 117.

[778] Teichmann, Gestaltungsfreiheit in Gesellschaftsverträgen, S. 189 ff.; Voormann, Der Beirat im Gesellschaftsrecht, S. 111 f.; Wiedemann, in: Festschrift Wolfgang Schilling (1973), S. 105, 111 ff.

[779] Vgl. im Einzelnen Voormann, Der Beirat im Gesellschaftsrecht, S. 111 ff. m. w. N.

Auf die dogmatische Herleitung, Begründung und Ergebnisse dieser Ansicht braucht hier nicht näher eingegangen zu werden. Anzumerken bleibt lediglich, dass man dann, wenn man unter dem Gesichtspunkt der Verbandssouveränität die Beteiligung von Nichtgesellschaftern an der Willensbildung in der Gesellschaft für bedenklich hält, konsequenterweise nur Gesellschafter zu Vorständen, Aufsichtsräten und Geschäftsführern bestellen dürfte. Das Problem des Fremdeinflusses auf die Gesellschaft spielt jedenfalls bei organexternen Führungsgremien nach Vorbild eines Executive Committees, das ausschließlich mit leitenden Angestellten und Vorstandsmitgliedern besetzt ist, nur eine untergeordnete Rolle. Im Übrigen setzt der Grundsatz der Verbandssouveränität solchen Einflüssen fließende Grenzen, die im Einzelfall durch Wertung zu ermitteln sind.[780] Kriterien für eine solche Wertung sollen erstens die Intention der Bestellung, zweitens die verbleibenden Kontrollmöglichkeiten (der Gesellschafter) und drittens die Art der Befugnisse des Beirats sein.[781]

Legt man diese Kriterien der Beurteilung zugrunde, ob ein Executive Committee mit Nicht-Vorstandsmitgliedern besetzt werden kann, kommt man zu dem Ergebnis, dass eine solche Besetzung zulässig ist. Die Intention der Bestellung liegt darin, dass organexterne, aber gesellschaftsinterne Personen, die besseres Fachwissen im operativen Geschäft und auch auf speziellen Sachgebieten haben, den Vorstand beraten.[782] Eine solche Beratung ist aber nur durch vorstandsexterne Personen möglich, weil es keinen Sinn hat, dass sich der Vorstand selbst berät. Er muss gerade externen Sachverstand herbeiziehen. Zwar mag es kritisch sein, dass die Intensität der Einflussnahme auf die Willensbildung des Vorstands durch Beratung im Vorfeld seiner Entscheidungen sehr hoch ist und für die Gesellschaft von existentieller Bedeutung sein kann.[783] Dem ist aber zu entgegnen, dass es vergleichsweise unproblematisch ist, wenn

---

[780] Voormann, Der Beirat im Gesellschaftsrecht, S. 114. Teichmann, Gestaltungsfreiheit im Gesellschaftsrecht, S. 189 spricht davon, dass die Mitwirkung von Dritten als Organ oder in einem Organ „mehrschichtig" sei.

[781] Siehe ausführlich Fleischer, Die Befugnis der GmbH-Gesellschafter zur Einrichtung eines Zusatzorgans, S. 112 ff.; Hommelhoff/Priester, ZGR 1986, S. 463, 499 ff.; Voormann, Der Beirat im Gesellschaftsrecht, S. 115 ff.; kritisch Teubner, ZGR 1986, S. 565, 567 ff.

[782] Vgl. § 3 A. II. 2. b).

[783] Vgl. Voormann, Der Beirat im Gesellschaftsrecht, S. 115 a. E., der Indizien aufgestellt hat, die im Hinblick auf die praktische Durchführbarkeit des Widerrufs von Beiratsmitgliedern von Belang sein sollen.

eine Beratung im vorgenannten Sinne durch leitende Angestellte der Gesellschaft, die kraft Anstellungsvertrag ausschließlich für die Gesellschaft tätig sind und im Zweifel einem Wettbewerbsverbot unterliegen, erfolgt. Eine wesentlich größere Gefahr auftretender Interessenkonflikte kann durch Beratung seitens gesellschaftsexterner Dritter, etwa Unternehmensberater, entstehen. Denn externe Dritte dürften eher Beziehungen zu Konkurrenten, Lieferanten, Kunden und Geldgebern der Gesellschaft unterhalten als die eigenen Angestellten. Dies gilt dem Grunde nach auch für eigene Gesellschafter, die an anderen Unternehmen beteiligt sein oder Individualinteressen anstelle des Unternehmensinteresses verfolgen könnten, insbesondere bei großen börsennotierten, international tätigen Publikumsaktiengesellschaften.

Im Hinblick auf verbleibende Kontrollmöglichkeiten durch Vorstand und Aufsichtsrat kann auf an anderer Stelle gemachte Ausführungen verwiesen werden.[784] In der virtuellen Holding ist es unabdingbar, dass der Vorstand die Wahrnehmung sämtlicher Aufgaben, die er nicht selbst erledigt, selbst oder durch ihm nachgeordnete Einheiten überwacht, das heißt die ordnungsmäßige Überwachung durch andere sicherstellt. Typischerweise wird dem Executive Committee und in Teilbereichen den Funktionalen Committees die laufende Kontrolle des operativen und strategischen Geschäfts der Unternehmensbereiche obliegen. Das bedeutet, dass der Vorstand den Committees bindende Vorgaben zu machen hat, wie diese die Überwachung durchzuführen haben und die ordnungsmäßige Durchführung in geeigneter Weise selbst überwacht. Ob diese Anforderungen eingehalten werden, ist aber keine Frage der grundsätzlichen Zulässigkeit der Besetzung organexterner Führungsgremien mit vorstandsexternen Personen, sondern vielmehr der ordnungsmäßigen Umsetzung der Überwachungspflicht des Vorstands.

Auch die Befugnisse, die einem Executive Committee eingeräumt werden können, sprechen nicht gegen die Besetzung eines solchen Gremiums mit vorstandsexternen Personen. Es ist dargelegt worden, dass einem organexternen Führungsgremium keine Befugnisse zukommen dürfen, die den Vorstand bei seiner Beschlussfassung binden. Demnach treten keine gesellschaftsrechtlichen Friktionen auf, wenn ein organexternes Führungsgremium mit leitenden Angestellten besetzt wird, selbst wenn dem Gremium ein großer faktischer Einfluss auf die Vorstandsarbeit zukommt. Maßgeblich ist, dass der Vorstand nicht in

---

[784] Siehe oben § 6 B. III.

rechtlich relevanter Weise bei seiner Arbeit von organexternen Führungsgremien abhängig sein darf.[785] Das ist aber eine Frage der Kompetenzen des Gremiums und nicht seiner Besetzung. Abgesehen davon besteht bei Executive Committees eine Gefahr nicht, die im Zusammenhang mit der Wahrung des Grundsatzes der Verbandssouveränität ins Feld geführt wird. Executive Committees sollen nicht Entscheidungen der Hauptversammlung beeinflussen,[786] sondern dienen der gesellschaftsinternen, arbeitsteiligen Wahrnehmung von Geschäftsführungsaufgaben. Insoweit zeigt sich auch, dass sich Probleme des unzulässigen Einflusses durch Dritte auf die Willensbildung der „Geschäftsleiter" eher in Personengesellschaften ergeben können, weil es dort um den Einfluss gesellschaftsfremder Dritter geht.[787] Bei der Aktiengesellschaft tritt das Problem in dieser Schärfe nicht auf, weil anerkannt ist, dass die gesetzlichen Organwalter nicht gleichzeitig Gesellschafter sein müssen (Prinzip der Fremdorganschaft).[788] Gleiches gilt für die Gesellschaft mit beschränkter Haftung. Deshalb können leitende Angestellte, die nicht dem Vorstand angehören, Mitglied eines organexternen Führungsgremiums in einer Aktiengesellschaft sein.[789]

b) Beteiligung von Vorstandsmitgliedern

Mitglieder des Vorstands können gleichzeitig Mitglied in einem organexternen Führungsgremium sein. Dagegen ist dem Grunde nach nichts einzuwenden, weil Kompetenzen des Vorstands selbst nicht betroffen sind, wenn dessen Mitglieder in einem anderen organisatorisch fest etablierten Gremium Aufgaben erledigen, die der Vorbereitung und Ausführung der eigentlichen Vorstandsaufgaben dienen. Da solche vorbereitenden und ausführenden Aufgaben auf vorstandsinterne Ausschüsse übertragen werden können,[790] ist nicht ersichtlich, weshalb solche Aufgaben, die der Delegation zugänglich sind, nicht auch in einem anderen organisatorischen Rahmen als in Vorstandsausschüssen wahrge-

---

[785] Siehe oben § 7 C. III. 1. a).

[786] Vgl. Voormann, Der Beirat im Gesellschaftsrecht, S. 112 ff. passim.

[787] Vgl. dazu Teichmann, Gestaltungsfreiheit in Gesellschaftsverträgen, S. 189; Wiedemann, in: Festschrift Wolfgang Schilling (1973), S. 105 ff., der sich mit den Problemen speziell in Personengesellschaften befasst.

[788] Zum Prinzip der Fremdorganschaft vgl. K. Schmidt, Gesellschaftsrecht, § 14 II. 2.

[789] Vgl. für den Beirat Teichmann, Gestaltungsfreiheit im Gesellschaftsrecht, S. 189; Voormann, Der Beirat im Gesellschaftsrecht, S. 117.

[790] Siehe oben § 6 C. II. 2. c).

nommen werden dürfen, das heißt auch außerhalb des eigentlichen Kreises der Vorstandsmitglieder.[791]

Im Hinblick auf die Besetzung organexterner Führungsgremien mit Vorstandsmitgliedern sind aber das Kollegialprinzip und der damit zusammenhängende Grundsatz der Gleichberechtigung aller Vorstandsmitglieder zu berücksichtigen. Friktionen könnten deshalb entstehen, wenn nicht alle, sondern nur einige Vorstandsmitglieder dem Executive Committee angehören.[792] Die Gesamtverantwortung des Vorstands wird jedoch schon deshalb nicht beeinträchtigt, weil ein organexternes Führungsgremium solche Aufgaben, die durch den Gesamtvorstand zu entscheiden sind, das heißt solche mit Leitungscharakter, nicht wahrnehmen darf. Die Vorbereitung und Ausführung solcher Angelegenheiten, die Information und Beratung des Vorstands, die Wahrnehmung von Geschäftsführungsaufgaben unterhalb der Leitungsebene und die Überwachung einfacher Geschäftsführungsaufgaben im Rahmen durch den Vorstand vorgegebener Richtlinien, die einem Committee übertragen werden dürfen, fallen aber nicht in die Gesamtverantwortung des Vorstands, weil sie keine Leitungsaufgaben sind.[793]

Fraglich ist, ob in Fällen, in denen nicht alle Vorstandsmitglieder dem organexternen Führungsgremium angehören, eine Verletzung des Gleichberechtigungsgrundsatzes vorliegt. Zu beachten ist, dass nicht jede Ungleichbehandlung aktienrechtlich unzulässig ist, sondern nur grobe Ungleichgewichte, die entweder zu Aufgabenzuweisungen, die den Anforderungen an ein Vorstandsmandat nicht gerecht werden, oder zu einem Über- und Unterordnungsverhältnis zwischen den Vorstandsmitgliedern führen.[794] Insoweit gilt nichts anderes als das zur Gesamtverantwortung Ausgeführte. Indem die Entscheidungszuständigkeit in Leitungsfragen beim Gesamtvorstand bleibt, ist bereits ausgeschlossen, dass ein Teil der Vorstandsmitglieder, nämlich diejenigen, die nicht dem Committee angehören, nur noch Entscheidungen minderen Gewichts treffen darf. Umgekehrt entsteht auch kein Über- und Unterordnungsverhältnis zwischen dem

---

[791] So im Ergebnis auch Baumbach/Hueck, Üb vor § 76 Rn. 8; Kort, in: Großkomm. AktG, Vor § 76 Rn. 17, 20; Meyer-Landrut, in: Großkomm. AktG, § 95 Anm. 7.

[792] Vgl. dazu Götz, ZGR 2003, S. 1, 10 in Fußnote 33. Zum Kollegial- und zum Gleichberechtigungsgrundsatz siehe oben § 6 A. II.

[793] Zu den Leitungsaufgaben in der virtuellen Holding vgl. oben § 5 B. V. und VI.

[794] Siehe oben § 6 A II. m. w. N.

Committee angehörenden und den übrigen Vorstandsmitgliedern, weil das Committee keine den Vorstand bindenden Handlungen vornehmen, insbesondere keine bindenden Entscheidungen treffen und keine Weisungen erteilen darf.

Allerdings dürfen Vorstandsmitglieder auch nicht faktisch von den eigentlichen Leitungsentscheidungen des Vorstands ausgeschlossen werden.[795] Vor diesem Hintergrund könnte es problematisch sein, dass einem Executive Committee die Aufgabe zukommen kann, Leitungsentscheidungen des Vorstands vorzubereiten, unter anderem, indem Entscheidungsvorlagen für Vorstandsbeschlüsse ausgearbeitet werden. Gehören dem organexternen Führungsgremium nicht alle Vorstandsmitglieder an, birgt diese Konstellation die Gefahr, dass der Vorstand bei seiner Beschlussfassung bereits vor vollendete Tatsachen gestellt wird und nicht mehr über Entscheidungsalternativen beraten kann. Das wäre insbesondere der Fall, wenn der zu fassende Beschluss des Vorstands in dem Committee bereits so weit vorberaten worden wäre, dass das Gremium in Frage kommende alternative Möglichkeiten selbst ausgeschlossen hätte und die Beschlussvorlage auf die Entscheidung selbst reduziert hätte, ohne den Vorschlag nachvollziehbar zu begründen.[796] Ein solches, aktienrechtlich unzulässiges Verfahren zu verhindern, ist aber „nur" eine Frage der Schaffung geeigneter Mechanismen, um Friktionen des Gleichberechtigungsgrundsatzes zu verhindern. Durch ausreichende Transparenz, indem die einzelnen Vorstandsmitglieder ausreichend über Arbeit und Entscheidungen des Committee informiert werden, und durch Gewährung von Interventions- und Widerspruchsrechten kann dem Prinzip der Gleichberechtigung aller Vorstandsmitglieder Genüge getan werden. Zudem ist sicherzustellen, dass Beschlussvorlagen und Informationen, die für Vorstandsentscheidungen erheblich sind, dem Vorstand so rechtzeitig zugeleitet werden, dass dieser in der Lage ist, eigenverantwortlich in angemessener Zeit über die jeweilige Angelegenheit zu beraten und entscheiden.

Werden diese Anforderungen eingehalten, ist es aktienrechtlich unproblematisch, wenn nur ein Teil der Vorstandsmitglieder einem organexternen Führungsgremium angehört. Es ist deshalb möglich, ein Executive Committee einzurichten, dem etwa nur die operativ verantwortlichen Vorstandsmitglieder angehören. Auf diese Weise könnte sich der Vorstand bei seinen Sitzungen mit

---

[795] Mertens, in: Kölner Komm. AktG, § 77 Rn. 12.

[796] Siehe zur parallelen Problematik bei der Einrichtung vorstandsinterner Ausschüsse oben § 6 C. II. 1.

den wesentlichen strategischen Fragen beschäftigen, während das Committee für das operative Geschäft zuständig ist.

c) „Gemischte" Besetzung mit Vorständen und Bereichsleitern

Obliegt dem Executive Committee die Beratung des Vorstands, ist es zweckmäßig, das Gremium sowohl mit Vorstandsmitgliedern als auch mit vorstandsexternen Personen, wie den Unternehmensbereichsleitern, sofern diese nicht selbst dem Vorstand angehören, zu besetzen, um eine verbesserte Konsultation und Kommunikation zwischen strategischer und operativer Führung zu erreichen.[797]

Eine derartige „gemischte" Besetzung eines organexternen Führungsgremiums ist aktienrechtlich zulässig, solange erstens das Zusammenwirken ausschließlich gesellschaftsintern erfolgt und nicht nach außen der Anschein einer gemeinsamen organschaftlichen Verantwortung entsteht sowie zweitens auch intern nach Maßgabe der bisherigen Ausführungen die zwingenden Zuständigkeiten von Vorstand und Aufsichtsrat nicht verwischt werden.[798] Die Gefahr des Anscheins einer gemeinsamen organschaftlichen Verantwortung von echten Vorstandsmitgliedern und Unternehmensbereichsleitern aufgrund gemeinsamer Tätigkeit in einem organexternen Führungsgremium ist geringer als bei „Bereichsvorständen", die organisatorisch selbständig ihre Sparten leiten. Das ergibt sich nicht nur daraus, dass ein organexternes Führungsgremium nach dem hier behandelten Vorbild nicht als „Bereichs*vorstand*" bezeichnet wird, sondern als „Executive Committee" oder als „Funktionales Committee", sondern auch daraus, dass im Vergleich zu den eigentlichen unternehmensbereichsleitenden Gremien die organisatorische Verselbständigung gegenüber dem Vorstand fehlt.[799] Problematisch ist es aber, wenn vorstandsexterne Mitglieder des Executive Committees für die Gesellschaft gerade in dieser Stellung nach außen auftreten. Dies wäre grundsätzlich rechtlich zulässig, wie sich bereits in der Möglichkeit zeigt, auch in der Aktiengesellschaft vorstandsexternen Angestellten Generalvollmachten zu erteilen sowie in der Möglichkeit, gemäß § 78 Abs. 3 AktG unechte

---

[797] Vgl. Deutsche Bank AG, Corporate Governance Bericht 2002 und Grundsätze, S. 7: „Mit der Schaffung des Group Executive Committee werden die Global Business Heads eng in die Steuerung des Konzerns eingebunden."

[798] Hoffmann-Becking, ZGR 1998, S. 497, 510 f.

[799] Zur den aktienrechtlichen Problemen organisatorisch selbständig agierender Unternehmensbereichsleitungen als „Bereichsvorstände" siehe unten § 8 D. Vgl. auch Kort, in: Großkomm. AktG, § 76 Rn. 13; Mertens, in: Kölner Komm. AktG, § 76 Rn. 58.

Gesamtvertretung durch ein Vorstandsmitglied gemeinsam mit einem Prokuristen festzulegen.[800]

Ob solchermaßen bevollmächtigte Personen als „Global Business Head" oder „Member of the Executive Committee" auftreten, ist zwar zunächst zweitrangig. Es ist jedoch mehr als fragwürdig, wenn bei gemischt besetzten vorstandsexternen Führungsgremien der Anschein erweckt wird, es handele sich um ein dem Vorstand gleichgeschaltetes Gremium. Das Gremium darf deshalb nicht als „Vorstand" und seine Mitglieder nicht als „Vorstandsmitglieder" bezeichnet werden. Die Gesellschaft hat immer einen Vorstand, nicht mehrere oder gar keinen.[801] Deshalb muss klar sein, dass ein Executive Committee kein Vorstand mit den Befugnissen der §§ 76 ff. AktG ist. Denn genau wie bei der Erteilung einer Generalvollmacht an einzelne Personen muss auch bei Implementierung eines organexternen Führungsgremiums die alleinige Vertretungsbefugnis des Vorstands erhalten bleiben.[802] Irreführende Bezeichnungen des Gremiums können im Falle einer Täuschung des Rechtsverkehrs bei Rechtsgeschäften zu Irrtumsanfechtung, Rechtsscheinhaftung oder anderen unliebsamen Konsequenzen führen. Zulässig sind aber Bezeichnungen wie „Mitglied des Managements" oder „Member of Group Executive Committee", die keine Verwechselungsgefahr mit dem aktienrechtlichen Begriff Vorstand hervorrufen.[803]

---

[800] Zur Möglichkeit, Generalvollmachten zu erteilen: Sonnenschein/Weitemeyer, in: Heymann HGB, § 54 Rn. 16; Lieb/Krebs, in: Münch. Komm. HGB, Vor § 48 Rn. 71 ff. allgemein. Zu im Einzelnen streitigen Fragen der Generalvollmacht bei der Aktiengesellschaft: BGHZ 36, S. 293, 295; Hefermehl, in: Geßler/Hefermehl/Eckardt/Kropff, § 78 Rn. 84 f.; Hübner, ZHR 143 (1979), S. 1, 9 ff.; Hüffer, AktG, § 78 Rn. 10; Mertens, in: Kölner Komm. AktG, § 78 Rn. 74; Wiesner, in: Münch. Hdb. GesR IV, § 23 Rn. 23. Zur unechten Gesamtvertretung BGHZ 13, S. 61, 64 f.; 26, S. 330, 332 f.; Hüffer, AktG, § 78 Rn. 16 f.; Mertens, in: Kölner Komm. AktG, § 78 Rn. 35 ff.

[801] Kort, in: Großkomm. AktG, § 76 Rn. 13; Mertens, in: Kölner Komm. AktG, § 76 Rn. 58. Zur rechtlichen Einordnung organexterner Führungsgremien und zu begrifflichen Problemen siehe unten § 7 D.

[802] Vgl. Flume, Die juristische Person, S. 364 ff.; Hüffer, AktG, § 78 Rn. 10; Mertens, in: Kölner Komm. AktG, § 78 Rn. 74.

[803] Siehe Kort, in: Großkomm. AktG, § 76 Rn. 13. Zu haftungsrechtlichen Fragen siehe unten § 9 C.

2. Bestellung und Abberufung der Mitglieder

Nachdem geklärt ist, dass sowohl Vorstandsmitglieder als auch vorstandsexterne leitende Angestellte Mitglied eines organexternen Führungsgremiums nach Vorbild eines Executive Committees werden können, ist ein Blick auf die Zuständigkeit für die Bestellung und Abberufung der Committee-Mitglieder zu richten. Hierbei gilt es, zwischen Vorstandsmitgliedern und sonstigen Mitgliedern zu differenzieren.

a) Vorstandsmitglieder

Die Bestellung und Abberufung der Vorstandsmitglieder fällt gemäß § 84 Abs. 1 und 3 AktG in die zwingende Zuständigkeit des Aufsichtsrats.[804] Diese Kompetenz umfasst allerdings nur die Bestellung in den und die Abberufung aus dem Vorstand selbst. Davon zu trennen ist die Berufung in ein organexternes Führungsgremium beziehungsweise die Abberufung aus einem solchen. Das ergibt sich aus dem Wortlaut und dem gesetzessystematischen Zusammenhang des § 84 AktG. Der erste Abschnitt des vierten Teils des Aktiengesetzes enthält Regelungen zur Tätigkeit und zur Zusammensetzung des Vorstands als Organ. Auch die amtliche Überschrift des § 84 AktG spricht von „Bestellung und Abberufung des Vorstands“. Es ist jedoch denkbar, dass die Vorstandsmitglieder kraft Amtes auch Mitglied eines organexternen Führungsgremiums sind, mit anderen Worten die Committee-Mitgliedschaft also automatisch mit der Vorstandsmitgliedschaft verbunden ist. In diesem Fall bedarf es keiner ausdrücklichen und separaten Bestellung in das Committee beziehungsweise Abberufung daraus. Beginn und Ende der Mitgliedschaft in dem Committee ergeben sich aus Beginn und Ende der Mitgliedschaft im Vorstand.

Darüber hinaus stellt sich die Frage, ob dies auch für Fälle gilt, in denen die Mitgliedschaft im organexternen Führungsgremium nicht automatisch an die Stellung als Mitglied des Vorstands gekoppelt ist. Das ist der Fall, wenn nicht sämtliche Mitglieder des Vorstands auch Mitglied des Committees sind und einzelne Mitglieder in das Gremium entsandt werden sollen, deren Vorstandsposten sie nicht kraft Amtes zu dieser Mitgliedschaft berechtigt. Denkbar wäre dann, dass eine eigenständige Auswahl für die Bestellung in das sowie, zumin-

---

[804] Siehe dazu im Einzelnen Baums, Der Geschäftsleitervertrag, S. 64 ff.; 299 f.; Krieger, Personalentscheidungen des Aufsichtsrats, S. 3 ff.; Lutter/Krieger, Rechte und Pflichten des Aufsichtsrats, Rn. 331 ff.; Mertens, in: Kölner Komm. AktG, § 84 Rn. 3 ff.

dest bei unbefristeter Bestellung oder bei Vorliegen eines wichtigen Grundes, die Abberufung aus dem Committee erforderlich ist. Bei einem organexternen Führungsgremium, das den Vorstand berät und ihn bei Leitung und Geschäftsführung unterstützt, liegt es nahe, die Beteiligung von Vorständen darin als Angelegenheit der Geschäftsverteilung zu behandeln. Den Mitgliedern eines organexternen Führungsgremiums obliegt dann die Wahrnehmung bestimmter Geschäftsführungsaufgaben. Letztlich wirkt eine derartige Aufgabenwahrnehmung in Committees im Verhältnis der Vorstandsmitglieder untereinander wie eine Zuweisung bestimmter Geschäftsführungsaufgaben im Wege der Geschäftsverteilung. Deshalb ist es sinnvoll, die Grundsätze über das Verfahren der internen Geschäftsverteilung im Vorstand, auch wenn es um sich um eine vorstandsexterne Aufgabenwahrnehmung durch dessen Mitglieder handelt, entsprechend anzuwenden.

Krieger vertritt insoweit die Auffassung, dass die Ressortzuweisung Bestandteil des Bestellungsrechts des Aufsichtsrats sei. Es sei nicht sachgerecht, sie als Akt der Geschäftsordnung anzusehen. Auswahl und Aufgabenzuweisung seien untrennbar miteinander verbunden. Wenn das Bestellungsrecht auch die Befugnis umfasse, über den Aufgabenbereich des Bestellten zu entscheiden, sei es nicht sinnvoll, zwischen diesen Akten dogmatisch zu unterscheiden. Deshalb sei es konsequent, wenn die „Aufgabenzuweisung uno actu mit der Bestellung" erfolge.[805]

Nach herrschender Meinung ist die Geschäftsverteilung richtigerweise nicht mit der Bestellung zum Vorstandsmitglied, sondern in der Geschäftsordnung zu regeln.[806] Es ist zwar richtig, dass der Aufsichtsrat bei der Personalauswahl für den Vorstand zu beachten hat, ob der Kandidat für das vorgesehene Amt und damit auch gegebenenfalls für ein bestimmtes Ressort die notwendige Qualifikation hat.[807] Allein daraus ergibt sich aber keine rechtsdogmatische Verknüp-

---

[805] Krieger, Personalentscheidungen des Aufsichtsrats, S. 200. Siehe auch Lutter/Krieger, Rechte und Pflichten des Aufsichtsrats, Rn. 430.

[806] Siehe oben § 4 B. IV. 2. e) sowie Dose, Die Rechtsstellung der Vorstandsmitglieder einer Aktiengesellschaft, S. 47 ff., 94 f.; Fonk, in: Arbeitshandbuch für Aufsichtsratsmitglieder, Rn. I 92; Hefermehl, in: Geßler/Hefermehl/Eckardt/Kropff, § 77 Rn. 16; Hofmann/Preu, Der Aufsichtsrat, Rn. 239; Hüffer, AktG, § 84 Rn. 3; Immenga, ZGR 1977, S. 249, 267 f.; Kort, in: Großkomm. AktG, § 77 Rn. 48; Mertens, ZGR 1983, S. 189, 196 ff.; ders., in: Kölner Komm. AktG, § 84 Rn. 4; Wiesner, in: Münch. Hdb. GesR IV, § 22 Rn. 16.

[807] Hefermehl/Spindler, in: Münch. Komm. AktG, § 84 Rn. 12 a. E.

fung von Bestellung und Ressortzuweisung. Die Annahme einer derartigen Verknüpfung geht am aktiengesetzlichen Regelungsgefüge und an einer zweckmäßigen Aufgabenwahrnehmung in der Gesellschaft vorbei. Wäre die Aufgabenzuweisung notwendigerweise mit der Bestellung zum Vorstandsmitglied verbunden, würden das Tätigkeitsfeld des Mitglieds und die Aufgabenverteilung im Vorstand in unnötig starrer Weise festgelegt, ohne die notwendige Flexibilität für die Arbeit des Gremiums zu gewähren. Eine Änderung der Ressorts könnte dann nur im Wege der einverständlichen Neubestellung oder nach Abberufung der Vorstandsmitglieder aus wichtigem Grund erfolgen. Einen „Teilwiderruf" der Bestellung aus wichtigem Grund, der in der Neuzuweisung der Ressorts liegen soll,[808] kennt das Aktiengesetz nicht.[809] Zudem trennt das Aktiengesetz eindeutig zwischen Bestellung (§ 84 AktG) und Geschäftsverteilung (§ 77 AktG). Die Geschäftsverteilung ist Teil der Geschäftsführung, die in einer Geschäftsordnung zu regeln ist, weil sie die Art und Weise betrifft, wie der Vorstand die Geschäfte der Gesellschaft führt. Deshalb ist die herrschende Ansicht vorzuziehen.

Demnach erfolgt die Bestellung von Vorstandsmitgliedern in ein organexternes Führungsgremium nicht automatisch in einem Akt mit der Bestellung in den Vorstand, wenn die Committee-Mitgliedschaft nicht unmittelbar und zwingend mit dem Amt als Vorstandsmitglied verbunden ist. Es steht Aufsichtsrat und Vorstand insoweit frei, Regelungen über Bestellung und Abberufung, Anzahl der durch den Vorstand zu entsendenden Mitglieder, Dauer der Bestellung, Kriterien für die Entsendung et cetera in der Geschäftsordnung des Vorstands zu treffen. Für die Bestellung selbst sind verschiedene Regelungsmöglichkeiten denkbar, weil das Aktiengesetz diesbezüglich keine Vorgaben macht. Insbesondere ist es zulässig, die Committee-Mitglieder durch den Vorstand per Beschluss zu wählen.[810] Darin liegt gerade kein Verstoß gegen § 84 Abs. 1 AktG, weil die Mitgliedschaft in dem Committee nicht zwingend mit der Bestellung in den Vorstand zusammenhängt. Zulässig ist auch eine Wahl durch den Aufsichtsrat oder das Gewähren eines Zuständigkeitsvorbehalts zugunsten des Aufsichtsrats im Sinne des § 111 Abs. 4 S. 2 AktG. Genauso ist es aber möglich,

---

[808] Krieger, Personalentscheidungen des Aufsichtsrats, S. 206 f.

[809] Mertens, in: Kölner Komm. AktG, § 84 Rn. 4.

[810] Voormann, Der Beirat im Gesellschaftsrecht, S. 129, erachtet dies für die Bestellung in einen beratenden Beirat, allerdings nicht bezogen auf die Wahl von Vorstandsmitgliedern, als sinnvoll

dass die Bestellung in ein organexternes Führungsgremium mit der Bestellung in den Vorstand für bestimmte Mitglieder zusammenfallen soll, beispielsweise den Vorsitzenden des Vorstands. Ebenso frei regelbar sind die Mehrheitserfordernisse für eine Bestellung in ein Committee. § 77 Abs. 2 S. 3 AktG gilt nämlich nur für die abstrakten Regeln über die Bestellung in der Geschäftsordnung, nicht aber für die Bestellung selbst. Deshalb ist es auch zulässig, einfache Stimmenmehrheit für die Bestellung vorzusehen.[811]

Zu beachten ist im Zusammenhang mit der Regelung solcher Fragen in der Geschäftsordnung, dass gemäß § 77 Abs. 2 S. 1 AktG eine konkurrierende Erlasskompetenz zwischen Aufsichtsrat und Vorstand besteht, weshalb der Vorstand kein Bestellungsverfahren gegen den Willen oder unter Ausschluss des Aufsichtsrats durchführen kann, es sei denn, der Aufsichtsrat hat dem Vorstand die Geschäftsordnungskompetenz überlassen.[812] Unzulässig dürfte es sein, die vorgenannten Fragen in der Satzung der Gesellschaft zu regeln. Anderenfalls wäre die dem Vorstand aufgrund seiner Leitungsverantwortung zwingend zustehende Befugnis zur Organisation des Unternehmens und seiner Führungsstrukturen unzulässig beschränkt; denn § 77 Abs. 2 S. 2 AktG ermächtigt die Hauptversammlung nicht, derart detaillierte Fragen der Geschäftsordnung umfassend in der Satzung zu regeln. Darin läge ein Verstoß gegen die zwingende Kompetenzverteilung zwischen den Organen in der Aktiengesellschaft.[813]

b) Sonstige Mitglieder

Aktienrechtlich anders zu beurteilen ist die Bestellung von Personen in ein organexternes Führungsgremium, die nicht Mitglied des Vorstands sind, insbesondere leitenden Angestellten der ersten dem Vorstand nachgeordneten Führungsebene. Es ist bereits ausgeführt worden, dass die Besetzung der obersten Führungspositionen (mit Ausnahme der Vorstandsposten) zu den originären Führungsfunktionen rechnet und deshalb als dem Vorstand obliegende Leitungsaufgabe zu qualifizieren ist.[814]

---

[811] Siehe für die Wahl eines Beirats Voormann, Der Beirat im Gesellschaftsrecht, S. 130.

[812] Siehe oben § 4 B. IV. 2. e) m. w. N.

[813] Siehe oben § 4 B. IV. 3. b) aa).

[814] Siehe oben § 4 B. IV. 1. a) aa).

Im Zusammenhang mit der Besetzung der obersten Führungspositionen ist auch die Besetzung eines organexternen Führungsgremiums zu sehen. Sinnvollerweise wird ein solches Gremium, das eng mit dem Vorstand zusammenarbeitet und in der virtuellen Holding gewissermaßen dessen „verlängerter Arm" für das operative Geschäft ist, mit den Leitern der Unternehmensbereiche besetzt.[815] Das Gremium wird nämlich gerade geschaffen, um einerseits das Führungspersonal eines Unternehmens enger in die Vorstandsarbeit zu integrieren und andererseits eine kompetente Beratung des Vorstands zu erreichen. Außerdem nimmt das Gremium, soweit zulässig, Geschäftsführungsaufgaben für den Vorstand wahr. Vor diesem Hintergrund ist es sinnvoll und konsequent, die Besetzung eines Executive Committees oder eines ähnlichen Gremiums mit vorstandsexternen Personen als Leitungsaufgabe im Sinne des § 76 Abs. 1 AktG anzusehen, die in die eigenverantwortliche Kompetenz des Vorstands fällt.[816] Mit anderen Worten ist der Vorstand als Gesamtorgan für die Bestellung vorstandsexterner leitender Angestellter in ein Executive Committee zuständig.

Allerdings ist es denkbar, dem Aufsichtsrat bei der Bestellung vorstandsexterner Personen in ein Executive Committee ein Zustimmungsrecht gemäß § 111 Abs. 4 S. 2 AktG einzuräumen.[817] Grundsätzlich können auch unternehmensinterne Leitungsmaßnahmen an Zustimmungsvorbehalte gebunden werden. Voraussetzung ist allerdings, dass die Leitungsverantwortung des Vorstands im Kern nicht berührt wird.[818] Grundsätzlich wird es auch als zulässig erachtet, Personalentscheidungen Zustimmungsvorbehalten zu unterwerfen.[819] Ein genereller Zustimmungsvorbehalt für alle Entscheidungen im Zusammenhang mit leitenden Angestellten soll allerdings unzulässig sein, weil die Personalhoheit

---

[815] So bei der Deutsche Bank AG mit den „Global Business Heads": Siehe oben § 3 A. II. 2. b).

[816] Für den Beirat eine Auswahl- und Bestellungsbefugnis des Vorstands als nahe liegend ansehend: Voormann, Der Beirat im Gesellschaftsrecht, S. 129.

[817] Dies für die Bestellung der Spartenleiter befürwortend Schiessl, ZGR 1992, S. 64, 81; Schönbrod, Die Organstellung von Vorstand und Aufsichtsrat in der Spartenorganisation, S. 194.

[818] Hüffer, AktG, § 111 Rn. 18; Mertens, in: Kölner Komm. AktG, § 111 Rn. 67 f.; Meyer-Landrut, in: Großkomm. AktG, § 111 Anm. 15.

[819] Lutter/Krieger, Rechte und Pflichten des Aufsichtsrats, Rn. 120; Martens, in: ZHR 159 (1995); S. 567, 577 ff. (für die Besetzung der Vorstände in Konzerntochtergesellschaften); Mertens, in: Kölner Komm. AktG, § 111 Rn. 69.

eines der wichtigsten Element der eigenverantwortlichen Leitungsmacht des Vorstands sei, bei der er nicht generell dem Aufsichtsrat ausgeliefert sein dürfe.[820] Im Hinblick auf die Besetzung eines organexternen Führungsgremiums mit leitenden Angestellten könnte es problematisch sein, dem Aufsichtsrat entsprechende Zustimmungsvorbehalte zu gewähren. Ein solcher Vorbehalt könnte faktisch dazu führen, dass der Vorstand seine Personalentscheidungen in Fragen der Besetzung der Bereichsleitungen und des Executive Committees nicht mehr eigenverantwortlich treffen kann, insbesondere wenn das Amt des Unternehmensbereichsleiters mit der Mitgliedschaft im Committee verbunden ist. Da das organexterne Führungsgremium den Vorstand im Rahmen der Verbindung von strategischer Leitung und operativer Geschäftsführung berät sowie unterstützt und dem Gremium auf diese Weise als Bindeglied zwischen Vorstand und operativen Geschäftseinheiten eine außerordentliche Bedeutung zukommt, könnte ein Zustimmungsvorbehalt dazu führen, dass der Vorstand die komplette Unternehmensbereichsleitung nicht mehr ohne Einmischung des Aufsichtsrats besetzen kann und deshalb in seiner Personalhoheit betroffen wäre.

Allerdings spricht gerade der außerordentliche Einfluss, den die Mitglieder eines Executive Committees auf Vorstandsentscheidungen und damit auf Leitungsfragen haben können, dafür, Zustimmungsvorbehalte bei der Besetzung des Committees als zulässig anzusehen. Nur auf diese Weise ist gewährleistet, dass der Aufsichtsrat seiner ihm obliegenden Überwachungsaufgabe hinreichend nachkommen kann; denn die Überwachung der Geschäftsführung durch den Aufsichtsrat hat, wie bereits dargelegt, möglichst frühzeitig anzusetzen. Bei der Berufung leitender Angestellter in ein organexternes Führungsgremium ist ein entsprechender Zustimmungsvorbehalt zugunsten des Aufsichtsrats ein wirksames Instrument der frühzeitigen Überwachung der Geschäftsführung. Hinzu kommt, dass die Beratung und Unterstützung des Vorstands durch ein Committee die Beratungsbefugnisse des Aufsichtsrats, wenn auch nicht beeinträchtigen, so doch partiell tangieren kann.[821] Deshalb ist es angebracht, die Möglichkeit vorzubehalten, den Aufsichtsrat wenigstens bei der Bestellung der Mitglieder in das Gremium, das den Vorstand berät, einzubinden. Im Übrigen berührt die Tätigkeit eines organexternen Führungsgremiums auch die Überwa-

---

[820] Hoffmann/Lehmann/Weinmann, MitbestG, § 25 Rn. 88; Mertens, in: Kölner Komm. AktG, § 111 Rn. 69.

[821] Siehe oben § 7 C. III. 3.

chungsaufgabe des Aufsichtsrats über die reine Beratung des Vorstands hinaus, weil der enorme potentielle und tatsächliche Einfluss der vorstandsexternen Mitglieder des Committees auf den Vorstand in Leitungs- und Geschäftsführungsfragen, der sich aus der engen Zusammenarbeit mit den Vorstandsmitgliedern im Committee ergibt, es nahe legt, dass der Aufsichtsrat die Rechtmäßigkeit der Tätigkeit des Gremiums überwacht. Um dieser Aufgabe frühzeitig und effizient nachkommen zu können und um Fehlbesetzungen zu vermeiden, ist es deshalb sinnvoll, Zustimmungsvorbehalte zugunsten des Aufsichtsrats zuzulassen.

Derartige Zustimmungsvorbehalte greifen zwar in die Personalhoheit des Vorstands ein. Dem Vorstand bleibt aber ausreichend Spielraum, geeignete Kandidaten für die Besetzung eines organexternen Führungsgremiums auszuwählen. Die Besetzung eines solchen Gremiums mag ein wichtiger Ausschnitt der Personalauswahl der obersten Führungsebene eines Unternehmens sein. Die Personalhoheit des Vorstands erschöpft sich indes nicht in dieser Frage, weil nur ein kleiner Teil des Führungspersonals dem Gremium angehört.

Es kann deshalb festgehalten werden, dass die Einschränkung der Personalhoheit deshalb gerechtfertigt ist, weil dem Committee aufgrund seiner Besetzung, seiner Aufgaben, seiner Bedeutung und seines Einflusses sowie seiner Nähe zum Vorstand eine so hervorragende Stellung zukommt, die – was die Machtverhältnisse in der Gesellschaft angeht – dem Vorstand faktisch stark angenähert ist, auch wenn ihm rechtlich keine entsprechende Stellung zukommt. In dieser für die Gesellschaft äußerst wichtigen „Grauzone“ erscheint es sinnvoll, dem Aufsichtsrat ein Mitspracherecht in Form eines Zustimmungsvorbehalts nach § 111 Abs. 4 S. 2 AktG einzuräumen.

Auswahl, Wahlverfahren und Bestellung sind in der Geschäftsordnung des Vorstands frei regelbar. Insoweit kann auf das Verfahren zur Bestellung der Vorstandsmitglieder verwiesen werden. Macht der Aufsichtsrat von seiner Geschäftsordnungskompetenz keinen Gebrauch, kann der Vorstand diese Fragen regeln (§ 77 Abs. 2 S. 1 AktG).[822]

---

[822] Siehe oben § 7 C. IV. 2. a).

V. Zusammenarbeit mit dem Vorstand

Von besonderem Interesse ist die Organisation der Zusammenarbeit eines organexternen Führungsgremiums mit dem Vorstand der Gesellschaft. Nicht nur die materiell-rechtlichen Kompetenzen eines solchen Gremiums können die Entscheidungsfindung des Vorstands beeinflussen, sondern auch das Verfahren, wie diese Kompetenzen, vornehmlich Beratung, wahrgenommen werden dürfen. Auch das Beratungs-, Informations- und Abstimmungsverfahren kann einem Executive Committee unterschiedliche Möglichkeiten der Einflussnahme auf den Willensbildungsprozess des Vorstands ermöglichen.[823] Insbesondere ist von Bedeutung, ob Vorstand und Executive Committee gemeinsame Sitzungen und gegebenenfalls gemeinsame Abstimmungen abhalten dürfen. Bejaht man dies, würde es im Ergebnis zu einer stärkeren „Verrechtlichung" der Zusammenarbeit eines aktienrechtlich nicht geregelten Gremiums mit dem Vorstand kommen.

1. Sitzungen des Gremiums

Eine aktienrechtliche Bestimmung, die gemeinsame Sitzungen des Vorstands mit externen Dritten ausschließt oder beschränkt, besteht genauso wenig wie eine Vorschrift, die Vorstandsmitgliedern untersagt, Sitzungen mit Dritten in anderen Gremien abzuhalten. *Wiesner* vertritt aber die Ansicht, die für den Aufsichtsrat geltende Ordnungsvorschrift des § 109 Abs. 1 S. 1 AktG, nach der Dritte an Sitzungen des Aufsichtsrats nicht teilnehmen sollen, analog auf Sitzungen des Vorstands anzuwenden.[824] Eine analoge Anwendung der Norm auf den Vorstand scheidet jedoch aus. Hier kann nämlich nicht ohne weiteres eine planwidrige Regelungslücke des Gesetzgebers angenommen werden.[825] Vielmehr liegt es nahe, dass der Gesetzgeber den Möglichkeiten zur Gestaltung der Vorstandsarbeit mit Bedacht keine engen Grenzen auferlegen wollte.[826] Gerade im Aktienrecht, das eine außergewöhnliche Dichte zwingender Regelungen ent-

---

[823] Vgl. Götz, ZGR 2003, S. 1, 11.

[824] Wiesner, in: Münch. Hdb. GesR IV, § 22 Rn. 21 ohne Begründung. Vgl. auch Hommelhoff/Timm, AG 1976, S. 330, 331, die das Teilnahmeverbot eines Beirats auf einen „Erst-Recht-Schluss" gründen.

[825] Zum Erfordernis einer planwidrigen Regelungslücke hinsichtlich der analogen Anwendung von Rechtsnormen siehe Larenz/Canaris, Methodenlehre der Rechtswissenschaft, S. 202 ff.

[826] So auch Götz, ZGR 2003, S. 1, 11 und im Ergebnis Meyer-Landrut, in: Großkomm. AktG, § 95 Anm. 7.

hält, sollte man vorsichtig sein, ohne weiteres die analoge Anwendung von Vorschriften auf nicht geregelte Bereiche zu bejahen.[827] Der relativ enge Freiraum, der der Aktiengesellschaft verbleibt, um ihre inneren Angelegenheiten statutarisch zu regeln, sollte nicht ohne Notwendigkeit noch weiter verengt werden. Es ist zudem sachgerecht, externen Personen die Teilnahme an Sitzungen des Vorstands zu gestatten, weil der Vorstand in Anbetracht zunehmender Globalisierung und Komplexität bei entscheidungserheblichen Fragen und Sachverhalten, die sich vor allem aus der Diversifizierung von Unternehmen ergeben, auf externen Sachverstand angewiesen ist.[828] Um seiner Pflicht zur sorgfältigen Ermittlung von Entscheidungsgrundlagen nachkommen zu können, ist die Beratung durch vorstandsexterne Personen deshalb erforderlich.[829]

Vor diesem Hintergrund ist es sinnvoll und zweckmäßig, Informationsmittlung und Beratung durch Dritte auch in den Sitzungen des Vorstands zuzulassen. Die unmittelbare Konsultation externer Experten beschleunigt den Informationsfluss, vereinfacht die vorstandsinterne Beratung und dürfte das Verständnis der Sachverhalte verbessern. Auf diese Weise sind unmittelbare Nachfragen bei den herangezogenen Sachverständigen schnell und einfach möglich. Eine derartige unmittelbare Beratung vermeidet auch Verständnisschwierigkeiten, die durch Übermittlungsfehler bei mittelbarer Weitergabe von Informationen entstehen können. Die unmittelbare Teilnahme von Dritten an Sitzungen des Vorstands dürfte deshalb, zumindest in Einzelfällen, nicht nur dazu führen, dass sich die Entscheidungsfindung des Vorstands beschleunigt, sondern auch zu einer erhöhten Gewähr, dass die Meinungen der Sachverständigen in zutreffender Weise in die Entscheidungsfindung einfließen.

Überträgt man diesen Ansatz auf ein organexternes Führungsgremium, dem sowohl Vorstandsmitglieder als auch vorstandsexterne Personen angehören, sind Sitzungen eines solchen Gremiums erst recht (arg. a maiori ad minus) mit geltendem Aktienrecht vereinbar. Dürfen nämlich Dritte an den Sitzungen des Vorstands teilnehmen, in denen Letzterer seine organschaftlichen Rechte und Pflichten wahrnimmt, die ihm kraft Gesetzes zustehen, muss erst recht die An-

---

[827] Vgl. zu diesem Rechtsgedanken auch im Hinblick auf die Problematik verdeckter Regelungsfreiräume die Ausführungen von Pentz, in: Münch. Komm. AktG, § 23 Rn. 157; Röhricht, in: Großkomm. AktG, § 23 Rn. 189

[828] Siehe dazu auch oben § 7 B. III. 3.

[829] Götz, ZGR 2003, S. 1, 12.

wesenheit dieser Dritten bei Sitzungen solcher Gremien, denen keine organschaftlichen, sondern nur delegierte und deshalb abgeleitete Befugnisse zustehen, möglich sein. So kennt die Unternehmenspraxis auch Sitzungen, an denen Vorstands- und Aufsichtsratsmitglieder teilnehmen oder Sitzungen von Vorstandsausschüssen oder von Beiräten, an denen Vorstandsmitglieder, die dem Gremium nicht angehören, teilnehmen. Dabei handelt es sich um gemeinsame Sitzungen zweier Organe oder Sitzungen organinterner, organübergreifender oder organexterner Gremien. Es ist nicht ersichtlich, weshalb das Aktiengesetz solchen Sitzungen auch organexterner Committees, an denen Vorstandsmitglieder teilnehmen, entgegenstehen sollte, wenn es einerseits keine entgegenstehende Regelung enthält und andererseits Sitzungen solcher Gremien mit den Interessen des Unternehmens, seiner Aktionäre und der Gläubiger in Einklang stehen und der Vorstand als Geschäftsführungsorgan sie für sinnvoll und angemessen hält. Erforderlich ist nur, dass dem Vorstand die Möglichkeit bleibt, stets eigene Sitzungen ohne Teilnahme Dritter abzuhalten.

Die vorstandsexternen Mitglieder haben ein echtes Recht zur Teilnahme an den Sitzungen des Committees. Der Vorstand und, falls eine entsprechende statutarische Bestimmung besteht, der Aufsichtsrat können die vorstandsexternen Mitglieder aber jederzeit abberufen, so dass Letzteren auf diese Weise die Möglichkeit zur Teilnahme an den Sitzungen entzogen werden kann. Unabhängig von deren Teilnahmerecht bleibt dem Vorstand kraft seiner Leitungs- und Geschäftsführungskompetenz das Direktionsrecht erhalten, den vorstandsexternen Mitgliedern in ihrer Eigenschaft als untergeordneten Angestellten Weisungen zu erteilen.

Nach dem vorstehend Ausgeführten sind gemeinsame Sitzungen von Vorstand und Committee möglich. Im Hinblick auf den Einfluss eines solchen Gremiums auf die Willensbildung des Vorstands ist aber noch einmal festzuhalten, dass eigene Sitzungen des Vorstands stets, unabhängig davon, ob es sich um ordentliche oder außerordentliche handelt, unter Ausschluss Dritter möglich bleiben müssen. Das ergibt sich bereits aus der Organverantwortung des Vorstands für die Leitung der Gesellschaft. Eigenverantwortlich kann der Vorstand die Gesellschaft nämlich nur leiten, wenn ihm die Möglichkeit bleibt, auch selbständig Gegenstände der Leitung und Geschäftsführung in angemessener Weise zu beraten, ohne dass vorstandsexterne Personen daran teilnehmen und auf diese Weise die unmittelbare Willensbildung vor Abstimmungen potenziell maßgeblich beeinflussen. Insoweit steht auch jedem Mitglied des Vorstands das Recht zu, die Einberufung separater Sitzungen des Vorstands zu verlangen, wenn es Themen innerhalb des Vorstands beraten will.[830] Weil einem organexternen Führungsgremium nur Hilfs- und keine Organfunktionen zukommen,[831] können dessen vorstandsexterne Mitglieder kein zwingendes Recht haben, an den Sitzungen, der Beratung und den Entscheidungen des Organs Vorstand teilzunehmen. Vielmehr steht es, unter Berücksichtigung der Regelungen von Satzung und Geschäftsordnung, im unternehmerischen Ermessen des Vorstands, wie und mit wem er seine Sitzungen durchführt.

Darüber hinaus verlangt bereits § 93 Abs. 1 S. 2 AktG reine Vorstandssitzungen ohne Teilnahme externer Personen durchzuführen. Diese Vorschrift verpflichtet die Vorstandsmitglieder zur Verschwiegenheit über vertrauliche Angelegenheiten und Geschäftsgeheimnisse. Diese Pflicht gilt auch gegenüber leitenden Angestellten. Es mag zwar Fälle geben, in denen aufgrund einer sachgerechten unternehmensinternen Entscheidungsfindung die Verschwiegenheitspflicht eingeschränkt ist, etwa wenn das Unternehmensinteresse eine weitergehende Beratung erfordert.[832] Dies gilt aber nicht generell und darf deshalb nicht dazu führen, dass der Vorstand keine separaten Sitzungen mehr abhalten kann. Deshalb bleibt das Recht des Vorstands und seiner Mitglieder bestehen, eigene Sitzungen uneingeschränkt durchzuführen.

Im Ergebnis bleibt ist jedoch festzuhalten, dass Vorstand und organexternes Führungsgremium gemeinsame Sitzungen abhalten können, um sich gegenseitig zu beraten und miteinander zu diskutieren. Eine derartige „institutionalisierte Konsultation" ist aktienrechtlich zulässig.[833]

2. Beschlüsse von Vorstand und organexternem Führungsgremium

Nachdem geklärt ist, dass Vorstand und organexternes Führungsgremium grundsätzlich gemeinsame und auch eigene Sitzungen abhalten dürfen, stellt sich die Frage, ob gemeinsame Beschlüsse der Gremien zulässig sind. In diesem

---

[830] Götz, ZGR 2003, S. 1, 12 f.; vgl. auch Mertens, in: Kölner Komm. AktG, § 77 Rn. 14 zum Recht jedes Vorstandsmitglieds, Sitzungen des Gesamtvorstands zu verlangen.

[831] Siehe oben § 7 B. III.

[832] Vgl. zu den Grenzen der Verschwiegenheitspflicht Hopt, in: Großkomm. AktG, § 93, Rn. 206 ff.; Mertens, in: Kölner Komm. AktG, § 93 Rn. 82 f.

[833] Im Ergebnis auch Götz, ZGR 2003, S. 1, 13.

Zusammenhang ist auch die Überlegung anzustellen, wie ein mit Vorständen und leitenden Angestellten besetztes Committee eigene Beschlüsse fassen kann.

Die Zulässigkeit gemeinsamer Beschlüsse von Vorstand und Beiräten verneinen *Hommelhoff/Timm* mit dem Hinweis, eine gemeinsame Beschlussfassung greife in die eigenverantwortliche Geschäftsführung des Vorstands ein und treffe letztere in ihrem Kern. Die Beschlussfassung des Vorstands habe frei von Weisungen und Einflüssen Dritter zu bleiben. Eine gemeinsame Beschlussfassung vermenge die Organkompetenzen. Jedes Organ habe seine Verwaltungs- und Gestaltungsrechte isoliert für sich auszuüben. Eine gemeinsame Entschließung könne nur auf die Weise zustande kommen, dass die Organe je für sich parallel oder nacheinander Beschluss fassen. Dies zeigten die Regelungen der §§ 172 und 124 Abs. 3 AktG. Die Regelungen für obligatorische Organe müssten in gleicher Weise für fakultative gelten. Schließlich werde die Unternehmensleitung – zumindest partiell – auf ein anderes Organ als den Vorstand verlagert.[834]

Diese Bedenken sind zwar im Ansatz berechtigt, können im Ergebnis aber nicht dazu führen, dass eine gemeinsame Beschlussfassung von Vorstand und Committee generell unzulässig ist. Vielmehr scheint eine differenzierte Betrachtungsweise angemessen, um dem Bedürfnis nach möglichst flexibler Organisation der Vorstandsarbeit nachkommen zu können. Nicht jede gemeinsame Beschlussfassung des Vorstands mit anderen Personen führt zu einer Beeinträchtigung seiner Entscheidungsfreiheit und erst recht nicht zur Verlagerung der Unternehmensleitung. Vielmehr sind solche Gestaltungen zulässig, die dem Vorstand ausreichend Raum lassen, über die ihm zwingend zustehenden Aufgaben eigenverantwortlich und autonom zu entscheiden. Dabei sind folgende Anforderungen zu beachten.

Einer gemeinsamen Beschlussfassung von Vorstand und Executive Committee von vornherein entzogen sind alle Angelegenheiten, die in die zwingende Zuständigkeit des Vorstands fallen und deshalb nicht der Delegation zugänglich sind. Das ergibt sich aus dem Grundsatz der eigenverantwortlichen Leitungsmacht, der mögliche Zustimmungsrechte eines organexternen Führungsgremiums in solchen Fragen ohnehin ausschließt.[835] Davon zu unterscheiden ist die Frage, ob die anwesenden Vorstandsmitglieder während einer gemeinsamen

---

[834] Hommelhoff/Timm, AG 1976, S. 330, 331 li. Sp.

[835] Siehe oben § 7 B III. 1. a).

Sitzung eigene Beschlüsse in derartigen Angelegenheiten fassen können.[836] Im Ergebnis spricht gegen ein solches Verfahren nichts, solange der Vorstand in der Lage bleibt, autonom zu entscheiden. Das ist der Fall, wenn die Vorstandsmitglieder die Sitzung unterbrechen können, um sich zu einer eigenen Abstimmung zurückzuziehen oder die vorstandsexternen Personen in sonstiger Weise von der Beratung und Abstimmung auszuschließen. Dann erlangen „einfache" Mitglieder eines organexternen Führungsgremiums auch keinen Einfluss, der dem eines Vorstandsmitglieds entspricht, ohne dessen Verantwortung zu tragen.[837]

Sonstige delegierbare Angelegenheiten, die einem Committee zur Entscheidung übertragen werden dürfen, können dagegen grundsätzlich einer gemeinsamen Beschlussfassung unterworfen werden. Wirksame Entscheidungen kann ein organexternes Führungsgremium ohnehin nur dann treffen, wenn seine Mitglieder durch den Vorstand dazu bevollmächtigt worden sind. Eine solche Bevollmächtigung kann sich nur auf Geschäftsführungsaufgaben beziehen, die der Vorstand nicht zwingend selbst wahrnehmen muss.[838] Allerdings ist zu berücksichtigen, dass die Vorstandsmitglieder kraft ihrer Stellung als Organmitglied hierarchisch über den übrigen Mitgliedern des Executive Committees stehen und diesen gegenüber weisungsberechtigt sind. Umgekehrt dürfen die vorstandsexternen Mitglieder eines organexternen Führungsgremiums den Mitgliedern des Vorstands keine Weisungen erteilen.[839] Insoweit ist es problematisch, wenn bei gemeinsamen Beschlüssen der Vorstandsmitglieder und der vorstandsexternen Committee-Mitglieder die Mehrheit des Vorstands durch Nicht-Vorstandsmitglieder überstimmt würde. Dies gilt gleichermaßen für gemeinsame Beschlüsse des Vorstands mit dem Committee wie für eigene, interne Beschlüsse eines organexternen Führungsgremiums, dem sowohl einige oder alle Vorstandsmitglieder als auch andere Personen angehören. Derartige Abstimmungsergebnisse würden dazu führen, dass vorstandsexterne Personen letztlich für den Vorstand bindende Entscheidungen treffen könnten, die im Ergebnis

[836] Siehe hierzu Götz, ZGR 2003, S. 1, 12.

[837] Vgl. Götz, ZGR 2003, S. 1, 12.

[838] Götz, ZGR 2003, S. 1, 13. Siehe auch oben § 7 B. III. 2.

[839] Siehe oben § 7 B. III. 1.

einem Weisungsrecht gleichkommen. Sie sind mit der Stellung des Vorstands als eigenverantwortliches Leitungsorgan nicht vereinbar.[840]

Rechtlich kommen den einfachen Mitgliedern eines Executive Committees keine Abstimmungsbefugnisse zu, die denen der Vorstandsmitglieder aktienrechtlich äquivalent sind. Das folgt bereits daraus, dass die einfachen Committee-Mitglieder keine originären, sondern nur derivative Kompetenzen aufgrund ihrer Bevollmächtigung durch den Vorstand besitzen. Außerdem ist die gesetzliche Regelung des § 77 Abs. 1 S. 2 Hs. 2 AktG zu beachten, nach der ein oder mehrere Vorstandsmitglieder Meinungsverschiedenheiten im Vorstand nicht gegen die Mehrheit seiner Mitglieder entscheiden dürfen. Zwar dürfte sich die Vorschrift, die das Mehrheitsprinzip bei Vorstandsentscheidungen festlegt, nach der Konzeption des Gesetzgebers nur auf vorstandsinterne Abstimmungen beziehen. Sie ist aber entsprechend auch auf gemeinsame Beschlüsse von Vorstand und Committee beziehungsweise Beschlüsse des gemischt besetzten Committees anzuwenden. Die Regelung enthält nämlich den Grundgedanken, dass Beschlüsse, an denen der Vorstand beteiligt ist, unabhängig davon, in welcher institutionalisierten Weise sie erfolgen, nicht dazu führen dürfen, dass gegen die Mehrheit des Vorstands Entscheidungen getroffen werden. Wenn dies schon für Abstimmungen gilt, an denen ausschließlich gleichberechtigte Vorstandsmitglieder beteiligt sind, müssen Beschlüsse gegen die Vorstandsmehrheit erst recht ausgeschlossen sein, wenn an der Abstimmung weisungsgebundene, vom Vorstand abhängige leitende Angestellte teilnehmen. Denn wenn Gleiche unter Gleichen sich nicht majorisieren dürfen, dürfen erst recht hierarchisch Untergeordnete ihre Vorgesetzten nicht überstimmen, auch wenn sie dies mit einer Vorstandsminderheit gemeinsam tun.[841]

Den einfachen Mitgliedern eines organexternen Führungsgremiums kann bei Beschlüssen, die mit einer Stimmengleichheit der Vorstandsmitglieder enden, auch kein Stichentscheid eingeräumt werden. Nach allgemeiner Ansicht ist es zwar gemäß § 77 Abs. 1 S. 2 Hs. 1 AktG grundsätzlich zulässig, in der Ge-

---

[840] Zur Unzulässigkeit den Vorstand bindender Entscheidungen durch organexterne Dritte siehe oben § 7 B. III. 2.

[841] Götz, ZGR 2003, S. 1, 13 f., der allerdings von einer unmittelbaren Anwendbarkeit des § 77 Abs. 1 S. 2 Hs. 2 AktG auf Beschlüsse des Executive Committee auszugehen scheint. Siehe zur Bedeutung der Regelung des § 77 Abs. 1 S. 2 Hs. 2 AktG Hefermehl, in: Geßler/Hefermehl/Eckardt/Kropff, AktG, § 77 Rn. 9; Kort, in: Großkomm. AktG, § 77 Rn. 25.

schäftsordnung oder Satzung einem Vorstandsmitglied, üblicherweise dem Vorsitzenden oder Sprecher, in einer Pattsituation ein Stichentscheidungsrecht einzuräumen, soweit das Gesetz Mehrheitsentscheidungen erlaubt.[842] Das Recht des Stichentscheids darf aber aufgrund der oben angestellten Überlegungen nicht auf vorstandsexterne Dritte übertragen werden.

Götz begründet dieses Ergebnis mit dem Verantwortungs- und Haftungsmaßstab des § 93 AktG. Während ein Vorstandsmitglied bei Ausübung des Stichentscheids den Bindungen des § 93 AktG unterliege, würde eine Pattauflösung im Wege der entscheidungserheblichen Berücksichtigung der Stimme eines vorstandsexternen Dritten im Executive Committee demgegenüber de facto zu einer Verlagerung der Entscheidungszuständigkeit außerhalb des geschäftsführenden Organs und damit zu einer Lösung von den Bindungen des § 93 AktG führen. Insbesondere in Fällen eines häufigen Patts würde den nicht dem Vorstand angehörenden Mitgliedern des Executive Committees ein unzulässig weit reichender Einfluss auf die Unternehmensleitung gewährt, ohne dass dem eine angemessene Verantwortung im Verhältnis zur Gesellschaft gegenüber stünde.[843] Dieser Ansatz mag überzeugend sein, wenn man die in § 93 AktG statuierten Pflichten auf Vorstandsmitglieder beschränkt und eine analoge Anwendung der Regelung auf vorstandsexterne leitende Angestellte ausschließt.[844] Es ist jedoch zu berücksichtigen, dass auch das organexterne Führungsgremium und dessen Mitglieder Verantwortung gegenüber der Gesellschaft in allen Angelegenheiten tragen, die ihnen zur Entscheidung überlassen sind. Dies gilt unabhängig davon, ob die einzelnen Mitglieder auch dem Vorstand angehören. Hinsichtlich der dem Gremium übertragenen Aufgaben trifft dessen Mitglieder auch der gleiche Verantwortungsmaßstab, der sich nach der Bedeutung der Aufgaben richtet. Nimmt das Committee Aufgaben wahr, die in unmittelbarem Zusammenhang mit der Tätigkeit des Vorstands stehen, ist insoweit auch ein

---

[842] Siehe BGHZ 89, S. 48, 58 f.; OLG Hamburg, AG 1985, S, 251; Bezzenberger, ZGR 1996, S. 661, 669; Hefermehl, in: Geßler/Hefermehl/Eckardt/Kropff, AktG, § 77 Rn. 8; Henn, Handbuch des Aktienrechts, Rn. 574; Hoffmann-Becking, ZGR 1998, S. 497, 518; Hüffer, AktG, § 77 Rn. 11; Mertens, in: Kölner Komm. AktG, § 77 Rn. 9; Priester, AG 1984, S. 253; Wiesner, in: Münch. Hdb. GesR IV, § 22 Rn. 8. Vgl. auch die Regierungsbegründung zu § 77 AktG bei Kropff, Begr. RegE AktG 1965, S. 99.

[843] Götz, ZGR 2003, S. 1, 15.

[844] Kritisch in dieser Hinsicht zum Beispiel Schwark, ZHR 142 (1978), S. 203, 219 f.; ders., in: Festschrift Peter Ulmer (2003), S. 605, 618. Vgl. andererseits aber Hopt, in: Großkomm. AktG, § 93 Rn. 49 f. im Hinblick auf faktische Organe.

strenger Haftungsmaßstab anzulegen. Dabei ist nicht von vornherein ausgeschlossen, dass auch Pflichten und Haftung der vorstandsexternen Committee-Mitglieder mit denjenigen des § 93 AktG vergleichbar sind.[845]

Letztlich ausschlaggebend für die aktienrechtliche Unzulässigkeit der Übertragung des Stichentscheids auf organexterne Personen sind deshalb vielmehr die oben aufgestellten Grundsätze. Es ist ausgeschlossen, dass Personen, die gegenüber dem Vorstand weisungsgebunden sind, Entscheidungen treffen, die den Vorstand als eigenverantwortliches Leitungsorgan binden. Das wäre jedoch der Fall, wenn der Vorstand keine eigene Mehrheit bei Abstimmungen erreicht, die Mehrheit dann aber über dem Vorstand nicht angehörende Dritte hergestellt werden soll. Organexternen Personen können insoweit, wie gesagt, keine echten Mitentscheidungsrechte mit bindender Wirkung gegenüber dem Vorstand eingeräumt werden.[846]

Soweit einem organexternen Führungsgremium Entscheidungsbefugnisse in Geschäftsführungsangelegenheiten eingeräumt werden, können diese auch durch den Vorstand widerrufen werden, da dem Vorstand ein Selbsteintrittsrecht zusteht. Das ergibt sich aus seiner Befugnis, Geschäftsführungsangelegenheiten jederzeit an sich zu ziehen.[847] Das Selbsteintrittsrecht kann auch im Wege eines Vetorechts des Vorstands gegen Beschlüsse des Committees ausgeübt werden. Das Interventionsrecht jedes Vorstandsmitglieds[848] gilt auch für Beschlüsse vorstandsexterner Führungsgremien in Geschäftsführungsangelegenheiten.[849] Damit steht jeder Beschluss eines organexternen Führungsgremiums unter dem Vorbehalt anderweitiger Entscheidung durch den Vorstand. Insoweit bestehen folgende Möglichkeiten.

Gehören dem Gremium sämtliche Vorstandsmitglieder an und stimmen diese nicht mit der erforderlichen Mehrheit zu, kommt von vornherein kein positiver Beschluss des Committees zustande. Sowohl im Falle eines positiven als auch eines negativen Beschlusses kann jedes Vorstandsmitglied eine separate Ab-

---

[845] Siehe hierzu unten § 9 C.

[846] Siehe oben § 7 B. III. 2.

[847] Siehe oben § 7 B. III.

[848] Siehe dazu oben § 6 B. I.

[849] Vgl. Götz, ZGR 2003, S. 1, 15.

stimmung des Vorstands verlangen, damit dieser den Beschluss des Committees aufheben oder bestätigen kann.

Dass jedes Vorstandsmitglied eine separate Abstimmung des Vorstands verlangen kann, heißt aber weder, dass der Beschluss des organexternen Führungsgremiums schwebend unwirksam ist, noch, dass er auflösend bedingt ist. Der Beschluss des Committees ist zwar ein Rechtsgeschäft, das durch übereinstimmende, parallel gerichtete Willenserklärungen der Abstimmenden zustande kommt.[850] Den bekannten Konstellationen aus dem allgemeinen Zivilrecht mit den entsprechenden Rechtsfolgen bedarf es aber nicht. Erstens ist der Beschluss des Gremiums weder unwirksam, nichtig, noch anfechtbar, solange er Geschäftsführungsfragen betrifft, die der Vorstand dem Committee übertragen hat. Zweitens entfaltet der Beschluss selbst keine Außenwirkung, sondern betrifft zunächst das verbandsinterne Verhältnis von Vorstand und Committee. Deshalb ist der Beschluss voll wirksam, kann aber rückwirkend durch einen anders lautenden Vorstandsbeschluss aufgehoben werden. Maßgeblich ist dann der Vorstandsbeschluss. Diese Grundsätze gelten auch, wenn dem Gremium nicht alle Vorstandsmitglieder angehören und der Vorstand eine abweichende oder zustimmende Entscheidung trifft.

3. Ergebnis

All dies zeigt, dass den einfachen Mitgliedern eines organexternen Führungsgremiums nach Vorbild eines Executive Committees nicht nur materiellrechtlich, sondern auch formal keine den Entscheidungsrechten echter Vorstandsmitglieder gleichwertigen Rechte zukommen. Faktisch bedeutet dies, dass die einzige echte Kompetenz eines solchen Gremiums in der Beratung und Unterstützung des Vorstands besteht. Das Gremium kann zwar versuchen, maßgeblichen Einfluss auf die Willensbildung der Vorstandsmitglieder zu nehmen. Rechtlich kommen dem Committee aber keine vollwertigen Entscheidungsrechte zu, die es befähigen, Alleinentscheidungen oder Entscheidungen gegen die Mehrheit der Vorstandsmitglieder zu treffen. Es ist rechtlich immer von den Entscheidungen und Weisungen des Vorstands abhängig. Werden Executive Committees in einer Art und Weise eingerichtet, die den zuvor aufgestellten Kriterien Genüge tun, sind sie aktienrechtlich nicht zu beanstanden.

---

[850] Vgl. K. Schmidt, Gesellschaftsrecht, § 15 I 2. a).

VI. Innere Ordnung organexterner Führungsgremien

Ein kurzer Blick soll auf die innere Ordnung organexterner Führungsgremien geworfen werden. Da das Aktiengesetz hierzu selbst keine Regelungen enthält, stellt sich die Frage, ob die Vorschriften, die die innere Ordnung der Organe Vorstand und Aufsichtsrat regeln, analog auf organexterne Führungsgremien angewendet werden können. Allerdings regelt das Aktiengesetz die innere Ordnung des Vorstands ebenfalls nicht erschöpfend. Die Geschäftsordnung kann, soweit die Prinzipien der Gesamtverantwortung und Gleichberechtigung beachtet werden, vergleichsweise frei ausgestaltet werden.[851]

Unzweckmäßig wäre es, die Vorschriften der §§ 107 ff. AktG, die die innere Ordnung des Aufsichtsrats regeln, generell auf organexterne Führungsgremien anzuwenden. Zum einen sind Strukturen und Funktion organexterner Führungsgremien zu unterschiedlich, um eine generelle Anwendung pauschal zu befürworten. Dies gilt insbesondere für Executive Committees, denen im Gegensatz zum Aufsichtsrat keine Überwachungsfunktion zukommt. Als Geschäftsführungsgremien ähneln sie in ihrer Funktion und Struktur dem Vorstand, weshalb eine allgemeine analoge Anwendung der §§ 107 ff. AktG nicht sinnvoll ist. Zum anderen wird man dem Postulat nach Flexibilisierung des Aktienrechts eher gerecht, wenn man den Unternehmen möglichst viel Freiheit hinsichtlich der Gestaltung der inneren Ordnung organexterner Führungsgremien gewährt. Gestaltungsfreiheit bietet sich gerade in Bereichen an, in denen das Aktiengesetz, wie hier, keinerlei Regelungen enthält. Deshalb sollte es vermieden werden, zwingende gesetzliche Regelungen analog auf die innere Ordnung von im Aktiengesetz nicht geregelten Gremien anzuwenden, wobei eine analoge Anwendung im Einzelfall natürlich nicht ausgeschlossen ist.[852]

Aus dem oben Gesagten ergibt sich, dass es zweckmäßig ist, die Anzahl der Beiratsmitglieder, die Voraussetzungen für eine Mitgliedschaft, die Bestellung und Abberufung der Mitglieder, das Verfahren der Sitzungen und der Beschlussfassung, Stichentscheide sowie die Position eines Vorsitzenden und dessen Rechte und Pflichten zu regeln. Insbesondere empfiehlt es sich, ein Verfah-

---

851 Hoffmann-Becking, ZGR 1998, S. 497 ff.; Martens, in: Festschrift Hans-Joachim Fleck (1988), S. 191 ff.

852 So im Ergebnis auch für Beiräte Meyer-Landrut, in: Großkomm. AktG, § 95 Anm. 7; Voormann, Der Beirat im Gesellschaft, S. 165.

ren zur Regelung von Meinungsverschiedenheiten zu schaffen, wenn Entscheidungen gegen eine Vorstandsmehrheit oder Pattsituationen in den Vorstandsreihen auftreten.

VII. Einführungs- und Regelungszuständigkeit

Zu klären ist darüber hinaus, wem die Kompetenz zur Einführung organexterner Führungsgremien und die Befugnis, deren innere Ordnung zu regeln, zukommen.

Die Einrichtung von Executive Committees könnte in die Kompetenz der Satzungsgeberin, also der Hauptversammlung fallen.[853] Eine entsprechende Kompetenz der Hauptversammlung ist aber abzulehnen. Organexterne Führungsgremien, die lediglich Geschäftsführungsaufgaben wahrnehmen und den Vorstand beraten, tangieren die Befugnisse der Hauptversammlung nicht. Denn außer über §§ 119 Abs. 2, 111 Abs. 4 S. 3 AktG können Mitwirkungskompetenzen der Hauptversammlung in Fragen der Geschäftsführung nicht begründet werden. Kann die Hauptversammlung über Geschäftsführungsangelegenheiten aber nur auf Verlangen des Vorstands entscheiden, ist nicht ersichtlich, weshalb ihr die Aufgabe zuteil werden sollte, darüber zu entscheiden, wie der Vorstand die Zusammenarbeit mit seinen nachgeordneten leitenden Angestellten organisiert. Wenn der Vorstand als Geschäftsführungsorgan die arbeitsteilige Erledigung verschiedener Aufgaben der Geschäftsführung durch Einschaltung eines Executive Committees für sinnvoll hält, sind die Rechte der Hauptversammlung nicht betroffen.

Auch in Anbetracht des inneren Zusammenhangs zwischen der Einführung eines organexternen Führungsgremiums und dessen anschließender Aufgabenwahrnehmung im Rahmen der Geschäftsführung liegt es nahe, die Einführung als Maßnahme der Geschäftsführung anzusehen. Die Schaffung eines solchen Gremiums erfolgt zu dem Zweck, den Vorstand bei seinen Geschäftsführungsaufgaben zu unterstützen und zu entlasten.

Die Art und Weise, wie der Vorstand seinem Recht und seiner Pflicht zur Führung der Geschäfte der Gesellschaft nachkommt, ist jeweils eine Frage der Organisations- und Führungsstruktur. Die Organisation des Unternehmens unter-

---

[853] So für die Einrichtung von Beiräten, Geßler, in: Geßler/Hefermehl/Eckardt/Kropff, AktG, § 111 Rn. 94; Voormann, Der Beirat im Gesellschaftsrecht, S. 51 ff., 168.

halb der Vorstandsebene ist aber eine allein dem Vorstand obliegende Geschäftsführungsaufgabe.[854] Zur Organisation des Unternehmens unterhalb der Vorstandsebene gehört auch die Einrichtung eines Executive Committees, das ausschließlich als Bindeglied zwischen Vorstand und operativen Geschäftseinheiten fungiert. Betrachtet und versteht man diesen Zusammenhang funktional, ist es konsequent, die Implementierung eines „geschäftsführenden" Committees ebenfalls als Teil der Geschäftsführung anzusehen, die dem Vorstand obliegt. Es ist deshalb nicht richtig, die Hauptversammlung in die Entscheidung über eine derartige gesellschaftsinterne Organisation der Arbeitsteilung einzubinden.[855]

Dies mag bei der Einrichtung von Beiräten, die mit Gesellschaftern oder gesellschaftsexternen Dritten besetzt werden, anders sein, wenn solchen Gremien Kontroll- oder sonstige Mitwirkungsrechte bei Grundlagen- und Strukturentscheidungen übertragen werden sollen, die üblicherweise der Hauptversammlung zustehen.[856] Typische Zuständigkeiten der Hauptversammlung, die zu diesem Kreis rechnen, bestehen insbesondere bei Satzungsänderungen (§§ 119 Abs. 1, 179 AktG), Maßnahmen der Kapitalbeschaffung und Kapitalherabsetzung (§ 119 Abs. 1 Nr. 6 AktG), der Verpflichtung, das Vermögen der Gesellschaft zu übertragen (§ 179a AktG), Zustimmung zu Unternehmensverträgen (§§ 293 f. AktG), der Eingliederung (§§ 319 f. AktG), der Auflösung der Gesellschaft (§ 119 Abs. 1 Nr. 8 AktG), in verschiedenen Fällen des Umwandlungsgesetzes und nach inzwischen wohl herrschender Ansicht in Fällen, die nach der *Holzmüller*-Rechtsprechung zu beurteilen sind.[857] Die Mitwirkung ei-

---

[854] Siehe oben § 4 B. IV. 2. e) und 3. b) bb) m. w. N.

[855] Vgl. auch Baumbach-Hueck, AktG, Vor § 76 Rn. 8; Meyer-Landrut, in: Großkomm. AktG, § 95 Anm. 7; Hoffmann-Becking, in: Münch. Hdb. GesR IV, § 29 Rn. 20, die sich gegen die zwingende Einrichtung von Beiräten durch die Satzung aussprechen.

[856] Siehe zu den rechtlichen Problemen der Zuständigkeitsverlagerung und Vertretung von Gesellschaftern durch einen Beirat bei Grundlagen- und Strukturentscheidungen Voormann, Der Beirat im Gesellschaftsrecht, S. 82 ff., 103 ff. Die im Aktiengesetz, insbesondere in § 119 Abs. 1 AktG, statuierten Zuständigkeiten der Hauptversammlung in regelmäßigen Angelegenheiten sind durch die Einrichtung eines Executive Committees von vornherein nicht betroffen. Vgl. hierzu und den übrigen im Aktiengesetz geregelten Fällen Hüffer, AktG, § 119 Rn. 5; Mülbert, in: Großkomm. AktG, § 119 Rn. 12; Raiser, Recht der Kapitalgesellschaften, § 16 Rn. 2 ff.

[857] Vgl. im Einzelnen Hüffer, AktG, § 119 Rn. 6 ff.; Mülbert, in: Großkomm. AktG, § 119 Rn. 14 ff.; Raiser, Recht der Kapitalgesellschaften, § 16 Rn. 10 ff.; K. Schmidt, Gesellschaftsrecht, § 28 IV 1. und V 2. Zur Holzmüller-Problematik siehe auch oben § 4 IV. 2. e).

nes Executive Committees im Rahmen der Geschäftsführung des Vorstands greift jedoch, wenn die zuvor aufgestellten Grundsätze eingehalten werden, nicht in Grundlagen und Struktur der Gesellschaft ein.

Es stellt sich aber die Frage, ob die Implementierung eines Executive Committees ausschließlich als Geschäftsführungsaufgabe anzusehen ist oder ob gleichzeitig durch ein solches Gremium die vorstandsinterne Geschäftsverteilung betroffen ist. Wie schon dargelegt, besitzt der Vorstand keine ausschließliche Organisationskompetenz, wenn es um die Ausgestaltung der Geschäftsverteilung geht, weil es sich insoweit um eine Frage der Geschäftsordnung handelt, für die Vorstand, Aufsichtsrat und mit Abstrichen die Hauptversammlung konkurrierend Regelungen erlassen können. Wäre die Einführung eines organexternen Führungsgremiums nun gleichzeitig als Angelegenheit der Geschäftsverteilung zu qualifizieren, käme durchaus eine konkurrierende Zuständigkeit der drei genannten Organe nach Maßgabe der Ausführungen zur Einführung einer Spartenorganisation in Betracht.[858] Die Einführung eines Executive Committees wirkt dann wie eine Maßnahme der vorstandsinternen Geschäftsverteilung, wenn dem Gremium nicht alle, sondern nur einige Vorstandsmitglieder angehören sollen, weil in diesem Fall nur diejenigen Vorstandsmitglieder, die dem Committee auch angehören, an den Geschäftsführungsmaßnahmen des Committees beteiligt werden. Eine solche Regelung bewirkt nämlich ein Abweichen vom Prinzip der Gesamtgeschäftsführung gemäß § 77 Abs. 1 S. 2 AktG.[859] In diesen Fällen ist die Einrichtung von organexternen Führungsgremien in der Geschäftsordnung des Vorstands zu regeln.

Dem Aufsichtsrat kommt insoweit als Teil der Regelungskompetenz des § 77 Abs. 2 S. 1 AktG eine Mitwirkungsbefugnis bei Einrichtung eines Executive Committees zu. Das bedeutet konkret, der Vorstand entscheidet über die Einführung solcher Gremien, wenn ihm der Aufsichtsrat Erlass und Änderung seiner Geschäftsführung überlassen hat. Hat der Aufsichtsrat von seiner Kompetenz zum Erlass der Geschäftsordnung des Vorstands Gebrauch gemacht, kann der Vorstand nicht ohne Zustimmung des Aufsichtsrats organexterne Führungsgremien implementieren. Allerdings kann der Aufsichtsrat solche Gremien nicht selbst einrichten, weil es sich gleichzeitig um eine Maßnahme der Geschäftsfüh-

---

[858] Siehe oben § 4 B. IV. 2. e) und 3. b).

[859] Siehe hierzu bereits oben § 7 B. IV. 1. b) und c).

rung handelt, wofür ihm die Kompetenz fehlt.[860] Deshalb ist in diesen Fällen ein Zusammenwirken von Vorstand und Aufsichtsrat erforderlich. Dabei haben beide aber mögliche entgegenstehende oder beschränkende, die Geschäftsverteilung betreffende Satzungsregeln, die die Hauptversammlung gemäß § 77 Abs. 2 S. 2 AktG erlassen hat, zu beachten.

Das gilt aber nicht, wenn dem organexternen Führungsgremium sämtliche Vorstandsmitglieder angehören, weil die Mitgliedschaft in dem Committee dann keine geschäftsverteilende Wirkung hat. In diesem Fall ist die Implementierung eines solchen Gremiums eine reine Geschäftsführungsmaßnahme, für die allein der Vorstand zuständig ist. Die Mitwirkung des Aufsichtsrats ist nur dann erforderlich, wenn zu seinen Gunsten ein Zustimmungsvorbehalt nach Maßgabe des § 111 Abs. 4 S. 2 AktG besteht. Etwas anderes gilt wiederum, wenn in dem Gremium Mehrheitsentscheidungen zulässig sind derart, dass nicht die Zustimmung sämtlicher Vorstandsmitglieder erforderlich ist, weil dann das Prinzip der Gesamtgeschäftsführung im Sinne des § 77 Abs. 1 S. 1 AktG nicht mehr gewahrt ist und gemäß § 77 Abs. 1 S. 2 AktG eine entsprechende Geschäftsordnungsregelung erforderlich ist. In einem solchen Fall gelten die zuvor aufgestellten Grundsätze. In der Praxis wird das dazu führen, dass regelmäßig eine konkurrierende Zuständigkeit von Vorstand und Aufsichtsrat besteht.

Davon zu trennen ist die Zuständigkeit für die Regelung der inneren Ordnung des organexternen Führungsgremiums. Sie ist allerdings Annexkompetenz der Zuständigkeit für die Implementierung eines solchen Gremiums. Auch hier ist es bei funktionaler Betrachtung konsequent, die Regelungskompetenz in unmittelbarem Zusammenhang mit der Einrichtungskompetenz zu sehen: Wer ein Gremium einrichten darf, kann auch dessen innere Ordnung bestimmen. Deshalb ist dafür nicht die Hauptversammlung zuständig, weil § 77 Abs. 2 S. 3 AktG nicht zur umfassenden Regelung der Vorstandsgeschäftsordnung in der Satzung ermächtigt.[861] Zuständig sind also Vorstand und Aufsichtsrat aufgrund ihrer Kompetenz zum Erlass der Geschäftsordnung des Vorstands. Ein originäres Recht zur Regelung seiner Angelegenheiten hat das organexterne Führungs-

---

[860] Eine eigenständige Implementierung eines Executive Committees durch den Aufsichtsrat ist auch nicht über § 111 Abs. 4 S. 2 AktG möglich, da dem Aufsichtsrat insoweit nur Zustimmungsvorbehalte in Geschäftsführungsfragen eingeräumt werden können.

[861] Siehe oben § 4 B. IV. 3. b) aa). Anderer Ansicht im Hinblick auf Beiräte Voormann, Der Beirat im Gesellschaftsrecht, S. 168 f.

gremium selbst nicht, weil es seine sämtlichen Geschäftsführungsbefugnisse vom Vorstand aufgrund entsprechender Bevollmächtigung ableitet.[862] Allerdings haben Vorstand und Aufsichtsrat Gestaltungsfreiheit, wenn sie solche Regelungen treffen. Sie können die Regelung der inneren Angelegenheiten deshalb vollumfänglich dem Committee überlassen, das jedoch die „Geschäftsführungshoheit" des Vorstands zu beachten hat. Das Committee darf deshalb gegen den Willen des Vorstands, der die organschaftliche Verantwortung für die Geschäftsführung trägt, keine Regelungen seiner inneren Ordnung treffen.[863] Treffen Vorstand und Aufsichtsrat im Rahmen der Geschäftsordnung des Vorstands keine entsprechenden Regelungen, steht es dem Gremium frei, in einer eigenen Geschäftsordnung seine innere Ordnung innerhalb der ihm durch seine Einrichtung immanent vorgegebenen Grenzen selbst zu regeln.[864] Diese Grenzen sind seine Aufgabenstellung, die zwingende aktienrechtliche Kompetenzordnung und nach Maßgabe des oben Gesagten[865] die mehrheitliche Zustimmung der Vorstandsmitglieder, weil anderenfalls die Gefahr der Beeinträchtigung der Geschäftsführungsautonomie des Vorstands besteht.[866]

D. Executive Committees: Einordnung und Terminologie

I. Vorbemerkung

Bei Gremien, die zusätzlich zu den gesetzlichen Organen einer Gesellschaft gebildet und denen verschiedene Aufgaben übertragen werden können, ist es nur schwer möglich, allgemeingültige Aussagen über deren rechtliche Einordnung zu treffen, weil die Ausgestaltungsmöglichkeiten sehr unterschiedlich sind. Diese Möglichkeiten variieren nach Art der Aufgabenwahrnehmung, der Gesellschaftsform und der Besetzung zu stark, so dass es schwierig ist, sie einheitlich zu kategorisieren.[867] Dies gilt gerade in der Aktiengesellschaft, die durch

---

[862] Siehe oben § 7 C. III. 2.

[863] Vgl. zum hierarchischen Verhältnis von Vorständen und den übrigen Mitgliedern in einem organexternen Führungsgremium oben § 7 C. III. 1 und 2.

[864] So im Ergebnis für Beiräte Hölters, Der Beirat der GmbH, S. 28; Voormann, Der Beirat im Gesellschaftsrecht, S. 168 f.

[865] Siehe oben § 7 C. V. 2.

[866] Vgl. auch Voormann, Der Beirat im Gesellschaftsrecht, S. 169.

[867] Vgl. nur die unter § 7 B. dargestellten Möglichkeiten, die nur einen kleinen Ausschnitt der denkbaren Konstruktionen darstellen. Siehe außerdem Mertens, in: Festschrift Walter Stimpel

das Prinzip der Satzungsstrenge des § 23 Abs. 5 AktG geprägt ist. Nachdem die Möglichkeiten der Aufgabenwahrnehmung durch organexterne Führungsgremien herausgearbeitet worden sind, sollen noch Überlegungen zu Fragen der Terminologie im Zusammenhang mit Executive Committees angestellt werden.

II. Einordnung als fakultatives (Neben-) Organ?

Teilweise werden Beiräte als „fakultatives"[868], „atypisches"[869], als „Neben-Organ[870] oder einfach als weiteres Organ[871] bezeichnet. Denkbar wäre, diese Terminologie für Executive Committees entsprechend zu übernehmen. Man könnte Executive Committees auch als „faktische" Organe bezeichnen, wenn sie als Nichtorgan auf die Gesellschaft wie ein echtes Organ Einfluss nehmen.[872] Meist wird der Begriff „Organ" in der neueren gesellschaftsrechtlichen Literatur funktional benutzt, ohne dass der Versuch einer Definition unternommen wird.[873] In der älteren Literatur findet man Begriffsbestimmungen, die allerdings keine einheitliche Terminologie aufweisen.[874] *Wolff* versteht unter Organ ein von den jeweiligen Organmitgliedern zu unterscheidendes, mit bestimmten Zuständigkeiten ausgestattetes Zuordnungssubjekt der die Verbandsorganisation regelnden Rechtssätze innerhalb der juristischen Person.[875] *H. P. Westermann* geht in die gleiche Richtung und sieht das Organ als Subjekt, das die einem Verband von der Rechtsordnung verliehenen Rechte und Pflichten

---

(1985), S. 417 ff.; Rehbinder, in: ZGR 1989, S. 305 ff.; Sigle, NZG 1998, S. 619 ff.; Voormann, Der Beirat im Gesellschaftsrecht, S. 1 ff.

868 Sigle, NZG 1998, S. 619, 620.

869 K. Schmidt, Gesellschaftsrecht, § 14 III. 3.

870 Kort, in: Großkomm. AktG, § 76 Rn. 14.

871 Geßler, in: Geßler/Hefermehl/Eckardt/Kropff, AktG, § 111 Rn. 94; Hommelhoff/Timm, AG 1976, S. 330 und Voormann, Der Beirat im Gesellschaftsrecht, S. 5 (Organ „sui generis"), 25, halten eine Ausgestaltung als Organ zumindest für möglich.

872 Vgl. K. Schmidt, Gesellschaftsrecht, § 14 III. 4; Stein, ZHR 148 (1984), S. 221 ff.

873 Exemplarisch Kort, in: Großkomm. AktG, § 76 Rn. 11; K. Schmidt, Gesellschaftsrecht, § 14 I. und II.

874 Vgl. Baums, Der Geschäftsleitervertrag, S. 3; Westermann, Vertragsfreiheit und Typengesetzlichkeit im Recht der Personengesellschaften, S. 150.

875 Wolff, Organschaft und juristische Person, Band 2, S. 224 ff.

wahrnimmt.[876] In der neueren Literatur wird der Organbegriff auch häufig für die Personen verwendet, die Mitglied des Organs sind und terminologisch genauer als Organträger oder Organwalter bezeichnet werden müssten.[877] *Wiedemann* weist dem Organbegriff gleich mehrere Bedeutungen zu.[878]

Unabhängig davon, wie der Organbegriff bestimmt werden kann und ob Beiräte in Gesellschaften mit beschränkter Haftung oder Personengesellschaften als Organ qualifiziert werden können, ist es im Aktienrecht nicht möglich, Beiräte und ähnliche Gremien, also auch Executive Committees, als Organe der Gesellschaft anzusehen. Der Grundsatz der aktienrechtlichen Satzungsstrenge gestattet es nicht, neben oder anstelle der gesetzlich vorgeschriebenen Organe weitere Organe zuzulassen. Einem Executive Committee können deshalb richtigerweise keine organschaftlichen Funktionen zukommen. Es liegt im Interesse der Gläubiger und der Aktionäre, dass die organschaftlichen Funktionen der in der Aktiengesellschaft gesetzlich vorgesehenen und geregelten Gremien klar zugeordnet werden können. Aus diesem Grund hat das Aktiengesetz die organschaftlichen Aufgaben abschließend auf die drei Organe Vorstand, Aufsichtsrat und Hauptversammlung verteilt. Daran ändert grundsätzlich auch die Möglichkeit nichts, Beiräte einzurichten. Können einem solchen Gremium keine organschaftlichen Befugnisse übertragen werden, kann es auch keine Organqualität haben.[879] Zu den hier maßgeblichen nicht übertragbaren, weil zwingenden organschaftlichen Kompetenzen gehören die das Innenverhältnis betreffende Leitungs- und Geschäftsführungsbefugnis gemäß §§ 76, 77 AktG sowie die gerichtliche und außergerichtliche Vertretung im Außenverhältnis gemäß § 78 Abs. 1 AktG.[880]

---

[876] Westermann, Vertragsfreiheit und Typengesetzlichkeit im Recht der Personengesellschaften, S. 150. Vgl. auch Enneccerus/Nipperdey, Allgemeiner Teil des Bürgerlichen Rechts II, § 103 IV.

[877] Vgl. Baums, Der Geschäftsleitervertrag, S. 4; Hüffer, AktG, § 76 Rn. 5; Mertens, in: Kölner Komm. AktG, § 76 Rn. 60; K. Schmidt, Gesellschaftsrecht, § 14 III. 1. b); Westermann, Vertragsfreiheit und Typengesetzlichkeit im Recht der Personengesellschaften, S. 150.

[878] Vgl. Wiedemann, Gesellschaftsrecht Band I, § 4 II 3 a).

[879] Im Ergebnis auch Hoffmann-Becking, in: Münch. Hdb. GesR IV, § 29 Rn. 19; Hüffer, AktG, § 95 Rn. 4; Mertens, in: Kölner Komm. AktG, Vorb. § 76 Rn. 28; K. Schmidt, Gesellschaftsrecht, § 14 III. 3.

[880] Hefermehl, in: Geßler/Hefermehl/Eckardt/Kropff, AktG, § 76 Rn. 4; Kort, in: Großkomm. AktG, § 76 Rn. 11.

In der Aktiengesellschaft kann ein Executive Committee deshalb nicht als fakultatives oder atypisches Organ eingerichtet werden. In Betracht käme lediglich eine Qualifizierung als faktisches Organ, wenn das Gremium – aktienrechtswidrig – echte Organkompetenzen wahrnehmen würde.[881] Allerdings handelt es sich bei Executive Committees nicht um faktische Organe im klassischen Sinne, weil das Gremium kein Organ ist und außerdem in aller Regel ein wirksam bestellter Vorstand vorhanden ist. Etwas anderes würde nur gelten, wenn Executive Committees faktisch die Aufgaben des Vorstands wahrnähmen, ohne dass ihre Mitglieder zu Vorstandsmitgliedern bestellt wurden. Das ist bei Executive Committees, deren zugewiesener Aufgabenbereich und deren tatsächliche Tätigkeit sich im aktienrechtlich Zulässigen nach den oben aufgestellten Kriterien bewegt, gerade nicht der Fall. Vielmehr handelt es sich um Gremien, die den Vorstand unterstützen.[882]

III. Executive Committees als organexterne Führungsgremien

Ist ein Executive Committee kein Organ der Gesellschaft, könnte es als besondere Form eines Beirats, der Aufgaben im weiteren Leitungs- und Geschäftsführungsbereich wahrnimmt, anzusehen sein. Dies wäre insoweit nahe liegend, als das Wort „Beirat“ etymologisch von „beraten“ kommt und eine der wichtigsten Aufgaben eines Executive Committees in der Beratung des Vorstands liegt. Ist „Executive Committee“ deshalb nur eine neudeutsche Bezeichnung für einen speziellen Beirat?

Auch für den Beirat ist es schwer, in der Literatur eine Definition zu finden. Dies mag wiederum damit zusammenhängen, dass die Ausgestaltungsmöglichkeiten für Beiräte in den unterschiedlichen Gesellschaftsformen ausgesprochen vielgestaltig sind.[883] Immerhin bemüht sich die bilanzrechtliche Literatur im Hinblick auf § 285 Nr. 9 HGB um eine Begriffsbestimmung. Danach ist ein Beirat eine Einrichtung, bestehend aus mehreren Personen, die durch Satzung beziehungsweise Gesellschaftsvertrag bestimmt ist oder von den Gesellschafts-

[881] Zum Begriff des faktischen Organs vgl. K. Schmidt, Gesellschaftsrecht, § 14 III. 4.; eingehend Stein, Das faktische Organ.

[882] Eine nähere Auseinandersetzung kann hier allerdings außer Acht bleiben, weil die Probleme „faktischer Organe“ in erster Linie Normanwendungsprobleme sind. Vgl. K. Schmidt, Gesellschaftsrecht, § 14 III. 4.

[883] Siehe oben sowie Voormann, Der Beirat im Gesellschaftsrecht, S. 1 ff. passim.

organen beschlossen oder ins Leben gerufen worden ist und in seiner Ausgestaltung (Berufung, Abberufung, Vergütung der Mitglieder) einem Aufsichtsrat ähnelt. Ein Beirat soll sich dadurch auszeichnen, dass er Verwaltungsfunktionen (Beratung, Überwachung, Weisung, Einflussnahme) wie Geschäftsführung und Aufsichtsrat ausübt. Die Zuständigkeit müsse sich immer auf das Gesamtunternehmen beziehen.[884] Auch wenn diese Merkmale teilweise auch auf Executive Committees zutreffen,[885] ist wenig damit gewonnen, Executive Committees als Beirat zu bezeichnen. Beiräte sind zu vielgestaltig und haben häufig völlig andere Aufgaben als Executive Committees. Meist geht es bei ihnen um die Einbindung unternehmensexternen Sachverstands, um Beziehungspflege oder um die Beteiligung verschiedener Gesellschafter an der internen Überwachung der Geschäftsführung.[886] Oft haben insbesondere Aktiengesellschaften deshalb einen großen Beirat, der einem Executive Committee nicht annähernd gleichkommt. Schließlich besagt die Bezeichnung Beirat zunächst nichts über die rechtliche Bedeutung eines solchen Gremiums.

Deshalb ist es sinnvoll, den Terminus Beirat im Zusammenhang mit Executive Committees außer Acht zu lassen und nach alternativen Bezeichnungen zu suchen. Betrachtet man sich die typischen Aufgaben und Kompetenzen eines Executive Committees in einer Aktiengesellschaft, ist es zunächst einmal nicht mehr als ein (von den Weisungen des Vorstands) abhängiges Hilfsgremium. Deshalb ist es genauer, ein Executive Committee in einem ersten Schritt als abhängiges Hilfsgremium einzuordnen. Es ist und bleibt von den Weisungen des Vorstands abhängig, hat lediglich vom Vorstand abgeleitete Befugnisse, kann gegen den Vorstand keine eigenen Entscheidungen treffen und hat in erster Linie Funktionen, die der Unterstützung und Entlastung des Vorstands in Geschäftsführungsangelegenheiten dienen.[887] Gleichzeitig dient das Gremium aber auch der Zusammenarbeit des Vorstands mit den Leitern der operativen Unternehmensbereiche, wenn diese selbst keine Vorstandsmitglieder sind. Die Zusammenarbeit dort erfolgt in festgeschriebener, also institutionalisierter Form in Angelegenheiten, die die Führung des Unternehmens betreffen, ohne dass dem Gremium Organqualität zukommt. Aufgrund dieser organisatorisch festen und

---

[884] Ellrott, in: Beck-BilK, § 285 Rn. 162.

[885] Siehe hierzu oben § 3 A. II. 2. b).

[886] Siehe dazu oben § 7 B. I. m. w. N.

[887] Siehe oben § 7 C. III. 1. und 2.

geregelten Einbindung in die Unternehmensführung kann man auch von „institutionalisierten organexternen Führungsgremien" sprechen.[888]

Dadurch wird ausgedrückt, dass es sich nicht nur um eine lose, nicht geregelte Form der Zusammenkunft des Vorstands mit seinen leitenden Mitarbeitern handelt und dass das Gremium in die Unternehmensführung eingebunden wird, es selbst aber keine organschaftlichen Funktionen wahrnehmen darf, deshalb vom Organ Vorstand weiterhin abhängig ist und organisatorisch selbständig in Geschäftsführungsangelegenheiten nur tätig werden darf, soweit es durch den Vorstand angewiesen ist.

E. Ergebnis

Es hat sich gezeigt, dass die in Unternehmenspraxis auftauchenden Formen organexterner Führungsgremien sowohl von ihrer Aufgabenstellung, ihrer Besetzung als auch ihrer Bezeichnung her ausgesprochen unterschiedlich sind. Neben den klassischen Beiräten, die ihrerseits auf verschiedene Weise ausgestaltet werden können, gibt es speziell in der virtuellen Holding unter anderem Bereichsvorstände oder Operating Committees, funktionale Committees oder auch Executive Committees, die US-amerikanische Vorbilder haben. Das exponierteste Gremium dieser Art dürfte das Group Executive Committee der Deutsche Bank AG sein, in dem Vorstandsmitglieder und vorstandsexterne operative Führungskräfte gemeinsame Sitzungen abhalten und darin über strategische und operative Fragen beraten.

Die Einrichtung solcher organexterner Führungsgremien ist in der Aktiengesellschaft nicht von vornherein unzulässig. Bei ihrer Ausgestaltung sind aber die zwingenden Grenzen des Aktienrechts zu beachten, insbesondere die Kompetenzverteilung zwischen den obligatorischen Organen und der Grundsatz der Satzungsstrenge.

Organexternen Führungsgremien dürfen keine Entscheidungs-, Weisungs- und Zustimmungskompetenzen in Leitungsangelegenheiten eingeräumt werden. Hierin läge ein Verstoß nicht nur gegen die Leitungspflicht des Vorstands, sondern auch gegen die Personalkompetenz des Aufsichtsrats. Im Bereich der Lei-

---

[888] Vgl. zu dieser Terminologie Götz, ZGR 2003, S. 1, 2, 9 ff.; Keller, in: Lutter (Hrsg.), Holding-Handbuch, § 4 Rn. 103 ff.; Kleindiek, in: Hommelhoff/Hopt (Hrsg.), Handbuch Corporate Governance, S. 571, 577.

tung der Gesellschaft sind organexterne Führungsgremien deshalb darauf beschränkt, den Vorstand zu unterstützen. Neben der Vorbereitung und Ausführung von Leitungsaufgaben kann ein solches Gremium den Vorstand beraten und mit ihm diskutieren. Faktische Abhängigkeiten des Vorstands sind insoweit unumgänglich, weil der Vorstand bei seiner Arbeit auf externen Sachverstand angewiesen ist, um seinen Aufgaben in angemessener Weise nachkommen zu können. Ein organexternes Führungsgremium kann auch koordinierende Tätigkeiten für den Vorstand übernehmen. Beispielsweise kann ein Committee die systematische Kontrolle und Überprüfung der Unternehmensbereiche und ihrer Portfolien übernehmen, wenn der Vorstand Richtlinien zur Durchführung der Überwachung erlassen hat und die Einhaltung der Richtlinien gewährleistet ist. Ein Executive Committee darf den Vorstand auch bei strategischen Entscheidungen beraten.

Dürfen organexterne Führungsgremien den Vorstand bei seinen Leitungsaufgaben unterstützen, gilt dies erst recht für einfache Geschäftsführungsaufgaben, die der Vorstand als Organ nicht selbst wahrnehmen muss. Es ist deshalb aktienrechtlich unbedenklich, wenn funktionale oder Executive Committees koordinierende, vorbereitende und ausführende Tätigkeiten im Bereich der einfachen Geschäftsführung wahrnehmen. Darüber hinaus können solche Gremien auch einzelne Geschäfte selbständig wahrnehmen. In der Übertragung einzelner Geschäfte liegt nämlich nicht die Überlassung der Geschäftsführung als solcher. Das Gremium bleibt bei der Wahrnehmung sämtlicher Geschäfte stets vollumfänglich den Weisungen des Vorstands unterworfen. Dies gilt auch für Geschäftsführungsinitiativen durch Committees. Initiativrechte sowie Interventions- und Rückholrechte gegenüber nachgeordneten Geschäftsführungsebenen können organexternen Führungsgremien eingeräumt werden. Sie stehen aber immer unter dem Vorbehalt abweichender und vorrangiger Entscheidung durch den Vorstand. Der Vorstand muss autonom und eigenverantwortlich darüber entscheiden können, wie er der Geschäftsführung nachkommt. Aktienrechtlich unzulässig ist es, einem organexternen Führungsgremium Weisungsrechte oder Zustimmungsvorbehalte gegenüber dem Vorstand in Geschäftsführungsfragen einzuräumen. Dies verstößt gegen die Geschäftsführungskompetenz des Vorstands. Außerdem verstoßen Zustimmungsvorbehalte zugunsten eines solchen Gremiums gegen die abschließende Regelung des § 111 Abs. 4 S. 2 AktG und deshalb gegen die Kompetenzen des Aufsichtsrats.

Zu den wichtigsten Aufgaben eines organexternen Führungsgremiums nach Vorbild eines Executive Committees gehört die Beratung des Vorstands. Beratungskompetenzen eines Executive Committees verstoßen grundsätzlich nicht gegen die Beratungsaufgabe des Aufsichtsrats. Ein Executive Committee darf den Vorstand in Fragen einfacher Geschäftsführungsaufgaben beraten, die die Beratungskompetenz des Aufsichtsrats ohnehin nicht umfasst. Das Gremium darf den Vorstand aber auch in Leitungsfragen, insbesondere in Fragen der strategischen Ausrichtung des Unternehmens und der künftigen Geschäftspolitik beraten, solange der Aufsichtsrat seiner Beratungsaufgabe noch nachkommen kann. Es ist zulässig und sinnvoll, dass die Beratung des Vorstands durch den Aufsichtsrat mit einer Beratung durch ein organexternes Führungsgremium ergänzt wird. Nicht gegen die Kompetenzen des Aufsichtsrats, aber gegen die Leitungsmacht des Vorstands verstoßen Auskunfts- und Anhörungsrechte eines organexternen Führungsgremiums.

Organexterne Führungsgremien können mit vorstandsexternen Personen besetzt werden. Hierdurch wird der Grundsatz der Verbandssouveränität nicht untergraben. Zum einen hat die Beratung des Vorstands durch ein Geschäftsführungsgremium nur Sinn, wenn diesem Gremium Personen angehören, die nicht dem Vorstand selbst angehören. Zum anderen birgt die Besetzung des Gremiums mit Angestellten des eigenen Unternehmens keine realistische Gefahr eines nicht kontrollierbaren Fremdeinflusses auf die Gesellschaft. Schließlich beschränken sich die Kompetenzen des Gremiums im Hinblick auf die Einflussnahme auf den Vorstand vornehmlich auf dessen Beratung. Ein organexternes Führungsgremium kann auch mit Vorstandsmitgliedern besetzt werden. Unproblematisch ist, dass dem Gremium nicht alle Vorstandsmitglieder angehören, solange das Gremium keine Leitungsentscheidungen fällt. Das Gremium darf auch gleichzeitig mit Vorstandsmitgliedern und vorstandsexternen Personen besetzt werden, solange deren Zusammenwirken ausschließlich gesellschaftsintern erfolgt, nach außen nicht der Anschein einer gemeinsamen organschaftlichen Verantwortung entsteht und die zwingenden Zuständigkeiten von Vorstand und Aufsichtsrat gewahrt bleiben.

Die Bestellung der Vorstandsmitglieder in ein solches Gremium beziehungsweise ihre Abberufung daraus ist nicht automatisch mit der Bestellung zum oder Abberufung als Vorstandsmitglied verbunden. Die Frage ist vielmehr Teil der Geschäftsverteilung, die in der Geschäftsordnung zu regeln ist. Vorstand und Aufsichtsrat steht es insoweit frei, Regelungen über die Bestellung und Abberufung der Vorstandsmitglieder in ein organexternes bzw. aus einem organexternen Führungsgremium zu treffen. Die Bestellung und Abberufung von vorstandsexternen Angestellten in das bzw. aus dem Gremium obliegt allein dem Vorstand, weil die Besetzung der obersten Führungsfunktionen Teil der Leitung der Gesellschaft ist. Der Aufsichtsrat kann sich allenfalls ein entsprechendes Zustimmungsrecht einräumen. Ein solches Zustimmungsrecht schränkt zwar die Personalhoheit des Vorstands ein, ist aber gerechtfertigt, weil ein organexternes Führungsgremium unter Umständen einen außerordentlich großen Einfluss auf die Arbeit des Vorstands und damit die Leitung der Gesellschaft haben kann.

Das Aktiengesetz enthält keine Bestimmungen, die Sitzungen organexterner Führungsgremien, denen sowohl Vorstände als auch andere Personen angehören, verbieten. Zulässig sind auch gemeinsame Sitzungen des Gremiums mit dem Vorstand. Der Vorstand muss nur in der Lage bleiben, weiterhin eigene Sitzungen unter Ausschluss Dritter abzuhalten. Die vorstandsexternen Committee-Mitglieder haben ein echtes Recht zur Teilnahme an den Sitzungen des organexternen Führungsgremiums. Das Gremium kann auch eigene Beschlüsse und gemeinsame Beschlüsse mit dem Vorstand fassen. Hierbei gelten aber einige Einschränkungen. Einer gemeinsamen Beschlussfassung beziehungsweise einer Beschlussfassung durch das Gremium sind Leitungsangelegenheiten von vornherein entzogen. Über einfache Geschäftsführungsaufgaben können solche Beschlüsse gefasst werden. Es bleibt jedoch dabei, dass das Gremium den Vorstand nicht überstimmen kann. Der Vorstand kann deshalb Beschlüsse des Gremiums jederzeit widerrufen.

Die innere Ordnung organexterner Führungsgremien kann relativ frei ausgestaltet werden. Die analoge Anwendung der §§ 107 ff. AktG ist möglich, aber nicht zwingend. Die Einführung organexterner Führungsgremien und die Regelung ihrer inneren Angelegenheiten fallen in die konkurrierende Zuständigkeit von Vorstand und Aufsichtsrat. Die Organisation des Unternehmens unterhalb der Vorstandsebene gehört zu den Geschäftsführungsaufgaben des Vorstands. Gehören dem Gremium aber auch Vorstandsmitglieder an, ist die Geschäftsverteilung betroffen, die Teil der Geschäftsordnung des Vorstands ist. Deshalb kann dem Aufsichtsrat hierüber ein Mitentscheidungsrecht bei der Implementierung solcher Gremien zukommen. Gehören dem Gremium alle Vorstände an, besteht keine Mitwirkungskompetenz des Aufsichtsrats, weil die Mitgliedschaft in dem Gremium keine geschäftsverteilende Wirkung hat. Die Zuständigkeit für die Regelung der inneren Ordnung des Gremiums ist Annexkompetenz zur Einrichtungszuständigkeit. Treffen Vorstand und Aufsichtsrat keine Regelung, kann das organexterne Führungsgremium selbst seine innere Ordnung regeln, solange es die aktienrechtlichen Vorgaben beachtet.

In der Aktiengesellschaft kann ein Executive Committee nicht als fakultatives oder faktisches Organ eingeordnet und bezeichnet werden. Der Grundsatz der aktienrechtlichen Satzungsstrenge verbietet es, andere Organe als Vorstand, Aufsichtsrat und Hauptversammlung einzurichten. Ein Gremium, dem keine organschaftlichen Befugnisse übertragen werden können, ist kein Organ. Ein Executive Committee ist auch kein Beirat im herkömmlichen Sinne, zumal ein einheitlicher Gebrauch des Begriffs „Beirat" angesichts seiner vielfältigen praktischen Ausgestaltung kaum möglich ist. Betrachtet man sich die wichtigsten Aufgaben eines Executive Committees (Beratung und Unterstützung des Vorstands, Koordination der Zusammenarbeit zwischen Vorstand und nachgeordneten Führungsebenen), kann man ein Executive Committee als institutionalisiertes organexternes Führungsgremium ansehen.

§ 8 Implementierung und Organisation der Unternehmensbereiche

A. Probleme rechtsforminkongruenter Organisation

Aus der Betriebswirtschaftslehre stammt das Postulat der Kongruenz von Organisations- und Rechtsstruktur im konzerngeführten Unternehmen. In der klassischen Management-Holding sind Holding und operative Einheiten, die als selbständige Tochtergesellschaften geführt werden, rechtlich und organisatorisch voneinander getrennt. Diese rechtliche und organisatorische Selbständigkeit der zweiten Führungsebene erfüllt nach Ansicht der Betriebswirtschaft das Kongruenzprinzip.[889] In diesem Zusammenhang ist auch die betriebswirtschaftliche Forderung von Bedeutung, dass sich Aufgaben, Kompetenzen und Verantwortung stets decken müssen.[890]

In der virtuellen Holding ist diese Kongruenz indes nicht vorhanden. Die Unternehmens- beziehungsweise Geschäftsbereiche werden danach als rechtlich unselbständige, organisatorisch „verselbständigte" Einheiten geführt, die in die Muttergesellschaft, das heißt in die virtuelle Holding im weiten Sinn eingegliedert sind. Die Unternehmensbereiche werden organisatorisch der virtuellen Holding im engen Sinn, also dem Vorstand, untergeordnet, ohne rechtlich selbständige Tochtergesellschaften zu sein. Gleichzeitig wird die operative Führung organisatorisch von der strategischen getrennt, indem der Vorstand oder ein zentraler Vorstandsausschuss strategische Aufgaben wahrnehmen, während die Bereichsleitungen für das operative Geschäft weitgehend autonom verantwortlich sind. Insoweit wird die Einheit von Organisation und Rechtsstruktur in der virtuellen Holding durchbrochen.[891]

Dabei handelt es sich im Übrigen um kein neues und ausschließliches Problem der virtuellen Holding. Bereits im Jahre 1981 hat *K. Schmidt* im Hinblick auf divisional organisierte Unternehmen darauf hingewiesen, dass deren Bereichsleitungen rechtlich als unselbständige, der Unternehmensleitung unterworfene Einheiten anzusehen seien, während das betriebswirtschaftliche Schrifttum ge-

---

[889] Siehe Frese, Grundlagen der Organisation, S. 554; Theisen, Der Konzern, S. 177 ff., 181 ff. Zu den Formen der Management-Holding vgl. Bühner, DB 1993, S. 285 ff.

[890] Schierenbeck, Grundzüge der Betriebswirtschaftslehre, S. 113.

[891] Bühner, DB 1993, S. 285, 287; Schwark, in: Festschrift Peter Ulmer (2003), S. 605, 609. Vgl. auch Götz, ZGR 2003, S. 1, 2.

rade die Autonomie dieser Einheiten betone.[892] In der virtuellen Holding spielt diese Inkongruenz aufgrund der organisatorischen Trennung von strategischer und operativer Führung bei gleichzeitiger Beibehaltung der rechtlichen Einheit der Gesellschaft eine besondere Rolle.

Zunächst stellt sich die Frage, inwieweit eine Trennung von strategischer und operativer Führung überhaupt aktienrechtlich möglich ist. Im Anschluss daran wird zu überlegen sein, wie die Unternehmensbereiche und deren Führung ausgestaltet werden können, ohne gegen geltendes Aktienrecht zu verstoßen.

B. Trennung von strategischer und operativer Führung

Die Trennung von strategischer und operativer Führung in der virtuellen Holding könnte zu Friktionen mit den bereits erörterten zwingenden Kompetenzen von Vorstand, Aufsichtsrat und Hauptversammlung führen. Dem Grunde nach handelt es sich um nichts anderes als einen Ausschnitt des klassischen Fragenkreises, welche Aufgaben der Vorstand auf nachgeordnete Führungsebenen übertragen darf.

I. Vereinbarkeit mit den Kompetenzen des Vorstands

1. Leitungsverantwortung

Der Übertragung der operativen Geschäftsführung auf eine dem Vorstand nachgeordnete Führungsebene, namentlich die Leitungen der Unternehmensbereiche, stehen mit Blick auf die Leitungsverantwortung des Vorstands gemäß § 76 Abs. 1 AktG grundsätzlich keine aktienrechtlichen Bedenken entgegen. Das laufende operative Tagesgeschäft fällt nämlich nicht unter die Leitungspflicht des Vorstands. Sind Geschäftsführungsaufgaben jedoch aufgrund ihrer außergewöhnlichen Bedeutung ausnahmsweise als Leitungsaufgabe zu qualifizieren, obliegt die Entscheidung über die Vornahme oder das Unterlassen eines Geschäfts zwingend dem Gesamtvorstand.[893]

---

[892] K. Schmidt, ZGR 1981, S. 455, 485.

[893] Siehe oben § 5 B. VI. 3. b). Vgl. auch Geßler, in: Festschrift Wolfgang Hefermehl (1976), S. 263, 273 f.; Mertens, in: Kölner Komm. AktG, § 76 Rn. 49 a. E., 56 f.; Schiessl, ZGR 1992, S. 64, 80; K. Schmidt, ZGR 1981, S. 455, 482.

Im Rahmen der vorstandsinternen Geschäftsverteilung ist es vor diesem Hintergrund zulässig, sämtliche operative Geschäftsführungsaufgaben an einzelne Vorstandsmitglieder oder Ausschüsse zu delegieren, sofern gewährleistet ist, dass der Gesamtvorstand die endgültige und alleinige Entscheidung über solche außergewöhnlichen Geschäfte trifft. Mit anderen Worten bleibt es bei einem Interventions- und Rückholrecht des Vorstands, das unabdingbar ist und mit einer entsprechenden Pflicht zur eigenen Entscheidung über außergewöhnliche Geschäfte korrespondiert. Nichts anderes gilt, wenn Geschäftsführungsaufgaben auf vorstandsexterne Personen übertragen werden. Den Vorstand trifft insoweit eine Überwachungspflicht hinsichtlich der delegierten operativen Geschäftsführungsaufgaben, ob einzelne Geschäfte als außergewöhnliche Geschäfte einzustufen sind und durch ihm nachgeordnete Führungsebenen nicht entschieden werden dürfen.[894]

Faktisch tritt zwar das Problem auf, dass infolge der Delegation der operativen Geschäftsführung auf die Leitungen der Unternehmensbereiche die diesen zukommenden Möglichkeiten, Entscheidungen in Geschäftsführungsfragen zu treffen, die Leitungskompetenz des Vorstands streifen und gegebenenfalls überschreiten können.[895] Aktienrechtlich kann dies aber hingenommen werden, solange die Bereichsleitungen nicht dafür zuständig sind, über außergewöhnliche Geschäfte zu entscheiden, und der Vorstand durch ein sachgerechtes Überwachungssystem sicherstellt, dass die Bereichsleitungen entsprechende Entscheidungen nicht selbst treffen, sondern an ihn weiterleiten. Spiegelbild der Überwachungspflicht sind entsprechende Berichtspflichten der Bereichsleitungen an den Vorstand, wenn die Bereichsleitungen Zweifel haben, ob sie selbst über bestimmte Geschäfte entscheiden dürfen. Erforderlich ist also ein funktionierender, effizienter Informationsfluss zwischen Bereichsleitungen und Vorstand. Dies gilt nicht nur für Bereichsleitungen, denen keine Mitglieder des Vorstands angehören, sondern auch für solche, in die einzelne Vorstandsmitglieder eingebunden sind.[896] Eine Möglichkeit, ein regelmäßiges und enges Informationswesen zu schaffen, liegt in der Einrichtung eines institutionalisierten Forums, etwa eines Executive Committees, dem sowohl Vorstandsmitglieder als auch Be-

---

[894] Vgl. oben § 5 B. Vi. 3. b) sowie § 6 B. I. und II.

[895] Siehe Schwark, in: Festschrift Peter Ulmer (2003), S. 605, 614.

[896] Vgl. Schwark, in: Festschrift Peter Ulmer (2003), S. 605, 615.

reichsleiter angehören.[897] Außer einer Regelberichterstattung ist aber auch die außerordentliche Information des Vorstands in Eilfällen notwendig, damit dieser gegebenenfalls umgehend die erforderlichen Maßnahmen ergreifen kann.

2. Geschäftsführungszuständigkeit

Es stellt sich allerdings die Frage, ob die umfassende Übertragung der operativen Geschäftsführung auf die dem Vorstand nachgeordnete Ebene der Unternehmensbereichsleitung eventuell gegen die Geschäftsführungsaufgabe des Vorstands gemäß § 77 Abs. 1 AktG verstößt.

Schwark vertritt insoweit die Auffassung, bei Übertragung der aktiven Leitung verselbständigter Unternehmensbereiche auf Spartenleiter müsse, um einen Verstoß gegen § 77 Abs. 1 AktG sowie eine zu starke inhaltliche Beschränkung der Haftung des Vorstands aus § 93 AktG zu vermeiden, die Spartenorganisation „entweder bis in den Vorstand durchgezogen sein oder so gestaltet werden, dass die wesentlichen Teile auch der § 77 Abs. 1 AktG zuzuordnenden Geschäftsführungsaufgaben, die unterhalb der eigentlichen Leitungsverantwortung des § 76 AktG liegen, dem Vorstand verbleiben".[898] *Schiessl* empfiehlt, bestimmte bedeutende Maßnahmen in einer Sparte von der vorherigen Abstimmung mit dem bereichsleitenden Vorstandsmitglied abhängig zu machen.[899]

Einer solchen vorherigen Abstimmung bedarf es jedoch nicht, wenn das Geschäft nicht dem Bereich der Leitungsaufgaben im Sinne des § 76 Abs. 1 AktG zuzurechnen ist. Die Ansicht, dass die Delegation wesentlicher, aber nicht zu den Leitungsaufgaben gehörenden operativer Geschäftsführungsaufgaben auf eine dem Vorstand nachgeordnete Führungsebene mit der Vorschrift des § 77 Abs. 1 AktG nicht ohne weiteres zu vereinbaren sei, kann nicht überzeugen. Im Gegensatz zu § 76 Abs. 1 AktG statuiert die Regelung des § 77 Abs. 1 AktG keine Pflicht des Vorstands zur eigenen Wahrnehmung von Führungsaufgaben und deren Delegierbarkeit, sondern nur eine gesellschaftsinterne Befugnis des

---

[897] Siehe dazu oben § 7 C. III. 2.

[898] Schwark, ZHR 142 (1978), S. 203, 218. Vgl. auch Wendeling-Schröder, Divisionalisierung, Mitbestimmung und Tarifvertrag, S. 54.

[899] Schiessl, ZGR 1992, S. 64, 81.

Vorstands zur Geschäftsführung, also dessen rechtliches Dürfen.[900] Inwieweit der Vorstand von dieser Befugnis selbst Gebrauch macht oder seine Zuständigkeit delegiert, unterliegt seinem Ermessen, das sich auch auf die zweckmäßige Organisation der Unternehmensführung erstreckt, wobei durch Gesetz, Satzung und Geschäftsordnung gesetzte Grenzen zu beachten sind.[901] Abgesehen davon ist zu berücksichtigen, dass eine vollumfängliche Verlagerung des operativen Geschäfts im Management-Holding-Konzern von der Muttergesellschaft auf rechtlich selbständige Tochtergesellschaften keinen aktienrechtlichen Bedenken begegnet. Wenn eine solche Delegation im Unternehmensverbund zulässig sein soll, ist nicht ersichtlich, weshalb sie in der virtuellen Holding nicht erlaubt sein sollte, da potentielle Gefahren im Einheitsunternehmen im Hinblick auf Kompetenzen des Vorstands wesentlich geringer sind als im Konzern. Deshalb ist die vollumfängliche Delegation unterhalb des Leitungsbereichs angesiedelter operativer Geschäftsführungsaufgaben auf dem Vorstand nachgeordnete Unternehmensbereichsleitungen grundsätzlich mit § 77 Abs. 1 AktG vereinbar.

Allerdings ist zu beachten, dass der Vorstand sich bei einer umfassenden Delegation der operativen Geschäftsführung seiner Organkompetenz zur Geschäftsführung nicht begeben darf.[902] Die Organkompetenz bleibt jedoch gewahrt, wenn der Vorstand delegierte Geschäftsführungsangelegenheiten an sich ziehen kann. Dies ist der Fall, solange sein Interventions- und Rückholrecht gewahrt bleibt und er nicht durch Beschlüsse der Bereichsleitungen gebunden ist, sondern stets die Möglichkeit hat, autonome Entscheidungen auch in Fragen der operativen Geschäftsführung zu treffen.[903] Führt man sich dies vor Augen, kann nur von einer organisatorischen Trennung zwischen strategischer und operativer Führung gesprochen werden. Rechtlich bleibt der Vorstand für Entscheidungen in Geschäftsführungsangelegenheiten verantwortlich.

---

[900] Vgl. Hefermehl, in: Geßler/Hefermehl/Eckardt/Kropff, § 77 Rn. 1; Hüffer, AktG, § 77 Rn. 3; Kort, in: Großkomm. AktG, § 77 Rn. 1; Mertens, in: Kölner Komm. AktG, § 77 Rn. 2; Wiesner, in: Münch. Hdb. GesR IV, § 22 Rn. 2.

[901] Zum unternehmerischen Ermessensspielraum des Vorstands vgl. BGHZ 135, 244, 253 (ARAG); Begr. RegE KonTraG, BT-Drucks. 13/9712, S. 21; Henze, NJW 1998, S. 3309, 3310; Hopt, in: Festschrift Ernst-Joachim Mestmäcker (1996), S. 909, 919 f.; Mertens, in: Kölner Komm. AktG, § 76 Rn. 10 ff.; Paefgen, Unternehmerische Entscheidungen und Rechtsbindung der Organe in der AG, S. 26 ff.

[902] Vgl. dazu auch oben § 5 B VI.

[903] Vgl. dazu die Ausführungen unter § 5 B. VI. 3. und § 7 C. III. 2.

II. Vereinbarkeit mit den Kompetenzen des Aufsichtsrats

Die umfassende Delegation der operativen Geschäftsführung auf dem Vorstand nachgeordnete Bereichsleiter wirft im Hinblick auf die gesetzlich zugewiesenen Aufgaben des Aufsichtsrats einige Probleme auf, die nachfolgend erörtert werden.

1. Überwachung der Geschäftsführung

a) Keine unmittelbare Überwachung der Bereichsleiter

Die Frage, ob der Aufsichtsrat in divisional organisierten Unternehmen gemäß § 111 Abs. 1 AktG zur unmittelbaren Überwachung der Geschäftsbereichsleitungen unterhalb des Vorstands berechtigt und verpflichtet ist, ist bereits angesprochen worden. Während eine Ansicht eine solchermaßen verlängerte Überwachung bejaht, steht eine andere Auffassung dem ablehnend gegenüber.[904] In der virtuellen Holding gewinnt die Frage besondere Bedeutung, wenn die operative Geschäftsführung vollständig aus dem Vorstand herausgenommen wird. Festzuhalten ist jedoch, dass der Aufsichtsrat in der virtuellen Holding mindestens in gleicher Weise wie in konventionell divisional organisierten Unternehmen zur Überwachung der Geschäftsführung durch den Vorstand nachgeordnete Bereichsleitungen in der Lage bleibt. Der Aufsichtsrat kann den Vorstand nämlich dahingehend kontrollieren, ob dieser seinerseits die Bereichsleiter ordnungsgemäß führt und beaufsichtigt.[905] Von daher wird der Aufsichtsrat in der Wahrnehmung seiner Überwachungsaufgabe durch das Verlagern der operativen Geschäftsführung auf eine dem Vorstand nachgeordnete Führungsebene nicht beeinträchtigt.

Eine unmittelbare Überwachung der Unternehmensbereichsleiter unterhalb des Vorstands durch den Aufsichtsrat ist in der virtuellen Holding allerdings zu

---

[904] Siehe oben § 4 B. IV. 2. a) mit Nachweisen zu den beiden Ansichten.

[905] Dafür Hoffmann/Preu, Der Aufsichtsrat, Rn. 103; Hoffmann-Becking, in: Münch. Hdb. GesR IV, § 29 Rn. 24; Lutter/Krieger, Rechte und Pflichten des Aufsichtsrats, Rn. 68; Potthoff/Trescher, Das Aufsichtsratsmitglied, S. 67; v. Schenck, in: Arbeitshandbuch für Aufsichtsratsmitglieder, Rn. E 28; Semler, Leitung und Überwachung der Aktiengesellschaft, Rn. 116.

verneinen.[906] Das ergibt sich nicht nur aus Gründen der Zweckmäßigkeit, sondern bereits aus der zwingenden aktienrechtlichen Zuständigkeitsverteilung zwischen den Organen. Diese verpflichtet den Aufsichtsrat nicht zur Überwachung der Geschäftsführung in ihrer Gesamtheit im Sinne des § 77 Abs. 1 AktG, sondern nur der Leitungsaufgaben einschließlich bedeutender Einzelmaßnahmen.[907] Beschränkt sich die Überwachungsaufgabe des Aufsichtsrats auf diesen Kreis von Aufgaben, ist eine unmittelbare Überwachung der Tätigkeiten dem Vorstand nachgeordneter Führungsebenen bereits ausgeschlossen, weil auf diesen Ebenen Aufgaben im vorgenannten Sinne nicht autonom wahrgenommen werden dürfen. Aus diesem Grund fällt die operative Geschäftsführung der Bereichsleiter nicht in die Überwachungskompetenz des Aufsichtsrats. Zudem gehört die Überwachung delegierter Aufgaben durch nachgeordnete Führungsebenen in der virtuellen Holding zu den Aufgaben des Vorstands. Die Kontrolle, ob die Unternehmensbereiche die Vorgaben der strategischen Planung einhalten, ist Teil der Leitungsaufgabe des Vorstands und kann deshalb nicht durch den Aufsichtsrat wahrgenommen werden. Daraus folgt, dass in der virtuellen Holding aktienrechtlich nur ein System der gestuften Kontrolle zulässig ist. Das zuständige Vorstandsmitglied überwacht die ihm unterstehenden Mitarbeiter, die Vorstandsmitglieder überwachen sich gegenseitig und der Aufsichtsrat kontrolliert die Wahrnehmung der Leitung der Gesellschaft durch den Gesamtvorstand.[908]

In diesem System der gestuften Kontrolle bleiben dem Aufsichtsrat genügend Möglichkeiten, seiner Überwachungsaufgabe nachzukommen, die hier nur angedeutet werden sollen. So kann der Aufsichtsrat über den Erlass einer Geschäftsordnung gemäß § 77 Abs. 2 AktG, das Festlegen zustimmungsbedürftiger Geschäfte gemäß § 111 Abs. 4 S. 2 AktG, das Berichtsverlangen gemäß § 90 Abs. 3 AktG oder die Beauftragung des Abschlussprüfers gemäß § 111 Abs. 2 S. 3 AktG, gegebenenfalls auch über § 111 Abs. 4 S. 2 AktG[909] oder eines anderen Sachverständigen gemäß § 111 Abs. 2 S. 2 Alt. 2 AktG mit der Prü-

---

906 A. A. Geßler, in: Geßler/Hefermehl/Eckardt/Kropff, AktG, § 111 Rn. 15; Hüffer, AktG, § 111 Rn. 3.

907 Siehe oben § 4 B. IV. 2. a) m. w. N.

908 Siehe oben § 6 B. III.

909 Siehe hierzu Baums (Hrsg.), Bericht der Regierungskommission Corporate Governance, Rn. 305; kritisch Götz, AG 1997, Sonderheft August 1997, S. 38, 40; Hüffer, AktG, § 111 Rn. 12 a.

fung einzelner Angelegenheiten, wie etwa auch im Nachhinein besonders verlustreicher Geschäfte,[910] seinen Einfluss auf die unternehmensinterne Kontrolle festigen.

b) Beratung des Vorstands

Die Delegation des operativen Geschäfts auf untergeordnete Führungsebenen beeinträchtigt auch nicht die Beratungszuständigkeit des Aufsichtsrats, falls die operativen Geschäftsleiter den Vorstand selbst beraten. Eine derartige Beratung durch die Bereichsleitungen ist insbesondere dann erforderlich, wenn für strategische Fragen spezifische operative Erfahrungen und Kenntnisse von Bedeutung sind.

In diesem Zusammenhang gilt nicht anderes als bei der Beratung des Vorstands durch ein organexternes Führungsgremium in strategischen Fragen. Erstens umfasst die Überwachungspflicht des Aufsichtsrats pro futuro nur die Beratung in grundsätzlichen Fragen der künftigen Geschäftspolitik, nicht aber die Beratung im operativen Geschäft, so dass bereits zweifelhaft ist, ob die spezifische Beratung des Vorstands durch Mitarbeiter, die im operativen Bereich tätig sind, überhaupt geeignet ist, Aufsichtsratskompetenzen zu tangieren. Unabhängig davon ist jedoch zweitens eine gleichzeitige Beratung durch den Aufsichtsrat und ein Gremium oder Personen, die in die Geschäftsführung des Vorstands im weiten Sinne eingebunden sind, aktienrechtlich zulässig, weil die jeweilige Funktion der Beratung eine andere ist. Während die Beratung durch Bereichsleiter als Teil einer ordnungsgemäßen Geschäftsführung der Vorbereitung und Ausführung von Leitungsentscheidungen dient, liegt der Zweck der Beratung durch den Aufsichtsrat in der Überwachung der Geschäftsführung.[911]

c) Berichterstattung durch die Bereichsleiter

Weiterhin ist zu klären, welche Anforderungen an die Berichterstattung der Bereichsleiter über Angelegenheiten des operativen Geschäfts zu stellen sind, damit der Aufsichtsrat seiner Überwachungspflicht ordnungsgemäß nachkommen

---

[910] Zum Erfordernis eines konkreten, zeitlich und sachlich beschränkten Prüfungsauftrags BGHZ 85, 293, 296; Hüffer, AktG, § 111 Rn. 12; Mertens, in: Kölner Komm. AktG, § 111 Rn. 52; Semler, Leitung und Überwachung der Aktiengesellschaft, Rn. 165.

[911] Vgl. zum Ganzen bereits ausführlich oben § 7 C. III. 3. im Hinblick auf die Beratung durch organexterne Führungsgremien m. w. N.

kann. Von zentraler Bedeutung in diesem Zusammenhang ist die Frage, ob aus der umfassenden Delegation des operativen Geschäfts eine unmittelbare Berichtspflicht der Bereichsleiter an den Aufsichtsrat resultiert oder ob es ausreicht, dass der Vorstand über die Vorgänge in den operativen Unternehmensbereichen informiert wird.

Für eine entsprechende Pflicht der Bereichsleiter, unmittelbar dem Aufsichtsrat über die operative Geschäftsführung zu berichten, spricht, dass dadurch der Status quo ante wiederhergestellt würde, der bestand, bevor die operative Geschäftsführung im Rahmen der Implementierung einer virtuellen Holding einer nachgeordneten Führungsebene übertragen wurde. Vorher hatte der Vorstand nämlich als (auch operativ) geschäftsführendes Gremium über den Gang der Geschäfte gemäß § 90 Abs. 1 Nr. 3 AktG unmittelbar an den Aufsichtsrat zu berichten.[912] Bezogen auf die Informationsvermittlung könnte deshalb gefolgert werden, dass nun die Bereichsleiter als diejenigen Personen, die für das operative Geschäfts anstelle des Vorstands zuständig sind, auch anstelle des Vorstands unmittelbar an den Aufsichtsrat berichten müssen, gegebenenfalls in analoger Anwendung der Regelung des § 90 Abs. 1 Nr. 3 AktG. Für dieses Ergebnis spräche auch die Annahme, dass eine ordnungsgemäße Überwachung der Geschäftsführung nur durch angemessene Information erfolgen kann[913] und dieses Erfordernis in der virtuellen Holding nur durch eine derartige unmittelbare Berichterstattung derjenigen gewährleistet ist, die für das operative Geschäft selbst zuständig sind.

Nach der Konzeption des Aktiengesetzes ist allerdings, abgesehen von den jährlichen Berichten des (Konzern-)Abschlussprüfers gemäß §§ 170 Abs. 3, 171 Abs. 1 S. 2 AktG, nur der Vorstand zur Information des Aufsichtsrats verpflichtet und der Aufsichtsrat korrespondierend nur berechtigt, sich zunächst durch Berichte des Vorstands Informationen zu beschaffen. Das ergibt sich aus der Regelung des § 90 AktG, die eine effiziente und vorbeugende Überwachung der Geschäftsführung bezweckt und insofern systematisch mit § 111 Abs. 1, 2 und

---

[912] Zu Inhalt und Umfang der Berichtspflicht des § 90 Abs. 1 Nr. 3 AktG siehe Hüffer, AktG, § 90 Rn. 6; Mertens, in: Kölner Komm. AktG, § 90 Rn. 36.

[913] Vgl. hierzu im Allgemeinen Kropff, NZG 2003, S. 346; Lutter/Krieger, Rechte und Pflichten des Aufsichtsrats, Rn. 191 f.

4 AktG in Zusammenhang steht.[914] Pflichten zur Berichterstattung durch vorstandsexterne Angestellte der Gesellschaft sieht das Aktiengesetz dagegen nicht vor. § 90 AktG verpflichtet den Gesamtvorstand als Organ zur Berichterstattung gegenüber dem Aufsichtsrat.[915] Nach allgemeiner Ansicht handelt es um eine in die Leitungsverantwortung des Vorstands fallende Aufgabe.[916] Aus diesem Grund ist eine Übertragung der Pflicht aus § 90 Abs. 1 Nr. 3 AktG, über Fragen der operativen Geschäftsführung zu berichten, auf die Bereichsleiter auszuschließen. Eine Pflicht zur gleichzeitigen Berichterstattung durch die Bereichsleiter nach § 90 AktG analog scheidet ebenfalls aus. Nach der Konzeption des Aktiengesetzes kann nicht ohne weiteres von einer Regelungslücke seitens des Gesetzgebers ausgegangen werden. Vielmehr ist anzunehmen, dass der Gesetzgeber eine klare Ordnung von Verantwortlichkeiten geschaffen hat, die dem Vorstand als Geschäftsführungsorgan die Pflicht zur Berichterstattung nach § 90 AktG an den Aufsichtsrat abschließend auferlegt.[917]

Teilweise wird allerdings vertreten, dass der Aufsichtsrat „hilfsweise" berechtigt sei, Angestellte der Gesellschaft unmittelbar heranzuziehen, um seiner Überwachungspflicht nachzukommen.[918] Dabei dürfe er sich unmittelbar an die Angestellten wenden, weil es rechtlich kein Informationsmonopol des Vorstands gebe. Der Aufsichtsrat sei berechtigt und verpflichtet, im Rahmen seiner Überwachungsaufgabe alle ihm zugänglichen Informationsquellen zu nutzen. Es bestehe kein Grund, unternehmensinterne Quellen auszuschließen.[919] Die ganz herrschende Meinung lehnt solche Auskunftsrechte des Aufsichtrats aber grundsätzlich ab, weil sich der Aufsichtsrat über § 90 AktG an die Berichter-

---

[914] Zur Bedeutung des § 90 AktG für die Überwachung der Geschäftsführung: Hüffer, AktG, § 90 Rn. 1; Lutter/Krieger, Rechte und Pflichten des Aufsichtsrats, Rn. 191 f.; Mertens, in: Kölner Komm. AktG, § 90 Rn. 4; Picot, in: Lange/Wall, Risikomanagement nach dem KonTraG, § 1 Rn. 49; Semler, Leitung und Überwachung der Aktiengesellschaft, Rn. 143; ders. in: Arbeitshandbuch für Aufsichtsratsmitglieder, Rn. A 73 f.

[915] Hefermehl, in: Geßler/Hefermehl/Eckardt/Kropff, AktG, § 90 Rn. 2; Mertens, in: Kölner Komm. AktG, § 90 Rn. 26.

[916] Siehe oben § 5 B. III. 1. m. w. N.

[917] Vgl. zu den Erwägungen des Gesetzgebers Kropff, Begr. RegE AktG 1965, S. 116.

[918] Dreher, in: Festschrift Peter Ulmer (2003), S. 87, 92 ff.; Forster, AG 1995, S. 1, 6; Kropff, NZG 2003, S. 346, 348 ff.; Langenbucher/Blaum, DB 1994, S. 2197, 2205; Lukarsch, Marktorientierte Überwachung der Unternehmensplanung durch den Aufsichtsrat, S. 211.

[919] Dreher, in: Festschrift Peter Ulmer (2003), S. 87, 92 ff.; Kropff, NZG 2003, S. 346, 348; im Ansatz auch bereits Saage, DB 1973, S. 115, 118.

stattung des Vorstands zu halten hat. Nur in extremen Ausnahmefällen soll es zulässig sein, dass sich der Aufsichtsrat am Vorstand vorbei unmittelbar an Angestellte der Gesellschaft wendet, insbesondere, wenn der Vorstand seine Pflichten schwerwiegend verletzt hat und zu befürchten ist, dass der Vorstand den Aufsichtsrat nicht oder nicht ausreichend informiert.[920] Nach einer engeren Ansicht soll auch in solchen Fällen eine unmittelbare Anhörung von Angestellten ausgeschlossen sein, weil der Aufsichtsrat einen Beschluss nach § 111 Abs. 2 AktG fassen und Angestellte als Sachverständige heranziehen könne.[921]

Auch in Aktiengesellschaften, die als virtuelle Holding fungieren, ist der herrschenden Ansicht zu folgen. Es besteht, von Ausnahmefällen der genannten Art abgesehen, keine Möglichkeit und auch kein Bedürfnis, dem Aufsichtsrat ein Recht auf unmittelbare Berichterstattung gegenüber den Bereichsleitern einzuräumen; denn grundsätzlich bleibt das Informationsinteresse des Aufsichtsrats auch gewahrt, wenn er Berichte nicht durch leitende Angestellte selbst, sondern gebündelt und aufbereitet durch den Vorstand erhält. Es gilt in der virtuellen Holding also nichts anderes als in anders organisierten Unternehmen, in denen im Übrigen der Vorstand auch nicht selbständig sämtliche Geschäftsführungsaufgaben wahrnimmt. Dass dem Aufsichtsrat über krasse Sonderfälle und die Rechte des § 111 Abs. 2 AktG hinaus keine weiteren Informationsrechte gegenüber den Bereichsleitern eingeräumt werden sollen, kann auch dem Regelungszusammenhang des § 91 Abs. 2 AktG entnommen werden. Die Norm verpflichtet den Vorstand und nicht den Aufsichtsrat, ein Überwachungssystem einzurichten, das der Risikofrüherkennung dient. Die Ausgestaltung des unternehmensinternen Berichtswesens als Teil des Überwachungssystems obliegt folglich dem Vorstand als Annexkompetenz. Hält der Vorstand es für sinnvoll, dass die Bereichsleiter nur ihm oder auch einem Executive Committee berichten, liegt es an ihm, entsprechende Regelungen zu treffen. Der Aufsichtsrat hat le-

---

[920] Frerk, AG 1995, S. 212, 218; Hoffmann-Becking, in: Münch. Hdb. GesR IV, § 29 Rn. 24; Hüffer, AktG, § 90 Rn. 11; Mertens, in: Kölner Komm. AktG, § 90 Rn. 44; Lippert, Überwachungspflicht, Informationsrecht und gesamtschuldnerische Haftung des Aufsichtsrats nach dem Aktiengesetz 1965, S. 83 ff.; Semler, Leitung und Überwachung der Aktiengesellschaft, Rn. 172; Steinbeck, Überwachungspflicht und Einwirkungsmöglichkeiten des Aufsichtsrats der Aktiengesellschaft, S. 135; Theisen, Grundsätze einer ordnungsmäßigen Information des Aufsichtsrats, S. 11.

[921] Godin/Wilhelmi, AktG, § 90 Anm. 9; Meyer-Landrut, in: Großkomm. AktG, § 90 Anm. 7; Lutter, Information und Vertraulichkeit im Aufsichtsrat, S. 98, 100. Aus rechtspolitischer Sicht vgl. Baums, ZIP 1995, S. 11, 17.

diglich die Möglichkeit und die Pflicht, das Überwachungssystem, das der Vorstand eingerichtet hat, seinerseits zu überwachen.[922] Weitere Kompetenzen stehen dem Aufsichtsrat nicht zu. Im Sinne klarer Verantwortlichkeiten muss es bei den dargestellten allgemeinen Grundsätzen bleiben.[923]

Nach alledem besteht grundsätzlich keine Pflicht der Bereichsleiter, über das operative Geschäft unmittelbar an den Aufsichtsrat zu berichten. Vielmehr ist es ausreichend, wenn die Bereichsleiter über das Geschäft in den einzelnen Unternehmenseinheiten dem Vorstand Bericht erstatten. Der Vorstand ist dann seinerseits gemäß § 90 Abs. 1 Nr. 3 AktG und gegebenenfalls nach § 90 Abs. 3 AktG verpflichtet, den Aufsichtsrat über den Gang der Geschäfte in den Unternehmensbereichen zu informieren. Dieses gestufte Verfahren der Berichterstattung ist in der virtuellen Holding insoweit sinnvoll, als es mit dem System einer gestuften Überwachung korrespondiert.[924]

2. Mitentscheidungskompetenz

Die Mitentscheidentscheidungskompetenz des Aufsichtsrats gemäß § 111 Abs. 4 S. AktG darf durch die Übertragung der operativen Geschäftsführung auf Bereichsleiter nicht beeinträchtigt werden. Die Führung des operativen Geschäfts in den Unternehmensbereichen ist deshalb zum einen so auszugestalten, dass bestehende Zustimmungsvorbehalte zugunsten des Aufsichtsrats beachtet werden. Zum anderen darf der Aufsichtsrat seine Mitentscheidungskompetenz nicht auf die operativen Bereichsleiter übertragen (§ 111 Abs. 5 AktG). Im Hinblick auf die Mitentscheidungskompetenz des Aufsichtsrats stellt sich aber die Frage, ob diesem ein Zustimmungsrecht gemäß § 111 Abs. 4 S. 2 AktG in Angelegenheiten des operativen Geschäfts, über die die Bereichsleitungen entscheiden, eingeräumt werden kann.

Für den Unternehmensverbund wird insoweit nach allgemeiner Ansicht vertreten, dass das Zustimmungsrecht „konzerndimensional" ausgeübt werden kann und Angelegenheiten abhängiger Konzerngesellschaften der Zustimmung des

---

922 Vgl. Kropff, NZG 2003, S. 346. Ausführlich: Kindler/Pahlke, in: Lange/Wall, Risikomanagement nach dem KonTraG, § 1 Rn. 190 ff.

923 Vgl. Baums, ZIP 1995, S. 11, 16; Frerk, AG 1995, S. 212, 218. Siehe auch oben § 4 B. IV. 2. a).

924 Siehe hierzu bereits oben § 6 B. III.

Holding-Aufsichtsrats unterliegen, sofern sie für den Gesamtkonzern von erheblicher Bedeutung sind.[925] Der Zustimmungsvorbehalt richtet sich allerdings gegen den Konzernvorstand und nicht gegen die Vorstände der Tochtergesellschaften. Das heißt, der Vorstand der Obergesellschaft bedarf der Zustimmung des Aufsichtsrats für seine Mitwirkung bei solchen Geschäften. Diese kann durch Weisung, Stimmabgabe oder formloses Einverständnis erfolgen.[926] Der Vorstand kann sich diesem Zustimmungsrecht nicht dadurch entziehen, dass er die Angelegenheiten delegiert und so auf eine eigene Entscheidung verzichtet. Das ergibt sich bereits aus der konzernpolitischen Bedeutung der Maßnahme, die ohnehin zwingende Zuständigkeiten des Konzernvorstands berührt.[927] Um die Zustimmungsbedürftigkeit von Geschäften der Tochtergesellschaft zu bestimmen, wird darauf abgestellt, ob das Geschäft der Tochtergesellschaft in seinen Auswirkungen denjenigen Geschäften vergleichbar erscheint, für die der Zustimmungsvorbehalt normiert ist. Das soll dann der Fall sein, wenn das Geschäft den jeweiligen Tatbestand des Zustimmungskatalogs nach § 111 Abs. 4 S. 2 AktG erfüllen würde, falls das Konzernunternehmen ein rechtlich unselbständiger Teil der Obergesellschaft wäre.[928]

Soweit die konzernrechtliche Literatur dabei fiktiv auf unselbständige Teile in der Obergesellschaft abstellt, sind diese Überlegungen auf die Geschäfte der operativen Unternehmensbereiche in der virtuellen Holding übertragbar, da diese zunächst nichts anderes sind als rechtlich unselbständige Teile einer Gesellschaft.[929] Daraus ergibt sich, dass der Vorstand Zustimmungsvorbehalte zuguns-

---

[925] Boujong, AG 1995, S. 203, 205; Götz, ZGR 1990, S. 1990, S. 633, 655; Hoffmann-Becking, in: Münch. Hdb. GesR IV, § 29 Rn. 40; ders. in: ZHR 159 (1995), S. 325, 339 ff.; Hüffer, AktG, § 111 Rn. 16; Krieger, in: Lutter (Hrsg.), Holding-Handbuch, § 6 Rn. 43; Lutter, in: Festschrift Robert Fischer (1979), S. 419, 421 ff.; Martens, ZHR 159 (1995), S. 567, 580; Mertens, in: Kölner Komm. AktG, § 111 Rn. 77; Schilling, AG 1981, S. 341, 344; Semler, Leitung und Überwachung der Aktiengesellschaft, Rn. 431 ff. Vgl. auch BGH, WM 1973, S. 170 zum gleichgelagerten Problem bei Zustimmungsvorbehalten zugunsten von Gesellschaftern einer KG.

[926] Hoffmann-Becking, in: Münch. Hdb. GesR IV, § 29 Rn. 40; ders., ZHR 159 (1995), S. 325, 341; Krieger, in: Lutter (Hrsg.), Holding-Handbuch, § 6 Rn. 43; Martens, ZHR 159 (1995), S. 567, 580.

[927] Martens, ZHR 159 (1995), S. 567, 580.

[928] Hoffmann-Becking, in: Münch. Hdb. GesR IV, § 29 Rn. 40; Krieger, in: Lutter (Hrsg.), Holding-Handbuch, § 6 Rn. 44; Mertens, in: Kölner Komm. AktG, § 111 Rn. 77.

[929] Zu Fragen der rechtlichen Einordnung der Unternehmensbereiche siehe unten § 8 C.

ten des Aufsichtsrats zu beachten hat, wenn er an Geschäftsführungsmaßnahmen in den Unternehmensbereichen mitwirkt, sei es durch Weisungen, eigene Zustimmung oder auf sonstige Art und Weise. Ohne Zustimmung des Aufsichtsrats hat die Maßnahme insgesamt zu unterbleiben. Weder darf der Vorstand die Bereichsleiter anweisen, ein Geschäft vorzunehmen, wenn der Aufsichtsrat seine Zustimmung verweigert hat, noch darf die operative Geschäftsleitung das Geschäft eigenmächtig vornehmen. Dies gilt für alle außergewöhnlichen Geschäfte, also diejenigen, die von herausragender Bedeutung für das Gesamtunternehmen sind.[930]

Ein unmittelbares Zustimmungs- oder Weisungsrecht des Aufsichtsrats hinsichtlich der Bereichsleitungen unterhalb des Vorstands besteht allerdings nicht. Ein solches ist nicht erforderlich und ginge im Übrigen an der Regelung des § 111 Abs. 4 AktG vorbei. Zum einen läge in einem solchen Verfahren unter Umgehung des Vorstands ein Verstoß gegen § 111 Abs. 4 S. 1 AktG, weil der Aufsichtsrat anstelle des Vorstands für bestimmte Arten von Geschäften primär zuständig würde. Zum anderen wären solche unmittelbar wirkenden Kompetenzen in die Unternehmensbereiche hinein nicht mehr vom Zweck des § 111 Abs. 4 S. 2 AktG gedeckt; denn als Instrument der vorbeugenden Überwachung können sich Zustimmungsvorbehalte nur auf die Geschäftsführungsmaßnahmen des Vorstands beziehen, die auch von der Überwachungspflicht umfasst sind. Dazu gehören aber nur bedeutsame Angelegenheiten, für die der Vorstand ohnehin zwingend zuständig ist.[931] Ein unmittelbar gegenüber den Bereichsleitern auszuübendes Zustimmungsrecht könnte sich nur auf Geschäfte beziehen, die diese durchführen dürfen, ohne den Vorstand einzuschalten. Dies ist indes nie der Fall bei Geschäften, die von § 111 Abs. 4 S. 2 AktG umfasst sein können, weil insoweit immer die Zuständigkeit des Vorstands begründet ist. Deshalb besteht für derartige Zustimmungsvorbehalte des Aufsichtsrats auch kein Bedürfnis, weil die Überwachungskompetenz des Aufsichtsrats gewahrt bleibt, wenn er Entscheidungen des Vorstands seiner Mitentscheidung unterwerfen kann.

---

[930] Vg. Auch oben § 4 B. IV. 2. c), § 5 B. III. 3. und IV. 3. b) bb).

[931] Vgl. dazu Hoffmann-Becking, in: Münch. Hdb. GesR IV, § 29 Rn. 39; Hüffer, AktG, § 111 Rn. 16, 18; Lutter/Krieger, Rechte und Pflichten des Aufsichtsrats, Rn. 109 ff.; 112; Martens, ZHR 159 (1995), S. 567, 581 (für den Konzern); Mertens, in: Kölner Komm. AktG, § 111 Rn. 65.

Aus dem Gesagten ergibt sich, dass die Delegation des operativen Geschäfts auf nachgeordnete Führungsebenen nicht mit der Mitentscheidungskompetenz des Aufsichtsrats kollidiert.

3. Personalkompetenz gemäß § 84 Abs. 1 und 3 AktG

Bereits im Rahmen der Ausführungen über die Anforderungen an eine konventionelle Spartenorganisation ist dargelegt worden, dass die Delegation von Leitungsaufgaben auf eine dem Vorstand nachgeordnete Führungsebene nicht nur gegen die Leitungspflicht des Vorstands nach § 76 Abs. 1 AktG, sondern auch gegen die Zuständigkeit des Aufsichtsrats für die Bestellung und Abberufung der Mitglieder des Vorstands (§ 84 Abs. 1 und Abs. 3 AktG) verstieße.[932] Die durch die Personalkompetenz ermöglichte Einflussnahme des Aufsichtsrats auf die Geschäftspolitik liefe nämlich leer, wenn nicht die Vorstandsmitglieder, die der Aufsichtsrat bestellt hat, sondern Personen einer nachgeordneten, durch den Vorstand besetzten Führungsebene Leitungsaufgaben wahrnehmen würden. Die Zuständigkeit für die Besetzung der zweiten Führungsebene liegt als originäre Führungsfunktion nämlich beim Vorstand und nicht beim Aufsichtsrat. Insoweit kommt deshalb auch keine Delegation der Leitungsaufgaben auf vorstandsexterne Bereichsleiter in Betracht.

Für die virtuelle Holding ergeben sich gegenüber sonstigen divisional organisierten Unternehmen keine Besonderheiten. Die Übertragung von Leitungsaufgaben auf die operativen Bereichsleiter verstieße gleichermaßen gegen die Personalkompetenz des Aufsichtsrats. Werden auf nachgeordnete Führungsebenen jedoch lediglich Aufgaben der operativen Geschäftsführung übertragen, denen keine Leitungsqualität zukommt, entstehen keine Friktionen im Hinblick auf § 84 Abs. 1 und 3 AktG.

4. Zustimmungsrechte bei der Besetzung der Bereichsleitungen

Die personelle Besetzung der Bereichsleitungen fällt nicht in die Kompetenz des Aufsichtsrats aus § 84 Abs. 1 und 3 AktG, sondern als Leitungsaufgabe in die Zuständigkeit des Vorstands.[933] Insoweit stellt sich die Frage, ob dem Aufsichtsrat über § 111 Abs. 4 S. 2 AktG Mitwirkungsrechte anlässlich der Bestel-

---

[932] Siehe oben § 4 B. IV. 2. d).

[933] Siehe oben § 4 B. IV. 1. a) aa) und § 5 B. III. 2.

lung von Unternehmensbereichsleitern eingeräumt werden können. Eine solche Möglichkeit ist hinsichtlich der Besetzung organexterner Führungsgremien wegen deren enger Einbindung in die Unternehmensleitung bejaht worden, damit der Aufsichtsrat in effizienter Weise seiner Überwachungspflicht nachkommen kann.[934]

Dieser Gedanke könnte auf die Besetzung der operativen Bereichsleitungen übertragbar sein, auch wenn „einfache" Bereichsleiter nicht in der gleichen institutionalisierten Weise Einfluss auf die Willensbildung des Vorstands in Leitungsangelegenheiten nehmen wie solche Personen, die gleichzeitig Mitglied eines Executive Committees sind und dadurch enger in die strategische Führung des Unternehmens eingebunden sind.[935] Ein Teil der Literatur vertritt mit Blick auf die Besetzung der Führungsebenen in rechtlich selbständigen Tochtergesellschaften die Ansicht, dass dem Aufsichtsrat der Muttergesellschaft insoweit keine Zustimmungsvorbehalte eingeräumt werden dürfen.[936] Diese Überlegung gilt indes nicht für die virtuelle Holding. Die Leiter der in der virtuellen Holding in einer Gesellschaft zusammengefassten Unternehmensbereiche haben nämlich einen erheblichen Einfluss auf die Geschäftsführung und letztlich auch auf die Leitung der Gesellschaft durch den Vorstand. Deshalb mag es für einen Konzern zutreffen, dass der Bestellung von Führungspersonen in Tochtergesellschaften nicht das gleiche Gewicht zukommt wie in der Obergesellschaft.[937] In der virtuellen Holding dagegen sind die Bereichsleiter in der gleichen Gesellschaft tätig wie der Vorstand. Aus diesem Grund ist es sinnvoll und zweckmäßig, dem Aufsichtsrat die Möglichkeit einzuräumen, Zustimmungsvorbehalte im Sinne des § 111 Abs. 4 S. 2 AktG hinsichtlich der personellen Besetzung der operativen Bereichsleitungen zu begründen. Dies gilt umso mehr, als die operative Geschäftsführung insgesamt auf die Bereichsleitungen übertragen wird und

---

[934] Siehe oben § 7 C. IV. 2.

[935] Die engere Einbindung der Global Business Heads in die strategische Steuerung des Konzerns war einer der maßgeblichen Gründe für die Einführung des Group Executive Committee bei der Deutsche Bank AG: Siehe oben § 3 A. II. 2. b) sowie Deutsche Bank, Corporate Governance Bericht 2002 und Grundsätze, S. 7.

[936] Hoffmann-Becking, ZHR 159 (1995), S. 325, 340 f.; Lutter, in: Festschrift Robert Fischer (1979), S. 419, 434 f.; Mertens, in: Kölner Komm. AktG, § 111 Rn. 77; Westermann, ZGR 1984, S. 352, 370 f.; differenzierend Krieger, in: Lutter (Hrsg.), Holding-Handbuch, § 6 Rn. 44; a. A. Martens, ZHR 159 (1995), S. 567, 577 ff.

[937] Vgl. nur Lutter, in: Festschrift Robert Fischer (1979), S. 419, 434.

insoweit eine möglichst vorausschauende, frühzeitige Überwachung durch den Aufsichtsrat angebracht ist. Es spricht nichts dagegen, die Entscheidung über die Zustimmung dabei einem Personalausschuss zu übertragen.[938]

Rechtlich kommt einem personellen Zustimmungsvorbehalt nicht das gleiche Gewicht zu wie der Bestellungs- und Abberufungskompetenz für den Vorstand gemäß § 84 Abs. 1 und 3 AktG. Die Personalkompetenz des § 84 Abs. 1 und 3 AktG beinhaltet nämlich Initiativfreiheit bei der Besetzung des Vorstands, während Zustimmungsvorbehalte dem Aufsichtsrat nur Reaktionsmöglichkeiten eröffnen. Faktisch sind die Unterschiede jedoch vergleichsweise gering. Das Verfahren zur Bestellung von Vorstandsmitgliedern ist in der Regel dadurch gekennzeichnet, dass der Aufsichtsrat dem Bestellungsvorschlag des Vorstands entspricht. Andererseits dürfte das Zustimmungsverfahren dazu führen, dass der Vorstand die Bestellung von Bereichsleitern frühzeitig mit dem Aufsichtsrat abspricht, um von vornherein eine Verweigerung der Zustimmung des Aufsichtsrats zu vermeiden.[939]

Zweckmäßig erscheint deshalb, die personelle Besetzung dem Vorstand nachgeordneter operativer Unternehmensbereichsleitungen gemäß § 111 Abs. 4 S. 2 AktG in einen Katalog von Geschäften aufzunehmen, die nur mit der Zustimmung des Aufsichtsrats vorgenommen werden dürfen.

5. Geschäftsordnungskompetenz

An anderer Stelle ist erwähnt worden, dass die vorstandsinterne Geschäftsverteilung berührt sein kann, wenn die Einrichtung von Geschäftsbereichen Einfluss auf den Zuschnitt der Vorstandsressorts hat. Im Hinblick auf die Einrichtung und Zuweisung der Vorstandsressorts besteht eine Zuständigkeitskonkurrenz von Hauptversammlung (§§ 77 Abs. 2 S. 2, 179 Abs. 1 AktG), Vorstand (§ 77 Abs. 2 S. 1 Hs. 1 AktG) und Aufsichtsrat (§ 77 Abs. 2 S. 1 Hs. 2 AktG), wobei die Kompetenz des Aufsichtsrats als vorrangig einzuordnen ist und dem Vorstand deshalb keine Organisationsautonomie zukommt. Diese konkurrierende Zuständigkeit steht der Implementierung einer divisionalen Unternehmens-

---

[938] Lutter/Krieger, Rechte und Pflichten des Aufsichtsrats, Rn. 120; Martens, ZHR 159 (1995), S. 567, 579.

[939] Vgl. für die Besetzung nachgeordneter Führungsebenen im Konzern Martens, ZHR 159 (1995), S. 567, 579.

struktur indes nicht entgegen, sondern bewirkt lediglich, dass dem Aufsichtsrat insoweit eine Entscheidungsbefugnis zukommen kann.[940]

Für die virtuelle Holding als weiterentwickelte Form des divisional organisierten Unternehmens gilt nichts anderes. In aller Regel wird sich die Delegation des operativen Geschäfts auf dem Vorstand nachgeordnete Bereichsleitungen auf den Zuschnitt der Vorstandsressorts auswirken, weil zumindest ein oder sogar mehrere Vorstände zuvor operative Verantwortung getragen haben müssen. In diesem Fall hat der Vorstand mögliche Beschränkungen oder sonstige Anforderungen der Geschäftsordnung zu beachten. Ist die Geschäftsordnung durch den Aufsichtsrat erlassen worden und ist eine Änderung des Zuschnitts der Vorstandsressorts erforderlich, um das operative Geschäft zu delegieren, kann der Vorstand die Geschäftsordnung nicht einseitig ändern. Er muss vielmehr den Aufsichtsrat konsultieren, damit dieser die Geschäftsordnung des Vorstands anpasst, um eine entsprechende Neuordnung der Vorstandsressorts, etwa nach funktionalen Kriterien, zu ermöglichen. Ist dagegen die Delegation des operativen Geschäfts auf nachgeordnete Führungsebenen möglich, ohne dass die Vorstandsressorts wesentlich betroffen sind, bedarf es dieses Verfahrens nicht. In diesem Fall kann der Vorstand das operative Geschäft ohne weiteres auf die Leiter der Unternehmensbereiche übertragen.

III. Vereinbarkeit mit den Kompetenzen der Hauptversammlung

Kompetenzen der Hauptversammlung werden durch die Delegation der operativen Geschäftsführung auf eine dem Vorstand nachgeordnete Führungsebene von vornherein nicht beeinträchtigt. Die Übertragung der operativen Verantwortung auf nachgeordnete Führungsebenen ist eine Frage der Organisation der Geschäftsführung und fällt somit wegen § 77 Abs. 1 AktG in die Zuständigkeit des Vorstands. Detaillierte Fragen der Geschäftsverteilung darf die Satzung nicht regeln. Die Regelung des § 77 Abs. 1 S. 2 Alt.1 AktG erlaubt dem Satzungsgeber nur, allgemeine Fragen der Geschäftsverteilung zu regeln, nicht aber, welche Aufgaben der Vorstand eigenhändig wahrzunehmen hat. Anderenfalls wäre der Vorstand in seiner Autonomie zur Organisation der Unternehmens- und Führungsstruktur zu sehr eingeschränkt.[941]

---

[940] Siehe oben § 4 B. IV. 1. b) cc) und 2. e).

[941] Vgl. bereits zur Herleitung dieses Grundsatzes oben § 4 B. IV. 3.

IV. Änderung der Ressortkompetenzen im Vorstand

Dass die Delegation der operativen Geschäftsführung aus dem Vorstand an nachgeordnete Ebenen regelmäßig Veränderungen des Ressortzuschnitts zur Folge haben wird, ist zuvor angesprochen worden. Das oder die operativen Ressorts werden im idealen Modell der virtuellen Holding entweder aufgelöst oder deren operative Zuständigkeit wird zumindest drastisch reduziert bis minimiert.

Eine derartige Änderung der Geschäftsverteilung bewirkt eine erhebliche Kompetenzbeschneidung oder –verschiebung der betroffenen Vorstandsmitglieder und birgt insofern erhebliches Konfliktpotential.[942] Das Problem kann auftreten, wenn die ursprüngliche Geschäftsverteilung durch eine Änderung der Geschäftsordnung seitens des Aufsichtsrats gemäß §§ 77 Abs. 2 S. 1 Hs. 2, 107 Abs. 3 S. 2 AktG oder des Vorstands gemäß § 77 Abs. 2 S. 1 Hs. 1 i. V. m. § 77 Abs. 1 S. 2 AktG per Mehrheitsbeschluss neu strukturiert wird. Eine Änderung der einzelnen Ressorts und der Ressortzuweisung ist auch gegen den Willen der betroffenen Vorstandsmitglieder zulässig. Der Aufsichtsrat darf im Anstellungsvertrag nämlich keine bindende Ressortzuweisung vornehmen, weil er seine eigene oder gegebenenfalls die Geschäftsordnungskompetenz des Vorstands beeinträchtigen würde. Die Gesellschaft darf sich auf der Ebene des Anstellungsvertrags nicht mit korporationsrechtlicher Wirkung binden. Ist eine solche Zuweisung in pflichtwidriger Weise erfolgt, kann der Aufsichtsrat dennoch mit bindender Wirkung für alle Vorstandsmitglieder die Ressortzuweisung ändern. Da in der Änderung der Ressortverteilung indes eine Vertragsverletzung seitens der Gesellschaft liegt, darf das betroffene Vorstandsmitglied bei erheblichen Änderungen seines Ressortzuschnitts seinen Anstellungsvertrag aus wichtigem Grund kündigen und sein Amt niederlegen.[943] Die mit der Delegation der operativen Geschäftsführung verbundene Neuordnung der Geschäftsverteilung kann es jedoch nicht verhindern.

---

[942] Vgl. aus den Berichten der Tagespresse zur Umstrukturierung der Deutsche Bank AG nur o. V., „Konflikt bei Deutscher Bank zugespitzt", FAZ v. 29.01.2002, S. 18. Siehe auch Kort, in: Großkomm. AktG, § 77 Rn. 48.

[943] Hüffer, AktG, § 84 Rn. 12; Kort, in: Großkomm. AktG, § 77 Rn. 48 und 93; Mertens, in: Kölner Komm. AktG, § 77 Rn. 42; U. H. Schneider, in: Festschrift Otto Mühl (1981), S. 633, 640 f. (für die GmbH); Wiesner, in: Münch. Hdb. GesR IV, § 21 Rn. 16 und § 22 Rn. 16; a. A. Hefermehl, in: Geßler/Hefermehl/Eckardt/Kropff, AktG, § 77 Rn. 18; Krieger, Personalentscheidungen des Aufsichtsrats, S. 203 ff.

C. Die „quasi-rechtliche“ Selbständigkeit der Unternehmensbereiche

I. Vorbemerkung

In dieser Arbeit ist an verschiedenen Stellen davon gesprochen worden, dass die operativen Unternehmensbereiche rechtlich unselbständige Teile einer einzigen rechtlich selbständigen Gesellschaft seien. Bei streng formaler Betrachtung ist dies auch so. Darin liegt gerade der Sinn der virtuellen Holding. Dies gilt insbesondere für Kreditinstitute, die der strengen Eigenkapitalbindung des Kreditwesengesetzes und anderen bankaufsichtsrechtlichen Anforderungen unterlägen, wenn sie als echte Holding mit rechtlich selbständigen Tochtergesellschaften geführt würden und deshalb die Holding-Bildung aus Kostengründen scheuen.[944] Werden die Unternehmensbereiche nicht, wie im echten Konzern, als rechtlich selbständige Tochtergesellschaften geführt, ließe sich daraus schließen, dass sie nur rechtlich unselbständige Unternehmensbereiche sein können. Jedenfalls spricht die Literatur davon, dass die virtuelle Holding keine rechtliche Trennung von Holding und Geschäftsbereichen kennt und die Unternehmensbereiche juristisch unselbständig bleiben.[945]

Diese strenge rechtliche Einordnung erscheint aber nicht unproblematisch, wenn man die Rechtswirklichkeit betrachtet. Den rechtlich unselbständigen Unternehmensbereichen einer Muttergesellschaft werden nämlich die am Markt operierenden rechtlich selbständigen Tochtergesellschaften organisatorisch zugeordnet. *Endres* spricht davon, dass bei der Deutsche Bank AG auch die am Markt aktiven Tochtergesellschaften in die Unternehmensbereiche „eingegliedert“ worden seien.[946] In dieser Hinsicht stellt sich die Frage, ob und gegebenenfalls wie rechtlich selbständige Tochtergesellschaften durch juristisch unselbständige, aber hierarchisch übergeordnete Unternehmensbereiche geführt werden können.[947] Darüber hinaus weist die virtuelle Holding weitere Beson-

---

[944] Siehe oben § 2 D. Vgl. darüber hinaus Endres, ZHR 163 (1999), S. 441, 445 f.; Keller, Unternehmensführung mit Holdingkonzepten; S. 144 ff.; Raiser, Recht der Kapitalgesellschaften, § 14 Rn. 26; Schwark, in: Festschrift Peter Ulmer (2003), S. 605, 612.

[945] Schwark, in: Festschrift Peter Ulmer (2003), S. 605, 609. Vgl. auch Endres, ZHR 163 (1999), S. 441, 445, der davon spricht, dass die Unternehmensbereiche bei der Deutsche Bank AG „nur organisatorisch, nicht jedoch juristisch, eine Einheit“ bilden.

[946] Endres, ZHR 163 (1999), S. 441, 445.

[947] Siehe dazu unten § 8 E.

derheiten auf, die eine Kreation der Unternehmenspraxis sind und die das Aktiengesetz weder vorsieht noch kennt. Beispielsweise treten die Unternehmensbereiche unter eigenem Namen auf, der von der Firma der eigentlichen Gesellschaft abweicht.[948]

Ist dies der Fall und operieren die Unternehmensbereiche mit „eigenen" selbständigen Töchtern am Markt, stellt sich die Frage, ob diese institutionalisierte Art der Wahrnehmung des operativen Geschäfts zu aktienrechtlichen Friktionen führt, wenn die Unternehmensbereiche „nur" juristisch unselbständige Unternehmensbereiche sind. Ein derartiges Agieren am Markt könnte bei Geschäftspartnern, potentiellen Investoren und in der Öffentlichkeit den Eindruck erwecken, dass die Unternehmensbereiche mehr als rechtlich unselbständige Teile einer einzigen Gesellschaft, etwa selbst Gesellschaften sind. Ein ähnliches Problem entsteht, wenn die Bereichsleitungen als „Bereichsvorstände" fungieren, obwohl sie keine Vorstände im Sinne des Aktiengesetzes sind. Bereits *Hoffmann-Becking* hat in diesem Zusammenhang kritisiert, dass es sich bei solchen Bezeichnungen „rechtlich um ein falsches Etikett" handele sowie dass intern und extern der falsche Eindruck eines Kollegialorgans mit Gesamtverantwortung seiner Mitglieder erweckt werde.[949]

Suggerieren die Unternehmensbereiche durch ihr Auftreten am Markt und durch die organisatorisch institutionalisierte Selbständigkeit zunehmend auch eine rechtliche Selbständigkeit, ist zu überlegen, ob es nicht sinnvoll und aktienrechtlich möglich ist, den Unternehmensbereichen rechtlich einen Status zu gewähren, der ihrer organisatorischen Stellung einigermaßen entspricht, um der Forderung nach Einheit von Organisation und Rechtsform[950] zumindest ansatzweise nachzukommen. In solche Überlegungen, ob beispielsweise die Annahme einer „quasi-rechtlichen" Selbständigkeit angebracht ist, sollen betriebswirtschaftliche und juristische Ansätze einfließen.

---

[948] Vgl. dazu die unter § 3 aufgezeigten Beispiele bei Deutsche Bank AG, HVB Group und Siemens.

[949] Hoffmann-Becking, ZGR 1998, S. 497, 510. Vgl. auch Kort, in: Großkomm. AktG, § 76 Rn. 16. Die rechtliche Stellung der Bereichsleitungen wird allerdings noch näher zu untersuchen sein: Siehe unten § 8 D.

[950] Vgl. dazu Bernhardt/Witt, ZfB 69 (1999), S. 825 ff. und Schwark, in: Festschrift Peter Ulmer (2003), S. 87 ff.

II. Unternehmen im Unternehmen

Teilweise ist schon im Rahmen der Diskussion um die Zulässigkeit der Spartenorganisation in den 80er Jahren des vergangenen Jahrhunderts davon gesprochen worden, dass die für die Sparten zuständigen Einzelressorts einen Verantwortungsbereich umfassten, „der gleichsam ein eigenes Unternehmen innerhalb des Gesamtunternehmens" darstelle.[951] *Martens* und *K. Schmidt* sprachen vom „Unternehmen im Unternehmen".[952] Dieser Ansatz findet sich auch in der betriebswirtschaftlichen Organisationstheorie. Im Idealfall sollen Sparten „Quasiunternehmungen" sein, wenn die folgenden Voraussetzungen erfüllt sind: Jede Sparte muss mindestens die Funktionen Produktion und Absatz umfassen, gegebenenfalls auch die produktbezogene Entwicklung, damit man von selbständigen Sparten sprechen könne. Damit dies gewährleistet werden kann, müssen sich die Absatzmärkte der Sparten nach eindeutigen Kriterien unterscheiden lassen und weitgehend unabhängig voneinander sein. Die Produktionsstruktur beziehungsweise Technologie muss sich entsprechend der für die Sparten vorgenommenen Abgrenzung in weitgehend unabhängige Teilbereiche zerlegen lassen.[953]

Rechtlich wird darin insoweit ein Problem gesehen, als die Spartenorganisation im Innenverhältnis die Zuordnungseinheit von Gesellschaft und Unternehmen durchbreche und das kapitalgesellschaftliche Organisationsrecht vor eine Probe stelle. Im Außenverhältnis bleibe es jedoch dabei, dass jedem Unternehmen ein Unternehmensträger und jedem Unternehmensträger ein Unternehmen notwendig zugeordnet sei.[954] Für die vorliegende Untersuchung ist damit, abgesehen davon, dass das Problem benannt und konturiert worden ist, indes noch nicht viel gewonnen. Der Sache nach geht es nämlich gerade um die fehlende Kongruenz von Rechts- und Organisationsstruktur. Besteht etwa die Möglichkeit, die Unternehmensbereiche als Unternehmensträger, nämlich als Zuordnungsobjekt aller Rechte und Pflichten des Unternehmens,[955] anzusehen? Oder ist es

---

[951] Martens, in: Festschrift Hans-Joachim Fleck (1988), S. 191, 192.

[952] Martens, Das Arbeitsrecht der leitenden Angestellten, S. 83 ff.; sich darauf berufend: K. Schmidt, ZGR 1981, S. 455, 480, 485 f.

[953] Krüger, in: Bea/Dichtl/Schweitzer, Allgemeine Betriebswirtschaftslehre 2, S. 127, 180.

[954] K. Schmidt, ZGR 1981, S. 455, 480; ders., Handelsrecht, § 4 IV 2. a). Vgl. zu letzterem auch Rehbinder, Konzernaußenrecht und allgemeines Privatrecht, S. 58 f.

[955] Vgl. K. Schmidt, Handelsrecht, § 4 IV 2. a).

sinnvoll oder aktienrechtlich zwingend, die Gesellschaft als Trägerin des jeweiligen Unternehmens(bereichs) anzusehen? Erstere Möglichkeit ist unternehmensrechtlich zumindest nicht auszuschließen, wenn man eine Identität von Gesellschaft und Unternehmen nicht für erforderlich hält.[956]

Eine solche Identität ist tatsächlich nicht zwingend. Das Unternehmen ist definiert als eine auf der organisatorischen Verbindung von Personen und Sachmitteln beruhende rechtliche Einheit, die nach ökonomischen Methoden arbeitet und wirtschaftliche Güter oder Dienstleistungen hervorbringt, um über den Markt die Nachfrage der Allgemeinheit nach ihren Produkten und mit dem Erlös die Einkommenswünsche und sonstigen Bedürfnisse seiner Anteilseigner, Arbeitnehmer und Unternehmensleiter zu befriedigen.[957] Aus dieser Definition lässt sich allerdings auch nicht ableiten, wie die Unternehmensbereiche in der virtuellen Holding rechtlich eingeordnet werden können. Die Definition ist in diesem Zusammenhang eher zirkelschlüssig, weil es gerade darum geht, herauszufinden, ob ein Unternehmensbereich als nicht bloß organisatorische, sondern als rechtliche Einheit, welcher Art auch immer, angesehen werden kann. Formal betrachtet, spricht die Definition indiziell zumindest dagegen, die Sparten als Unternehmen im Unternehmen (der Gesamtgesellschaft) anzusehen. Die Sparten haben im Gegensatz zur Gesamtgesellschaft selbst nämlich keine eigenen Anteilseigner. Bei wirtschaftlicher Betrachtungsweise kann man indes jedoch den Schluss ziehen, die Sparten als Unternehmen im Unternehmen anzusehen, weil jede Sparte für sich die Zwecke eines Unternehmens erfüllt oder erfüllen kann.

Aber auch wenn man dazu kommt, dass ein Unternehmensbereich ein Unternehmen im Unternehmen darstellt, ist dieses Ergebnis nicht befriedigend. Denn der Unternehmensbegriff ist viel zu unpräzise, in den Einzelheiten zu umstritten und von den Rechtsfolgen her zu unklar, um de lege lata genaue und vor allem gesellschaftsrechtlich überzeugende Schlüsse aus einer solchen Einordnung ziehen zu können. Die Diskussion um das Unternehmen im Unternehmen dreht sich letztlich im Kreis.

---

[956] So K. Schmidt, ZGR 1981, S. 455, 480; Rittner, ZHR 144 (1980), S. 330; a. A. Flume, Um ein neues Unternehmensrecht, S. 25 f.; Schilling, ZHR 144 (1980), S. 136, 139.

[957] Siehe oben § 2 A. III.

III. Virtuelle Tochterunternehmen

Den Ansatz des Unternehmens im Unternehmen hat *Schwark* für die virtuelle Holding unter konzernrechtlichen Gesichtspunkten aufgegriffen. Die Organisation der virtuellen Holding weiche von der konzernrechtlichen Grundvorstellung der einheitlichen Leitung der Tochtergesellschaften durch ein einheitliches Unternehmen darin ab, dass in unterschiedlichen Tochtergesellschaften betriebene Geschäftsfelder in der Obergesellschaft auf der zweiten Führungsebene zusammengefasst und einer globalen Leitung durch Bereichsvorstände oder Global Business Heads unterstellt würden. Es liege deshalb nahe, diese Geschäftsfelder als „virtuelle Tochterunternehmen" zu charakterisieren. Dies gelte erst recht, wenn nach Erklärungen der Konzernführung über die Bereiche eine rechtsformübergreifende Steuerung betrieben werden solle.[958]

Schwark lehnt solche Überlegungen aber selbst mit dem Hinweis ab, dass nach deutschem Recht Rechtssubjekte nicht frei geschaffen werden könnten, weil sie, mit Ausnahme der natürlichen Person, einer Rechtsform bedürften. Deshalb seien die Bereiche keine rechtsfähigen Einheiten.[959]

IV. Keine Teilrechtsfähigkeit der Unternehmensbereiche

Aus diesem Grund ist auch eine Teilrechtsfähigkeit, die für die OHG gemäß § 124 HGB und inzwischen für die GbR nach der Rechtsprechung des für Gesellschaftsrecht zuständigen II. Zivilsenats des BGH[960] anerkannt ist, für die Unternehmensbereiche einer virtuellen Holding abzulehnen.

Teilrechtsfähigkeit würde nämlich gerade die rechtliche Selbständigkeit der Unternehmensbereiche voraussetzen. Als eigener Träger von Rechten und Pflichten wäre jeder Unternehmensbereich selbständiges Rechtssubjekt. Als Rechtsträger könnte der Unternehmensbereich durch seine „Bereichsvorstände" als Organe im Rechtsverkehr handeln und auch der Gesellschaft selbständig gegenübertreten.[961] Doch darum geht es bei der virtuellen Holding gerade nicht. Die

---

[958] Schwark, in: Festschrift Peter Ulmer (2003), S. 605, 620.

[959] Schwark, ebd.

[960] BGHZ 146, S. 341, 343 ff. („ARGE Weißes Ross").

[961] Vgl. Emmerich, in: Heymann, HGB, § 124 Rn. 3; Flume, ZHR 136 (1972), S. 177; ders., in: Festschrift Ludwig Raiser (1974), S. 27; K. Schmidt, Gesellschaftsrecht, § 3 I. 3. a) und ausführlich § 8 zum Begriff der Rechtsträgerschaft und der Rechtsfähigkeit.

Unternehmensbereiche sollen gerade keine juristisch selbständigen Rechtssubjekte sein. Anderenfalls wäre die Holding gar nicht virtuell, sondern reale Obergesellschaft in einem realen Konzern. Rechtsträger können de lege lata, abgesehen von natürlichen Personen, nämlich nur juristische Personen und nach heute herrschender Ansicht Außen-Personengesellschaften als Gesamthandsgesellschaften sein.[962]

V. Unternehmensbereiche als fiktive „quasi-selbständige" Einheiten?

Können Unternehmensbereiche zwar nicht als Rechtsträger qualifiziert werden, ist es aber denkbar, sie als Verbände ohne Rechtsfähigkeit anzusehen.[963]

Aber auch eine solche Konstruktion ist im Ergebnis abzulehnen. Versteht man unter einem privatrechtlichen Verband eine durch Gesellschaftsvertrag oder Satzung verfasste, auf Mitgliedschaft beruhende und gegenüber den Mitgliedern verselbständigte, einem Verbandszweck dienende Organisation,[964] erfüllen die einzelnen Unternehmensbereiche diese Voraussetzungen nicht. Denn auch der Verband tendiert zur rechtlichen Verselbständigung.[965] Nun mag dies auch rechtstatsächlich für die Unternehmensbereiche der virtuellen Holding gelten, aber eben nicht in vergleichbarer Weise wie für einen Verband. Die Unternehmensbereiche werden weder durch einen Gesellschaftsvertrag oder eine Satzung verfasst, noch haben sie Mitglieder, noch einen eigenen Verbandszweck. Es wäre zwar theoretisch denkbar, diese Voraussetzungen zu fingieren mit der Folge, das jeder Unternehmensbereich „virtuell" satzungs- oder vertragsmäßig in den Statuten der Gesamtgesellschaft verfasst wird und die Gesamtgesellschaft als „virtuelles" Mitglied in Form eines Ein-Mann-Verbandes einen „virtuellen" Verbandszweck hat, nämlich die Förderung des Zwecks der Gesamtgesellschaft.

Juristischer Verband ist und bleibt aber die Aktiengesellschaft selbst. Die Unternehmensbereiche sind keine fiktiven Verbände. Zentrales Merkmal jeden Verbandes ist, dass er Mitglieder hat, die sich zu einem gemeinsamen Zweck

---

[962] Vgl. zu den dogmatischen Diskussionen über die rechtliche Einordnung der Gesamthandsgesellschaften K. Schmidt, Gesellschaftsrecht, § 8 I. bis III. 2. m. w. N. zu den unterschiedlichen Auffassungen.

[963] Diese Möglichkeit erkennt K. Schmidt, Gesellschaftsrecht, § 7 I. und 8 I. 1. an.

[964] Siehe nur K. Schmidt, Gesellschaftsrecht, § 7 I. 1. b).

[965] K. Schmidt, Gesellschaftsrecht, § 8. I. 1.

„verbinden". Gerade hieran fehlt es. Deshalb macht es auch keinen Sinn, dieses Merkmal über rechtstechnische Kunstgriffe zu fingieren. Die Gesellschaft ist nicht fiktives Mitglied ihrer Unternehmensbereiche, sondern die Unternehmensbereiche sind organisatorisch in die Gesellschaft eingegliederte Einheiten, die nur den Sinn haben, die operative Geschäftsführung wahrzunehmen. Verbandszweck ist auch nur derjenige der Gesamtgesellschaft. Gerade zu diesem Zweck und keinem anderen werden die Unternehmensbereiche eingerichtet, so dass es an einem fiktiven, vom Zweck der Gesellschaft losgelösten Zweck fehlt. Deshalb sind entsprechende Fiktionen abzulehnen.

Das gleiche gilt, wenn man die Unternehmensbereiche abseits des Verbandsbegriffs als fiktive, juristisch „quasi-selbständige" Einheiten bezeichnet wollte. Solche juristischen Bezeichnungen führen nicht weiter. Sie könnten allenfalls auf der Rechtsfolgenseite Sinn haben, wenn hierfür ein Bedürfnis bestünde. Ein solches Bedürfnis ist aber nicht erkennbar; denn einer umfassenden Delegation der operativen Geschäftsführung auf nachgeordnete Einheiten in einer einheitlichen Rechtsstruktur steht nichts entgegen. Zudem würde eine entsprechende Einordnung als rechtlich quasi-selbständige Einheit ebenso wenig zur juristischen Präzisierung beitragen wie die Bezeichnung als Unternehmen im Unternehmen. Es sind auch keine Vorteile für die Gesellschaft, deren Aktionäre oder Gläubiger durch die Zuhilfenahme solcher Bezeichnungen oder – falls überhaupt de lege lata zulässig – Konstruktionen ersichtlich. Denn auch wenn Unternehmensbereiche nach außen unter irgendwelchen Fantasie-Bezeichnungen auftreten, bleibt es ohne Verletzung des Aktienrechts bei der Aktiengesellschaft als Rechtspersönlichkeit nach außen und der Verantwortlichkeit des Vorstands und der anderen Organe für ihren jeweiligen Aufgabenbereich. Das geltende Aktienrecht bietet genügend Freiräume, eine virtuelle Holding zu bilden.

Umgekehrt ist es aktienrechtlich problematisch, die operativen Unternehmensbereiche in irgendeiner Weise als rechtlich selbständig einordnen zu wollen, denn eine wie auch immer geartete rechtliche (Teil-) Autonomie könnte den gemeinsamen Zweck der Gesamtgesellschaft untergraben. In diesem Fall bestünde nämlich eine erhöhte Gefahr, dass jeder Unternehmensbereich seine eigenen Interessen verfolgt, die dem gemeinsamen, übergeordneten Zweck zuwiderlaufen können.[966] Solange die Unternehmensbereiche unselbständig sind und ihre Leiter den Weisungen des Vorstands unterliegen, ist dies indes unproble-

[966] Vgl. dazu schon oben § 4 B. II.

matisch. Sind die Unternehmensbereiche aber in gewissem Umfang rechtlich autonom, ist nicht mehr gewährleistet, dass die Weisungen des Vorstands in der aktienrechtlich erforderlichen Klarheit, Deutlichkeit und Nachhaltigkeit beachtet werden. Insbesondere könnten Kompetenzen und Haftungsverantwortlichkeiten verwischt werden. Deshalb sind derartige Fiktionen nicht nur unzweckmäßig, sondern auch aktienrechtlich unzulässig, weil sie gegen das zwingende Strukturprinzip des gemeinsamen Zwecks der Aktiengesellschaft verstoßen würden.

Außerhalb aktienrechtlich zulässiger echter Konzernbildungen, können operative Einheiten nicht rechtlich selbständig oder teilselbständig gebildet werden. Das Aktienrecht bietet dafür keinen Raum (§ 23 Abs. 5 AktG).

VI. Organisatorisch verselbständigte Einheiten

Aus diesen Gründen bleiben die Unternehmensbereiche organisatorisch verselbständigte, aber rechtlich unselbständige Einheiten der Gesamtgesellschaft. Trotz der schon zur Einführung von operativen Unternehmenssparten angestellten Überlegungen ist es de lege lata nicht möglich, die Unternehmensbereiche einer virtuellen Holding real oder fiktiv als rechtlich selbständig zu charakterisieren. Dafür besteht auch kein Bedürfnis; denn das geltende Aktienrecht bietet den Unternehmen genügend Raum, das operative Geschäft innerhalb der Gesellschaft organisatorisch unabhängig zu führen. Andererseits würde eine (quasi-) rechtliche Verselbständigung der Unternehmensbereiche den gemeinsamen Zweck der Gesellschaft gefährden. Schon deshalb ist es unzulässig, die Unternehmensbereiche als fiktiv oder real rechtlich (teil-)selbständig anzusehen.

D. Status der Bereichsleitungen

Auch wenn die operativen Unternehmensbereiche der virtuellen Holding als rechtlich unselbständige Einheiten der Aktiengesellschaft anzusehen sind, ist dennoch oder gerade deshalb zu klären, welche Stellung die Bereichsleitungen und deren „Mitglieder“ einnehmen. Diese Frage ist insbesondere für das Verhältnis der Bereichsleiter zum Vorstand und zu externen Dritten von Bedeutung, da die Bereichsleiter die operative Geschäftsführung weitgehend autonom wahrnehmen.

I. Terminologie

Teilweise werden die Bereichsleitungen als „Bereichsvorstände" bezeichnet, ohne dass die Bereichsleiter Vorstände im Sinne des Aktiengesetzes sind. Dies wird für problematisch gehalten, weil der Eindruck erweckt werden kann, dass es sich bei den Unternehmensbereichsleitungen um ein Kollegialorgan mit gemeinsamer Verantwortung seiner Mitglieder handele. Eine solche Etikettierung kann irritierend sein und ist in der Tat aktienrechtlich problematisch. Die Aktiengesellschaft muss genau einen Vorstand haben. Sie darf weder überhaupt keinen noch mehrere Vorstände haben.[967] Aus § 39 AktG ergibt sich, dass die Gesellschaft ohne Vorstand nicht entstehen kann.[968] Wird ein anderes Gremium als (Bereichs-)Vorstand bezeichnet, kann der Eindruck erweckt werden, dieses Gremium setze sich aus einem Teil der Mitglieder des AG-Vorstands zusammen. Seinen historischen Ursprung findet der Begriff Bereichsvorstand auch in derartigen internen Vorstandsausschüssen, denen die Zuständigkeit für bestimmte Bereiche im Unternehmen zugewiesen wurde. Diese Konstellation ist aktienrechtlich auch nicht zu beanstanden, weil einem solchen Ausschuss ausschließlich „echte" Vorstandsmitglieder im Sinne des Aktiengesetzes angehören.[969] Dies gilt für operative vorstandsexterne Unternehmensbereichsleitungen aber gerade nicht.

Dem könnte man entgegenhalten, dass einer Bezeichnung als Bereichsvorstand rechtlich keine Bedeutung zukomme, solange die aktienrechtlich zwingenden Verantwortlichkeiten des eigentlichen Vorstands und die allgemeinen Haftungsgrundsätze gewahrt bleiben. Mögliche Irritationen gegenüber Dritten könnten vermieden werden, weil gemäß § 80 Abs. 1 S. 1 AktG ohnehin die Verpflichtung besteht, die „echten" Vorstandsmitglieder auf allen Geschäftsbriefen anzugeben, wovon Bereichsvorstände ausgenommen sind. Zudem ließe sich aus der Bezeichnung als Bereichsvorstand gerade eine begriffliche Beschränkung herauslesen, die darauf hinweist, dass es sich nicht um den einen

---

[967] Hoffmann-Becking, ZGR 1998, S. 497, 510; Kort, in: Großkomm. AktG, § 76 Rn. 16. Vgl. auch oben § 7 B. II.

[968] KG KGJ 20 A 69, 72, HansOLG Hamburg KGJ 20 D 25, 26; Godin/Wilhelmi, AktG, § 76 Rn. 6; Hüffer, AktG, § 76 Rn. 5 (beide zum Erfordernis, dass überhaupt ein Vorstand existieren muss); Kort, in: Großkomm. AktG, § 76 Rn. 13; Mertens, in: Kölner Komm. AktG, § 76 Rn. 58.

[969] Siehe Hoffmann-Becking, ZGR 1998, S. 497, 510; Kort, in: Großkomm. AktG, § 76 Rn. 16.

Vorstand handelt, sondern um ein anderes Gremium. Man könnte in unklaren Fällen auch an eine Rechtsscheinhaftung der Beteiligten denken.

Solche Überlegungen überzeugen aber nicht. Der Begriff des Vorstands ist streng aktienrechtlich zu verstehen. Dem Vorstand als Leitungsorgan kommt zentrale Bedeutung im Aktienrecht zu. Im Interesse klarer (organschaftlicher) Verantwortlichkeiten kann und darf es nur ein Gremium geben, das als Vorstand bezeichnet wird. Die Bezeichnung eines organexternen operativen Führungsgremiums als Bereichsvorstand eröffnet viele Interpretationsspielräume, auch für Missverständnisse, so dass Rechtssicherheit nicht mehr gewährleistet wäre. Gerade weil die Beschränkung der Bereichsvorstände ursprünglich funktional auf einzelne Teile der echten Vorstandstätigkeit bezogen wurde, ist eine ausreichende Differenzierung zwischen vorstandsinternen Ausschüssen und vorstandsexternen Gremien nicht mehr möglich, wenn vorstandsexterne Unternehmensbereichsleitungen als Bereichsvorstände bezeichnet werden. Da das zwingende Aktiengesetz das Leitungsorgan nun einmal als Vorstand bezeichnet, können andere Gremien, die das Aktiengesetz nicht kennt, nicht als X- oder Y-Vorstand bezeichnet werden. Genauso wenig würde man Beiräte als Bereichshauptversammlung oder Bereichsaufsichtsrat bezeichnen.

Eine Bezeichnung der Bereichsleiter als „Direktor“, „Director“, als „Officer“ oder als „Member of Operating Committee“, der Bereichsleitungen als „Bereichsdirektion“, „Operating Committees“ „Operating Boards“ oder ähnliches ist dagegen unschädlich. All diese Bezeichnungen sind keine juristischen Fachbegriffe des Gesellschaftsrechts, insbesondere nicht des Aktiengesetzes. Insoweit besteht keine Verwechslungsgefahr mit dem Organ „Vorstand“.

II. Das Verhältnis der Bereichsleitungen zum Vorstand

Im Hinblick auf das Verhältnis der Bereichsleitungen zum Vorstand besteht Klärungsbedarf, ob die Bereichsleitungen originäre oder lediglich vom Vorstand abgeleitete Kompetenzen haben. Damit verbunden wird die Frage, ob die Leitungen der Unternehmensbereiche Gremien sind, deren Mitglieder vorstandsähnliche Gesamtverantwortung und wechselseitige Informationsrechte und –pflichten haben.[970] Insoweit ist eine Differenzierung nach der Zusammensetzung der Bereichsleitungsgremien geboten.

1. „Bereichsvorstände"

Gehören den Bereichsleitungen ausschließlich Mitglieder des AG-Vorstands an, handelt es sich um Bereichsvorstände, die nichts anderes als Vorstandsausschüsse sind, denen operative Aufgaben obliegen. Die Bereichsleiter sind echte Vorstandsmitglieder im Sinne des Aktiengesetzes. Sie können sämtliche Aufgaben wahrnehmen, die ihnen im Wege der vorstandsinternen Geschäftsverteilung überlassen worden sind und für die keine Zuständigkeit des Gesamtvorstandes begründet ist. Diese Konstellation hat in der virtuellen Holding aber keine Bedeutung, weil deren Sinn unter anderem gerade die weitgehende Entlastung des Vorstands von operativen Geschäftsführungsaufgaben ist und die Einrichtung der virtuellen Holding im Wege der Bildung eines ausschließlich für strategische Aufgaben zuständigen virtuellen Zentralvorstands aktienrechtlich unzulässig ist.[971] Eine virtuelle Holding kann demnach nicht durch eine rein vorstandsinterne Lösung implementiert werden. Außerdem ist es auch wegen eines Verstoßes gegen den Grundsatz der Gleichberechtigung der Vorstandsmitglieder aktienrechtlich unzulässig, die Tätigkeit einzelner Vorstandsmitglieder auf Bereichsgremien zu beschränken und auf diese Weise von der strategischen Arbeit des Gesamtvorstands auszugrenzen.[972]

2. Gemischt besetzte Bereichsleitungen

In der Praxis sind Konstellationen anzutreffen, bei denen Vorsitzender der Bereichsleitungen je ein Vorstandsmitglied ist und die übrigen Mitglieder des Gremiums vorstandsexterne Angestellte der Gesellschaft sind.[973] Bezüglich solcher Modelle ist festzuhalten, dass Gremien, in denen nur ein Teil der Vorstandsmitglieder und darüber hinaus vorstandsexterne Personen Mitglied sind, generell keine originären Aufgaben im Bereich der Geschäftsführung wahrneh-

---

[970] Vgl. Endres, in: ZHR 163 (1999), S. 441, 449; Hoffmann-Becking, in: ZGR 1998, S. 497, 510; Schwark, in: Festschrift Peter Ulmer (2003), S. 605, 616.

[971] Siehe zum Ganzen oben § 6 C. II.

[972] Vgl. dazu Schwark, in: Festschrift Peter Ulmer (2003), S. 605, 615 f. sowie oben § 6 C. II. 2.

[973] So beispielsweise bei der HVB Group: Siehe oben § 3 B. II.

men können.[974] Insoweit macht es rechtlich keinen Unterschied, welche Arten von Geschäftsführungsaufgaben das Gremium wahrnimmt und in welcher Weise. Die Beurteilungskriterien sind stets die gleichen, unabhängig davon, ob ein Executive Committee der unmittelbaren Unterstützung des Vorstands dient oder ob ein Operatives Committee einen Unternehmensbereich leitet; denn die Geschäftsführungsaufgabe obliegt nach der Konzeption des Aktiengesetzes originär dem Vorstand.[975] Das Aktiengesetz lässt jedoch die Delegation operativer Geschäftsführungsaufgaben durch den Vorstand an nachgeordnete Führungsebenen grundsätzlich zu (§ 78 Abs. 3 AktG).[976]

Weist das Aktiengesetz die Geschäftsführung dem Vorstand zu und kann dieser nach freiem unternehmerischen Ermessen Geschäftsführungsaufgaben unter Beachtung des Prinzips der Gesamtverantwortung delegieren, können mit vorstandsexternen Personen besetzte Führungsgremien per se keine originären Befugnisse in Geschäftsführungsangelegenheiten haben. Ihre Befugnisse leiten sich immer vom Vorstand ab, weil dieser die entsprechenden Delegationsentscheidungen trifft und bestimmt, welche Aufgaben die operativen Bereichsleitungsgremien überhaupt wahrnehmen dürfen.[977] Zudem ist die operative Verantwortung vorstandsexterner Führungsgremien immer durch das Recht jedes Vorstandsmitglieds begrenzt, operative Angelegenheiten wieder in den Vorstand zurückzuholen und eine Beratung und Entscheidung des Gesamtvorstands zu verlangen.[978] Auch dieses Interventions- und Rückholrecht zeigt, dass organexterne Geschäftsführungsgremien keine originären operativen Befugnisse haben.

Diese Gremien trifft deshalb originär auch keine Gesamtverantwortung in der Weise, wie dies für den Vorstand gilt. Das ergibt sich schon aus der Tatsache, dass mindestens ein Vorstandsmitglied der Bereichsleitung angehört, das den normalen leitenden Angestellten gegenüber eine herausgehobene Stellung einnimmt. Daran ändert auch deren Teilhabe an der Leitung des Unternehmensbe-

---

[974] Vgl. dazu schon oben § 7 C. III.

[975] Siehe oben § 7 C. III.

[976] Siehe oben § 4 B. IV. 1. b) cc).

[977] So im Ergebnis auch Götz, ZGR 2003, S. 1, 13; Schwark, in: Festschrift Peter Ulmer (2003), S. 605, 616.

[978] Siehe dazu oben § 7 C. III. 2.

reichs nichts. Die Vorstandsmitglieder üben kraft ihrer Stellung als gesetzliches Vertretungsorgan, die in § 78 Abs. 1 AktG statuiert ist, nämlich für die Gesellschaft die Arbeitgeberfunktion aus. Arbeitgeber ist zwar die Aktiengesellschaft; da sie als juristische Person aber nicht selbst, sondern nur über ihre Vertreter handlungsfähig ist, können nur die Vorstandsmitglieder die Arbeitgeberfunktionen wahrnehmen.[979] Als korporationsrechtlich zur Vertretung berufenes Organ hat der Vorstand die oberste Leitungsbefugnis gegenüber den Arbeitnehmern und kann diesen deshalb Weisungen erteilen.[980] Da auch der vorstandsangehörige Bereichsleiter Arbeitgeberfunktion ausübt, insoweit in erster Linie auch in „seiner" Sparte und auch gegenüber den übrigen nicht dem Vorstand angehörenden Bereichsleitern, kann in diesen Gremien nie eine gleichwertige Gesamtverantwortung bestehen. Das Vorstandsmitglied wird immer eine herausgehobene Stellung haben, weil es den anderen Weisungen erteilen kann.

Die leitenden Angestellten sind auch, unabhängig von der vorstandsinternen Geschäftsverteilung, den übrigen Vorstandsmitgliedern gegenüber weisungsabhängig. Das gilt wiederum für bereichsleitende Vorstandsmitglieder nicht, da diese gleichzeitig im Verhältnis zu ihren Vorstandskollegen gleichberechtigt und deshalb weisungsunabhängig sind.[981] Das Vorstandsmitglied ist lediglich an die mehrheitlich oder einstimmig gefassten Vorstandsbeschlüsse, die Richtlinien zur Wahrnehmung des operativen Geschäfts in den einzelnen Bereichen aufstellen, gebunden. Auch daraus ergibt sich eine exponierte Stellung des dem Vorstand angehörenden Unternehmensbereichsleiters gegenüber den übrigen Mitgliedern der operativen Leitungen. Vor diesem Hintergrund ist eine Gesamtverantwortung der Bereichsleitungsgremien in gemischt besetzten Modellen nicht begründbar. Gleichberechtigte Informationsrechte und Berichtspflichten bestehen nicht.[982] Die operativen Führungsgremien leiten ihre Rechte und

---

[979] BGHZ 12, 1, 8; 36, 142, 143; BGH, DB 1996, S. 2483 (für die Geschäftsführer einer GmbH); Henze, Aktienrecht Höchstrichterliche Rechtsprechung, Rn. 364; G. Hueck, in: Festschrift Marie Luise Hilger und Hermann Stumpf (1983), S. 365, 367 ff.; Hüffer, AktG, § 84 Rn. 11; Martens, in: Festschrift Marie Luise Hilger und Hermann Stumpf (1983), S. 437, 439 ff.; Mertens, in: Kölner Komm. AktG, § 84 Rn. 34; Wiesner, in: Münch. Hdb. GesR, § 19 Rn. 33.

[980] Vgl. statt aller nur BGHZ 36, S. 142, 143; Mertens, in: Kölner Komm. AktG, § 84 Rn. 34.

[981] Vgl. zum Grundsatz der Gleichberechtigung aller Vorstandsmitglieder oben § 4 B. IV. 1. b) aa) und § 6 A. II.

[982] Zum vorstandsinternen Berichtswesen siehe oben § 6 B.

Pflichten vielmehr ausschließlich vom Vorstand ab. Dies wird in aller Regel über das spartenleitende Vorstandsmitglied geschehen, dem insoweit die Weisungsbefugnisse in sämtlichen Spartenangelegenheiten zukommen, soweit es sich im Rahmen der festgelegten Geschäftsverteilung bewegt. Die Bereichsleitungen sind insoweit kein Kollegialorgan.[983]

Allerdings hat der Vorstand Regelungen zu treffen, wie das interne Berichtswesen in den Bereichsleitungen zu erfolgen hat, da ihn in der virtuellen Holding eine umfassende Überwachungspflicht im Hinblick auf das operative Geschäft trifft. An diese sind aufgrund der weitgehenden Delegation strenge Anforderungen zu stellen. Geht man von einem System der gestuften Kontrolle aus,[984] ist es zweckmäßig und ausreichend, dass das bereichsleitende Vorstandsmitglied unmittelbar die Tätigkeit des operativen Leitungsgremiums überwacht. Die übrigen (einfachen) Mitglieder des Gremiums können innerhalb des Unternehmensbereichs bestimmte funktionale Aufgabenbereiche zugewiesen bekommen, für die sie verantwortlich sind. In dem jeweiligen Bereich haben sie unter anderem die ordnungsgemäße Aufgabenerledigung durch ihnen zu- und nachgeordnete Mitarbeiter zu kontrollieren. Damit der bereichsleitende Vorstand seiner Überwachungspflicht nachkommen kann, ist sicherzustellen, dass die „einfachen" Bereichsleiter regelmäßig und bei Bedarf außerordentlich an ihn berichten. Dies kann in gemeinsamen Sitzungen des operativen Gremiums und außerhalb solcher Sitzungen unmittelbar an das zuständige Vorstandsmitglied erfolgen. Hierzu hat der Vorstand Richtlinien aufzustellen, wie Überwachung und Berichterstattung in den Unternehmensbereichen ordnungsgemäß zu erfolgen haben, damit das bereichsleitende Vorstandsmitglied sowie der Gesamtvorstand ihrer jeweiligen Überwachungspflicht nachkommen können. Neben dieser allgemeinen Organisationspflicht trifft den Vorstand eine Pflicht zur laufenden Kontrolle und zum Einschreiten bei Verdachtsmomenten auf Unregelmäßigkeiten.[985] Es ist zusätzlich nicht nur unbedenklich, sondern auch zweckmäßig, wenn der Vorstand darüber hinaus gegenseitige Berichtspflichten und Informationsrechte der

---

[983] Im Ergebnis eine Gesamtverantwortung der Bereichsleitungen ebenfalls ablehnend und die Weisungsbefugnis des Bereichsleiters bejahend Hoffmann-Becking, ZGR 1998, S. 497, 510 und Schwark, in: Festschrift Peter Ulmer (2003), S. 605, 616.

[984] Siehe dazu oben § 6 B. III.

[985] Vgl. zu den Überwachungspflichten des Vorstands auch Fleischer, AG 2003, S. 291, 293 ff.

einfachen Bereichsleiter festlegt. Davon muss nur das bereichsleitende Vorstandsmitglied ausgenommen sein.

3. Vorstandsextern besetzte Bereichsleitungen

Im Idealfall setzen sich die Leitungen der Unternehmensbereiche in der virtuellen Holding ausschließlich aus vorstandsexternen Personen zusammen, damit der sich Vorstand und seine Mitglieder ausschließlich auf die Wahrnehmung strategischer Aufgaben konzentrieren können.[986] Es stellt sich die Frage, wie sich bei einem solchen Modell das Verhältnis zum Vorstand und die interne Zusammenarbeit der Bereichsleitungen gestaltet.

Im Hinblick auf die Befugnisse eines solchen Gremiums und das direkte Verhältnis zum Vorstand gelten ähnliche Grundsätze. Da der Vorstand Geschäftsführungskompetenzen lediglich delegiert hat, kommen dem Gremium keine originären, sondern nur derivative Kompetenzen zu; und weil der Vorstand die Arbeitgeberfunktion ausübt, ist er gegenüber den angestellten Bereichsleitern, die keine organschaftliche, sondern ausschließlich arbeitsrechtliche Verantwortung haben, weisungsbefugt. Die Bereichsleiter sind nämlich keine Vorstände im Sinne des Aktiengesetzes. Sie haben deshalb keine aktienrechtliche Gesamtverantwortung als Kollegialorgan.[987]

Da dem operativen Leitungsgremium selbst aber keine Vorstandsmitglieder angehören, besteht grundsätzlich mehr Regelungsfreiheit, weil kein Mitglied des Gremiums korporationsrechtlich eine herausgehobene Stellung hat. Das heißt, die Zusammenarbeit des Gremiums kann so ausgestaltet werden, dass eine Gesamtverantwortung seiner Mitglieder und auch wechselseitige Informationsrechte und –pflichten bestehen. Allerdings besteht eine solche Gesamtverantwortung der Bereichsleitung nicht ipso iure wie bei einem Vorstand, sondern nur, wenn sie durch die zuständigen Gremien, nämlich den Vorstand gemäß § 77 Abs. 1 AktG und gegebenenfalls den Aufsichtsrat gemäß § 111 Abs. 4 S. 2 AktG, dekretiert wird. Ob und gegebenenfalls in welchem Umfang derartige Regelungen zweckmäßig sind, ist eine Frage des Einzelfalls. Im Interesse klarer

---

[986] So beim Modell der Deutsche Bank AG: Siehe oben § 3 A. II.

[987] Siehe noch einmal Hoffmann-Becking, ZGR 1998, S. 497, 510 und Schwark, in: Festschrift Peter Ulmer (2003), S. 605, 616, die hinsichtlich gemischt und rein vorstandsextern besetzten Gremien keine Differenzierung vornehmen.

Verantwortlichkeiten und Hierarchien dürfte es auch sinnvoll sein, eine Person zum obersten Bereichsleiter zu bestellen. Diesem „Global Business Head" oder „Operating Director" können Weisungsbefugnisse und Auskunftsrechte gegenüber den übrigen Mitgliedern der Bereichsleitungen eingeräumt werden. Umgekehrt ist dann das Berichtswesen auf seine Person auszurichten sowie zu gewährleisten, dass sämtliche Informationen, die für seine Entscheidungen relevant sein können, an ihn weitergeleitet werden. Faktisch käme ihm dann eine vergleichbare Stellung wie einem bereichsleitenden Vorstandsmitglied zu. Rechtlich resultieren solche Befugnisse aber nicht aus einer korporationsrechtlichen Sonderstellung als Mitglied des Leitungsorgans, sondern aus der Zuweisung entsprechender Kompetenzen durch den Vorstand.

III. Gesellschaftsexterner Status

Gehören die Bereichsleiter in der virtuellen Holding nicht dem Vorstand an, haben sie keine organschaftliche Vertretungsbefugnis gemäß § 78 Abs. 1 AktG. Da sie für das operative Geschäft der Gesellschaft verantwortlich sind und dieses für die Gesellschaft wahrnehmen, muss ihnen rechtsgeschäftliche Vertretungsmacht erteilt werden. Insoweit kommen die allgemeinen Regeln und Rechtsinstitute zur Anwendung. Den Bereichsleitern kann Prokura oder Generalvollmacht erteilt werden.[988]

Die Erteilung einer Prokura ermöglicht es den Bereichsleitern, die Gesellschaft gemäß § 78 Abs. 3 AktG gemeinsam mit einem oder mehreren Vorstandsmitgliedern zu vertreten (unechte Gesamtvertretung).[989] Durch die Erteilung einer Prokura erlangt der Bereichsleiter keine Stellung eines organschaftlichen Vertreters im rechtlichen Sinne. Die Vertretungsbefugnis des Bereichsleiters wird lediglich im Rahmen der gesetzlichen Vertretungsmacht des Vorstands verliehen und auf diese Weise erweitert.[990] Die Bestellung der Bereichsleiter zu Generalbevollmächtigten hat gegenüber der Stellung eines Prokuristen den Vorteil, dass die Generalvollmacht als besondere Form der Vollmacht gemäß §§ 164 ff.

---

988 Schwark, in: Festschrift Peter Ulmer (2003), S. 605, 616.

989 Zur unechten Gesamtvertretung in der Aktiengesellschaft vgl. im Einzelnen Habersack, in: Großkomm. AktG, § 78 Rn. 45 f.; Hüffer, AktG, § 78 Rn. 16; Mertens, in: Kölner Komm. AktG, § 78 Rn. 35 ff.; Wiesner, in: Münch. Hdb. GesR IV, § 23 Rn. 16 f.

990 BGHZ 13, 61, 64; 62, 166, 170; Mertens, in: Kölner Komm. AktG, § 78 Rn. 40; Wiesner, in: Münch. Hdb. GesR IV, § 23 Rn. 17; a. A. Habersack, in: Großkomm. AktG, § 78 Rn. 46.

BGB über die Vertretungsmacht der Prokura hinausgeht, weil die besonderen gesetzlichen Beschränkungen der handelsrechtlichen Vollmachten entfallen.[991]

Allgemein umfasst die Generalvollmacht Vertretungsmacht für alle Geschäfte, bei denen Vertretung möglich ist.[992] Allerdings ist zu beachten, dass bei der Aktiengesellschaft auch die Erteilung einer Generalvollmacht gewissen Schranken unterliegt, weil eine Selbstentmündigung des Kaufmanns gegen § 138 Abs. 1 BGB verstößt.[993] Bei der Aktiengesellschaft muss danach bei einer Generalvollmacht berücksichtigt werden, dass Organbefugnisse nicht gänzlich auf Dritte übertragen werden dürfen. Eine Generalvollmacht kann den Bereichsleitern erteilt werden, wenn sie jederzeit widerruflich ist und die bestehende Vertretungsmacht sowie die zwingenden Kompetenzen des Vorstands unberührt lässt. Die Bereichsleiter können also zu Generalbevollmächtigten berufen werden, indem ihnen eine umfassende Vollmacht für alle Geschäfte der Gesellschaft oder auch nur der Sparte entweder über die Prokura hinaus oder neben der Prokura erteilt wird, ohne zugleich dem Vorstand vorbehaltene Befugnisse wahrnehmen zu können.[994]

E. Zuordnung abhängiger Gesellschaften

I. Grundlagen

Große Unternehmen werden in aller Regel nicht als unverbundene Einheitsgesellschaft geführt, sondern als Konzern. Dies gilt auch für Unternehmen, die als virtuelle Holding organisiert sind.[995] Üblicherweise wird eine Konzernoberge-

---

[991] BGHZ 36, 292, 295; Hopt, HGB, Vor § 48 Rn. 2; Hübner, ZHR 143 (1979), S. 1, 4; Sonnenschein/Weitemeyer, in: Heymann HGB, § 54 Rn. 16; Weber, in: Ebenroth/Boujong/Joost, HGB, Vor § 48 Rn. 5.

[992] Leptien, in: Soergel, BGB, § 167 Rn. 41; Palandt/Heinrichs, BGB, § 167 Rn. 7; Schramm, in: Münch. Komm. BGB, § 167 Rn. 83; Spitzbarth, BB 1962, S. 851.

[993] BGHZ 44, 158, 161; Sonnenschein/Weitemeyer, in: Heymann HGB, § 54 Rn. 16.

[994] Vgl. BGHZ 34, 27, 31; Flume, BGB AT I 2, Die Juristische Person, § 10 II 2 c; Frels, ZHR 122 (1959), S. 173, 187 f.; Godin/Wilhelmi, AktG, § 78 Anm. 2; Habersack, in: Großkomm. AktG, § 78 Rn. 59; Joussen, WM 1994, S. 273, 277 f.; Mertens, in: Kölner Komm. AktG, § 78 Rn. 74; K. Schmidt, Handelsrecht, § 16 II. 1. b); Sonnenschein/Weitemeyer, in: Heymann HGB, § 54 Rn. 16; kritisch dagegen Gernhuber, JZ 1995, S. 381 ff.; Müller-Freienfels, in: Festschrift Heinz Hübner (1984), S. 627, 637 f.

[995] Vgl. insoweit § 3.

sellschaft selbst als virtuelle Holding geführt, indem das operative Geschäft in rechtlich unselbständigen Unternehmensbereichen organisatorisch selbständig wahrgenommen wird. Gleichzeitig hält die Konzernobergesellschaft wiederum Beteiligungen an rechtlich selbständigen Tochtergesellschaften. Das bedeutet, dass die Unternehmensbereiche der Konzernmutter nicht das gesamte operative Geschäft selbst führen, sondern auch echte operative Tochtergesellschaften existieren. Insoweit besteht eine Parallele zum Stammhauskonzern.[996]

Eine solche Struktur weist die Besonderheit auf, dass aufgrund der fehlenden rechtlichen Selbständigkeit der Unternehmensbereiche die Konzernobergesellschaft selbst die Anteile der operativen Tochtergesellschaften hält. Rechtlich werden die Tochtergesellschaften also der Gesamtgesellschaft zugeordnet. Da die Unternehmensbereiche jedoch für die Erledigung des operativen Geschäfts weitgehend eigenverantwortlich zuständig sind, müssen die operativen Tochtergesellschaften organisatorisch in die Unternehmensbereiche eingegliedert werden. Dazu werden bestimmte Geschäftsfelder, die in verschiedenen Tochtergesellschaften betrieben werden, in der Obergesellschaft auf der Ebene der dem Vorstand nachgeordneten Unternehmensbereiche, also auf der zweiten Führungsebene, zusammengefasst und einer globalen Leitung der Bereichsleitungen unterworfen.[997] Auch das führt zu einem Auseinanderfallen von rechtlicher und organisatorischer Struktur sowie von strategischer und operativer Konzernleitung. Die Unternehmensbereiche der Muttergesellschaft werden nämlich rechtsform- und damit konzernübergreifend definiert.[998]

Probleme bei dieser Struktur können sich insbesondere im Hinblick auf die einheitliche Leitung der Unternehmensbereiche, auf Doppelzuständigkeiten in den Unternehmensbereichen sowie auf die Tätigkeit des Aufsichtsrats ergeben. Sie sollen nachfolgend angesprochen werden. Eine abschließende Behandlung sämtlicher konzernrechtlicher Fragen kann hier jedoch nicht erfolgen, um die aktienrechtliche Ebene der Arbeit im eigentlichen Sinne nicht zu weit zu verlas-

---

[996] Zur Aufgabenwahrnehmung im Stammhauskonzern vgl. oben § 2 B. II.

[997] Vgl. Deutsche Bank, Geschäftsbericht 2002, S. 11 f.: hier heißen die Unternehmensbereiche „Konzernbereiche“; Schwark, in: Festschrift Peter Ulmer (2003), S. 605, 620; Sprißler, Kreditwesen 2002, S. 16, 17.

[998] Siehe Schwark, in: Festschrift Peter Ulmer (2003), S. 605, 619; Sprißler, Kreditwesen 2002, S. 16.

sen, zumal die Probleme auch aus Konzernen bekannt sind, deren Obergesellschaft nicht als virtuelle Holding geführt wird.

II. Einheitliche Leitung der Unternehmensbereiche

Zentrale Aufgabe des Vorstands der virtuellen Holding ist die strategische Konzernführung.[999] Dies schließt die strategische Leitung der Tochtergesellschaften und, soweit erforderlich, der (Konzern-)Unternehmensbereiche ein. Die operative Führung der Tochtergesellschaften soll dagegen den Unternehmensbereichen obliegen. Diese Aufgabenzuweisung wirft zumindest zwei relevante Fragen auf. Welche Anforderungen sind an die Konzernführung durch den Vorstand der Obergesellschaft zu stellen und kann die operative Führung von abhängigen Unternehmen an die Bereichsleitungen übertragen werden?

1. Strategische Konzernführung durch den Vorstand

Soll der Konzernvorstand den Konzern strategisch führen, ist zu klären, welche Kompetenzen und Pflichten ihm insoweit obliegen. Eine Mindermeinung, namentlich *Hommelhoff*, geht davon aus, dass den Vorstand der Obergesellschaft eine umfassende Konzernleitungspflicht dergestalt treffe, dass er das gesamte Konzerngeschäft bis in die Tochtergesellschaften hinein bestimmen müsse.[1000] Nach ganz herrschender Meinung trägt der Vorstand der herrschenden Aktiengesellschaft dagegen zwar eine unternehmerische Konzernleitungsverantwortung, weil er zur „Oberleitung" der abhängigen Unternehmen verpflichtet ist. Der Vorstand hat dafür zu sorgen, dass die Konzernunternehmen zum Erfolg der Obergesellschaft beitragen. Er soll aber nicht verpflichtet sein, die abhängigen Gesellschaften möglichst umfassend zu leiten und auf diese Weise die Selbständigkeit der Leitung durch den eigenen Vorstand der abhängigen Gesellschaft intensiv einzuschränken, weil sich eine derart weit reichende Befugnis dem geltenden Konzernrecht nicht entnehmen lasse.[1001] Dem ist im Ergebnis

---

[999] Vgl. schon oben § 2 C. sowie Deutsche Bank AG, Geschäftsbericht 2002, S. 10; HVB Group, Geschäftsbericht 2002, S. 27; Siemens, Geschäftsbericht 2002, S. 34 sowie Schwark, in: Festschrift Peter Ulmer (2003), S. 605, 619; Sprißler, Kreditwesen 2002, S. 16.

[1000] Ausführlich Hommelhoff, Die Konzernleitungspflicht, S. 43 ff., 165 ff., 417 ff.; ihm grundsätzlich zustimmend auch Kropff, ZGR 1984, S. 112, 116; U. H. Schneider, BB 1981, 249, 256 ff.; Timm, Die Aktiengesellschaft als Konzernspitze, S. 95 ff.

[1001] Vgl. Altmeppen, in: Münch. Komm. AktG, § 309 Rn. 51 ff.; Huber, ZHR 152 (1988), S. 1, 33 f.; Hüffer, AktG, § 76 Rn. 17; Koppensteiner, in: Kölner Komm. AktG, Vorb. § 291, zuzustimmen. Nicht nur die §§ 15 ff. AktG zeigen, dass aus der faktischen Abhängigkeit keine Pflicht zur Konzernleitung abgeleitet werden kann,[1002] sondern auch §§ 309, 311 AktG beschränken den Einfluss des herrschenden Unternehmens auf abhängige Gesellschaften. Eine umfassende Konzernleitungspflicht, die die rechtlich selbständige Leitung der Tochtergesellschaften weitgehend einschränkt, ist mit dieser gesetzgeberischen Wertung, dass der abhängigen Gesellschaft ein Rest an Autonomie verbleibt, nicht vereinbar. Eine solche Pflicht erscheint zudem nicht sachgerecht, weil sie die notwendige unternehmerische Flexibilität des Konzernvorstands bei der Führung des Unternehmensverbunds unnötig einschränken würde. Der Konzernvorstand hätte im Falle der Pflicht zur intensiven Leitung auch der Tochtergesellschaften einerseits wenig Möglichkeiten, den Tochtergesellschaften im unternehmerischen Interesse mehr Autonomie zu gewähren; andererseits wäre eine stringente umfassende Konzernleitungspflicht im Sinne *Hommelhoffs* ein Rückfall in die Überfrachtung des Vorstands mit Aufgaben, die nicht zuletzt im Interesse des Gesamtunternehmens und des Konzerns auf Ebenen unterhalb des Vorstands verlagert werden können.

Demnach ist mit der herrschenden Ansicht davon auszugehen, dass es im unternehmerischen Ermessen des Vorstands des herrschenden Unternehmens liegt, wie er Beteiligungen verwaltet und wie er seine Leitungsmacht über abhängige Unternehmen ausübt.[1003] Allerdings muss der Konzernvorstand bestimmte Konzernleitungsaufgaben zwingend selbst wahrnehmen. Nicht nur im Einzelunternehmen hat der Vorstand originäre Führungsfunktionen,[1004] sondern auch im Konzern treffen ihn nicht delegierbare, weil zum unveräußerlichen Kern der Leitungsmacht zählende „Konzernführungsfunktionen, die die eigentliche Kon-

---

Rn. 30; Martens, in: Festschrift Theodor Heinsius (1991), S. 523, 531; Mertens, in: Kölner Komm. AktG, § 76 Rn. 54 f.; Mülbert, Aktiengesellschaft, Unternehmensgruppe und Kapitalmarkt, S. 27 ff.; Rehbinder, ZHR 147 (1983), S. 464, 467 f.; Rittner, AcP 183 (1983), S. 295, 307 ff.; differenzierend: Götz, ZGR 1998, S. 524, 526 ff.

[1002] Siehe statt aller Mertens, in: Kölner Komm. AktG, § 76 Rn. 55; Mülbert, Aktiengesellschaft, Unternehmensgruppe und Kapitalmarkt, S. 29 f. jeweils mit weiteren Nachweisen.

[1003] Götz, ZGR 1998, S. 524, 529; Hüffer, AktG, § 76 Rn. 17; Martens, in: Festschrift Theodor Heinsius (1991), S. 523; 531; Mertens, in: Kölner Komm. AktG, § 76 Rn. 54; Semler, in: Festschrift Ernst C. Stiefel (1987), S. 719, 728; a. A. Hommelhoff, S. 165 ff., 262 f.; Timm, Die Aktiengesellschaft als Konzernspitze, S. 95 ff.

[1004] Siehe dazu schon oben § 4 B. IV. 1. a) aa) und § 5 B. III. 2.

zerngeschäftsführung ausmachen".[1005] Zu diesen Aufgaben gehören die Konzernorganisation, die Konzernplanung, die Konzernkoordination, die Konzernkontrolle und die Besetzung der obersten Führungspositionen im Konzern.[1006]

Legt man dieses Verständnis einer Konzernleitungsverantwortung dem Führungskonzept der virtuellen Holding zugrunde, wird deutlich, dass einer strategischen Konzernführung durch den Vorstand der Obergesellschaft in gleicher Weise wie in konventionell strukturierten Unternehmen keine rechtlichen Bedenken entgegenstehen.[1007] Die strategische Leitung des Gesamtkonzerns ist gerade originäre Führungsaufgabe des Konzernvorstands, der er nachkommen muss und die er nicht delegieren darf. Der Vorstand hat deshalb über die wesentlichen Fragen der Konzernorganisation, -planung, -koordination und -kontrolle sowie über die Besetzung der obersten Führungspositionen selbst zu entscheiden. Diese Aufgaben darf er nicht aus der Hand geben. Andererseits muss er sonstige Aufgaben in Tochterunternehmen, die für die Obergesellschaft oder den Gesamtkonzern keine außergewöhnliche Bedeutung haben, nicht selbst wahrnehmen.

2. Operative Führung der Tochtergesellschaften

a) Delegation des operativen Konzerngeschäfts

Nachdem die wesentlichen Anforderungen an die Pflichten des Vorstands im Rahmen der Konzernleitung umrissen worden sind, ist die Frage zu klären, ob die Leitungen der Unternehmensbereiche befugt sind, das operative Konzerngeschäft weitgehend autonom wahrzunehmen. Die Antwort ist davon abhängig, ob das operative Konzerngeschäft zu den Konzernführungsfunktionen gehört oder nicht.

H. Götz zählt die operative Konzernplanung zur Konzernplanung im engen Sinne, die zwingend dem Vorstand obliegt. Seiner Ansicht nach befasse sich die operative Konzernplanung mit dem Vollzug der strategischen Maßnahmen. Sie

---

[1005] Semler, in: Festschrift Ernst C. Stiefel (1987), S. 719, 728. Siehe auch Götz, ZGR 1998, S. 524, 531; Mertens, in: Kölner Komm. AktG, § 76 Rn. 54.

[1006] Vgl. im Einzelnen Götz, ZGR 1998, S. 524, 530 ff.; Martens, in: Festschrift Theodor Heinsius (1991), S. 523, 531 f.; Mertens, in: Kölner Komm. AktG, § 76 Rn. 54; Semler, in: Festschrift Ernst C. Stiefel (1987), S. 719, 728 ff.

[1007] So im Ergebnis auch Schwark, in: Festschrift Peter Ulmer (2003), S. 605, 619.

diene der Steuerung der Konzernunternehmen und bestehe aus Teilplänen für Beschaffung, Fertigung, Absatz, Investitionen, Forschung und Entwicklung, Personal, Finanzen und aus der Ergebnisplanung.[1008] Dieses Verständnis des Begriffs der Konzernplanung geht aber zu weit. Zu den originären Führungsfunktionen des Vorstands im Sinne des § 76 Abs. 1 AktG gehört gerade nicht die operative Geschäftsführung, es sei denn, es geht um die Wahrnehmung von Angelegenheiten mit außergewöhnlicher Bedeutung für das Gesamtunternehmen.[1009] Nichts anderes kann für die Wahrnehmung des operativen Geschäfts im Unternehmensverbund gelten, weil es prinzipiell keinen Unterschied macht, ob das Geschäft nur in einer Gesellschaft wahrgenommen wird oder die Gesellschaft rechtlich selbständige Tochtergesellschaften einschaltet, um Teile des operativen Geschäfts zu erledigen. Operative Geschäftsführung bleibt operative Geschäftsführung. Es liegt deshalb im Konzernleitungsermessen des Vorstands, die operative (Konzern-) Geschäftsführung auf die Unternehmensbereiche zur weitgehend autonomen Wahrnehmung zu übertragen, wenn er dies für zweckmäßig hält.

Jeder Unternehmensbereich sollte, selbstverständlich auch für die ihm zugeordneten Tochtergesellschaften, selbständig entscheiden dürfen, wie er die strategische Planung des Vorstands umsetzt. Dazu gehört auch die Teilplanung für Beschaffung, Absatz, Investitionen, Personal usw., soweit sie sich im Rahmen der übergeordneten strategischen Konzernplanung des Vorstands bewegt beziehungsweise nicht wesentlich davon abweicht. Konzernleitungsqualität können operative Fragen im Wesentlichen nur dann erlangen, wenn entweder einzelne Geschäfte außerordentliche Bedeutung haben, etwa aufgrund ihres finanziellen Umfangs oder eines besonderen Risikos für den Gesamtkonzern oder weil sie aus sonstigen Gründen unternehmensbereichsübergreifende Bedeutung erlangen. Im letzteren Fall sollte aber den Unternehmensbereichsleitungen nach dem Subsidiaritätsprinzip grundsätzlich die Möglichkeit erhalten bleiben, solche Fragen gemeinsam zu klären, ohne den Vorstand einschalten zu müssen, wenn

---

[1008] Götz, ZGR 1998, S. 524, 532 unter Berufung auf Semler, Leitung und Überwachung der Aktiengesellschaft, Rn. 324 ff. Vgl. allgemein zur operativen Planung aus betriebswirtschaftlicher Sicht Frese, Unternehmensführung, S. 174 ff.; Schweitzer, Planung und Steuerung, in: Bea/Dichtl/Schweitzer, Allgemeine Betriebswirtschaftslehre 2, S. 16, 34 f. und 108 ff.

[1009] Siehe hierzu ausführlich oben § 5 VI. 3. b).

dies (gesamt)unternehmerisch sinnvoll ist.[1010] Fragen, die der Vorstand selbst entscheiden muss, wenn sich die Unternehmensbereiche nicht einigen können, betreffen beispielsweise den Abgleich der Produktions- und Entwicklungsprogramme der einzelnen Unternehmensbereiche, den Abgleich der Vertriebsorganisation und die Planung einer koordinierten Preispolitik.[1011] Solche Fragen der Harmonisierung beziehen sich in erster Linie auf die Nutzung von Synergieeffekten beziehungsweise die Vermeidung von unnötigen, weil doppelten und ineffizienten Tätigkeiten in unterschiedlichen Unternehmensbereichen. Im Übrigen kann die operative Planung im Sinne einer Umsetzung der strategischen Planung den einzelnen Unternehmensbereichen zugewiesen werden.[1012]

Von einer zwingenden Pflicht des Konzernvorstands zur umfassenden selbständigen Wahrnehmung der operativen Planung ist demnach nicht auszugehen. Es ist deshalb zulässig, die operative Konzernplanung und deren Umsetzung in gleicher Weise an dem Vorstand nachgeordnete Führungsebenen zu delegieren wie die operative Geschäftsführung im Allgemeinen. Es macht insoweit keinen Unterschied, ob ein Unternehmen als echte oder als virtuelle Holding geführt wird. Der Konzernvorstand kann sich grundsätzlich auf die strategische Konzernführung beschränken. Die Konzernobergesellschaft kann deshalb die Führung der operativen Tochtergesellschaften auf dem Vorstand nachgeordnete Unternehmensbereichleistungen übertragen.

b) Übertragung des Weisungsrechts an die Bereichsleitungen

Die Durchsetzung der Konzernpolitik in den abhängigen Gesellschaften erfolgt durch Weisungen des herrschenden Unternehmens an die abhängigen Gesellschaften. Nehmen die einzelnen Unternehmensbereiche das operative Konzerngeschäft autonom wahr, ist es im Sinne einer effizienten Führung der Unternehmensbereiche sinnvoll, dass die Bereichsleitungen oder gegebenenfalls

---

[1010] Siehe zum Ganzen schon oben § 5 B. VI. 3. für die allgemeinen Leitungsaufgaben des Vorstands.

[1011] Siehe dazu Semler, Leitung und Überwachung der Aktiengesellschaft, Rn. 326 ff., den Götz, ZGR 1998, S. 524, 531 wohl fehlinterpretiert, indem er die Aufgabe der „operativen" Konzernplanung derart extensiv auslegt.

[1012] So für die Führung einer echten Holding auch Keller, in: Lutter (Hrsg.), Holding-Handbuch, § 4 Rn. 66 f. Vgl. Auch die empirische Untersuchung von Bühner, DB 1993, S. 285, 286 f.

sonstige leitende Angestellte die Weisungen selbst erteilen können, ohne den Konzernvorstand einzuschalten.

aa) Vertragskonzern

Für den Vertragskonzern dekretieren §§ 308 Abs. 1, 309 Abs.1 und 78 Abs.1 AktG, dass das herrschende Unternehmen berechtigt ist, dem Vorstand der abhängigen Gesellschaft hinsichtlich der Leitung der Gesellschaft Weisungen zu erteilen. Vor diesem Regelungshintergrund stellt sich die Frage, ob die Bereichsleiter das Weisungsrecht überhaupt ausüben dürfen. Allgemein handelt es sich dabei um einen Teilbereich des Problems, inwieweit vorstandsexterne Dritte bei Erteilung der Weisungen herangezogen werden dürfen.

Hier ist zwischen einer bloßen Delegation und einer echten Übertragung des Weisungsrechts zu differenzieren. Delegation ist die Heranziehung Dritter zur Ausübung des Weisungsrechts neben dem Vorstand innerhalb des herrschenden Unternehmens. Übertragung liegt dagegen vor, wenn ein Dritter zur Ausübung der Weisungsbefugnis anstelle des herrschenden Unternehmens ermächtigt wird.[1013] Eine ältere Auffassung in der Literatur vertritt den Standpunkt, dass eine Delegation der Ausübung des Weisungsrechts an dem Vorstand des herrschenden Unternehmens nachgeordnete leitende Angestellte unzulässig sei.[1014] Organexterne Personen könnten das Weisungsrecht nicht ausüben, da die Organstellung, die in § 309 AktG vorausgesetzt sei, nicht übertragen werden könne.[1015] Die heute ganz herrschende Meinung sieht die Delegation der Weisungsbefugnis an vorstandsexternes Führungspersonal des herrschenden Unternehmens jedoch zu Recht als zulässig an.[1016]

[1013] So ein Teil der Kommentarliteratur: Emmerich, in: Emmerich/Habersack, Aktien- und GmbH-Konzernrecht, § 308 Rn. 12; Hüffer, AktG, § 308 Rn. 4. Die Terminologie ist allerdings nicht einheitlich: Vgl. Altmeppen, in: Münch. Komm. AktG, § 308 Rn. 34 ff.; Koppensteiner, in: Kölner Komm. AktG, § 308 Rn. 6.

[1014] Geßler, in: Geßler/Hefermehl/Eckardt/Kropff, AktG, § 308 Rn. 17 f.; Kantzas, Das Weisungsrecht im Vertragskonzern, S. 82; Schauß, Das Weisungsrecht des herrschenden Unternehmens, S. 92 ff.; Sina, AG 1991, S. 1, 4; Veelken, Der Betriebsführungsvertrag, S. 202 ff.

[1015] So Geßler, in: Geßler/Hefermehl/Eckardt/Kropff, § 308 Rn. 17 f., der allerdings nicht deutlich zwischen Delegation und Übertragung differenziert.

[1016] Altmeppen, Die Haftung des Managers im Konzern, S. 12; ders., in: Münch. Komm. AktG, § 308 Rn. 39; Emmerich, in: Emmerich/Habersack, Aktien- und GmbH-Konzernrecht, § 308 Rn. 13; Emmerich/Sonnenschein/Habersack, Konzernrecht, § 23 III. 1.; Exner, Beherr-

Aus Sicht der Obergesellschaft ist die Ausübung des Weisungsrechts eine Geschäftsführungsaufgabe. Geschäftsführungsaufgaben als solche sind, darauf ist mehrfach hingewiesen worden, delegierbar, soweit sie keinen Leitungscharakter haben. Es ist nicht ersichtlich, weshalb ausgerechnet das Weisungsrecht nicht übertragbar sein sollte, soweit es sich um Weisungen handelt, deren Gegenstand und Bedeutung sich im gewöhnlichen Umfang der Geschäfte des jeweiligen Unternehmensbereichs bewegen. Es besteht kein Bedürfnis, dass der Vorstand solche Weisungen notwendigerweise selbst erteilt. Es ist vielmehr interessengerecht, den Vorstand von solchen Aufgaben zu entbinden, damit er seinen eigentlichen Leitungsaufgaben nachkommen kann.[1017] Außerdem ist die abhängige Gesellschaft ausreichend geschützt, weil die Haftung des herrschenden Unternehmens für Weisungsfehler leitender Angestellter gemäß § 278 BGB erhalten bleibt.[1018] Abgesehen davon ist die bloße Delegation der Befugnis zur Ausübung eines Rechts keine echte Übertragung des Rechts selbst. Allein deshalb schon kommt es zu keiner Übertragung der in § 309 AktG von der herrschenden Ansicht vorausgesetzten Organstellung. Die Schwäche der Argumentation der Mindermeinung liegt also darin, dass sie nicht zwischen Delegation und Übertragung unterscheidet. Konstruktiv erfolgt die Delegation durch Bevollmächtigung gemäß §§ 164 ff. BGB, weil die Ausübung der Weisungsbefugnis ein Akt der Stellvertretung des herrschenden Unternehmens ist.[1019]

Aus alldem folgt, dass den Bereichsleitungen die Zuständigkeit für die Erteilung von Weisungen an operative Tochtergesellschaften eingeräumt werden und dadurch eine organisatorische Einbindung abhängiger Unternehmen in die einzelnen Unternehmensbereiche erfolgen kann. Die Bereichsleiter haben bei der

---

schungsvertrag und Vertragsfreiheit, S. 154 ff.; Hüffer, AktG, § 308 Rn. 5; Koppensteiner, in: Kölner Komm. AktG, § 308 Rn. 7; Krieger, in: Münch. Hdb. GesR IV, § 70 Rn. 137; Raiser, Recht der Kapitalgesellschaften, § 54 Rn. 39; Rehbinder, ZGR 1977, S. 581, 610. Vgl. auch Cahn, BB 2000, 1477, 1482; Mertens, AcP 168 (1968), S. 225, 227.

[1017] Vgl. insoweit auch ausführlich Koppensteiner, in: Kölner Komm. AktG, § 308 Rn. 6.

[1018] Emmerich, in: Emmerich/Habersack, § 308 Rn. 13; Eschenbruch, Konzernhaftung, Rn. 3030; Hüffer, AktG, § 308 Rn. 5. Umstritten ist allerdings, in welchem Umfang die gesetzlichen Vertreter des herrschenden Unternehmens im Falle der Delegation des Weisungsrechts haften: Siehe unten § 9 B. II. 3. m. w. N.

[1019] Ballerstedt, ZHR 137 (1973), S. 388, 399 in Fn. 23; Emmerich, in: Emmerich/Habersack, Aktien- und GmbH-Konzernrecht, § 308 Rn. 13; Exner, Beherrschungsvertrag und Vertragsfreiheit, S. 162 f., a. A. Rehbinder, ZGR 1977, S. 581, 610 in Fn. 78, der eine Ausübungsermächtigung i. S. d. § 185 BGB für erforderlich hält.

Erteilung von Weisungen die allgemeinen Grenzen des Weisungsrechts zu beachten.[1020] Eine solche Grenze ergibt sich beispielsweise aus dem Gegenstand des Weisungsrechts. Der Gegenstand des Weisungsrechts umfasst Angelegenheiten, die die Leitung der abhängigen Gesellschaft betreffen (§ 308 Abs. 1 S. 1 AktG) und deshalb in die Zuständigkeit deren Vorstands fallen, solange das herrschende Unternehmen von seiner Weisungsbefugnis keinen Gebrauch macht.[1021] Durch das Weisungsrecht unbeschränkt bleiben die Kompetenzen von Aufsichtsrat (insbesondere § 111 AktG) und Hauptversammlung (insbesondere §§ 119 f., 179 f. AktG) der abhängigen Gesellschaft.[1022]

Nach ganz herrschender Ansicht hat das herrschende Unternehmen wegen des Wortlauts des § 308 Abs. 1 S. 1 AktG kein unmittelbares Weisungsrecht gegenüber den Mitarbeitern der abhängigen Gesellschaft. Weisungsadressat ist der Vorstand der abhängigen Gesellschaft. Dieser kann seine Mitarbeiter kraft seines Direktionsrechts aber anweisen, direkt an sie gerichtete Weisungen des Vorstands des herrschenden Unternehmens zu befolgen. Umgekehrt kann der Vorstand der abhängigen Gesellschaft auch das herrschende Unternehmen bevollmächtigen, unmittelbare Weisungen an Angestellte zu erteilen.[1023] Der Vorstand der abhängigen Gesellschaft hat aber sicherzustellen, dass ihm nachgeordnete Mitarbeiter keine Weisungen befolgen, die nicht im Konzerninteresse liegen. Der Vorstand muss in der Lage bleiben, die Durchführung einer Weisung rechtzeitig zu verhindern, wenn diese nicht rechtmäßig ist.[1024]

1020 Grenzen sind insbesondere das Konzernrecht als solches (§§ 291 ff. AktG), die allgemeinen Gesetze, die gesellschaftsrechtliche Treuepflicht und gegebenenfalls der Beherrschungs- und Gewinnabführungsvertrag selbst. Vgl. hierzu Altmeppen, in: Münch. Komm. AktG, § 308 Rn. 94 ff.; Krieger, in: Münch. Hdb. GesR IV, § 70 Rn. 133 ff. jeweils mit weiteren Nachweisen.

1021 Vgl. Altmeppen, in: Münch. Komm. AktG, § 291 Rn. 77, § 308 Rn. 83 ff.; Semler, Leitung und Überwachung der Aktiengesellschaft, Rn. 446.

1022 Siehe OLG Karlsruhe, AG 1991, 144, 146; Emmerich, in: Emmerich/Habersack, Aktien- und GmbH-Konzernrecht, § 308 Rn. 42; Eschenbruch, Konzernhaftung, Rn. 3050 ff.; Kantzas, Das Weisungsrecht im Vertragskonzern, S. 88.

1023 Altmeppen, in: Münch. Komm. AktG, § 308 Rn. 72 f.; Emmerich, in: Emmerich/Habersack, Aktien- und GmbH-Konzernrecht, § 308 Rn. 19; Exner, Beherrschungsvertrag und Vertragsfreiheit, S. 131 ff.; Hüffer, AktG, § 308 Rn. 7 ff.

1024 Vgl. Ballerstedt, ZHR 137 (1973), S. 388, 399 ff.; Emmerich, in: Emmerich/Habersack, Aktien- und GmbH-Konzernrecht, § 308 Rn. 20; Hüffer, AktG, § 308 Rn. 8; Kantzas, Das

Umstritten ist in diesem Zusammenhang, ob der Vorstand vor Befolgung einer Weisung unterrichtet werden muss, um eine entsprechende Prüfung anstellen zu können. Die herrschende Ansicht bejaht dies mit der Begründung, die Prüfungspflicht stelle die wichtigste Garantie für die Lebensfähigkeit der abhängigen Gesellschaft dar und sei deshalb nicht delegierbare Vorstandsaufgabe.[1025] Einer derart restriktiven Handhabung der Prüfungspflicht bedarf es jedoch nicht.[1026] Gerade in Großunternehmen besteht das praktische Bedürfnis, dass nicht jede einzelne Weisung vom Vorstand selbst kontrolliert werden muss.[1027] Hat der Vorstand der Konzerngesellschaft durch „geeignete" Maßnahmen sicherzustellen, dass nur rechtmäßige Weisungen befolgt werden,[1028] bedeutet es nicht zwingend, dass nur seine vorherige Information hierfür geeignet ist. Gerade in Großunternehmen ist die Delegation der Rechtmäßigkeitsprüfung ein probates Mittel, um entsprechenden Missständen vorzubeugen. Es ist nämlich nicht gesagt, dass ein viel beschäftigter Vorstand selbst effektiver die Befolgung rechtswidriger Maßnahmen verhindern kann als von ihm hierzu ausgewähltes geeignetes Personal. Es besteht auch kein Bedürfnis, dass der Vorstand die Prüfung selbst vornimmt, weil er sich seiner Haftungsverantwortung gemäß § 310 AktG auch durch eine Delegation nicht entziehen kann und für die ordnungsgemäße Auswahl und Überwachung des Delegaten verantwortlich ist.[1029] Deshalb ist es ausreichend, dass der Vorstand der abhängigen Gesellschaft die Delegation der Rechtmäßigkeitsprüfung mit bestimmten Direktiven verbindet.[1030] Die Einhaltung dieser Vorgaben hat er laufend stichprobenartig zu überwachen.

Weisungsrecht im Vertragskonzern, S. 85 f.; Krieger, in: Münch. Hdb. GesR IV, § 70 Rn. 138.

[1025] So Ballerstedt, ZHR 137 (1973), S. 388, 399 ff.; Hüffer, AktG, § 308 Rn. 8; Emmerich, in: Emmerich/Habersack, Aktien- und GmbH-Konzernrecht, § 308 Rn. 20, 66; Exner, Beherrschungsvertrag und Vertragsfreiheit, S. 131 ff.; Kantzas, Das Weisungsrecht im Vertragskonzern, S. 85 f.; Koppensteiner, in: Kölner Komm. AktG, § 308 Rn. 10; Schwark, in: Festschrift Peter Ulmer (2003), S. 605, 621 f.

[1026] Altmeppen, in: Münch. Komm. AktG, § 308 Rn. 75 ff.; Götz, ZGR 2003., S. 1, 5.

[1027] Altmeppen, in: Münch. Komm. AktG, § 308 Rn. 79.

[1028] So Krieger, in: Münch. Hdb. GesR IV, § 70 Rn. 138.

[1029] Vgl. Altmeppen, in: Münch. Komm. AktG, § 308 Rn. 80; Götz, ZGR 2003, S. 1, 5.

[1030] Siehe dazu im Einzelnen Götz, ZGR 2003, S. 1, 5 f.

bb) Faktischer Konzern

Für den faktischen Konzern wird die organisatorische Zuordnung von Tochtergesellschaften an einzelne Unternehmensbereiche als problematisch angesehen, weil die Selbständigkeit der abhängigen Gesellschaften stärker geschützt wird als im Vertragskonzern.[1031] Dem wird man zustimmen können, soweit es um das Merkmal der Nachteiligkeit und eines eventuell erforderlichen Ausgleichs eines Nachteils geht (vgl. § 311 AktG). Die organisatorische Zuordnung als solche scheint aber weniger schwierig, weil im faktischen Konzern den §§ 308 Abs. 1, 309 Abs. 1 AktG entsprechende Regelungen fehlen, aus denen sich für die Person des Veranlassers und des Veranlassungsadressaten mögliche Restriktionen herleiten ließen. Deshalb ist es nicht erforderlich, dass der Vorstand der Obergesellschaft den Vorstand der Tochtergesellschaft dazu veranlasst, ein Rechtsgeschäft vorzunehmen. Die Veranlassung können auch vorstandsexterne Dritte gegenüber Angestellten der Tochtergesellschaft vornehmen, wenn die Veranlassung dem herrschenden Unternehmen zugerechnet werden kann.[1032]

Insoweit bestehen keine Bedenken, faktisch konzernierte operative Tochtergesellschaften organisatorisch einzelnen Unternehmensbereichen einer virtuellen Holding zuzuordnen, weil die operativ verantwortlichen Bereichsleiter unmittelbar, ohne den strategisch verantwortlichen Konzernvorstand einbinden zu müssen, den abhängigen Gesellschaften Direktiven für die Wahrnehmung des operativen Geschäfts erteilen dürfen. Das im Vergleich zum Vertragskonzern weite Ermessen des Vorstands der Tochtergesellschaft, in welchem Maße er Veranlassungen des herrschenden Unternehmens folgt,[1033] ändert daran genauso wenig wie erhöhte Anforderungen an die Prüfung der Zulässigkeit solcher Veranlassungen durch den Vorstand der abhängigen Gesellschaft.[1034] Diese allgemeinen Probleme bestehen in jedem faktischen Konzern und erfordern eine straffe Führung des Konzerns. Sie stehen der organisatorischen Einbindung o-

---

[1031] So Götz, ZGR 2003, S. 1, 6 und Schwark, in: Festschrift Peter Ulmer (2003), S. 605, 622.

[1032] Allgemeine Ansicht: Habersack, in: Emmerich/Habersack, Aktien- und GmbH-Konzernrecht, § 311 Rn. 25 ff.; Hüffer, AktG, § 311 Rn. 17, 19; Koppensteiner, in: Kölner Komm. AktG, § 311 Rn. 10, 13; Krieger, in: Münch. Hdb. GesR, § 69 Rn. 65; Kropff, in: Münch. Komm. AktG, § 311 Rn. 76 f.

[1033] Vgl. hierzu Habersack, Aktien- und GmbH-Konzernrecht, § 311 Rn. 78; Hüffer, AktG, § 311 Rn. 48; Schwark, in: Festschrift Peter Ulmer (2003), S. 605, 622 f.

[1034] Vgl. insoweit Götz, ZGR 2003, S. 1, 6.

perativer Tochtergesellschaften in die Unternehmensbereiche aber nicht entgegen. Es ist nämlich nicht ersichtlich, worin rechtlich ein Unterschied zu konventionell geführten Konzernen liegen soll, bei denen der Konzernvorstand für das operative Geschäft verantwortlich ist, aber in gleicher Weise wie operative Bereichsleitungen die Vorgaben und Grenzen des Konzernrechts zu beachten hat.

Deshalb ist auch die organisatorische Einbindung von Tochtergesellschaften, mit denen kein Beherrschungs- und Gewinnabführungsvertrag geschlossen worden ist, in die Unternehmensbereiche grundsätzlich zulässig.[1035]

cc) Ergebnis

Sowohl im Vertragskonzern als auch im faktischen Konzern können rechtlich selbständige Tochtergesellschaften organisatorisch den unselbständigen Unternehmensbereichen der Obergesellschaft zugeordnet und von diesen geführt werden.

III. Personelle Verflechtungen

Probleme können sich ergeben, wenn Personen zugleich Mitglied der operativen Bereichsleitung sowie des Vorstands einer Tochtergesellschaft sind. Üblicherweise diskutiert die Literatur mit diesem Bereich zusammenhängende Fragen unter dem Stichwort der „Vorstands-Doppelmandate“.[1036] Um echte Doppel-Vorstandsmandate handelt es sich zwar nur, wenn die betroffenen Bereichsleiter zugleich Mitglieder des Vorstands des herrschenden Unternehmens sind. Die aus einer doppelten Zuständigkeit resultierenden potentiellen Interessenkonflikte können aber auch auftreten, wenn der Bereichsleiter lediglich leitender Angestellter der Konzernobergesellschaft ist, ohne Vorstandsmitglied derselben zu sein.[1037] Zweck solcher Doppelmandate ist zum einen die effiziente Umsetzung der von der Konzernspitze formulierten Unternehmensziele in den operativen Tochtergesellschaften sowie zum anderen die Berücksichtigung der

---

[1035] A. A. hinsichtlich divisional organisierter Unternehmen allgemein Schönbrod, Die Organstellung von Vorstand und Aufsichtsrat in der Spartenorganisation, S. 272 ff.

[1036] Siehe Emmerich, in: Aktien- und GmbH-Konzernrecht, § 308 Rn. 29, § 309 Rn. 22 f.; Hoffmann-Becking, ZHR 150 (1986), S. 570 ff.; Hüffer, AktG, § 76 Rn. 20 f.; Kort, in: Großkomm. AktG, § 76 Rn. 178 ff.; Mertens, in: Kölner Komm. AktG, § 76 Rn. 112; Semler, in: Festschrift Ernst C. Stiefel (1987), S. 719 ff.

[1037] Vgl. Schwark, in: Festschrift Peter Ulmer (2003), S. 605, 623 f.

Interessen der Bereichsgesellschaften bei der Bestimmung der Konzernziele.[1038] Es geht mit anderen Worten also um einen „Abgleich der im Konzern originär vertretenen Interessen zum Konzerninteresse".[1039] Loyalitätskonflikte durch zweifache Zuständigkeiten in Mutter- und Tochtergesellschaft können aufgrund der widerstreitenden Interessen auf den verschiedenen Konzernebenen entstehen, wenn die Konzerninteressen und die eigenen Interessen der Tochtergesellschaften vor allem im Hinblick auf die Ressourcenallokation und –verwendung, die Personalpolitik oder die Investitionspolitik nicht deckungsgleich sind.[1040]

Unabhängig von diesen Interessenkollisionen sind Vorstands-Doppelmandate im Konzern nach einhelliger Ansicht grundsätzlich zulässig, weil das Aktiengesetz kein dahingehendes Verbot enthält.[1041] Dies gilt in gleicher Weise für Doppelmandate, in denen der Bereichsleiter nicht dem Konzernvorstand angehört, sondern „nur" der zweiten Führungsebene und dem Vorstand einer operativen Tochtergesellschaft. Loyalitätskonflikte der vorgenannten Art können selbstverständlich auch in einem Konzern, an dessen Spitze eine virtuelle Holding steht, auftreten, wenn im operativen Bereich Doppelzuständigkeiten begründet werden. Dies gilt auch in den Fällen, in denen der operativen Bereichsleitung keine Mitglieder des Konzernvorstands angehören und in denen die Bereichsleiter deshalb Direktiven des Vorstands für ihren Unternehmensbereich nur umzusetzen haben.[1042] Grundsätze zur Behandlung und Möglichkeiten zur Lösung der angesprochenen Probleme sind verschiedentlich dargestellt worden.[1043] Sie

---

[1038] Aschenbeck, NZG 2000, 1015; Hoffmann-Becking, ZHR 150 (1986), S. 570; ausführlich Semler, in: Festschrift Ernst C. Stiefel (1987), S. 719, 722 ff.

[1039] Semler, in: Festschrift Ernst C. Stiefel (1987), S. 719, 724.

[1040] Hoffmann-Becking, ZHR 150 (1986), S. 570, 575 f.; Kort, in: Großkomm. AktG, § 76 Rn. 182; Schwark, in: Festschrift Peter Ulmer (2003), S. 605, 623 f. Vgl. auch Decher, Personelle Verflechtungen im Aktienkonzern, S. 26 f.; Semler, in: Festschrift Ernst C. Stiefel (1987), S. 719, 734, 755; Wiesner, in: Münch. Hdb. GesR IV, § 19 Rn. 23. Außer Acht bleiben an dieser Stelle mögliche persönliche Interessenkonflikte von Vorstandsmitgliedern.

[1041] LG Köln, AG 1992, S. 238, 240; Hoffmann-Becking, ZHR 150 (1986), S. 570, 574 f.; Huber, ZHR 152 (1988), S. 123, 130; Hüffer, AktG, § 76 Rn. 21; Kort, in: Großkomm. AktG, § 76 Rn. 178; Mertens, in: Kölner Komm. AktG, § 76 Rn. 112; Säcker, ZHR 151 (1987), S. 59 f.; Semler, in: Festschrift Ernst C. Stiefel (1987), S. 719, 732 ff.

[1042] Schwark, in: Festschrift Peter Ulmer (2003), S. 605, 624.

[1043] Vgl. unter anderem Decher, Personelle Verflechtungen im Aktienkonzern, S. 127 ff.; Hoffmann-Becking, ZHR 150 (1986), S. 570, 576 ff.; Kort, in: Großkomm. AktG, § 76 können im Rahmen dieser Arbeit nicht abschließend diskutiert werden, zumal Doppelmandate der Implementierung einer virtuellen Holding und der organisatorischen Einbindung der Tochtergesellschaften in die Unternehmensbereiche nicht entgegen stehen. In Fällen der Begründung von Vorstands-Doppelmandaten sind die allgemeinen Grundsätze zu beachten, die auch für sonstige Konzernverbindungen gelten.

Zur Lösung von Konfliktsituationen bei Doppelzuständigkeiten greift die herrschende Meinung auf die Grundsätze zurück, die der BGH für Interessenkonflikte von Aufsichtsratsmitgliedern entwickelt hat. Erstens rechtfertigt die Pflichterfüllung gegenüber einer Gesellschaft niemals eine Pflichtverletzung gegenüber einer anderen Gesellschaft.[1044] Ein Bereichsleiter, der in Personalunion Vorstandsmitglied der Mutter- und der Tochtergesellschaft ist, kann sich deshalb nicht darauf berufen, dass eine aus Sicht der Tochtergesellschaft unzulässige Maßnahme mit einem gegenstehenden Interesse der Muttergesellschaft begründet werden kann. Zweitens haftet eine Gesellschaft nicht für Schäden, die durch Handlungen eines ihrer Vorstandsmitglieder entstehen, weil das Vorstandsmitglied in der anderen Gesellschaft den Interessen des ersten Unternehmens pflichtwidrig den Vorrang gibt.[1045] Das bedeutet, dass die Obergesellschaft nicht für Schäden einzustehen hat, die der Doppelvorstand durch Verletzung seiner Pflichten als Vorstand der Tochter verursacht.

Das Schädigungsverbot führt jedoch nicht zur Beseitigung der Interessenkonflikte bei Vorstands-Doppelmandaten. Deshalb erwägt ein Teil der Literatur präventive Möglichkeiten zur Verhinderung von Interessenkollisionen wie insbesondere Stimmrechtsverbote oder Rechte auf Stimmenthaltung.[1046] Solchen

---

Rn. 118 ff.; Mertens, in: Kölner Komm. AktG, § 77 Rn. 30 ff. (für die Problematik der analogen Anwendung von § 34 BGB) jeweils mit weiteren Nachweisen.

[1044] BGH NJW 1980, 1629 („Schaffgotsch") zu den Verhaltsanforderungen an ein Aufsichtsratsmitglied. Diesen Grundsatz hat die Literatur auf Vorstands-Doppelmandate ausgedehnt: Hoffmann-Becking, ZHR 150 (1986), S. 570, 577; Kort, in: Großkomm. AktG, § 76 Rn. 182; Semler, in: Festschrift Ernst C. Stiefel (1987), S. 719, 756; Schwark, in: Festschrift Peter Ulmer (2003), S. 605, 624.

[1045] BGHZ 36, 296, 309 f.; BGHZ 90, 381, 398; daran im Hinblick auf Vorstands-Doppelmandate ebenfalls anknüpfend: Hoffmann-Becking, ZHR 150 (1986), S. 570, 577; Kort, in: Großkomm. AktG, § 76 Rn. 182.

[1046] Aschenbeck, NZG 2000, S. 1015, 1021 (Stimmenthaltung); Hoffmann-Becking, ZHR 150 (1987), S. 570, 580 ff. (Stimmverbot nach § 34 BGB analog); Kort, in: Großkomm. AktG, § 76 Rn. 188 (Stimmenthaltung); Lindermann, AG 1987, S. 225, 230; U. H. Schneider, ZHR

Ansätzen ist jedoch mit Vorsicht zu begegnen. Die Regelung des § 34 BGB enthält keinen allgemeinen Rechtsgrundsatz, der bei Verbänden das Stimmrecht bei Interessenkollisionen ausschließt.[1047] Die Tatsache, dass infolge von Doppelmandaten unterschiedliche Interessen von Mutter- und Tochtergesellschaft zu berücksichtigen sind, reicht für eine derart weite Auslegung des § 34 BGB nicht. Vielmehr werden die betroffenen Personen sorgfältig die Interessen von Tochter und Mutter abzuwägen und aufgrund der Abwägung ihre Entscheidung zu treffen haben. Hier spielt die Konzerndimension der Doppelmandate eine Rolle. In die Interessenabwägung hat auch die Überlegung einzufließen, dass die Tochtergesellschaft im Konzerninteresse geleitet wird und deren Vorstand gerade deshalb die strategischen Konzernziele, die der Vorstand der Obergesellschaft formuliert, operativ umzusetzen hat. Notwendig ist also der sorgfältige Ausgleich von Vor- und Nachteilen im Konzerninteresse.[1048] Jedenfalls bleibt den Betroffenen noch genügend Raum für eine ordnungsgemäße Interessenabwägung, weshalb für ein Stimmverbot kein Bedürfnis besteht. Gegebenenfalls kommt in Situationen, in denen die Interessenabwägung keine rechtmäßige Entscheidung ermöglicht, eine Stimmenthaltung in Betracht.[1049]

Da die Interessenkonflikte substantiell nicht anders sind, wenn der handelnde Bereichsleiter kein Vorstandsmitglied des herrschenden Unternehmens ist, können die genannten Grundsätze auch auf Maßnahmen vorstandsexterner Bereichsleiter übertragen werden. Die Interessenkollision bedingt nämlich nicht zwingend eine Organstellung des Handelnden in der Obergesellschaft, sondern sie kann auch durch die Pflichten aus dem Anstellungsvertrag als Leiter des Unternehmensbereichs begründet sein.[1050] Tendenziell dürfte sich das Problem in der virtuellen Holding bei Bereichsleitungen, denen keine Mitglieder des Konzernvorstands angehören, nicht in voller Schärfe stellen. Zwar haben die Bereichsleiter Weisungen und Vorgaben des Konzernvorstands zu beachten, ihre

---

150 (1986), S. 609, 623 ff.; Semler, in: Festschrift Ernst C. Stiefel (1987), S. 719, 757 f. (Stimmverbot als Konsequenz konzernrechtlicher Normen).

1047 Hüffer, AktG, § 77 Rn. 8; Kort, in: Großkomm. AktG, § 76 Rn. 184; Mertens, in: Kölner Komm. AktG, § 77 Rn. 31.

1048 Ähnlich Kort, in: Großkomm. AktG, § 76 Rn. 185; Mertens, in: Kölner Komm. AktG, § 77 Rn. 31; Schwark, in: Festschrift Peter Ulmer (2003), S. 605, 624.

1049 Aschenbeck, NZG 2000, S. 1015, 1021; Kort, in: Großkomm. AktG, § 76 Rn. 188; a. A. dagegen Schwark, in: Festschrift Peter Ulmer (2003), S. 605, 624.

1050 Vgl. Schwark, in: Festschrift Ulmer (2003), S. 605, 624.

Zuständigkeit beschränkt sich aber auf die Führung der operativen Unternehmensbereiche. Deshalb bewegen sich vorstandsexterne Bereichsleiter in der virtuellen Holding nicht in gleichem Maße im Spannungsfeld von strategischer Leitung und operativer Geschäftsführung wie Doppelvorstände, die volle strategische und begrenzte operative Verantwortung gleichzeitig tragen.

IV. Überwachung durch den Aufsichtsrat

Im Konzern umfasst die Überwachungsaufgabe des Aufsichtsrats auch die Führung der abhängigen Gesellschaften durch den Konzernvorstand als Teil von dessen Geschäftsführungsaufgabe. Adressat der Überwachung ist und bleibt damit der Vorstand der Obergesellschaft.[1051] Von dieser inhaltlichen Erweiterung abgesehen bestehen keine Besonderheiten im Hinblick auf die Überwachung durch den Aufsichtsrat. Der Aufsichtsrat ist grundsätzlich verpflichtet, sich an den Vorstand zu halten, um seiner Aufgabe der Überwachung der Geschäftsführung nachzukommen. Eine unmittelbare und umfassende Überwachung der Bereichsleitungen durch den Aufsichtsrat kommt nicht schon deshalb in Betracht, nur weil rechtlich selbständige Tochtergesellschaften in die Unternehmensbereiche organisatorisch integriert worden sind. Erst recht unterliegen die Organe der abhängigen Gesellschaften nicht der Überwachung durch den Aufsichtsrat, weil es sich um rechtlich selbständige Gesellschaften handelt.[1052] Abhängige Gesellschaften haben ihren eigenen Aufsichtsrat, der von der Obergesellschaft rechtlich unabhängig ist und die Überwachung der Geschäftsführung in der Tochtergesellschaft wahrnimmt. Sollten nicht-mitbestimmte Tochtergesellschaften mit beschränkter Haftung keinen eigenen Aufsichtsrat haben, kann eine konzernübergreifende Überwachung auch durch die operativen Bereichsleiter erfolgen. Ein Bedürfnis für eine unmittelbare Überwachung durch den Konzernaufsichtsrat besteht nicht, weil die Bereichsleitungen zur Überwachung der ihnen zugeordneten Tochtergesellschaften personell und fachlich viel besser in der Lage sind.

[1051] Hoffmann-Becking, ZHR 159 (1995), S. 325, 331 ff.; Hüffer, AktG, § 111 Rn. 10; Lutter/Krieger, Rechte und Pflichten des Aufsichtsrats, Rn. 132; Mertens, in: Kölner Komm. AktG, § 111 Rn. 23; Potthoff/Trescher, Das Aufsichtsratsmitglied, S. 100; v. Schenck, in: Arbeitshandbuch für Aufsichtsratsmitglieder, Rn. E 38.

[1052] Lutter/Krieger, Rechte und Pflichten des Aufsichtsrats, Rn. 132 in Fn. 3; v. Schenck, in: Arbeitshandbuch für Aufsichtsratsmitglieder, Rn. E 37; a. A. U. H. Schneider, BB 1981, S, 249, 252; ders., in: Festschrift Bruno Kropff (1997), S. 271, 279, der die Überwachung auch auf die Organe der abhängigen Gesellschaften ausdehnen will.

Es bleibt also bei dem System der gestuften Überwachung. Der Aufsichtsrat überwacht die Geschäftsführung des Vorstands, der wiederum die delegierte operative Geschäftsführung durch die Bereichsleiter überwacht. Ein Bedürfnis für eine unmittelbare Aufsichtsratsüberwachung dem Vorstand nachgeordneter Ebenen besteht nicht, zumal die Regelung des § 90 Abs. 1 S. 2 AktG ausdrücklich die Berichterstattung durch den Vorstand auf Konzernunternehmen ausdehnt. Nur in Ausnahmefällen kommt eine unmittelbare Überwachung in Betracht, wenn der Vorstand seine Berichtspflichten schwerwiegend verletzt und den Aufsichtsrat nicht oder nicht ausreichend informiert.[1053]

F. Zuständigkeit für die Einrichtung der Unternehmensbereiche

Zur Frage der Zuständigkeit für die Einrichtung der Geschäftsbereiche in einer Spartenorganisation ist bereits Stellung bezogen worden. Grundsätzlich handelt es sich um eine Geschäftsführungsmaßnahme, die in die ausschließliche Zuständigkeit des Vorstands fällt, solange kein Zustimmungserfordernis des Aufsichtsrats gemäß § 111 Abs. 4 S. 2 AktG begründet ist.[1054] Etwas anderes gilt nur, wenn die Implementierung der Geschäftsbereiche Einfluss auf die Ressortverteilung im Vorstand selbst hat. In diesem Fall ist eine Mitwirkungskompetenz des Aufsichtsrats über § 77 Abs. 2 S. 1 Hs. 2 AktG begründet mit der Folge, dass der Vorstand nicht ohne Zustimmung des Aufsichtsrats und umgekehrt der Aufsichtsrat nicht ohne Zustimmung des Vorstands entscheiden kann, weil die Implementierung der Sparten Geschäftsführungsaufgabe bleibt. Der Vorstand kann hierüber mit einfacher Mehrheit beschließen, sofern seine Geschäftsordnung Mehrheitsentscheidungen zulässt (§ 77 Abs. 1 S. 2 AktG). Eine Zustimmung der betroffenen Vorstandsmitglieder ist auch dann nicht erforderlich, wenn sich der Zuschnitt ihres Ressorts ändert. Ihnen bleibt nur die Möglichkeit, ihr Vorstandsmandat niederzulegen.[1055]

Diese Grundsätze gelten auch für die Einrichtung der Unternehmensbereiche in einer virtuellen Holding als weiterentwickelter Form des divisional organisierten Unternehmens. Über die Regelungen der §§ 77 Abs. 2 S. 1 Hs. 2 AktG, 111

[1053] Siehe oben § 8 B. II. 1. Vgl. auch Mertens, in: Kölner Komm., § 111 Rn. 21; Schwark, in: Festschrift Peter Ulmer (2003), S. 605, 625.

[1054] Vgl. hierzu und zu den folgenden Ausführungen oben § 4 B. IV. 2. e) mit entsprechenden Nachweisen.

[1055] Vgl. Hefermehl/Spindler, in: Münch. Komm. AktG, § 77 Rn. 25 ff. m. w. N.

Abs. 4 S.2 AktG hinaus besteht kein Bedürfnis, ein Mitentscheidungsrecht des Aufsichtsrats bei der Schaffung von Unternehmensbereichen anzunehmen, weil sowohl bei der Einrichtung der Bereiche als auch durch die Delegation der operativen Geschäftsführung auf die zweite Führungsebene keine Kompetenzen des Aufsichtsrats beeinträchtigt werden.[1056] Deshalb besteht grundsätzlich die konkurrierende Zuständigkeit von Vorstand und Aufsichtsrat in der vorgenannten Weise. Faktisch werden Vorstand und Aufsichtsrat also vor der Schaffung der Unternehmensbereiche und der genauen Aufgabenzuweisung zu kooperieren haben. In der virtuellen Holding ist es aber auch möglich, dass der Zuschnitt der Vorstandsressorts durch die Delegation des operativen Geschäfts und die Einrichtung der Unternehmensbereiche nicht betroffen wird. Das kann dann der Fall sein, wenn der Vorstand sowohl vor als auch nach Umsetzung der entsprechenden Maßnahmen unverändert funktional organisiert war und bleibt und die operativen Vorstandsentscheidungen vor Bildung der virtuellen Holding vom Gesamtvorstand getroffen wurden. Dann besteht eine alleinige Zuständigkeit des Vorstands in Fragen der Strukturorganisation, ohne dass der Aufsichtsrat eingebunden werden müsste, da dessen Personalkompetenz nicht tangiert wäre.

Die bloße Einrichtung rechtlich unselbständiger Unternehmensbereiche innerhalb einer Gesellschaft hat keinen strukturändernden Charakter. Sie ist als solche nicht mit der Übertragung wesentlicher Teile des Vermögens auf rechtlich selbständige Gesellschaften verbunden. Aus diesem Grund begründen die Holmüller-Grundsätze, selbst wenn man ihnen folgt, keine Zuständigkeit der Hauptversammlung für die Implementierung der Unternehmensbereiche.[1057] Sollten wesentliche Vermögensteile in rechtlich selbständige Tochtergesellschaften eingebracht werden, ist dies ein Vorgang, der rechtlich von der Änderung der Führungs- und Organisationsstruktur durch die Schaffung von operativen Sparten zu trennen ist.

G. Zusammenfassung

In der virtuellen Holding ist die Kongruenz von Organisations- und Rechtsstruktur des Unternehmens aufgrund der organisatorischen Trennung von operativer und strategischer Führung bei gleichzeitiger Beibehaltung der rechtlichen Einheit der Gesellschaft durchbrochen.

[1056] Siehe oben § 4 B. IV. 2. e).

[1057] Zur Problematik der Holzmüller-Grundsätze vgl. bereits oben § 4 B. IV. 2. e).

Die Delegation der operativen Geschäftsführung auf dem Vorstand nachgeordnete Unternehmensbereiche verstößt nicht gegen die Leitungspflicht des Vorstands, solange gewährleistet ist, dass der Gesamtvorstand selbst über operative Geschäfte von außergewöhnlicher Bedeutung entscheidet. Den Vorstand trifft eine Interventions- und Rückholpflicht im Hinblick auf solche Geschäfte. Ihm obliegt die Überwachung der operativen Geschäftsführung, die mit einer entsprechenden Berichtspflicht der Unternehmensbereiche korrespondiert. Der Vorstand hat sicher zu stellen, dass nachgeordnete operative Bereichsleitungen nicht über außergewöhnliche Geschäfte entscheiden. Die Delegation einfacher operativer Geschäftsführungsaufgaben auf nachgeordnete Unternehmensbereiche ist ebenfalls aktienrechtlich nicht zu beanstanden. Der Vorstand selbst ist zur Wahrnehmung solcher Aufgaben nicht verpflichtet. Davon zu trennen ist, dass dem Vorstand auch hinsichtlich einfacher Geschäftsführungsaufgaben ein unabdingbares Interventions- und Rückholrecht zusteht und er nicht an Beschlüsse von Bereichsleitungen gebunden ist.

Die umfassende Delegation der operativen Geschäftsführung ist auch mit den Kompetenzen des Aufsichtsrats vereinbar. Der Aufsichtsrat wird in seiner Überwachungsaufgabe durch die Delegation des operativen Geschäfts nicht beeinträchtigt, selbst wenn er die dem Vorstand nachgeordneten Bereichsleiter nicht unmittelbar überwachen darf. Der Aufsichtsrat kann in einem System der gestuften Kontrolle den Vorstand dahingehend kontrollieren, ob dieser seiner ihm obliegenden Überwachung der nachgeordneten Unternehmensbereiche nachkommt. Der Aufsichtsrat wird durch eine parallele Beratung des Vorstands durch operative Bereichsleiter auch nicht in seiner Beratungskompetenz beeinträchtigt, weil Funktion und Zweck der jeweiligen Beratungsaufgaben unterschiedlich sind: dort als Teil der vorausschauenden Überwachung, hier als Teil der Geschäftsführung zur Vorbereitung von Leitungsentscheidungen. Die operativen Bereichsleiter sind überdies nicht zu einer unmittelbaren Berichterstattung an den Aufsichtsrat verpflichtet. Das Aktiengesetz sieht solche unmittelbaren Berichtspflichten nicht vor. Nur der Vorstand ist zur Berichterstattung an den Aufsichtsrat verpflichtet; nur vom Vorstand kann der Aufsichtsrat – von schweren Ausnahmefällen abgesehen – Berichte verlangen. Diese Überlegungen entsprechen dem System der gestuften Kontrolle.

Bei der Delegation des operativen Geschäfts auf nachgeordnete Führungsebenen sind Zustimmungsvorbehalte zugunsten des Aufsichtsrats zu beachten. Das bedeutet, dass der Vorstand bei der Erteilung von Weisungen oder Zustimmungen an nachgeordnete Führungsebenen die Zustimmung des Aufsichtsrats einzuholen hat, sofern eine solche vorgesehen ist. Ein unmittelbares Zustimmungs- oder Weisungsrecht des Aufsichtsrats gegenüber den operativen Bereichsleitungen besteht dagegen nicht. Dies ginge an der Regelung des § 111 Abs. 4 AktG vorbei. Die Übertragung operativer Geschäftsführungsaufgaben ohne Leitungsqualität auf nachgeordnete Führungsebenen verstößt nicht gegen die Personalkompetenz des Aufsichtsrats zur Besetzung des Vorstands. Dem Aufsichtsrat kann aber bei der personellen Besetzung der operativen Bereichsleitungen gemäß § 111 Abs. 4 S. 2 AktG ein Zustimmungsrecht eingeräumt werden. Wirkt sich die Delegation des operativen Geschäfts auf den Zuschnitt der Vorstandsressorts aus, ist bei der Implementierung der Unternehmensbereiche die Geschäftsordnungskompetenz des Aufsichtsrats zu beachten, wenn dieser davon Gebrauch gemacht hat. Die Änderung der Ressortkompetenzen im Vorstand kann auch gegen den Willen der betroffenen Vorstandsmitglieder erfolgen.

Probleme bereitet die weit reichende organisatorische Selbständigkeit der Unternehmensbereiche. Der Ansatz des „Unternehmens im Unternehmen" führt genauso wenig weiter wie Überlegungen, die Unternehmensbereiche als virtuelle Tochterunternehmen anzusehen. Die Unternehmensbereiche sind auch weder Verbände ohne Rechtsfähigkeit noch „quasi-selbständige" Einheiten. Es bleibt vielmehr dabei, dass die Unternehmensbereiche organisatorisch verselbständigte, aber rechtlich unselbständige Einheiten der Gesamtgesellschaft bleiben.

Die Bezeichnung der Bereichsleitungen als „Bereichsvorstände" führt zu aktienrechtlichen Friktionen. Sie birgt die Gefahr der Verwechselung mit dem Organ Vorstand, insbesondere wenn den Bereichsleitungen keine echten Vorstandsmitglieder im Sinne des Aktiengesetzes angehören. Deshalb sollten andere Bezeichnungen für die Bereichleiter und bereichsleitende Gremien gewählt werden wie etwa „Direktor", „Director", „Officer" oder „Member of Operating Committee" beziehungsweise „Bereichsdirektion", „Operating Committees" oder „Operating Boards". Das Verhältnis der Bereichsleitungen kann unterschiedlich ausgestaltet werden. Es gibt Bereichsleitungen, denen ausschließlich Vorstandsmitglieder angehören und die als vorstandsinterne Ausschüsse anzusehen sind. Gemischt besetzten Bereichsleitungen kommt keine originäre Geschäftsführungskompetenz zu. Sie leiten ihre Befugnisse vom Vorstand ab, der eigene Geschäftsführungsaufgaben delegiert. Ein gemischt besetztes Bereichsleitungsgremium trifft keine Gesamtverantwortung wie etwa den Vorstand. Die

Vorstandsmitglieder nehmen auch hier gegenüber den nachgeordneten leitenden Angestellten eine herausgehobene Stellung ein und sind diesen gegenüber weisungsbefugt. Dem System der gestuften Kontrolle entspricht es, wenn das bereichsleitende Vorstandsmitglied unmittelbar die Tätigkeit des operativen Leitungsgremiums überwacht und hierüber an den Vorstand berichtet. Für ein ausschließlich mit vorstandsexternen Personen besetztes Gremium gelten ähnliche Grundsätze. Das Gremium hat nur derivative Befugnisse. Allerdings kann die interne Zusammenarbeit des Gremiums freier ausgestaltet werden, weil kein Mitglied zwingend eine herausgehobene Stellung gegenüber den übrigen Mitgliedern einnimmt. Im Außenverhältnis können operative Bereichsleiter, die nicht zugleich Vorstandsmitglieder sind, als rechtsgeschäftlich bevollmächtigte Vertreter, insbesondere als Generalbevollmächtigte oder Prokuristen auftreten.

Das Auseinanderfallen von Organisations- und Rechtsstruktur im virtuellen Holdingkonzern wirft aktienkonzernrechtliche Fragen im Hinblick auf die einheitliche Leitung der Unternehmensbereiche auf. Dem Vorstand der virtuellen Holding als herrschendem Unternehmen obliegt die strategische Konzernführung. Das bedeutet nicht, dass der Vorstand dazu verpflichtet ist, die abhängigen Gesellschaften umfassend zu leiten. Es liegt im unternehmerischen Ermessen des Vorstands des herrschenden Unternehmens, wie die Beteiligungen verwaltet werden und wie er seine Leitungsmacht über abhängige Unternehmen ausübt. Es ist deshalb ausreichend, dass sich der Vorstand auf die wesentlichen Fragen der Konzernorganisation, -planung, -koordination und -kontrolle sowie die Besetzung der obersten Führungspositionen im Konzern konzentriert.

Dagegen kann der Konzernvorstand die operative Geschäftsführung einschließlich der operativen Planung auf nachgeordnete Unternehmensbereiche übertragen, soweit es sich nicht um außergewöhnliche Geschäfte von konzernweiter Bedeutung handelt. Im Konzern gilt insofern nichts anderes als in der unverbundenen Aktiengesellschaft. Jeder Unternehmensbereich darf deshalb auch für die ihm organisatorisch zugeordneten operativen Tochtergesellschaften selbst entscheiden, wie er die strategischen Vorgaben des Vorstands umsetzt. Damit die operative Geschäftsführung in den Tochtergesellschaften effizient umgesetzt werden kann, ist es zulässig, dass der Konzernvorstand das Weisungsrecht des herrschenden Unternehmens aus §§ 308 Abs. 1, 309 Abs. 1 AktG auf die operativen Bereichsleitungen delegiert. Die Bereichsleiter haben dabei die allgemeinen Grenzen des Weisungsrechts zu beachten. Der Vorstand der abhängigen Gesellschaft kann seine Mitarbeiter anweisen, Weisungen der Bereichsleiter, die dem herrschenden Unternehmen angehören, zu befolgen. Ein originäres Weisungsrecht gegenüber vorstandsexternen Personen der abhängigen Gesellschaft steht dem herrschenden Unternehmen aber nicht zu.

Dies gilt nicht nur für den Vertragskonzern, sondern auch für den faktischen Konzern. Faktisch konzernierte operative Tochtergesellschaften können einzelnen Unternehmensbereichen einer virtuellen Holding organisatorisch zugeordnet werden. Die Bereichsleiter dürfen dem Vorstand der Tochtergesellschaft Weisungen erteilen, ohne den Konzernvorstand einzubinden. Zulässig sind auch personelle Verflechtungen der Bereichleitungen des herrschenden Unternehmens mit Führungsgremien der operativen Tochtergesellschaften. Hier gelten die gleichen Grundsätze wie bei Vorstandsdoppelmandaten. Die handelnden Personen haben das Konzerninteresse und das Interesse der Tochtergesellschaften bei ihren Entscheidungen sorgfältig gegeneinander abzuwägen. Die Überwachung durch den Aufsichtsrat erstreckt sich auch im virtuellen Holdingkonzern nur auf die Leitungs- und Geschäftsführungsaufgaben des Vorstands. Der Aufsichtsrat ist nicht befugt, unmittelbar die Geschäftsführung durch die operativen Bereichsleitungen und die operativen Tochtergesellschaften, insbesondere durch deren Vorstände, zu überwachen. Für eine solche unmittelbare Überwachung durch den Aufsichtsrat besteht kein Bedürfnis. Die Einrichtung der Unternehmensbereiche fällt grundsätzlich in die Geschäftsführungszuständigkeit des Konzernvorstands. Gegebenenfalls kommt ein Mitwirkungsrecht des Aufsichtsrats über § 77 Abs. 2 S. 1 Hs. 2 AktG oder über § 111 Abs. 4 S. 2 AktG in Betracht.

§ 9 Haftungsfragen

Es ist bereits angesprochen worden, dass Teile der Literatur eine divisionale Organisationsstruktur im Hinblick auf die Haftung von Vorstand und Spartenleitern für problematisch halten. Diese Ansicht begründet ihre Kritik mit Haftungsdefiziten, die infolge der Delegation von Aufgaben durch den Vorstand an einzelne Vorstandsmitglieder oder nachgeordnete leitende Angestellte entstünden. Dass diese Bedenken einer divisionalen Unternehmensorganisationsstruktur grundsätzlich nicht entgegenstehen, ist bereits besprochen worden.[1058]

Haftungsfragen spielen erst recht in der virtuellen Holding eine Rolle, in der der Vorstand nicht nur einzelne bedeutende Teile seiner Geschäftsführungsverantwortung delegiert hat, sondern das gesamte operative Geschäft. In der virtuellen Holding geht es aber nicht nur um die konventionellen Probleme als Folge einer weit reichenden Aufgabendelegation im eigentlichen Sinne, sondern auch darum, welchen Haftungsmodalitäten die Mitglieder eines organexternen Führungsgremiums, das eng in die eigene Entscheidungsfindung des Vorstands eingebunden ist, unterliegen. Verschiedene aus solchen Organisationsstrukturen resultierende Haftungsprobleme sollen deshalb im Folgenden dargestellt werden.

A. Keine Delegation von Leitungsaufgaben

Auch an dieser Stelle ist noch einmal zu betonen, dass eine Delegation von Leitungsaufgaben wegen der Regelung des § 76 Abs. 1 AktG aktienrechtlich unzulässig ist.[1059] Im Hinblick auf die Haftung der Vorstandsmitglieder drängt sich die Frage auf, welche Auswirkungen die dennoch erfolgte unzulässige Delegation von Leitungsaufgaben hat. Hierin könnte ein Problem liegen, wenn man davon ausginge, dass die Übertragung von Leitungsaufgaben zu einer reduzierten Haftung des Vorstands führt und gleichzeitig ein haftungsrechtliches Pendant der vorstandsexternen Spartenleiter fehlt.[1060] Diese Ansicht knüpft daran an, dass § 93 AktG eine Haftung für Eigenverschulden ist.[1061] In einem weiteren

---

[1058] Siehe oben § 4 B. V. 3.

[1059] Siehe dazu ausführlich oben § 4 B. IV. 1. a) und § 5 B.

[1060] So Wendeling-Schröder, Divisionalisierung, Mitbestimmung und Tarifvertrag, S. 55 ff.

[1061] Wendeling-Schröder, Divisionalisierung, Mitbestimmung und Tarifvertrag, S. 57.

Schritt folgert diese Literaturmeinung, dass die Haftung der Vorstandsmitglieder eingeschränkt sei, wenn andere Personen Leitungsaufgaben wahrnehmen und die Vorstandsmitglieder nicht mehr in persona handeln.

Diese Überlegung ist aber, soweit es um die Delegation von Leitungsaufgaben und nicht lediglich von Geschäftsführungsaufgaben geht, abzulehnen. Die unzulässige Delegation von Leitungsaufgaben kann nämlich nicht ohne weiteres mit der zulässigen Übertragung von Geschäftsführungsaufgaben gleichgesetzt werden. Zwar kann den Mitgliedern des Vorstands auch dann das Handeln Dritter nicht über § 278 BGB oder § 831 BGB zugerechnet werden, wenn Letztere Leitungsaufgaben wahrnehmen. Einer derartigen Zurechnung bedarf es allerdings nicht, weil die Vorstandsmitglieder bereits für die pflichtwidrige Delegation als solche haften.[1062] Das sorgfaltswidrige eigene Handeln, das die Haftung des Vorstandsmitglieds auslöst, liegt hier also in der fehlerhaften Übertragung von Leitungsaufgaben an die Leiter der Unternehmensbereiche.

Das gleiche gilt bei einer Übertragung von Leitungsaufgaben von „unten nach oben“ in den umgekehrten Fällen, in denen in die Gesamtverantwortung des Vorstands fallende Aufgaben auf einen Zentralvorstand beziehungsweise Zentralausschuss übertragen werden.[1063] Der Vorstand darf sich seiner Gesamtverantwortung nicht entledigen, und zwar auch nicht, indem er Leitungsaufgaben auf einzelne Vorstandsmitglieder delegiert. Die Gesamtverantwortung bleibt auch in Fällen der unzulässigen vorstandsinternen Geschäftsverteilung erhalten. Dies gilt auch dann, wenn es sich um eine formlose, faktische Geschäftsverteilung handelt, die nicht auf Satzungs- oder Geschäftsordnungsregeln beruht.[1064] Jedes Vorstandsmitglied haftet also, unabhängig davon, ob der Delegat Mitglied des Vorstands ist oder nicht, für sorgfaltswidriges eigenes Handeln gemäß § 93 AktG. Anknüpfungspunkt für die Haftung ist und bleibt nämlich immer die pflichtwidrige Übertragung von Leitungsaufgaben selbst.

[1062] H. M.: Hefermehl, in: Geßler/Hefermehl/Eckardt/Kropff, AktG, § 93 Rn. 26; Hopt, in: Großkomm. AktG, § 93 Rn. 55, 63 m. w. N.; Mertens, in: Kölner Komm. AktG, § 93 Rn. 19.

[1063] Zur aktienrechtlichen Unzulässigkeit einer vorstandsinternen Lösung bei einer virtuellen Holding siehe oben § 6 C. II.

[1064] Vgl. hierzu auch RGZ 98, 98, 100 (für die GmbH); Fleischer, NZG 2003, S. 449, 453; Hefermehl/Spindler, in: Münch. Komm. AktG, § 93 Rn. 71; Hopt, in: Großkomm. AktG, § 93 Rn. 63, 65; Mertens, in: Kölner Komm. AktG, § 93 Rn. 55.

Die Haftung der Vorstandsmitglieder gemäß § 93 AktG bleibt also in Fällen der unzulässigen Aufgabendelegation erhalten, wenn man als Anknüpfungspunkt für die Haftung die Delegation von Leitungsaufgaben, die der Vorstand zwingend selbst wahrnehmen muss, wählt. Das Eigenverschulden des Vorstands liegt hier mit anderen Worten in der fehlerhaften Delegation. Deshalb ändert sich im Ergebnis nichts daran, dass die Haftung der Vorstandsmitglieder aus § 93 AktG bestehen bleibt. Insofern ist die „Funktion des § 93 AktG" gerade nicht tangiert.[1065] Aus haftungsrechtlicher Perspektive ist insoweit die unzulässige Aufgabendelegation weniger problematisch als die zulässige Aufgabendelegation.

B. Delegation der operativen Geschäftsführung und Haftung

I. Haftung der Mitglieder des Vorstands

Delegiert der Vorstand hingegen in aktienrechtlich zulässiger Weise die operative Geschäftsführung an nachgeordnete Führungsebenen, in der virtuellen Holding mithin an die Leiter der Unternehmensbereiche, unterliegt die Haftung der Vorstandsmitglieder Modifikationen.[1066]

1. Haftung gemäß § 93 Abs. 2 AktG

a) Haftung für Auswahl, Einweisung und Überwachung

Infolge der Delegation der operativen Geschäftsführung auf dem Vorstand nachgeordnete Unternehmensbereiche, die von leitenden Angestellten geführt werden, reduziert sich die Verantwortung der Vorstandsmitglieder und damit ihre Haftung auf die sorgfältige Auswahl, Einweisung und Überwachung der Bereichsleiter.[1067] Das Handeln der Bereichsleiter wird den einzelnen Vorstandsmitgliedern weder über § 278 BGB noch über § 831 BGB zugerechnet. Geschäftsherr ist nämlich nicht das Vorstandsmitglied oder der Vorstand als

---

[1065] So aber Wendeling-Schröder, Divisionalisierung, Mitbestimmung und Tarifvertrag, S. 57.

[1066] Die Haftungsprobleme einer vorstandsinternen Geschäftsverteilung werden an dieser Stelle nicht erörtert, weil entsprechende Modelle in der virtuellen Holding, wie oben unter § 6 C. II. ausgeführt, gegen den Grundsatz der Gesamtverantwortung und deshalb ohnehin gegen geltendes Aktienrecht verstoßen.

[1067] Siehe oben § 4 B. V. 3. Vgl. außerdem BGHZ 127, 336, 347 (zur GmbH); Fleischer, AG 2003, S. 291, 293; Hopt, in: Großkomm. AktG, § 93 Rn. 59.

Organ, sondern die Gesellschaft als solche, weil die operativen Geschäftsleiter im Pflichtenkreis der Gesellschaft tätig werden. Der Vorstand übt lediglich das Direktionsrecht der Gesellschaft aus.[1068] Die Vorstandsmitglieder haften deshalb nicht für Fehlentscheidungen der Bereichsleiter.

Teile der Literatur sehen darin eine Haftungslücke, weil eine § 93 AktG entsprechende Haftung der vorstandsexternen Spartenleiter fehle.[1069] Dem ist jedoch, wie bereits ausgeführt, grundsätzlich nicht beizutreten.[1070] Aufgrund der in Großunternehmen vorhandenen Notwendigkeit, umfassend Aufgaben delegieren zu können, sind mögliche Haftungsdefizite hinzunehmen. Dies gilt gleichermaßen für divisional organisierte Unternehmen und für funktional organisierte. Die Gläubigerinteressen genießen insoweit keinen Vorrang gegenüber dem Unternehmensinteresse.[1071]

b) Haftungsdefizit in der virtuellen Holding?

Es stellt sich allerdings die Frage, ob das Problem in der virtuellen Holding anders zu beurteilen ist als in konventionell divisional organisierten Aktiengesellschaften. Die Übertragung der gesamten operativen Geschäftsführung auf dem Vorstand nachgeordnete Führungsebenen unterscheidet sich nämlich in zweifacher Hinsicht deutlich von der Delegation einzelner Geschäftsführungsverantwortlichkeiten in klassischen Spartenorganisationen. Erstens erfolgt die Spartenleitung, sieht man von den rechtlich problematischen vorstandsinternen Lösungen ab, in der virtuellen Holding nicht durch Mitglieder des Vorstands, sondern durch leitende Angestellte. Der Vorstand überwacht deren Geschäftsführung nur noch mittelbar und nimmt in aller Regel keinen Einfluss auf das operative Geschäft. Zweitens begibt sich der Vorstand seiner Zuständigkeit für das gesamte operative Geschäft. Er überträgt also nicht, wie sonst üblich, einzelne Kompetenzen auf die zweite Führungsebene, sondern sämtliche Zuständigkei-

---

[1068] Siehe Hopt, in: Großkomm. AktG, § 93 Rn. 55; Mertens, in: Kölner Komm. AktG, § 93 Rn. 18; a. A. Schönbrod, Die Organstellung von Vorstand und Aufsichtsrat in der Spartenorganisation, S. 186 ff.

[1069] K. Schmidt, ZGR 1981, S. 455, 495; Schwark, ZHR 142 (1978), S. 203, 219 f.; ders., in: Festschrift Peter Ulmer (2003), S. 605, 618. Kritisch auch Wagner, Divisionalisierung in der unverbundenen Aktiengesellschaft und im Aktienkonzern, S. 67 ff.

[1070] Siehe oben § 4 B. V. 3.

[1071] Wie hier im Ergebnis jetzt auch Schwark, in: Festschrift Peter Ulmer (2003), S. 605, 618 a. E.

ten, soweit sie nicht in seine Gesamtverantwortung fallen und deshalb nicht delegiert werden können. Diese weitgehende, autonome Geschäftsführungskompetenz der Bereichsleiter geht über das übliche Maß in divisional operierenden Unternehmenseinheiten hinaus.

Vor diesem Hintergrund ist zu überlegen, ob bei einer solchen Konstellation, bei der grundsätzlich dem Vorstand obliegende Geschäftsführungsaufgaben (§ 77 Abs. 1 AktG) gänzlich durch andere Personen wahrgenommen werden, die Haftung des Vorstands in einer aktienrechtswidrigen Weise reduziert wird.

Schwark hat bereits 1978 die Ansicht vertreten, dass die Vorstandshaftung in den Fällen zu stark beschränkt würde, in denen der Vorstand dem Spartenleiter die laufende Unternehmensleitung umfassend überlässt. Deshalb müsse die Spartenorganisation entweder bis in den Vorstand durchgezogen sein oder die wesentlichen Teile auch der Geschäftsführungsaufgaben, die unterhalb der eigentlichen Leitungsverantwortung liegen, müssten beim Vorstand verbleiben.[1072] Geht man von diesem Ansatz aus, wäre das vorstandsexterne Modell der virtuellen Holding mit § 93 AktG wegen eines untragbaren Haftungsdefizits nicht vereinbar. Nach einer anderen Auffassung soll dagegen das Handeln der Bereichsleiter den Mitgliedern des Vorstands über § 278 BGB zugerechnet werden, „wenn der Vorstand die Verantwortung für die laufende Geschäftsführung ganzer Unternehmensteile in die Hände leitender Angestellter legt." Die Spartenleiter nähmen in diesen Fällen komplexe Führungsaufgaben wahr, die wesensmäßig solche des Vorstands beziehungsweise seiner Mitglieder seien, auch wenn sie delegiert werden dürften. Im Falle der Delegation erfüllten die Spartenleiter deshalb gleichzeitig die eigenen organschaftlichen Pflichten der Vorstandsmitglieder für den jeweiligen Geschäftsbereich.[1073]

Um eine ausreichende Haftung der Vorstandsmitglieder aus § 93 AktG für eigenes Verschulden zu bewahren, bedarf es keiner Zurechnung des Handelns der operativen Geschäftsleiter über § 278 BGB. Es ist zwar richtig, dass die Vorstandsmitglieder als Organmitglieder eigene Pflichten erfüllen. Dies gilt also auch für die Pflicht zur Geschäftsführung. Das ist aber nicht entscheidend für die Beurteilung der Frage, ob § 278 BGB anwendbar ist, weil die eigene Pflicht

---

[1072] Schwark, ZHR 142 (1978), 203, 218.

[1073] Schönbrod, Die Organstellung von Vorstand und Aufsichtsrat in der Spartenorganisation, S. 187 f.

zur Geschäftsführung als Organmitglied nur ein Reflex des Tätigwerdens für die Gesellschaft ist.[1074] Die Vorstandsmitglieder „bedienen sich“ aber nicht der Hilfe von Bereichleitern bei der Geschäftsführung, um eigenen Pflichten nachkommen zu können. Das Tätigwerden sowohl der Vorstandsmitglieder als auch der Delegaten erfolgt immer für die Gesellschaft. Auch die Geschäftsführung durch die Vorstandsmitglieder selbst erfolgt für die Gesellschaft und nicht zu eigenen Zwecken. Deshalb delegiert der Vorstand auch Aufgaben, die in den Pflichtenkreis der Gesellschaft fallen. Insoweit leiten die Angestellten ihre Zuständigkeiten und Pflichten auch nicht von den Vorstandsmitgliedern als solchen ab, sondern von der Gesellschaft.

Es ist aber auch keine bis in den Vorstand durchgehende divisionale Organisationsstruktur erforderlich, ohne dass Teile des laufenden operativen Geschäfts beim Vorstand selbst verbleiben müssten, damit die Haftung der Vorstandsmitglieder gewahrt bleibt. An anderer Stelle ist dargelegt worden, dass dem Vorstand in der virtuellen Holding eine, im Vergleich zu konventionellen Spartenorganisationen, gesteigerte Überwachungspflicht hinsichtlich der operativen Geschäftsführung durch Delegaten obliegt.[1075] Die strengen Anforderungen an die Überwachungspflicht wirken sich auch auf die Haftung der Vorstandsmitglieder aus. Sind die Anforderungen an die Überwachungspflicht höher, erhöht sich spiegelbildlich damit das Haftungsrisiko. Die Sorgfalt eines ordentlichen und gewissenhaften Geschäftsleiters kann der Vorstand nur erfüllen, wenn er durch eine angemessene Überwachung der nachgeordneten operativen Führungskräfte sicherstellt, dass diese ihre Geschäfte im Rahmen der Richtlinien führen, die der Vorstand vorgegeben hat. Insofern ist fraglich, ob man überhaupt von einem Haftungsdefizit in der virtuellen Holding sprechen kann. Das wäre allenfalls dann der Fall, wenn sich die Vorstandsmitglieder dahingehend exkulpieren können, die Anforderungen an ihre Organisations- und Überwachungspflichten eingehalten zu haben und leitende Angestellte dennoch Pflichtverstöße begehen. Ein solches „Haftungsdefizit“ ist aber hinzunehmen, da bei vernünftiger Betrachtung niemand erwarten kann, dass der Vorstand sämtliche Aufgaben der Geschäftsführung selbst wahrnimmt und persönlich für deren Ausführung verantwortlich ist.[1076] Dies gilt auch, wenn der Vorstand das ge-

---

[1074] A. A. im Ergebnis BGHZ 13, S. 61, 66 für den Geschäftsführer einer GmbH in einem, allerdings vereinzelten, Urteil.

[1075] Siehe oben § 5 B. VI. 3.

[1076] So nunmehr auch Schwark, in: Festschrift Peter Ulmer (2003), S. 605, 618 a. E.

samte operative Geschäft an leitende Angestellte, welche die Unternehmensbereiche leiten, delegiert. In diesem Fall ist danach zu fragen, nach welchen Kriterien die vorstandsexternen operativen Führungskräfte haften.[1077]

Abgesehen davon sind verschiedene Interessen gegeneinander abzuwägen. Gegenüber Dritten haftet die Gesellschaft selbst mit ihrem Vermögen. Der Haftungstatbestand des § 93 Abs. 2 AktG begründet eine Haftung der Vorstandsmitglieder nur unmittelbar gegenüber der Gesellschaft. Der Norm dient dem Schutz des Gesellschaftsvermögens und darüber hinaus dem Gedanken der Schadensprävention.[1078] Zwar werden die Gläubiger der Gesellschaft über § 93 Abs. 2 AktG ebenfalls geschützt. Das zeigt bereits die Tatsache, dass sie unter den Voraussetzungen des § 93 Abs. 5 AktG die Ansprüche der Gesellschaft auch selbst geltend machen können.[1079] Die Gläubigerinteressen genießen aber kein Primat gegenüber dem Unternehmensinteresse.[1080] Wenn die Implementierung einer virtuellen Holding im Unternehmensinteresse liegt, dann ist die Delegation der operativen Geschäftsführung auch nicht aus Haftungsgesichtspunkten zu beanstanden. In diesem Fall überwiegt das Unternehmensinteresse das Gläubigerinteresse. Erachtet der Vorstand die umfassende Delegation des operativen Geschäfts deshalb für zweckmäßig und liegt in der Übertragung kein Verstoß gegen das ihm zustehende unternehmerische Ermessen, kann dies haftungsrechtlich nicht bedenklich sein. Vor diesem Hintergrund ist es bereits mehr als zweifelhaft, ob man überhaupt von einem Haftungsdefizit sprechen kann oder ob umgekehrt nicht vielmehr die Erwartungen an die Haftung der Vorstandsmitglieder aus § 93 AktG überdehnt werden, wenn ein Teil der Literatur kritisiert, dass der Vorstand in Großunternehmen den nachgeordneten Führungsebenen weitgehende Autonomie hinsichtlich der operativen Geschäftsführung einräumt. Die Möglichkeit zur Delegation von Geschäftsführungsaufgaben findet ihre Grenze in der Gesamtverantwortung des Vorstands. Insoweit kann haftungsrechtlich kein anderer Maßstab gelten als organisationsrechtlich.

[1077] Siehe dazu unten § 9 B. II.

[1078] Baums, Der Geschäftsleitervertrag, S. 211; Hüffer, AktG, § 93 Rn. 1; Wiesner, in: Münch. Hdb. GesR IV, § 26 Rn. 28.

[1079] Hopt, in: Großkomm. AktG, § 93 Rn. 12; K. Schmidt, ZIP 1994, S. 837, 843 zu § 43 Abs. 3 S. 3 GmbHG.

[1080] Siehe oben § 4 B. V. 1. und 3.

2. Haftung für rechtsformübergreifende Weisungen

Für fehlerhafte Weisungen im Konzern haftet der Vorstand der Obergesellschaft grundsätzlich gemäß §§ 309 Abs. 2, 317 Abs. 3 AktG. In der virtuellen Holding ist dies insoweit von Bedeutung, als nach überwiegender Meinung nicht notwendigerweise die Vorstandsmitglieder des herrschenden Unternehmens selbst die Weisungsbefugnis ausüben müssen, sondern auch Dritte das Weisungsrecht ausüben können. Dies wird in der virtuellen Holding sogar die Regel sein, weil Tochtergesellschaften den einzelnen Unternehmensbereichen organisatorisch zugeordnet werden. Diesen Tochtergesellschaften, die Aufgaben im Rahmen des operativen Geschäfts wahrnehmen, erteilen regelmäßig die operativen Führungskräfte der zweiten Führungsebene, die dem herrschenden Unternehmen angehören, Weisungen, nicht dagegen der Konzernvorstand. Aktienkonzernrechtliche Bedenken bestehen gegen eine solche Delegation des Weisungsrechts nicht.[1081]

Unter Haftungsgesichtspunkten drängt sich die Überlegung auf, ob die Vorstandsmitglieder der Obergesellschaft gemäß §§ 309 Abs. 2, 317 Abs. 3 AktG nur für eigenes Verschulden haften. Es würde dann nichts anderes gelten als bei § 93 Abs. 2 AktG. Die Vorstandsmitglieder würden nur haften, wenn sie die Weisungen selbst erteilt hätten oder wenn sie bei Weisungen durch die operativen Führungskräfte ihrer Organisations-, Einweisungs-, Auswahl- und Überwachungsverantwortung nicht nachgekommen wären.

a) Haftung aus § 309 Abs. 2 AktG

Die inzwischen ganz herrschende Meinung in der Literatur befürwortet eine persönliche Haftung der Vorstandsmitglieder, wenn der Delegat bei Ausübung des Weisungsrechts nicht die Sorgfalt eines ordentlichen und gewissenhaften Geschäftsleiters angewandt hat. § 278 BGB soll im Rahmen von § 309 Abs. 2 AktG, anders als bei § 93 Abs. 2 AktG, anwendbar sein. Der Delegat sei als Erfüllungsgehilfe des Vorstands anzusehen.[1082] Nach einer Gegenansicht sollen

---

[1081] Siehe zum Ganzen oben § 8 E. II. 2.

[1082] Siehe Emmerich/Sonnenschein/Habersack, Konzernrecht, § 23 III. 1. b); Eschenbruch, Konzernhaftung, Rn. 3030; Exner, Beherrschungsvertrag und Vertragsfreiheit, S. 154 ff.; Hopt, in: Großkomm. AktG, § 93 Rn. 57; Hüffer, AktG, § 308 Rn. 5; Kantzas, Das Weisungsrecht im Vertragskonzern, S. 80 ff.; Krieger, in: Münch. Hdb. GesR IV, § 70 Rn. 145; Mertens, AcP 168 (1968), S. 225, 228; Schönbrod, Die Organstellung von Vorstand und Aufdie Vorstandsmitglieder nur für Auswahl- und Überwachungsverschulden haften, wenn vorstandsexterne Bereichsleiter unzulässige Weisungen an Tochtergesellschaften erteilen.[1083]

Die herrschende Meinung argumentiert, dass § 309 Abs. AktG eine Haftung begründe, die das Vorstandsmitglied persönlich treffe und gegenüber einem Rechtssubjekt bestehe, dem die Hilfspersonen in der Regel nicht selbst verpflichtet sind.[1084] Es sei davon auszugehen, „dass das Gesetz in § 309 AktG offenkundig auf der Annahme eines gesetzlichen Schuldverhältnisses zwischen den Vertretern des herrschenden Unternehmens persönlich und der abhängigen Gesellschaft beruht".[1085] In der Tat mag der Wortlaut des § 309 Abs. 1 AktG für diese Annahme sprechen. Im Gegensatz zu § 93 Abs. 1 AktG bezeichnet § 309 Abs. 1 AktG die gesetzlichen Vertreter, bei der Aktiengesellschaft also den Vorstand (§ 78 Abs. 1 AktG), unmittelbar als Adressat der Sorgfaltspflicht „bei der Erteilung von Weisungen" gegenüber einem anderen Rechtssubjekt, nämlich der abhängigen Gesellschaft.[1086] Daraus lässt sich der Schluss ziehen, der Gesetzgeber habe bewusst eine eigene Pflicht der Vorstandsmitglieder gegenüber der abhängigen Gesellschaft statuieren wollen, um auf diese Weise Letztere vor unbedachten Weisungen zu schützen. § 309 Abs. 2 AktG dekretiert seinem Wortlaut nach auch eine eigene Außenverbindlichkeit der Vorstandsmitglieder und anders als § 93 Abs. 1 AktG nicht bloß eine Verbindlichkeit gegenüber der eigenen Gesellschaft.

Folgt man der herrschenden Ansicht, kommt ein Haftungsdefizit infolge der Delegation des Weisungsrechts per se nicht in Betracht, weil die Vorstandsmitglieder in gleicher Weise haften, als hätten sie die Weisung selbst erteilt.

---

sichtsrat in der Spartenorganisation, S. 211 ff.; Schwark, in: Festschrift Peter Ulmer (2003), S. 605, 621.

1083 Altmeppen, Haftung des Managers im Konzern, S. 13 f., 15; ders., in: Münch. Komm. AktG, § 308 Rn. 43 ff., 47; Koppensteiner, in: Kölner Komm. AktG, § 308 Rn. 7.

1084 Hopt, in: Großkomm. AktG, § 93 Rn. 57; Mertens, AcP 168 (1968), S. 225, 228; Schönbrod, Die Organstellung von Vorstand und Aufsichtsrat in der Spartenorganisation, S. 212 f.

1085 Emmerich, in: Emmerich/Habersack, Aktien- und GmbH-Konzernrecht, § 309 Rn. 14.

1086 Vgl. zur Dogmatik eingehend Baums, Der Geschäftsleitervertrag, S. 275 ff.

Allerdings sprechen die besseren Argumente für die Gegenansicht, die die Anwendbarkeit von § 278 BGB für das Handeln Dritter im Rahmen von § 309 Abs. 2 AktG ablehnt. Bejaht man die Zulässigkeit der Delegation der Weisungsbefugnis des § 308 AktG,[1087] darf der gesetzliche Vertreter des herrschenden Unternehmens bei in gesetzlich zulässigem Rahmen erteilter Delegation nicht ohne eigenes Verschulden für rechtswidrige Handlungen (Weisungen) von nachgeordneten Angestellten haften. Der gesetzliche Vertreter, in der Aktiengesellschaft also der Vorstand, handelt pflichtgemäß, wenn er nachgeordnetes Führungspersonal mit der Ausübung der Weisungsbefugnis betraut und die Aufgabenwahrnehmung anschließend überwacht. Anderenfalls würde man im Ergebnis eine verschuldensunabhängige Haftung der Vorstandsmitglieder begründen, die sich aus § 309 AktG nicht herleiten lässt. § 309 AktG hat nämlich lediglich die Aufgabe, die Regeln über die Organverantwortlichkeit an die unternehmensvertraglich geänderte Machtverteilung anzupassen.[1088] An die Stelle der Organpflichten in der abhängigen Gesellschaft tritt die Haftung aus § 309 AktG aber nicht.

Entscheidend ist letztlich folgende Überlegung. Angestellte üben für das herrschende Unternehmen die Weisungsbefugnis aus. Sie sind deshalb nur dessen Erfüllungsgehilfen, nicht aber solche des Vorstands. Geschäftsherr ist das herrschende Unternehmen, da es Partei des Beherrschungsvertrags ist. Nach § 278 BGB wird aber nur dem Geschäftsherrn das Verschulden der Erfüllungsgehilfen zugerechnet.[1089] Die Haftung der Vorstandsmitglieder beruht nicht auf erweiterten Handlungsmöglichkeiten des Geschäftsherrn mit entsprechend angepasster Risikosphäre, die sich der Organwalter zurechnen lassen müsste, sondern aus einer persönlichen Einstandspflicht für Schäden, die der Organwalter bei der Geschäftsführung pflichtwidrig und schuldhaft verursacht.[1090] Insofern ist § 309 AktG nicht anders zu verstehen als § 93 AktG. Daran ändert auch nichts, dass der Gesetzgeber der Tochtergesellschaft ergänzend zur Haftung des herrschenden Unternehmens einen unmittelbaren Anspruch gegen die Vorstandsmitglie-

---

[1087] Siehe oben § 8 E II. 2, b) aa).

[1088] Altmeppen, in: Münch. Komm. AktG, § 308 Rn. 43, 45; Koppensteiner, in: Kölner Komm. AktG, § 308 Rn. 7.

[1089] Vgl. auch Baums, Der Geschäftsleitervertrag, S. 279.

[1090] Altmeppen, in: Münch. Komm. AktG, § 308 Rn. 43, 45 f.

der der Muttergesellschaft einräumen wollte.[1091] Die Angestellten führen die Weisungen nicht als Erfüllungsgehilfen des Vorstands, sondern des herrschenden Unternehmens aus. In der virtuellen Holding wird dies auch daraus deutlich, dass der Vorstand das operative Geschäft im Interesse des Unternehmens an die zweite Führungsebene delegiert hat. Erteilen die operativen Führungskräfte nun Weisungen an operative Tochtergesellschaften, werden sie in ihrem eigenen Aufgabenbereich tätig. Diesen Aufgabenbereich leiten sie, wie bereits ausgeführt, kraft Delegation von der Gesellschaft und nicht vom Vorstand ab. Die laufenden operativen Aufgaben nehmen sie außerdem ohne weitere Einflussnahme des Vorstands für die Gesellschaft wahr. Es fehlt demnach gerade an der Voraussetzung, dass die operativen Führungskräfte für den Vorstand bei einer ihm obliegenden Verbindlichkeit als seine Hilfsperson tätig werden.[1092]

Es ist deshalb bei wirtschaftlicher und rechtlicher Betrachtung nicht überzeugend, die leitenden Angestellten als Erfüllungsgehilfen des Vorstands anzusehen. Steht der Vorstand nicht hinter einer Weisung, weil er sie nicht veranlasst hat, dann wird der Weisende auch nicht im Pflichtenkreis des Vorstands tätig. Die operativen Geschäftsleiter stehen in arbeitsvertraglicher Beziehung zu „ihrer“ Gesellschaft und nicht zum Vorstand. Sie leiten ihre Rechte und Pflichten von der Gesellschaft ab, nicht vom Vorstand. Die Geschäftsführung erfolgt, das wurde bereits dargelegt, für die Gesellschaft und nicht für den Vorstand. Soweit der Vorstand ihnen Anweisungen erteilt, übt er insoweit das Direktionsrecht der Aktiengesellschaft aus. Daran ändert sich auch dann nichts, wenn operative Führungskräfte abhängigen Gesellschaften Weisungen im Sinne des § 308 Abs. 1 S. 1 AktG erteilen. Auch dies ist eine Maßnahme der Geschäftsführung für die eigene Gesellschaft und nicht für den Vorstand. Aus diesen Gründen ist auch nicht verständlich, weshalb die Haftung für eine Delegation von Geschäftsführungskompetenzen im Konzern mit der Haftung im Einheitsunternehmen „strukturell nicht vergleichbar“ sein soll.[1093]

[1091] Siehe Altmeppen, in: Münch. Komm. AktG, § 309 Rn. 1 ff.; Koppensteiner, in: Kölner Komm. AktG, § 308 Rn. 7. Vgl. zur Wertung des Gesetzgebers Kropff, Begr. RegE AktG 1965, S. 405.

[1092] Vgl. dazu BGHZ 13, 111, 113; 50, 32, 35; 98, 330, 334; Grundmann, in: Münch. Komm. BGB, § 278 Rn. 20; Heinrichs, in: Palandt, BGB, § 278 Rn. 7.

[1093] So aber Schwark, in: Festschrift Peter Ulmer (2003), S. 605, 621.

Auch für die Haftung der Vorstandsmitglieder gemäß § 309 Abs. 2 AktG bleibt es bei den zu § 93 AktG aufgestellten Grundsätzen.[1094] Die Vorstandsmitglieder haften nur für eigenes Auswahl- und Überwachungsverschulden sowie fehlerhafte Organisation.[1095] Durch die Reduktion der Vorstandshaftung auf ein Auswahl- und Überwachungsverschulden infolge der Delegation des Weisungsrechts entsteht dennoch kein Haftungsdefizit. Erstens bestehen wegen der umfassenden Delegation der operativen Geschäftsführung erhöhte Anforderungen an die Pflicht des Vorstands, seine nachgeordneten Angestellten zu überwachen.[1096] Dies gilt konsequent auch für Weisungen gemäß § 308 AktG leitender Angestellter.[1097] Zweitens haftet das herrschende Unternehmen als Partei des Beherrschungsvertrag gegenüber der abhängigen Gesellschaft für fehlerhafte Weisungen seiner Angestellten, weil ihm deren Verschulden gemäß § 278 BGB zugerechnet wird.[1098] Die Haftung des herrschenden Unternehmens ist für die abhängige Gesellschaft wichtiger als die Haftung der gesetzlichen Vertreter.[1099]Aus Sicht der abhängigen Gesellschaft besteht insoweit keine Haftungslücke, da in Fällen rechtswidriger Weisungen der Rückgriff auf die Muttergesellschaft regelmäßig aussichtsreicher sein dürfte als das Vorgehen gegen ein Vorstandsmitglied. Dem herrschenden Unternehmen selbst haftet der Vorstand aus § 93 AktG für fehlerhafte Auswahl und Überwachung des Delegaten, der das Weisungsrecht ausgeübt hat.

Gegen eine Haftung der Vorstandsmitglieder der herrschenden Gesellschaft aus § 309 Abs. 2 AktG für die Verletzung von Auswahl-, Überwachungs- und Or-

---

1094 Vgl. dazu oben § 9 B. I. 1.

1095 Altmeppen, Die Haftung des Managers im Konzern, S. 13, 15; ders., in: Münch. Komm. AktG, § 308 Rn. 45, 47; Koppensteiner, in: Kölner Komm. AktG, § 308 Rn. 7. Vgl. auch Mertens, AcP 168 (1968), S. 225, 228, der eine Haftung der Vorstandsmitglieder für fehlerhafte Organisation bejaht.

1096 Siehe oben § 5 B. VI. 3 und § 6 C. III.

1097 So im Ergebnis auch Koppensteiner, in: Kölner Komm. AktG, § 308 Rn. 7 a. E.

1098 Altmeppen, in: Münch. Komm. AktG, § 308 Rn. 43, § 309 Rn. 76, 136 ff.; Baums, Der Geschäftsleitervertrag, S. 279; Emmerich, in: Emmerich/Habersack, Aktien- und GmbH-Konzernrecht, § 309 Rn. 21; ders., in: Gedächtnisschrift für Jürgen Sonnenschein(2003), S. 651, 652 f.; Koppensteiner, in: Kölner Komm. AktG, § 309 Rn. 25; Mertens, in: AcP 169 (1968), S. 225, 228 f.; Mestmäcker, in: Festgabe Heinrich Kronstein (1967), S. 129, 135 f.; Möhring, in: Festschrift Wolfgang Schilling (1973), S. 253, 257 f.; Ulmer, in: Festschrift Walter Stimpel (1985), S. 705, 712.

1099 Emmerich, in: Emmerich/Habersack, Aktien- und GmbH-Konzernrecht, § 309 Rn. 20.

ganisationspflichten spricht weder der Wortlaut der Norm noch der Rechtsgrund der Haftung.

Zunächst beschränkt sich die Haftung der Vorstandsmitglieder auf schädigende Einzelweisungen: Das Gesetz spricht davon, dass sie „bei der Erteilung von Weisungen" die Sorgfalt eines ordentlichen und gewissenhaften Geschäftsleiters anzuwenden haben. Eine umfassende Pflicht zur ordnungsgemäßen Geschäftsführung gegenüber der abhängigen Gesellschaft kann man aus § 309 AktG deshalb nicht ableiten.[1100] Daraus könnte man zwar den Schluss ziehen, dass der Vorstand dem abhängigen Unternehmen gegenüber auch nicht für eine schuldhafte Verletzung von Auswahl-, Überwachungs- und Organisationspflichten verantwortlich ist. Dies ist auch richtig, soweit die angesprochenen Pflichten nicht mehr mit einzelnen schädlichen Weisungen im Sinne von §§ 308, 309 AktG zusammenhängen. Erteilen nachgeordnete Angestellte des herrschenden Unternehmens jedoch eine solche schädliche Weisung und beruht diese auf einer fehlerhaften Auswahl, Überwachung oder Organisation durch den Vorstand, so kann diese Weisung dem Vorstand sehr wohl zugerechnet werden. Der Vorstand hat die Befugnis zur Ausübung der Weisungen in Kenntnis der Regelung des § 309 Abs. 2 AktG delegiert. Ihm muss dabei klar sein, dass er für die sorgfältige Ausführung der Weisungen durch die Delegaten auch gegenüber der abhängigen Gesellschaft verantwortlich ist. Eine solche Verantwortlichkeit kann aber nur über entsprechende Auswahl-, Überwachungs- und Organisationspflichten erreicht werden. Anderenfalls wäre es für das Organ einfach, sich einer gesetzlichen Haftungsandrohung durch bloße Delegation seiner Aufgaben zu entziehen.

Dass ein derartiges Verständnis der Haftung aus § 309 Abs. 2 AktG nicht ausgeschlossen ist, zeigt auch die Rechtsnatur der Haftung. Da die Vorstandsmitglieder des herrschenden Unternehmens der abhängigen Gesellschaft nicht zur umfassenden Geschäftsleitung verpflicht sind und beim Erteilen von Weisungen keine Geschäfte der abhängigen Gesellschaft führen, handelt es sich bei der Haftung nach § 309 Abs. 2 AktG nicht um eine solche wegen „negotiorum gestio" oder als „faktisches Organ" der abhängigen Gesellschaft.[1101] Der Vorstand übt vielmehr nur die Rechte des herrschenden Unternehmens aus dem Be-

---

[1100] Baums, Der Geschäftsleitervertrag, S. 275 ff.

[1101] Baums, Der Geschäftsleitervertrag, S. 276 f.; a. A. Altmeppen, Die Haftung des Managers im Konzern, S. 34 f.

herrschungsvertrag aus, wenn er der beherrschten Gesellschaft Weisungen erteilt. Die Weisungen zum Nachteil der abhängigen Gesellschaft erfolgen im Interesse des herrschenden Unternehmens oder des Gesamtkonzerns, nicht aber etwa der abhängigen Gesellschaft.[1102] Zur Geschäftsführung der abhängigen Gesellschaft berechtigt und verpflichtet bleibt deren Organ, das die Weisungen auszuführen hat. Die Vorschrift des § 309 Abs. 2 AktG ordnet vielmehr eine eigene unmittelbare Haftung der gesetzlichen Vertreter des herrschenden Unternehmens gegenüber der abhängigen Gesellschaft wegen der Verletzung von Pflichten aus dem Beherrschungsvertrag selbst an.[1103] Geht eine nachteilige Weisung von einem (rechtsgeschäftlichen) Vertreter des herrschenden Unternehmens aus, hat das herrschende Unternehmen aber auch die Pflicht aus dem Beherrschungsvertrag, alles Erforderliche dafür zu tun, dass solche Weisungen durch Delegaten mit der Sorgfalt eines ordentlichen und gewissenhaften Geschäftsleiters ausgeführt werden. Dieses Verständnis der Haftung ändert aber nichts daran, dass nur das herrschende Unternehmen, nicht dagegen der Vorstand, Partei des Beherrschungsvertrags ist. Der Vorstand haftet vielmehr nur selbst im Außenverhältnis kraft gesetzlicher Anordnung für die Verletzung der vorgenannten Pflichten des herrschenden Unternehmens, das er repräsentiert. Diese Haftung rechtfertigt sich auch, wenn die Pflichtverletzung anstelle des Vorstands durch einen Delegaten erfolgt, den der Vorstand im Hinblick auf die konkrete Weisung nicht ordnungsgemäß ausgesucht, eingewiesen oder überwacht hat. Zwar besteht eine Auswahl- und Überwachungspflicht des Vorstands originär nur gegenüber der eigenen Gesellschaft, er haftet jedoch im Außenverhältnis dafür, dass dem herrschenden Unternehmen die fehlerhafte Weisung des Delegaten zugerechnet wird. Bezogen auf die Verletzung von Auswahl- und Überwachungspflichten knüpft die Außenhaftung des Vorstands aus § 309 Abs. 2 AktG insoweit auch an die Verletzung von Pflichten aus dem jeweiligen Anstellungsvertrag mit dem herrschenden Unternehmen an.[1104] Maßgeblich bleibt

---

[1102] Zur Abgrenzung eigener und fremder Geschäfte vgl. Sprau, in: Palandt, BGB, § 677 Rn. 3 ff.

[1103] Emmerich, in: Emmerich/Habersack, § 309 Rn. 30 f.; ders., in: Gedächtnisschrift für Jürgen Sonnenschein (2003), S. 651, 653 ff.; ähnlich auch Eschenbruch, Konzernhaftung Rn. 3039 ff., die beide aber von einer Pflicht des herrschenden Unternehmen zur Konzerngeschäftsführung mit korrespondierender Haftung nach § 309 Abs. 2 AktG ausgehen.

[1104] Baums, Der Geschäftsleitervertrag, S. 277 in Fn. 44, geht bei § 309 Abs. 2 AktG generell von einer Haftung wegen der Pflichten aus dem Geschäftsleitervertrag mit der herrschenden Gesellschaft aus.

aber die fehlerhafte Weisung aus dem Beherrschungsvertrag. Eine allgemeine Haftung des Vorstands gegenüber der abhängigen Gesellschaft für unzureichende Auswahl und Überwachung der Delegaten scheidet aus.

§ 309 Abs. 2 AktG spricht im Ergebnis also nicht dagegen, ein Unternehmen als virtuelle Holding zu führen, auch wenn es an der Spitze eines Unternehmensverbunds steht. Haftungsrechtlich gilt hinsichtlich § 309 Abs. 2 AktG folglich nichts anderes als organisationsrechtlich im Hinblick auf § 308 Abs. 1 AktG. Die Regelungen stehen der Zulässigkeit einer virtuellen Holding nicht entgegen.[1105]

b) Haftung aus § 317 Abs. 3 AktG

Einfacher stellt sich die Situation in Fällen nachteiliger Weisungen im faktischen Konzern dar. Im faktischen Konzern stellt sich die Frage nicht, ob das Handeln leitender Angestellter dem herrschenden Unternehmen oder dem Vorstand über § 278 BGB zugerechnet werden kann. Es fehlt bereits die schuldrechtliche Sonderverbindung zwischen herrschendem Unternehmen und abhängiger Gesellschaft, in deren Rahmen die operativen Geschäftsleiter herangezogen werden können, um Verbindlichkeiten des „Geschäftsherrn" daraus zu erfüllen.[1106]

Nach verbreiteter Ansicht ist die Haftung der gesetzlichen Vertreter des herrschenden Unternehmens auch begründet, wenn eine mittelbare Veranlassung über Angestellte erfolgt. Es reiche aus, dass der Vorstand entsprechende allgemeine Hinweise gegeben hat, so dass der Angestellte davon ausgehen konnte, im Sinne des gesetzlichen Vertreters zu handeln. In gleicher Weise genüge es, wenn der Vorstand erkenne oder bei pflichtgemäßer Sorgfalt erkennen musste, dass der Angestellte nachteilig einwirken wolle, ihn aber gewähren lasse. Wenn die Veranlassung durch einen Angestellten nicht auf diese oder ähnliche Weise auf den gesetzlichen Vertreter zurückgeführt werden kann, soll dagegen keine Haftung des Letzteren begründet sein.[1107] Wirkt der Vorstand also in irgendei-

---

[1105] Zur organisationsrechtlichen Seite siehe oben § 8 E. II. 2. b) aa).

[1106] Zu den Voraussetzungen von § 278 BGB vgl. Grundmann, in: Münch. Komm. BGB, § 278 Rn. 15 ff.; Heinrichs, in: Palandt, BGB, § 278 Rn. 2.

[1107] Habersack, in: Emmerich/Habersack, Aktien- und GmbH-Konzernrecht, § 317 Rn. 24; Hüffer, AktG, § 317 Rn. 14; Kropff, in: Münch. Komm. AktG, § 317 Rn. 89.

ner Weise der vorgenannten Art auf die operativen Geschäftsführer ein, haften seine Mitglieder aus § 317 Abs. 3 AktG. In der virtuellen Holding könnte es aber problematisch sein, ob eine solche Einwirkung vorliegt, weil der Vorstand die operative Geschäftsführung weitgehend den nachgeordneten Führungsebenen überlassen hat.

Eine ausreichende Einflussnahme wird man bejahen können, wenn der Vorstand auf Grund seiner Zuständigkeit für die allgemeine Unternehmenspolitik und die strategische Planung entsprechende Richtlinien erlässt, aus denen die operative Führung der Gesellschaft schließen kann, Tochtergesellschaften zu nachteiligen Maßnahmen zu veranlassen. Gehen die Maßnahmen über den Rahmen hinaus, den der Vorstand vorgegeben hat, kommt eine entsprechende Zurechnung des Verhaltens der leitenden Angestellten dagegen nicht in Betracht. In der virtuellen Holding sind durchaus Fälle denkbar, bei denen nachteilige Veranlassungen in das operative Tagesgeschäft des herrschenden Unternehmens und insoweit nicht in die zwingende Zuständigkeit des Gesamtvorstands fallen.

Vor diesem Hintergrund drängt sich die Frage auf, ob der Vorstand des herrschenden Unternehmens auch für fehlerhafte Organisation und Überwachung der operativen Führungskräfte nach § 317 Abs. 3 AktG haftet. Die herrschende Ansicht verneint dies mit dem Hinweis, dass der Vorstand nur seiner eigenen Gesellschaft, nicht aber der abhängigen Gesellschaft für fehlerhafte Organisation und Überwachung unmittelbar und persönlich hafte. Von einer „Veranlassung" im Sinne von § 317 Abs. 3 AktG könne bei bloßen Organisationsmängeln nicht gesprochen werden. Vielmehr soll die Haftung des Vorstands im Falle von Organisations- und Überwachungsmängeln nur gegenüber der eigenen Gesellschaft begründet sein.[1108] Folgt man dieser Ansicht, ist die Grenze zwischen einem Handeln der nachgeordneten Führungskräfte, das eine Haftung des Vorstands des herrschenden Unternehmens auslöst und einem solchen, für das der Vorstand nicht einstehen muss, schwer zu ziehen. Der Übergang zwischen einem schädlichen „sehenden Auges gewähren lassen"[1109] und unschädlichen Organisations- oder Überwachungsmängeln ist fließend.

[1108] Habersack, in: Emmerich/Habersack, Aktien- und GmbH-Konzernrecht, § 317 Rn. 24; Hüffer, AktG, § 317 Rn. 14; Krieger, in: Münch. Hdb. GesR IV, § 69 Rn. 108; Kropff, in: Münch. Komm. AktG, § 317 Rn. 90;

[1109] So Habersack, in: Emmerich/Habersack, Aktien- und GmbH-Konzernrecht, § 317 Rn. 24.

Der Wortlaut des Gesetzes, das von „Veranlassen“ spricht, mag auf den ersten Blick die Argumentation der herrschenden Ansicht stützen. Mangelhafte interne Organisation und Überwachung ist kein externes Veranlassen gegenüber einer abhängigen Gesellschaft.[1110] Allein mit dieser Überlegung kommt man jedoch nicht weiter. Hier geht es nicht um interne Organisation und Überwachung nur im herrschenden Unternehmen, sondern, weil es sich um eine gesellschaftsübergreifende Veranlassung von nachteiligen Maßnahmen handelt, um unternehmensbereichsinterne, aber konzernweite und damit rechtsformübergreifende Organisation und Überwachung. Ist diese Organisation und Überwachung mangelhaft, kann man nicht davon sprechen, dass der Vorstand des herrschenden Unternehmens „nichts mit ihr zu tun hatte“.[1111] Gerade im faktischen Konzern, in dem das herrschende Unternehmen Nachteile, die der abhängigen Gesellschaft durch von dem herrschenden Unternehmen veranlasste Maßnahmen oder Rechtsgeschäfte entstehen, auszugleichen hat, wäre eine solche rechtsformübergreifende Organisations- und Überwachungspflicht des herrschenden Unternehmens und seiner gesetzlichen Vertreter gegenüber abhängigen Gesellschaften sinnvoll, soweit es um das Veranlassen von nachteiligen Maßnahmen oder Rechtsgeschäften geht.

Es sprechen deshalb gute Argumente für die Gegenansicht, die eine Haftung des Vorstands der herrschenden Aktiengesellschaft für schuldhaftes Unterlassen einer ausreichenden Überwachung der nachgeordneten Angestellten im faktischen Konzern annimmt. Es gehört nämlich zu den Pflichten des herrschenden Unternehmens und deshalb seiner gesetzlichen Vertreter sicherzustellen, dass nachteilige Veranlassungen nachgeordneter Stellen unterbleiben, wenn der Nachteil nicht ausgeglichen wird. Geschieht dies nicht, können Veranlassungen seitens Angestellter dem Vorstand zugerechnet werden. Der Normzweck des § 317 Abs. 3 AktG, die Durchsetzung der Ziele des Abs. 1 zu unterstützen, würde anderweitig nicht ausreichend gestützt.[1112] Diese Ansicht überzeugt auch, wenn man eine Parallele zu § 309 AktG zieht. Dort ist die Situation strukturell vergleichbar. Im Falle der Delegation der Ausübung des Weisungsrechts haftet der Vorstand auch für fehlerhafte Weisungen der nachgeordneten Führungskräf-

---

1110 Kropff, in: Münch. Komm. AktG, § 317 Rn. 90.

1111 Kropff, in: Münch. Komm. AktG, § 317 Rn. 90.

1112 Altmeppen, Die Haftung des Managers im Konzern, S. 65; Eschenbruch, Konzernhaftung, Rn 4205; Koppensteiner, in: Kölner Komm. AktG, § 317 Rn. 33.

te, wenn ihn ein Auswahl- und Überwachungsverschulden trifft.[1113] Insofern wäre es nur konsequent, den Vorstand auch gemäß § 317 Abs. 3 AktG für Überwachungsverschulden haften zu lassen.[1114]

Fraglich bleibt aber, ob ein Ausdehnen der Haftung des Vorstands des herrschenden Unternehmens nach § 317 Abs. 3 AktG auf Organisations- und Überwachungsmängel mit der Rechtsnatur der Haftungsnorm überhaupt vereinbar ist.

Eine Mindermeinung qualifiziert die Haftung als allgemeine Sorgfaltshaftung bei Fremdgeschäftsführung (negotiorum gestio). Danach hat der Fremdgeschäftsführer, hier also das herrschende Unternehmen beziehungsweise dessen Vorstand, die Geschäfte der abhängigen Gesellschaft sorgfältig zu führen.[1115] Diese Ansicht ist aber abzulehnen. Das herrschende Unternehmen führt bei der Veranlassung nachteiliger Geschäfte keine fremden Geschäfte der abhängigen Gesellschaft, sondern Geschäfte im eigenen Interesse oder im Konzerninteresse in rechtsformübergreifender Weise.[1116]

Nach der herrschenden Ansicht soll es sich bei der Haftung nach § 317 AktG um eine Organhaftung handeln. Das herrschende Unternehmen und seine gesetzlichen Vertreter übernähmen Organfunktionen der abhängigen Gesellschaft, die über eine rein tatsächliche Beziehung hinausgingen, weshalb ein Rechtsverhältnis mit besonderen Rechten und Pflichten entstünde. Nehme das herrschende Unternehmen Einfluss wie ein Organ, habe es wie ein Organ die Interessen der abhängigen Gesellschaft zu respektieren. Durch die Bezugnahme auf die Pflichten eines ordentlichen und gewissenhaften Geschäftsleiters in § 317 Abs. 2 AktG komme dies zum Ausdruck. Die Vorschrift des § 317 AktG entspreche zudem ihrer Struktur nach der Vorstandshaftung in § 93 AktG.[1117] Folgte man dieser Ansicht, könnte man die Haftung des Vorstands der herrschenden Gesell-

---

[1113] Siehe oben § 9 B. I. 2. a).

[1114] Siehe Altmeppen, Die Haftung des Managers im Konzern, S. 65 f.

[1115] Altmeppen, Die Haftung des Managers im Konzern, S. 63.

[1116] Insoweit gelten die gleichen Überlegungen, die bereits unter § 9 B. I. 2. a) aufgestellt worden sind.

[1117] Kropff, in: Münch. Komm. AktG, § 317 Rn. 8 mit weiteren Nachweisen; Mestmäcker, in: Festgabe für Heinrich Kronstein (1967), S. 129, 141; Möhring, in: Festschrift Wolfgang Schilling (1973), S. 253, 263.

schaft über die zu § 93 AktG geltenden Grundsätze für die Haftung bei fehlerhafter Organisation und Überwachung begründen. Das herrschende Unternehmen und dessen Vorstand müssten dann als „wie ein Organ Einfluss nehmendes“ Gremium auch wie ein Organ für mangelnde Organisation und Überwachung im Konzern der abhängigen Gesellschaft haften.

Eine andere Mindermeinung qualifiziert die Haftung aus § 317 AktG dagegen mit überzeugenden Argumenten als besondere Deliktshaftung. Die Vorschrift sei eine verschärfte Weiterentwicklung des § 101 AktG 1937, dem Vorgänger des heutigen § 117 AktG. Es handele sich nicht um eine Organhaftung, weil weder das herrschende Unternehmen noch seine Vertreter die Stellung eines Organs der abhängigen Gesellschaft und damit keine Leitungsmacht in Form eines Weisungsrechts hätten. Organ bleibe der Vorstand der abhängigen Gesellschaft. Eine Organhaftung lasse sich auch nicht über § 317 Abs. 2 AktG begründen, weil die Norm lediglich auf das Verhalten des Organs der abhängigen Gesellschaft Bezug nehme, um daran die Haftung des herrschenden Unternehmens und dessen gesetzlicher Vertreter zu knüpfen, nicht aber um eine Organstellung der Letzteren zu begründen.[1118] Diese Ansicht überzeugt nicht nur im Hinblick auf die historischen Wurzeln der Vorschrift, sondern auch auf die Stellung des Vorstands des herrschenden Unternehmens. Der Vorstand des herrschenden Unternehmens nimmt keine Organstellung bei der abhängigen Gesellschaft ein. Organ bleibt vielmehr deren Vorstand, der die Veranlassungen des herrschenden Unternehmens umzusetzen hat, selbst wenn die Vorschrift in ihrer Ausgestaltung § 93 AktG nachgebildet ist.

Folgt man dieser Ansicht, lässt sich eine Haftung des Vorstandes des herrschenden Unternehmens für Organisations- und Überwachungsdefizite über die Anwendung der Grundsätze, die Rechtsprechung und Literatur zur allgemeinen zivilrechtlichen Deliktshaftung aufgestellt haben, auf die deliktische Haftungsnorm des § 317 Abs. 3 begründen. Der BGH hat in seinem *Baustoff*-Urteil eine Garantenstellung des Geschäftsführers einer GmbH zum Schutz absoluter fremder Rechtsgüter „aus den ihm übertragenen organisatorischen Aufgaben“ bejaht. Grundsätzlich hafte der Geschäftsführer zwar nur gegenüber der eigenen Gesellschaft. Anderes gelte aber, „wenn mit den Pflichten aus der Organstellung gegenüber der Gesellschaft Pflichten einhergehen, die von dem Geschäftsführer

---

[1118] Baums, Der Geschäftsleitervertrag, S. 281 ff. mit einer historischen Darstellung; ähnlich Habersack, in: Emmerich/Habersack, Aktien- und GmbH-Konzernrecht, § 317 Rn. 11 a. E.

nicht mehr nur für die Gesellschaft zu erfüllen sind, sondern die ihn aus persönlichen Gründen auch gegenüber dem Dritten treffen." Im deliktischen Bereich könne dies bei Rechtsgütern der Fall sein, die deren Rechtsträger „der Einflusssphäre der Gesellschaft anvertraut haben." Aus der Zuständigkeit für die Organisation und Leitung und der daraus erwachsenden persönlichen Einflussnahme auf die Gefahrenabwehr und -steuerung könne eine solche Verantwortlichkeit erwachsen.[1119] Die Entscheidung ist zwar vielfach kritisiert worden, soweit die Haftung auf fahrlässige, mittelbare Verletzungshandlungen des Organs ausgedehnt werden soll. Aber auch in der Literatur mehren sich die Stimmen, die eine persönliche Haftung des Organs für Verkehrspflichtverletzungen gegenüber Dritten nicht gänzlich ausschließen.[1120]

Eine Übertragung der aufgestellten Grundsätze des BGH auf die Haftungsvorschrift des § 317 Abs. 3 AktG scheint grundsätzlich möglich: Dort wie hier handelt es sich um eine deliktische Haftung eines Organs gegenüber Dritten, im Falle des § 317 Abs. 2 AktG sogar um eine ausdrücklich gesetzlich angeordnete. Die abhängige Gesellschaft hat ihr Vermögen durch Begründung der faktischen Abhängigkeit auch der Einflusssphäre des herrschenden Unternehmens anvertraut oder zumindest anvertrauen müssen. Dem Vorstand des herrschenden Unternehmens eröffnet sich durch die Möglichkeit, die abhängige Gesellschaft zu nachteiligen Rechtsgeschäften beziehungsweise Maßnahmen im Namen des herrschenden Unternehmens zu veranlassen, eine persönliche Einflussnahme auf die abhängige Gesellschaft und deren Vermögen. Nun ließe sich hiergegen einwenden, dass das Vermögen der abhängigen Gesellschaft kein absolutes Rechtsgut ist, das von § 823 Abs. 1 BGB geschützt wird. Darauf kann es aber nicht ankommen. § 317 Abs. 3 AktG statuiert gerade eine Dritthaftung des Vorstands für Vermögensschäden, so dass man aus dieser Norm und aus § 317 Abs. 2 AktG eine Verkehrssicherungspflicht des Vorstands für das Vermögen der abhängigen Gesellschaft ableiten kann. Kann die abhängige Gesellschaft auf eine solche Pflicht des Vorstands wegen der Haftungsandrohung in § 317 AktG vertrauen, darf sich der Vorstand durch eine bloße Delegation der Ausübungsbefugnis für die Veranlassung nicht seiner Verantwortung entziehen. Die abhängige Gesellschaft hat keinen Einfluss darauf, wer sie zu nachteiligen Maß-

---

[1119] BGHZ 109, 297, 303.

[1120] Vgl. die Darstellung bei Wagner, in: Münch. Komm. BGB, § 823 Rn. 394 mit entsprechenden Nachweisen.

nahmen veranlasst, der Vorstand des herrschenden Unternehmens dagegen sehr wohl. Er hat deshalb auch durch geeignete Organisations- und Überwachungsmaßnahmen sicherzustellen, dass das ihm nachgeordnete Führungspersonal bei der Veranlassung nachteiliger Maßnahmen die Sorgfalt eines ordentlichen und gewissenhaften Geschäftsleiters (einer unabhängigen Gesellschaft) einhält.

Dies führt auch nicht zu einer uferlosen deliktischen Haftung des Vorstands für die Verletzung von Sorgfaltspflichten. Es bleibt dabei, dass der Vorstand oder besser das jeweils verantwortliche Vorstandsmitglied nur partiell für Organisations- und Leitungsmängel haftet, die pflichtwidrige Veranlassungen durch Angestellte ermöglichen. Diese Haftung droht § 317 Abs. 3 AktG an. Infolge der Delegation verschiebt sich allenfalls die Anknüpfung der Haftung. Anderenfalls wäre es ein Leichtes, sich aus der Haftungsverantwortung durch Delegation zu entziehen. Es ist deshalb sachgerecht, dass die zuständigen Vorstandsmitglieder für fehlerhafte Auswahl und Überwachung des nachgeordneten Führungspersonals, von dem die Veranlassungen ausgehen, haften. Es spricht insoweit nichts dagegen, die deliktische Außenhaftung, die § 317 Abs. 3 AktG androht, auf die Verletzung von Sorgfaltspflichten, die sich aus der Leitungs- und Überwachungsverantwortlichkeit ergeben, auszudehnen. Eine Fürsorgepflicht des herrschenden Unternehmens, für die das Organ einzustehen hat, dürfte grundsätzlich aus der gesellschaftsrechtlichen Verbindung zwischen Mutter- und Tochtergesellschaft herleitbar sein.

Die Haftung des herrschenden Unternehmens selbst ist unproblematisch. Es haftet ohnehin für Veranlassungen seiner operativen Führungskräfte aus § 317 Abs. 1 AktG, weil die Veranlassung von ihm ausgeht, wenn ein eigener Mitarbeiter die Weisung erteilt.

Haftungsdefizite mit Blick auf § 317 Abs. 3 AktG entstehen in der virtuellen Holding deshalb nicht. Neben dem Vorstand haftet das herrschende Unternehmen aus § 317 Abs. 1 AktG gegenüber der abhängigen Gesellschaft. Der Vorstand haftet gegenüber seiner „eigenen“ Gesellschaft aus § 93 Abs. 2 AktG wegen fehlerhafter Organisation und Überwachung.

II. Haftung der operativen Führungskräfte

1. Die Ausgangsfrage

Die Literatur, die die Spartenorganisation haftungsrechtlich als problematisch erachtet, hat mehrfach Überlegungen angestellt, die Haftung der Spartenleiter, die nicht gleichzeitig dem Vorstand angehören, auszuweiten, um das angebliche Defizit der Vorstandshaftung in divisional organisierten Unternehmen auszugleichen. Sie hat in diesem Zusammenhang eine „aktienrechtliche Lösung" diskutiert, indem sie Überlegungen zur Anwendbarkeit von § 117 AktG, § 93 AktG analog und § 30 BGB angestellt, im Ergebnis aber abgelehnt hat.[1121]

Auch wenn das angebliche Defizit der Vorstandshaftung nicht die Rolle spielt, wie von den Autoren behauptet,[1122] ist zu untersuchen, welche haftungsrechtlichen Konsequenzen die umfassende, weitgehend autonome operative Geschäftsführung für vorstandsexterne Führungskräfte hat. Dies gilt in besonderem Maße in der virtuellen Holding. Mit anderen Worten stellt sich die Frage, ob die „vorstandsähnliche" Kompetenz zur operativen Geschäftsführung mit einer entsprechenden Haftung korrespondiert. Als Anknüpfungspunkt für die Haftung der operativen Führungskräfte kommt in erster Linie der Arbeitsvertrag in Betracht.[1123] Kann man aus den arbeitsvertraglichen Pflichten der Führungskräfte bereits eine ausreichende Haftung bejahen, ist die Frage nach der analogen Anwendbarkeit von § 93 AktG von untergeordneter Bedeutung. Es läge dann nämlich kein Haftungsdefizit vor.

2. Arbeitsvertragliche Eigenhaftung

a) Meinungsstand der aktienrechtlichen Literatur

Die bisher erschienenen Abhandlungen, die sich mit den Haftungsfragen divisional organisierter Aktiengesellschaften befassen, lehnen eine strenge, den Anforderungen des § 93 AktG vergleichbare Haftung vorstandsexterner Spartenlei-

---

[1121] Vgl. die Ausführungen von Schwark, in: ZHR 142 (1978), S. 203, 219 f.; Wagner, Divisionalisierung in der unverbundenen Aktiengesellschaft und im Aktienkonzern, S. 68 ff.; Wendeling-Schröder, Divisionalisierung, Mitbestimmung und Tarifvertrag, S. 56 f.

[1122] Siehe oben § 9 B. I.

[1123] Diesen Ansatz wählt Schönbrod, Die Organstellung von Vorstand und Aufsichtsrat in der Spartenorganisation, S. 183.

ter aus dem Arbeitsvertrag ab.[1124] Arbeitsrechtlich sei es unzulässig, die arbeitsvertraglichen Schadensersatzpflichten auf das Niveau des § 93 AktG auszuweiten. Auch Arbeitsverhältnisse der leitenden Angestellten unterlägen Abhängigkeiten vom Arbeitgeber, die einer derart weitgehenden Haftung entgegenstünden.[1125] Im Gegenteil sei ein konkludent geschlossener „Haftungsbeschränkungsvertrag" anzunehmen, der die Haftung der leitenden Angestellten auf Grund leichter Fahrlässigkeit ausschließe, weil das unternehmerische Risiko der Unternehmer, nicht aber seine Angestellten zu tragen habe. Eine ausreichend sorgfältige Entscheidungsvorbereitung, verbunden mit einer akzeptablen Risikopräferenz schließe Schadensersatzansprüche der Gesellschaft aus positiver Forderungsverletzung des Anstellungsvertrags aus. Im Gegensatz zu dem durch § 93 Abs. 1 S. 1 AktG normierten hohen Sorgfaltsmaßstab sei das Ausmaß der erforderlichen Sorgfalt für angestellte Spartenleiter in erster Linie aus dem Anstellungsvertrag zu ermitteln, auch nach Hierarchieebenen zu differenzieren und nach den subjektiven Fähigkeiten zu modifizieren.[1126]

Schönbrod attestiert zwar, dass auch gemäß § 276 BGB ein abstrakt-objektivierter Fahrlässigkeitsmaßstab gelte. Deshalb hafte auch ein Spartenleiter bei Erfüllung seiner Geschäftsführungsaufgaben objektiv für diejenige Sorgfalt, die ein ordentlicher und gewissenhafter Spartenleiter typischerweise anzuwenden habe. Sowohl an Vorstandsmitglieder als auch an Mitglieder der zweiten Führungsebene seien auf Grund ihrer herausgehobenen Stellung „allerhöchste" Anforderungen in Bezug auf ihre Leistungsfähigkeit zu stellen. Die Anforderungen an die Qualifikation und Verantwortung von Vorstandsmitgliedern und Spartenleitern lägen sehr eng beieinander. Trotzdem sei entscheidend, dass

---

[1124] So Schönbrod, Die Organstellung von Vorstand und Aufsichtsrat in der Spartenorganisation, S. 183 ff.; Wagner, Divisionalisierung in der unverbundenen Aktiengesellschaft und im Aktienkonzern, S. 71; Wendeling-Schröder, Divisionalisierung, Mitbestimmung und Tarifvertrag, S. 57.

[1125] Wagner, Divisionalisierung in der unverbundenen Aktiengesellschaft und im Aktienkonzern, S. 71; Wendeling-Schröder, Divisionalisierung, Mitbestimmung und Tarifvertrag, S. 57, die sich unter anderem auf BAG, AP Nr. 60 und 80 zu § 611 BGB Haftung des Arbeitnehmers; Bieler, BB 1977, 1000 und Schaub, Arbeitsrechtshandbuch, § 52 VI 8 b, Rn. 86 berufen. Zum Begriff des leitenden Angestellten und dessen Bedeutung für haftungsrechtliche Verantwortung vgl. Sandmann, Die Haftung von Arbeitnehmern, Geschäftsführern und leitenden Angestellten, S. 500 ff. m. w. N. des arbeitsrechtlichen Meinungsstands.

[1126] Wagner, Divisionalisierung in der unverbundenen Aktiengesellschaft und im Aktienkonzern, S. 71 f.; vgl. auch v. Werder, Organisationsstruktur und Rechtsnorm, S. 260 f.

Vorstandsmitglieder immer in der Gesamtverantwortung für das ganze Unternehmen stünden, während sich die Pflichtenstellung der Spartenleiter auf ein Unternehmenssegment beschränke. Außerdem wendet *Schönbrod* ein, dass die Bestimmungen des § 93 Abs. 2 S. 2, Abs. 4 und 5 AktG nicht auf Spartenleiter anwendbar seien.[1127]

b) Stellungnahme

aa) Ausgangspunkt

Diese Ansicht überzeugt nicht. Es kommt nicht darauf an, ob § 93 AktG gesetzliche, organschaftliche oder vertragliche Sorgfaltspflichten regelt. Maßgeblich ist vielmehr folgende Überlegung. Statuiert § 93 Abs. 1 AktG einen besonderen Sorgfaltsmaßstab, der die Berufung auf diligentia quam in suis ausschließt, und damit einen objektiven, strengen und zwingenden Standard,[1128] so ist zu überlegen, ob sich ein ähnlich objektiver, strenger und zwingender Fahrlässigkeitsmaßstab aus § 276 BGB für leitende Angestellte aus deren Anstellungsvertrag ableiten lässt, wenn diese umfassende Geschäftsführungsaufgaben wahrnehmen.

Auch die Schlussfolgerung, die Haftung der Spartenleiter sei derjenigen des Vorstands nicht adäquat, weil sich die Verantwortung der Spartenleiter nur auf den jeweiligen Geschäftsbereich erstrecke, führt nicht dazu, ein Haftungsdefizit anzunehmen. Es besteht nämlich keine Notwendigkeit, die Haftung der Leiter der Unternehmensbereiche über die Verantwortung für den ihnen übertragenen eigenen Bereich hinaus auszudehnen. Hat der Vorstand nur die operative Geschäftsführungszuständigkeit delegiert, haften die Bereichsleiter auch nur für ihre operative Geschäftsführungsverantwortung. Deshalb ist es konsequent, dass jeder Bereichsleiter auch nur in dem Rahmen einer dem § 93 Abs. 2 AktG entsprechenden Haftung unterliegt, in dem er als Delegat Geschäftsführungsaufgaben wahrnimmt; denn jede darüber hinausgehende Haftung würde zu einem „Mehr“ an Haftung führen. Deshalb ist keine vollumfänglich den Anforderungen des § 93 AktG vergleichbare Haftung erforderlich, sondern eine partiel-

---

[1127] Schönbrod, Die Organstellung von Vorstand und Aufsichtsrat in der Spartenorganisation, S. 184 ff.

[1128] Vgl. hierzu (auch zur Historie) Baums, Der Geschäftsleitervertrag, S. 211, Fn. 6.

le, die der Verantwortung des jeweils wahrgenommenen Aufgabenbereichs entspricht.

Deshalb sind die arbeitsvertraglichen Sorgfaltspflichten der operativen Führungskräfte möglichst präzise festzulegen, um dann genauer die haftungsrechtlichen Konsequenzen festlegen zu können. Obliegen den operativen Bereichsleitern nach ihren Anstellungsverträgen nämlich Pflichten, die denjenigen der Vorstandsmitglieder entsprechen, kommt auch eine den Anforderungen des § 93 AktG entsprechende Haftung in Betracht.

bb) Sorgfaltspflichten operativer Führungskräfte

Die herrschende Ansicht in der arbeitsrechtlichen Literatur wendet die Grundsätze der Arbeitnehmerhaftung auch für leitende Angestellte an.[1129] Dieser Ansatz, nach dem auch die Regeln über den innerbetrieblichen Schadensausgleich anwendbar sind, könnte einer strengen, den Anforderungen des § 93 AktG vergleichbaren Haftung entgegenstehen. Nach anderer Ansicht sollen die Grundsätze des innerbetrieblichen Schadensausgleichs gerade nicht auf leitende Angestellte übertragbar sein.[1130] Allerdings ergeben die Stellungnahmen der arbeitsrechtlichen Literatur und Rechtsprechung, auch wenn die Mehrheit von einer Übernahme der Regeln über den innerbetrieblichen Schadensausgleich ausgeht, noch kein schlüssiges Gesamtkonzept. Deshalb ist es sinnvoll, zunächst nach Pflichtenkreisen der leitenden Angestellten zu differenzieren, um dann den Sorgfaltsmaßstab für die jeweiligen Pflichten festzulegen.[1131]

Sandmann differenziert mit Blick auf die Pflichten zwischen leitenden Angestellten in Stabsfunktionen und leitenden Angestellten in Linienfunktionen. Erstere haben nur beratende Funktion. Sie untersuchen bestimmte Bereiche und bereiten Entscheidungsvorschläge für eine geeignete Unternehmenspolitik vor.

[1129] BAG, AP Nr. 80 zu § 611 BGB Haftung des Arbeitnehmers; Bieler, BB 1977, 1000; Gamillscheg/Hanau, Die Haftung des Arbeitnehmers, S. 18 ff.; Gaul, Der Arbeitsvertrag mit Führungskräften, S. 213 ff.; Künzel, in: Kasseler Handbuch zum Arbeitsrecht, 2.1 Rn. 254; Richardi, in: Staudinger, BGB, § 611 Rn. 523; Schaub, WiB 1994, S. 227, 229.

[1130] Grüll, Handbuch für leitende Angestellte, Bd. I, S. 198; Fleck, in: Festschrift Marie Luise Hilger und Hermann Stumpf (1983), S. 197, 216; Kaiser AR-Blattei SD (1996), Nr. 70.2 Rn. 213 ff.

[1131] Sandmann, Die Haftung von Arbeitnehmern, Geschäftsführern und leitenden Angestellten, S. 535. Vgl. auch Martens, Das Arbeitsrecht der leitenden Angestellten, S. 113 ff.

Letztere treten auch nach außen auf, weil sie von ihnen selbst getroffene oder sonstige im Unternehmen getroffene Entscheidungen umsetzen.[1132] Legt man diese Differenzierung der Aufgabenverteilung in der virtuellen Holding zugrunde, sind alle operativen Führungskräfte leitende Angestellte in Linienfunktionen, wobei sich die Aufgabenbereiche nach planender und beratender Funktion, exekutiver Funktion und unternehmerischer Eigeninitiative unterscheiden.[1133]

Die planende und beratende Funktion ist mit den Aufgaben leitender Angestellten in Stabsfunktionen identisch. Der leitende Angestellte bereitet nur Entscheidungen der Geschäftsleiter vor. In diesen Fällen sollen die Regeln über den innerbetrieblichen Schadensausgleich grundsätzlich nicht anwendbar sein, wenn der Angestellte den Arbeitgeber fehlerhaft berät. Die Pflichten der leitenden Angestellten sind denen der Geschäftsführer angenähert.[1134] Trifft der leitende Angestellte selbständig unternehmerische Entscheidungen, werden die ihm obliegenden Pflichten ebenfalls weitgehend an denjenigen des Geschäftsführers angelehnt.[1135] Die unternehmerischen Entscheidungen sollen sich bei leitenden Angestellten in gleicher Weise wie beim Geschäftsleiter einer umfassenden Richtigkeitskontrolle entziehen.[1136] Zu den exekutiven Aufgaben zählen besonders die Umsetzung der Vorgaben durch Gesetz, Satzung und (bei der GmbH) Gesellschafterversammlung sowie die Kontrolle und Überwachung anderer Geschäftsführer (bei der GmbH) und der nachgeordneten Mitarbeiter.[1137] In diesem

---

[1132] Sandmann, Die Haftung von Arbeitnehmern, Geschäftsführern und leitenden Angestellten, S. 535 f.

[1133] Sandmann, Die Haftung von Arbeitnehmern, Geschäftsführern und leitenden Angestellten, S. 537.

[1134] BAG, AP Nr. 51 zu § 611 BGB Haftung des Arbeitnehmers, Fleck, in: Festschrift Marie Luise Hilger und Herrmann Stumpf (1983), S. 197, 216; Kaiser, AR-Blattei SD (1996), Nr. 70.2 Rn. 213 ff. Dem Grunde nach auch Martens, Das Arbeitsrecht der leitenden Angestellten, S. 120 ff.

[1135] Kaiser, AR-Blattei SD (1996) Nr. 70.2, Rn. 166 ff.; Martens, Das Arbeitsrecht der leitenden Angestellten, S. 116 ff.; Sandmann, Die Haftung von Arbeitnehmern, Geschäftsführern und leitenden Angestellten, S. 535.

[1136] Sandmann, Die Haftung von Arbeitnehmern, Geschäftsführern und leitenden Angestellten, S. 539. Hinsichtlich des unternehmerischen Ermessens bei Vorstandsentscheidungen vgl. BGHZ 135, 245, 253.

[1137] Sandmann, Die Haftung von Arbeitnehmern, Geschäftsführern und leitenden Angestellten, S. 537 f.

Bereich soll die einem leitenden Angestellten eingeräumte Selbständigkeit und seine Qualifikation Einfluss auf das Ausmaß seines Pflichtenkreises, seines Sorgfaltsmaßstabs und damit seiner Haftung haben. Der Arbeitnehmer könne sich nicht uneingeschränkt auf den Grundsatz berufen, dass das wirtschaftliche Risiko zu Lasten des Arbeitgebers gehe.[1138] Bei leitenden Angestellten müsse die im Verkehr erforderliche Sorgfalt im Sinne des § 276 BGB wesentlich höher angesetzt werden als bei sonstigen Arbeitnehmern.[1139]

Aus dem Gesagten ergibt sich, dass auch nach der arbeitsrechtlichen Rechtsprechung und Literatur strenge Anforderungen an die Sorgfaltspflicht leitender Angestellter zu stellen sind, wenn den leitenden Angestellten ein erhebliches Maß an Selbständigkeit bei der Erledigung ihrer Aufgaben zukommt. Diese Voraussetzung ist bei operativen Führungskräften in der virtuellen Holding regelmäßig erfüllt, weil sie die operative Geschäftsführung selbständig wahrnehmen, ohne dass der Vorstand in operative Entscheidungen der Unternehmensbereiche eingreift. Im Ergebnis kommt man auf diese Weise zumindest zu einer engen Annäherung der Sorgfaltspflichten leitender Angestellter an die Sorgfaltspflichten der Geschäftsführer.

Diese Überlegungen können dem Grunde nach auch auf die als virtuelle Holding organisierte Aktiengesellschaft übertragen werden. Es ist sinnvoll, den Sorgfaltsmaßstab, der den operativen Führungskräften obliegt, an denjenigen des § 93 Abs. 1 AktG anzunähern. Eine völlige Übereinstimmung ist nicht nötig, weil sich das Tätigkeitsfeld der operativen Führungskräfte nicht auf das gesamte Unternehmen bezieht, sondern auf ihren jeweiligen operativen Unternehmensbereich. Die Annäherung ist im Hinblick auf die Aufgabenstellung der operativen Führungskräfte gerechtfertigt. Sie nehmen nahezu die gesamte operative Geschäftsführung wahr, eine Aufgabe, die ihrem Inhalt und Umfang nach ausgesprochen anspruchsvoll ist und in anderen Unternehmen durch den Vorstand erledigt wird. Die Aufgaben haben also durchaus Vorstandsqualität. Jeder Spartenleiter trägt für seinen Unternehmensbereich die operative Verantwortung, soweit es sich nicht um außergewöhnliche Geschäfte handelt, die in die

---

[1138] BAG, AP Nr. 60 zu § 611 Haftung des Arbeitnehmers.

[1139] Boergen, MDR 1971, 178, 181; Gaul, Arbeitsrecht im Betrieb I, G III Rn. 7; Martens, Das Arbeitsrecht der leitenden Angestellten, S. 117, 122 f.; Sandmann, Die Haftung von Arbeitnehmern, Geschäftsführern und leitenden Angestellten, S. 550 f.

Zuständigkeit des Gesamtvorstands fallen.[1140] Auch mit Blick auf die persönliche und hierarchische Stellung der operativen Führungskräfte ist eine Annäherung an die Sorgfaltspflichten der Vorstandsmitglieder gerechtfertigt. Operative Führungskräfte sind in der Regel hoch qualifizierte Personen, die auch befähigt sind, ein Vorstandsmandat auszuüben. Oft wird es sich um Personen handeln, die später selbst in den Vorstand berufen werden[1141] oder sogar um Personen, die im Zuge einer Verkleinerung des Vorstands auf die zweite Führungsebene zurückkehren.[1142] Die operativen Führungskräfte führen aufgrund ihrer Qualifikation und ihrer Stellung im Unternehmen erhebliche Bereiche des Unternehmens in eigener Verantwortung. Es ist deshalb grundsätzlich nicht nur nicht zu beanstanden, sondern auch konsequent, dass diese Personen bei Wahrnehmung ihrer Geschäftsführungsverantwortung eine den Anforderungen des § 93 Abs. 1 AktG angenäherte Sorgfaltspflicht mit allenfalls graduellen Unterschieden trifft.[1143]

cc) Haftung operativer Führungskräfte

Haben die operativen Führungskräfte nun eine Verantwortung und eine Sorgfaltspflicht, die den Anforderungen des § 93 Abs. 1 AktG zumindest nahe kommt, stellt sich die Frage nach dem Umfang der arbeitsvertraglichen Haftung. Hinsichtlich der unternehmerischen Entscheidungen gilt sowohl für Vorstände und Geschäftsführer einerseits als auch für die operativen Führungskräfte andererseits, bezogen auf ihren Bereich, ein weiter Ermessensspielraum, der im Ergebnis dazu führt, dass eine Haftung ohnehin nur in Ausnahmefällen in Betracht kommt.[1144] Für die unternehmerischen Entscheidungen der Vorstands-

---

[1140] Siehe oben § 8 B. I.

[1141] Vgl. auch Schönbrod, Die Organstellung von Vorstand und Aufsichtsrat in der Spartenorganisation, S. 185.

[1142] So im Falle der Deutsche Bank AG, deren frühere Vorstandsmitglieder Jürgen Fitschen und Michael Philipp nach der Umstrukturierung als Global Business Heads und Mitglieder des Group Executive Committee fungieren: Vgl. Potthoff, Der Vorstand denkt – der Rest lenkt, in: Handelsblatt v. 01.02.2002, S. 2.

[1143] So im Ergebnis auch Schönbrod, Die Organstellung von Vorstand und Aufsichtsrat in der Spartenorganisation, S. 185. Vgl. auch Sandmann, Die Haftung von Arbeitnehmern, Geschäftsführern und leitenden Angestellten, S. 558.

[1144] Vgl. Martens, Das Arbeitsrecht der leitenden Angestellten, S. 116 ff.; Sandmann, Die Haftung von Arbeitnehmern, Geschäftsführern und leitenden Angestellten, S. 539.

mitglieder einer Aktiengesellschaft hat der BGH einen weiten Ermessenspielraum bejaht,[1145] so dass § 93 Abs. AktG für unternehmerische Entscheidungen ohnehin weitgehend bedeutungslos ist.

Im Bereich der exekutiven Entscheidungen dürfte es sinnvoll sein, einen Verstoß gegen strenge Sorgfaltspflichten mit einer entsprechend strengen Haftung zu sanktionieren. Das Handeln leitender Angestellter, hier also der operativen Führungskräfte, wird viel früher als leicht oder grob fahrlässig anzusehen sein als das Verhalten einfacher Angestellter. Das ergibt sich aus der höheren Qualifikation und der besseren Einsicht leitender Angestellter.[1146] Das zeigt, dass die operativen Führungskräfte grundsätzlich auch einer strengen Haftung unterliegen. Allerdings sollen die leitenden Angestellten dennoch nicht in gleicher Weise haften wie Geschäftsführer. Dies soll sich daraus ergeben, dass die leitenden Angestellten nur ausnahmsweise und nur auf schuldrechtlicher Grundlage Tätigkeiten wahrnehmen würden, die denen von Geschäftsführern gleich kommen. Außerdem erhielten die Angestellten anders als Geschäftsführer für ihre Tätigkeit im Normalfall keine Risikoprämie, die darauf schließen ließe, dass Ersterer im Verhältnis zum Arbeitgeber in vollem Umfang für die objektive Güte seiner Tätigkeit einstehen solle. Bei Geschäftsführern liege der Risikoanteil des Gehalts deutlich höher als bei leitenden Angestellten. Bei Letzteren sei deshalb davon auszugehen, dass sie wie andere Arbeitnehmer grundsätzlich nur für ihre Arbeitsleistung, nicht aber für die mit den beruflichen Tätigkeiten verbundenen Risiken entlohnt würden. Deshalb trage der Arbeitgeber das Risiko, dass ein leitender Angestellter als Arbeitnehmer bei Einhaltung der ihm zumutbaren Sorgfalt einen Schaden verursache. Deshalb seien auch die Regeln über den innerbetrieblichen Schadensausgleich auf leitende Angestellte anwendbar.[1147]

Diese Überlegungen müssten entsprechend auch für eine Haftung der operativen Führungskräfte gelten. Eine Haftung, die den Anforderungen des § 93 Abs. 2 AktG entspricht, wäre dann zu verneinen. Dennoch führen die Überle-

---

[1145] BGHZ 135, 244, 253.

[1146] BAG, AP Nr. 60 zu § 611 BGB Haftung des Arbeitnehmers; Martens, Das Arbeitsrecht der leitenden Angestellten, S. 117, 122 f.; Sandmann, Die Haftung von Arbeitnehmern, Geschäftsführern und leitenden Angestellten, S. 554.

[1147] Zum Ganzen: Sandmann, Die Haftung von Arbeitnehmern, Geschäftsführern und leitenden Angestellten, S. 555 f. mit weiteren Nachweisen.

gungen nicht zu einem Defizit an Haftung bei der Geschäftsführung durch operative Führungskräfte. Zum einen liegt in der virtuellen Holding ein Ausnahmefall vor, in dem die operativen Führungskräfte derart weitgehende, vorstandsähnliche Kompetenzen erhalten, die mit einer vergleichbaren vorstandsähnlichen Haftung korrespondieren müssen, so dass die Grundsätze über den innerbetrieblichen Schadensausgleich gerade nicht anwendbar sind. Auch die soziale Schutzwürdigkeit der Betroffenen kann bezweifelt werden.[1148] Denn erstens handelt es sich in international operierenden Großunternehmen um internationale Topmanager, die durchaus in der Lage sind, das Risiko ihrer Tätigkeit angemessen einzuordnen. Es wurde bereits dargelegt, dass im Fall der Deutsche Bank AG die Implementierung der virtuellen Holdingstruktur unter anderem gerade deshalb erfolgte, um internationale Spitzenmanager, denen das deutsche Vorstandsmodell fremd sei, für die Führungsriege der Bank gewinnen zu können.[1149] Wenn diese Personen aber genauso oder sogar besser qualifiziert sind als die Mitglieder des Vorstands, ist deren soziale Schutzbedürftigkeit wenig ausgeprägt, selbst wenn sie den Weisungen des Vorstands unterliegen.

Bei den operativen Führungskräften (den Global Business Heads) mit weltweiter eigener Ergebnisverantwortung handelt es sich somit nicht um den Typus leitender Angestellter im herkömmlichen Sinn, mit dem sich die arbeitsrechtliche Literatur und Rechtsprechung üblicherweise befassen.[1150] Hinzu kommt, dass auch das Argument der bloß arbeitsvertraglichen Begründung der Sorgfaltspflichten nicht zwingend ist. Denn auch mit Blick auf § 93 Abs. 2 AktG lässt sich, wie schon erwähnt, vertreten, dass es sich um eine vertragliche Haftung handelt.[1151] Im Ergebnis kann es aber nicht entscheidend darauf ankommen, ob die Haftung auf gesetzlichen, vertraglichen oder organschaftlichen Pflichtverstößen beruht. Deshalb ist es in der virtuellen Holding nicht überzeugend, die Regeln über den innerbetrieblichen Schadensausgleich auf operative Führungskräfte anzuwenden.

[1148] Vgl. auch BGH, VersR 1969, S. 474, 477, der in dem damaligen Fall bezweifelt hat, dass der Arbeitgeber gegenüber einem leitenden Angestellten in gleichem Maße zur Rücksicht verpflichtet ist wie gegenüber einem einfachen Arbeitnehmer.

[1149] Siehe oben § 2 D. IV.

[1150] Vgl. nur die Beispiele der Rechtsprechung bei Sandmann, Die Haftung von Arbeitnehmern, Geschäftsführern und leitenden Angestellten, S. 539 ff.

[1151] Siehe nur Baums, Der Geschäftsleitervertrag, S. 211 ff.

Unabhängig von diesen Überlegungen kann man den Ausführungen *Sandmanns* entnehmen, dass sich der Maßstab für die Haftung leitender Angestellter auch aus der Höhe des Gehalts und einer eventuell gezahlten Risikoprämie ergibt. Auch wenn die Grundsätze über die Arbeitnehmerhaftung grundsätzlich auf leitende Angestellte anwendbar sein sollen, besteht die Möglichkeit einer einzelvertraglichen Vereinbarung, dass der leitende Angestellte ein höheres Haftungsrisiko übernimmt. Die Grundsätze der Arbeitnehmerhaftung für leitende Angestellte sind abdingbar, wenn die Betroffenen eine außerordentlich gute Qualifikation besitzen. In diesen Fällen soll die Haftung in den Grenzen von § 138 Abs. 1 BGB auch auf den Bereich leichtester Fahrlässigkeit ausgedehnt werden können. Voraussetzung für eine Haftung des leitenden Angestellten für fahrlässiges Handeln ist die summenmäßige Begrenzung der Haftung oder die Zahlung einer angemessenen Risikoprämie durch das Unternehmen zusätzlich zu den sonstigen Bezügen des leitenden Angestellten. Die Haftungsbegrenzung muss in einem Bereich liegen, der es dem leitenden Angestellten ermöglicht, seinen Anteil aus seinem laufenden Gehalt zu begleichen, ohne dass die wirtschaftliche Existenz des Arbeitnehmers gefährdet wird. Ohne entsprechende Haftungsbegrenzung muss der leitende Angestellte eine Risikoprämie erhalten, die ihn in die Lage versetzt, sich ausreichend gegen Haftungsfälle zu versichern. Die Risikoprämie muss mit anderen Worten einer Versicherungsprämie entsprechen, die bei Vereinbarung einer Selbstbeteiligung im Rahmen einer D&O-Versicherung zu zahlen wäre.[1152]

Für die Haftung operativer Führungskräfte in der virtuellen Holding bedeutet dies, dass zwar die vertragliche Vereinbarung einer Haftungsbegrenzung nicht in Betracht kommt, um eine den Maßstäben von § 93 AktG entsprechende Haftung zu erreichen. Ein sinnvoller Weg liegt aber in der Zahlung einer Risikoprämie, die es den operativen Führungskräften ermöglicht, eine D&O-Versicherung abzuschließen oder im Abschluss einer solchen Versicherung durch die Gesellschaft für die Führungskräfte im Wege eines Vertrages zugunsten Dritter (§ 328 BGB). Auf diese Weise könnte man eine strenge Haftung der operativen Führungskräfte begründen, die den Anforderungen des § 93 AktG vergleichbar ist, selbst wenn man die Grundsätze über die Arbeitnehmerhaftung auf operative Führungskräfte in der virtuellen Holding anwenden will. Bei Lei-

---

[1152] Ausführlich zum Ganzen: Sandmann, Die Haftung von Arbeitnehmern, Geschäftsführern und leitenden Angestellten, S. 560 f.; zu Fragen der D&O-Versicherung vgl. Henssler, in: Gesellschaftsrecht 2001, S. 131 ff.

tern internationaler Unternehmensbereiche, die teilweise mehr verdienen als die Vorstände selbst, bestehen keine Bedenken, eine entsprechende Haftung zu bejahen.[1153]

Im Ergebnis kann also über die arbeitsvertragliche Vereinbarung den operativen Führungskräften ein höheres den Anforderungen des § 93 AktG vergleichbares Haftungsrisiko aufgebürdet werden, wenn ihnen ein angemessener Risikoausgleich bezahlt wird, mit dem sie eine D&O-Versicherung abschließen können. Unter Berücksichtigung dieser Umstände ergibt sich, dass in der virtuellen Holding keine mangelnde Haftung der operativen Führungskräfte vorliegt.

dd) Kein Erfordernis einer gesamtschuldnerischen Haftung

Leitende Angestellte unterliegen in der virtuellen Holding als operative Führungskräfte keiner gesamtschuldnerischen Haftung für Fehler der operativen Führungskräfte in anderen Unternehmensbereichen, die § 93 Abs. 2 S. 1 AktG für Vorstandsmitglieder statuiert. Es stellt sich die Frage, ob dies ein unüberwindbares Hindernis für die Einführung einer virtuellen Holding ist.

Dem lässt sich zum einen entgegen halten, dass an die Überwachungspflicht der Vorstandsmitglieder in der virtuellen Holding sehr hohe Anforderungen zu stellen sind, bei deren Verletzung die gesamtschuldnerische Haftung aller Vorstandsmitglieder gemäß § 93 Abs. 1 S. 1 AktG begründet ist. Zum anderen ist zu bezweifeln, ob eine gesamtschuldnerische Haftung der Vorstandsmitglieder (für die operative Geschäftsführung) im Ergebnis bei Großunternehmen auch tatsächlich einen effizienten Schutz des Gesellschaftsvermögens gewährleistet. Denn bei hohen Schäden aufgrund von besonders riskanten, das Gesellschaftsvermögen spürbar beeinträchtigenden Geschäften wird auch eine gesamtschuldnerische Haftung der Vorstandsmitglieder keinen tatsächlichen Ausgleich der Verluste gewährleisten. So ist zum Beispiel zu bezweifeln, dass vier Vorstandsmitglieder der Deutsche Bank AG einen Schaden der Gesellschaft in Milliardenhöhe aus ihrem Privatvermögen begleichen könnten. Der vorrangige Schutzzweck des § 93 AktG ist vor diesem Hintergrund eher in der Schadens-

---

[1153] Vgl. v. Hiller, „Die Deutsche Bank glänzt", Frankfurter Allgemeine Sonntagszeitung v. 02.05.2004, S. 41, wonach der der Leiter von „Global Markets" mit geschätzten 20 Millionen Euro pro Jahr mehr verdiene als der Vorstandssprecher Josef Ackermann.

prävention als im Schadensausgleich zu sehen.[1154] Schadensprävention lässt sich aber durchaus auch mittels einer strengen Haftungsandrohung für leitende Angestellte und für Vorstandsmitglieder erreichen, die nachgeordnete Führungsebenen nicht ausreichend überwachen.

Letztlich spricht auch folgende Überlegung gegen das Erfordernis einer gesamtschuldnerischen Haftung der operativen Führungskräfte oder der Vorstandsmitglieder für delegierte operative Geschäftsführungsaufgaben. Wenn die Aufgaben in zulässiger Weise delegiert worden sind, weil der Vorstand nicht als Gesamtorgan zu deren Wahrnehmung verpflichtet ist, dann besteht auch keine Notwendigkeit für eine vollständig den Anforderungen des § 93 AktG entsprechende Haftung. Eine gesamtschuldnerische Haftung der Vorstandsmitglieder ist nur dann erforderlich, wenn es sich um Aufgaben handelt, die der Vorstand oder eines seiner Mitglieder selbst wahrnehmen muss. Delegierbare und delegierte Geschäftsführungsaufgaben hat der Vorstand nur zu überwachen. Hieraus folgt, dass die Vorstandsmitglieder nur für die Überwachung aus § 93 Abs. 2 AktG haften. Die Delegaten haften nach den Maßstäben, die für leitende Angestellte gelten und soeben dargestellt wurden.

c) Ergebnis

Nach alldem bedarf es keiner analogen Anwendung der Regelung des § 93 Abs. 2 AktG auf die Haftung der operativen Führungskräfte in der virtuellen Holding. Eine vergleichbar strenge Haftung, die den Maßstäben des § 93 Abs. 2 AktG entspricht, lässt sich aus den arbeitsvertraglichen Pflichten der operativen Bereichsleiter herleiten.

3. Haftung für rechtsformübergreifende Weisungen

Nachdem geklärt ist, dass im Bereich der Innenhaftung der Vorstandsmitglieder und der operativen Führungskräfte kein Defizit besteht, drängt sich die Frage auf, ob für den Fall fehlerhafter rechtsformübergreifender Weisungen (§§ 308, 309 AktG) und Veranlassungen (§§ 311, 317 AktG) durch operative Führungskräfte auch eine Außenhaftung des Delegaten gegenüber den abhängigen Ge-

---

[1154] Zum Normzweck der Schadensprävention des § 93 AktG vgl. Baums, Der Geschäftsleitervertrag, S. 211; Hüffer, AktG, § 93 Rn. 1.

sellschaften aus § 309 Abs. 2 AktG analog beziehungsweise § 317 Abs. 3 AktG analog besteht.

a) § 309 Abs. 2 AktG analog

Ob der Delegat gemäß § 309 Abs. 2 AktG analog unmittelbar und persönlich der abhängigen Gesellschaft haftet, ist umstritten.

aa) Meinungsstand

Altmeppen befürwortet die analoge Anwendbarkeit von § 309 Abs. 2 AktG auf den Delegaten, wenn dieser die Sorgfaltspflicht aus § 309 Abs. 1 AktG verletzt. Er argumentiert, dass der vom Gesetzgeber unterstellte Regelfall in der Praxis an Bedeutung verloren habe. Die Weisungsbefugnis werde entgegen dem Wortlaut des § 309 AktG üblicherweise nicht von den gesetzlichen Vertretern des herrschenden Unternehmens, sondern von nachgeordnetem Personal ausgeübt.[1155] Nach dem Willen des Gesetzgebers solle derjenige Geschäftsführer, der Geschäfte der abhängigen Gesellschaft im Sinne des § 309 AktG führt, persönlich und unmittelbar der abhängigen Gesellschaft haften, damit die Gesellschaft den Anspruch eigenständig realisieren könne und den gesamten Schaden ersetzt bekomme. Deshalb sei die Haftung des Angestellten gegenüber der eigenen Gesellschaft aus dem Anstellungsvertrag nicht ausreichend. Da der gesetzliche Vertreter nicht für ein Verschulden des nachgeordneten Angestellten gemäß § 278 BGB hafte, ergebe sich eine Haftungslücke. Um diese Lücke zu schließen, sei die analoge Anwendung von § 309 AktG sachgerecht und geboten. Der nachgeordnete Angestellte, der das Weisungsrecht ausübt, habe dagegen kein schutzwürdiges Interesse, bei Verletzung der Sorgfalt des § 309 Abs. 1 AktG nur dem eigenen Unternehmen aus dem Anstellungsvertrag zu haften.[1156] § 309 AktG lasse sich nicht dadurch umgehen, dass man eine vorstandsexterne Person mit der Konzerngeschäftsführung beauftrage, die nach dem Wortlaut des § 309 AktG die Voraussetzungen der Haftung nicht erfülle, weil sie nicht gesetzlicher Vertreter sei. § 309 AktG begründe auch die persönliche Haftung desjenigen,

---

[1155] Altmeppen, Die Haftung des Managers im Konzern, S. 14; ders., in: Münch. Komm. AktG, § 308 Rn. 48.

[1156] Altmeppen, in: Münch. Komm. AktG, § 308 Rn. 49.

der die Aufgabe eines Konzerngeschäftsleiters übernommen habe, unabhängig davon, ob er gesetzlicher Vertreter ist oder nicht.[1157]

Die herrschende Meinung lehnt die Haftung leitender Angestellter aus § 309 Abs. 2 AktG analog dagegen ab. Für eine Haftung des Delegaten bestehe keine Notwendigkeit, weil die Delegation des Weisungsrechts nichts an der Haftung des gesetzlichen Vertreters des herrschenden Unternehmens ändere. Letzterer hafte gemäß §§ 309 Abs. 2 AktG, 278 BGB für die Ausübung von Weisungsrechten nachgeordneter Personen.[1158] Eine Haftung der Mitarbeiter selbst komme aus § 117 AktG oder wegen unerlaubter Handlung (§§ 823 Abs. 2 BGB i. V. m. § 266 StGB oder § 308 Abs. 1 S. 2 AktG, § 826 BGB) in Betracht.[1159]

bb) Stellungnahme

Zunächst ist zu überlegen, ob die Regelung des § 309 Abs. 2 AktG überhaupt analogiefähig ist. Nach dem Gesagten handelt es um eine eigene unmittelbare Haftung der gesetzlichen Vertreter des herrschenden Unternehmens wegen Verletzung der Pflichten des herrschenden Unternehmens aus dem Beherrschungsvertrag.[1160] Ordnet der Gesetzgeber ausdrücklich eine solche Haftung des Organs an, die mit entsprechenden Sorgfaltspflichten korrespondiert, ist eine analoge Anwendbarkeit der Vorschrift auf leitende Angestellte zweifelhaft. Zwar handelt es sich nicht um eine Organhaftung, sondern um Haftung wegen Vertragsverletzung, aber die durch das Gesetz angeordneten Pflichten rechtfertigen sich nur durch die herausgehobene Stellung des Vorstands als Organ im Verhältnis zum herrschenden Unternehmen. Das herrschende Unternehmen übt über § 308 AktG seine Leitungsmacht im Vertragskonzern aus. Als Vertreter des herrschenden Unternehmens bei Erteilung der Weisungen agieren zwar nicht nur dessen gesetzliche Vertreter, sondern auch leitende Angestellte. Der Vorstand bleibt aber für die Verletzung der Pflichten des herrschenden Unternehmens aus dem Beherrschungsvertrag gewissermaßen als „letzte Instanz“

[1157] Altmeppen, Die Haftung des Managers im Konzern, S. 14.

[1158] Emmerich, in: Emmerich/Habersack, Aktien- und GmbH-Konzernrecht, § 309 Rn. 26; Hüffer, AktG, § 309 Rn. 4.

[1159] Emmerich, in: Emmerich/Habersack, Aktien- und GmbH-Konzernrecht, § 309 Rn. 26; Koppensteiner, in: Kölner Komm. AktG, § 309 Rn. 24.

[1160] Siehe oben § 9 B. II. 2. a).

verantwortlich. Die Analogiefähigkeit der Vorschrift ist deshalb eher abzulehnen.

Ferner stellt sich die Frage, ob in der virtuellen Holding überhaupt die Notwendigkeit besteht, dass operative Führungskräfte analog § 309 Abs. 2 AktG haften. Gegen ein solches Erfordernis spricht, dass das herrschende Unternehmen gemäß § 278 BGB für das Verschulden seiner Angestellten haftet. Von primärem Interesse ist für die abhängige Gesellschaft auch die Haftung des herrschenden Unternehmens selbst.[1161] Bei ihr dürfte in der Regel mehr „zu holen" sein als bei einzelnen Vorstandsmitgliedern oder leitenden Angestellten, auch wenn dieser Grundsatz in der Insolvenz nicht mehr uneingeschränkt gilt. Ebenfalls gegen die analoge Anwendung von § 309 AktG spricht, dass in der virtuellen Holding strenge Anforderungen an die Kontroll- und Überwachungspflicht der Vorstandsmitglieder zu stellen sind. Die strengen Maßstäbe können auch oftmals eine mögliche fehlende Zurechnung des Verschuldens leitender Angestellter über § 278 BGB zu Lasten der einzelnen Vorstandsmitglieder substituieren, da in der virtuellen Holding ein Verstoß gegen die Auswahl-, Einweisungs- und Überwachungsverantwortung eher zu bejahen sein wird als in anderen Unternehmen.[1162]

Für die analoge Anwendung spräche allenfalls ein mögliches Haftungsdefizit, wenn der Delegat nur fahrlässig handelt; denn eine deliktische Haftung aus § 117 AktG, § 823 Abs. 2 BGB in Verbindung mit § 266 StGB oder aus § 826 BGB setzt vorsätzliches Handeln voraus. Weiter kann bloße Fahrlässigkeit den Vorstandsmitgliedern über § 278 BGB nicht zugerechnet werden. Können diese sich hinsichtlich ihrer Überwachungspflicht exkulpieren, würden sie ebenfalls nicht haften. Dennoch bliebe auch in diesem Fall die Haftung des herrschenden Unternehmens selbst gegenüber der abhängigen Gesellschaft bestehen. Außerdem gelten im Bereich der deliktischen Haftung bei fahrlässigen, mittelbaren Rechtsgutsverletzungen durch leitende Angestellte ähnliche Grundsätze wie für die entsprechende Haftung des Vorstands bei Übernahme einer Garantenpflicht gegenüber der abhängigen Gesellschaft, die bei der Erteilung von Weisungen im Vertragskonzern grundsätzlich zu bejahen ist.[1163] Auch insoweit kann die

---

[1161] Emmerich, in: Emmerich/Sonnenschein, Aktien- und GmbH-Konzernrecht, § 309 Rn. 20.

[1162] Vgl. oben § 9 B. I. 1. a) und 2. a).

[1163] Vgl. schon oben § 9 B. II. 2. b) für die Haftung nach § 317 Abs. 3 AktG und ferner ausführlich Wagner, in: Münch. Komm. BGB, § 823 Rn. 39 ff. mit weiteren Nachweisen.

Gesellschaft das persönliche Haftungsrisiko der operativen Führungskräfte durch Abschluss einer D&O-Versicherung begrenzen.

Auch das Problem, die Haftung des § 309 Abs. 2 AktG durch Delegation des Weisungsrechts zu umgehen, stellt sich nicht in der Schärfe, die *Altmeppen* befürchtet; denn die hohen Anforderungen an die Pflicht der Vorstandsmitglieder, ihre nachgeordneten operativen Führungskräfte zu überwachen, bleibt erhalten. Dies genügt, um die Vorstandsmitglieder präventiv zu einer sorgfältigen Wahrnehmung ihrer Pflichten anzuhalten. Ebenso ist die vertragliche Eigenhaftung der leitenden Angestellten gegenüber der eigenen Gesellschaft geeignet, um diese präventiv zur sorgfältigen Wahrnehmung des Weisungsrechts anzuhalten.

Aus diesen Gründen besteht keine Notwendigkeit, die operativen Führungskräfte einer Haftung aus § 309 Abs. 2 AktG analog zu unterwerfen.

b) § 317 Abs. 3 AktG analog

Aus ähnlichen Erwägungen ist auch eine Haftung der operativen Führungskräfte nach § 317 Abs. 3 AktG abzulehnen. Die Norm ordnet eine besondere Deliktshaftung der betroffenen Organmitglieder des herrschenden Unternehmens im faktischen Konzern an.[1164] Ihre analoge Anwendung auf operative Führungskräfte kommt nicht in Betracht. Zum einen bleibt es dabei, dass der Gesetzgeber eine Haftung explizit nur für die gesetzlichen Vertreter des herrschenden Unternehmens angeordnet hat, die sich aus ihrer herausgehobenen Stellung als Organ rechtfertigt.[1165] Zum anderen ergibt sich eine Deliktshaftung der leitenden Angestellten bei Veranlassung nachteiliger Weisungen auch aus allgemeinen Vorschriften. Neben einer solchen Haftung aus § 117 AktG, §§ 823 Abs. 2, 826 BGB ist auch hier an die Haftung für die Verletzung einer Garantenpflicht zu denken. Auch Arbeitnehmer können für die Verletzung solcher Pflichten im Außenverhältnis haften.[1166] Ist auf diese Weise eine deliktische Haftung der operativen Führungskräfte grundsätzlich begründbar, scheidet eine analoge Anwendung von § 317 Abs. 3 AktG auf diesen Personenkreis aus. Der Delegat übernimmt Geschäftsführungspflichten für das Unternehmen, bei dem

---

[1164] Siehe oben § 9 B. II. 2. b).

[1165] Ähnlich Kropff, in: Münch. Komm. AktG, § 317 Rn. 92 wenn auch mit anderem dogmatischen Ansatz (Organhaftung).

[1166] Vgl. Wagner, in: Münch. Komm. BGB, § 823 Rn. 396 m. w. N.

er angestellt ist, und wird – für ihn selbst erkennbar – gegenüber der abhängigen Gesellschaft tätig, indem er dieses zu nachteiligen Maßnahmen veranlasst.

Schließlich bleibt die Haftung der verantwortlichen Vorstandsmitglieder auch dann weitgehend erhalten, wenn Angestellte die abhängige Gesellschaft zu nachteiligen Rechtsgeschäften oder Maßnahmen veranlassen, weil Erstere sowohl für mittelbare Veranlassungen als auch für fehlerhafte Organisation und Überwachung der ihnen nachgeordneten Führungsebenen verantwortlich sind.[1167] Deshalb ist für die virtuelle Holding auch mit Blick auf § 317 Abs. 3 AktG kein Haftungsdefizit erkennbar.

C. Haftung der Mitglieder organexterner Führungsgremien

In der virtuellen Holding kann nicht nur die Delegation der operativen Geschäftsführung an dem Vorstand nachgeordnetes Führungspersonal haftungsrechtliche Fragen aufwerfen, sondern auch die Beteiligung organexterner Führungsgremien an der Vorstandsarbeit. Hinsichtlich der Haftung von Mitgliedern organexterner Führungsgremien gilt es zwischen solchen Mitgliedern, die zugleich dem Vorstand selbst angehören, und sonstigen Mitgliedern zu unterscheiden.

I. Haftung der Vorstandsmitglieder

Der für Vorstandsmitglieder geltende Sorgfaltsmaßstab ergibt sich, wie bereits ausgeführt, aus § 93 Abs. 1 S. 1 AktG. Dessen Nichteinhaltung kann zu Schadensersatzansprüchen der Gesellschaft gegen die Vorstandsmitglieder aus § 93 Abs. 2 AktG führen.

Daran ändert auch die Tätigkeit in einem organexternen Führungsgremium nichts. Die Art und Weise, wie der Vorstand seinen Aufgaben nachkommt, kann keine Auswirkung auf die Voraussetzungen der Haftung seiner Mitglieder für Pflichtverletzungen haben. Unabhängig von der Mitgliedschaft in einem fakultativ geschaffenen organexternen Führungsgremium bleiben die Betroffenen Mitglied des Vorstands und damit des Leitungsorgans der Gesellschaft. Auch die Vereinbarungen des Anstellungsvertrags regeln die Rechte und Pflichten der Betroffenen als Mitglied des Vorstands, nicht etwa als Mitglied eines Executive Committees. Der Sorgfalts- und Haftungsmaßstab des § 93 AktG kann durch

---

[1167] Siehe oben § 9 B. II. 2. b).

Schaffung eines organexternen Führungsgremien nicht umgangen werden (§ 23 Abs. 5 AktG). Das Gremium dient der arbeitsteiligen Vorbereitung von Vorstandsentscheidungen und der Erledigung von Geschäftsführungsaufgaben, die keinen Leitungscharakter im Sinne von § 76 Abs. 1 AktG haben.[1168] Vorstandsmitglieder haben bei der Leitung und Geschäftsführung der Gesellschaft aber immer die Sorgfalt eines ordentlichen und gewissenhaften Geschäftsleiters einzuhalten, unabhängig davon, ob sie dabei ein organexternes Führungsgremium als Hilfsgremium einschalten. Insbesondere können die Vorstandsmitglieder sich nicht mit der Begründung exkulpieren, vorstandsexterne Personen hätten an Entscheidungen des Committees mitgewirkt. Die Mitglieder des Vorstands bleiben für Entscheidungen, an denen sie selbst mitwirken, stets selbst nach Maßgabe des § 93 AktG verantwortlich.[1169]

Im Hinblick auf die Einhaltung des Sorgfaltsmaßstabs des § 93 Abs. 1 AktG kann die Implementierung organexterner Führungsgremien in folgender Hinsicht aber den Vorstandsmitgliedern zugute kommen. Teil der Sorgfaltspflicht der Vorstandsmitglieder ist die sorgfältige Vorbereitung unternehmerischer Entscheidungen.[1170] Die Vorbereitung von Vorstandsentscheidungen unternehmerischer, besonders strategischer Art kann eine der Hauptaufgaben organexterner Führungsgremien sein.[1171] Die Einbindung operativer und strategischer vorstandsexterner Führungskräfte hat gerade den Zweck, die Grundlagen für Vorstandsentscheidungen sorgfältig zu ermitteln. Diese enge und zugleich statutarisch-formal geregelte Konsultation soll unternehmerische Fehlentscheidungen schon im Vorhinein vermeiden helfen. Insoweit kann die Implementierung organexterner Führungsgremien auch der Einhaltung des Sorgfaltsmaßstabs des § 93 Abs. 1 AktG dienen.

[1168] Siehe dazu oben § 7 C III.

[1169] Vgl. auch oben § 7 V.

[1170] Lutter, GmbHR 2000, 301, 306; Wirth, in: Henze/Hoffmann-Becking (Hrsg.), Gesellschaftsrecht 2001, S. 99, 106.

[1171] Siehe oben § 7 C. III. 1. b) und c).

II. Haftung der sonstigen Mitglieder

1. Haftung aus § 93 AktG analog

Bleibt es für Vorstandsmitglieder, die zugleich einem organexternen Führungsgremium angehören, bei der Haftung aus § 93 AktG, stellt sich die Frage, ob für vorstandsexterne Führungskräfte, die ebenfalls dem Gremium angehören, auch die Vorschrift des § 93 Abs. 1 und 2 AktG analog gelten muss; denn im Unterschied zu sonstigen Führungskräften fassen die Mitglieder eines organexternen Führungsgremiums gemeinsam mit den Mitgliedern des Vorstands in statutarisch geregelter Form Beschlüsse.[1172]

Für die Publikums-KG, für die „normale" GmbH & Co. KG und für die GmbH wird vertreten, dass die Mitglieder fakultativer Beiräte neben ihrer vertraglichen Haftung auch einer Organhaftung unterliegen, wobei sich die Haftung nach den Vorschriften der §§ 93, 116 AktG analog richtet.[1173] *Voormann* spricht sich für eine Haftung der Mitglieder statutarischer Organe im Wege einer Gesamtanalogie gemäß §§ 93, 116 AktG, 43, 52 GmbHG, 34, 41 GenG aus.[1174] Diese Ansätze mögen in denjenigen Gesellschaften Sinn haben, in denen die Implementierung fakultativer Organe zulässig ist, die Aufgaben wahrnehmen, die denjenigen obligatorischer Organe in anderen Gesellschaften entsprechen. Werden etwa in einer GmbH & Co. KG oder in einer GmbH, die keinen obligatorischen Aufsichtsrat hat, Beiräte eingerichtet, welche die Geschäftsführung überwachen, ist es sinnvoll und zweckmäßig, dass die Mitglieder dieser Organe die Sorgfaltspflicht der §§ 116, 93 AktG analog zu beachten haben, weil einerseits kein diese Aufgaben wahrnehmendes obligatorisches Organ vorhanden ist und andererseits § 52 Abs. 1 GmbHG ausdrücklich auf §§ 116, 93 Abs. 1 und 2 AktG verweist.

Für die Aktiengesellschaft gelten diese Überlegungen aber gerade nicht. In der Aktiengesellschaft sind Gremien wie Executive Committees nämlich keine fa-

---

[1172] Vgl. oben § 7 C. V. 2. und VI.

[1173] Für die Publikums-KG: BGHZ 69, 207, 213, 220 f.; BGH WM 1977, 472, 473; Bälz, ZGR 1980, S. 1, 50; Grossfeld/Brondics, AG 1987, S. 293, 308; Hüffer, ZGR 1980, S. 320, 327;Hölters, DB 1980, S. 2225, 2228; für die GmbH: Heyder, in: Michalski, GmbHG, § 52 Rn. 424; Marsch-Barner/Diekmann, in: Münch. Hdb. GesR III, § 49 Rn. 28; differenzierend Mertens, in: Festschrift Walter Stimpel (1985), S. 417, 418.

[1174] Voormann, Der Beirat im Gesellschaftsrecht, S. 187 ff.

kultativen, statutarisch eingerichteten Organe, sondern Führungsgremien ohne Organcharakter, die zwar eng in die Entscheidungsfindung des Vorstands eingebunden sind, letztendlich aber nur Hilfsfunktion für die eigentlichen Vorstandsentscheidungen haben. Sie nehmen keine Aufgaben wahr, die dem Vorstand oder dem Aufsichtsrat zwingend obliegen. Legt man die obige Argumentation zugrunde, scheitert die analoge Anwendbarkeit von § 93 Abs. 1 und 2 AktG auf die vorstandsexternen Mitglieder organexterner Führungsgremien also daran, dass organexterne Führungsgremien, anders als in der GmbH und in den Personengesellschaften, wegen § 23 Abs. 5 AktG keine organschaftlichen Aufgaben wahrnehmen dürfen und deshalb nicht als Organ zu qualifizieren sind.[1175] Haben die betroffenen Personen aber nicht die gleichen Kompetenzen wie Vorstandsmitglieder, kann die analoge Anwendung von § 93 AktG nicht mit der Organstellung der Committee-Mitglieder begründet werden. Etwas anderes würde allenfalls gelten, wenn sie als faktisches Organ die organschaftlichen Befugnisse des Vorstands tatsächlich ausüben.[1176] Organexterne Führungsgremien sind aber gerade keine faktischen Organe, wenn sie aktienrechtlich zulässig ausgestaltet werden.

Abgesehen davon kommt es auch hier nur darauf an, ob die „einfachen" Mitglieder des Gremiums aus ihrem Anstellungsvertrag nach § 276 BGB einem objektiven, strengen und zwingenden Sorgfaltsmaßstab unterliegen, der dem des § 93 AktG entspricht und eine Berufung auf diligentia quam in suis ausschließt.[1177]

2. Arbeitsvertragliche Eigenhaftung

Die Mitglieder eines organexternen Führungsgremiums, die nicht gleichzeitig dem Vorstand der Gesellschaft angehören, sind zur Gruppe der leitenden Angestellten zu rechnen. Das ergibt sich schon aus der unternehmerischen Bedeutung der von ihnen wahrgenommen Aufgaben.[1178] Nach der Differenzierung *Sandmanns* dürften die einfachen Mitglieder eines organexternen Führungsgremiums

[1175] Siehe oben § 7 D.

[1176] Vgl. dazu Hopt, in: Großkomm. AktG, § 93 Rn. 49 f. m. w. N.

[1177] Hierzu sogleich § 9. C. II. 2. Vgl. auch schon oben § 9 B. II. 2. b).

[1178] Zum Begriff des leitenden Angestellten und dessen haftungsrechtlicher Relevanz vgl. Sandmann, Die Haftung von Arbeitnehmern, Geschäftsführern und leitenden Angestellten, S. 500 ff. m. w. N. des arbeitsrechtlichen Meinungsstands.

in der Regel als leitende Angestellte in Stabsfunktionen anzusehen sein. Sind sie auch operative Bereichsleiter, sind sie in dieser Funktion zugleich leitende Angestellte in Linienfunktion. Hat das organexterne Führungsgremium auch Entscheidungskompetenzen, nehmen die Committee-Mitglieder eine Stellung ein, die einer Linienfunktion entspricht.

Insofern kann bezüglich des arbeitsvertraglichen Sorgfalts- und Haftungsmaßstabs auf die Ausführungen zur Verantwortlichkeit operativer Führungskräfte verwiesen werden.[1179] Soweit die Mitglieder des Committees planend und beratend tätig sind, sind die Grundsätze über den innerbetrieblichen Schadensausgleich nicht anwendbar, wenn sie den Vorstand fehlerhaft beraten. Ihre Pflichten sind denen der Geschäftsleiter angenähert. Haftungsverschärfend wirkt auch die besondere fachliche Qualifikation der leitenden Angestellten.[1180] Dieser strenge Sorgfaltsmaßstab gilt auch bei unternehmerisch bedeutenden Entscheidungen, die das Gremium trifft. Die Mitglieder eines organexternen Führungsgremiums sind in großen Untenehmen internationale Spitzenführungskräfte, an die ein außerordentlich hoher Sorgfaltsmaßstab angelegt werden kann, der sich nicht oder allenfalls marginal vom Sorgfaltsmaßstab des § 93 AktG unterscheidet. Es besteht insoweit kein Bedürfnis für einen Rückgriff auf § 93 AktG. Auch im Rahmen des § 276 Abs. 1 BGB gilt ein auf die allgemeinen Verkehrsbedürfnisse ausgerichteter objektiv-abstrakter Sorgfaltsmaßstab.[1181] Bei Mitgliedern eines organexternen Führungsgremiums, das hierarchisch unmittelbar unter dem Vorstand steht und dem sogar Mitglieder des Vorstands angehören, kann der objektiv-abstrakte Sorgfaltsmaßstab nur sehr hoch sein. Denn Mitglied eines solchen Gremiums werden in aller Regel hoch qualifizierte Führungskräfte, die bei längerer Unternehmenszugehörigkeit auch die Perspektive haben dürften, in den Vorstand aufzurücken. Im Ergebnis gelangt man deshalb auch über § 276 Abs. 1 BGB und den Arbeitsvertrag zu einem Sorgfaltsmaßstab, der dem des § 93 Abs. 1 AktG vergleichbar ist.

Für die Haftung der einfachen, nicht auch dem Vorstand angehörenden Mitglieder eines organexternen Führungsgremiums gelten die gleichen Grundsätze, die

---

[1179] Vgl. oben § 9 B. II. 2.

[1180] Boergen, MDR 1971, S. 178, 181 f.

[1181] RGZ 68, 422, 423; BGHZ 39, 281, 283; 106, S. 323, 330; Grundmann, in: Münch. Komm. BGB, § 276 Rn. 55; Heinrichs, in: Palandt, BGB, § 276 Rn. 15; Wolf, in: Soergel, BGB, § 276 Rn. 39.

bereits für die Haftung der operativen Führungskräfte aufgestellt worden sind.[1182] Zumindest in den Fällen, in denen den Mitgliedern des Gremiums eine angemessene Risikoprämie gezahlt wird, damit diese eine D&O-Versicherung abschließen können, kann kein haftungsrechtliches Defizit festgestellt werden, wenn vorstandsexterne Personen in Executive Committees den Vorstand beraten, unternehmerisch bedeutende Entscheidungen vorbereiten und gegebenenfalls selbst darüber entscheiden, soweit es sich nicht um Leitungsentscheidungen handelt.

III. Haftung bei Mehrheitsbeschlüssen

Haftungsrechtlich ist schließlich zu berücksichtigen, dass in Beiräten keine Zurechnung des Verschuldens der einzelnen Mitglieder untereinander stattfindet, weil die Beiratsmitglieder untereinander in keiner besonderen Rechtsbeziehung stehen.[1183] Dies ist dann von Bedeutung, wenn nicht alle Beiratsmitglieder an einer Abstimmung teilnehmen oder zumindest nicht alle einem Beschluss zustimmen. Mehrheitsbeschlüsse binden die überstimmten Beiräte, soweit Mehrheitsbeschlüsse zulässig sind.[1184] Wurde ein Beiratsmitglied überstimmt, kann es wegen der Mitwirkung an der Abstimmung nicht zur Verantwortung gezogen werden. Das betroffene Mitglied hat vor der Abstimmung aber auf seine Bedenken gegen den Beschluss hinzuweisen, um Nachteile von der Gesellschaft abzuwenden. Welche Maßnahmen erforderlich sind, ist eine Frage des Einzelfalls und richtet sich nach der Bedeutung des Beschlussgegenstands.[1185]

Ähnliches gilt auch bei Executive Committees in Aktiengesellschaften. Die Mitglieder des Vorstands, die auch dem Executive Committee angehören, unterliegen ohnehin den Sorgfaltsanforderungen des § 93 Abs. 1 AktG und haften deshalb nach allgemeinen Grundsätzen auch für Vorschläge und Beschlüsse, die einfache Committee-Mitglieder mitgetragen haben. Dies gilt auch dann, wenn ein einzelnes Mitglied den Beschluss nicht mitträgt, aber nicht in ausreichender Weise auf seine Bedenken hingewiesen hat und zumindest versucht hat, den

---

[1182] Vgl. oben § 9 B. II. 2.

[1183] U. H. Schneider, DB 1973,S. 953, 956; Sonnenberger, GmbHR 1973, S. 25, 29; Voormann, Der Beirat im Gesellschaftsrecht, S. 195.

[1184] Voormann, Der Beirat im Gesellschaftsrecht, S. 195. Zu den besonderen Anforderungen an die Beschlüsse von Executive Committees vgl. oben § 7 C. V. 2.

[1185] Voormann, Der Beirat im Gesellschaftsrecht, S. 195.

Beschluss zu verhindern. Allerdings haften umgekehrt die einfachen Mitglieder eines organexternen Führungsgremiums nicht für Entscheidungen der Vorstandsmehrheit, an denen sie nicht mitgewirkt haben oder bei denen sie überstimmt worden sind, da sie insoweit dem Weisungsrecht des Vorstands unterliegen und wie einfache Arbeitnehmer zu behandeln sind.[1186]

D. Zusammenfassung

Delegiert der Vorstand aktienrechtswidrig Leitungsaufgaben auf einen vorstandsinternen Zentralausschuss oder auf nachgeordnete Führungsebenen, haften die Vorstandsmitglieder für die fehlerhafte Delegation. Haftungsmaßstab ist dabei die Regelung des § 93 AktG. Die fehlerhafte Aufgabendelegation führt nicht zu einer Haftungsverschiebung.

Die Delegation der operativen Geschäftsführung auf dem Vorstand nachgeordnete Führungsebenen hat zur Folge, dass sich die Verantwortung und Haftung der Vorstandsmitglieder auf eine sorgfältige Auswahl, Einweisung und Überwachung der Bereichsleiter reduziert. Dadurch entsteht in der virtuellen Holding kein gravierendes Haftungsdefizit. Weder muss die divisionale Organisationsstruktur bis in den Vorstand durchgezogen sein, noch muss das Handeln der Bereichsleiter über § 278 BGB zugerechnet werden. Geschäftsherr ist die Gesellschaft selbst, nicht dagegen der Vorstand. Das Defizit der Haftung der Vorstandsmitglieder, das durch die Delegation des operativen Geschäfts entsteht, muss durch erhöhte Anforderungen an die Sorgfalt und einen strengeren Haftungsmaßstab bei der Überwachung der Bereichsleiter wieder ausgeglichen werden. Davon abgesehen genießt das Interesse der Gläubiger keinen Vorrang gegenüber den übrigen aktienrechtlich geschützten Interessen. Ist eine virtuelle Holdingstruktur für die übrigen Interessen, insbesondere das Unternehmensinteresse, gegenüber einer konventionellen Organisationsstruktur vorteilhaft, sind Einschränkungen oder besser Verschiebungen bei der Haftung der einzelnen Vorstandsmitglieder hinzunehmen. Die gleichen Grundsätze gelten entgegen der herrschenden Meinung für die Haftung der Vorstandsmitglieder für fehlerhafte Weisungen aus §§ 309 Abs. 2, 317 Abs. 3 AktG. Die Vorstandsmitglieder haften bei fehlerhaften Weisungen nachgeordneten Führungspersonals nicht für

---

[1186] Vgl. in diesem Zusammenhang auch Voormann, Der Beirat im Gesellschaftsrecht, S. 196, der darauf abstellt, ob der Beirat verpflichtet ist, die Weisungen anderer Gesellschaftsorgane zu befolgen.

deren Verschulden. Sie haften nur für eigenes Verschulden für fehlerhafte Auswahl, Einweisung und Überwachung der operativen Geschäftsleiter. Geschäftsherr ist hinsichtlich der Weisungen das herrschende Unternehmen, weil es Partei des Beherrschungsvertrags ist. Nur ihm wird das Verschulden nachgeordneter Führungskräfte über § 278 BGB zugerechnet. Im faktischen Konzern kommt eine Zurechnung fehlerhafter Weisungen über § 278 BGB wegen des Fehlens eines Beherrschungsvertrags von vornherein nicht in Betracht. Der Vorstand haftet aber für eigenes Überwachungsverschulden gegenüber der abhängigen Gesellschaft und der eigenen Gesellschaft. Darüber hinaus haftet das herrschende Unternehmen gegenüber der abhängigen Gesellschaft.

Auch die Haftung der operativen Führungskräfte, die nicht zugleich Vorstandsmitglieder sind, für die von ihnen wahrgenommenen Aufgaben weist keine Defizite auf. Um eine angemessene Haftung zu begründen, bedarf es keiner analogen Anwendung von § 93 AktG. Eine den Anforderung von § 93 AktG vergleichbare Haftung ergibt sich aus den Arbeitsverträgen der operativen Bereichsleiter. Die operativen Führungskräfte treffen selbständig unternehmerische Entscheidungen. Ihre Funktion und ihre Pflichten sind denen der Vorstandsmitglieder deshalb weitgehend angenähert. Sie sind keine klassischen Arbeitnehmer. Die operativen Bereichsleiter nehmen „vorstandsähnliche" Aufgaben wahr. Der Sorgfaltsmaßstab, der den operativen Bereichsleitern obliegt, entspricht deshalb weitgehend dem des § 93 AktG. Dies gilt in ähnlicher Weise auch für den Maßstab der Haftung operativer Führungskräfte. Zum einen ist es nicht überzeugend, die Grundsätze über den innerbetrieblichen Schadensausgleich auf operative Bereichsleiter anzuwenden, weil es sich bei ihnen nicht um den typischen leitenden Angestellten im herkömmlichen Sinne handelt. Zum anderen sind auch die Höhe des Gehalts und eventuell gezahlte Risikoprämien bei der Bestimmung des Haftungsmaßstabs zu berücksichtigen. Es besteht die Möglichkeit einer einzelvertraglichen Vereinbarung, nach der die operativen Führungskräfte ein höheres Haftungsrisiko übernehmen. Ein sinnvoller Weg liegt in der Zahlung einer Risikoprämie, die es den operativen Führungskräften ermöglicht, eine D&O-Versicherung abzuschließen. Eine gesamtschuldnerische Haftung der operativen Bereichsleiter ist nicht erforderlich. Im Konzern besteht weder ein Bedürfnis, die leitenden Angestellten einer unmittelbaren Außenhaftung aus §§ 309 Abs. 2, 317 Abs. 3 AktG analog zu unterwerfen noch sind die Normen ihrer Struktur nach überhaupt analogiefähig. Eine derartige Haftung der leitenden Angestellten ist für die abhängige Gesellschaft nur von untergeordnetem Interesse. Zum einen haftet das herrschende Unternehmen selbst für fehlerhafte Weisungen der eigenen Mitarbeiter gegenüber der abhängigen Gesellschaft; zum anderen bleibt es bei der strengen Haftung der Vorstandsmitglieder für fehlerhafte Auswahl, Einweisung und Überwachung der operativen Bereichsleiter.

Für die Haftung der Mitglieder organexterner Führungsgremien gilt, dass die Vorstandsmitglieder nach § 93 Abs. 2 AktG haften. Der Sorgfaltsmaßstab für ihre Tätigkeit in dem Gremium richtet sich nach § 93 Abs. 1 S. 1 AktG. Die sonstigen Mitglieder des Gremiums, die nicht gleichzeitig dem Vorstand angehören, haften nicht gemäß § 93 AktG analog. Der ihnen obliegende Sorgfalts- und Haftungsmaßstab wird aus den Pflichten des Arbeitsvertrags hergeleitet und konkretisiert. Hier gelten die gleichen Grundsätze wie bei der Haftung sonstiger operativer Führungskräfte in der virtuellen Holding. Die Grundsätze über den innerbetrieblichen Schadensausgleich gelten nicht uneingeschränkt. Den Mitgliedern des Gremiums kann eine angemessene Risikoprämie gezahlt werden, mit denen sie ihre Haftungsrisiken versichern können. Im Hinblick auf die Haftung bei Mehrheitsbeschlüssen ist zu differenzieren. Die Vorstandsmitglieder, die dem organexternen Führungsgremium angehören, haften auch für Vorschläge und Beschlüsse, die einfache Mitglieder des Committees mitgetragen haben. Umgekehrt haften die einfachen Mitglieder nicht für Beschlüsse, bei denen sie durch die Vorstandsmehrheit überstimmt worden sind, weil sie insoweit dem Weisungsrecht des Vorstands unterliegen und deshalb wie einfache Arbeitnehmer zu behandeln sind.

§ 10 Zusammenfassung und Ergebnisse der Untersuchung

Die virtuelle Holding ist (im weiten Sinn) eine rechtlich selbständige, divisional organisierte Gesellschaft mit mehreren rechtlich unselbständigen Unternehmensbereichen, die für das operative Geschäft der Gesellschaft zuständig sind. In die Unternehmensbereiche können rechtlich selbständige Tochtergesellschaften integriert werden. Die Zuständigkeit des Vorstands der virtuellen Holding oder eines Vorstandsausschusses beschränkt sich auf die strategische Führung der Gesellschaft beziehungsweise des Konzerns, die Überwachung der operativen Unternehmensbereiche sowie deren Koordination im Interesse des Gesamtunternehmens. Dieses strategisch verantwortliche Gremium, das heißt den Vorstand oder einen Vorstandsausschuss, kann man als virtuelle Holding im engen Sinn bezeichnen.[1187] Die virtuelle Holding unterscheidet sich von der klassischen reinen Management-Holding dadurch, dass strategische Leitung und operative Geschäftsführung in einer Gesellschaft wahrgenommen, gleichwohl aber durch organisatorische Maßnahmen deutlich voneinander getrennt werden.

Die Implementierung einer virtuellen Holding kann unterschiedlich motiviert sein. Es kann darum gehen, effiziente und transparente Führungsstrukturen zu schaffen und interne Kosten zu senken. Die virtuelle Holding bietet die Möglichkeit, die Vorteile einer Holdingstruktur zu nutzen, ohne gleichzeitig die Nachteile zu erleiden, die aus der Gründung rechtlich selbständiger Tochtergesellschaften resultieren. Die ist vor allem im Bankwesen von Bedeutung, weil dort die Gründung von Tochtergesellschaften wegen der bankaufsichtsrechtlichen Eigenkapitalvorschriften sehr teuer sein kann. Gleichzeitig kann es darum gehen, die Erwartungen internationaler Investoren zu befriedigen, denen das deutsche Aktienrecht fremd ist. Ein anderer Grund kann darin liegen, die Motivation der Führungskräfte zu steigern.[1188]

Die untersuchten virtuellen Holding-Modelle von Deutsche Bank AG, HVB Group und Siemens AG haben gezeigt, dass man zwischen zwei Varianten der virtuellen Holding differenzieren kann. Das „Deutsche Bank-Modell" zeichnet sich dadurch aus, dass die Zuständigkeit für die strategische Führung beim Gesamtvorstand bleibt. Die Zuständigkeit für die operative Geschäftsführung ist auf dem Vorstand nachgeordnete Führungsebenen delegiert worden. Strategi-

[1187] § 2 C. II.

[1188] § 2 D.

sche und operative Führung sind personell und organisatorisch getrennt. Als Schnittstelle von strategischer und operativer Führung fungiert nicht mehr der Vorstand, sondern das Group Executive Committee der Deutsche Bank AG. Beim „HVB/Siemens-Modell“ ist die strategische Führung auf einen zentralen Vorstandsausschuss (Zentralvorstand) übertragen worden. Der Gesamtvorstand und die einfachen Vorstandsmitglieder, die dem zentralen Ausschuss nicht angehören, bleiben für das operative Geschäft der Gesellschaft zuständig. Ein dem Group Executive Committee vergleichbares organexternes Führungsgremium gibt es bei diesem Modell nicht.[1189]

Die divisionale Unternehmensorganisation oder Spartenorganisation ist mit dem geltenden Aktienrecht grundsätzlich vereinbar. Entscheidend für die aktienrechtliche Zulässigkeit divisional organisierter Unternehmen ist die richtige statutarische und praktische Ausgestaltung der Kompetenzen von Vorstand, Aufsichtsrat und der nachgeordneten Führungsebenen. Dem Aktiengesetz liegt kein Leitbild der funktionalen Unternehmensorganisation zugrunde. Der gemeinsame Zweck der Gesellschaft wird durch eine divisionale Organisation nicht beeinträchtigt.[1190] Aktienrechtlich ist erforderlich, dass die Zuständigkeit des Gesamtvorstands für Leitungsaufgaben auch bei einer divisionalen Vorstands- und Unternehmensorganisation erhalten bleibt. Die Grundsätze der Gesamtverantwortung und der Gleichberechtigung aller Vorstandsmitglieder stehen einer divisionalen Geschäftsverteilung sowie der Einrichtung divisional organisierter Unternehmensbereiche nicht entgegen, solange eine funktionierende vorstandsinterne Überwachung und eine ausreichende Kontrolle der nachgeordneten Führungsebenen gewährleistet ist.[1191] Die Stellung des Aufsichtsrats wird durch eine divisionale Organisation ebenfalls nicht in unzulässiger Weise beeinträchtigt. Überwachungs-, Beratungs-, Mitentscheidungs- und Personalkompetenz des Aufsichtsrats bleiben gewahrt, wenn keine Leitungsaufgaben an nachgeordnete Führungsebenen delegiert werden. Hängen Inhalt und Struktur der Vorstandsressorts und die Unternehmensorganisation voneinander ab, besteht eine konkurrierende Zuständigkeit von Vorstand und Aufsichtsrat zur Einrichtung der divisionalen Organisation: die Einrichtung divisionaler Vorstandsressorts ist eine Frage der Geschäftsordnung, für die der Aufsichtsrat primär zuständig ist,

---

[1189] § 3.

[1190] § 4 B. I. – II.

[1191] § 4 B. IV. 1.

während die Organisation des Unternehmens unterhalb der Vorstandsebene zur Geschäftsführungskompetenz des Vorstands rechnet.[1192] Hauptversammlungskompetenzen und aktienrechtlich geschützte Interessen werden durch eine divisionale Unternehmensorganisation als solche nicht beeinträchtigt.[1193]

Das Aktiengesetz regelt nicht ausdrücklich, welche Aufgaben zu den nicht delegierbaren Leitungsaufgaben rechnen. Aus § 76 Abs. 1 AktG ergibt sich nicht nur ein Leitungsrecht, sondern auch eine Leitungspflicht des Vorstands. Zu den Leitungsaufgaben in der Aktiengesellschaft gehören nach allgemeiner Ansicht die durch gesetzliche Regelung dem Vorstand zugewiesenen Aufgaben, Entscheidungen und Maßnahmen, die originären Führungsfunktionen (Unternehmensplanung, Unternehmenskoordination, Unternehmenskontrolle und die Besetzung der Führungspositionen), außergewöhnliche Geschäfte sowie gewöhnliche Geschäfte mit präjudizieller Bedeutung für Leitungsentscheidungen. Die Vorbereitung und Ausführung von Leitungsaufgaben kann an einzelne Vorstandsmitglieder oder nachgeordnete Führungsebenen delegiert werden.[1194] Die Auslegung des Aktiengesetzes führt nicht zu einer genaueren Bestimmung des Begriffs der Leitungsaufgaben. Das Gesetz macht hierzu keine Vorgaben. In großen Unternehmen sollte der Begriff eng ausgelegt und auf einen unverzichtbaren Kern von Aufgaben reduziert werden, um den Vorstand personell und organisatorisch nicht mit einer Vielzahl vergleichsweise unwichtiger Aufgaben zu überlasten. Mit der betriebswirtschaftlichen These der Wachstumstheorie ist davon auszugehen, dass der Vorstand mit zunehmender Unternehmenskomplexität möglichst viele Aufgaben delegieren dürfen muss. Hinsichtlich der delegierten Aufgaben trifft den Vorstand eine Überwachungspflicht.[1195]

In der virtuellen Holding obliegt dem Vorstand – ähnlich wie in der Management-Holding – die Wahrnehmung der unternehmensbereichsübergreifenden Leitungsaufgaben, während unternehmensbereichsspezifische Aufgaben an nachgeordnete Führungsebenen delegiert werden können. Zu den Leitungsaufgaben gehört das Formulieren der Unternehmensziele und –strategien, das Festlegen von Zielen und Strategien der operativen Unternehmensbereiche, die

---

[1192] § 4 B. IV. 2.

[1193] § 4 B. IV. 3. und V.

[1194] § 5 B. I. – IV.

[1195] § 5. B. V.

Zielkontrolle, die Ressourcenallokation, die Koordination und Integration des Gesamtunternehmens sowie die Motivation der nachgeordneten Führungsebenen. Zu den delegierbaren Aufgaben der einzelnen Unternehmensbereiche zählt die Umsetzung der strategisch formulierten Ziele in quantifizierte Maßnahmen (operative Planung). Die Unternehmensbereiche können diese Aufgaben organisatorisch weitgehend autonom wahrnehmen, unterliegen rechtlich aber den Weisungen des Vorstands. Dem Vorstand obliegt die Kontrolle, ob die vorgegebenen strategischen Ziele in den Unternehmensbereichen eingehalten werden. Der Vorstand bleibt außerdem auch in der virtuellen Holding für die Entscheidung über außergewöhnliche operative Geschäfte zuständig. Er muss deshalb sicherstellen, dass die nachgeordneten Unternehmensbereiche über solche außergewöhnlichen operativen Geschäfte nicht selbst entscheiden, wenn er zuvor die operative Geschäftsführung delegiert hat. Dazu bedarf es bestimmter Rahmenvorgaben, die die Vornahme von Geschäften durch die nachgeordneten Führungsebenen außerhalb bestimmter Größenordnungen untersagen, und einer effizienten Überwachung der Unternehmensbereiche.[1196]

Die Vorstände der untersuchten virtuellen Holding-Modelle sind entweder funktional oder matrix-förmig organisiert. Beide Arten der Vorstandsorganisation sind grundsätzlich aktienrechtskonform. Sie sind mit den Grundsätzen der Gesamtverantwortung und der Gleichberechtigung aller Vorstandsmitglieder vereinbar. Operative Kompetenzen haben nicht von vornherein ein geringeres Gewicht als funktionale Zuständigkeiten. Wegen der weitgehenden Delegation der operativen Geschäftsführung besitzt die Selbstkontrolle des Vorstands ein besonderes Gewicht. Dies gilt auch für die Überwachung nachgeordneter Führungsebenen. Diese dem Vorstand obliegenden Überwachungsaufgaben kann die Überwachung durch den Aufsichtsrat aber nur ergänzen. Erforderlich ist in der virtuellen Holding ein System der gestuften Kontrolle: das einzelne Vorstandsmitglied überwacht die ihm nachgeordneten Mitarbeiter, die Vorstandsmitglieder überwachen sich gegenseitig und der Aufsichtsrat überwacht den Vorstand.[1197]

Der Vorstand kann seine Aufgaben teilweise auch auf vorstandsinterne Ausschüsse übertragen. Zum Beispiel kann die Leitung eines Unternehmensbereichs durch einen Ausschuss wahrgenommen werden. Aktienrechtswidrig ist

---

[1196] § 5 B. VI.

[1197] § 6 A. und B.

aber die Wahrnehmung der strategischen Leitung des Unternehmens durch einen Zentralausschuss, dem nur ein Teil der Vorstandsmitglieder angehört. Insbesondere darf ein solcher Zentralausschuss nicht die Grundsätze der Unternehmenspolitik mit bindender Wirkung für die übrigen Vorstandsmitglieder festlegen. Das vorstandsinterne Modell der virtuellen Holding ist deshalb mit dem geltenden Aktienrecht unvereinbar. Es verstößt gegen die Leitungspflicht des Vorstands, den Grundsatz der Gesamtverantwortung und den Grundsatz der Gleichberechtigung aller Vorstandsmitglieder. Leitungsaufgaben können einem solchen Gremium nicht übertragen werden. Hierzu gehört auch die strategische Leitung des Unternehmens. Das Modell von HVB Group und Siemens AG eignet sich deshalb nicht für die Implementierung einer virtuellen Holding. Auch bei der Übertragung von Entscheidungskompetenzen auf einen Zentralausschuss, die keinen Leitungscharakter haben, sind aktienrechtliche Grenzen zu beachten. Erforderlich ist vor allem ein funktionierender Informationsfluss zwischen dem Gremium und den übrigen Vorstandsmitgliedern, damit diese ihrer Überwachungspflicht nachkommen können. Jedes Vorstandsmitglied muss in der Lage bleiben, dem Gesamtvorstand Geschäftsführungs- und Leitungsangelegenheiten vorzulegen, damit dieser darüber beraten und entscheiden und das Gremium gegebenenfalls überstimmen kann. Weisungsrechte des Gremiums gegenüber den übrigen Vorständen sind aber unzulässig.[1198]

In der virtuellen Holding sind verschiedene Formen organexterner Führungsgremien denkbar. Es kann kollegiale Bereichsvorstände geben, funktionale Committees oder Executive Committees wie das Group Executive Committee der Deutsche Bank AG.[1199] Solche Gremien sind grundsätzlich aktienrechtlich zulässig. Bei ihrer Einrichtung sind aber vor allem die zwingenden Kompetenzen von Vorstand und Aufsichtsrat zu beachten. Organexternen Führungsgremien dürfen keine Entscheidungs-, Weisungs- und Zustimmungskompetenzen in Leitungsfragen eingeräumt werden. Solche Kompetenzen verstoßen gegen die Leitungspflicht des Vorstands und gegen die Personalkompetenz des Aufsichtsrats. Im Bereich der Leitung der Gesellschaft kann ein solches Gremium nur unterstützende und beratende Funktion haben. Darüber hinaus können einem organexternen Führungsgremium einfache Geschäftsführungsaufgaben übertragen werden. Das Gremium bleibt dabei aber den Weisungen des Vor-

---

[1198] § 6 C.

[1199] § 7 B.

stands unterworfen. Gegenüber nachgeordneten Führungsebenen können einem organexternen Führungsgremium Initiativ- und Weisungsrechte übertragen werden. Die wichtigste Aufgabe eines Executive Committees liegt darin, den Vorstand zu beraten und über die operative Geschäftsführung zu informieren. Dies beeinträchtigt auch nicht die Beratungskompetenz des Aufsichtsrats.[1200] Organexterne Führungsgremien können mit vorstandsexternen Personen besetzt werden. Unbedenklich ist dies insbesondere, wenn es sich um Angestellte des eigenen Unternehmens handelt. Die Gefahr eines unkontrollierbaren Fremdeinflusses auf die Willensbildung der Organe besteht insoweit nicht. Gleichzeitig können auch Vorstandsmitglieder dem Gremium angehören. Es ist nicht erforderlich, dass alle Vorstandsmitglieder auch Mitglied dieses Gremiums sind. Dies ist mit dem Grundsatz der Gleichberechtigung aller Vorstandsmitglieder vereinbar, wenn das organexterne Führungsgremium keine Leitungsentscheidungen trifft. Nach außen darf das Gremium nicht den Anschein erwecken, dass seine Mitglieder eine gemeinsame organschaftliche Verantwortung für die Gesellschaft hätten. Die Bestellung und Abberufung der Vorstandsmitglieder in ein solches beziehungsweise aus einem organexternen Führungsgremium muss nicht mit der Bestellung zum oder der Abberufung als Vorstand verbunden sein. Die Frage kann auch in der Geschäftsordnung des Vorstands geregelt werden.[1201]

Gemeinsame Sitzungen und Beschlüsse des Gremiums mit dem Vorstand sind zulässig. Das Gremium kann auch eigene Beschlüsse fassen. Dies gilt nicht für Leitungsentscheidungen. Die innere Ordnung organexterner Führungsgremien kann frei ausgestaltet werden. Die Einführung solcher Gremien und die Regelung ihrer inneren Ordnung fallen in die konkurrierende Zuständigkeit von Vorstand und Aufsichtsrat, wenn dem Gremium auch Vorstandsmitglieder angehören. Zum einen handelt es sich dabei um eine Geschäftsführungsaufgabe des Vorstands. Zum anderen ist die Geschäftsverteilung im Vorstand dadurch betroffen.[1202] Executive Committees sind in der Aktiengesellschaft nicht als fakultatives oder faktisches Organ anzusehen. Der Grundsatz der Satzungsstrenge

---

[1200] § 7 C. III.

[1201] § 7 C. IV.

[1202] § 7 C. V. – VII.

verbietet die Einrichtung fakultativer Organe in der Aktiengesellschaft. Executive Committees sind institutionalisierte organexterne Führungsgremien.[1203]

In der virtuellen Holding besteht keine Kongruenz von Organisations- und Rechtsstruktur. Operative und strategische Leitung sind organisatorisch voneinander getrennt, wobei die einheitliche Rechtsstruktur der Gesellschaft beibehalten wird. Die Delegation der operativen Geschäftsführung auf nachgeordnete Unternehmensbereiche verstößt nicht gegen die Leitungspflicht des Vorstands, solange der Vorstand selbst über außergewöhnliche Geschäfte entscheidet. Den Vorstand trifft eine Interventions- und Rückholpflicht hinsichtlich solcher Geschäfte. Die Delegation der operativen Geschäftsführung verstößt nicht gegen Aufsichtsratskompetenzen. Die Überwachungskompetenz bleibt durch das System der gestuften Kontrolle gewahrt. Ein Recht zur unmittelbaren Überwachung der nachgeordneten Bereichsleiter steht dem Aufsichtsrat nicht zu. Der Aufsichtsrat wird in seiner Beratungskompetenz nicht beeinträchtigt. Beratung durch den Aufsichtsrat und die Bereichsleiter ist parallel möglich und zulässig. Bei der Delegation des operativen Geschäfts sind aber Zustimmungsvorbehalte zugunsten des Aufsichtsrats zu beachten. Der Vorstand hat entsprechende Zustimmungsvorbehalte zu berücksichtigen, wenn er nachgeordneten Führungsebenen Weisungen erteilt. Ein unmittelbares Weisungs- und Zustimmungsrecht gegenüber den nachgeordneten Führungsebenen kommt dem Aufsichtsrat nicht zu. Im Hinblick auf die Personalkompetenz des Aufsichtsrats ist die Delegation der operativen Geschäftsführung unbedenklich, solange der Vorstand über außergewöhnliche Geschäfte selbst entscheidet.[1204] Die Unternehmensbereiche sind organisatorisch verselbständigte, aber rechtlich unselbständige Einheiten der Aktiengesellschaft.[1205] Vorsicht ist bei der Bezeichnung der Bereichsleitungen geboten. Die Bezeichnung als Bereichsvorstand ist aktienrechtlich problematisch. Sie kann zu Verwechselungen mit dem Organ Vorstand führen, insbesondere wenn die Bereichsleiter keine Vorstandsmitglieder sind. Vorzugswürdig sind deshalb Bezeichnungen, die das Aktiengesetz nicht kennt. Bereichsleitungen, die nicht ausschließlich mit Vorstandsmitgliedern besetzt sind, leiten ihre Kompetenzen vom Vorstand ab. Originäre Geschäftsführungsbefugnisse kommen ihnen nicht zu. Sie sind gegenüber dem Vorstand weisungsgebunden.

[1203] § 7 D.

[1204] § 8 B.

[1205] § 8 C.

Vorstandsexterne Bereichsleiter können im Außenverhältnis als Generalbevollmächtigte oder Prokuristen die Gesellschaft vertreten.[1206]

Die Trennung von strategischer und operativer Führung, ohne die Rechtsstruktur des Unternehmens anzupassen, ist aktienkonzernrechtlich möglich. Der Konzernvorstand ist nicht verpflichtet, die abhängigen Gesellschaften umfassend zu leiten. Der Konzernvorstand muss nur die wesentlichen Leitlinien der Konzernorganisation, Konzernplanung, Konzernkoordination und Konzernkontrolle selbst wahrnehmen und die obersten Führungspositionen im Konzern selbst besetzen. Die operative Geschäftsführung kann der Vorstand dagegen delegieren, soweit es sich nicht um außergewöhnliche Geschäfte handelt. Die Führung der operativen Tochtergesellschaften kann der Vorstand den Unternehmensbereichen überlassen. Es ist auch zulässig, dass der Konzernvorstand das Weisungsrecht des herrschenden Unternehmens auf die operativen Bereichsleitungen delegiert. Die operativen Bereichsleitungen müssen die allgemeinen Grenzen des Weisungsrechts beachten. Der Vorstand der abhängigen Gesellschaft kann seine Mitarbeiter anweisen, Weisungen der Bereichsleiter zu befolgen. Dies gilt sowohl für den Vertragskonzern als auch für den faktischen Konzern. Der Aufsichtsrat des herrschenden Unternehmens ist nicht befugt, die Geschäftsführung durch die operativen Bereichsleitungen unmittelbar zu überwachen. Es bleibt insoweit bei dem System der gestuften Kontrolle.[1207] Die Einrichtung der Unternehmensbereiche fällt in die Geschäftsführungszuständigkeit des Vorstands. Gegebenenfalls ist die Mitwirkung des Aufsichtsrats erforderlich.[1208]

In der virtuellen Holding entsteht durch die Delegation der operativen Geschäftsführung kein Haftungsdefizit. Delegiert der Vorstand Leitungsaufgaben auf einen Vorstandsausschuss oder nachgeordnete Führungsebenen, haften die Vorstandsmitglieder für fehlerhafte Delegation nach Maßgabe von § 93 AktG. Bei zulässiger Delegation haften die Vorstandsmitglieder für Auswahl, Einweisung und Überwachung der Bereichsleiter. In dieser Hinsicht bestehen strenge Maßstäbe an die Sorgfalt der Vorstandsmitglieder. Das Handeln der vorstandsexternen Bereichsleiter wird dem Vorstand nicht über § 278 BGB zugerechnet, weil Geschäftsherr die Gesellschaft ist. Diese Grundsätze gelten entgegen der

---

[1206] § 8 D.

[1207] § 8 E.

[1208] § 8 F.

herrschenden Meinung auch für die Haftung der Vorstandsmitglieder für fehlerhafte Weisungen im Konzern durch nachgeordnetes Führungspersonal. Die Vorstandsmitglieder haften nicht für das Verschulden der operativen Bereichsleiter, sondern für eigenes Verschulden bei Auswahl, Einweisung und Überwachung. Nur dem herrschenden Unternehmen wird das Verschulden leitender Angestellter zugerechnet.[1209] Auch die Haftung der vorstandsexternen operativen Führungskräfte ist nicht defizitär. Die operativen Führungskräfte haften der Gesellschaft wegen Verletzung ihrer Pflichten aus dem Anstellungsvertrag. Der arbeitsvertragliche Sorgfaltsmaßstab entspricht dem des § 93 AktG. Dies gilt auch für den Haftungsmaßstab. Die operativen Führungskräfte in der virtuellen Holding sind keine typischen leitenden Angestellten im herkömmlichen Sinn. Sie sind Topmanager mit einem außerordentlich hohen Verdienst, die vorstandsähnliche Aufgaben wahrnehmen. Individualvertraglich kann ein höheres Haftungsrisiko mit ihnen vereinbart werden. Die Gesellschaft kann den Bereichsleitern eine Risikoprämie zahlen, mit der die Bereichsleiter eine D&O-Versicherung abschließen können. Deshalb sind die Grundsätze über den innerbetrieblichen Schadensausgleich auf operative Bereichsleiter nicht anzuwenden. Eine unmittelbare Außenhaftung der operativen Führungskräfte im Konzern ist nicht erforderlich.[1210] Für die Haftung der Mitglieder organexterner Führungsgremien gelten die gleichen Grundsätze. Die Vorstandsmitglieder haften nach § 93 AktG; die einfachen Mitglieder des Gremiums haften aus dem Anstellungsvertrag, wobei entsprechend strenge Maßstäbe gelten. Letztere haften aber nicht für Maßnahmen aufgrund von Abstimmungen, bei denen sie durch eine Vorstandsmehrheit überstimmt worden sind, weil die einfachen Mitglieder den Weisungen der Vorstandsmitglieder unterworfen sind.[1211]

[1209] § 9 B. I.

[1210] § 9 B. II.

[1211] § 9 C.

Literaturverzeichnis

Abeltshauser, Thomas: Leitungshaftung im Kapitalgesellschaftsrecht: Zu den Sorgfalts- und Loyalitätspflichten von Unternehmensleitern im deutschen und im US-amerikanischen Kapitalgesellschaftsrecht, Köln, Berlin, Bonn, München 1998.

Albach, Horst: Führung durch Vorstand und Aufsichtsrat, in: Hommelhoff, Peter; Hopt, Klaus J.; Werder, Axel von (Hrsg.), Handbuch Corporate Governance – Leitung und Überwachung börsennotierter Unternehmen in der Rechts- und Wirtschaftspraxis, Köln, Stuttgart 2003, S. 361 ff.

Altmeppen, Holger: Die Haftung des Managers im Konzern, München 1998.

American Law Institute: Principles of Corporate Governance: Analysis and Recommendations Volume 1 Parts I – IV §§ 1.01 – 6.02, St. Paul, Minn. 1994.

Arndt, Hans-Wolfgang; Ringel, Elke: Inländische Holdinggesellschaften und § 42 AO, BB 1988, S. 2147 ff.

Aschenbeck, Tanja: Personenidentität bei Vorständen in Konzerngesellschaften (Doppelmandat im Vorstand), NZG 2000, S. 1015 ff.

Aventis: Geschäftsbericht 2000, Straßburg 2001.

Ballerstedt, Kurt: Unternehmen und Wirtschaftsverfassung, JZ 1951, S. 486 ff.

Ballerstedt, Kurt: Der gemeinsame Zweck als Grundbegriff des Rechts der Personengesellschaften, JuS 1963, S. 253 ff.

Ballerstedt, Kurt: Godin-Wilhelmi: Aktiengesetz vom 6.9.1965. Kommentar. 3. Aufl., bearbeitet von Hans Wilhelmi und Silvester Wilhelmi, Band I §§ 1 – 178, Band II §§ 179 – 410, Einführungsgesetz. (Rezension), JZ 1968, S. 397 ff.

Ballerstedt, Kurt: Schranken der Weisungsbefugnis aufgrund des Beherrschungsvertrages, ZHR 137 (1973), S. 388 ff.

Ballerstedt, Kurt: Was ist Unternehmensrecht?, in: Pawlowski, Hans-Martin; Wiese, Günther; Wüst, Günther (Hrsg.), Festschrift für Konrad Duden, München 1977, S. 15 ff.

Bamberg, Günter; Coenenberg, Adolf Gerhard: Betriebswirtschaftliche Entscheidungslehre, 11. Auflage, München 2002.

Bastuck, Burkhard: Enthaftung des Managements: Indemnification im amerikanischen und deutschen Recht, Köln, Berlin, Bonn, München 1986.

Baumbach, Adolf; Hopt, Klaus J.: Handelsgesetzbuch, 31. Auflage, München 2003.

Baumbach, Adolf; Hueck, Götz: Aktiengesetz, 12. Auflage, München, Berlin 1965.

Baums, Theodor: Der Aufsichtsrat – Aufgaben und Reformfragen, ZIP 1995, S. 11 ff.

Baums, Theodor: Spartenorganisation, „Tracking Stock" und deutsches Aktienrecht, in: Ebenroth, Carsten Thomas; Hesselberger, Dieter; Rinne, Manfred Eberhard (Hrsg.), Verantwortung und Gestaltung, Festschrift für Karlheinz Boujong, München 1996, S. 19 ff.

Baums, Theodor: Wir brauchen die Institution CEO in Deutschland nicht, Interview in: Die Welt vom 18.01.2002, S. 12.

Baums, Theodor: Der Geschäftsleitervertrag: Begründung, Inhalt und Beendigung der Rechtsstellung der Vorstandsmitglieder und Geschäftsführer in den Kapitalgesellschaften und Genossenschaften, Köln 1987.

Baums, Theodor: Rechtstatsachen zu „Institutionelle Investoren und Publikumsgesellschaft", in: Feddersen, Dieter; Hommelhoff, Peter; Schneider, Uwe H. (Hrsg.), Corporate Governance, Köln 1996, S. 324 ff.

Baums, Theodor: Corporate Governance – Aktuelle Entwicklungen, Rechtspolitisches Forum Nr. 12, Institut für Rechtspolitik an der Universität Trier, Trier 2003.

Baums, Theodor: Das Ende der Deutschland AG? Unternehmensrechtsreform in Deutschland, in: Deutsche Börse (Hrsg.), Kapitalmarkt Deutschland: Erfolge und Herausforderungen, Frankfurt am Main 2003, S. 39 ff.

Baums, Theodor (Hrsg.): Bericht der Regierungskommission Corporate Governance, Köln 2001.

Bea, Franz Xaver; Dichtl Erwin; Schweitzer, Marcell (Hrsg.): Allgemeine Betriebswirtschaftslehre Band 2: Führung, 8. Auflage, Stuttgart 2001

Berger, Axel; Ellrott, Helmut; Förschle, Gerhard; Hense, Burkhard: Beck'scher Bilanzkommentar: Handels- und Steuerrecht - §§ 238 bis 339 HGB -, 5. Auflage, München 2003.

Bernhardt, Wolfgang Eine Rückkehr zum Generaldirektor ist nicht wünschenswert, Frankfurter Allgemeine Zeitung vom 29.01.2002, S. 18.

Bernhardt, Wolfgang; Witt, Peter: Holding-Modelle und Holding-Moden, in: ZfB 65 (1995), S. 1341 ff.

Bernhardt, Wolfgang; Witt, Peter: Unternehmensleitung im Spannungsfeld zwischen Ressortverteilung und Gesamtverantwortung, ZfB 69 (1999), S. 825 ff.

Beuthien, Volker; Gätsch, Andreas: Vereinsautonomie und Satzungsrechte Dritter – Statutarischer Einfluß Dritter auf die Gestaltung von Körperschaftssatzungen, ZHR 156 (1992), S. 459 ff.

Bezzenberger, Tilman: Der Vorstandsvorsitzende der Aktiengesellschaft, ZGR 1996, S. 661 ff.

Biedenkopf, Kurt H.: Zur Diskussion über ein neues Unternehmensrecht, in: Bauer, Fritz; Esser, Josef; Kübler, Friedrich; Steindorff, Ernst (Hrsg.), Funktionswandel der Privatrechtsinstitutionen, Festschrift für Ludwig Raiser, Tübingen 1974, S. 339 ff.

Bieler, Frank: Haftungserleichterung für leitende Angestellte, BB 1977, S. 1000.

Biener, Herbert: Die Überwachung der Geschäftsführung durch den Aufsichtsrat, BFuP 1977, S. 489 ff.

Bleicher, Knut: Organisation: Strategien – Strukturen – Kulturen, 2. Auflage, Wiesbaden 1991.

Böckli, Peter: Die unentziehbaren Kernkompetenzen des Verwaltungsrats, Zürich 1994.

Boergen, R.: Der personale Geltungsbereich der arbeitsrechtlichen Haftungsgrenze, MDR 1971, S. 178 ff.

Boos, Karl-Heinz; Fischer, Reinfried; Schulte-Mattler, Hermann (Hrsg.): Kreditwesengesetz; Kommentar zum KWG und Ausführungsvorschriften, München 2000.

Boujong, Karlheinz: Rechtliche Mindestanforderungen an eine ordnungsgemäße Vorstandskontrolle und –beratung – Konsequenzen aus den Entscheidungen des Bundesgerichtshofs BGHZ 114, 127 und BGHZ 124, 111, AG 1995, S. 203 ff.

Brandner, Hans Erich: Geschäftsführungsbefugnis, Unternehmensgegenstand und Unternehmenszweck, in: Pfeiffer, Gerd; Wiese, Günther; Zimmermann, Klaus (Hrsg.), Festschrift für Heinz Rowedder, München 1994, S. 41 ff.

Brauer, Ulrich G. H.: Die Zulässigkeit der Ausgabe von sog. „Tracking Stocks" durch Aktiengesellschaften nach deutschem Aktienrecht, AG 1993, S. 324 ff.

Breinl, Heribert: Versicherungsfreiheit in der Angestelltenversicherung auch für stellvertretende Vorstandsmitglieder einer Aktiengesellschaft, BB 1969, S. 1358 ff.

Breuer, Rolf-E.: Leading to results, in: Deutsche Bank AG, Geschäftsbericht 2001, Frankfurt am Main 2002.

Brinkmann, Tomas: Unternehmensinteresse und Unternehmensstruktur: Aufgaben und Grenzen eines normativen Regulativs unternehmenspolitischer Prozesse, Frankfurt am Main, Bern 1983.

Brudney, Victor: Corporate Governance, Agency Costs and the Rhetoric of Contract, Columbia Law Review 85 (1985), S. 1403 ff.

Budde, Wolfgang Dieter; Lawall, Lars: Übernahmerecht – Schützenswerte Interessen in der Zielgesellschaft, in: Hommelhoff, Peter; Zätzsch, Peter; Erle, Bernd (Hrsg.), Gesellschaftsrecht, Rechnungslegung, Steuern, Festschrift für Welf Müller, München 2001.

Bühner, Rolf: Management-Holding – ein Erfahrungsbericht, DBW 51 (1991), S. 141 ff.

Bühner, Rolf: Management-Holding: Unternehmensstruktur der Zukunft, 2. Auflage, Landsberg/Lech 1992.

Bühner, Rolf: Management-Holding in der Praxis – Eine empirische Untersuchung deutscher Unternehmen –, DB 1993, S. 285 ff.

Bühner, Rolf: Aussagefähigkeit des Konzernabschlusses in der Management-Holding, DB 1994, S. 437 ff.

Bühner, Rolf; Walter, Hans: Divisionalisierung in der Bundesrepublik Deutschland, DB 1977, S. 1205 ff.

Bundesministerium der Justiz (Hrsg.): Bericht über die Verhandlungen der Unternehmensrechtskommission, Köln 1980.

Büschemann, Karl-Heinz: Die Deutsche Bank und das Recht, Süddeutsche Zeitung vom 26.01.2002, S. 21.

Cahn, Andreas: Zur Anwendbarkeit der §§ 311 ff. AktG im mehrstufigen Vertragskonzern, BB 2000, S. 1477 ff.

Decher, Christian E.: Personelle Verflechtungen im Aktienkonzern: Loyalitätskonflikt und qualifizierter faktischer Konzern, Heidelberg 1990.

Deutsche Bank AG: Corporate Governance Bericht 2001, Frankfurt am Main 2002.

Deutsche Bank AG: Corporate Governance Bericht 2002 und Grundsätze, Frankfurt am Main 2003.

Deutsche Bank AG: Jahresbericht 2003, Frankfurt am Main 2004.

Deutsche Bank AG: Geschäftsbericht 2002, Frankfurt am Main 2003.

Deutsche Bank AG: Geschäftsbericht 2001, Frankfurt am Main 2002.

Deutsche Bank AG: Results 2003 – Zwischenbericht zum 30. Juni, Frankfurt am Main 2003.

Deutsche Bank AG: Geschäftsordnung für den Vorstand der Deutsche Bank AG in der Fassung vom 13. Januar 2004 (Quelle: www.deutsche-bank.de).

Deutsche Bank AG: Presse-Information vom 21. September 2004, Deutsche Bank: Neue Verantwortlichkeiten im Group Executive Committee (Quelle: www.deutsche-bank.de).

Deutsche Bank AG: Die Deutsche Bank im Überblick: Zahlen und Fakten (Quelle: www.deutsche-bank.de).

Dieterich, Thomas; Neef, Klaus; Schwab, Brent (Hrsg.): Arbeitsrechts-Blattei Systematische Darstellungen (AR-Blattei SD), Grundwerk, Ordner 1, Heidelberg 2004.

Dose, Stefan: Die Rechtsstellung der Vorstandsmitglieder einer Aktiengesellschaft, 3. Auflage, Köln 1975.

Dreher, Meinrad: Direktkontakte des Aufsichtsrats in der Aktiengesellschaft zu dem Vorstand nachgeordneten Mitarbeitern, in: Habersack, Mathias; Hommelhoff, Peter; Hüffer, Uwe; Schmidt, Karsten (Hrsg.), Festschrift für Peter Ulmer, Berlin 2003, S. 87 ff.

Ebenroth, Carsten Thomas; Boujong, Karlheinz; Joost, Detlev: Handelsgesetzbuch, Band 1, §§ 1 – 342 a, München 2001.

Eichelmann, Thomas: Banken brauchen Vorstände mit klaren Verantwortlichkeiten, Börsenzeitung vom 26.01.2002, S. 18.

Eisenführ, Franz: Zur Entscheidung zwischen funktionaler und divisionaler Organisation, ZfB 1970, S. 725 ff.

Emmerich, Volker: Zur Organhaftung im Vertragskonzern, in: Jickeli, Joachim; Kreutz, Peter; Reuter, Dieter, Gedächtnisschrift für Jürgen Sonnenschein, Berlin 2003, S. 651 ff.

Emmerich, Volker; Habersack, Mathias: Aktien- und GmbH-Konzernrecht, 3. Auflage, München 2003.

Emmerich, Volker; Sonnenschein, Jürgen; Habersack, Mathias: Konzernrecht: das Recht der verbundenen Unternehmen bei Aktiengesellschaft, GmbH, Personengesellschaften, Genossenschaft, Verein und Stiftung, 7. Auflage, München 2001.

Endres, Michael: Organisation der Unternehmensleitung aus Sicht der Praxis, ZHR 163 (1999), S. 441 ff.

Enneccerus, Ludwig; Nipperdey, Hans Carl: Lehrbuch des Bürgerlichen Rechts Band 1: Allgemeiner Teil des Bürgerlichen Rechts, Zweiter Halbband, 15. Auflage, Tübingen 1960.

Eschenbruch, Klaus: Konzernhaftung: Haftung der Unternehmen und der Manager, Düsseldorf 1996.

Everling, Wolfgang: Konzernführung durch eine Holdinggesellschaft, DB 1981, S. 2549 ff.

Exner, Werner: Beherrschungsvertrag und Vertragsfreiheit: ein Beitrag zur Gestaltung des aktienrechtlichen Beherrschungsvertrags, Frankfurt am Main, Bern, New York, Nancy 1984.

Fabritius, Andreas: Vermögensbindung in AG und GmbH – tiefgreifender Unterschied oder grundsätzliche Identität?, ZHR 144 (1980), S. 628 ff.

Fitting, Karl; Wlotzke, Otfried;Wißmann, Helmut: Mitbestimmungsgesetz mit Wahlordnungen, 2. Auflage, München 1978.

Fleck, Hans-Joachim: Das Organmitglied – Unternehmer oder Arbeitnehmer?, in: Dieterich, Thomas; Gamillscheg, Franz; Wiedemann, Herbert (Hrsg.), Festschrift für Marie Luise Hilger und Hermann Stumpf, München 1983, S. 197 ff.

Fleischer, Fred: Die Befugnis der GmbH-Gesellschafter zur Einrichtung eines Zusatzorgans: eine Betrachtung des GmbH-Beirats als Beitrag zum Organisationsrecht der GmbH, Uni Mainz 1984.

Fleischer, Holger: Grundfragen der ökonomische Theorie im Gesellschafts- und Kapitalmarktrecht, ZGR 2001, S. 1 ff.

Fleischer, Holger: Zur Leitungsaufgabe des Vorstands im Aktienrecht, ZIP 2003, S. 1 ff.

Fleischer, Holger: Vorstandsverantwortlichkeit und Fehlverhalten von Unternehmensangehörigen – Von der Einzelüberwachung zur Errichtung einer Compliance-Organisation, AG 2003, S. 291 ff.

Fleischer, Holger: Zum Grundsatz der Gesamtverantwortung im Aktienrecht, NZG 2003, S. 449 ff.

Flume, Werner: Um ein neues Unternehmensrecht: Vortrag gehalten vor der Berliner Juristischen Gesellschaft am 28. November 1979, Berlin, New York 1980.

Flume, Werner: Gesellschaft und Gesamthand, ZHR 136 (1972), S. 177 ff.

Flume, Werner: Gesamthandsgesellschaft und juristische Person, in: Bauer, Fritz; Esser, Josef; Kübler, Friedrich; Steindorff, Ernst (Hrsg.), in: Funktionswandel der Privatrechtsinstitutionen, Festschrift für Ludwig Raiser, Tübingen 1974, S. 27 ff.

Flume, Werner: Allgemeiner Teil des Bürgerlichen Rechts Band 1, Teil 1: Die Personengesellschaft, Berlin 1977, Teil 2: Die juristische Person, Berlin 1983.

Forster, Karl-Heinz: MG, Balsam und die Folgen – was können Aufsichtsräte und Abschlussprüfer gemeinsam tun?, AG 1995, S. 1 ff.

Forstmoser, Peter; Meier-Hayoz, Arthur; Nobel, Peter: Schweizerisches Aktienrecht, Bern 1996.

Frels, Harro: Die Geschäftsverteilung im Vorstand der Aktiengesellschaft, ZHR 122 (1959), S. 8 ff.

Frels, Harro: Stellvertretende Vorstandsmitglieder der Aktiengesellschaft und des Versicherungsvereins auf Gegenseitigkeit, VersR 1963, S. 898 ff.

Frerk, Peter: Praktische Gedanken zur Optimierung der Kontrollfunktion des Aufsichtsrats, AG 1995, S. 212 ff.

Frese, Erich: Grundlagen der Organisation: Konzept – Prinzipien – Strukturen, 8. Auflage, Wiesbaden 2000.

Frese, Erich: Unternehmensführung, Landsberg am Lech, 1987.

Frühauf, Martin: Geschäftsleitung in der Unternehmenspraxis, ZGR 1998, S. 407 ff.

Gälweiler, Aloys: Grundlagen der Divisionalisierung, ZfO 1971, S. 55 ff.

Gaul, Dieter: Der Arbeitsvertrag mit Führungskräften, 4. Auflage, München 1978.

Gaul, Dieter: Arbeitsrecht im Betrieb Band 1, 8. Auflage, Heidelberg 1986.

Gernhuber, Joachim: Die verdrängende Vollmacht, JZ 1995, S. 381 ff.

Geßler, Ernst: Bedeutung und Auslegung des § 23 Abs. 5 AktG, in: Glossner, Ottoarndt; Reimers, Walter, Festschrift für Martin Luther, München 1976, S. 69 ff.

Geßler, Ernst: Der Betriebsführungsvertrag im Licht der aktienrechtlichen Zuständigkeitsordnung, in: Fischer, Robert; Geßler, Ernst; Schilling, Wolfgang; Serick, Rolf; Ulmer, Peter (Hrsg.), Strukturen und Entwicklungen im Handels-, Gesellschafts- und Wirtschaftsrecht, Festschrift für Wolfgang Hefermehl, München 1976, S. 263 ff.

Geßler, Ernst: Nichtigkeit von Hauptversammlungsbeschlüssen und Satzungsbestimmungen – §§ 241 Nr. 3, 23 Abs. 5 AktG, § 25 MitbestG 1976 –, ZGR 1980, S. 427 ff.

Geßler, Ernst: Einberufung und ungeschriebene Hauptversammlungszuständigkeiten, in: Lutter, Marcus; Mertens, Hans-Joachim; Ulmer, Peter (Hrsg.), Festschrift für Walter Stimpel, Berlin, New York 1985, S. 771 ff.

Geßler, Ernst; Hefermehl, Wolfgang; Eckardt, Ulrich; Kropff, Bruno: Aktiengesetz, Band I §§ 1 – 75, München 1984; Band II §§ 76 – 147, München 1974; Band IV §§ 291 – 410, München 1994 (§§ 291 – 318: Stand Oktober 1975).

Godin, Reinhard von; Wilhelmi, Hans: Gesetz über Aktiengesellschaften und Kommanditgesellschaften auf Aktien (Aktiengesetz) vom 30. Januar 1937, 2. Auflage, Berlin 1950.

Godin, Reinhard von; Wilhelmi, Hans: Aktiengesetz vom 6. September 1965, Band I §§ 1 – 178, 3. Auflage, Berlin 1967.

Götz, Heinrich: Die Sicherung der Rechte der Aktionäre der Konzernobergesellschaft bei Konzerbildung und Konzernleitung – zugleich auch eine Besprechung der „Holzmüller"-Entscheidung des Bundesgerichtshofs, AG 1984, S. 85 ff.

Götz, Heinrich: Zustimmungsvorbehalte des Aufsichtsrates der Aktiengesellschaft, ZGR 1990, S. 633 ff.

Götz, Heinrich: Die Überwachung der Aktiengesellschaft im Lichte jüngerer Unternehmenskrisen, AG 1995, S. 337 ff.

Götz, Heinrich: Die Aktienrechtsreform 1997: Stellungnahme anlässlich der öffentlichen Anhörung vor dem Rechtsausschuss des Deutschen Bundestages am 29.1.1997, AG 1997, Sonderheft August, S. 38 ff.

Götz, Heinrich: Leitungssorgfalt und Leitungskontrolle der Aktiengesellschaft hinsichtlich abhängiger Unternehmen, ZGR 1998, S. 524 ff.

Götz, Jürgen: Gesamtverantwortung des Vorstands bei vorschriftswidriger Unterbesetzung – Zugleich Besprechung von BGH, Urt. V. 12.11.2001 – II ZR 225/99 Sachsenmilch III, ZIP 2002, S. 172 ff.

Götz, Jürgen: Corporate Governance multinationaler Konzerne und deutsches Unternehmensrecht, ZGR 2003, S. 1 ff.

Götze, Cornelius: „Gelantine" statt „Holzmüller" – Zur Reichweite ungeschriebener Mitwirkungsbefugnisse der Hauptversammlung, NZG 2004, S. 585 ff.

Gries, Lothar: Unruhe in den Frankfurter Bankentürmen, Süddeutsche Zeitung vom 28.01.2002, S. 23.

Großfeld, Bernhard; Brondics, Klaus: Die Stellung des fakultativen Aufsichtsrats (Beirat) in der Gesellschaft mit beschränkter Haftung und in der GmbH & Co. KG, AG 1987, S. 293 ff.

Großkommentar AktG: Barz, Carl Hans u. a. (Hrsg.), 3. Auflage, Berlin, New York; Erster Band, 2. Halbband §§ 76 – 147, 1973; Vierter Band §§ 291 – 410, Einführungsgesetz zum Aktiengesetz, 1967.

Großkommentar AktG: Hopt, Klaus J.; Wiedemann, Herbert (Hrsg.), 4. Auflage, Berlin, New York; 2. Lieferung: §§ 1 – 14, 1992, Bearbeiter: Oliver C. Brändel; 7. Lieferung: §§ 23 – 40, 1997, Bearbeiter: Volker Röhricht; 19. Lieferung: §§ 76 – 83, 2003, Bearbeiter: Michael Kort, Mathias Habersack; 11. Lieferung: §§ 92 – 94, 1999, Bearbeiter: Mathias Habersack, Klaus J. Hopt; 14. Lieferung: §§ 118 – 120, 1999, Bearbeiter: Peter O. Mülbert.

Grüll, Ferdinand: Handbuch für leitende Angestellte, Heidelberg 1962.

Grunewald, Barbara: Gesellschaftsrecht, 3. Auflage, Tübingen 1999.

Gutenberg, Erich: Einführung in die Betriebswirtschaftslehre, Wiesbaden 1958.

Hachenburg, Max (Begr.): Ulmer, Peter (Hrsg.), Gesetz betreffend die Gesellschaften mit beschränkter Haftung (GmbHG): Großkommentar, 8. Auflage, Berlin, New York, Zweiter Band §§ 35 – 52, 1997.

Hamilton, Robert W.: The Law of Corporations, Fifth Edition, St. Paul, Minn. 2000.

Hanau, Peter: Zur Zuständigkeit des Arbeitsdirektors (§ 33 MitbestG) für leitende Angestellte und Unternehmenssparten, ZGR 1983, S. 346 ff.

Hanau, Peter; Ulmer, Peter: Mitbestimmungsgesetz, München 1981.

Hautle, Albert: Der Gläubigerschutz im Aktienrechte, Berlin 1907.

Heidel, Thomas: Anwaltkommentar Aktienrecht: Aktiengesetz, Gesellschaftsrecht, Kapitalmarktrecht, Steuerrecht, Europarecht, Bonn 2003.

Hein, Jan von: Vom Vorstandsvorsitzenden zum CEO?, ZHR 166 (2002), S. 464 ff.

Hein, Jan von: Die Rolle des US-amerikanischen CEO gegenüber dem Board of Directors im Lichte neuerer Entwicklungen, RIW 202, S. 501 ff.

Heinsius, Theodor: Organzuständigkeit bei Bildung, Erweiterung und Umorganisation des Konzerns, ZGR 1984, S. 383 ff.

Henn, Günther: Handbuch des Aktienrechts, 7. Auflage, Heidelberg 2002.

Henssler, Martin: D&O-Versicherung, in: Henze, Hartwig; Hoffmann-Becking, Michael (Hrsg.), Gesellschaftsrecht 2001, Köln 2001, S. 131 ff.

Henze, Hartwig: Aktienrecht Höchstrichterliche Rechtsprechung, 5. Auflage, Köln 2002.

Henze, Hartwig: Prüfungs- und Kontrollaufgaben des Aufsichtsrates in der Aktiengesellschaft – Die Entscheidungspraxis des Bundesgerichtshofes, NJW 1998, S. 3309 ff.

Henze, Hartwig: Leitungsverantwortung des Vorstands – Überwachungspflicht des Aufsichtsrats, BB 2000, S. 209 ff.

Herrmann, Gerald: ver.di – Stellungnahme zum Umbau der Konzernführung bei der Deutsche Bank AG, BKR 2002, S. 193 f.

Hiller, Christian von: Die Deutsche Bank des Josef Ackermann, Frankfurter Allgemeine Sonntagszeitung vom 19.05.2002, S. 37.

Hiller, Christian von: Die Deutsche Bank glänzt, Frankfurter Allgemeine Sonntagszeitung vom 02.05.2004, S. 41.

Hoffmann, Dietrich: Beratungsverträge mit Aufsichtsratsmitgliedern, in: Laufermann, Josef (Hrsg.), Internationale Wirtschaftsprüfung, Festschrift für Hans Havermann, Düsseldorf 1995, S. 201 ff.

Hoffmann, Dietrich; Lehmann, Jürgen; Weinmann, Heinz: Mitbestimmungsgesetz: Kommentar, München 1978.

Hoffmann, Friedrich: Konzernhandbuch: Recht, Steuern, Rechnungslegung, Führung, Organisation, Praxisfälle, Wiesbaden 1993.

Hoffmann-Becking, Michael: Vorstands-Doppelmandate im Konzern, ZHR 150 (1986), S. 570 ff.

Hoffmann-Becking, Michael: Der Aufsichtsrat im Konzern, ZHR 159 (1995), S. 325 ff.

Hoffmann-Becking, Michael: Zur rechtlichen Organisation der Zusammenarbeit im Vorstand der AG, ZGR 1998, S. 497 ff.

Hoffmann-Becking, Michael; Rawert, Peter (Hrsg.): Beck'sches Formularbuch zum Bürgerlichen, Handels- und Wirtschaftsrecht, 8. Auflage, München 2003.

Hölters, Wolfgang: Der Beirat der GmbH und GmbH & Co. KG, Köln 1979.

Hölters, Wolfgang: Der Beirat in der GmbH – Verantwortlichkeit, Haftung und Rechtsschutz, insbesondere unter dem Gesichtspunkt des Minderheitenschutzes, BB 1977, S. 105 ff.

Hölters, Wolfgang: Sonderprobleme des Beirats in der GmbH & Co. KG, DB 1980, S. 2225 ff.

Hommelhoff, Peter: Satzungsmäßige Eignungsvoraussetzungen für Vorstandsmitglieder einer Aktiengesellschaft, BB 1977, S. 322 ff.

Hommelhoff, Peter: Die Konzernleitungspflicht: zentrale Aspekte eines Konzernverfassungsrechts, Köln, Berlin, Bonn, München 1982.

Hommelhoff, Peter; Priester, Hans-Joachim: Bilanzrichtliniengesetz und GmbH-Satzung – Gestaltungsmöglichkeiten und Gestaltungsgrenzen –, ZGR 1986, S. 463 ff.

Hommelhoff, Peter; Timm, Wolfram: Zur Zulässigkeit von Beiräten bei Aktiengesellschaften (§ 140 AktG): Felten u. Guilleaume-Fall, AG 1976, S. 330 ff.

Hopt, Klaus J.: Aktionärskreis und Vorstandsneutralität, ZGR 1993, S. 534 ff.

Hopt, Klaus J.: Die Haftung von Vorstand und Aufsichtsrat – Zugleich ein Beitrag zur corporate governance-Debatte –, in: Immenga, Ulrich; Möschel, Wernhard; Reuter, Dieter (Hrsg.), Festschrift für Ernst-Joachim Mestmäcker, Baden-Baden 1996, S. 909 ff.

Hopt, Klaus J.; Hehl, Günter; Vollrath, Joachim: Handels- und Gesellschaftsrecht 2: Gesellschaftsrecht, 4. Auflage, München 1996.

Horn, Norbert (Hrsg.): Heymann Handelsgesetzbuch, Berlin, New York; Band 1 Erstes Buch, §§ 1- 104, 1995; Band 2 Zweites Buch, §§ 105 – 237, 1996.

Huber, Ulrich: Welche Bedeutung hat die Rechtsform der Unternehmen für die Transferzeit zwischen der Veränderung gesellschaftlicher Wertvorstellungen und der Änderung unternehmerischer Ziele?, in: Albach, Horst; Sadowski, Dieter (Hrsg.), Die Bedeutung gesellschaftlicher Veränderungen für die Willensbildung im Unternehmen, Berlin 1976, S. 139 ff.

Huber, Ulrich: Betriebsführungsverträge zwischen selbständigen Unternehmen, ZHR 152 (1988), S. 1 ff.

Huber, Ulrich: Betriebsführungsverträge zwischen konzernverbundenen Unternehmen, ZHR 152 (1988), S. 123 ff.

Hübner, Ulrich: Zur Zulässigkeit der Generalvollmacht bei Kapitalgesellschaften, ZHR 143 (1979), S. 1 ff.

Hübner, Ulrich: Die Ausgliederung von Unternehmensteilen in aktien- und aufsichtsrechtlicher Sicht, in: Lutter, Marcus; Mertens, Hans-Joachim; Ulmer, Peter (Hrsg.), Festschrift für Walter Stimpel, Berlin, New York 1985, S. 791 ff.

Huch, Burkhard; Borchers, Stefan: Holding als Organisationsform für Bankkonzerne, in: Hesse, Helmut; Rebe, Bernd (Hrsg.), Vision und Verantwortung: Herausforderungen and der Schwelle zum neuen Jahrtausend, Festschrift für Manfred Bodin, Hildesheim, Zürich, New York, Olms 1999, S. 343 ff.

Hueck, Götz: Bemerkungen zum Anstellungsverhältnis von Organmitgliedern juristischer Personen, in: Dieterich, Thomas; Gamillscheg, Franz; Wiedemann, Herbert (Hrsg.), Festschrift für Marie Luise Hilger und Hermann Stumpf, München 1983, S. 365 ff.

Hueck, Götz: Gesellschaftsrecht, fortgeführt von Christine Windbichler, 20. Auflage, München 2003.

Hüffer, Uwe: Der Aufsichtsrat in der Publikumsgesellschaft – Pflichten und Verantwortlichkeit der Aufsichtsratsmitglieder –, ZGR 1980, S. 320 ff.

Hüffer, Uwe: Aktiengesetz, 6. Auflage, München 2004.

HVB Group: Geschäftsbericht 2001, München 2002.

HVB Group: Geschäftsbericht 2002, München 2003.

HVB Group: Transformation 2003, Pressemitteilung vom 29.01.2003 (Quelle: www.hvbgroup.com).

HVB Group: Transformation 2003, Dieter Rampl, Speaker of the Board, Conference Call: January 30, 2003, Präsentation (Quelle: www.hvbgroup.com).

HVB Group: Nächste Maßnahmen zur Umsetzung des Transformationsprogramms 2003 beschlossen, Pressemitteilung vom 27.03.2003 (Quelle: www.hvbgroup.com).

HVB Group: Porträt der HVB Group (Quelle: www.hvbgroup.com).

HVB Group: Zwischenbericht zum 30. Juni 2003, München 2003.

Immenga, Ulrich: Zuständigkeiten des mitbestimmten Aufsichtsrats, ZGR 1977, S. 249 ff.

Jäger, Axel: Die Beratung des Vorstands als Teil der Überwachungsaufgabe des Aufsichtsrats, DStR 1996, S. 671 ff.

Jäger, Axel: Aktiengesellschaft unter besonderer Berücksichtigung der KGaA, München 2004.

Joost, Detlev: Grundlagen und Rechtsfolgen der Kapitalerhaltungsregeln im Aktienrecht, ZHR 149 (1985), S. 419 ff.

Joussen, Edgar: Die Generalvollmacht im Handels- und Wirtschaftsrecht, WM 1994, S. 273 ff.

Jürgenmeyer, Michael: Das Unternehmensinteresse, Heidelberg 1984.

Kantzas, Ioannis: Das Weisungsrecht im Vertragskonzern, Frankfurt am Main, Bern, New York, Paris 1988.

Keller, Thomas: Unternehmensführung mit Holdingkonzepten, 2. Auflage, Köln 1993.

Kessler, Wolfgang: Die Euro-Holding, Steuerplanung, Standortwahl, Länderprofile, München 1996.

Klausing, Friedrich: Aktienrecht, Gesetz über Aktiengesellschaften und Kommanditgesellschaften auf Aktien (Aktien-Gesetz) nebst Einführungsgesetz und „amtlicher Begründung“, Berlin 1937.

Kleindiek, Detlev: Konzernstrukturen und Corporate Governance: Leitung und Überwachung im dezentral organisierten Unternehmensverbund, in: Hommelhoff, Peter; Hopt, Klaus J.; Werder, Axel von (Hrsg.), Handbuch Corporate Governance – Leitung und Überwachung börsennotierter Unternehmen in der Rechts- und Wirtschaftspraxis, Köln, Stuttgart 2003, S. 571 ff.

Knobbe-Keuk, Brigitte: Bilanz- und Unternehmenssteuerrecht, 9. Auflage, Köln 1993.

Koch, Wolfgang: Das Unternehmensinteresse als Verhaltensmaßstab der Aufsichtsratsmitglieder im mitbestimmten Aufsichtsrat einer Aktiengesellschaft, Frankfurt am Main, Bern, New York 1983.

Kölner Kommentar zum Aktiengesetz:
Zöllner, Wolfgang; (Hrsg.), Köln, Berlin, Bonn, München, 1. Auflage: Einleitung, 1984; Band 1, §§ 1 – 147 AktG, 1985; 2. Auflage: Band 1, §§ 1 – 75 AktG, 1988; Band 2, §§ 76 – 117 AktG und Mitbestimmung im Aufsichtsrat, 1996; Band 4, 1. Lieferung, Rechnungslegung der Aktiengesellschaft §§ 238 – 285 HGB, 1990; Band 5, 1. Lieferung, §§ 179 – 240, 1995; Band 6, 1. Lieferung, §§ 291 – 328, 1987.

Konow, Karl-Otto: Zum Tätigkeitsbereich der Beiräte in Aktiengesellschaften, DB 1966, S. 332 ff.

Kosiol, Erich: Organisation der Unternehmung, 2. Auflage, Wiesbaden 1962.

Krieger, Gerd: Zum Aufsichtsratspräsidium, ZGR 1985, S. 338 ff.

Krieger, Gerd: Personalentscheidungen des Aufsichtsrats, Köln, Berlin, Bonn, München 1981.

Kropff, Bruno: Zur Konzernleitungspflicht, in: ZGR 1984, S. 112 ff.

Kropff, Bruno: Die Unternehmensplanung im Aufsichtsrat, NZG 1998, S. 613 ff.

Kropff, Bruno: Zur Information des Aufsichtsrats über das interne Überwachungssystem, NZG 2003, S. 346 ff.

Kropff, Bruno: Aktiengesetz vom 6.9.1965 (Bundesgesetzbl. I S. 1089), Düsseldorf 1965 (zit. als: Begr. RegE AktG 1965).

Kunze, Otto: Unternehmensverband und Unternehmensrecht, in: Pawlowski, Hans-Martin; Wiese, Günther; Wüst, Günther (Hrsg.), Festschrift für Konrad Duden, München 1977, S. 201 ff.

Küpper, Hans-Ulrich; Weber, Jürgen; Zünd, André: Zum Verständnis und Selbstverständnis des Controlling – Thesen zur Konsensbildung, ZfB 1990, S. 281 ff.

Lange, Knut Werner; Wall, Friederike (Hrsg.): Risikomanagement nach dem KonTraG: Aufgaben und Chancen aus betriebswirtschaftlicher und juristischer Sicht, München 2001.

Langenbucher, Günther; Blaum, Ulf: Audit Committees – Ein Weg zur Überwindung der Überwachungskrise?, DB 1994, S. 2197 ff.

Larenz, Karl; Canaris, Claus-Wilhelm: Methodenlehre der Rechtswissenschaft, 3. Auflage, Berlin, Heidelberg 1995.

Larenz, Karl; Wolf, Manfred: Allgemeiner Teil des Bürgerlichen Rechts, 8. Auflage, München 1997.

Leinemann, Wolfgang (Hrsg.): Kasseler Handbuch zum Arbeitsrecht Band 1, 2. Auflage, Neuwied, Kriftel 2000.

Lindermann, Edgar: Doppelmandat gleich Haftungsdurchgriff?, AG 1987, S. 225 ff.

Lippert, Hans-Dieter: Überwachungspflicht, Informationsrecht und gesamtschuldnerische Haftung des Aufsichtsrats nach dem Aktiengesetz 1965, Frankfurt am Main 1976.

Lippert, Hans-Dieter: Zulässigkeit und Aufgaben von Beiräten in Aktiengesellschaften – LG Köln, Die AG 1976, 329, JuS 1978, S. 90 ff.

Lukarsch, Michael: Marktorientierte Überwachung der Unternehmensplanung durch den Aufsichtsrat: ein Informationskonzept auf Basis des Shareholder-Value-Ansatzes, Frankfurt am Main, Berlin, Bern, New York, Paris, Wien 1998.

Luther, Martin: § 23 (5) AktG im Spannungsfeld von Gesetz, Satzung und Einzelentscheidungen der Organe der Aktiengesellschaft, in: Bernhardt, Wolfgang; Hefermehl, Wolfgang; Schilling, Wolfgang (Hrsg.), Freundesgabe für Hans Hengeler, Berlin, Heidelberg, New York 1972, S. 167 ff.

Lutter, Marcus: Zur Wirkung von Zustimmungsvorbehalten nach § 111 Abs. 4 Satz 2 AktG auf nahe stehende Gesellschaften, in: Lutter, Marcus; Stimpel, Walter; Wiedemann, Herbert (Hrsg.), Festschrift für Robert Fischer, Berlin, New York 1979, S. 419 ff.

Lutter, Marcus: 100 Bände BGHZ: Konzernrecht, ZHR 151 (1987), S. 444 ff.

Lutter, Marcus: Haftung und Haftungsfreiräume des GmbH-Geschäftsführers, GmbHR 2000, S. 301 ff.

Lutter, Marcus: Holding-Handbuch, 4. Auflage, Köln 2004.

Lutter, Marcus: Information und Vertraulichkeit im Aufsichtsrat, 2. Auflage, Köln, Berlin, Bonn, München 1984.

Lutter, Marcus; Kremer, Thomas: Die Beratung der Gesellschaft durch Aufsichtsratsmitglieder – Bemerkungen zur Entscheidung BGHZ 114, 127 ff., ZGR 1992, S. 87 ff.

Lutter, Marcus; Krieger, Gerd: Rechte und Pflichten des Aufsichtsrats, 4. Auflage, Köln 2002.

Martens, Klaus-Peter: Der Arbeitsdirektor nach dem Mitbestimmungsgesetz, Köln 1980.

Martens, Klaus-Peter: Das Arbeitsrecht der leitenden Angestellten, Wiesbaden 1982.

Martens, Klaus-Peter: Die Rechtsstellung der leitenden Angestellten im Anwendungsbereich des Mitbestimmungsgesetzes, ZfA 1980, S. 611 ff.

Martens, Klaus-Peter: Die Entscheidungsautonomie des Vorstands und die „Basisdemokratie" in der Aktiengesellschaft, Anmerkungen zu BGHZ 83, S. 122 („Holzmüller"), ZHR 147 (1983), S. 377 ff.

Martens, Klaus-Peter: Der Grundsatz gemeinsamer Vorstandsverantwortung, in: Goerdeler, Reinhard; Hommelhoff, Peter; Lutter, Marcus; Wiedemann, Herbert (Hrsg.), Festschrift für Hans-Joachim Fleck, Berlin, New York 1988, S. 191 ff.

Martens, Klaus-Peter: Die Organisation des Konzernvorstands, in: Kübler, Friedrich; Mertens, Hans-Joachim; Werner, Winfried (Hrsg.), Festschrift für Theodor Heinsius, Berlin, New York 1991, S. 523 ff.

Martens, Klaus-Peter: Der Aufsichtsrat im Konzern, ZHR 159 (1995), S. 567 ff.

Mayntz, Renate: Soziologie der Organisation, 9. Auflage, Reinbeck bei Hamburg 1977.

Merkt, Hanno: US-amerikanisches Gesellschaftsrecht, Heidelberg 1991.

Mertens, Hans-Joachim: Die Haftung wegen Missbrauchs der Leitungsmacht nach §309 AktG aus schadensersatzrechtlicher Sicht, AcP 168 (1968), S. 225 ff.

Mertens, Hans-Joachim: Politisches Programm in der Aktiengesellschaft?, NJW 1970, S. 1718 ff.

Mertens, Hans-Joachim: Allgemeine Grundsätze zur Anwendbarkeit des Mitbestimmungsgesetzes, AG 1976, S. 113 ff.

Mertens, Hans-Joachim: Zuständigkeiten des mitbestimmten Aufsichtsrats Korreferat, ZGR 1977, S. 270 ff.

Mertens, Hans-Joachim: Zur Berichtspflicht des Vorstands gegenüber dem Aufsichtsrat, AG 1980, S. 67 ff.

Mertens, Hans-Joachim: Verfahrensfragen bei Personalentscheidungen des mitbestimmten Aufsichtsrats, ZGR 1983, S. 189 ff.

Mertens, Hans-Joachim: Vertretungsorgan und Arbeitnehmerstatus in konzernabhängigen Gesellschaften, in: Dieterich, Thomas; Gamillscheg, Franz; Wiedemann, Herbert (Hrsg.), Festschrift für Marie Luise Hilger und Hermann Stumpf, München 1983, S. 437 ff.

Mertens, Hans-Joachim: Werner Flume, Allgemeiner Teil des Bürgerlichen Rechts. Erster Band/Zweiter Teil: Die juristische Person (Rezension), ZHR 150 (1986), S. 706 ff.

Mertens, Hans-Joachim: Der Beirat in der GmbH – besonders der mitbestimmten –, in: Einberufung und ungeschriebene Hauptversammlungszuständigkeiten, in: Lutter, Marcus; Mertens, Hans-Joachim; Ulmer, Peter (Hrsg.), Festschrift für Walter Stimpel, Berlin, New York 1985, S. 417 ff.

Mertens, Hans-Joachim: Beratungsverträge mit Aufsichtsratsmitgliedern, in: Baur, Jürgen F.; Hopt, Klaus J.; Mailänder, K. Peter (Hrsg.), Festschrift für Ernst Steindorff, Berlin, New York 1990, S. 173 ff.

Mestmäcker, Ernst-Joachim: Zur Systematik des Rechts der verbundenen Unternehmen im neuen Aktiengesetz, in: Biedenkopf, Kurt H.; Coing, Helmut; Mestmäcker, Ernst-Joachim (Hrsg.), Das Unternehmen in der Rechtsordnung, Festgabe für Heinrich Kronstein, Karlsruhe 1967, S. 129 ff.

Michalski, Lutz: OHG-Recht: Kommentar zum Recht der offenen Handelsgesellschaft, Köln, Berlin, Bonn, München 2000.

Michalski, Lutz (Hrsg.): Kommentar zum Gesetz betreffend die Gesellschaften mit beschränkter Haftung (GmbH-Gesetz), Band 2 §§ 35 – 86, München 2002.

Mielke, Werner: Die Leitung der unverbundenen Aktiengesellschaften: aktienrechtliche Probleme dezentraler Unternehmensorganisationen, Frankfurt am Main, Bern, New York, Paris 1990.

Möhring, Philipp: Zur Systematik der §§ 311, 317 AktG, in: Fischer, Robert; Hefermehl, Wolfgang (Hrsg.), Gesellschaftsrecht und Unternehmensrecht, Festschrift für Wolfgang Schilling, Berlin, New York 1973, S. 253 ff.

Mülbert, Peter O.: Aktiengesellschaft, Unternehmensgruppe und Kapitalmarkt: Die Aktionärsrechte bei Bildung und Umbildung einer Unternehmensgruppe zwischen Verbands- und Anlegerschutzrecht, 2. Auflage, München 1996.

Müller-Freienfels, Wolfram: Haftungsvertreter und Stellvertreter, in: Baumgärtel, Gottfried; Becker, Hans-Jürgen; Klingmüller, Ernst; Wacke, Andreas (Hrsg.), Festschrift für Heinz Hübner, Berlin, New York 1984, S. 627 ff.

Münchener Handbuch des Gesellschaftsrechts:
Priester, Hans-Joachim; Mayer, Dieter (Hrsg.); Band 3: Gesellschaft mit beschränkter Haftung, 2. Auflage, München 2003; Hoffmann-Becking, Michael (Hrsg.) Band 4: Aktiengesellschaft, 2. Auflage, München 1999.

Münchener Kommentar zum Aktiengesetz:
Kropff, Bruno; Semler, Johannes (Hrsg.), 2. Auflage des Geßler/Hefermehl/Eckardt/Kropff, Aktiengesetz, München; Band 1 §§ 1 – 53, 2000, Band 3 §§ 76 – 117 AktG, Mitbestimmungsgesetz, § 76 BetrVG 1952, 2004, Band 8 §§ 278 – 328, 2000.

Münchener Kommentar zum Bürgerlichen Gesetzbuch:
Rebmann, Kurt; Säcker, Franz Jürgen; Rixecker, Roland (Hrsg.), 4. Auflage, München, Band 1 Allgemeiner Teil §§ 1-240, AGB-Gesetz, 2001, Band 2a Schuldrecht Allgemeiner Teil §§ 241-432, München 2003, Band 5 Schuldrecht Besonderer Teil III §§ 705-853, München 2004.

Münchener Kommentar zum Handelsgesetzbuch: Schmidt, Karsten (Hrsg.), Band 1 Erstes Buch. Handelsstand §§ 1-104, München 1996.

Münchener Vertragshandbuch: Heidenhain, Martin; Meister, Burkhard W. (Hrsg.) Band 1: Gesellschaftsrecht, 5.Auflage, München 2000.

Natzel, Inigo: Der aktienrechtliche Quasi-Konzern: Untersuchung zur rechtlichen Binnenstruktur von Einheits-Unternehmen, Heidelberg 1988.

Nirk, Rudolf; Reuter, Hans-Peter; Bächle, Hans-Ulrich: Handbuch der Aktiengesellschaft: Gesellschaftsrecht, 3. Auflage, Köln 1994, Loseblatt-Ausgabe.

o. V.: Führerprinzip im alten Aktienrecht, Frankfurter Allgemeine Zeitung vom 29.01.2002, S. 18.

o. V.: Konflikt bei Deutscher Bank zugespitzt, Frankfurter Allgemeine Zeitung vom 29.01.2002, S. 18.

o. V.: Thomas Fischer verlässt die Deutsche Bank – Vorstand wird auf fünf Mitglieder verkleinert, Börsenzeitung vom 31.01.2002, S. 1.

o. V.: Deutsche Bank will mit neuer Führungsstruktur effizienter werden, Börsenzeitung vom 01.02.2002, S. 18.

o. V.: Rampl konzentriert HVB auf die Kernstrategie, Börsenzeitung vom 24.10.2002, S. 18.

o. V.: Hypo Real Estate startet an der Börse, Frankfurter Allgemeine Zeitung vom 07.10.2003, S. 13.

o. V.: Deutsche Bank sendet Signal an den Heimatmarkt, Börsenzeitung vom 22.09.2004, S. 5.

Otto, Hansjörg; Schwarz, Roland: Gamillscheg/Hanau, Die Haftung des Arbeitnehmers, 3. Auflage, Karlsruhe 1998.

Paefgen, Walter: Struktur und Aufsichtsratsverfassung der mitbestimmten AG: zur Gestaltungsmacht der Satzung und der Geschäftsordnung des Aufsichtsrats, Köln, Berlin, Bonn, München 1981.

Paefgen, Walter G.: Unternehmerische Entscheidungen und Rechtsbindung der Organe in der AG, Köln 2002.

Palandt, Otto: Bürgerliches Gesetzbuch, 64. Auflage, München 2005.

Poensgen, Otto H.: Geschäftsbereichsorganisation, Opladen 1973.

Potthoff, Christian: Der Vorstand denkt – der Rest lenkt, Handelsblatt vom 01.02.2002, S. 2.

Potthoff, Erich; Trescher, Karl: Das Aufsichtsratsmitglied: Ein Handbuch der Aufgaben, Rechte und Pflichten, 6. Auflage von Manuel R. Theisen, Stuttgart 2003.

Preußner, Joachim; Zimmermann, Dörte: Risikomanagement als Gesamtaufgabe des Vorstands, Zugleich Besprechung des Urteils des LG Berlin vom 3.7.2002 – 2 O 358/01, AG 2002, S. 657 ff.

Priester, Hans-Joachim: Stichentscheid bei zweiköpfigem Vorstand, AG 1984, S. 253 ff.

Raisch, Peter: Zum Begriff und zur Bedeutung des Unternehmensinteresses als Verhaltensmaxime von Vorstands- und Aufsichtsratsmitgliedern, in: Fischer, Robert; Geßler, Ernst; Schilling, Wolfgang; Serick, Rolf; Ulmer, Peter (Hrsg.), Strukturen und Entwicklungen im Handels-, Gesellschafts- und Wirtschaftsrecht, Festschrift für Wolfgang Hefermehl, München 1976, S. 347 ff.

Raiser, Thomas: Mitbestimmungsgesetz: Kommentar, 4. Auflage, Berlin 2002.

Raiser, Thomas: Das Unternehmensinteresse, in: Reichert-Facilides, Fritz; Rittner, Fritz; Sasse, Jürgen (Hrsg.), Festschrift für Reimer Schmidt, Karlsruhe 1976, S. 101 ff.

Raiser, Thomas: Das Recht der Kapitalgesellschaften, 3. Auflage, München 2001.

Raiser, Thomas: Das Unternehmen als Organisation: Kritik und Erneuerung der juristischen Unternehmenslehre, Hamburg, Berlin 1969.

Rathenau, Walther: Vom Aktienwesen: eine geschäftliche Betrachtung, Berlin 1917.

Rechenberg, Wolf-Georg von: Die Hauptversammlung als oberstes Organ der Aktiengesellschaft, Heidelberg 1986.

Rehbinder, Eckard: Konzernaußenrecht und allgemeines Privatrecht: eine rechtsvergleichende Untersuchung nach deutschem und amerikanischem Recht, Bad Homburg v. d. H. 1969.

Rehbinder, Eckard: Gesellschaftsrechtliche Probleme mehrstufiger Unternehmensverbindungen, ZGR 1977, S. 581 ff.

Rehbinder, Eckard: Zum konzernrechtlichen Schutz der Aktionäre einer Obergesellschaft – Besprechung der Entscheidung BGHZ 83, 122 „Holzmüller“ –, ZGR 1983, S. 93 ff.

Rehbinder, Eckard: Peter Hommelhoff, Die Konzernleitungspflicht. Zentrale Aspekte eines Konzernverfassungsrechts (Rezension), ZHR 147 (1983), S. 464 ff.

Rehbinder, Eckard: Andere Organe der Unternehmensverfassung – Die institutionalisierte Vertretung diffuser Interessen im Unternehmen unterhalb der Gesellschaftsorgane –, ZGR 1989, S 305 ff.

Reiff, Felix: Beiräte als Beratungs- und Führungsgremien bei schweizerischen Aktiengesellschaften, Zürich 1988.

Rellermeyer, Klaus: Aufsichtsratsausschüsse, Köln, Berlin, Bonn, München.

Reuter, Dieter: Verbandszweck und Rechtsfähigkeit im Vereinsrecht, ZHR 151 (1987), S. 237 ff.

Richardi, Reinhard: Betriebsverfassungsgesetz mit Wahlordnung, 9. Auflage, München 2004.

Rittner, Fritz: Zur Verantwortung des Vorstands nach § 76 Abs. 1 AktG 1965, in: Ballerstedt, Kurt; Hefermehl, Wolfgang (Hrsg.), Festschrift für Ernst Geßler, München 1971, S. 139 ff.

Rittner, Fritz: Aktiengesellschaft oder Aktienunternehmen? Zu Wolfgang Schillings Lehre vom Aktienunternehmen (ZHR 144 [1980] 136 ff.) mit einem Anhang zu Werner Flumes Identifikationstheorie, ZHR 144 (1980), S. 330 ff.

Rittner, Fritz: Konzernorganisation und Privatautonomie, AcP 183 (1983), S. 295 ff.

Rutenfranz, Winfried: Der „Beirat" im Gesellschaftsrecht, NJW 1965, S. 238 ff.

RWE: Geschäftsbericht 2001, Essen 2002.

Saage, Gustav: Die Haftung des Aufsichtsrats für wirtschaftliche Fehlentscheidungen des Vorstands nach dem Aktiengesetz, DB 1973, S. 115 ff.

Säcker, Franz Jürgen: Die Geschäftsordnung für das zur gesetzlichen Vertretung eines mitbestimmten Unternehmens befugte Organ, DB 1977, S. 1993 ff.

Säcker, Franz Jürgen: Der Zuständigkeitsbereich des Arbeitsdirektors und Werkspersonalleiters gemäß § 33 MitbestG, DB 1979, S. 1925 ff.

Säcker, Franz Jürgen: Zur Problematik von Mehrfachfunktionen im Konzern, ZHR 151 (1987), S. 59 ff.

Sandmann, Bernd: Die Haftung von Arbeitnehmern, Geschäftsführern und leitenden Angestellten: zugleich ein Beitrag zu den Grundprinzipien der Haftung und Haftungsprivilegierung, Tübingen 2001.

Schaub, Günter: Die Haftungsbegrenzung des Arbeitnehmers, WiB 1994, S. 227 ff.

Schaub, Günter: Arbeitsrechts-Handbuch: systematische Darstellung und Nachschlagewerk für die Praxis, 10. Auflage, München 2002.

Schauß, Wolfgang: Das Weisungsrecht des herrschenden Unternehmens bei Bestehen eines Beherrschungsvertrags (§ 308 AktG): zugleich ein Beitrag zu den Möglichkeiten der betriebswirtschaftlichen Gestaltung der konzerninternen Organisation, Frankfurt am Main 1973.

Scheffler, Eberhard: Die konzernleitende Holding im faktischen Konzern, in: Schulte, Christof (Hrsg.), Holding-Strategien: Erfolgspotentiale realisieren durch Beherrschung von Größe und Komplexität, Wiesbaden 1992, S. 245 ff.

Scheffler, Eberhard: Strategieentwicklung und strategisches Controlling für eine Holding, WPg 1992, S. 641 ff.

Scheffler, Eberhard: Der Aufsichtsrat – nützlich oder überflüssig?, ZGR 1993, S. 63 ff.

Scheffler, Hans Eberhard: Konzernleitung aus betriebswirtschaftlicher Sicht, DB 1985, S. 2005 ff.

Scheffler, Hans Eberhard: Zur Problematik der Konzernleitung, in: Havermann, Hans (Hrsg.), Bilanz- und Konzernrecht, Festschrift für Reinhard Goerdeler, Düsseldorf 1987, S. 469 ff.

Scheffler, Hans Eberhard: Konzernmanagement, betriebswirtschaftliche und rechtliche Grundlagen der Konzernführungspraxis, München 1992.

Schierenbeck, Henner: Grundzüge der Betriebswirtschaftslehre, 12. Auflage, Gießen 1996.

Schiessl, Maximilian: Gesellschafts- und mitbestimmungsrechtliche Probleme der Spartenorganisation (Divisionalisierung), ZGR 1992, S. 64 ff.

Schilling, Wolfgang: Rechtsform und Unternehmen, in: Pawlowski, Hans-Martin; Wiese, Günther; Wüst, Günther (Hrsg.), Festschrift für Konrad Duden, München 1977, S. 537 ff.

Schilling, Wolfgang: Das Aktienunternehmen, ZHR 144 (1980), S. 136 ff.

Schilling, Wolfgang: Die Überwachungsaufgabe des Aufsichtsrats – Besprechung der gleichnamigen Schrift von Johannes Semler –, AG 1981, S. 341 ff.

Schimansky, Herbert; Bunte, Hermann-Josef; Lwowski, Hans-Jürgen: Bankrechtshandbuch, Band 3, 2. Auflage, München 2001.

Schlaus, Wilhelm: Das stellvertretende Vorstandsmitglied, DB 1971, S. 1653 f.

Schlegelberger, Franz; Quassowski, Leo: Aktiengesetz: Gesetz über Aktiengesellschaften und Kommanditgesellschaften auf Aktien vom 30. Januar 1937, 3. Auflage, Berlin 1939.

Schmidt, Karsten: Abhängigkeit, faktischer Konzern, Nichtaktienkonzern und Divisionalisierung im Bericht der Unternehmensrechtskommission, ZGR 1981, S. 455 ff.

Schmidt, Karsten: Handelsrecht, 5. Auflage, Köln, Berlin, Bonn, München 1999.

Schmidt, Karsten: Gesellschaftsrecht, 4. Auflage, Köln, Berlin, Bonn, München 2002.

Schmidt, Karsten: Zur Durchgriffsfestigkeit der GmbH - Grenzen der Gesellschafter- und Geschäftsführerhaftung nach dem BGH-Urteil vom 13. April (ZIP 1994, 867), ZIP 1994, S. 837 ff.

Schneider, Uwe H.: Das Informationsrecht des Aufsichtsratsmitglieds einer Holding AG, in: Forster, Karl-Heinz; Grunewald, Barbara; Lutter, Marcus; Semler, Johannes (Hrsg.), Aktien- und Bilanzrecht, Festschrift für Bruno Kropff, Düsseldorf 1997, S. 271 ff.

Schneider, Uwe H.: Die Haftung von Mitgliedern des Beirats einer Personengesellschaft, DB 1973, S. 953 ff.

Schneider, Uwe H.: Konzernleitung als Rechtsproblem: Überlegungen zu einem Konzernverfassungsrecht, BB 1981, S. 249 ff.

Schneider, Uwe H.: Die Geschäftsordnung der GmbH-Geschäftsführer – Überlegungen zum GmbH-Innenrecht –, in: Damrau, Jürgen; Fürst, Walther; Kraft, Alfons (Hrsg.), Festschrift für Otto Mühl, Stuttgart, Berlin, Köln, Mainz 1981, S. 633 ff.

Schneider, Uwe H.: Stimmverbote im GmbH-Konzern, ZHR 150 (1986), S. 609 ff.

Schneider, Uwe H.: Die Wahrnehmung öffentlich-rechtlicher Pflichten durch den Geschäftsführer – Zum Grundsatz der Gesamtverantwortung bei mehrköpfiger Geschäftsführung in der konzernfreien GmbH und im Konzern, in: Lutter, Marcus; Ulmer, Peter; Zöllner, Wolfgang (Hrsg.), Festschrift 100 Jahre GmbH-Gesetz, Köln 1992, S. 473 ff.

Schneider, Uwe H.: Gesellschaftsrechtliche und öffentlich-rechtliche Anforderungen an eine ordnungsgemäße Unternehmensorganisation, DB 1993, S. 1909 ff.

Schönauer, Felix: Die Eckpfeiler im System Ackermann stehen, Handelsblatt vom 01.02.2002, S. 2.

Schönbrod, Wolfgang: Die Organstellung von Vorstand und Aufsichtsrat in der Spartenorganisation: eine aktien- und konzernrechtliche Untersuchung, Frankfurt am Main, Bern, New York, Paris 1987.

Schropp, James H.; Hardison, David B.: Fiduciary Duties of Executive and Audit Committee Members, in: Practising Law Institute, Corporate Law and Practice Course Handbook Series, 1985, S. 113 ff. (abrufbar bei www.westlaw.com).

Schwark, Eberhard: Spartenorganisation in Großunternehmen und Unternehmensrecht, ZHR 142 (1978), S. 203 ff.

Schwark, Eberhard: Virtuelle Holding und Bereichsvorstände – eine aktien- und konzernrechtliche Betrachtung, in: Habersack, Mathias; Hommelhoff, Peter; Hüffer, Uwe; Schmidt, Karsten (Hrsg.), Festschrift für Peter Ulmer, Berlin 2003, S. 87 ff.

Seibt, Christoph H.; Wilde, Christian: Informationsfluss zwischen Vorstand und Aufsichtsrat bzw. innerhalb des Boards, in: Hommelhoff, Peter; Hopt, Klaus J.; Werder, Axel von (Hrsg.), Handbuch Corporate Governance – Leitung und Überwachung börsennotierter Unternehmen in der Rechts- und Wirtschaftspraxis, Köln, Stuttgart 2003, S. 377 ff.

Semler, Johannes: Schwerpunkt der Unternehmensaufsicht durch den Aufsichtsrat – Öffentlichkeitsvorstellung, Gesetzesvorgabe und Alltagsanforderung, BFuP 1977, S. 519 ff.

Semler, Johannes: Die Unternehmensplanung in der Aktiengesellschaft – eine Betrachtung unter rechtlichen Aspekten –, ZGR 1983, S. 1 ff.

Semler, Johannes: Doppelmandats-Verbund im Konzern – Sachgerechte Organisationsform oder rechtlich unzulässige Verflechtung? –, in: Lutter, Marcus; Oppenhoff, Walter; Sandrock, Otto; Winkhaus, Hanns (Hrsg.), Festschrift für Ernst C. Stiefel, München 1987, S. 719 ff.

Semler, Johannes: Rechtsfragen der divisionalen Organisationsstruktur in der unabhängigen Aktiengesellschaft, in: Knobbe-Keuk, Brigitte; Klein, Franz; Moxter, Adolf (Hrsg.), Handels- und Steuerrecht, Festschrift für Georg Döllerer, Düsseldorf 1988, S. 571 ff.

Semler, Johannes: Unternehmensrechtliche Fragen der divisionalen Organisationsstruktur in der unabhängigen Aktiengesellschaft, in: Beisse, Heinrich; Lutter, Marcus; Närger, Heribald (Hrsg.), Festschrift für Karl Beusch, Berlin, New York 1993, S. 805 ff.

Semler, Johannes: Leitung und Überwachung der Aktiengesellschaft: die Leitungsaufgabe des Vorstands und die Überwachungsaufgabe des Aufsichtsrats, 2. Auflage, Köln, Berlin, Bonn, München.

Semler, Johannes; Schenck, Kersten von (Hrsg.): Arbeitshandbuch für Aufsichtsratsmitglieder, 2. Auflage, München 2004.

Siemens AG: Geschäftsbericht 2002, München 2003.

Siemens AG: Geschäftsordnung für den Vorstand der Siemens Aktiengesellschaft in der Fassung vom 24. Juli 2002 (Quelle: www.siemens.de).

Siemens AG: Geschäftsordnung für den Aufsichtsrat der Siemens Aktiengesellschaft in der Fassung vom 24. Juli 2002 (Quelle: www.siemens.de).

Sigle, Walter: Beiräte, NZG 1998, S. 619 ff.

Sina, Peter: Grenzen des Konzern-Weisungsrechts nach § 308 AktG, AG 1991, S. 1 ff.

Soergel, Theodor (Begr.): Baur, Jürgen F. u. a. (Hrsg.), Bürgerliches Gesetzbuch mit Einführungsgesetz und Nebengesetzen, Band 2 Allgemeiner Teil 2 §§ 104 – 240, Stuttgart, Berlin, Köln, Mainz 1999.

Solomon, Lewis D.; Palmiter, Alan R.: Corporations: Examples and Explanations, Third Edition, Gaithersburg, New York 1999.

Sonnenberger, Hans J.: Gesellschaftsrechtliche Verantwortlichkeit geschäftsführender Organe von Kapitalgesellschaften, GmbHR 1973, S. 25 ff.

Spindler, Gerald: Unternehmensorganisationspflichten: Zivilrechtliche und öffentlich-rechtliche Regelungskonzepte, Köln, Berlin, Bonn, München 2001.

Spitzbarth, Reimar: Die rechtliche Stellung des Generalbevollmächtigten, BB 1962, S. 851 ff.

Sprißler, Wolfgang: Die neue HVB Group – vom Stammhauskonzern zur Management-Holding, Kreditwesen 2002, S. 16 ff.

Staudinger, Julius von; Beitzke, Günther: J. von Staudingers Kommentar zum Bürgerlichen Gesetzbuch mit Einführungsgesetz und Nebengesetzen, Zweites Buch, Recht der Schuldverhältnisse, §§ 611 – 615, 13. Bearbeitung, Berlin 1999.

Stein, Ursula: Die Normadressaten der §§ 64, 84 GmbHG und die Verantwortlichkeit von Nichtgeschäftsführern wegen Konkursverschleppung, ZHR 148 (1984), S. 207 ff.

Stein, Ursula: Konzernherrschaft durch EDV? – Gesellschaftsrechtliche und konzernrechtliche Probleme der EDV-Auslagerung auf ein konzernverbundenes Unternehmen –, ZGR 1988, S. 163 ff.

Stein, Ursula: Das faktische Organ, Köln, Berlin, Bonn, München 1984.

Steinbeck, Claudia: Überwachungspflicht und Einwirkungsmöglichkeiten des Aufsichtsrats der Aktiengesellschaft, Berlin 1992.

Steinmann, Horst; Klaus, Horst: Zur Rolle des Aufsichtsrats als Kontrollorgan, AG 1987, S. 29 ff.

Steinmann, Horst; Schreyögg, Georg: Management: Grundlagen der Unternehmensführung, 5. Auflage, Wiesbaden 2000.

Sünner, Eckart: Aktionärsschutz und Aktienrecht – Anmerkungen zur Seehafenbetriebe-Entscheidung des BGH, AG 1983, S. 169 ff.

Teichmann, Arndt: Gestaltungsfreiheit in Gesellschaftsverträgen, München 1970.

Teubner, Gunther: Unternehmensinteresse – das gesellschaftliche Interesse des Unternehmens „an sich"?, ZHR 149 (1985), S. 470 ff.

Teubner, Gunther: Der Beirat zwischen Verbandssouveräntität und Mitbestimmung – Zu den Schranken der Beiratsverfassung in der GmbH –, ZGR 1986, S. 565 ff.

Theisen, Manuel René: Controlling und Konzernrecht, AG 1991, S. 262 ff.

Theisen, Manuel René: Grundsätze ordnungsgemäßer Kontrolle und Beratung der Geschäftsführung durch den Aufsichtsrat, AG 1995, S. 193 ff.

Theisen, Manuel René: Der Konzern, betriebswirtschaftliche und rechtliche Grundlagen der Konzernunternehmung, 2. Auflage, Stuttgart 2000.

Theisen, Manuel René: Grundsätze einer ordnungsmäßigen Information des Aufsichtsrats, 3. Auflage, Stuttgart 2002.

Theisen, Manuel René: Aufsichtsrat/Board: Aufgaben, Besetzung, Organisation, Entscheidungsfindung und Willensbildung – Betriebswirtschaftliche Ausfüllung, in: Hommelhoff, Peter; Hopt, Klaus J.; Werder, Axel von (Hrsg.), Handbuch Corporate Governance – Leitung und Überwachung börsennotierter Unternehmen in der Rechts- und Wirtschaftspraxis, Köln, Stuttgart 2003, S. 285 ff.

Thiel, Sandra: Spartenaktien für deutsche Aktiengesellschaften, Köln, Berlin, Bonn, München, 2001.

Thümmel, Roderich C.: Persönliche Haftung von Managern und Aufsichtsräten: Haftungsrisiken bei Managementfehlern, Risikobegrenzung und D&O-Versicherung, 2. Auflage, Stuttgart 1998.

Timm, Wolfram: Die Aktiengesellschaft als Konzernspitze: die Zuständigkeitsordnung bei der Konzernbildung und Konzernumbildung, Köln 1980.

Tonner, Martin: Tracking Stocks, Köln, Berlin, Bonn, München 2002.

Ulmer, Peter: Zur Haftung der abgeordneten Körperschaft nach § 31 BGB für Sorgfaltsverstöße des von ihr benannten Aufsichtsratsmitglieds, in: Lutter, Marcus; Mertens, Hans-Joachim; Ulmer, Peter (Hrsg.), Festschrift für Walter Stimpel, Berlin, New York 1985, S. 705 ff.

Veelken, Winfried: Der Betriebsführungsvertrag im deutschen und amerikanischen Aktien- und Konzernrecht, Baden Baden 1975.

Voormann, Volker: Der Beirat im Gesellschaftsrecht, 2. Auflage, Köln, Berlin, Bonn, München 1990.

Wagner, Ingo: Divisionalisierung in der unverbundenen Aktiengesellschaft und im Aktienkonzern: gesellschaftsrechtliche und mitbestimmungsrechtliche Implikationen für die Gestaltung divisionaler Organisationsstrukturen, Köln 1992.

Wälzholz, Eckard: Der Beirat im mittelständischen Unternehmen – Chancen, Grenzen und Probleme, DStR 2003, S. 511 ff.

Weber, Helmut: Funktionsorientierte und produktorientierte Organisation der industriellen Industrie, ZfB 1968, S. 587 ff.

Weidner, Walter; Freitag, Gerhard; Gernet, Erich; Ulbrich, Klaus: Organisation in der Unternehmung: Aufbau- und Ablauforganisation; Methoden und Techniken praktischer Organisationsarbeit, 6. Auflage, München, Wien, 1998.

Welch, Edward P.; Turezyn, Andrew J.: Folk on the Delaware General Corporation Law: Fundamentals, 2002 Edition, New York, Gaithersburg 2002.

Wendeling-Schröder, Ulrike: Divisionalisierung, Mitbestimmung und Tarifvertrag: zur Möglichkeit der Mitbestimmungssicherung in divisionalisierten Unternehmen und Konzernen, Köln 1984.

Werder, Axel von: Organisation der Unternehmensleitung und Haftung des Top-Managements, DB 1987, S. 2265 ff.

Werder, Axel von: Ökonomische Grundfragen der Corporate Governance, in: Hommelhoff, Peter; Hopt, Klaus J.; Werder, Axel von (Hrsg.), Handbuch Corporate Governance, Köln, Stuttgart 2003, S. 3 ff.

Werder, Axel von: Grundsätze ordnungsmäßiger Unternehmensführung (GoF) für die Unternehmensleitung (GoU), Überwachung (GoÜ) und Abschlussprüfung (GoA), Düsseldorf, Frankfurt am Main 1996.

Werder, Axel von: Organisationsstruktur und Rechtsnorm: Implikationen juristischer Vorschriften für die Organisation aktienrechtlicher Einheits- und Konzernunternehmen, Wiesbaden 1986.

Werner, Winfried: Zuständigkeitsverlagerungen in der Aktiengesellschaft durch Richterrecht? Besprechung der Entscheidung BGHZ 83, S. 122 ff., ZHR 147 (1983), S. 429 ff.

Westermann, Harm Peter: Handbuch der Personengesellschaften: Gesellschaftsrecht, Betriebswirtschaft, Unternehmensrechnung, Steuerrecht, Arbeitsrecht, Sozialversicherungsrecht, Loseblatt-Ausgabe, 4. Auflage, Köln 1994.

Westermann, Harm Peter: Vertragsfreiheit und Typengesetzlichkeit im Recht der Personengesellschaften, Berlin, Heidelberg, New York 1970.

Westermann, Harm Peter: Organzuständigkeit bei Bildung, Erweiterung und Umorganisation des Konzerns, ZGR 1984, S. 352 ff.

Westermann, Harm Peter: Individualrechte und unternehmerische Handlungsfreiheit im Aktienrecht, ZHR 156 (1992), S. 203 ff.

Westermann, Harry: Zweck der Gesellschaft und Gegenstand des Unternehmens im Aktien- und Genossenschaftsrecht, in: Hubmann, Heinrich; Hübner, Heinz (Hrsg.), Festschrift für Ludwig Schnorr v. Carolsfeld, Köln, Berlin, Bonn, München 1972, S. 517 ff.

Wiedemann, Herbert: Gesellschaftsrecht: ein Lehrbuch des Unternehmens- und Verbandsrechts Band I Grundlagen, München 1980.

Wiedemann, Herbert: Verbandssouveränität und Außeneinfluss – Gedanken zur Errichtung eines Beirats in einer Personengesellschaft, in: Fischer, Robert; Hefermehl, Wolfgang (Hrsg.), Gesellschaftsrecht und Unternehmensrecht, Festschrift für Wolfgang Schilling, Berlin, New York 1973, S. 105 ff.

Wiethölter, Rudolf: Interessen und Organisation der Aktiengesellschaft im amerikanischen und deutschen Recht, Karlsruhe 1961.

Wilhelm, Jan Die Vermögensbindung bei der Aktiengesellschaft und der GmbH und das Problem der Unterkapitalisierung, in: Jakobs, Horst Heinrich; Knobbe-Keuk, Brigitte; Picker, Eduard; Wilhelm, Jan (Hrsg.), Festschrift für Werner Flume, Band 2, Köln 1978, S. 337 ff.

Williamson, Oliver: Corporate Governance, Yale Law Journal 93 (1984), S. 1197 ff.

Wirth, Gerhard: Neuere Entwicklungen bei der Organhaftung – Sorgfaltspflichten und Haftung der Organmitglieder bei der AG, in: Henze, Hartwig; Hoffmann-Becking, Michael (Hrsg.), Gesellschaftsrecht 2001, Köln 2001, S. 99 ff.

Witt, Peter: Vorstand/Board: Aufgaben, Organisation, Entscheidungsfindung und Willensbildung – Betriebswirtschaftliche Ausfüllung, in: Hommelhoff, Peter; Hopt, Klaus J.; Werder, Axel von (Hrsg.), Handbuch Corporate Governance – Leitung und Überwachung börsennotierter Unternehmen in der Rechts- und Wirtschaftspraxis, Köln, Stuttgart 2003, S. 245 ff.

Wittkowski, Bernd: Kampagne gegen Ackermann, Börsenzeitung vom 30.01.2002, S. 8.

Wittkowski, Bernd: Ende der (Schein-)Gefechte, Börsenzeitung vom 31.01.2002, S. 1.

Wöhe, Günter; Döring, Ulrich: Einführung in die Allgemeine Betriebswirtschaftslehre, 21. Auflage, München 2002.

Wolff, Hans J.: Organschaft und juristische Person, Band 2, Theorie der Vertretung: Stellvertretung, Organschaft und Repräsentation als soziale und juristische Vertretungsformen, 1968, Berichtigter Neudruck der Ausgabe Berlin 1934.

Würdinger, Hans: Aktienrecht und das Recht der verbundenen Unternehmen, 4. Auflage, Heidelberg 1981.

Zöllner, Wolfgang: Die Schranken mitgliedschaftlicher Stimmrechtsmacht bei den privatrechtlichen Personenverbänden, München, Berlin 1963.

Frankfurter wirtschaftsrechtliche Studien

Herausgegeben von
Theodor Baums, Andreas Cahn, Friedrich Kübler, Hans-Joachim Mertens,
Eckard Rehbinder, Gunther Teubner

Band 1 Tomas Brinkmann: Unternehmensinteresse und Unternehmensrechtsstruktur. Aufgaben und Grenzen eines normativen Regulativs unternehmenspolitischer Prozesse. 1983.

Band 2 Rüdiger Hahn: Behinderungsmißbräuche marktbeherrschender Unternehmen. Eine Untersuchung der Beeinträchtigung von Wettbewerb und Marktstruktur durch horizontalen Nichtleistungswettbewerb als Gegenstand der Mißbrauchaufsicht nach § 22 Abs. 4 S. 2 Nr. 1 GWB. 1984.

Band 3 Peter Buchmann: Registerpublizität und Gläubigerschutz bei der Einmann-Gesellschaft. 1984.

Band 4 Christian Joerges/Eugen Hiller/Knut Holzscheck/Hans-W. Micklitz: Vertriebspraktiken im Automobilersatzteilsektor. Ihre Auswirkungen auf die Interessen der Verbraucher. 1985.

Band 5 Annette Boerner: Die Haftung des herrschenden Kommanditisten. 1985.

Band 6 Dirk H. Mahler: Rechtsmißbrauch und einstweiliger Rechtsschutz bei Dokumentenakkreditiven und "Akkreditiven auf erstes Anfordern": Eine rechtsvergleichende Untersuchung. 1986.

Band 7 Brigitte Kratz: Ausländische Eingriffsnorm und inländischer Privatrechtsvertrag. 1986.

Band 8 Dimitris Tsibanoulis: Die genossenschaftliche Gründungsprüfung. 1987.

Band 9 Jürgen Braun: Rechtsfragen des Transport-Unfall-Informations- und Hilfeleistungs-Systems der deutschen chemischen Industrie. 1987.

Band 10 Thomas Pfeiffer: Die Bedeutung des privatrechtlichen Immissionsschutzes. Eine Untersuchung zu §§ 1004, 906 BGB. 1987.

Band 11 Michael Bothe/Josef Brink/Christian Kirchner/Albrecht Stockmayer: Rechtsfragen der internationalen Verschuldungskrise. Voraussetzungen, Formen und Verfahren internationaler Umschuldungsmaßnahmen und Umschuldungsvereinbarungen. 1988.

Band 12 Felix Dörr: Die fehlerhafte GmbH. 1989.

Band 13 Rolf Trittmann: Anwendungsprobleme des Haager Beweisübereinkommens im Rechtshilfeverkehr zwischen der Bundesrepublik und den Vereinigten Staaten von Amerika. Exklusive Regelung zur Überbrückung der Unterschiede zwischen dem kontinental-europäischen und anglo-amerikanischen Zivilprozeßrechtssystem? 1989.

Band 14 Margaretha Sudhof: Dreieckige Rechtsverhältnisse im Wirtschaftsverwaltungsrecht - Am Beispiel von Konkurrentenklagen. 1989.

Band 15 Michael Weigel: Schriftformklauseln in Allgemeinen Geschäftsbedingungen. 1989.

Band 16 Hans-Peter Schröder: Der sichere Weg bei der Vertragsgestaltung. 1990.

Band 17 Matthias Haas: Haftungsfreizeichnungsklauseln in Allgemeinen Geschäftsbedingungen. Eine rechtsdogmatische und ökonomische Analyse. 1991.

Band 18 Andreas Hahn: Instandhaltungsverträge. Begriffe, Einordnung, Rechtsfolgenbestimmung, Auswirkung auf die Kautelarpraxis. 1991.

Band 19 Jürgen Götz: Der Entherrschungsvertrag im Aktienrecht. 1991.

Band 20 Friedrich Wächtershäuser: Das Gesellschaftsrecht des internationalen Joint Ventures. 1992.

Band 21 Christina Escher-Weingart: Nutzungsausfall als Schaden und sein Ersatz. 1993.

Band 22 Jean-Claude Zerey: Rechtliche Probleme der Finanzierung von *Leveraged Buyouts* und *Tender Offers* durch Banken in den USA und in der Bundesrepublik Deutschland. Eine rechtsvergleichende Studie über die Rolle der Banken bei Unternehmenskontrolltransaktionen in den USA und in der Bundesrepublik Deutschland. 1994.

Band 23 Markus Bauer: Gläubigerschutz durch eine formelle Nennkapitalziffer - Kapitalgesellschaftsrechtliche Notwendigkeit oder überholtes Konzept? Eine rechtsvergleichende Untersuchung der Gläubigerschutzkonzepte des amerikanischen und deutschen Kapitalgesellschaftsrechts. 1995.

Band 24 Marion Vollmann: Minderheitenschutz im aktienrechtlichen Beschlußmängelrecht. Eine Bestandsaufnahme und Vorschläge zu einer rechtspolitischen Reform. 1997.

Band 25 Lydia Klose-Mokroß: Gläubigerschutz im Kapitalgesellschaftsrecht am Beispiel der Lehre von der verdeckten Sacheinlage. 1997.

Band 26 Stephan Aubel: Der vereinfachte Bezugsrechtsausschluß. Aktionärs- und Gesellschaftsinteressen beim vereinfachten Bezugsrechtsausschluß nach Maßgabe des § 186 Absatz 3 Satz 4 AktG. 1998.

Band 27 Kurt Peter Dittrich: Die Privatplazierung im deutschen Kapitalmarktrecht. Eine Untersuchung der Vorschriften des Auslandinvestmentgesetzes, des Wertpapier-Verkaufsprospektgesetzes und des Gesetzes über Kapitalanlage-Gesellschaften unter Berücksichtigung des Rechts der Vereinigten Staaten von Amerika und des Vereinigten Königreichs. 1998.

Band 28 Viola Sailer: Aktienrechtliche Minderheitskompetenzen zwischen Mißbrauch und unternehmerischer Entscheidungsfreiheit. 1999.

Band 29 Marc Zimmerling: Kapitalerhaltung und Konzernfinanzierung. Eine Untersuchung der kapitalerhaltungsrechtlichen Problematik aufsteigender Sicherheiten im Konzern. 1998.

Band 30 Joachim Wichert: Die Finanzen der Kommanditgesellschaft auf Aktien. 1999.

Band 31 Kerstin Andrea Müller: Produktverantwortung und ihre Durchsetzung. Eine kartellrechtliche Beurteilung von Selbstverpflichtungen im Umweltrecht aus deutscher und europäischer Sicht unter besonderer Berücksichtigung der Altautoentsorgung. 1999.

Band 32 Bettina Friedrich: Konvergenzen im Gesellschaftsrecht. Recht-Fertigung durch Status- und Befundsicherung. 2000.

Band 33 Rudolf Lemke: Haftungsrechtliche Fragen des Ratingwesens – ein Regelungsproblem? 2000.

Band 34 Klaus R. Roller: Die Vergütung des Aufsichtsrats in Abhängigkeit vom Aktienkurs. 2000.

Band 35 Bettina Bokelmann: Personelle Verflechtungen über Aufsichtsräte. Aufsichtsratsmitglieder mit hauptberuflicher Vorstandsfunktion. 2000.

Band 36 Kai-Uwe Steck: Regulierung von US-amerikanischen Investmentgesellschaften (Investment Companies). Unter besonderer Berücksichtigung des National Securities Markets Improvement Act of 1996 (NSMIA) und anderer aktueller Rechtsanpassungen. 2000.

Band 37 Kristofer Bott: Wissenszurechnung bei Organisationen. 2000.

Band 38 Ursula Lenzen: Unerlaubte Eingriffe in die Börsenkursbildung. 2000.

Band 39 Martin Schulz: Verfassungsrechtliche Vorgaben für das Kollisionsrecht in einem Gemeinsamen Markt. Eine rechtsvergleichende Untersuchung zu den Grenzen einzelstaatlicher Anknüpfungsmethoden im internationalen Vertrags-, Delikts- und Gesellschaftsrecht am Beispiel der Vereinigten Staaten von Amerika. 2000.

Band 40 Maximilian Koch: Diversifizierung und Vorstandskompetenzen. 2001.

Band 41 Corrado Wohlwend: Die Hauptversammlung im Wandel der Kommunikationsformen. 2001.

Band 42 Michael Rozijn: Der Unternehmensmaklervertrag. Zur Anwendung des allgemeinen Maklervertragsrechts auf Mergers & Acquisitions-Dienstleistungen. 2001.

Band 43 Konstantinos N. Kyriakakis: Die Überwachung einer US-amerikanischen Aktiengesellschaft durch institutionelle Anleger. 2002.

Band 44 Uta Fredebeil: Aktienemissionen. Das underwriting agreement (der Übernahmevertrag) und seine spezifischen Klauseln. 2002.

Band 45 Michaela G. Döbler: Die Einführung des WTO-weiten Erschöpfungsgrundsatzes in das Markenrecht der EU und der USA. 2002.

Band 46 Jan Liersch: Regulierung des Blockhandels an den organisierten Aktienmärkten der Vereinigten Staaten, Großbritanniens und Deutschlands. 2002.

Band 47 Sascha Lotze: US-amerikanisches Kapitalmarktrecht und Internet. Aufsichts- und haftungsrechtliche Fragen des Internet-Einsatzes bei Wertpapieremissionen und im Wertpapierhandel. 2002.

Band 48 Boris Trautmann: Die Konkurrenz von Haftpflicht- und Versicherungsanspruch. Ein Beitrag zur ökonomischen Analyse des Rechts unter Berücksichtigung von Unsicherheit und Verhaltensanomalien. 2002.

Band 49 Matthias Möller: Rechtsformen der Wagnisfinanzierung. Eine rechtsvergleichende Studie zu den USA und zu Deutschland. 2003.

Band 50 Heiner Feldhaus: Die Eignung zur erheblichen Kursbeeinflussung bei der Ad-hoc-Publizität. Eine rechtsvergleichende und interdisziplinäre Untersuchung unter Berücksichtigung der europarechtlichen Vorgaben. 2003.

Band 51 Matthias Janke: Gesellschaftsrechtliche Treuepflicht. Neubewertung der richterrechtlichen Generalklausel im Rahmen einer rechtsvergleichenden und ökonomischen Analyse. 2003.

Band 52 Katrin Thoma: Eigengeschäfte des Vorstands mit der Aktiengesellschaft. Eine vergleichende Untersuchung zum englischen, U.S.-amerikanischen und deutschen Recht. 2003.

Band 53 Mathias Stöcker: Rechtsfragen grenzüberschreitender Unternehmenszusammenschlüsse - unter besonderer Berücksichtigung des Falles Daimler/Chrysler - 2003.

Band 54 Otto Korte: Zur mißbräuchlichen Wahrnehmung der aktienrechtlichen Anfechtungsbefugnis. 2003.

Band 55 Wilhelm Wilderink: Die Auflösung, die Übertragung und die Verschmelzung von Investmentfonds. 2003.

Band 56 Anja Birkenkämper: Rechtsfragen feindlicher Übernahmen. Jurisitische Nachlese zum Fall Krupp/Thyssen. 2003.

Band 57 Manuel Lorenzo Alonso: Die Neuausrichtung der Zwischenstaatlichkeitsklausel der Art. 81, 82 EG. Folgen der neuesten Entwicklungen des Gemeinschaftsrechts für die Zwischenstaatlichkeitsklausel - unter besonderer Berücksichtigung des Bankenbereichs. 2003.

Band 58 Dirk Kocher: Kapitalgesellschaft & Co. KG in Finnland. Eine Untersuchung zur Frage der Übertragbarkeit der deutschen Grundtypenvermischung auf das finnische Recht. 2003.

Band 59 Ruiting Qin: Parteiautonomie: Eine rechtsvergleichende Untersuchung. Versuch zur Entwicklung einer Gerechtigkeitsjurisprudenz im IPR. 2003.

Band 60 René Runte: Walter Julius Derenberg – Leben und Werk. 2004.

Band 61 Udo Prinz: Umstrukturierung durch *Schemes of Arrangement* mit Gesellschaftern im englischen Recht. – Ein Vorbild? 2004.

Band 62 Rainer Schmitz: Die Haftung des Vorstands gegenüber den Aktionären. Eine rechtsvergleichende Untersuchung nach deutschem und US-amerikanischem Recht. 2004.

Band 63 York Oehlschläger: Die typische und atypische stille Beteiligung an einer Aktiengesellschaft. Möglichkeiten und Grenzen der Gestaltung für die stille Gesellschaft zwischen Personengesellschaftsrecht, Aktienrecht, Konzernrecht und Umwandlungsrecht. 2004.

Band 64 Stefan Klein: Die Rechtsstellung auswärtiger Gesellschaften im deutschen und US-amerikanischen Recht. Ein Beitrag zur Neuausrichtung des deutschen internationalen Gesellschaftsrechts unter besonderer Berücksichtigung des Europäischen Gemeinschaftsrechts. 2004.

Band 65 Knut Sauer: Haftung für Falschinformation des Sekundärmarktes. 2004.

Band 66 Michael Senger: Bankenaufsicht, Unternehmensverbindungen und Bankengruppen. 2004.

Band 67 Maximilian Rittmeister: Gewährleistung beim Unternehmenskauf. Die Gewährleistungshaftung des Verkäufers bei einem Unternehmenskauf seit In-Kraft-Treten des Schuldrechtsmodernisierungsgesetzes. 2005.

Band 68 Ole Ziegler: Der Anteilserwerb am Kapitalmarkt nach der Schuldrechtsreform. 2005.

Band 69 Maia Tacheva: Rechtsbehelfe des Käufers im Warenkaufrecht. Eine rechtsvergleichende Untersuchung des Übereinkommens der Vereinten Nationen über Verträge über den internationalen Warenkauf (CISG), des englischen Sale of Goods Act, des bulgarischen Kaufrechts und des deutschen Kaufrechts vor und nach dem Schuldrechtsmodernisierungsgesetz. 2005.

Band 70 Michael Lange: Rechtsfragen der Finanzierung eines feindlichen Übernahmeangebotes. Am Beispiel der großen Publikumsgesellschaft nach US-amerikanischem und deutschem Recht. 2005.

Band 71 Niklas Dieterich: Outsourcing bei Kapitalanlagegesellschaften. 2005.

Band 72 Julia Sernetz: Derivate und Corporate Governance. Kompetenzen und Pflichten des Vorstands von Aktiengesellschaften beim Einsatz von Derivaten. 2006.

Band 73 Marcel Polte: Aktiengattungen. Eine rechtsvergleichende Untersuchung zum deutschen, US-amerikanischen und englischen Recht. 2005.

Band 74 Jens Bornscheid: Stapled Stock (Verbundaktien). 2006.

Band 75 Robert F. Thoma: Der Wettbewerb um Stimmen im US-amerikanischen und deutschen Aktienrecht. 2006.

Band 76 Markus Lauer: Gemeinsam geführte Unternehmen im Bilanz- und Gesellschaftsrecht. 2006.

Band 77 Arne Christian Lawall: Die virtuelle Holding nach deutschem Aktienrecht. 2006.

www.peterlang.de

Peter Lang · Europäischer Verlag der Wissenschaften

Marcel Polte

Aktiengattungen

Eine rechtsvergleichende Untersuchung zum deutschen, US-amerikanischen und englischen Recht

Frankfurt am Main, Berlin, Bern, Bruxelles, New York, Oxford, Wien, 2005.
464 S., 1 Tab., 2 Graf.
Frankfurter wirtschaftsrechtliche Studien.
Verantwortlicher Herausgeber: Theodor Baums. Bd. 73
ISBN 3-631-54326-3 · br. € 74.50

Die Eigenkapitalfinanzierung der börsennotierten deutschen Aktiengesellschaften erfolgt in der Regel durch die Ausgabe von „gewöhnlichen" Aktien, den so genannten Stammaktien. Nur wenige Gesellschaften haben zudem eine weitere Gattung von Aktien geschaffen. Wie die Untersuchung zeigt, sind die Erscheinungsformen der Aktie im anglo-amerikanischen Rechtskreis weitaus vielfältiger. Insbesondere US-amerikanische Aktiengesellschaften besitzen häufig komplexe Eigenkapitalstrukturen und bieten somit den Investoren ein breites Spektrum unterschiedlicher *classes of shares*. Es wird daher untersucht, ob sich ausgewählte Aktiengattungen für eine Einführung in das deutsche Aktienrecht eignen. Abschließend werden die deutschen Sonderbeschlussvorschriften für Gattungen untersucht und Regelungsalternativen aufgezeigt.

Aus dem Inhalt: Aktiengattungen: historische Entwicklung und rechtliche Behandlung · *Classes of shares* nach US-amerikanischem Recht · *Classes of shares* nach englischem Recht · Rechtsvergleich und rechtspolitische Erwägungen

Frankfurt am Main · Berlin · Bern · Bruxelles · New York · Oxford · Wien
Auslieferung: Verlag Peter Lang AG
Moosstr. 1, CH-2542 Pieterlen
Telefax 00 41 (0) 32 / 376 17 27

*inklusive der in Deutschland gültigen Mehrwertsteuer
Preisänderungen vorbehalten

Homepage http://www.peterlang.de